·2019版·

工会经审制度
文件选编 上

中华全国总工会经费审查委员会办公室　编

Gonghui Jingshen Zhidu

WENJIANXUANBIAN

中国工人出版社

图书在版编目（CIP）数据

工会经审制度文件选编 / 全总经审办编. —北京：中国工人出版社，2019.10
（工会工作文件汇编系列）
ISBN 978-7-5008-7290-0

Ⅰ. ①工… Ⅱ. ①全… Ⅲ. ①工会工作—财务审计—文件—汇编—中国
Ⅳ. ①D412.67

中国版本图书馆CIP数据核字（2019）第226708号

工会经审制度文件选编

出 版 人	王娇萍
责任编辑	王学良　罗荣波　周子欣
责任印制	栾征宇
出版发行	中国工人出版社
地　　址	北京市东城区鼓楼外大街45号　邮编：100120
网　　址	http://www.wp-china.com
电　　话	（010）62005043（总编室）　（010）62005039（印制管理中心） （010）82075935（工会与劳动关系分社）
发行热线	（010）62033018　62004002　62046264　（010）82081553（传真）
经　　销	各地书店
印　　刷	天津中印联印务有限公司
开　　本	710毫米×1000毫米　1/16
印　　张	53
字　　数	950千字
版　　次	2019年11月第1版　2024年9月第4次印刷
定　　价	138.00元（上下册）

目录
CONTENTS

习近平主持召开中央审计委员会第一次会议强调　加强党对审计工作的领导　更好发挥审计在党和国家监督体系中的重要作用　李克强赵乐际出席
（2018 年 5 月 23 日） …………………………………………………… (1)

第一部分　综合类

中华人民共和国工会法（摘录）
（2009 年 8 月 27 日） …………………………………………………… (5)
中国工会章程（摘录）
（2018 年 10 月 26 日） …………………………………………………… (8)
中华人民共和国审计法
（2006 年 2 月 28 日） …………………………………………………… (9)
中华人民共和国会计法
（2017 年 11 月 4 日） …………………………………………………… (16)
中华人民共和国预算法
（2018 年 12 月 29 日） …………………………………………………… (24)
中华人民共和国招标投标法
（2017 年 12 月 27 日） …………………………………………………… (42)
中华人民共和国政府采购法
（2014 年 08 月 31 日） …………………………………………………… (51)
中华人民共和国审计法实施条例
（2010 年 2 月 2 日） …………………………………………………… (62)

国务院关于加强审计工作的意见
（2014 年 10 月 9 日） ………………………………………………（72）
中共中央办公厅　国务院办公厅印发《关于完善审计制度若干重大问题的框架意见》及《关于实行审计全覆盖的实施意见》
（2015 年 12 月 8 日） ………………………………………………（76）

第二部分　内部审计制度类

审计署关于内部审计工作的规定
（2018 年 1 月 12 日） ………………………………………………（87）
审计署关于加强内部审计工作业务指导和监督的意见
（2018 年 1 月 12 日） ………………………………………………（92）
中国内部审计准则
（2013 年 8 月 20 日） ………………………………………………（95）

第三部分　工会经审制度类

中华全国总工会关于印发《中国工会审计条例》的通知
（2011 年 4 月 8 日） ………………………………………………（163）
中华全国总工会关于加强县级工会经费审查审计监督工作的意见
（2010 年 1 月 19 日） ………………………………………………（169）
中华全国总工会印发《关于地方工会召开代表大会及组成工会委员会、经费审查委员会的若干规定》的通知
（2015 年 2 月 8 日） ………………………………………………（172）
中华全国总工会关于印发《工会基层组织选举工作条例》的通知
（2016 年 10 月 9 日） ………………………………………………（177）
中华全国总工会关于加强工会财务管理、资产监督管理和经费审查审计监督的意见
（2016 年 12 月 26 日） ………………………………………………（183）
中华全国总工会办公厅关于印发《基层工会经费审查委员会工作条例》的通知
（1990 年 11 月 15 日） ………………………………………………（189）
全总经审会关于进一步加强审计纪律的规定
（2009 年 2 月 4 日） ………………………………………………（194）

中华全国总工会经费审查委员会常务委员会议事规则
（2009 年 3 月 27 日） ………………………………………………… （195）
中华全国总工会经费审查委员会关于充分发挥全国总工会经费审查委员会常委会委员作用的意见
（2009 年 4 月 30 日） ………………………………………………… （196）
中华全国总工会经费审查委员会关于印发《工会专项资金审计暂行办法》的通知
（2012 年 11 月 8 日） ………………………………………………… （198）
中华全国总工会经费审查委员会关于印发《工会审计整改督查暂行办法》的通知
（2012 年 11 月 8 日） ………………………………………………… （200）
中华全国总工会经费审查委员会关于印发《关于规范工会票据审计工作的规定》的通知
（2012 年 11 月 8 日） ………………………………………………… （202）
全国总工会经审会印发《关于改进工作作风密切联系群众的若干意见》的通知
（2013 年 1 月 31 日） ………………………………………………… （204）
全总经审会关于印发《省级工会经费审查工作规范化建设考核办法》和《省级工会经费审查工作规范化建设考核标准》的通知
（2015 年 9 月 2 日） ………………………………………………… （206）
中华全国总工会经费审查委员会关于印发《在京中央企业工会财务收支审计暂行办法》的通知
（2016 年 3 月 15 日） ………………………………………………… （213）
中华全国总工会经费审查委员会关于印发《工会预算审查监督办法》的通知
（2016 年 10 月 13 日） ………………………………………………… （215）
中华全国总工会经费审查委员会关于印发《工会预算执行情况审计监督办法》的通知
（2016 年 10 月 13 日） ………………………………………………… （218）
中华全国总工会经费审查委员会关于印发《工会企业事业单位财务审计办法》的通知
（2016 年 10 月 13 日） ………………………………………………… （220）
中华全国总工会经费审查委员会关于印发《工会建设项目审计办法》的通知

（2016 年 10 月 13 日） …………………………………………………………（222）
关于印发《中华全国总工会经费审查委员会办公室关于聘请社会中介机构参与审计工作管理办法》的通知
（2017 年 5 月 2 日） ……………………………………………………………（224）

第四部分　经费收缴类

中华全国总工会关于收交工会会费的通知
（1978 年 11 月 13 日） …………………………………………………………（231）
中华人民共和国财政部　中华全国总工会关于恢复企业、事业、机关的行政方面拨交工会经费的联合通知
（1978 年 12 月 22 日） …………………………………………………………（232）
中华全国总工会　中国人民银行　中华人民共和国财政部关于严格按工会法规定拨交工会经费的通知
（1980 年 12 月 31 日） …………………………………………………………（234）
全国总工会财务部转发国家统计局有关工资总额规定文件的通知
（1990 年 4 月 5 日） ……………………………………………………………（235）
全国总工会财务部转发国家统计局《劳动统计指标解释》中有关“职工”和“职工工资总额及构成”的规定的通知
（1995 年 3 月 3 日） ……………………………………………………………（238）
全国总工会财务部关于机关和事业单位工会会员交纳会费问题的通知
（1994 年 6 月 18 日） …………………………………………………………（245）
中华全国总工会　财政部关于财政拨款的行政事业单位计拨工会经费有关问题的通知
（2003 年 9 月 27 日） …………………………………………………………（246）
中华全国总工会办公厅关于基层工会组织筹建期间拨缴工会经费（筹备金）事项的通知
（2004 年 8 月 24 日） …………………………………………………………（247）
中华全国总工会关于在京中央企业工会经费拨缴、管理和监督的暂行规定
（2009 年 9 月 25 日） …………………………………………………………（248）
中华全国总工会办公厅关于按照《财政部关于企业加强职工福利费财务管理的通知》的规定做好相关工会经费计提工作的通知
（2009 年 12 月 1 日） …………………………………………………………（249）

中华全国总工会办公厅关于转发《国家税务总局关于工会经费企业所得税税前扣除凭据问题的公告》的通知
（2010 年 12 月 3 日） …………………………………………………… (252)
中华全国总工会办公厅印发《关于加大对乡镇(街道)、开发区(工业园区)工会和基层工会经费支持力度的若干规定》的通知
（2016 年 7 月 6 日） …………………………………………………… (253)

第五部分　财会管理类

会计基础工作规范
（1996 年 6 月 17 日） …………………………………………………… (259)
财政部关于印发《工会会计制度》、《工会新旧会计制度有关衔接问题的处理规定》的通知
（2009 年 5 月 31 日） …………………………………………………… (274)
全国总工会财务部关于转发《财政部关于印发〈行政事业单位内部控制规范（试行）〉的通知》的通知
（2013 年 1 月 5 日） …………………………………………………… (314)
财政部关于全面推进行政事业单位内部控制建设的指导意见
（2015 年 12 月 21 日） …………………………………………………… (325)
财政部关于印发《行政事业单位内部控制报告管理制度(试行)》的通知
（2017 年 1 月 25 日） …………………………………………………… (329)
政府会计准则——基本准则
（2015 年 10 月 23 日） …………………………………………………… (334)
财政部关于印发《政府会计制度——行政事业单位会计科目和报表》的通知
（2017 年 10 月 24 日） …………………………………………………… (341)
中华全国总工会关于印发《工会经费呆账处理办法》的通知
（2002 年 10 月 9 日） …………………………………………………… (341)
中华全国总工会办公厅关于依法做好工会经费独立核算工作的通知
（2004 年 7 月 2 日） …………………………………………………… (343)
全国总工会财务部关于转发《企业财务通则》的通知
（2007 年 1 月 4 日） …………………………………………………… (344)
中华全国总工会办公厅关于印发《关于加强全总机关财务资金管理的实施意见》的通知

（2007 年 5 月 22 日） …………………………………………………… （357）
中华全国总工会办公厅关于印发《关于加强全总直属事业单位财务管理的实施意见》的通知
（2007 年 5 月 22 日） …………………………………………………… （360）
中华全国总工会办公厅关于进一步做好工会经费独立核算工作的通知
（2008 年 5 月 4 日） …………………………………………………… （363）
事业单位财务规则
（2012 年 2 月 7 日） …………………………………………………… （365）
中华全国总工会办公厅关于印发《工会财务会计管理规范》（修订）的通知
（2013 年 5 月 21 日） …………………………………………………… （374）
中华全国总工会办公厅关于印发《全总机关财务管理若干规定》的通知
（2016 年 7 月 26 日） …………………………………………………… （378）
财政部关于进一步加强财政部门和预算单位资金存放管理的指导意见
（2017 年 3 月 31 日） …………………………………………………… （383）
财政部关于印发《中央预算单位资金存放管理实施办法》的通知
（2017 年 10 月 16 日） …………………………………………………… （387）
中华全国总工会印发《关于进一步加强工会资金存放管理的指导意见》的通知
（2019 年 6 月 27 日） …………………………………………………… （395）
中华全国总工会办公厅关于印发《全总本级资金存放管理实施办法》的通知
（2019 年 7 月 12 日） …………………………………………………… （399）
中华全国总工会办公厅关于印发《全总本级银行账户管理办法》的通知
（2019 年 8 月 27 日） …………………………………………………… （405）

习近平主持召开中央审计委员会第一次会议强调　加强党对审计工作的领导更好发挥审计在党和国家监督体系中的重要作用 李克强赵乐际出席

（2018 年 5 月 23 日）

新华社北京 5 月 23 日电　中共中央总书记、国家主席、中央军委主席、中央审计委员会主任习近平 5 月 23 日下午主持召开中央审计委员会第一次会议并发表重要讲话。习近平强调，改革审计管理体制，组建中央审计委员会，是加强党对审计工作领导的重大举措。要落实党中央对审计工作的部署要求，加强全国审计工作统筹，优化审计资源配置，做到应审尽审、凡审必严、严肃问责，努力构建集中统一、全面覆盖、权威高效的审计监督体系，更好发挥审计在党和国家监督体系中的重要作用。

中共中央政治局常委、国务院总理、中央审计委员会副主任李克强，中共中央政治局常委、中央纪律检查委员会书记、中央审计委员会副主任赵乐际出席会议。

习近平在讲话中指出，审计是党和国家监督体系的重要组成部分。审计机关成立 30 多年来，在维护国家财政经济秩序、提高财政资金使用效益、促进廉政建设、保障经济社会健康发展等方面发挥了重要作用。特别是党的十八大以来，为促进党中央令行禁止、维护国家经济安全、推动全面深化改革、促进依法治国、推进廉政建设等作出了重要贡献。

习近平强调，中央审计委员会要强化顶层设计和统筹协调，提高把方向、谋大局、定政策、促改革能力，为审计工作提供有力指导。审计机关要树立“四个意识”，自觉在思想上政治上行动上同党中央保持高度一致，坚决维护党中央权威和集中统一领导，落实党中央对审计工作的部署要求。要拓展审计监督广度和深度，消除监督盲区，加大对党中央重大政策措施贯彻落实情况跟踪审计力度，加大对经济社会运行中各类风险隐患揭示力度，加大对重点民生资金和项目审计力度。地方各级党委要加强对本地区审计工作的领导。

习近平指出，审计机关要坚持以新时代中国特色社会主义思想为指导，全面贯彻党的十九大精神，坚持稳中求进工作总基调，坚持新发展理念，紧扣我国社会主要矛盾变化，紧紧围绕统筹推进“五位一体”总体布局和协调推进“四个全面”战略布局，依法全面履行审计监督职责，促进经济高质量发展，促进全面深化改革，促进权力规范运行，促进反腐倡廉。

习近平指出，要深化审计制度改革，解放思想、与时俱进，创新审计理念，及时揭示和反映经济社会各领域的新情况、新问题、新趋势。要坚持科技强审，加强审计信息化建设。要加强对全国审计工作的领导，强化上级审计机关对下级审计机关的领导，加快形成审计工作全国一盘棋。要加强对内部审计工作的指导和监督，调动内部审计和社会审计的力量，增强审计监督合力。

习近平指出，要加强审计机关自身建设，以审计精神立身，以创新规范立业，以自身建设立信。审计机关各级党组织要认真履行管党治党政治责任，努力建设信念坚定、业务精通、作风务实、清正廉洁的高素质专业化审计干部队伍。

习近平强调，各地区各部门特别是各级领导干部要积极主动支持配合审计工作，依法自觉接受审计监督，认真整改审计查出的问题，深入研究和采纳审计提出的建议，完善各领域政策措施和制度规则。中央审计委员会各成员单位更要带头接受审计监督。各地区各部门特别是各级领导干部要及时、准确、完整地提供同本单位本系统履行职责相关的资料和电子数据，不得制定限制向审计机关提供资料和电子数据的规定，已经制定的要坚决废止。对有意设置障碍、推诿拖延的，要进行批评和通报；造成恶劣影响的，要严肃追责问责。审计机关要严格遵守纪律，对违反纪律规定的要严肃查处。

会议审议通过了《中央审计委员会工作规则》、《中央审计委员会办公室工作细则》、《2017 年度中央预算执行和其他财政支出情况审计报告》、《2018 年省部级党政主要领导干部和中央企业领导人员经济责任审计及自然资源资产离任（任中）审计计划》等文件。

中央审计委员会委员出席会议。

第一部分

综合类

中华人民共和国工会法（摘录）

（1992年4月3日第七届全国人民代表大会第五次会议通过　1992年4月3日中华人民共和国主席令第五十七号公布　根据2001年10月27日第九届全国人民代表大会常务委员会第二十四次会议《关于修改〈中华人民共和国工会法〉的决定》第一次修正　根据2009年8月27日第十一届全国人民代表大会常务委员会第十次会议《关于修改部分法律的决定》第二次修正）

第四章　基层工会组织

第三十五条　国有企业职工代表大会是企业实行民主管理的基本形式，是职工行使民主管理权力的机构，依照法律规定行使职权。

国有企业的工会委员会是职工代表大会的工作机构，负责职工代表大会的日常工作，检查、督促职工代表大会决议的执行。

第三十六条　集体企业的工会委员会，应当支持和组织职工参加民主管理和民主监督，维护职工选举和罢免管理人员、决定经营管理的重大问题的权力。

第三十七条　本法第三十五条、第三十六条规定以外的其他企业、事业单位的工会委员会，依照法律规定组织职工采取与企业、事业单位相适应的形式，参与企业、事业单位民主管理。

第三十八条　企业、事业单位研究经营管理和发展的重大问题应当听取工会的意见；召开讨论有关工资、福利、劳动安全卫生、社会保险等涉及职工切身利益的会议，必须有工会代表参加。

企业、事业单位应当支持工会依法开展工作，工会应当支持企业、事业单位依法行使经营管理权。

第三十九条　公司的董事会、监事会中职工代表的产生，依照公司法有关规定执行。

第四十条　基层工会委员会召开会议或者组织职工活动，应当在生产或者工作时间以外进行，需要占用生产或者工作时间的，应当事先征得企业、事业单位的同意。

基层工会的非专职委员占用生产或者工作时间参加会议或者从事工会工

作，每月不超过三个工作日，其工资照发，其他待遇不受影响。

第四十一条 企业、事业单位、机关工会委员会的专职工作人员的工资、奖励、补贴，由所在单位支付。社会保险和其他福利待遇等，享受本单位职工同等待遇。

第五章 工会的经费和财产

第四十二条 工会经费的来源：

（一）工会会员缴纳的会费；

（二）建立工会组织的企业、事业单位、机关按每月全部职工工资总额的百分之二向工会拨缴的经费；

（三）工会所属的企业、事业单位上缴的收入；

（四）人民政府的补助；

（五）其他收入。

前款第二项规定的企业、事业单位拨缴的经费在税前列支。

工会经费主要用于为职工服务和工会活动。经费使用的具体办法由中华全国总工会制定。

第四十三条 企业、事业单位无正当理由拖延或者拒不拨缴工会经费，基层工会或者上级工会可以向当地人民法院申请支付令；拒不执行支付令的，工会可以依法申请人民法院强制执行。

第四十四条 工会应当根据经费独立原则，建立预算、决算和经费审查监督制度。

各级工会建立经费审查委员会。

各级工会经费收支情况应当由同级工会经费审查委员会审查，并且定期向会员大会或者会员代表大会报告，接受监督。工会会员大会或者会员代表大会有权对经费使用情况提出意见。

工会经费的使用应当依法接受国家的监督。

第四十五条 各级人民政府和企业、事业单位、机关应当为工会办公和开展活动，提供必要的设施和活动场所等物质条件。

第四十六条 工会的财产、经费和国家拨给工会使用的不动产，任何组织和个人不得侵占、挪用和任意调拨。

第四十七条 工会所属的为职工服务的企业、事业单位，其隶属关系不得随意改变。

第四十八条 县级以上各级工会的离休、退休人员的待遇，与国家机关工作人员同等对待。

第六章　法律责任

第四十九条　工会对违反本法规定侵犯其合法权益的，有权提请人民政府或者有关部门予以处理，或者向人民法院提起诉讼。

第五十条　违反本法第三条、第十一条规定，阻挠职工依法参加和组织工会或者阻挠上级工会帮助、指导职工筹建工会的，由劳动行政部门责令其改正；拒不改正的，由劳动行政部门提请县级以上人民政府处理；以暴力、威胁等手段阻挠造成严重后果，构成犯罪的，依法追究刑事责任。

第五十一条　违反本法规定，对依法履行职责的工会工作人员无正当理由调动工作岗位，进行打击报复的，由劳动行政部门责令改正、恢复原工作；造成损失的，给予赔偿。

对依法履行职责的工会工作人员进行侮辱、诽谤或者进行人身伤害，构成犯罪的，依法追究刑事责任；尚未构成犯罪的，由公安机关依照治安管理处罚法的规定处罚。

第五十二条　违反本法规定，有下列情形之一的，由劳动行政部门责令恢复其工作，并补发被解除劳动合同期间应得的报酬，或者责令给予本人年收入二倍的赔偿：

（一）职工因参加工会活动而被解除劳动合同的；

（二）工会工作人员因履行本法规定的职责而被解除劳动合同的。

第五十三条　违反本法规定，有下列情形之一的，由县级以上人民政府责令改正，依法处理：

（一）妨碍工会组织职工通过职工代表大会和其他形式依法行使民主权利的；

（二）非法撤销、合并工会组织的；

（三）妨碍工会参加职工因工伤亡事故以及其他侵犯职工合法权益问题的调查处理的；

（四）无正当理由拒绝进行平等协商的。

第五十四条　违反本法第四十六条规定，侵占工会经费和财产拒不返还的，工会可以向人民法院提起诉讼，要求返还，并赔偿损失。

第五十五条　工会工作人员违反本法规定，损害职工或者工会权益的，由同级工会或者上级工会责令改正，或者予以处分；情节严重的，依照《中国工会章程》予以罢免；造成损失的，应当承担赔偿责任；构成犯罪的，依法追究刑事责任。

第七章　附　则

第五十六条　中华全国总工会会同有关国家机关制定机关工会实施本法的具体办法。

第五十七条　本法自公布之日起施行。1950 年 6 月 29 日中央人民政府颁布的《中华人民共和国工会法》同时废止。

中国工会章程（摘录）

（中国工会第十七次全国代表大会部分修改　2018 年 10 月 26 日通过）

第七章　工会经费和资产

第三十六条　工会经费的来源：

（一）会员交纳的会费。

（二）企业、事业单位、机关和其他社会组织按全部职工工资总额的百分之二向工会拨缴的经费或者建会筹备金。

（三）工会所属的企业、事业单位上缴的收入。

（四）人民政府和企业、事业单位、机关和其他社会组织的补助。

（五）其他收入。

第三十七条　工会经费主要用于为职工服务和开展工会活动。各级工会组织应坚持正确使用方向，加强预算管理，优化支出结构，开展监督检查。

第三十八条　县和县以上各级工会应当与税务、财政等有关部门合作，依照规定做好工会经费收缴和应当由财政负担的工会经费拨缴工作。

未成立工会的企业、事业单位、机关和其他社会组织，按工资总额的百分之二向上级工会拨缴工会建会筹备金。

具备社团法人资格的工会应当依法设立独立经费账户。

第三十九条　工会资产是社会团体资产，中华全国总工会对各级工会的资产拥有终极所有权。各级工会依法依规加强对工会资产的监督、管理，保护工会资产不受损害，促进工会资产保值增值。根据经费独立原则，建立预算、决算、资产监管和经费审查监督制度。实行“统一领导、分级管理”的财务体制、“统一所有、分级监管、单位使用”的资产监管体制和“统一领导、分级管理、分级负责、下审一级”的经费审查监督体制。工会经费、资产的管理和使用办法以及工会经费审查监督制度，由中华全国总工会制定。

第四十条　各级工会委员会按照规定编制和审批预算、决算，定期向会员大会或者会员代表大会和上一级工会委员会报告经费收支和资产管理情况，接受上级和同级工会经费审查委员会审查监督。

第四十一条　工会经费、资产和国家及企业、事业单位等拨给工会的不动产和拨付资金形成的资产受法律保护，任何单位和个人不得侵占、挪用和任意调拨；不经批准，不得改变工会所属企业、事业单位的隶属关系和产权关系。

工会组织合并，其经费资产归合并后的工会所有；工会组织撤销或者解散，其经费资产由上级工会处置。

中华人民共和国审计法

（1994年8月31日第八届全国人民代表大会常务委员会第九次会议通过　根据2006年2月28日第十届全国人民代表大会常务委员会第二十次会议《关于修改〈中华人民共和国审计法〉的决定》修正）

目　录

第一章　总则
第二章　审计机关和审计人员
第三章　审计机关职责
第四章　审计机关权限
第五章　审计程序
第六章　法律责任
第七章　附则

第一章　总　则

第一条　为了加强国家的审计监督，维护国家财政经济秩序，提高财政资金使用效益，促进廉政建设，保障国民经济和社会健康发展，根据宪法，制定本法。

第二条　国家实行审计监督制度。国务院和县级以上地方人民政府设立审计机关。

国务院各部门和地方各级人民政府及其各部门的财政收支，国有的金融机构和企业事业组织的财务收支，以及其他依照本法规定应当接受审计的财政收支、财务收支，依照本法规定接受审计监督。

审计机关对前款所列财政收支或者财务收支的真实、合法和效益，依法进行审计监督。

第三条 审计机关依照法律规定的职权和程序，进行审计监督。

审计机关依据有关财政收支、财务收支的法律、法规和国家其他有关规定进行审计评价，在法定职权范围内作出审计决定。

第四条 国务院和县级以上地方人民政府应当每年向本级人民代表大会常务委员会提出审计机关对预算执行和其他财政收支的审计工作报告。审计工作报告应当重点报告对预算执行的审计情况。必要时，人民代表大会常务委员会可以对审计工作报告作出决议。

国务院和县级以上地方人民政府应当将审计工作报告中指出的问题的纠正情况和处理结果向本级人民代表大会常务委员会报告。

第五条 审计机关依照法律规定独立行使审计监督权，不受其他行政机关、社会团体和个人的干涉。

第六条 审计机关和审计人员办理审计事项，应当客观公正，实事求是，廉洁奉公，保守秘密。

第二章　审计机关和审计人员

第七条 国务院设立审计署，在国务院总理领导下，主管全国的审计工作。审计长是审计署的行政首长。

第八条 省、自治区、直辖市、设区的市、自治州、县、自治县、不设区的市、市辖区的人民政府的审计机关，分别在省长、自治区主席、市长、州长、县长、区长和上一级审计机关的领导下，负责本行政区域内的审计工作。

第九条 地方各级审计机关对本级人民政府和上一级审计机关负责并报告工作，审计业务以上级审计机关领导为主。

第十条 审计机关根据工作需要，经本级人民政府批准，可以在其审计管辖范围内设立派出机构。

派出机构根据审计机关的授权，依法进行审计工作。

第十一条 审计机关履行职责所必需的经费，应当列入财政预算，由本级人民政府予以保证。

第十二条 审计人员应当具备与其从事的审计工作相适应的专业知识和

业务能力。

第十三条　审计人员办理审计事项，与被审计单位或者审计事项有利害关系的，应当回避。

第十四条　审计人员对其在执行职务中知悉的国家秘密和被审计单位的商业秘密，负有保密的义务。

第十五条　审计人员依法执行职务，受法律保护。

任何组织和个人不得拒绝、阻碍审计人员依法执行职务，不得打击报复审计人员。

审计机关负责人依照法定程序任免。审计机关负责人没有违法失职或者其他不符合任职条件的情况的，不得随意撤换。

地方各级审计机关负责人的任免，应当事先征求上一级审计机关的意见。

第三章　审计机关职责

第十六条　审计机关对本级各部门（含直属单位）和下级政府预算的执行情况和决算以及其他财政收支情况，进行审计监督。

第十七条　审计署在国务院总理领导下，对中央预算执行情况和其他财政收支情况进行审计监督，向国务院总理提出审计结果报告。

地方各级审计机关分别在省长、自治区主席、市长、州长、县长、区长和上一级审计机关的领导下，对本级预算执行情况和其他财政收支情况进行审计监督，向本级人民政府和上一级审计机关提出审计结果报告。

第十八条　审计署对中央银行的财务收支，进行审计监督。

审计机关对国有金融机构的资产、负债、损益，进行审计监督。

第十九条　审计机关对国家的事业组织和使用财政资金的其他事业组织的财务收支，进行审计监督。

第二十条　审计机关对国有企业的资产、负债、损益，进行审计监督。

第二十一条　对国有资本占控股地位或者主导地位的企业、金融机构的审计监督，由国务院规定。

第二十二条　审计机关对政府投资和以政府投资为主的建设项目的预算执行情况和决算，进行审计监督。

第二十三条　审计机关对政府部门管理的和其他单位受政府委托管理的社会保障基金、社会捐赠资金以及其他有关基金、资金的财务收支，进行审计监督。

第二十四条　审计机关对国际组织和外国政府援助、贷款项目的财务收支，进行审计监督。

第二十五条 审计机关按照国家有关规定，对国家机关和依法属于审计机关审计监督对象的其他单位的主要负责人，在任职期间对本地区、本部门或者本单位的财政收支、财务收支以及有关经济活动应负经济责任的履行情况，进行审计监督。

第二十六条 除本法规定的审计事项外，审计机关对其他法律、行政法规规定应当由审计机关进行审计的事项，依照本法和有关法律、行政法规的规定进行审计监督。

第二十七条 审计机关有权对与国家财政收支有关的特定事项，向有关地方、部门、单位进行专项审计调查，并向本级人民政府和上一级审计机关报告审计调查结果。

第二十八条 审计机关根据被审计单位的财政、财务隶属关系或者国有资产监督管理关系，确定审计管辖范围。

审计机关之间对审计管辖范围有争议的，由其共同的上级审计机关确定。

上级审计机关可以将其审计管辖范围内的本法第十八条第二款至第二十五条规定的审计事项，授权下级审计机关进行审计；上级审计机关对下级审计机关审计管辖范围内的重大审计事项，可以直接进行审计，但是应当防止不必要的重复审计。

第二十九条 依法属于审计机关审计监督对象的单位，应当按照国家有关规定建立健全内部审计制度；其内部审计工作应当接受审计机关的业务指导和监督。

第三十条 社会审计机构审计的单位依法属于审计机关审计监督对象的，审计机关按照国务院的规定，有权对该社会审计机构出具的相关审计报告进行核查。

第四章 审计机关权限

第三十一条 审计机关有权要求被审计单位按照审计机关的规定提供预算或者财务收支计划、预算执行情况、决算、财务会计报告，运用电子计算机储存、处理的财政收支、财务收支电子数据和必要的电子计算机技术文档，在金融机构开立账户的情况，社会审计机构出具的审计报告，以及其他与财政收支或者财务收支有关的资料，被审计单位不得拒绝、拖延、谎报。

被审计单位负责人对本单位提供的财务会计资料的真实性和完整性负责。

第三十二条 审计机关进行审计时，有权检查被审计单位的会计凭证、会计账簿、财务会计报告和运用电子计算机管理财政收支、财务收支电子数据的系统，以及其他与财政收支、财务收支有关的资料和资产，被审计单位不得拒绝。

第三十三条　审计机关进行审计时，有权就审计事项的有关问题向有关单位和个人进行调查，并取得有关证明材料。有关单位和个人应当支持、协助审计机关工作，如实向审计机关反映情况，提供有关证明材料。

审计机关经县级以上人民政府审计机关负责人批准，有权查询被审计单位在金融机构的账户。

审计机关有证据证明被审计单位以个人名义存储公款的，经县级以上人民政府审计机关主要负责人批准，有权查询被审计单位以个人名义在金融机构的存款。

第三十四条　审计机关进行审计时，被审计单位不得转移、隐匿、篡改、毁弃会计凭证、会计账簿、财务会计报告以及其他与财政收支或者财务收支有关的资料，不得转移、隐匿所持有的违反国家规定取得的资产。

审计机关对被审计单位违反前款规定的行为，有权予以制止；必要时，经县级以上人民政府审计机关负责人批准，有权封存有关资料和违反国家规定取得的资产；对其中在金融机构的有关存款需要予以冻结的，应当向人民法院提出申请。审计机关对被审计单位正在进行的违反国家规定的财政收支、财务收支行为，有权予以制止；制止无效的，经县级以上人民政府审计机关负责人批准，通知财政部门和有关主管部门暂停拨付与违反国家规定的财政收支、财务收支行为直接有关的款项，已经拨付的，暂停使用。

审计机关采取前两款规定的措施不得影响被审计单位合法的业务活动和生产经营活动。

第三十五条　审计机关认为被审计单位所执行的上级主管部门有关财政收支、财务收支的规定与法律、行政法规相抵触的，应当建议有关主管部门纠正；有关主管部门不予纠正的，审计机关应当提请有权处理的机关依法处理。

第三十六条　审计机关可以向政府有关部门通报或者向社会公布审计结果。审计机关通报或者公布审计结果，应当依法保守国家秘密和被审计单位的商业秘密，遵守国务院的有关规定。

第三十七条　审计机关履行审计监督职责，可以提请公安、监察、财政、税务、海关、价格、工商行政管理等机关予以协助。

第五章　审计程序

第三十八条　审计机关根据审计项目计划确定的审计事项组成审计组，并应当在实施审计三日前，向被审计单位送达审计通知书；遇有特殊情况，经本级人民政府批准，审计机关可以直接持审计通知书实施审计。

被审计单位应当配合审计机关的工作，并提供必要的工作条件。

审计机关应当提高审计工作效率。

第三十九条 审计人员通过审查会计凭证、会计账簿、财务会计报告，查阅与审计事项有关的文件、资料，检查现金、实物、有价证券，向有关单位和个人调查等方式进行审计，并取得证明材料。

审计人员向有关单位和个人进行调查时，应当出示审计人员的工作证件和审计通知书副本。

第四十条 审计组对审计事项实施审计后，应当向审计机关提出审计组的审计报告。审计组的审计报告报送审计机关前，应当征求被审计对象的意见。被审计对象应当自接到审计组的审计报告之日起十日内，将其书面意见送交审计组。审计组应当将被审计对象的书面意见一并报送审计机关。

第四十一条 审计机关按照审计署规定的程序对审计组的审计报告进行审议，并对被审计对象对审计组的审计报告提出的意见一并研究后，提出审计机关的审计报告；对违反国家规定的财政收支、财务收支行为，依法应当给予处理、处罚的，在法定职权范围内作出审计决定或者向有关主管机关提出处理、处罚的意见。审计机关应当将审计机关的审计报告和审计决定送达被审计单位和有关主管机关、单位。审计决定自送达之日起生效。

第四十二条 上级审计机关认为下级审计机关作出的审计决定违反国家有关规定的，可以责成下级审计机关予以变更或者撤销，必要时也可以直接作出变更或者撤销的决定。

第六章 法律责任

第四十三条 被审计单位违反本法规定，拒绝或者拖延提供与审计事项有关的资料的，或者提供的资料不真实、不完整的，或者拒绝、阻碍检查的，由审计机关责令改正，可以通报批评，给予警告；拒不改正的，依法追究责任。

第四十四条 被审计单位违反本法规定，转移、隐匿、篡改、毁弃会计凭证、会计账簿、财务会计报告以及其他与财政收支、财务收支有关的资料，或者转移、隐匿所持有的违反国家规定取得的资产，审计机关认为对直接负责的主管人员和其他直接责任人员依法应当给予处分的，应当提出给予处分的建议，被审计单位或者其上级机关、监察机关应当依法及时作出决定，并将结果书面通知审计机关；构成犯罪的，依法追究刑事责任。

第四十五条 对本级各部门（含直属单位）和下级政府违反预算的行为

或者其他违反国家规定的财政收支行为，审计机关、人民政府或者有关主管部门在法定职权范围内，依照法律、行政法规的规定，区别情况采取下列处理措施：

（一）责令限期缴纳应当上缴的款项；

（二）责令限期退还被侵占的国有资产；

（三）责令限期退还违法所得；

（四）责令按照国家统一的会计制度的有关规定进行处理；

（五）其他处理措施。

第四十六条　对被审计单位违反国家规定的财务收支行为，审计机关、人民政府或者有关主管部门在法定职权范围内，依照法律、行政法规的规定，区别情况采取前条规定的处理措施，并可以依法给予处罚。

第四十七条　审计机关在法定职权范围内作出的审计决定，被审计单位应当执行。

审计机关依法责令被审计单位上缴应当上缴的款项，被审计单位拒不执行的，审计机关应当通报有关主管部门，有关主管部门应当依照有关法律、行政法规的规定予以扣缴或者采取其他处理措施，并将结果书面通知审计机关。

第四十八条　被审计单位对审计机关作出的有关财务收支的审计决定不服的，可以依法申请行政复议或者提起行政诉讼。

被审计单位对审计机关作出的有关财政收支的审计决定不服的，可以提请审计机关的本级人民政府裁决，本级人民政府的裁决为最终决定。

第四十九条　被审计单位的财政收支、财务收支违反国家规定，审计机关认为对直接负责的主管人员和其他直接责任人员依法应当给予处分的，应当提出给予处分的建议，被审计单位或者其上级机关、监察机关应当依法及时作出决定，并将结果书面通知审计机关。

第五十条　被审计单位的财政收支、财务收支违反法律、行政法规的规定，构成犯罪的，依法追究刑事责任。

第五十一条　报复陷害审计人员的，依法给予处分；构成犯罪的，依法追究刑事责任。

第五十二条　审计人员滥用职权、徇私舞弊、玩忽职守或者泄露所知悉的国家秘密、商业秘密的，依法给予处分；构成犯罪的，依法追究刑事责任。

第七章　附　则

第五十三条　中国人民解放军审计工作的规定，由中央军事委员会根据本法制定。

第五十四条 本法自1995年1月1日起施行。1988年11月30日国务院发布的《中华人民共和国审计条例》同时废止。

中华人民共和国会计法

（1985年1月21日第六届全国人民代表大会常务委员会第九次会议通过 根据1993年12月29日第八届全国人民代表大会常务委员会第五次会议《关于修改〈中华人民共和国会计法〉的决定》第一次修正 1999年10月31日第九届全国人民代表大会常务委员会第十二次会议修订 根据2017年11月4日第十二届全国人民代表大会常务委员会第三十次会议《关于修改〈中华人民共和国会计法〉等十一部法律的决定》第二次修正）

第一章 总 则

第一条 为了规范会计行为，保证会计资料真实、完整，加强经济管理和财务管理，提高经济效益，维护社会主义市场经济秩序，制定本法。

第二条 国家机关、社会团体、公司、企业、事业单位和其他组织（以下统称单位）必须依照本法办理会计事务。

第三条 各单位必须依法设置会计账簿，并保证其真实、完整。

第四条 单位负责人对本单位的会计工作和会计资料的真实性、完整性负责。

第五条 会计机构、会计人员依照本法规定进行会计核算，实行会计监督。

任何单位或者个人不得以任何方式授意、指使、强令会计机构、会计人员伪造、变造会计凭证、会计账簿和其他会计资料，提供虚假财务会计报告。

任何单位或者个人不得对依法履行职责、抵制违反本法规定行为的会计人员实行打击报复。

第六条 对认真执行本法，忠于职守，坚持原则，做出显著成绩的会计人员，给予精神的或者物质的奖励。

第七条 国务院财政部门主管全国的会计工作。

县级以上地方各级人民政府财政部门管理本行政区域内的会计工作。

第八条　国家实行统一的会计制度。国家统一的会计制度由国务院财政部门根据本法制定并公布。

国务院有关部门可以依照本法和国家统一的会计制度制定对会计核算和会计监督有特殊要求的行业实施国家统一的会计制度的具体办法或者补充规定，报国务院财政部门审核批准。

中国人民解放军总后勤部可以依照本法和国家统一的会计制度制定军队实施国家统一的会计制度的具体办法，报国务院财政部门备案。

第二章　会计核算

第九条　各单位必须根据实际发生的经济业务事项进行会计核算，填制会计凭证，登记会计账簿，编制财务会计报告。

任何单位不得以虚假的经济业务事项或者资料进行会计核算。

第十条　下列经济业务事项，应当办理会计手续，进行会计核算：

（一）款项和有价证券的收付；

（二）财物的收发、增减和使用；

（三）债权债务的发生和结算；

（四）资本、基金的增减；

（五）收入、支出、费用、成本的计算；

（六）财务成果的计算和处理；

（七）需要办理会计手续、进行会计核算的其他事项。

第十一条　会计年度自公历 1 月 1 日起至 12 月 31 日止。

第十二条　会计核算以人民币为记账本位币。

业务收支以人民币以外的货币为主的单位，可以选定其中一种货币作为记账本位币，但是编报的财务会计报告应当折算为人民币。

第十三条　会计凭证、会计账簿、财务会计报告和其他会计资料，必须符合国家统一的会计制度的规定。

使用电子计算机进行会计核算的，其软件及其生成的会计凭证、会计账簿、财务会计报告和其他会计资料，也必须符合国家统一的会计制度的规定。

任何单位和个人不得伪造、变造会计凭证、会计账簿及其他会计资料，不得提供虚假的财务会计报告。

第十四条　会计凭证包括原始凭证和记账凭证。

办理本法第十条所列的经济业务事项，必须填制或者取得原始凭证并及时送交会计机构。

会计机构、会计人员必须按照国家统一的会计制度的规定对原始凭证进行审核，对不真实、不合法的原始凭证有权不予接受，并向单位负责人报告；对记载不准确、不完整的原始凭证予以退回，并要求按照国家统一的会计制度的规定更正、补充。

原始凭证记载的各项内容均不得涂改；原始凭证有错误的，应当由出具单位重开或者更正，更正处应当加盖出具单位印章。原始凭证金额有错误的，应当由出具单位重开，不得在原始凭证上更正。

记账凭证应当根据经过审核的原始凭证及有关资料编制。

第十五条 会计账簿登记，必须以经过审核的会计凭证为依据，并符合有关法律、行政法规和国家统一的会计制度的规定。会计账簿包括总账、明细账、日记账和其他辅助性账簿。

会计账簿应当按照连续编号的页码顺序登记。会计账簿记录发生错误或者隔页、缺号、跳行的，应当按照国家统一的会计制度规定的方法更正，并由会计人员和会计机构负责人（会计主管人员）在更正处盖章。

使用电子计算机进行会计核算的，其会计账簿的登记、更正，应当符合国家统一的会计制度的规定。

第十六条 各单位发生的各项经济业务事项应当在依法设置的会计账簿上统一登记、核算，不得违反本法和国家统一的会计制度的规定私设会计账簿登记、核算。

第十七条 各单位应当定期将会计账簿记录与实物、款项及有关资料相互核对，保证会计账簿记录与实物及款项的实有数额相符、会计账簿记录与会计凭证的有关内容相符、会计账簿之间相对应的记录相符、会计账簿记录与会计报表的有关内容相符。

第十八条 各单位采用的会计处理方法，前后各期应当一致，不得随意变更；确有必要变更的，应当按照国家统一的会计制度的规定变更，并将变更的原因、情况及影响在财务会计报告中说明。

第十九条 单位提供的担保、未决诉讼等或有事项，应当按照国家统一的会计制度的规定，在财务会计报告中予以说明。

第二十条 财务会计报告应当根据经过审核的会计账簿记录和有关资料编制，并符合本法和国家统一的会计制度关于财务会计报告的编制要求、提供对象和提供期限的规定；其他法律、行政法规另有规定的，从其规定。

财务会计报告由会计报表、会计报表附注和财务情况说明书组成。向不同的会计资料使用者提供的财务会计报告，其编制依据应当一致。有关法律、行政法规规定会计报表、会计报表附注和财务情况说明书须经注册会计师审计的，注册会计师及其所在的会计师事务所出具的审计报告应当随同财务会计报告一并提供。

第二十一条　财务会计报告应当由单位负责人和主管会计工作的负责人、会计机构负责人（会计主管人员）签名并盖章；设置总会计师的单位，还须由总计师签名并盖章。

单位负责人应当保证财务会计报告真实、完整。

第二十二条　会计记录的文字应当使用中文。在民族自治地方，会计记录可以同时使用当地通用的一种民族文字。在中华人民共和国境内的外商投资企业、外国企业和其他外国组织的会计记录可以同时使用一种外国文字。

第二十三条　各单位对会计凭证、会计账簿、财务会计报告和其他会计资料应当建立档案，妥善保管。会计档案的保管期限和销毁办法，由国务院财政部会同有关部门制定。

第三章　公司、企业会计核算的特别规定

第二十四条　公司、企业进行会计核算，除应当遵守本法第二章的规定外，还应当遵守本章规定。

第二十五条　公司、企业必须根据实际发生的经济业务事项，按照国家统一的会计制度的规定确认、计量和记录资产、负债、所有者权益、收入、费用、成本和利润。

第二十六条　公司、企业进行会计核算不得有下列行为：

（一）随意改变资产、负债、所有者权益的确认标准或者计量方法，虚列、多列、不列或者少列资产、负债、所有者权益；

（二）虚列或者隐瞒收入，推迟或者提前确认收入；

（三）随意改变费用、成本的确认标准或者计量方法，虚列、多列、不列或者少列费用、成本；

（四）随意调整利润的计算、分配方法，编造虚假利润或者隐瞒利润；

（五）违反国家统一的会计制度规定的其他行为。

第四章　会计监督

第二十七条　各单位应当建立、健全本单位内部会计监督制度。单位内部会计监督制度应当符合下列要求：

（一）记账人员与经济业务事项和会计事项的审批人员、经办人员、财物保管人员的职责权限应当明确，并相互分离、相互制约；

（二）重大对外投资、资产处置、资金调度和其他重要经济业务事项的决策和执行的相互监督、相互制约程序应当明确；

（三）财产清查的范围、期限和组织程序应当明确；

（四）对会计资料定期进行内部审计的办法和程序应当明确。

第二十八条 单位负责人应当保证会计机构、会计人员依法履行职责，不得授意、指使、强令会计机构、会计人员违法办理会计事项。

会计机构、会计人员对违反本法和国家统一的会计制度规定的会计事项，有权拒绝办理或者按照职权予以纠正。

第二十九条 会计机构、会计人员发现会计账簿记录与实物、款项及有关资料不相符的，按照国家统一的会计制度的规定有权自行处理的，应当及时处理；无权处理的，应当立即向单位负责人报告，请求查明原因，作出处理。

第三十条 任何单位和个人对违反本法和国家统一的会计制度规定的行为，有权检举。收到检举的部门有权处理的，应当依法按照职责分工及时处理；无权处理的，应当及时移送有权处理的部门处理。收到检举的部门、负责处理的部门应当为检举人保密，不得将检举人姓名和检举材料转给被检举单位和被检举人个人。

第三十一条 有关法律、行政法规规定，须经注册会计师进行审计的单位，应当向受委托的会计师事务所如实提供会计凭证、会计账簿、财务会计报告和其他会计资料以及有关情况。

任何单位或者个人不得以任何方式要求或者示意注册会计师及其所在的会计师事务所出具不实或者不当的审计报告。

财政部门有权对会计师事务所出具审计报告的程序和内容进行监督。

第三十二条 财政部门对各单位的下列情况实施监督：

（一）是否依法设置会计账簿；

（二）会计凭证、会计账簿、财务会计报告和其他会计资料是否真实、完整；

（三）会计核算是否符合本法和国家统一的会计制度的规定；

（四）从事会计工作的人员是否具备专业能力、遵守职业道德。

在对前款第（二）项所列事项实施监督，发现重大违法嫌疑时，国务院财政部门及其派出机构可以向与被监督单位有经济业务往来的单位和被监督单位开立账户的金融机构查询有关情况，有关单位和金融机构应当给予支持。

第三十三条 财政、审计、税务、人民银行、证券监管、保险监管等部门应当依照有关法律、行政法规规定的职责，对有关单位的会计资料实施监督检查。前款所列监督检查部门对有关单位的会计资料依法实施监督检查后，应当出具检查结论。有关监督检查部门已经作出的检查结论能够满足其他监督检查部门履行本部门职责需要的，其他监督检查部门应当加以利用，避免重复查账。

第三十四条　依法对有关单位的会计资料实施监督检查的部门及其工作人员对在监督检查中知悉的国家秘密和商业秘密负有保密义务。

第三十五条　各单位必须依照有关法律、行政法规的规定，接受有关监督检查部门依法实施的监督检查，如实提供会计凭证、会计账簿、财务会计报告和其他会计资料以及有关情况，不得拒绝、隐匿、谎报。

第五章　会计机构和会计人员

第三十六条　各单位应当根据会计业务的需要，设置会计机构，或者在有关机构中设置会计人员并指定会计主管人员；不具备设置条件的，应当委托经批准设立从事会计代理记账业务的中介机构代理记账。

国有的和国有资产占控股地位或者主导地位的大、中型企业必须设置总会计师。总会计师的任职资格、任免程序、职责权限由国务院规定。

第三十七条　会计机构内部应当建立稽核制度。

出纳人员不得兼任稽核、会计档案保管和收入、支出、费用、债权债务账目的登记工作。

第三十八条　会计人员应当具备从事会计工作所需要的专业能力。

担任单位会计机构负责人（会计主管人员）的，应当具备会计师以上专业技术职务资格或者从事会计工作三年以上经历。

本法所称会计人员的范围由国务院财政部门规定。

第三十九条　会计人员应当遵守职业道德，提高业务素质。对会计人员的教育和培训工作应当加强。

第四十条　因有提供虚假财务会计报告，做假账，隐匿或者故意销毁会计凭证、会计账簿、财务会计报告，贪污，挪用公款，职务侵占等与会计职务的有关违法行为被依法追究刑事责任的人员，不得再从事会计工作。

第四十一条　会计人员调动工作或者离职，必须与接管人员办清交接手续。

一般会计人员办理交接手续，由会计机构负责人（会计主管人员）监交；会计机构负责人（会计主管人员）办理交接手续，由单位负责人监交，必要时主管单位可以派人会同监交。

第六章　法律责任

第四十二条　违反本法规定，有下列行为之一的，由县级以上人民政府财政部门责令限期改正，可以对单位并处三千元以上五万元以下的罚款；对其直接负责的主管人员和其他直接责任人员，可以处二千元以上二万元以下的罚款；属于国家工作人员的，还应当由其所在单位或者有关单位依法给予行政处分：

（一）不依法设置会计账簿的；

（二）私设会计账簿的；

（三）未按照规定填制、取得原始凭证或者填制、取得的原始凭证不符合规定的；

（四）以未经审核的会计凭证为依据登记会计账簿或者登记会计账簿不符合规定的；

（五）随意变更会计处理方法的；

（六）向不同的会计资料使用者提供的财务会计报告编制依据不一致的；

（七）未按照规定使用会计记录文字或者记账本位币的；

（八）未按照规定保管会计资料，致使会计资料毁损、灭失的；

（九）未按照规定建立并实施单位内部会计监督制度或者拒绝依法实施的监督或者不如实提供有关会计资料及有关情况的；

（十）任用会计人员不符合本法规定的。

有前款所列行为之一，构成犯罪的，依法追究刑事责任。

会计人员有第一款所列行为之一，情节严重的，五年内不得从事会计工作。有关法律对第一款所列行为的处罚另有规定的，依照有关法律的规定办理。

第四十三条 伪造、变造会计凭证、会计账簿，编制虚假财务会计报告，构成犯罪的，依法追究刑事责任。

有前款行为，尚不构成犯罪的，由县级以上人民政府财政部门予以通报，可以对单位并处五千元以上十万元以下的罚款；对其直接负责的主管人员和其他直接责任人员，可以处三千元以上五万元以下的罚款；属于国家工作人员的，还应当由其所在单位或者有关单位依法给予撤职直至开除的行政处分；其中的会计人员，五年内不得从事会计工作。

第四十四条 隐匿或者故意销毁依法应当保存的会计凭证、会计账簿、财务会计报告，构成犯罪的，依法追究刑事责任。

有前款行为，尚不构成犯罪的，由县级以上人民政府财政部门予以通报，可以对单位并处五千元以上十万元以下的罚款；对其直接负责的主管人员和其他直接责任人员，可以处三千元以上五万元以下的罚款；属于国家工作人员的，还应当由其所在单位或者有关单位依法给予撤职直至开除的行政处分；

其中的会计人员，五年内不得从事会计工作。

第四十五条　授意、指使、强令会计机构、会计人员及其他人员伪造、变造会计凭证、会计账簿，编制虚假财务会计报告或者隐匿、故意销毁依法应当保存的会计凭证、会计账簿、财务会计报告，构成犯罪的，依法追究刑事责任；尚不构成犯罪的，可以处五千元以上五万元以下的罚款；属于国家工作人员的，还应当由其所在单位或者有关单位依法给予降级、撤职、开除的行政处分。

第四十六条　单位负责人对依法履行职责、抵制违反本法规定行为的会计人员以降级、撤职、调离工作岗位、解聘或者开除等方式实行打击报复，构成犯罪的，依法追究刑事责任；尚不构成犯罪的，由其所在单位或者有关单位依法给予行政处分。对受打击报复的会计人员，应当恢复其名誉和原有职务、级别。

第四十七条　财政部门及有关行政部门的工作人员在实施监督管理中滥用职权、玩忽职守、徇私舞弊或者泄露国家秘密、商业秘密，构成犯罪的，依法追究刑事责任；尚不构成犯罪的，依法给予行政处分。

第四十八条　违反本法第三十条规定，将检举人姓名和检举材料转给被检举单位和被检举人个人的，由所在单位或者有关单位依法给予行政处分。

第四十九条　违反本法规定，同时违反其他法律规定的，由有关部门在各自职权范围内依法进行处罚。

第七章　附　则

第五十条　本法下列用语的含义：

单位负责人，是指单位法定代表人或者法律、行政法规规定代表单位行使职权的主要负责人。

国家统一的会计制度，是指国务院财政部门根据本法制定的关于会计核算、会计监督、会计机构和会计人员以及会计工作管理的制度。

第五十一条　个体工商户会计管理的具体办法，由国务院财政部门根据本法的原则另行规定。

第五十二条　本法自 2000 年 7 月 1 日起施行。

中华人民共和国预算法

（1994年3月22日第八届全国人民代表大会第二次会议通过 根据2014年8月31日第十二届全国人民代表大会常务委员会第十次会议《关于修改〈中华人民共和国预算法〉的决定》第一次修正 根据2018年12月29日第十三届全国人民代表大会常务委员会第七次会议《关于修改〈中华人民共和国产品质量法〉等五部法律的决定》第二次修正）

目 录

第一章 总则
第二章 预算管理职权
第三章 预算收支范围
第四章 预算编制
第五章 预算审查和批准
第六章 预算执行
第七章 预算调整
第八章 决算
第九章 监督
第十章 法律责任
第十一章 附则

第一章 总 则

第一条 为了规范政府收支行为，强化预算约束，加强对预算的管理和监督，建立健全全面规范、公开透明的预算制度，保障经济社会的健康发展，根据宪法，制定本法。

第二条 预算、决算的编制、审查、批准、监督，以及预算的执行和调整，依照本法规定执行。

第三条 国家实行一级政府一级预算，设立中央，省、自治区、直辖市，设区的市、自治州，县、自治县、不设区的市、市辖区，乡、民族乡、镇五级预算。

全国预算由中央预算和地方预算组成。地方预算由各省、自治区、直辖市总预算组成。

地方各级总预算由本级预算和汇总的下一级总预算组成；下一级只有本级预算的，下一级总预算即指下一级的本级预算。没有下一级预算的，总预算即指本级预算。

第四条 预算由预算收入和预算支出组成。

政府的全部收入和支出都应当纳入预算。

第五条 预算包括一般公共预算、政府性基金预算、国有资本经营预算、社会保险基金预算。

一般公共预算、政府性基金预算、国有资本经营预算、社会保险基金预算应当保持完整、独立。政府性基金预算、国有资本经营预算、社会保险基金预算应当与一般公共预算相衔接。

第六条 一般公共预算是对以税收为主体的财政收入，安排用于保障和改善民生、推动经济社会发展、维护国家安全、维持国家机构正常运转等方面的收支预算。

中央一般公共预算包括中央各部门（含直属单位，下同）的预算和中央对地方的税收返还、转移支付预算。

中央一般公共预算收入包括中央本级收入和地方向中央的上解收入。中央一般公共预算支出包括中央本级支出、中央对地方的税收返还和转移支付。

第七条 地方各级一般公共预算包括本级各部门（含直属单位，下同）的预算和税收返还、转移支付预算。

地方各级一般公共预算收入包括地方本级收入、上级政府对本级政府的税收返还和转移支付、下级政府的上解收入。地方各级一般公共预算支出包括地方本级支出、对上级政府的上解支出、对下级政府的税收返还和转移支付。

第八条 各部门预算由本部门及其所属各单位预算组成。

第九条 政府性基金预算是对依照法律、行政法规的规定在一定期限内向特定对象征收、收取或者以其他方式筹集的资金，专项用于特定公共事业发展的收支预算。

政府性基金预算应当根据基金项目收入情况和实际支出需要，按基金项目编制，做到以收定支。

第十条 国有资本经营预算是对国有资本收益作出支出安排的收支预算。

国有资本经营预算应当按照收支平衡的原则编制，不列赤字，并安排资金调入一般公共预算。

第十一条 社会保险基金预算是对社会保险缴款、一般公共预算安排和其他方式筹集的资金，专项用于社会保险的收支预算。

社会保险基金预算应当按照统筹层次和社会保险项目分别编制，做到收支平衡。

第十二条 各级预算应当遵循统筹兼顾、勤俭节约、量力而行、讲求绩效和收支平衡的原则。

各级政府应当建立跨年度预算平衡机制。

第十三条 经人民代表大会批准的预算，非经法定程序，不得调整。各级政府、各部门、各单位的支出必须以经批准的预算为依据，未列入预算的不得支出。

第十四条 经本级人民代表大会或者本级人民代表大会常务委员会批准的预算、预算调整、决算、预算执行情况的报告及报表，应当在批准后二十日内由本级政府财政部门向社会公开，并对本级政府财政转移支付安排、执行的情况以及举借债务的情况等重要事项作出说明。

经本级政府财政部门批复的部门预算、决算及报表，应当在批复后二十日内由各部门向社会公开，并对部门预算、决算中机关运行经费的安排、使用情况等重要事项作出说明。

各级政府、各部门、各单位应当将政府采购的情况及时向社会公开。

本条前三款规定的公开事项，涉及国家秘密的除外。

第十五条 国家实行中央和地方分税制。

第十六条 国家实行财政转移支付制度。财政转移支付应当规范、公平、公开，以推进地区间基本公共服务均等化为主要目标。

财政转移支付包括中央对地方的转移支付和地方上级政府对下级政府的转移支付，以为均衡地区间基本财力、由下级政府统筹安排使用的一般性转移支付为主体。

按照法律、行政法规和国务院的规定可以设立专项转移支付，用于办理特定事项。建立健全专项转移支付定期评估和退出机制。市场竞争机制能够有效调节的事项不得设立专项转移支付。

上级政府在安排专项转移支付时，不得要求下级政府承担配套资金。但是，按照国务院的规定应当由上下级政府共同承担的事项除外。

第十七条 各级预算的编制、执行应当建立健全相互制约、相互协调的机制。

第十八条 预算年度自公历一月一日起，至十二月三十一日止。

第十九条 预算收入和预算支出以人民币元为计算单位。

第二章　预算管理职权

第二十条　全国人民代表大会审查中央和地方预算草案及中央和地方预算执行情况的报告；批准中央预算和中央预算执行情况的报告；改变或者撤销全国人民代表大会常务委员会关于预算、决算的不适当的决议。

全国人民代表大会常务委员会监督中央和地方预算的执行；审查和批准中央预算的调整方案；审查和批准中央决算；撤销国务院制定的同宪法、法律相抵触的关于预算、决算的行政法规、决定和命令；撤销省、自治区、直辖市人民代表大会及其常务委员会制定的同宪法、法律和行政法规相抵触的关于预算、决算的地方性法规和决议。

第二十一条　县级以上地方各级人民代表大会审查本级总预算草案及本级总预算执行情况的报告；批准本级预算和本级预算执行情况的报告；改变或者撤销本级人民代表大会常务委员会关于预算、决算的不适当的决议；撤销本级政府关于预算、决算的不适当的决定和命令。

县级以上地方各级人民代表大会常务委员会监督本级总预算的执行；审查和批准本级预算的调整方案；审查和批准本级决算；撤销本级政府和下一级人民代表大会及其常务委员会关于预算、决算的不适当的决定、命令和决议。

乡、民族乡、镇的人民代表大会审查和批准本级预算和本级预算执行情况的报告；监督本级预算的执行；审查和批准本级预算的调整方案；审查和批准本级决算；撤销本级政府关于预算、决算的不适当的决定和命令。

第二十二条　全国人民代表大会财政经济委员会对中央预算草案初步方案及上一年预算执行情况、中央预算调整初步方案和中央决算草案进行初步审查，提出初步审查意见。

省、自治区、直辖市人民代表大会有关专门委员会对本级预算草案初步方案及上一年预算执行情况、本级预算调整初步方案和本级决算草案进行初步审查，提出初步审查意见。

设区的市、自治州人民代表大会有关专门委员会对本级预算草案初步方案及上一年预算执行情况、本级预算调整初步方案和本级决算草案进行初步审查，提出初步审查意见，未设立专门委员会的，由本级人民代表大会常务委员会有关工作机构研究提出意见。

县、自治县、不设区的市、市辖区人民代表大会常务委员会对本级预算草案初步方案及上一年预算执行情况进行初步审查，提出初步审查意见。县、自治县、不设区的市、市辖区人民代表大会常务委员会有关工作机构对本级预算调整初步方案和本级决算草案研究提出意见。

设区的市、自治州以上各级人民代表大会有关专门委员会进行初步审查、常务委员会有关工作机构研究提出意见时，应当邀请本级人民代表大会代表参加。

对依照本条第一款至第四款规定提出的意见，本级政府财政部门应当将处理情况及时反馈。

依照本条第一款至第四款规定提出的意见以及本级政府财政部门反馈的处理情况报告，应当印发本级人民代表大会代表。

全国人民代表大会常务委员会和省、自治区、直辖市、设区的市、自治州人民代表大会常务委员会有关工作机构，依照本级人民代表大会常务委员会的决定，协助本级人民代表大会财政经济委员会或者有关专门委员会承担审查预算草案、预算调整方案、决算草案和监督预算执行等方面的具体工作。

第二十三条 国务院编制中央预算、决算草案；向全国人民代表大会作关于中央和地方预算草案的报告；将省、自治区、直辖市政府报送备案的预算汇总后报全国人民代表大会常务委员会备案；组织中央和地方预算的执行；决定中央预算预备费的动用；编制中央预算调整方案；监督中央各部门和地方政府的预算执行；改变或者撤销中央各部门和地方政府关于预算、决算的不适当的决定、命令；向全国人民代表大会、全国人民代表大会常务委员会报告中央和地方预算的执行情况。

第二十四条 县级以上地方各级政府编制本级预算、决算草案；向本级人民代表大会作关于本级总预算草案的报告；将下一级政府报送备案的预算汇总后报本级人民代表大会常务委员会备案；组织本级总预算的执行；决定本级预算预备费的动用；编制本级预算的调整方案；监督本级各部门和下级政府的预算执行；改变或者撤销本级各部门和下级政府关于预算、决算的不适当的决定、命令；向本级人民代表大会、本级人民代表大会常务委员会报告本级总预算的执行情况。

乡、民族乡、镇政府编制本级预算、决算草案；向本级人民代表大会作关于本级预算草案的报告；组织本级预算的执行；决定本级预算预备费的动用；编制本级预算的调整方案；向本级人民代表大会报告本级预算的执行情况。

经省、自治区、直辖市政府批准，乡、民族乡、镇本级预算草案、预算调整方案、决算草案，可以由上一级政府代编，并依照本法第二十一条的规定报乡、民族乡、镇的人民代表大会审查和批准。

第二十五条　国务院财政部门具体编制中央预算、决算草案；具体组织中央和地方预算的执行；提出中央预算预备费动用方案；具体编制中央预算的调整方案；定期向国务院报告中央和地方预算的执行情况。

地方各级政府财政部门具体编制本级预算、决算草案；具体组织本级总预算的执行；提出本级预算预备费动用方案；具体编制本级预算的调整方案；定期向本级政府和上一级政府财政部门报告本级总预算的执行情况。

第二十六条　各部门编制本部门预算、决算草案；组织和监督本部门预算的执行；定期向本级政府财政部门报告预算的执行情况。

各单位编制本单位预算、决算草案；按照国家规定上缴预算收入，安排预算支出，并接受国家有关部门的监督。

第三章　预算收支范围

第二十七条　一般公共预算收入包括各项税收收入、行政事业性收费收入、国有资源（资产）有偿使用收入、转移性收入和其他收入。

一般公共预算支出按照其功能分类，包括一般公共服务支出，外交、公共安全、国防支出，农业、环境保护支出，教育、科技、文化、卫生、体育支出，社会保障及就业支出和其他支出。

一般公共预算支出按照其经济性质分类，包括工资福利支出、商品和服务支出、资本性支出和其他支出。

第二十八条　政府性基金预算、国有资本经营预算和社会保险基金预算的收支范围，按照法律、行政法规和国务院的规定执行。

第二十九条　中央预算与地方预算有关收入和支出项目的划分、地方向中央上解收入、中央对地方税收返还或者转移支付的具体办法，由国务院规定，报全国人民代表大会常务委员会备案。

第三十条　上级政府不得在预算之外调用下级政府预算的资金。下级政府不得挤占或者截留属于上级政府预算的资金。

第四章　预算编制

第三十一条　国务院应当及时下达关于编制下一年预算草案的通知。编制预算草案的具体事项由国务院财政部门部署。

各级政府、各部门、各单位应当按照国务院规定的时间编制预算草案。

第三十二条　各级预算应当根据年度经济社会发展目标、国家宏观调控总体要求和跨年度预算平衡的需要，参考上一年预算执行情况、有关支出绩效评价结果和本年度收支预测，按照规定程序征求各方面意见后，进行编制。

各级政府依据法定权限作出决定或者制定行政措施，凡涉及增加或者减少财政收入或者支出的，应当在预算批准前提出并在预算草案中作出相应安排。

各部门、各单位应当按照国务院财政部门制定的政府收支分类科目、预算支出标准和要求，以及绩效目标管理等预算编制规定，根据其依法履行职能和事业发展的需要以及存量资产情况，编制本部门、本单位预算草案。

前款所称政府收支分类科目，收入分为类、款、项、目；支出按其功能分类分为类、款、项，按其经济性质分类分为类、款。

第三十三条 省、自治区、直辖市政府应当按照国务院规定的时间，将本级总预算草案报国务院审核汇总。

第三十四条 中央一般公共预算中必需的部分资金，可以通过举借国内和国外债务等方式筹措，举借债务应当控制适当的规模，保持合理的结构。

对中央一般公共预算中举借的债务实行余额管理，余额的规模不得超过全国人民代表大会批准的限额。

国务院财政部门具体负责对中央政府债务的统一管理。

第三十五条 地方各级预算按照量入为出、收支平衡的原则编制，除本法另有规定外，不列赤字。

经国务院批准的省、自治区、直辖市的预算中必需的建设投资的部分资金，可以在国务院确定的限额内，通过发行地方政府债券举借债务的方式筹措。举借债务的规模，由国务院报全国人民代表大会或者全国人民代表大会常务委员会批准。省、自治区、直辖市依照国务院下达的限额举借的债务，列入本级预算调整方案，报本级人民代表大会常务委员会批准。举借的债务应当有偿还计划和稳定的偿还资金来源，只能用于公益性资本支出，不得用于经常性支出。

除前款规定外，地方政府及其所属部门不得以任何方式举借债务。

除法律另有规定外，地方政府及其所属部门不得为任何单位和个人的债务以任何方式提供担保。

国务院建立地方政府债务风险评估和预警机制、应急处置机制以及责任追究制度。国务院财政部门对地方政府债务实施监督。

第三十六条 各级预算收入的编制，应当与经济社会发展水平相适应，与财政政策相衔接。

各级政府、各部门、各单位应当依照本法规定，将所有政府收入全部列入预算，不得隐瞒、少列。

第三十七条 各级预算支出应当依照本法规定，按其功能和经济性质分类编制。

各级预算支出的编制，应当贯彻勤俭节约的原则，严格控制各部门、各单位的机关运行经费和楼堂馆所等基本建设支出。

各级一般公共预算支出的编制，应当统筹兼顾，在保证基本公共服务合理需要的前提下，优先安排国家确定的重点支出。

第三十八条　一般性转移支付应当按照国务院规定的基本标准和计算方法编制。专项转移支付应当分地区、分项目编制。

县级以上各级政府应当将对下级政府的转移支付预计数提前下达下级政府。

地方各级政府应当将上级政府提前下达的转移支付预计数编入本级预算。

第三十九条　中央预算和有关地方预算中应当安排必要的资金，用于扶助革命老区、民族地区、边疆地区、贫困地区发展经济社会建设事业。

第四十条　各级一般公共预算应当按照本级一般公共预算支出额的百分之一至百分之三设置预备费，用于当年预算执行中的自然灾害等突发事件处理增加的支出及其他难以预见的开支。

第四十一条　各级一般公共预算按照国务院的规定可以设置预算周转金，用于本级政府调剂预算年度内季节性收支差额。

各级一般公共预算按照国务院的规定可以设置预算稳定调节基金，用于弥补以后年度预算资金的不足。

第四十二条　各级政府上一年预算的结转资金，应当在下一年用于结转项目的支出；连续两年未用完的结转资金，应当作为结余资金管理。

各部门、各单位上一年预算的结转、结余资金按照国务院财政部门的规定办理。

第五章　预算审查和批准

第四十三条　中央预算由全国人民代表大会审查和批准。

地方各级预算由本级人民代表大会审查和批准。

第四十四条　国务院财政部门应当在每年全国人民代表大会会议举行的四十五日前，将中央预算草案的初步方案提交全国人民代表大会财政经济委员会进行初步审查。

省、自治区、直辖市政府财政部门应当在本级人民代表大会会议举行的三十日前，将本级预算草案的初步方案提交本级人民代表大会有关专门委员会进行初步审查。

设区的市、自治州政府财政部门应当在本级人民代表大会会议举行的三十日前，将本级预算草案的初步方案提交本级人民代表大会有关专门委员会进行初步审查，或者送交本级人民代表大会常务委员会有关工作机构征求意见。

县、自治县、不设区的市、市辖区政府应当在本级人民代表大会会议举行的三十日前，将本级预算草案的初步方案提交本级人民代表大会常务委员会进行初步审查。

第四十五条 县、自治县、不设区的市、市辖区、乡、民族乡、镇的人民代表大会举行会议审查预算草案前，应当采用多种形式，组织本级人民代表大会代表，听取选民和社会各界的意见。

第四十六条 报送各级人民代表大会审查和批准的预算草案应当细化。本级一般公共预算支出，按其功能分类应当编列到项；按其经济性质分类，基本支出应当编列到款。本级政府性基金预算、国有资本经营预算、社会保险基金预算支出，按其功能分类应当编列到项。

第四十七条 国务院在全国人民代表大会举行会议时，向大会作关于中央和地方预算草案以及中央和地方预算执行情况的报告。

地方各级政府在本级人民代表大会举行会议时，向大会作关于总预算草案和总预算执行情况的报告。

第四十八条 全国人民代表大会和地方各级人民代表大会对预算草案及其报告、预算执行情况的报告重点审查下列内容：

（一）上一年预算执行情况是否符合本级人民代表大会预算决议的要求；

（二）预算安排是否符合本法的规定；

（三）预算安排是否贯彻国民经济和社会发展的方针政策，收支政策是否切实可行；

（四）重点支出和重大投资项目的预算安排是否适当；

（五）预算的编制是否完整，是否符合本法第四十六条的规定；

（六）对下级政府的转移性支出预算是否规范、适当；

（七）预算安排举借的债务是否合法、合理，是否有偿还计划和稳定的偿还资金来源；

（八）与预算有关重要事项的说明是否清晰。

第四十九条 全国人民代表大会财政经济委员会向全国人民代表大会主席团提出关于中央和地方预算草案及中央和地方预算执行情况的审查结果报告。

省、自治区、直辖市、设区的市、自治州人民代表大会有关专门委员会，县、自治县、不设区的市、市辖区人民代表大会常务委员会，向本级人民代表大会主席团提出关于总预算草案及上一年总预算执行情况的审查结果报告。

审查结果报告应当包括下列内容：

（一）对上一年预算执行和落实本级人民代表大会预算决议的情况作出评价；

（二）对本年度预算草案是否符合本法的规定，是否可行作出评价；

（三）对本级人民代表大会批准预算草案和预算报告提出建议；

（四）对执行年度预算、改进预算管理、提高预算绩效、加强预算监督等提出意见和建议。

第五十条 乡、民族乡、镇政府应当及时将经本级人民代表大会批准的本级预算报上一级政府备案。县级以上地方各级政府应当及时将经本级人民代表大会批准的本级预算及下一级政府报送备案的预算汇总，报上一级政府备案。

县级以上地方各级政府将下一级政府依照前款规定报送备案的预算汇总后，报本级人民代表大会常务委员会备案。国务院将省、自治区、直辖市政府依照前款规定报送备案的预算汇总后，报全国人民代表大会常务委员会备案。

第五十一条 国务院和县级以上地方各级政府对下一级政府依照本法第五十条规定报送备案的预算，认为有同法律、行政法规相抵触或者有其他不适当之处，需要撤销批准预算的决议的，应当提请本级人民代表大会常务委员会审议决定。

第五十二条 各级预算经本级人民代表大会批准后，本级政府财政部门应当在二十日内向本级各部门批复预算。各部门应当在接到本级政府财政部门批复的本部门预算后十五日内向所属各单位批复预算。

中央对地方的一般性转移支付应当在全国人民代表大会批准预算后三十日内正式下达。中央对地方的专项转移支付应当在全国人民代表大会批准预算后九十日内正式下达。

省、自治区、直辖市政府接到中央一般性转移支付和专项转移支付后，应当在三十日内正式下达到本行政区域县级以上各级政府。

县级以上地方各级预算安排对下级政府的一般性转移支付和专项转移支付，应当分别在本级人民代表大会批准预算后的三十日和六十日内正式下达。

对自然灾害等突发事件处理的转移支付，应当及时下达预算；对据实结算等特殊项目的转移支付，可以分期下达预算，或者先预付后结算。

县级以上各级政府财政部门应当将批复本级各部门的预算和批复下级政

府的转移支付预算，抄送本级人民代表大会财政经济委员会、有关专门委员会和常务委员会有关工作机构。

第六章　预算执行

第五十三条　各级预算由本级政府组织执行，具体工作由本级政府财政部门负责。

各部门、各单位是本部门、本单位的预算执行主体，负责本部门、本单位的预算执行，并对执行结果负责。

第五十四条　预算年度开始后，各级预算草案在本级人民代表大会批准前，可以安排下列支出：

（一）上一年度结转的支出；

（二）参照上一年同期的预算支出数额安排必须支付的本年度部门基本支出、项目支出，以及对下级政府的转移性支出；

（三）法律规定必须履行支付义务的支出，以及用于自然灾害等突发事件处理的支出。

根据前款规定安排支出的情况，应当在预算草案的报告中作出说明。

预算经本级人民代表大会批准后，按照批准的预算执行。

第五十五条　预算收入征收部门和单位，必须依照法律、行政法规的规定，及时、足额征收应征的预算收入。不得违反法律、行政法规规定，多征、提前征收或者减征、免征、缓征应征的预算收入，不得截留、占用或者挪用预算收入。

各级政府不得向预算收入征收部门和单位下达收入指标。

第五十六条　政府的全部收入应当上缴国家金库（以下简称国库），任何部门、单位和个人不得截留、占用、挪用或者拖欠。

对于法律有明确规定或者经国务院批准的特定专用资金，可以依照国务院的规定设立财政专户。

第五十七条　各级政府财政部门必须依照法律、行政法规和国务院财政部门的规定，及时、足额地拨付预算支出资金，加强对预算支出的管理和监督。

各级政府、各部门、各单位的支出必须按照预算执行，不得虚假列支。

各级政府、各部门、各单位应当对预算支出情况开展绩效评价。

第五十八条　各级预算的收入和支出实行收付实现制。

特定事项按照国务院的规定实行权责发生制的有关情况，应当向本级人民代表大会常务委员会报告。

第五十九条　县级以上各级预算必须设立国库；具备条件的乡、民族乡、镇也应当设立国库。

中央国库业务由中国人民银行经理，地方国库业务依照国务院的有关规定办理。

各级国库应当按照国家有关规定，及时准确地办理预算收入的收纳、划分、留解、退付和预算支出的拨付。

各级国库库款的支配权属于本级政府财政部门。除法律、行政法规另有规定外，未经本级政府财政部门同意，任何部门、单位和个人都无权冻结、动用国库库款或者以其他方式支配已入国库的库款。

各级政府应当加强对本级国库的管理和监督，按照国务院的规定完善国库现金管理，合理调节国库资金余额。

第六十条　已经缴入国库的资金，依照法律、行政法规的规定或者国务院的决定需要退付的，各级政府财政部门或者其授权的机构应当及时办理退付。按照规定应当由财政支出安排的事项，不得用退库处理。

第六十一条　国家实行国库集中收缴和集中支付制度，对政府全部收入和支出实行国库集中收付管理。

第六十二条　各级政府应当加强对预算执行的领导，支持政府财政、税务、海关等预算收入的征收部门依法组织预算收入，支持政府财政部门严格管理预算支出。

财政、税务、海关等部门在预算执行中，应当加强对预算执行的分析；发现问题时应当及时建议本级政府采取措施予以解决。

第六十三条　各部门、各单位应当加强对预算收入和支出的管理，不得截留或者动用应当上缴的预算收入，不得擅自改变预算支出的用途。

第六十四条　各级预算预备费的动用方案，由本级政府财政部门提出，报本级政府决定。

第六十五条　各级预算周转金由本级政府财政部门管理，不得挪作他用。

第六十六条　各级一般公共预算年度执行中有超收收入的，只能用于冲减赤字或者补充预算稳定调节基金。

各级一般公共预算的结余资金，应当补充预算稳定调节基金。

省、自治区、直辖市一般公共预算年度执行中出现短收，通过调入预算稳定调节基金、减少支出等方式仍不能实现收支平衡的，省、自治区、直辖市政府报本级人民代表大会或者其常务委员会批准，可以增列赤字，报国务院财政部门备案，并应当在下一年度预算中予以弥补。

第七章 预算调整

第六十七条 经全国人民代表大会批准的中央预算和经地方各级人民代表大会批准的地方各级预算，在执行中出现下列情况之一的，应当进行预算调整：

（一）需要增加或者减少预算总支出的；

（二）需要调入预算稳定调节基金的；

（三）需要调减预算安排的重点支出数额的；

（四）需要增加举借债务数额的。

第六十八条 在预算执行中，各级政府一般不制定新的增加财政收入或者支出的政策和措施，也不制定减少财政收入的政策和措施；必须作出并需要进行预算调整的，应当在预算调整方案中作出安排。

第六十九条 在预算执行中，各级政府对于必须进行的预算调整，应当编制预算调整方案。预算调整方案应当说明预算调整的理由、项目和数额。

在预算执行中，由于发生自然灾害等突发事件，必须及时增加预算支出的，应当先动支预备费；预备费不足支出的，各级政府可以先安排支出，属于预算调整的，列入预算调整方案。

国务院财政部门应当在全国人民代表大会常务委员会举行会议审查和批准预算调整方案的三十日前，将预算调整初步方案送交全国人民代表大会财政经济委员会进行初步审查。

省、自治区、直辖市政府财政部门应当在本级人民代表大会常务委员会举行会议审查和批准预算调整方案的三十日前，将预算调整初步方案送交本级人民代表大会有关专门委员会进行初步审查。

设区的市、自治州政府财政部门应当在本级人民代表大会常务委员会举行会议审查和批准预算调整方案的三十日前，将预算调整初步方案送交本级人民代表大会有关专门委员会进行初步审查，或者送交本级人民代表大会常务委员会有关工作机构征求意见。

县、自治县、不设区的市、市辖区政府财政部门应当在本级人民代表大会常务委员会举行会议审查和批准预算调整方案的三十日前，将预算调整初步方案送交本级人民代表大会常务委员会有关工作机构征求意见。

中央预算的调整方案应当提请全国人民代表大会常务委员会审查和批准。县级以上地方各级预算的调整方案应当提请本级人民代表大会常务委员会审查和批准；乡、民族乡、镇预算的调整方案应当提请本级人民代表大会审查和批准。未经批准，不得调整预算。

第七十条　经批准的预算调整方案，各级政府应当严格执行。未经本法第六十九条规定的程序，各级政府不得作出预算调整的决定。

对违反前款规定作出的决定，本级人民代表大会、本级人民代表大会常务委员会或者上级政府应当责令其改变或者撤销。

第七十一条　在预算执行中，地方各级政府因上级政府增加不需要本级政府提供配套资金的专项转移支付而引起的预算支出变化，不属于预算调整。

接受增加专项转移支付的县级以上地方各级政府应当向本级人民代表大会常务委员会报告有关情况；接受增加专项转移支付的乡、民族乡、镇政府应当向本级人民代表大会报告有关情况。

第七十二条　各部门、各单位的预算支出应当按照预算科目执行。严格控制不同预算科目、预算级次或者项目间的预算资金的调剂，确需调剂使用的，按照国务院财政部门的规定办理。

第七十三条　地方各级预算的调整方案经批准后，由本级政府报上一级政府备案。

第八章　决　算

第七十四条　决算草案由各级政府、各部门、各单位，在每一预算年度终了后按照国务院规定的时间编制。

编制决算草案的具体事项，由国务院财政部门部署。

第七十五条　编制决算草案，必须符合法律、行政法规，做到收支真实、数额准确、内容完整、报送及时。

决算草案应当与预算相对应，按预算数、调整预算数、决算数分别列出。一般公共预算支出应当按其功能分类编列到项，按其经济性质分类编列到款。

第七十六条　各部门对所属各单位的决算草案，应当审核并汇总编制本部门的决算草案，在规定的期限内报本级政府财政部门审核。

各级政府财政部门对本级各部门决算草案审核后发现有不符合法律、行政法规规定的，有权予以纠正。

第七十七条　国务院财政部门编制中央决算草案，经国务院审计部门审计后，报国务院审定，由国务院提请全国人民代表大会常务委员会审查和批准。

县级以上地方各级政府财政部门编制本级决算草案，经本级政府审计部门审计后，报本级政府审定，由本级政府提请本级人民代表大会常务委员会审查和批准。

乡、民族乡、镇政府编制本级决算草案，提请本级人民代表大会审查和批准。

第七十八条 国务院财政部门应当在全国人民代表大会常务委员会举行会议审查和批准中央决算草案的三十日前，将上一年度中央决算草案提交全国人民代表大会财政经济委员会进行初步审查。

省、自治区、直辖市政府财政部门应当在本级人民代表大会常务委员会举行会议审查和批准本级决算草案的三十日前，将上一年度本级决算草案提交本级人民代表大会有关专门委员会进行初步审查。

设区的市、自治州政府财政部门应当在本级人民代表大会常务委员会举行会议审查和批准本级决算草案的三十日前，将上一年度本级决算草案提交本级人民代表大会有关专门委员会进行初步审查，或者送交本级人民代表大会常务委员会有关工作机构征求意见。

县、自治县、不设区的市、市辖区政府财政部门应当在本级人民代表大会常务委员会举行会议审查和批准本级决算草案的三十日前，将上一年度本级决算草案送交本级人民代表大会常务委员会有关工作机构征求意见。

全国人民代表大会财政经济委员会和省、自治区、直辖市、设区的市、自治州人民代表大会有关专门委员会，向本级人民代表大会常务委员会提出关于本级决算草案的审查结果报告。

第七十九条 县级以上各级人民代表大会常务委员会和乡、民族乡、镇人民代表大会对本级决算草案，重点审查下列内容：

（一）预算收入情况；

（二）支出政策实施情况和重点支出、重大投资项目资金的使用及绩效情况；

（三）结转资金的使用情况；

（四）资金结余情况；

（五）本级预算调整及执行情况；

（六）财政转移支付安排执行情况；

（七）经批准举借债务的规模、结构、使用、偿还等情况；

（八）本级预算周转金规模和使用情况；

（九）本级预备费使用情况；

（十）超收收入安排情况，预算稳定调节基金的规模和使用情况；

（十一）本级人民代表大会批准的预算决议落实情况；

（十二）其他与决算有关的重要情况。

县级以上各级人民代表大会常务委员会应当结合本级政府提出的上一年

度预算执行和其他财政收支的审计工作报告，对本级决算草案进行审查。

第八十条 各级决算经批准后，财政部门应当在二十日内向本级各部门批复决算。各部门应当在接到本级政府财政部门批复的本部门决算后十五日内向所属单位批复决算。

第八十一条 地方各级政府应当将经批准的决算及下一级政府上报备案的决算汇总，报上一级政府备案。

县级以上各级政府应当将下一级政府报送备案的决算汇总后，报本级人民代表大会常务委员会备案。

第八十二条 国务院和县级以上地方各级政府对下一级政府依照本法第八十一条规定报送备案的决算，认为有同法律、行政法规相抵触或者有其他不适当之处，需要撤销批准该项决算的决议的，应当提请本级人民代表大会常务委员会审议决定；经审议决定撤销的，该下级人民代表大会常务委员会应当责成本级政府依照本法规定重新编制决算草案，提请本级人民代表大会常务委员会审查和批准。

第九章 监 督

第八十三条 全国人民代表大会及其常务委员会对中央和地方预算、决算进行监督。

县级以上地方各级人民代表大会及其常务委员会对本级和下级预算、决算进行监督。

乡、民族乡、镇人民代表大会对本级预算、决算进行监督。

第八十四条 各级人民代表大会和县级以上各级人民代表大会常务委员会有权就预算、决算中的重大事项或者特定问题组织调查，有关的政府、部门、单位和个人应当如实反映情况和提供必要的材料。

第八十五条 各级人民代表大会和县级以上各级人民代表大会常务委员会举行会议时，人民代表大会代表或者常务委员会组成人员，依照法律规定程序就预算、决算中的有关问题提出询问或者质询，受询问或者受质询的有关的政府或者财政部门必须及时给予答复。

第八十六条 国务院和县级以上地方各级政府应当在每年六月至九月期间向本级人民代表大会常务委员会报告预算执行情况。

第八十七条 各级政府监督下级政府的预算执行；下级政府应当定期向上一级政府报告预算执行情况。

第八十八条 各级政府财政部门负责监督本级各部门及其所属各单位预算管理有关工作，并向本级政府和上一级政府财政部门报告预算执行情况。

第八十九条 县级以上政府审计部门依法对预算执行、决算实行审计监督。

对预算执行和其他财政收支的审计工作报告应当向社会公开。

第九十条 政府各部门负责监督检查所属各单位的预算执行，及时向本级政府财政部门反映本部门预算执行情况，依法纠正违反预算的行为。

第九十一条 公民、法人或者其他组织发现有违反本法的行为，可以依法向有关国家机关进行检举、控告。

接受检举、控告的国家机关应当依法进行处理，并为检举人、控告人保密。任何单位或者个人不得压制和打击报复检举人、控告人。

第十章　法律责任

第九十二条 各级政府及有关部门有下列行为之一的，责令改正，对负有直接责任的主管人员和其他直接责任人员追究行政责任：

（一）未依照本法规定，编制、报送预算草案、预算调整方案、决算草案和部门预算、决算以及批复预算、决算的；

（二）违反本法规定，进行预算调整的；

（三）未依照本法规定对有关预算事项进行公开和说明的；

（四）违反规定设立政府性基金项目和其他财政收入项目的；

（五）违反法律、法规规定使用预算预备费、预算周转金、预算稳定调节基金、超收收入的；

（六）违反本法规定开设财政专户的。

第九十三条 各级政府及有关部门、单位有下列行为之一的，责令改正，对负有直接责任的主管人员和其他直接责任人员依法给予降级、撤职、开除的处分：

（一）未将所有政府收入和支出列入预算或者虚列收入和支出的；

（二）违反法律、行政法规的规定，多征、提前征收或者减征、免征、缓征应征预算收入的；

（三）截留、占用、挪用或者拖欠应当上缴国库的预算收入的；

（四）违反本法规定，改变预算支出用途的；

（五）擅自改变上级政府专项转移支付资金用途的；

（六）违反本法规定拨付预算支出资金，办理预算收入收纳、划分、留解、退付，或者违反本法规定冻结、动用国库库款或者以其他方式支配已入国库库款的。

第九十四条 各级政府、各部门、各单位违反本法规定举借债务或者为他人债务提供担保，或者挪用重点支出资金，或者在预算之外及超预算标准建设楼堂馆所的，责令改正，对负有直接责任的主管人员和其他直接责任人员给予撤职、开除的处分。

第九十五条　各级政府有关部门、单位及其工作人员有下列行为之一的，责令改正，追回骗取、使用的资金，有违法所得的没收违法所得，对单位给予警告或者通报批评；对负有直接责任的主管人员和其他直接责任人员依法给予处分：

（一）违反法律、法规的规定，改变预算收入上缴方式的；

（二）以虚报、冒领等手段骗取预算资金的；

（三）违反规定扩大开支范围、提高开支标准的；

（四）其他违反财政管理规定的行为。

第九十六条　本法第九十二条、第九十三条、第九十四条、第九十五条所列违法行为，其他法律对其处理、处罚另有规定的，依照其规定。

违反本法规定，构成犯罪的，依法追究刑事责任。

第十一章　附　则

第九十七条　各级政府财政部门应当按年度编制以权责发生制为基础的政府综合财务报告，报告政府整体财务状况、运行情况和财政中长期可持续性，报本级人民代表大会常务委员会备案。

第九十八条　国务院根据本法制定实施条例。

第九十九条　民族自治地方的预算管理，依照民族区域自治法的有关规定执行；民族区域自治法没有规定的，依照本法和国务院的有关规定执行。

第一百条　省、自治区、直辖市人民代表大会或者其常务委员会根据本法，可以制定有关预算审查监督的决定或者地方性法规。

第一百零一条　本法自1995年1月1日起施行。1991年10月21日国务院发布的《国家预算管理条例》同时废止。

中华人民共和国招标投标法

（1999年8月30日第九届全国人民代表大会常务委员会第十一次会议通过　根据2017年12月27日第十二届全国人民代表大会常务委员会第三十一次会议《关于修改〈中华人民共和国招标投标法〉、〈中华人民共和国计量法〉的决定》修正）

目　录

第一章　总则
第二章　招标
第三章　投标
第四章　开标、评标和中标
第五章　法律责任
第六章　附则

第一章　总　则

第一条　为了规范招标投标活动，保护国家利益、社会公共利益和招标投标活动当事人的合法权益，提高经济效益，保证项目质量，制定本法。

第二条　在中华人民共和国境内进行招标投标活动，适用本法。

第三条　在中华人民共和国境内进行下列工程建设项目包括项目的勘察、设计、施工、监理以及与工程建设有关的重要设备、材料等的采购，必须进行招标：

（一）大型基础设施、公用事业等关系社会公共利益、公众安全的项目；

（二）全部或者部分使用国有资金投资或者国家融资的项目；

（三）使用国际组织或者外国政府贷款、援助资金的项目。

前款所列项目的具体范围和规模标准，由国务院发展计划部门会同国务院有关部门制订，报国务院批准。

法律或者国务院对必须进行招标的其他项目的范围有规定的，依照其规定。

第四条　任何单位和个人不得将依法必须进行招标的项目化整为零或者以其他任何方式规避招标。

第五条　招标投标活动应当遵循公开、公平、公正和诚实信用的原则。

第六条　依法必须进行招标的项目，其招标投标活动不受地区或者部门的限制。任何单位和个人不得违法限制或者排斥本地区、本系统以外的法人或者其他组织参加投标，不得以任何方式非法干涉招标投标活动。

第七条　招标投标活动及其当事人应当接受依法实施的监督。

有关行政监督部门依法对招标投标活动实施监督，依法查处招标投标活动中的违法行为。

对招标投标活动的行政监督及有关部门的具体职权划分，由国务院规定。

第二章　招　标

第八条　招标人是依照本法规定提出招标项目、进行招标的法人或者其他组织。

第九条　招标项目按照国家有关规定需要履行项目审批手续的，应当先履行审批手续，取得批准。

招标人应当有进行招标项目的相应资金或者资金来源已经落实，并应当在招标文件中如实载明。

第十条　招标分为公开招标和邀请招标。

公开招标，是指招标人以招标公告的方式邀请不特定的法人或者其他组织投标。

邀请招标，是指招标人以投标邀请书的方式邀请特定的法人或者其他组织投标。

第十一条　国务院发展计划部门确定的国家重点项目和省、自治区、直辖市人民政府确定的地方重点项目不适宜公开招标的，经国务院发展计划部门或者省、自治区、直辖市人民政府批准，可以进行邀请招标。

第十二条　招标人有权自行选择招标代理机构，委托其办理招标事宜。任何单位和个人不得以任何方式为招标人指定招标代理机构。

招标人具有编制招标文件和组织评标能力的，可以自行办理招标事宜。任何单位和个人不得强制其委托招标代理机构办理招标事宜。

依法必须进行招标的项目，招标人自行办理招标事宜的，应当向有关行政监督部门备案。

第十三条　招标代理机构是依法设立、从事招标代理业务并提供相关服务的社会中介组织。

招标代理机构应当具备下列条件：

（一）有从事招标代理业务的营业场所和相应资金；

（二）有能够编制招标文件和组织评标的相应专业力量。

第十四条 招标代理机构与行政机关和其他国家机关不得存在隶属关系或者其他利益关系。

第十五条 招标代理机构应当在招标人委托的范围内办理招标事宜，并遵守本法关于招标人的规定。

第十六条 招标人采用公开招标方式的，应当发布招标公告。依法必须进行招标的项目的招标公告，应当通过国家指定的报刊、信息网络或者其他媒介发布。招标公告应当载明招标人的名称和地址、招标项目的性质、数量、实施地点和时间以及获取招标文件的办法等事项。

第十七条 招标人采用邀请招标方式的，应当向三个以上具备承担招标项目的能力、资信良好的特定的法人或者其他组织发出投标邀请书。

投标邀请书应当载明本法第十六条第二款规定的事项。

第十八条 招标人可以根据招标项目本身的要求，在招标公告或者投标邀请书中，要求潜在投标人提供有关资质证明文件和业绩情况，并对潜在投标人进行资格审查；国家对投标人的资格条件有规定的，依照其规定。

招标人不得以不合理的条件限制或者排斥潜在投标人，不得对潜在投标人实行歧视待遇。

第十九条 招标人应当根据招标项目的特点和需要编制招标文件。招标文件应当包括招标项目的技术要求、对投标人资格审查的标准、投标报价要求和评标标准等所有实质性要求和条件以及拟签订合同的主要条款。

国家对招标项目的技术、标准有规定的，招标人应当按照其规定在招标文件中提出相应要求。

招标项目需要划分标段、确定工期的，招标人应当合理划分标段、确定工期，并在招标文件中载明。

第二十条 招标文件不得要求或者标明特定的生产供应者以及含有倾向或者排斥潜在投标人的其他内容。

第二十一条 招标人根据招标项目的具体情况，可以组织潜在投标人踏勘项目现场。

第二十二条 招标人不得向他人透露已获取招标文件的潜在投标人的名称、数量以及可能影响公平竞争的有关招标投标的其他情况。

招标人设有标底的，标底必须保密。

第二十三条 招标人对已发出的招标文件进行必要的澄清或者修改的，应当在招标文件要求提交投标文件截止时间至少十五日前，以书面形式通知所有招标文件收受人。该澄清或者修改的内容为招标文件的组成部分。

第二十四条　招标人应当确定投标人编制投标文件所需要的合理时间；但是，依法必须进行招标的项目，自招标文件开始发出之日起至投标人提交投标文件截止之日止，最短不得少于二十日。

第三章　投　标

第二十五条　投标人是响应招标、参加投标竞争的法人或者其他组织。依法招标的科研项目允许个人参加投标的，投标的个人适用本法有关投标人的规定。

第二十六条　投标人应当具备承担招标项目的能力；国家有关规定对投标人资格条件或者招标文件对投标人资格条件有规定的，投标人应当具备规定的资格条件。

第二十七条　投标人应当按照招标文件的要求编制投标文件。投标文件应当对招标文件提出的实质性要求和条件作出响应。

招标项目属于建设施工的，投标文件的内容应当包括拟派出的项目负责人与主要技术人员的简历、业绩和拟用于完成招标项目的机械设备等。

第二十八条　投标人应当在招标文件要求提交投标文件的截止时间前，将投标文件送达投标地点。招标人收到投标文件后，应当签收保存，不得开启。投标人少于三个的，招标人应当依照本法重新招标。

在招标文件要求提交投标文件的截止时间后送达的投标文件，招标人应当拒收。

第二十九条　投标人在招标文件要求提交投标文件的截止时间前，可以补充、修改或者撤回已提交的投标文件，并书面通知招标人。补充、修改的内容为投标文件的组成部分。

第三十条　投标人根据招标文件载明的项目实际情况，拟在中标后将中标项目的部分非主体、非关键性工作进行分包的，应当在投标文件中载明。

第三十一条　两个以上法人或者其他组织可以组成一个联合体，以一个投标人的身份共同投标。

联合体各方均应当具备承担招标项目的相应能力；国家有关规定或者招标文件对投标人资格条件有规定的，联合体各方均应当具备规定的相应资格条件。由同一专业的单位组成的联合体，按照资质等级较低的单位确定资质等级。

联合体各方应当签订共同投标协议，明确约定各方拟承担的工作和责任，并将共同投标协议连同投标文件一并提交招标人。联合体中标的，联合体各方应当共同与招标人签订合同，就中标项目向招标人承担连带责任。

招标人不得强制投标人组成联合体共同投标，不得限制投标人之间的竞争。

第三十二条 投标人不得相互串通投标报价，不得排挤其他投标人的公平竞争，损害招标人或者其他投标人的合法权益。

投标人不得与招标人串通投标，损害国家利益、社会公共利益或者他人的合法权益。

禁止投标人以向招标人或者评标委员会成员行贿的手段谋取中标。

第三十三条 投标人不得以低于成本的报价竞标，也不得以他人名义投标或者以其他方式弄虚作假，骗取中标。

第四章 开标、评标和中标

第三十四条 开标应当在招标文件确定的提交投标文件截止时间的同一时间公开进行；开标地点应当为招标文件中预先确定的地点。

第三十五条 开标由招标人主持，邀请所有投标人参加。

第三十六条 开标时，由投标人或者其推选的代表检查投标文件的密封情况，也可以由招标人委托的公证机构检查并公证；经确认无误后，由工作人员当众拆封，宣读投标人名称、投标价格和投标文件的其他主要内容。

招标人在招标文件要求提交投标文件的截止时间前收到的所有投标文件，开标时都应当当众予以拆封、宣读。

开标过程应当记录，并存档备查。

第三十七条 评标由招标人依法组建的评标委员会负责。

依法必须进行招标的项目，其评标委员会由招标人的代表和有关技术、经济等方面的专家组成，成员人数为五人以上单数，其中技术、经济等方面的专家不得少于成员总数的三分之二。

前款专家应当从事相关领域工作满八年并具有高级职称或者具有同等专业水平，由招标人从国务院有关部门或者省、自治区、直辖市人民政府有关部门提供的专家名册或者招标代理机构的专家库内的相关专业的专家名单中确定；一般招标项目可以采取随机抽取方式，特殊招标项目可以由招标人直接确定。

与投标人有利害关系的人不得进入相关项目的评标委员会；已经进入的应当更换。

评标委员会成员的名单在中标结果确定前应当保密。

第三十八条 招标人应当采取必要的措施，保证评标在严格保密的情况下进行。

任何单位和个人不得非法干预、影响评标的过程和结果。

第三十九条 评标委员会可以要求投标人对投标文件中含义不明确的内容作必要的澄清或者说明，但是澄清或者说明不得超出投标文件的范围或者改变投标文件的实质性内容。

第四十条 评标委员会应当按照招标文件确定的评标标准和方法，对投标文件进行评审和比较；设有标底的，应当参考标底。评标委员会完成评标后，应当向招标人提出书面评标报告，并推荐合格的中标候选人。

招标人根据评标委员会提出的书面评标报告和推荐的中标候选人确定中标人。招标人也可以授权评标委员会直接确定中标人。

国务院对特定招标项目的评标有特别规定的，从其规定。

第四十一条 中标人的投标应当符合下列条件之一：

（一）能够最大限度地满足招标文件中规定的各项综合评价标准；

（二）能够满足招标文件的实质性要求，并且经评审的投标价格最低；但是投标价格低于成本的除外。

第四十二条 评标委员会经评审，认为所有投标都不符合招标文件要求的，可以否决所有投标。

依法必须进行招标的项目的所有投标被否决的，招标人应当依照本法重新招标。

第四十三条 在确定中标人前，招标人不得与投标人就投标价格、投标方案等实质性内容进行谈判。

第四十四条 评标委员会成员应当客观、公正地履行职务，遵守职业道德，对所提出的评审意见承担个人责任。

评标委员会成员不得私下接触投标人，不得收受投标人的财物或者其他好处。

评标委员会成员和参与评标的有关工作人员不得透露对投标文件的评审和比较、中标候选人的推荐情况以及与评标有关的其他情况。

第四十五条 中标人确定后，招标人应当向中标人发出中标通知书，并同时将中标结果通知所有未中标的投标人。

中标通知书对招标人和中标人具有法律效力。中标通知书发出后，招标人改变中标结果的，或者中标人放弃中标项目的，应当依法承担法律责任。

第四十六条 招标人和中标人应当自中标通知书发出之日起三十日内，按照招标文件和中标人的投标文件订立书面合同。招标人和中标人不得再行订立背离合同实质性内容的其他协议。

招标文件要求中标人提交履约保证金的，中标人应当提交。

第四十七条 依法必须进行招标的项目，招标人应当自确定中标人之日起十五日内，向有关行政监督部门提交招标投标情况的书面报告。

第四十八条 中标人应当按照合同约定履行义务，完成中标项目。中标人不得向他人转让中标项目，也不得将中标项目肢解后分别向他人转让。

中标人按照合同约定或者经招标人同意，可以将中标项目的部分非主体、非关键性工作分包给他人完成。接受分包的人应当具备相应的资格条件，并不得再次分包。

中标人应当就分包项目向招标人负责，接受分包的人就分包项目承担连带责任。

第五章 法律责任

第四十九条 违反本法规定，必须进行招标的项目而不招标的，将必须进行招标的项目化整为零或者以其他任何方式规避招标的，责令限期改正，可以处项目合同金额千分之五以上千分之十以下的罚款；对全部或者部分使用国有资金的项目，可以暂停项目执行或者暂停资金拨付；对单位直接负责的主管人员和其他直接责任人员依法给予处分。

第五十条 招标代理机构违反本法规定，泄露应当保密的与招标投标活动有关的情况和资料的，或者与招标人、投标人串通损害国家利益、社会公共利益或者他人合法权益的，处五万元以上二十五万元以下的罚款；对单位直接负责的主管人员和其他直接责任人员处单位罚款数额百分之五以上百分之十以下的罚款；有违法所得的，并处没收违法所得；情节严重的，禁止其一年至二年内代理依法必须进行招标的项目并予以公告，直至由工商行政管理机关吊销营业执照；构成犯罪的，依法追究刑事责任。给他人造成损失的，依法承担赔偿责任。

前款所列行为影响中标结果的，中标无效。

第五十一条 招标人以不合理的条件限制或者排斥潜在投标人的，对潜在投标人实行歧视待遇的，强制要求投标人组成联合体共同投标的，或者限制投标人之间竞争的，责令改正，可以处一万元以上五万元以下的罚款。

第五十二条 依法必须进行招标的项目的招标人向他人透露已获取招标文件的潜在投标人的名称、数量或者可能影响公平竞争的有关招标投标的其他情况的，或者泄露标底的，给予警告，可以并处一万元以上十万元以下的罚款；对单位直接负责的主管人员和其他直接责任人员依法给予处分；构成犯罪的，依法追究刑事责任。

前款所列行为影响中标结果的，中标无效。

第五十三条　投标人相互串通投标或者与招标人串通投标的，投标人以向招标人或者评标委员会成员行贿的手段谋取中标的，中标无效，处中标项目金额千分之五以上千分之十以下的罚款，对单位直接负责的主管人员和其他直接责任人员处单位罚款数额百分之五以上百分之十以下的罚款；有违法所得的，并处没收违法所得；情节严重的，取消其一年至二年内参加依法必须进行招标的项目的投标资格并予以公告，直至由工商行政管理机关吊销营业执照；构成犯罪的，依法追究刑事责任。给他人造成损失的，依法承担赔偿责任。

第五十四条　投标人以他人名义投标或者以其他方式弄虚作假，骗取中标的，中标无效，给招标人造成损失的，依法承担赔偿责任；构成犯罪的，依法追究刑事责任。

依法必须进行招标的项目的投标人有前款所列行为尚未构成犯罪的，处中标项目金额千分之五以上千分之十以下的罚款，对单位直接负责的主管人员和其他直接责任人员处单位罚款数额百分之五以上百分之十以下的罚款；有违法所得的，并处没收违法所得；情节严重的，取消其一年至三年内参加依法必须进行招标的项目的投标资格并予以公告，直至由工商行政管理机关吊销营业执照。

第五十五条　依法必须进行招标的项目，招标人违反本法规定，与投标人就投标价格、投标方案等实质性内容进行谈判的，给予警告，对单位直接负责的主管人员和其他直接责任人员依法给予处分。

前款所列行为影响中标结果的，中标无效。

第五十六条　评标委员会成员收受投标人的财物或者其他好处的，评标委员会成员或者参加评标的有关工作人员向他人透露对投标文件的评审和比较、中标候选人的推荐以及与评标有关的其他情况的，给予警告，没收收受的财物，可以并处三千元以上五万元以下的罚款，对有所列违法行为的评标委员会成员取消担任评标委员会成员的资格，不得再参加任何依法必须进行招标的项目的评标；构成犯罪的，依法追究刑事责任。

第五十七条　招标人在评标委员会依法推荐的中标候选人以外确定中标人的，依法必须进行招标的项目在所有投标被评标委员会否决后自行确定中标人的，中标无效，责令改正，可以处中标项目金额千分之五以上千分之十以下的罚款；对单位直接负责的主管人员和其他直接责任人员依法给予处分。

第五十八条　中标人将中标项目转让给他人的，将中标项目肢解后分别转让给他人的，违反本法规定将中标项目的部分主体、关键性工作分包给他人的，或者分包人再次分包的，转让、分包无效，处转让、分包项目金额千分之五以上千分之十以下的罚款；有违法所得的，并处没收违法所得；可以责令停业整顿；情节严重的，由工商行政管理机关吊销营业执照。

第五十九条 招标人与中标人不按照招标文件和中标人的投标文件订立合同的，或者招标人、中标人订立背离合同实质性内容的协议的，责令改正；可以处中标项目金额千分之五以上千分之十以下的罚款。

第六十条 中标人不履行与招标人订立的合同的，履约保证金不予退还，给招标人造成的损失超过履约保证金数额的，还应当对超过部分予以赔偿；没有提交履约保证金的，应当对招标人的损失承担赔偿责任。

中标人不按照与招标人订立的合同履行义务，情节严重的，取消其二年至五年内参加依法必须进行招标的项目的投标资格并予以公告，直至由工商行政管理机关吊销营业执照。

因不可抗力不能履行合同的，不适用前两款规定。

第六十一条 本章规定的行政处罚，由国务院规定的有关行政监督部门决定。本法已对实施行政处罚的机关作出规定的除外。

第六十二条 任何单位违反本法规定，限制或者排斥本地区、本系统以外的法人或者其他组织参加投标的，为招标人指定招标代理机构的，强制招标人委托招标代理机构办理招标事宜的，或者以其他方式干涉招标投标活动的，责令改正；对单位直接负责的主管人员和其他直接责任人员依法给予警告、记过、记大过的处分，情节较重的，依法给予降级、撤职、开除的处分。

个人利用职权进行前款违法行为的，依照前款规定追究责任。

第六十三条 对招标投标活动依法负有行政监督职责的国家机关工作人员徇私舞弊、滥用职权或者玩忽职守，构成犯罪的，依法追究刑事责任；不构成犯罪的，依法给予行政处分。

第六十四条 依法必须进行招标的项目违反本法规定，中标无效的，应当依照本法规定的中标条件从其余投标人中重新确定中标人或者依照本法重新进行招标。

第六章 附 则

第六十五条 投标人和其他利害关系人认为招标投标活动不符合本法有关规定的，有权向招标人提出异议或者依法向有关行政监督部门投诉。

第六十六条 涉及国家安全、国家秘密、抢险救灾或者属于利用扶贫资金实行以工代赈、需要使用农民工等特殊情况，不适宜进行招标的项目，按照国家有关规定可以不进行招标。

第六十七条 使用国际组织或者外国政府贷款、援助资金的项目进行招标，贷款方、资金提供方对招标投标的具体条件和程序有不同规定的，可以适用其规定，但违背中华人民共和国的社会公共利益的除外。

第六十八条　本法自2000年1月1日起施行。

中华人民共和国政府采购法

（2002年6月29日第九届全国人民代表大会常务委员会第二十八次会议通过　根据2014年08月31日第十二届全国人民代表大会常务委员会第十次会议《关于修改〈中华人民共和国保险法〉等五部法律的决定》修正）

目　录

第一章　总则
第二章　政府采购当事人
第三章　政府采购方式
第四章　政府采购程序
第五章　政府采购合同
第六章　质疑与投诉
第七章　监督检查
第八章　法律责任
第九章　附则

第一章　总　则

第一条　为了规范政府采购行为，提高政府采购资金的使用效益，维护国家利益和社会公共利益，保护政府采购当事人的合法权益，促进廉政建设，制定本法。

第二条　在中华人民共和国境内进行的政府采购适用本法。

本法所称政府采购，是指各级国家机关、事业单位和团体组织，使用财政性资金采购依法制定的集中采购目录以内的或者采购限额标准以上的货物、工程和服务的行为。

政府集中采购目录和采购限额标准依照本法规定的权限制定。

本法所称采购，是指以合同方式有偿取得货物、工程和服务的行为，包括购买、租赁、委托、雇用等。

本法所称货物，是指各种形态和种类的物品，包括原材料、燃料、设备、产品等。

本法所称工程，是指建设工程，包括建筑物和构筑物的新建、改建、扩建、装修、拆除、修缮等。

本法所称服务，是指除货物和工程以外的其他政府采购对象。

第三条 政府采购应当遵循公开透明原则、公平竞争原则、公正原则和诚实信用原则。

第四条 政府采购工程进行招标投标的，适用招标投标法。

第五条 任何单位和个人不得采用任何方式，阻挠和限制供应商自由进入本地区和本行业的政府采购市场。

第六条 政府采购应当严格按照批准的预算执行。

第七条 政府采购实行集中采购和分散采购相结合。集中采购的范围由省级以上人民政府公布的集中采购目录确定。

属于中央预算的政府采购项目，其集中采购目录由国务院确定并公布；属于地方预算的政府采购项目，其集中采购目录由省、自治区、直辖市人民政府或者其授权的机构确定并公布。

纳入集中采购目录的政府采购项目，应当实行集中采购。

第八条 政府采购限额标准，属于中央预算的政府采购项目，由国务院确定并公布；属于地方预算的政府采购项目，由省、自治区、直辖市人民政府或者其授权的机构确定并公布。

第九条 政府采购应当有助于实现国家的经济和社会发展政策目标，包括保护环境，扶持不发达地区和少数民族地区，促进中小企业发展等。

第十条 政府采购应当采购本国货物、工程和服务。但有下列情形之一的除外：

（一）需要采购的货物、工程或者服务在中国境内无法获取或者无法以合理的商业条件获取的；

（二）为在中国境外使用而进行采购的；

（三）其他法律、行政法规另有规定的。

前款所称本国货物、工程和服务的界定，依照国务院有关规定执行。

第十一条 政府采购的信息应当在政府采购监督管理部门指定的媒体上及时向社会公开发布，但涉及商业秘密的除外。

第十二条 在政府采购活动中，采购人员及相关人员与供应商有利害关系的，必须回避。供应商认为采购人员及相关人员与其他供应商有利害关系的，可以申请其回避。

前款所称相关人员，包括招标采购中评标委员会的组成人员，竞争性谈判采购中谈判小组的组成人员，询价采购中询价小组的组成人员等。

第十三条　各级人民政府财政部门是负责政府采购监督管理的部门，依法履行对政府采购活动的监督管理职责。

各级人民政府其他有关部门依法履行与政府采购活动有关的监督管理职责。

第二章　政府采购当事人

第十四条　政府采购当事人是指在政府采购活动中享有权利和承担义务的各类主体，包括采购人、供应商和采购代理机构等。

第十五条　采购人是指依法进行政府采购的国家机关、事业单位、团体组织。

第十六条　集中采购机构为采购代理机构。设区的市、自治州以上人民政府根据本级政府采购项目组织集中采购的需要设立集中采购机构。

集中采购机构是非营利事业法人，根据采购人的委托办理采购事宜。

第十七条　集中采购机构进行政府采购活动，应当符合采购价格低于市场平均价格、采购效率更高、采购质量优良和服务良好的要求。

第十八条　采购人采购纳入集中采购目录的政府采购项目，必须委托集中采购机构代理采购；采购未纳入集中采购目录的政府采购项目，可以自行采购，也可以委托集中采购机构在委托的范围内代理采购。

纳入集中采购目录属于通用的政府采购项目的，应当委托集中采购机构代理采购；属于本部门、本系统有特殊要求的项目，应当实行部门集中采购；属于本单位有特殊要求的项目，经省级以上人民政府批准，可以自行采购。

第十九条　采购人可以委托经国务院有关部门或者省级人民政府有关部门认定资格的采购代理机构，在委托的范围内办理政府采购事宜。

采购人有权自行选择采购代理机构，任何单位和个人不得以任何方式为采购人指定采购代理机构。

第二十条　采购人依法委托采购代理机构办理采购事宜的，应当由采购人与采购代理机构签订委托代理协议，依法确定委托代理的事项，约定双方的权利义务。

第二十一条　供应商是指向采购人提供货物、工程或者服务的法人、其他组织或者自然人。

第二十二条　供应商参加政府采购活动应当具备下列条件：

（一）具有独立承担民事责任的能力；

（二）具有良好的商业信誉和健全的财务会计制度；

（三）具有履行合同所必需的设备和专业技术能力；

（四）有依法缴纳税收和社会保障资金的良好记录；

（五）参加政府采购活动前三年内，在经营活动中没有重大违法记录；

（六）法律、行政法规规定的其他条件。

采购人可以根据采购项目的特殊要求，规定供应商的特定条件，但不得以不合理的条件对供应商实行差别待遇或者歧视待遇。

第二十三条 采购人可以要求参加政府采购的供应商提供有关资质证明文件和业绩情况，并根据本法规定的供应商条件和采购项目对供应商的特定要求，对供应商的资格进行审查。

第二十四条 两个以上的自然人、法人或者其他组织可以组成一个联合体，以一个供应商的身份共同参加政府采购。

以联合体形式进行政府采购的，参加联合体的供应商均应当具备本法第二十二条规定的条件，并应当向采购人提交联合协议，载明联合体各方承担的工作和义务。联合体各方应当共同与采购人签订采购合同，就采购合同约定的事项对采购人承担连带责任。

第二十五条 政府采购当事人不得相互串通损害国家利益、社会公共利益和其他当事人的合法权益；不得以任何手段排斥其他供应商参与竞争。

供应商不得以向采购人、采购代理机构、评标委员会的组成人员、竞争性谈判小组的组成人员、询价小组的组成人员行贿或者采取其他不正当手段谋取中标或者成交。

采购代理机构不得以向采购人行贿或者采取其他不正当手段谋取非法利益。

第三章 政府采购方式

第二十六条 政府采购采用以下方式：

（一）公开招标；

（二）邀请招标；

（三）竞争性谈判；

（四）单一来源采购；

（五）询价；

（六）国务院政府采购监督管理部门认定的其他采购方式。

公开招标应作为政府采购的主要采购方式。

第二十七条　采购人采购货物或者服务应当采用公开招标方式的，其具体数额标准，属于中央预算的政府采购项目，由国务院规定；属于地方预算的政府采购项目，由省、自治区、直辖市人民政府规定；因特殊情况需要采用公开招标以外的采购方式的，应当在采购活动开始前获得设区的市、自治州以上人民政府采购监督管理部门的批准。

第二十八条　采购人不得将应当以公开招标方式采购的货物或者服务化整为零或者以其他任何方式规避公开招标采购。

第二十九条　符合下列情形之一的货物或者服务，可以依照本法采用邀请招标方式采购：

（一）具有特殊性，只能从有限范围的供应商处采购的；

（二）采用公开招标方式的费用占政府采购项目总价值的比例过大的。

第三十条　符合下列情形之一的货物或者服务，可以依照本法采用竞争性谈判方式采购：

（一）招标后没有供应商投标或者没有合格标的或者重新招标未能成立的；

（二）技术复杂或者性质特殊，不能确定详细规格或者具体要求的；

（三）采用招标所需时间不能满足用户紧急需要的；

（四）不能事先计算出价格总额的。

第三十一条　符合下列情形之一的货物或者服务，可以依照本法采用单一来源方式采购：

（一）只能从唯一供应商处采购的；

（二）发生了不可预见的紧急情况不能从其他供应商处采购的；

（三）必须保证原有采购项目一致性或者服务配套的要求，需要继续从原供应商处添购，且添购资金总额不超过原合同采购金额百分之十的。

第三十二条　采购的货物规格、标准统一、现货货源充足且价格变化幅度小的政府采购项目，可以依照本法采用询价方式采购。

第四章　政府采购程序

第三十三条　负有编制部门预算职责的部门在编制下一财政年度部门预算时，应当将该财政年度政府采购的项目及资金预算列出，报本级财政部门汇总。部门预算的审批，按预算管理权限和程序进行。

第三十四条　货物或者服务项目采取邀请招标方式采购的，采购人应当从符合相应资格条件的供应商中，通过随机方式选择三家以上的供应商，并向其发出投标邀请书。

第三十五条 货物和服务项目实行招标方式采购的，自招标文件开始发出之日起至投标人提交投标文件截止之日止，不得少于二十日。

第三十六条 在招标采购中，出现下列情形之一的，应予废标：

（一）符合专业条件的供应商或者对招标文件作实质响应的供应商不足三家的；

（二）出现影响采购公正的违法、违规行为的；

（三）投标人的报价均超过了采购预算，采购人不能支付的；

（四）因重大变故，采购任务取消的。

废标后，采购人应当将废标理由通知所有投标人。

第三十七条 废标后，除采购任务取消情形外，应当重新组织招标；需要采取其他方式采购的，应当在采购活动开始前获得设区的市、自治州以上人民政府采购监督管理部门或者政府有关部门批准。

第三十八条 采用竞争性谈判方式采购的，应当遵循下列程序：

（一）成立谈判小组。谈判小组由采购人的代表和有关专家共三人以上的单数组成，其中专家的人数不得少于成员总数的三分之二。

（二）制定谈判文件。谈判文件应当明确谈判程序、谈判内容、合同草案的条款以及评定成交的标准等事项。

（三）确定邀请参加谈判的供应商名单。谈判小组从符合相应资格条件的供应商名单中确定不少于三家的供应商参加谈判，并向其提供谈判文件。

（四）谈判。谈判小组所有成员集中与单一供应商分别进行谈判。在谈判中，谈判的任何一方不得透露与谈判有关的其他供应商的技术资料、价格和其他信息。谈判文件有实质性变动的，谈判小组应当以书面形式通知所有参加谈判的供应商。

（五）确定成交供应商。谈判结束后，谈判小组应当要求所有参加谈判的供应商在规定时间内进行最后报价，采购人从谈判小组提出的成交候选人中根据符合采购需求、质量和服务相等且报价最低的原则确定成交供应商，并将结果通知所有参加谈判的未成交的供应商。

第三十九条 采取单一来源方式采购的，采购人与供应商应当遵循本法规定的原则，在保证采购项目质量和双方商定合理价格的基础上进行采购。

第四十条 采取询价方式采购的，应当遵循下列程序：

（一）成立询价小组。询价小组由采购人的代表和有关专家共三人以上的单数组成，其中专家的人数不得少于成员总数的三分之二。询价小组应当对采购项目的价格构成和评定成交的标准等事项作出规定。

（二）确定被询价的供应商名单。询价小组根据采购需求，从符合相应资格条件的供应商名单中确定不少于三家的供应商，并向其发出询价通知书让其报价。

（三）询价。询价小组要求被询价的供应商一次报出不得更改的价格。

（四）确定成交供应商。采购人根据符合采购需求、质量和服务相等且报价最低的原则确定成交供应商，并将结果通知所有被询价的未成交的供应商。

第四十一条　采购人或者其委托的采购代理机构应当组织对供应商履约的验收。大型或者复杂的政府采购项目，应当邀请国家认可的质量检测机构参加验收工作。验收方成员应当在验收书上签字，并承担相应的法律责任。

第四十二条　采购人、采购代理机构对政府采购项目每项采购活动的采购文件应当妥善保存，不得伪造、变造、隐匿或者销毁。采购文件的保存期限为从采购结束之日起至少保存十五年。

采购文件包括采购活动记录、采购预算、招标文件、投标文件、评标标准、评估报告、定标文件、合同文本、验收证明、质疑答复、投诉处理决定及其他有关文件、资料。

采购活动记录至少应当包括下列内容：

（一）采购项目类别、名称；

（二）采购项目预算、资金构成和合同价格；

（三）采购方式，采用公开招标以外的采购方式的，应当载明原因；

（四）邀请和选择供应商的条件及原因；

（五）评标标准及确定中标人的原因；

（六）废标的原因；

（七）采用招标以外采购方式的相应记载。

第五章　政府采购合同

第四十三条　政府采购合同适用合同法。采购人和供应商之间的权利和义务，应当按照平等、自愿的原则以合同方式约定。

采购人可以委托采购代理机构代表其与供应商签订政府采购合同。由采购代理机构以采购人名义签订合同的，应当提交采购人的授权委托书，作为合同附件。

第四十四条　政府采购合同应当采用书面形式。

第四十五条　国务院政府采购监督管理部门应当会同国务院有关部门，规定政府采购合同必须具备的条款。

第四十六条　采购人与中标、成交供应商应当在中标、成交通知书发出之日起三十日内，按照采购文件确定的事项签订政府采购合同。

中标、成交通知书对采购人和中标、成交供应商均具有法律效力。中标、成交通知书发出后，采购人改变中标、成交结果的，或者中标、成交供应商放弃中标、成交项目的，应当依法承担法律责任。

第四十七条 政府采购项目的采购合同自签订之日起七个工作日内，采购人应当将合同副本报同级政府采购监督管理部门和有关部门备案。

第四十八条 经采购人同意，中标、成交供应商可以依法采取分包方式履行合同。

政府采购合同分包履行的，中标、成交供应商就采购项目和分包项目向采购人负责，分包供应商就分包项目承担责任。

第四十九条 政府采购合同履行中，采购人需追加与合同标的相同的货物、工程或者服务的，在不改变合同其他条款的前提下，可以与供应商协商签订补充合同，但所有补充合同的采购金额不得超过原合同采购金额的百分之十。

第五十条 政府采购合同的双方当事人不得擅自变更、中止或者终止合同。政府采购合同继续履行将损害国家利益和社会公共利益的，双方当事人应当变更、中止或者终止合同。有过错的一方应当承担赔偿责任，双方都有过错的，各自承担相应的责任。

第六章　质疑与投诉

第五十一条 供应商对政府采购活动事项有疑问的，可以向采购人提出询问，采购人应当及时作出答复，但答复的内容不得涉及商业秘密。

第五十二条 供应商认为采购文件、采购过程和中标、成交结果使自己的权益受到损害的，可以在知道或者应知其权益受到损害之日起七个工作日内，以书面形式向采购人提出质疑。

第五十三条 采购人应当在收到供应商的书面质疑后七个工作日内作出答复，并以书面形式通知质疑供应商和其他有关供应商，但答复的内容不得涉及商业秘密。

第五十四条 采购人委托采购代理机构采购的，供应商可以向采购代理机构提出询问或者质疑，采购代理机构应当依照本法第五十一条、第五十三条的规定就采购人委托授权范围内的事项作出答复。

第五十五条 质疑供应商对采购人、采购代理机构的答复不满意或者采购人、采购代理机构未在规定的时间内作出答复的，可以在答复期满后十五个工作日内向同级政府采购监督管理部门投诉。

第五十六条 政府采购监督管理部门应当在收到投诉后三十个工作日内，

对投诉事项作出处理决定，并以书面形式通知投诉人和与投诉事项有关的当事人。

第五十七条　政府采购监督管理部门在处理投诉事项期间，可以视具体情况书面通知采购人暂停采购活动，但暂停时间最长不得超过三十日。

第五十八条　投诉人对政府采购监督管理部门的投诉处理决定不服或者政府采购监督管理部门逾期未作处理的，可以依法申请行政复议或者向人民法院提起行政诉讼。

第七章　监督检查

第五十九条　政府采购监督管理部门应当加强对政府采购活动及集中采购机构的监督检查。

监督检查的主要内容是：

（一）有关政府采购的法律、行政法规和规章的执行情况；

（二）采购范围、采购方式和采购程序的执行情况；

（三）政府采购人员的职业素质和专业技能。

第六十条　政府采购监督管理部门不得设置集中采购机构，不得参与政府采购项目的采购活动。

采购代理机构与行政机关不得存在隶属关系或者其他利益关系。

第六十一条　集中采购机构应当建立健全内部监督管理制度。采购活动的决策和执行程序应当明确，并相互监督、相互制约。经办采购的人员与负责采购合同审核、验收人员的职责权限应当明确，并相互分离。

第六十二条　集中采购机构的采购人员应当具有相关职业素质和专业技能，符合政府采购监督管理部门规定的专业岗位任职要求。

集中采购机构对其工作人员应当加强教育和培训；对采购人员的专业水平、工作实绩和职业道德状况定期进行考核。采购人员经考核不合格的，不得继续任职。

第六十三条　政府采购项目的采购标准应当公开。

采用本法规定的采购方式的，采购人在采购活动完成后，应当将采购结果予以公布。

第六十四条　采购人必须按照本法规定的采购方式和采购程序进行采购。

任何单位和个人不得违反本法规定，要求采购人或者采购工作人员向其指定的供应商进行采购。

第六十五条　政府采购监督管理部门应当对政府采购项目的采购活动进行检查，政府采购当事人应当如实反映情况，提供有关材料。

第六十六条 政府采购监督管理部门应当对集中采购机构的采购价格、节约资金效果、服务质量、信誉状况、有无违法行为等事项进行考核，并定期如实公布考核结果。

第六十七条 依照法律、行政法规的规定对政府采购负有行政监督职责的政府有关部门，应当按照其职责分工，加强对政府采购活动的监督。

第六十八条 审计机关应当对政府采购进行审计监督。政府采购监督管理部门、政府采购各当事人有关政府采购活动，应当接受审计机关的审计监督。

第六十九条 监察机关应当加强对参与政府采购活动的国家机关、国家公务员和国家行政机关任命的其他人员实施监察。

第七十条 任何单位和个人对政府采购活动中的违法行为，有权控告和检举，有关部门、机关应当依照各自职责及时处理。

第八章　法律责任

第七十一条 采购人、采购代理机构有下列情形之一的，责令限期改正，给予警告，可以并处罚款，对直接负责的主管人员和其他直接责任人员，由其行政主管部门或者有关机关给予处分，并予通报：

（一）应当采用公开招标方式而擅自采用其他方式采购的；

（二）擅自提高采购标准的；

（三）委托不具备政府采购业务代理资格的机构办理采购事务的；

（四）以不合理的条件对供应商实行差别待遇或者歧视待遇的；

（五）在招标采购过程中与投标人进行协商谈判的；

（六）中标、成交通知书发出后不与中标、成交供应商签订采购合同的；

（七）拒绝有关部门依法实施监督检查的。

第七十二条 采购人、采购代理机构及其工作人员有下列情形之一，构成犯罪的，依法追究刑事责任；尚不构成犯罪的，处以罚款，有违法所得的，并处没收违法所得，属于国家机关工作人员的，依法给予行政处分：

（一）与供应商或者采购代理机构恶意串通的；

（二）在采购过程中接受贿赂或者获取其他不正当利益的；

（三）在有关部门依法实施的监督检查中提供虚假情况的；

（四）开标前泄露标底的。

第七十三条 有前两条违法行为之一影响中标、成交结果或者可能影响中标、成交结果的，按下列情况分别处理：

（一）未确定中标、成交供应商的，终止采购活动；

（二）中标、成交供应商已经确定但采购合同尚未履行的，撤销合同，从合格的中标、成交候选人中另行确定中标、成交供应商；

（三）采购合同已经履行的，给采购人、供应商造成损失的，由责任人承担赔偿责任。

第七十四条　采购人对应当实行集中采购的政府采购项目，不委托集中采购机构实行集中采购的，由政府采购监督管理部门责令改正；拒不改正的，停止按预算向其支付资金，由其上级行政主管部门或者有关机关依法给予其直接负责的主管人员和其他直接责任人员处分。

第七十五条　采购人未依法公布政府采购项目的采购标准和采购结果的，责令改正，对直接负责的主管人员依法给予处分。

第七十六条　采购人、采购代理机构违反本法规定隐匿、销毁应当保存的采购文件或者伪造、变造采购文件的，由政府采购监督管理部门处以二万元以上十万元以下的罚款，对其直接负责的主管人员和其他直接责任人员依法给予处分；构成犯罪的，依法追究刑事责任。

第七十七条　供应商有下列情形之一的，处以采购金额千分之五以上千分之十以下的罚款，列入不良行为记录名单，在一至三年内禁止参加政府采购活动，有违法所得的，并处没收违法所得，情节严重的，由工商行政管理机关吊销营业执照；构成犯罪的，依法追究刑事责任：

（一）提供虚假材料谋取中标、成交的；

（二）采取不正当手段诋毁、排挤其他供应商的；

（三）与采购人、其他供应商或者采购代理机构恶意串通的；

（四）向采购人、采购代理机构行贿或者提供其他不正当利益的；

（五）在招标采购过程中与采购人进行协商谈判的；

（六）拒绝有关部门监督检查或者提供虚假情况的。

供应商有前款第（一）至（五）项情形之一的，中标、成交无效。

第七十八条　采购代理机构在代理政府采购业务中有违法行为的，按照有关法律规定处以罚款，可以依法取消其进行相关业务的资格，构成犯罪的，依法追究刑事责任。

第七十九条　政府采购当事人有本法第七十一条、第七十二条、第七十七条违法行为之一，给他人造成损失的，并应依照有关民事法律规定承担民事责任。

第八十条　政府采购监督管理部门的工作人员在实施监督检查中违反本法规定滥用职权，玩忽职守，徇私舞弊的，依法给予行政处分；构成犯罪的，依法追究刑事责任。

第八十一条 政府采购监督管理部门对供应商的投诉逾期未作处理的，给予直接负责的主管人员和其他直接责任人员行政处分。

第八十二条 政府采购监督管理部门对集中采购机构业绩的考核，有虚假陈述，隐瞒真实情况的，或者不作定期考核和公布考核结果的，应当及时纠正，由其上级机关或者监察机关对其负责人进行通报，并对直接负责的人员依法给予行政处分。

集中采购机构在政府采购监督管理部门考核中，虚报业绩，隐瞒真实情况的，处以二万元以上二十万元以下的罚款，并予以通报；情节严重的，取消其代理采购的资格。

第八十三条 任何单位或者个人阻挠和限制供应商进入本地区或者本行业政府采购市场的，责令限期改正；拒不改正的，由该单位、个人的上级行政主管部门或者有关机关给予单位责任人或者个人处分。

第九章 附 则

第八十四条 使用国际组织和外国政府贷款进行的政府采购，贷款方、资金提供方与中方达成的协议对采购的具体条件另有规定的，可以适用其规定，但不得损害国家利益和社会公共利益。

第八十五条 对因严重自然灾害和其他不可抗力事件所实施的紧急采购和涉及国家安全和秘密的采购，不适用本法。

第八十六条 军事采购法规由中央军事委员会另行制定。

第八十七条 本法实施的具体步骤和办法由国务院规定。

第八十八条 本法自2003年1月1日起施行。

中华人民共和国审计法实施条例

（1997年10月21日中华人民共和国国务院令第231号公布
2010年2月2日国务院第100次常务会议修订通过）

第一章 总 则

第一条 根据《中华人民共和国审计法》（以下简称审计法）的规定，制定本条例。

第二条 审计法所称审计，是指审计机关依法独立检查被审计单位的会计凭证、会计账簿、财务会计报告以及其他与财政收支、财务收支有关的资料和资产，监督财政收支、财务收支真实、合法和效益的行为。

第三条 审计法所称财政收支，是指依照《中华人民共和国预算法》和国家其他有关规定，纳入预算管理的收入和支出，以及下列财政资金中未纳入预算管理的收入和支出：

（一）行政事业性收费；

（二）国有资源、国有资产收入；

（三）应当上缴的国有资本经营收益；

（四）政府举借债务筹措的资金；

（五）其他未纳入预算管理的财政资金。

第四条 审计法所称财务收支，是指国有的金融机构、企业事业组织以及依法应当接受审计机关审计监督的其他单位，按照国家财务会计制度的规定，实行会计核算的各项收入和支出。

第五条 审计机关依照审计法和本条例以及其他有关法律、法规规定的职责、权限和程序进行审计监督。

审计机关依照有关财政收支、财务收支的法律、法规，以及国家有关政策、标准、项目目标等方面的规定进行审计评价，对被审计单位违反国家规定的财政收支、财务收支行为，在法定职权范围内作出处理、处罚的决定。

第六条 任何单位和个人对依法应当接受审计机关审计监督的单位违反国家规定的财政收支、财务收支行为，有权向审计机关举报。审计机关接到举报，应当依法及时处理。

第二章 审计机关和审计人员

第七条 审计署在国务院总理领导下，主管全国的审计工作，履行审计法和国务院规定的职责。

地方各级审计机关在本级人民政府行政首长和上一级审计机关的领导下，负责本行政区域的审计工作，履行法律、法规和本级人民政府规定的职责。

第八条 省、自治区人民政府设有派出机关的，派出机关的审计机关对派出机关和省、自治区人民政府审计机关负责并报告工作，审计业务以省、自治区人民政府审计机关领导为主。

第九条 审计机关派出机构依照法律、法规和审计机关的规定，在审计机关的授权范围内开展审计工作，不受其他行政机关、社会团体和个人的干涉。

第十条 审计机关编制年度经费预算草案的依据主要包括：

（一）法律、法规；

（二）本级人民政府的决定和要求；

（三）审计机关的年度审计工作计划；

（四）定员定额标准；

（五）上一年度经费预算执行情况和本年度的变化因素。

第十一条 审计人员实行审计专业技术资格制度，具体按照国家有关规定执行。

审计机关根据工作需要，可以聘请具有与审计事项相关专业知识的人员参加审计工作。

第十二条 审计人员办理审计事项，有下列情形之一的，应当申请回避，被审计单位也有权申请审计人员回避：

（一）与被审计单位负责人或者有关主管人员有夫妻关系、直系血亲关系、三代以内旁系血亲或者近姻亲关系的；

（二）与被审计单位或者审计事项有经济利益关系的；

（三）与被审计单位、审计事项、被审计单位负责人或者有关主管人员有其他利害关系，可能影响公正执行公务的。

审计人员的回避，由审计机关负责人决定；审计机关负责人办理审计事项时的回避，由本级人民政府或者上一级审计机关负责人决定。

第十三条 地方各级审计机关正职和副职负责人的任免，应当事先征求上一级审计机关的意见。

第十四条 审计机关负责人在任职期间没有下列情形之一的，不得随意撤换：

（一）因犯罪被追究刑事责任的；

（二）因严重违法、失职受到处分，不适宜继续担任审计机关负责人的；

（三）因健康原因不能履行职责1年以上的；

（四）不符合国家规定的其他任职条件的。

第三章　审计机关职责

第十五条 审计机关对本级人民政府财政部门具体组织本级预算执行的情况，本级预算收入征收部门征收预算收入的情况，与本级人民政府财政部门直接发生预算缴款、拨款关系的部门、单位的预算执行情况和决算，下级人民政府的预算执行情况和决算，以及其他财政收支情况，依法进行审计监督。经本级人民政府批准，审计机关对其他取得财政资金的单位和项目接受、运用财政资金的真实、合法和效益情况，依法进行审计监督。

第十六条 审计机关对本级预算收入和支出的执行情况进行审计监督的内容包括：

（一）财政部门按照本级人民代表大会批准的本级预算向本级各部门（含直属单位）批复预算的情况、本级预算执行中调整情况和预算收支变化情况；

（二）预算收入征收部门依照法律、行政法规的规定和国家其他有关规定征收预算收入情况；

（三）财政部门按照批准的年度预算、用款计划，以及规定的预算级次和程序，拨付本级预算支出资金情况；

（四）财政部门依照法律、行政法规的规定和财政管理体制，拨付和管理政府间财政转移支付资金情况以及办理结算、结转情况；

（五）国库按照国家有关规定办理预算收入的收纳、划分、留解情况和预算支出资金的拨付情况；

（六）本级各部门（含直属单位）执行年度预算情况；

（七）依照国家有关规定实行专项管理的预算资金收支情况；

（八）法律、法规规定的其他预算执行情况。

第十七条 审计法第十七条所称审计结果报告，应当包括下列内容：

（一）本级预算执行和其他财政收支的基本情况；

（二）审计机关对本级预算执行和其他财政收支情况作出的审计评价；

（三）本级预算执行和其他财政收支中存在的问题以及审计机关依法采取的措施；

（四）审计机关提出的改进本级预算执行和其他财政收支管理工作的建议；

（五）本级人民政府要求报告的其他情况。

第十八条 审计署对中央银行及其分支机构履行职责所发生的各项财务收支，依法进行审计监督。

审计署向国务院总理提出的中央预算执行和其他财政收支情况审计结果报告，应当包括对中央银行的财务收支的审计情况。

第十九条 审计法第二十一条所称国有资本占控股地位或者主导地位的企业、金融机构，包括：

（一）国有资本占企业、金融机构资本（股本）总额的比例超过50%的；

（二）国有资本占企业、金融机构资本（股本）总额的比例在50%以下，但国有资本投资主体拥有实际控制权的。

审计机关对前款规定的企业、金融机构，除国务院另有规定外，比照审计法第十八条第二款、第二十条规定进行审计监督。

第二十条 审计法第二十二条所称政府投资和以政府投资为主的建设项目，包括：

（一）全部使用预算内投资资金、专项建设基金、政府举借债务筹措的资金等财政资金的；

（二）未全部使用财政资金，财政资金占项目总投资的比例超过50%，或者占项目总投资的比例在50%以下，但政府拥有项目建设、运营实际控制权的。

审计机关对前款规定的建设项目的总预算或者概算的执行情况、年度预算的执行情况和年度决算、单项工程结算、项目竣工决算，依法进行审计监督；对前款规定的建设项目进行审计时，可以对直接有关的设计、施工、供货等单位取得建设项目资金的真实性、合法性进行调查。

第二十一条 审计法第二十三条所称社会保障基金，包括社会保险、社会救助、社会福利基金以及发展社会保障事业的其他专项基金；所称社会捐赠资金，包括来源于境内外的货币、有价证券和实物等各种形式的捐赠。

第二十二条 审计法第二十四条所称国际组织和外国政府援助、贷款项目，包括：

（一）国际组织、外国政府及其机构向中国政府及其机构提供的贷款项目；

（二）国际组织、外国政府及其机构向中国企业事业组织以及其他组织提供的由中国政府及其机构担保的贷款项目；

（三）国际组织、外国政府及其机构向中国政府及其机构提供的援助和赠款项目；

（四）国际组织、外国政府及其机构向受中国政府委托管理有关基金、资金的单位提供的援助和赠款项目；

（五）国际组织、外国政府及其机构提供援助、贷款的其他项目。

第二十三条 审计机关可以依照审计法和本条例规定的审计程序、方法以及国家其他有关规定，对预算管理或者国有资产管理使用等与国家财政收支有关的特定事项，向有关地方、部门、单位进行专项审计调查。

第二十四条 审计机关根据被审计单位的财政、财务隶属关系，确定审计管辖范围；不能根据财政、财务隶属关系确定审计管辖范围的，根据国有资产监督管理关系，确定审计管辖范围。

两个以上国有资本投资主体投资的金融机构、企业事业组织和建设项目，由对主要投资主体有审计管辖权的审计机关进行审计监督。

第二十五条 各级审计机关应当按照确定的审计管辖范围进行审计监督。

第二十六条 依法属于审计机关审计监督对象的单位的内部审计工作，应当接受审计机关的业务指导和监督。

依法属于审计机关审计监督对象的单位，可以根据内部审计工作的需要，参加依法成立的内部审计自律组织。审计机关可以通过内部审计自律组织，加强对内部审计工作的业务指导和监督。

第二十七条 审计机关进行审计或者专项审计调查时，有权对社会审计机构出具的相关审计报告进行核查。

审计机关核查社会审计机构出具的相关审计报告时，发现社会审计机构存在违反法律、法规或者执业准则等情况的，应当移送有关主管机关依法追究责任。

第四章 审计机关权限

第二十八条 审计机关依法进行审计监督时，被审计单位应当依照审计法第三十一条规定，向审计机关提供与财政收支、财务收支有关的资料。被审计单位负责人应当对本单位提供资料的真实性和完整性作出书面承诺。

第二十九条 各级人民政府财政、税务以及其他部门（含直属单位）应当向本级审计机关报送下列资料：

（一）本级人民代表大会批准的本级预算和本级人民政府财政部门向本级各部门（含直属单位）批复的预算，预算收入征收部门的年度收入计划，以及本级各部门（含直属单位）向所属各单位批复的预算；

（二）本级预算收支执行和预算收入征收部门的收入计划完成情况月报、年报，以及决算情况；

（三）综合性财政税务工作统计年报、情况简报，财政、预算、税务、财务和会计等规章制度；

（四）本级各部门（含直属单位）汇总编制的本部门决算草案。

第三十条 审计机关依照审计法第三十三条规定查询被审计单位在金融机构的账户的，应当持县级以上人民政府审计机关负责人签发的协助查询单位账户通知书；查询被审计单位以个人名义在金融机构的存款的，应当持县级以上人民政府审计机关主要负责人签发的协助查询个人存款通知书。有关金融机构应当予以协助，并提供证明材料，审计机关和审计人员负有保密义务。

第三十一条 审计法第三十四条所称违反国家规定取得的资产，包括：

（一）弄虚作假骗取的财政拨款、实物以及金融机构贷款；

（二）违反国家规定享受国家补贴、补助、贴息、免息、减税、免税、退税等优惠政策取得的资产；

（三）违反国家规定向他人收取的款项、有价证券、实物；

（四）违反国家规定处分国有资产取得的收益；

（五）违反国家规定取得的其他资产。

第三十二条 审计机关依照审计法第三十四条规定封存被审计单位有关资料和违反国家规定取得的资产的，应当持县级以上人民政府审计机关负责人签发的封存通知书，并在依法收集与审计事项相关的证明材料或者采取其他措施后解除封存。封存的期限为7日以内；有特殊情况需要延长的，经县级以上人民政府审计机关负责人批准，可以适当延长，但延长的期限不得超过7日。

对封存的资料、资产，审计机关可以指定被审计单位负责保管，被审计单位不得损毁或者擅自转移。

第三十三条 审计机关依照审计法第三十六条规定，可以就有关审计事项向政府有关部门通报或者向社会公布对被审计单位的审计、专项审计调查结果。审计机关经与有关主管机关协商，可以在向社会公布的审计、专项审计调查结果中，一并公布对社会审计机构相关审计报告核查的结果。

审计机关拟向社会公布对上市公司的审计、专项审计调查结果的，应当在5日前将拟公布的内容告知上市公司。

第五章　审计程序

第三十四条 审计机关应当根据法律、法规和国家其他有关规定，按照本级人民政府和上级审计机关的要求，确定年度审计工作重点，编制年度审计项目计划。审计机关在年度审计项目计划中确定对国有资本占控股地位或者主导地位的企业、金融机构进行审计的，应当自确定之日起7日内告知列入年度审计项目计划的企业、金融机构。

第三十五条 审计机关应当根据年度审计项目计划，组成审计组，调查了解被审计单位的有关情况，编制审计方案，并在实施审计3日前，向被审计单位送达审计通知书。

第三十六条 审计法第三十八条所称特殊情况，包括：

（一）办理紧急事项的；

（二）被审计单位涉嫌严重违法违规的；

（三）其他特殊情况。

第三十七条 审计人员实施审计时，应当按照下列规定办理：

（一）通过检查、查询、监督盘点、发函询证等方法实施审计；

（二）通过收集原件、原物或者复制、拍照等方法取得证明材料；

（三）对与审计事项有关的会议和谈话内容作出记录，或者要求被审计单位提供会议记录材料；

（四）记录审计实施过程和查证结果。

第三十八条 审计人员向有关单位和个人调查取得的证明材料，应当有提供者的签名或者盖章；不能取得提供者签名或者盖章的，审计人员应当注明原因。

第三十九条 审计组向审计机关提出审计报告前，应当书面征求被审计单位意见。被审计单位应当自接到审计组的审计报告之日起10日内，提出书面意见；10日内未提出书面意见的，视同无异议。

审计组应当针对被审计单位提出的书面意见，进一步核实情况，对审计组的审计报告作必要修改，连同被审计单位的书面意见一并报送审计机关。

第四十条 审计机关有关业务机构和专门机构或者人员对审计组的审计报告以及相关审计事项进行复核、审理后，由审计机关按照下列规定办理：

（一）提出审计机关的审计报告，内容包括：对审计事项的审计评价，对违反国家规定的财政收支、财务收支行为提出的处理、处罚意见，移送有关主管机关、单位的意见，改进财政收支、财务收支管理工作的意见；

（二）对违反国家规定的财政收支、财务收支行为，依法应当给予处理、处罚的，在法定职权范围内作出处理、处罚的审计决定；

（三）对依法应当追究有关人员责任的，向有关主管机关、单位提出给予处分的建议；对依法应当由有关主管机关处理、处罚的，移送有关主管机关；涉嫌犯罪的，移送司法机关。

第四十一条 审计机关在审计中发现损害国家利益和社会公共利益的事项，但处理、处罚依据又不明确的，应当向本级人民政府和上一级审计机关报告。

第四十二条 被审计单位应当按照审计机关规定的期限和要求执行审计决定。对应当上缴的款项，被审计单位应当按照财政管理体制和国家有关规定缴入国库或者财政专户。审计决定需要有关主管机关、单位协助执行的，审计机关应当书面提请协助执行。

第四十三条 上级审计机关应当对下级审计机关的审计业务依法进行监督。

下级审计机关作出的审计决定违反国家有关规定的，上级审计机关可以责成下级审计机关予以变更或者撤销，也可以直接作出变更或者撤销的决定；审计决定被撤销后需要重新作出审计决定的，上级审计机关可以责成下级审计机关在规定的期限内重新作出审计决定，也可以直接作出审计决定。

下级审计机关应当作出而没有作出审计决定的，上级审计机关可以责成下级审计机关在规定的期限内作出审计决定，也可以直接作出审计决定。

第四十四条 审计机关进行专项审计调查时，应当向被调查的地方、部门、单位出示专项审计调查的书面通知，并说明有关情况；有关地方、部门、单位应当接受调查，如实反映情况，提供有关资料。

在专项审计调查中，依法属于审计机关审计监督对象的部门、单位有违反国家规定的财政收支、财务收支行为或者其他违法违规行为的，专项审计调查人员和审计机关可以依照审计法和本条例的规定提出审计报告，作出审计决定，或者移送有关主管机关、单位依法追究责任。

第四十五条 审计机关应当按照国家有关规定建立、健全审计档案制度。

第四十六条 审计机关送达审计文书，可以直接送达，也可以邮寄送达或者以其他方式送达。直接送达的，以被审计单位在送达回证上注明的签收日期或者见证人证明的收件日期为送达日期；邮寄送达的，以邮政回执上注明的收件日期为送达日期；以其他方式送达的，以签收或者收件日期为送达日期。

审计机关的审计文书的种类、内容和格式，由审计署规定。

第六章 法律责任

第四十七条 被审计单位违反审计法和本条例的规定，拒绝、拖延提供与审计事项有关的资料，或者提供的资料不真实、不完整，或者拒绝、阻碍检查的，由审计机关责令改正，可以通报批评，给予警告；拒不改正的，对被审计单位可以处5万元以下的罚款，对直接负责的主管人员和其他直接责任人员，可以处2万元以下的罚款，审计机关认为应当给予处分的，向有关主管机关、单位提出给予处分的建议；构成犯罪的，依法追究刑事责任。

第四十八条 对本级各部门（含直属单位）和下级人民政府违反预算的行为或者其他违反国家规定的财政收支行为，审计机关在法定职权范围内，依照法律、行政法规的规定，区别情况采取审计法第四十五条规定的处理措施。

第四十九条 对被审计单位违反国家规定的财务收支行为，审计机关在法定职权范围内，区别情况采取审计法第四十五条规定的处理措施，可以通报批评，给予警告；有违法所得的，没收违法所得，并处违法所得1倍以上5倍以下的罚款；没有违法所得的，可以处5万元以下的罚款；对直接负责的主管人员和其他直接责任人员，可以处2万元以下的罚款，审计机关认为应当给予处分的，向有关主管机关、单位提出给予处分的建议；构成犯罪的，依法追究刑事责任。

法律、行政法规对被审计单位违反国家规定的财务收支行为处理、处罚另有规定的，从其规定。

第五十条　审计机关在作出较大数额罚款的处罚决定前，应当告知被审计单位和有关人员有要求举行听证的权利。较大数额罚款的具体标准由审计署规定。

第五十一条　审计机关提出的对被审计单位给予处理、处罚的建议以及对直接负责的主管人员和其他直接责任人员给予处分的建议，有关主管机关、单位应当依法及时作出决定，并将结果书面通知审计机关。

第五十二条　被审计单位对审计机关依照审计法第十六条、第十七条和本条例第十五条规定进行审计监督作出的审计决定不服的，可以自审计决定送达之日起60日内，提请审计机关的本级人民政府裁决，本级人民政府的裁决为最终决定。审计机关应当在审计决定中告知被审计单位提请裁决的途径和期限。

裁决期间，审计决定不停止执行。但是，有下列情形之一的，可以停止执行：

（一）审计机关认为需要停止执行的；

（二）受理裁决的人民政府认为需要停止执行的；

（三）被审计单位申请停止执行，受理裁决的人民政府认为其要求合理，决定停止执行的。

裁决由本级人民政府法制机构办理。裁决决定应当自接到提请之日起60日内作出；有特殊情况需要延长的，经法制机构负责人批准，可以适当延长，并告知审计机关和提请裁决的被审计单位，但延长的期限不得超过30日。

第五十三条　除本条例第五十二条规定的可以提请裁决的审计决定外，被审计单位对审计机关作出的其他审计决定不服的，可以依法申请行政复议或者提起行政诉讼。

审计机关应当在审计决定中告知被审计单位申请行政复议或者提起行政诉讼的途径和期限。

第五十四条　被审计单位应当将审计决定执行情况书面报告审计机关。审计机关应当检查审计决定的执行情况。

被审计单位不执行审计决定的，审计机关应当责令限期执行；逾期仍不执行的，审计机关可以申请人民法院强制执行，建议有关主管机关、单位对直接负责的主管人员和其他直接责任人员给予处分。

第五十五条 审计人员滥用职权、徇私舞弊、玩忽职守，或者泄露所知悉的国家秘密、商业秘密的，依法给予处分；构成犯罪的，依法追究刑事责任。审计人员违法违纪取得的财物，依法予以追缴、没收或者责令退赔。

第七章 附 则

第五十六条 本条例所称以上、以下，包括本数。

本条例第五十二条规定的期间的最后一日是法定节假日的，以节假日后的第一个工作日为期间届满日。审计法和本条例规定的其他期间以工作日计算，不含法定节假日。

第五十七条 实施经济责任审计的规定，另行制定。

第五十八条 本条例自2010年5月1日起施行。

国务院关于加强审计工作的意见

（国发〔2014〕48号 2014年10月9日）

各省、自治区、直辖市人民政府，国务院各部委、各直属机构：

为切实加强审计工作，推动国家重大决策部署和有关政策措施的贯彻落实，更好地服务改革发展，维护经济秩序，促进经济社会持续健康发展，现提出以下意见：

一、总体要求

（一）指导思想。坚持以邓小平理论、“三个代表”重要思想、科学发展观为指导，深入贯彻落实党的十八大和十八届二中、三中全会精神，依法履行审计职责，加大审计力度，创新审计方式，提高审计效率，对稳增长、促改革、调结构、惠民生、防风险等政策措施落实情况，以及公共资金、国有资产、国有资源、领导干部经济责任履行情况进行审计，实现审计监督全覆盖，促进国家治理现代化和国民经济健康发展。

（二）基本原则。

——围绕中心，服务大局。紧紧围绕国家中心工作，服务改革发展，服务改善民生，促进社会公正，为建设廉洁政府、俭朴政府、法治政府提供有力支持。

——发现问题，完善机制。发现国家政策措施执行中存在的主要问题和重大违法违纪案件线索，维护财经法纪，促进廉政建设；发现经济社会运行中的突出矛盾和风险隐患，维护国家经济安全；发现经济运行中好的做法、经验和问题，注重从体制机制制度层面分析原因和提出建议，促进深化改革和创新体制机制。

——依法审计，秉公用权。依法履行宪法和法律赋予的职责，敢于碰硬，勇于担当，严格遵守审计工作纪律和各项廉政、保密规定，注意工作方法，切实做到依法审计、文明审计、廉洁审计。

二、发挥审计促进国家重大决策部署落实的保障作用

（三）推动政策措施贯彻落实。持续组织对国家重大政策措施和宏观调控部署落实情况的跟踪审计，着力监督检查各地区、各部门落实稳增长、促改革、调结构、惠民生、防风险等政策措施的具体部署、执行进度、实际效果等情况，特别是重大项目落地、重点资金保障，以及简政放权推进情况，及时发现和纠正有令不行、有禁不止行为，反映好的做法、经验和新情况、新问题，促进政策落地生根和不断完善。

（四）促进公共资金安全高效使用。要看好公共资金，严防贪污、浪费等违法违规行为，确保公共资金安全。把绩效理念贯穿审计工作始终，加强预算执行和其他财政收支审计，密切关注财政资金的存量和增量，促进减少财政资金沉淀，盘活存量资金，推动财政资金合理配置、高效使用，把钱用在刀刃上。围绕中央八项规定精神和国务院“约法三章”要求，加强“三公”经费、会议费使用和楼堂馆所建设等方面审计，促进厉行节约和规范管理，推动俭朴政府建设。

（五）维护国家经济安全。要加大对经济运行中风险隐患的审计力度，密切关注财政、金融、民生、国有资产、能源、资源和环境保护等方面存在的薄弱环节和风险隐患，以及可能引发的社会不稳定因素，特别是地方政府性债务、区域性金融稳定等情况，注意发现和反映苗头性、倾向性问题，积极提出解决问题和化解风险的建议。

（六）促进改善民生和生态文明建设。加强对“三农”、社会保障、教育、文化、医疗、扶贫、救灾、保障性安居工程等重点民生资金和项目的审计，加强对土地、矿产等自然资源，以及大气、水、固体废物等污染治理和环境保护情况的审计，探索实行自然资源资产离任审计，深入分析财政投入与项目进展、事业发展等情况，推动惠民和资源、环保政策落实到位。

（七）推动深化改革。密切关注各项改革措施的协调配合情况，促进增强改革的系统性、整体性和协调性。正确把握改革和发展中出现的新情况，对不合时宜、制约发展、阻碍改革的制度规定，及时予以反映，推动改进和完善。

三、强化审计的监督作用

（八）促进依法行政、依法办事。要加大对依法行政情况的审计力度，注意发现有法不依、执法不严等问题，促进法治政府建设，切实维护法律尊严。要着力反映严重损害群众利益、妨害公平竞争等问题，维护市场经济秩序和社会公平正义。

（九）推进廉政建设。对审计发现的重大违法违纪问题，要查深查透查实。重点关注财政资金分配、重大投资决策和项目审批、重大物资采购和招标投标、贷款发放和证券交易、国有资产和股权转让、土地和矿产资源交易等重点领域和关键环节，揭露以权谋私、失职渎职、贪污受贿、内幕交易等问题，促进廉洁政府建设。

（十）推动履职尽责。深化领导干部经济责任审计，着力检查领导干部守法守纪守规尽责情况，促进各级领导干部主动作为、有效作为，切实履职尽责。依法依纪反映不作为、慢作为、乱作为问题，促进健全责任追究和问责机制。

四、完善审计工作机制

（十一）依法接受审计监督。凡是涉及管理、分配、使用公共资金、国有资产、国有资源的部门、单位和个人，都要自觉接受审计、配合审计，不得设置障碍。有关部门和单位要依法、及时、全面提供审计所需的财务会计、业务和管理等资料，不得制定限制向审计机关提供资料和开放计算机信息系统查询权限的规定，已经制定的应予修订或废止。对获取的资料，审计机关要严格保密。

（十二）提供完整准确真实的电子数据。有关部门、金融机构和国有企事业单位应根据审计工作需要，依法向审计机关提供与本单位、本系统履行职责相关的电子数据信息和必要的技术文档；在确保数据信息安全的前提下，协助审计机关开展联网审计。在现场审计阶段，被审计单位要为审计机关进行电子数据分析提供必要的工作环境。

（十三）积极协助审计工作。审计机关履行职责需要协助时，有关部门、单位要积极予以协助和支持，并对有关审计情况严格保密。要建立健全审计与纪检监察、公安、检察以及其他有关主管单位的工作协调机制，对审计移送的违法违纪问题线索，有关部门要认真查处，及时向审计机关反馈查处结果。审计机关要跟踪审计移送事项的查处结果，适时向社会公告。

五、狠抓审计发现问题的整改落实

（十四）健全整改责任制。被审计单位的主要负责人作为整改第一责任人，要切实抓好审计发现问题的整改工作，对重大问题要亲自管、亲自抓。对审计发现的问题和提出的审计建议，被审计单位要及时整改和认真研究，整改结果在书面告知审计机关的同时，要向同级政府或主管部门报告，并向社会公告。

（十五）加强整改督促检查。各级政府每年要专题研究国家重大决策部署和有关政策措施落实情况审计，以及本级预算执行和其他财政收支审计查出问题的整改工作，将整改纳入督查督办事项。对审计反映的问题，被审计单位主管部门要及时督促整改。审计机关要建立整改检查跟踪机制，必要时可提请有关部门协助落实整改意见。

（十六）严肃整改问责。各地区、各部门要把审计结果及其整改情况作为考核、奖惩的重要依据。对审计发现的重大问题，要依法依纪作出处理，严肃追究有关人员责任。对审计反映的典型性、普遍性、倾向性问题，要及时研究，完善制度规定。对整改不到位的，要与被审计单位主要负责人进行约谈。对整改不力、屡审屡犯的，要严格追责问责。

六、提升审计能力

（十七）强化审计队伍建设。着力提高审计队伍的专业化水平，推进审计职业化建设，建立审计人员职业保障制度，实行审计专业技术资格制度，完善审计职业教育培训体系，努力建设一支具有较高政治素质和业务素质、作风过硬的审计队伍。审计机关负责人原则上应具备经济、法律、管理等工作背景。招录审计人员可加试审计工作必需的专业知识和技能，部分专业性强的职位可实行聘任制。

（十八）推动审计方式创新。加强审计机关审计计划的统筹协调，优化审计资源配置，开展好涉及全局的重大项目审计，探索预算执行项目分阶段组织实施审计的办法，对重大政策措施、重大投资项目、重点专项资金和重大突发事件等可以开展全过程跟踪审计。根据审计项目实施需要，探索向社会购买审计服务。加强上级审计机关对下级审计机关的领导，建立健全工作报告等制度，地方各级审计机关将审计结果和重大案件线索向同级政府报告的同时，必须向上一级审计机关报告。

（十九）加快推进审计信息化。推进有关部门、金融机构和国有企事业单位等与审计机关实现信息共享，加大数据集中力度，构建国家审计数据系统。探索在审计实践中运用大数据技术的途径，加大数据综合利用力度，提高运用信息化技术查核问题、评价判断、宏观分析的能力。创新电子审计技术，提高审计工作能力、质量和效率。推进对各部门、单位计算机信息系统安全性、可靠性和经济性的审计。

（二十）保证履行审计职责必需的力量和经费。根据审计任务日益增加的实际，合理配置审计力量。按照科学核算、确保必需的原则，在年度财政预算中切实保障本级审计机关履行职责所需经费，为审计机关提供相应的工作条件。加强内部审计工作，充分发挥内部审计作用。

七、加强组织领导

（二十一）健全审计工作领导机制。地方各级政府主要负责人要依法直接领导本级审计机关，支持审计机关工作，定期听取审计工作汇报，及时研究解决审计工作中遇到的突出问题，把审计结果作为相关决策的重要依据。要加强政府监督检查机关间的沟通交流，充分利用已有的检查结果等信息，避免重复检查。

（二十二）维护审计的独立性。地方各级政府要保障审计机关依法审计、依法查处问题、依法向社会公告审计结果，不受其他行政机关、社会团体和个人的干涉，定期组织开展对审计法律法规执行情况的监督检查。对拒不接受审计监督，阻挠、干扰和不配合审计工作，或威胁、恐吓、报复审计人员的，要依法依纪查处。

中共中央办公厅　国务院办公厅印发《关于完善审计制度若干重大问题的框架意见》及《关于实行审计全覆盖的实施意见》

（中办发〔2015〕58号　2015年12月8日）

新华社北京12月8日电　近日，中共中央办公厅、国务院办公厅印发了《关于完善审计制度若干重大问题的框架意见》及《关于实行审计全覆盖的实施意见》等相关配套文件，并发出通知，要求各地区各部门结合实际认真贯彻执行。

《关于完善审计制度若干重大问题的框架意见》全文如下。

根据《中共中央关于全面推进依法治国若干重大问题的决定》和《国务院关于加强审计工作的意见》要求，为保障审计机关依法独立行使审计监督权，更好发挥审计在党和国家监督体系中的重要作用，现就完善审计制度有关重大问题提出如下框架意见。

一、总体要求

（一）指导思想。全面贯彻党的十八大和十八届二中、三中、四中、五中全会精神，以邓小平理论、“三个代表”重要思想、科学发展观为指导，深入学习贯彻习近平总书记系列重要讲话精神，紧紧围绕协调推进“四个全面”战略布局，按照党中央、国务院决策部署，认真贯彻落实宪法、审计法等法律法规，紧密结合审计工作的职责任务和履职特点，着眼依法独立行使审计监督权，创新体制机制，加强和改进新形势下的审计工作，强化审计队伍建设，不断提升审计能力和水平，更好服务于经济社会持续健康发展。

（二）总体目标。加大改革创新力度，完善审计制度，健全有利于依法独立行使审计监督权的审计管理体制，建立具有审计职业特点的审计人员管理制度，对公共资金、国有资产、国有资源和领导干部履行经济责任情况实行审计全覆盖，做到应审尽审、凡审必严、严肃问责。到 2020 年，基本形成与国家治理体系和治理能力现代化相适应的审计监督机制，更好发挥审计在保障国家重大决策部署贯彻落实、维护国家经济安全、推动深化改革、促进依法治国、推进廉政建设中的重要作用。

（三）基本原则。

——坚持党的领导。加强党对审计工作的领导，围绕党委和政府的中心任务，研究提出审计工作的目标、任务和重点，严格执行重要审计情况报告制度，支持审计机关依法独立开展工作。坚持党管干部原则，加强审计机关领导班子和队伍建设，健全审计干部培养和管理机制，合理配置审计力量。

——坚持依法有序。运用法治思维和法治方式推动审计工作制度创新，充分发挥法治的引领和规范作用，破解改革难题，依法有序推进。重大改革措施需要取得法律授权的，按法律程序实施。

——坚持问题导向。针对制约审计监督作用发挥的体制机制障碍、影响审计事业长远发展的重点难点问题，积极探索创新，推进审计制度完善。

——坚持统筹推进。充分考虑改革的复杂性和艰巨性，做到整体谋划、分类设计、分步实施，及时总结工作经验，确保各项措施相互衔接、协调推进。

二、主要任务

（一）实行审计全覆盖。按照协调推进“四个全面”战略布局的要求，依法全面履行审计监督职责，坚持党政同责、同责同审，对公共资金、国有资产、国有资源和领导干部履行经济责任情况实行审计全覆盖。摸清审计对象底数，充分考虑审计资源状况，明确审计重点，科学规划、统筹安排、分类实施，有重点、有步骤、有深度、有成效地推进。建立健全与审计全覆盖相适应的工作机制，统筹整合审计资源，创新审计组织方式和技术方法，提高审计能力和效率。

（二）强化上级审计机关对下级审计机关的领导。围绕增强审计监督的整体合力和独立性，强化全国审计工作统筹。加强审计机关干部管理，任免省级审计机关正职，须事先征得审计署党组同意；任免省级审计机关副职，须事先征求审计署党组的意见。上级审计机关要加强审计项目计划的统筹和管理，合理配置审计资源，省级审计机关年度审计项目计划要报审计署备案。上级审计机关要根据本地区经济社会发展实际需要，统筹组织本地区审计机关力量，开展好涉及全局的重大项目审计。健全重大事项报告制度，审计机关的重大事项和审计结果必须向上级审计机关报告，同时抄报同级党委和政府。上级审计机关要加强对下级审计机关的考核。

（三）探索省以下地方审计机关人财物管理改革。2015 年选择江苏、浙江、山东、广东、重庆、贵州、云南等 7 省市开展省以下地方审计机关人财物管理改革试点，试点地区省级党委和政府要按照党管干部、统一管理的要求，加强对本地区审计试点工作的领导。市地级审计机关正职由省级党委（党委组织部）管理，其他领导班子成员和县级审计机关领导班子成员可以委托市地级党委管理。完善机构编制和人员管理制度，省级机构编制管理部门统一管理本地区审计机关的机构编制，省级审计机关协助开展相关工作，地方审计人员由省级统一招录。改进经费和资产管理制度，地方审计机关的经费预算、资产由省级有关部门统一管理，也可以根据实际情况委托市地、县有关部门管理。地方审计机关的各项经费标准由各地在现有法律法规框架内结合实际确定，确保不低于现有水平。建立健全审计业务管理制度，试点地区审计机关审计项目计划由省级审计机关统一管理，统筹组织本地区审计机关力量，开展好涉及全局的重大项目审计。

（四）推进审计职业化建设。根据审计职业特点，建立分类科学、权责一致的审计人员管理制度和职业保障机制，确保审计队伍的专业化水平。根据公务员法和审计职业特点，建立适应审计工作需要的审计人员分类管理制度，建立审计专业技术类公务员职务序列。完善审计人员选任机制，审计专业技术类公务员和综合管理类公务员分类招录，对专业性较强的职位可以实行聘任制。健全审计职业岗位责任追究机制。完善审计职业保障机制和职业教育培训体系。

（五）加强审计队伍思想和作风建设。要加强思想政治建设，强化理论武装，坚定理想信念，严守政治纪律和政治规矩，不断提高审计队伍的政治素质。切实践行社会主义核心价值观，加强审计职业道德建设，培育和弘扬审计精神，恪守审计职业操守，做到依法审计、文明审计。加强党风廉政建设，从严管理审计队伍，严格执行廉政纪律和审计工作纪律，坚持原则、无私无畏、敢于碰硬，做到忠诚、干净、担当。

（六）建立健全履行法定审计职责保障机制。各级党委和政府要定期听取审计工作情况汇报，帮助解决实际困难和问题，支持审计机关依法履行职责，保障审计机关依法独立行使审计监督权，不受其他行政机关、社会团体和个人的干涉。审计机关不得超越职责权限、超越自身能力、违反法定程序开展审计，不参与各类与审计法定职责无关的、可能影响依法独立进行审计监督的议事协调机构或工作。健全干预审计工作行为登记报告制度。凡是涉及管理、分配、使用公共资金、国有资产、国有资源的部门、单位和个人，都要自觉接受审计、配合审计，及时、全面提供审计所需的财务会计、业务和管理等资料，不得制定限制向审计机关提供资料和开放计算机信息系统查询权限的规定，已经制定的应予修订或废止。对拒不接受审计监督，阻挠、干扰和不配合审计工作，或威胁恐吓、打击报复审计人员的，要依纪依法查处。审计机关要进一步优化审计工作机制，充分听取有关主管部门和审计对象的意见，客观公正地作出审计结论，维护审计对象的合法权益。

（七）完善审计结果运用机制。建立健全审计与组织人事、纪检监察、公安、检察以及其他有关主管单位的工作协调机制，把审计监督与党管干部、纪律检查、追责问责结合起来，把审计结果及整改情况作为考核、任免、奖惩领导干部的重要依据。对审计发现的违纪违法问题线索或其他事项，审计机关要依法及时移送有关部门和单位，有关部门和单位要认真核实查处，并及时向审计机关反馈查处结果，不得推诿、塞责。对审计发现的典型性、普遍性、倾向性问题和提出的审计建议，有关部门和单位要认真研究，及时清理不合理的制度和规则，建立健全有关制度规定。领导干部经济责任审计结果和审计发现问题的整改情况，要纳入所在单位领导班子民主生活会及党风廉政建设责任制检查考核的内容，作为领导班子成员述职述廉、年度考核、任职考核的重要依据。有关部门和单位要加强督促和检查，推动抓好审计发现问题的整改。对整改不力、屡审屡犯的，要与被审计单位主要负责人进行约谈，严格追责问责。各级人大常委会要把督促审计查出突出问题整改工作与审查监督政府、部门预算决算工作结合起来，建立听取和审议审计查出突出问题整改情况报告机制。审计机关要依法依规公告审计结果，被审计单位要公告整改结果。

（八）加强对审计机关的监督。各级党委、人大、政府要加强对审计机关的监督，定期组织开展审计法律法规执行情况检查，督促审计机关切实加强党风廉政建设、严格依法审计、依法查处问题、依法向社会公告审计结果。探索建立对审计机关的外部审计制度，加强对审计机关主要领导干部的经济责任审计，外部审计由同级党委和政府及上级审计机关负责组织。完善聘请民主党派和无党派人士担任特约审计员制度。审计机关要坚持阳光法则，加大公开透明度，自觉接受人民监督。

三、加强组织领导

（一）加强组织实施。完善审计制度，保障依法独立行使审计监督权，是党中央、国务院作出的重大决策部署。有关部门和地方各级党委、政府要从党和国家事业发展全局出发，充分认识完善审计制度的重大意义，加强工作统筹，形成合力，推动各项改革措施贯彻落实。

（二）有序部署推进。审计署要会同有关部门按照本框架意见和《关于实行审计全覆盖的实施意见》、《关于省以下地方审计机关人财物管理改革试点方案》、《关于推进国家审计职业化建设的指导意见》确定的目标要求和任务，加强组织协调，密切配合，有重点、有步骤地抓好落实。省级党委和政府要加强对本地区有关工作的领导，抓紧研究制定本地区的落实意见和方案，明确具体措施和时间表。实施过程中遇到的重大问题，要及时报告。

（三）推动完善相关法律制度。根据完善审计制度的需要，在充分总结试点及实施经验的基础上，及时推动修订完善审计法及其实施条例，健全相关配套规章制度，使各项工作于法有据，确保各项任务顺利实施。根据我国国情，进一步研究完善有关制度设计，切实解决重点难点问题。

《关于实行审计全覆盖的实施意见》全文如下。

为全面履行审计监督职责，对公共资金、国有资产、国有资源和领导干部履行经济责任情况实行审计全覆盖，根据《关于完善审计制度若干重大问题的框架意见》，制定本实施意见。

一、实行审计全覆盖的目标要求

对公共资金、国有资产、国有资源和领导干部履行经济责任情况实行审计全覆盖，是党中央、国务院对审计工作提出的明确要求。审计机关要建立健全与审计全覆盖相适应的工作机制，科学规划，统筹安排，分类实施，注重实效，坚持党政同责、同责同审，通过在一定周期内对依法属于审计监督范围的所有管理、分配、使用公共资金、国有资产、国有资源的部门和单位，以及党政主要领导干部和国有企事业领导人员履行经济责任情况进行全面审计，实现审计全覆盖，做到应审尽审、凡审必严、严肃问责。对重点部门、单位要每年审计，其他审计对象 1 个周期内至少审计 1 次，对重点地区、部门、单位以及关键岗位的领导干部任期内至少审计 1 次，对重大政策措施、重大投资项目、重点专项资金和重大突发事件开展跟踪审计，坚持问题导向，对问题多、反映大的单位及领导干部要加大审计频次，实现有重点、有步骤、有深度、有成效的全覆盖。充分发挥审计监督作用，通过审计全覆盖发现国家重大决策部署执行中存在的突出问题和重大违纪违法问题线索，维护财经法纪，促进廉政建设；反映经济运行中的突出矛盾和风险隐患，维护国家经济安全；总结经济运行中好的做法和经验，注重从体制机制层面分析原因和提出建议，促进深化改革和体制机制创新。

二、对公共资金实行审计全覆盖

审计机关要依法对政府的全部收入和支出、政府部门管理或其他单位受政府委托管理的资金，以及相关经济活动进行审计。主要检查公共资金筹集、管理、分配、使用过程中遵守国家法律法规情况，贯彻执行国家重大政策措施和宏观调控部署情况，公共资金管理使用的真实性、合法性、效益性以及公共资金沉淀等情况，公共资金投入与项目进展、事业发展等情况，公共资金管理、使用部门和单位的财政财务收支、预算执行和决算情况，以及职责履行情况，以促进公共资金安全高效使用。根据公共资金的重要性、规模和管理分配权限等因素，确定重点审计对象。坚持以公共资金运行和重大政策落实情况为主线，将预算执行审计与决算草案审计、专项资金审计、重大投资项目跟踪审计等相结合，对涉及的重点部门和单位进行重点监督，加大对资金管理分配使用关键环节的审计力度。

三、对国有资产实行审计全覆盖

审计机关要依法对行政事业单位、国有和国有资本占控股或主导地位的企业（含金融企业，以下简称国有企业）等管理、使用和运营的境内外国有资产进行审计。主要检查国有资产管理、使用和运营过程中遵守国家法律法规情况，贯彻执行国家重大政策措施和宏观调控部署情况，国有资产真实完整和保值增值情况，国有资产重大投资决策及投资绩效情况，资产质量和经营风险管理情况，国有资产管理部门职责履行情况，以维护国有资产安全，促进提高国有资产运营绩效。根据国有资产的规模、管理状况以及管理主体的战略地位等因素，确定重点审计对象。对国有企业资产负债损益情况进行审计，将国有资产管理使用情况作为行政事业单位年度预算执行审计或其他专项审计的内容。

四、对国有资源实行审计全覆盖

审计机关要依法对土地、矿藏、水域、森林、草原、海域等国有自然资源，特许经营权、排污权等国有无形资产，以及法律法规规定属于国家所有的其他资源进行审计。主要检查国有资源管理和开发利用过程中遵守国家法律法规情况，贯彻执行国家重大政策措施和宏观调控部署情况，国有资源开发利用和生态环境保护情况，相关资金的征收、管理、分配和使用情况，资源环境保护项目的建设情况和运营效果、国有资源管理部门的职责履行情况，以促进资源节约集约利用和生态文明建设。根据国有资源的稀缺性、战略性和分布情况等因素，确定重点审计对象。加大对资源富集和毁损严重地区的审计力度，对重点国有资源进行专项审计，将国有资源开发利用和生态环境保护等情况作为领导干部经济责任审计的重要内容，对领导干部实行自然资源资产离任审计。

五、对领导干部履行经济责任情况实行审计全覆盖

审计机关要依法对地方各级党委、政府、审判机关、检察机关，中央和地方各级党政工作部门、事业单位、人民团体等单位的党委（党组、党工委）和行政正职领导干部（包括主持工作1年以上的副职领导干部），国有企业法定代表人，以及实际行使相应职权的企业领导人员履行经济责任情况进行审计。主要检查领导干部贯彻执行党和国家经济方针政策、决策部署情况，遵守有关法律法规和财经纪律情况，本地区本部门本单位发展规划和政策措施制定、执行情况及效果，重大决策和内部控制制度的执行情况及效果，本人遵守党风廉政建设有关规定情况等，以促进领导干部守法、守纪、守规、尽责。根据领导干部的岗位性质、履行经济责任的重要程度、管理资金资产资源规模等因素，确定重点审计对象和审计周期。坚持任中审计和离任审计相结合，经济责任审计与财政审计、金融审计、企业审计、资源环境审计、涉外审计等相结合，实现项目统筹安排、协同实施。

六、加强审计资源统筹整合

适应审计全覆盖的要求，加大审计资源统筹整合力度，避免重复审计，增强审计监督整体效能。加强审计项目计划统筹，在摸清审计对象底数的基础上，建立分行业、分领域审计对象数据库，分类确定审计重点和审计频次，编制中长期审计项目规划和年度计划时，既要突出年度审计重点，又要保证在一定周期内实现全覆盖。整合各层级审计资源，开展涉及全局或行业性的重点资金和重大项目全面审计，发挥审计监督的整体性和宏观性作用。在充分总结经验的基础上，完善国家审计准则和审计指南体系，明确各项审计应遵循的具体标准和程序，提高审计的规范性。集中力量、重点突破，对热点难点问题进行专项审计，揭示普遍性、典型性问题，深入分析原因，提出对策建议，推动建立健全体制机制、堵塞制度漏洞，达到以点促面的效果。建立审计成果和信息共享机制，加强各级审计机关、不同审计项目之间的沟通交流，实现审计成果和信息及时共享，提高审计监督成效。加强内部审计工作，充分发挥内部审计作用。有效利用社会审计力量，除涉密项目外，根据审计项目实施需要，可以向社会购买审计服务。

七、创新审计技术方法

构建大数据审计工作模式，提高审计能力、质量和效率，扩大审计监督的广度和深度。有关部门、金融机构和国有企事业单位应根据审计工作需要，依法向审计机关提供与本单位本系统履行职责相关的电子数据信息和必要的技术文档，不得制定限制向审计机关提供资料和开放计算机信息系统查询权限的规定，已经制定的应予修订或废止。审计机关要建立健全数据定期报送制度，加大数据集中力度，对获取的数据资料严格保密。适应大数据审计需要，构建国家审计数据系统和数字化审计平台，积极运用大数据技术，加大业务数据与财务数据、单位数据与行业数据以及跨行业、跨领域数据的综合比对和关联分析力度，提高运用信息化技术查核问题、评价判断、宏观分析的能力。探索建立审计实时监督系统，实施联网审计。

第二部分

内部审计制度类

审计署关于内部审计工作的规定

（中华人民共和国审计署令第 11 号　2018 年 1 月 12 日）

第一章　总　则

第一条　为了加强内部审计工作，建立健全内部审计制度，提升内部审计工作质量，充分发挥内部审计作用，根据《中华人民共和国审计法》《中华人民共和国审计法实施条例》以及国家其他有关规定，制定本规定。

第二条　依法属于审计机关审计监督对象的单位（以下统称单位）的内部审计工作，以及审计机关对单位内部审计工作的业务指导和监督，适用本规定。

第三条　本规定所称内部审计，是指对本单位及所属单位财政财务收支、经济活动、内部控制、风险管理实施独立、客观的监督、评价和建议，以促进单位完善治理、实现目标的活动。

第四条　单位应当依照有关法律法规、本规定和内部审计职业规范，结合本单位实际情况，建立健全内部审计制度，明确内部审计工作的领导体制、职责权限、人员配备、经费保障、审计结果运用和责任追究等。

第五条　内部审计机构和内部审计人员从事内部审计工作，应当严格遵守有关法律法规、本规定和内部审计职业规范，忠于职守，做到独立、客观、公正、保密。

内部审计机构和内部审计人员不得参与可能影响独立、客观履行审计职责的工作。

第二章　内部审计机构和人员管理

第六条　国家机关、事业单位、社会团体等单位的内部审计机构或者履行内部审计职责的内设机构，应当在本单位党组织、主要负责人的直接领导下开展内部审计工作，向其负责并报告工作。

国有企业内部审计机构或者履行内部审计职责的内设机构应当在企业党组织、董事会（或者主要负责人）直接领导下开展内部审计工作，向其负责并报告工作。国有企业应当按照有关规定建立总审计师制度。总审计师协助党组织、董事会（或者主要负责人）管理内部审计工作。

第七条　内部审计人员应当具备从事审计工作所需要的专业能力。单位应当严格内部审计人员录用标准，支持和保障内部审计机构通过多种途径开展继续教育，提高内部审计人员的职业胜任能力。

内部审计机构负责人应当具备审计、会计、经济、法律或者管理等工作背景。

第八条 内部审计机构应当根据工作需要，合理配备内部审计人员。除涉密事项外，可以根据内部审计工作需要向社会购买审计服务，并对采用的审计结果负责。

第九条 单位应当保障内部审计机构和内部审计人员依法依规独立履行职责，任何单位和个人不得打击报复。

第十条 内部审计机构履行内部审计职责所需经费，应当列入本单位预算。

第十一条 对忠于职守、坚持原则、认真履职、成绩显著的内部审计人员，由所在单位予以表彰。

第三章 内部审计职责权限和程序

第十二条 内部审计机构或者履行内部审计职责的内设机构应当按照国家有关规定和本单位的要求，履行下列职责：

（一）对本单位及所属单位贯彻落实国家重大政策措施情况进行审计；

（二）对本单位及所属单位发展规划、战略决策、重大措施以及年度业务计划执行情况进行审计；

（三）对本单位及所属单位财政财务收支进行审计；

（四）对本单位及所属单位固定资产投资项日进行审计；

（五）对本单位及所属单位的自然资源资产管理和生态环境保护责任的履行情况进行审计；

（六）对本单位及所属单位的境外机构、境外资产和境外经济活动进行审计；

（七）对本单位及所属单位经济管理和效益情况进行审计；

（八）对本单位及所属单位内部控制及风险管理情况进行审计；

（九）对本单位内部管理的领导人员履行经济责任情况进行审计；

（十）协助本单位主要负责人督促落实审计发现问题的整改工作；

（十一）对本单位所属单位的内部审计工作进行指导、监督和管理；

（十二）国家有关规定和本单位要求办理的其他事项。

第十三条 内部审计机构或者履行内部审计职责的内设机构应有下列权限：

（一）要求被审计单位按时报送发展规划、战略决策、重大措施、内部控制、风险管理、财政财务收支等有关资料（含相关电子数据，下同），以及必要的计算机技术文档；

（二）参加单位有关会议，召开与审计事项有关的会议；

（三）参与研究制定有关的规章制度，提出制定内部审计规章制度的建议；

（四）检查有关财政财务收支、经济活动、内部控制、风险管理的资料、文件和现场勘察实物；

（五）检查有关计算机系统及其电子数据和资料；

（六）就审计事项中的有关问题，向有关单位和个人开展调查和询问，取得相关证明材料；

（七）对正在进行的严重违法违规、严重损失浪费行为及时向单位主要负责人报告，经同意作出临时制止决定；

（八）对可能转移、隐匿、篡改、毁弃会计凭证、会计账簿、会计报表以及与经济活动有关的资料，经批准，有权予以暂时封存；

（九）提出纠正、处理违法违规行为的意见和改进管理、提高绩效的建议；

（十）对违法违规和造成损失浪费的被审计单位和人员，给予通报批评或者提出追究责任的建议；

（十一）对严格遵守财经法规、经济效益显著、贡献突出的被审计单位和个人，可以向单位党组织、董事会（或者主要负责人）提出表彰建议。

第十四条　单位党组织、董事会（或者主要负责人）应当定期听取内部审计工作汇报，加强对内部审计工作规划、年度审计计划、审计质量控制、问题整改和队伍建设等重要事项的管理。

第十五条　下属单位、分支机构较多或者实行系统垂直管理的单位，其内部审计机构应当对全系统的内部审计工作进行指导和监督。系统内各单位的内部审计结果和发现的重大违纪违法问题线索，在向本单位党组织、董事会（或者主要负责人）报告的同时，应当及时向上一级单位的内部审计机构报告。

单位应当将内部审计工作计划、工作总结、审计报告、整改情况以及审计中发现的重大违纪违法问题线索等资料报送同级审计机关备案。

第十六条　内部审计的实施程序，应当依照内部审计职业规范和本单位的相关规定执行。

第十七条　内部审计机构或者履行内部审计职责的内设机构，对本单位内部管理的领导人员实施经济责任审计时，可以参照执行国家有关经济责任审计的规定。

第四章　审计结果运用

第十八条　单位应当建立健全审计发现问题整改机制，明确被审计单位主要负责人为整改第一责任人。对审计发现的问题和提出的建议，被审计单位应当及时整改，并将整改结果书面告知内部审计机构。

第十九条　单位对内部审计发现的典型性、普遍性、倾向性问题，应当及时分析研究，制定和完善相关管理制度，建立健全内部控制措施。

第二十条　内部审计机构应当加强与内部纪检监察、巡视巡察、组织人事等其他内部监督力量的协作配合，建立信息共享、结果共用、重要事项共同实施、问题整改问责共同落实等工作机制。

内部审计结果及整改情况应当作为考核、任免、奖惩干部和相关决策的重要依据。

第二十一条　单位对内部审计发现的重大违纪违法问题线索，应当按照管辖权限依法依规及时移送纪检监察机关、司法机关。

第二十二条　审计机关在审计中，特别是在国家机关、事业单位和国有企业三级以下单位审计中，应当有效利用内部审计力量和成果。对内部审计发现且已经纠正的问题不再在审计报告中反映。

第五章　对内部审计工作的指导和监督

第二十三条　审计机关应当依法对内部审计工作进行业务指导和监督，明确内部职能机构和专职人员，并履行下列职责：

（一）起草有关内部审计工作的法规草案；

（二）制定有关内部审计工作的规章制度和规划；

（三）推动单位建立健全内部审计制度；

（四）指导内部审计统筹安排审计计划，突出审计重点；

（五）监督内部审计职责履行情况，检查内部审计业务质量；

（六）指导内部审计自律组织开展工作；

（七）法律、法规规定的其他职责。

第二十四条　审计机关可以通过业务培训、交流研讨等方式，加强对内部审计人员的业务指导。

第二十五条　审计机关应当对单位报送的备案资料进行分析，将其作为编制年度审计项目计划的参考依据。

第二十六条　审计机关可以采取日常监督、结合审计项目监督、专项检查等方式，对单位的内部审计制度建立健全情况、内部审计工作质量情况等进行指导和监督。

对内部审计制度建设和内部审计工作质量存在问题的，审计机关应当督促单位内部审计机构及时进行整改并书面报告整改情况；情节严重的，应当通报批评并视情况抄送有关主管部门。

第二十七条　审计机关应当按照国家有关规定对内部审计自律组织进行政策和业务指导，推动内部审计自律组织按照法律法规和章程开展活动。必要时，可以向内部审计自律组织购买服务。

第六章　责任追究

第二十八条　被审计单位有下列情形之一的，由单位党组织、董事会（或者主要负责人）责令改正，并对直接负责的主管人员和其他直接责任人员进行处理：

（一）拒绝接受或者不配合内部审计工作的；

（二）拒绝、拖延提供与内部审计事项有关的资料，或者提供资料不真实、不完整的；

（三）拒不纠正审计发现问题的；

（四）整改不力、屡审屡犯的；

（五）违反国家规定或者本单位内部规定的其他情形。

第二十九条　内部审计机构或者履行内部审计职责的内设机构和内部审计人员有下列情形之一的，由单位对直接负责的主管人员和其他直接责任人员进行处理；涉嫌犯罪的，移送司法机关依法追究刑事责任：

（一）未按有关法律法规、本规定和内部审计职业规范实施审计导致应当发现的问题未被发现并造成严重后果的；

（二）隐瞒审计查出的问题或者提供虚假审计报告的；

（三）泄露国家秘密或者商业秘密的；

（四）利用职权谋取私利的；

（五）违反国家规定或者本单位内部规定的其他情形。

第三十条　内部审计人员因履行职责受到打击、报复、陷害的，单位党组织、董事会（或者主要负责人）应当及时采取保护措施，并对相关责任人员进行处理；涉嫌犯罪的，移送司法机关依法追究刑事责任。

第七章 附 则

第三十一条 本规定所称国有企业是指国有和国有资本占控股地位或者主导地位的企业、金融机构。

第三十二条 不属于审计机关审计监督对象的单位的内部审计工作，可以参照本规定执行。

第三十三条 本规定由审计署负责解释。

第三十四条 本规定自2018年3月1日起施行。审计署于2003年3月4日发布的《审计署关于内部审计工作的规定》（2003年审计署第4号令）同时废止。

审计署关于加强内部审计工作业务指导和监督的意见

（审法发〔2018〕2号 2018年1月12日）

各省、自治区、直辖市和计划单列市、新疆生产建设兵团审计厅（局），署机关各单位、各派出审计局、各特派员办事处、各直属单位：

为深入贯彻落实党的十九大精神，促进提高内部审计质量和水平，有效防范风险，推进国家治理体系和治理能力现代化，根据审计法及其实施条例、《国务院关于加强审计工作的意见》和中共中央办公厅、国务院办公厅《关于完善审计制度若干重大问题的框架意见》《关于深化国有企业和国有资本审计监督的若干意见》以及《审计署关于内部审计工作的规定》等法律法规和文件要求，现就切实加强对依法属于审计机关审计监督对象的单位（以下统称被审计单位）内部审计工作的业务指导和监督提出以下意见：

一、充分认识加强内部审计指导监督工作的重要性

党的十八大以来，党中央、国务院高度重视审计工作，要求对公共资金、国有资产、国有资源和领导干部履行经济责任情况实行审计全覆盖，建立健全与审计全覆盖相适应的工作机制，统筹整合审计资源，加强内部审计工作，充分发挥内部审计作用。从总体上看，各级审计机关能够认真贯彻落实党中央、国务院决策部署，积极加强对内部审计工作的业务指导和监督，推动内部审计较好地发挥了在促进所在单位规范管理、完善内控机制、防范风险和提质增效等方面的作用，为实现审计全覆盖创造了有利条件。但仍有一些审计机关对内部审计工作重视不够、指导监督不到位，一些部门单位内部审计工作发展不平衡，有的还缺乏制度保障，内部审计发现问题的整改也不到位等，未能充分发挥内部审计的作用。

各级审计机关要以习近平新时代中国特色社会主义思想为指导，充分认识加强内部审计工作对强化单位内部管理、统筹整合审计资源、增强审计监督整体效能、推进审计事业发展的重要意义，按照党中央、国务院要求和相关法律法规的规定，进一步加强对内部审计工作的业务指导和监督，建立健全内部审计指导监督制度，坚持问题导向，突出工作重点，创新方式方法，强化内部审计在规范管理、防范风险等方面的积极作用，推动相关部门、单位认真贯彻落实党的十九大确定的战略部署，自觉遵守国家法律法规和制度规定，扎实推进决胜全面建成小康社会各项工作任务。

二、建立健全内部审计指导监督的工作机制

（一）建立健全指导和监督工作长效机制。审计机关要健全工作责任机制，明确负责指导和监督工作的职能部门和业务部门职责，加强协作配合，将对内部审计的业务指导和监督纳入年度工作内容，与审计业务工作同部署、同落实、同检查。要加强制度建设，制定完善对内部审计业务指导和监督的制度措施。要加强监督检查，坚持问题导向，加大对内部审计工作情况的检查力度，完善检查反馈、情况通报、整改回访等工作机制。上级审计机关要将对内部审计的指导和监督工作纳入对下级审计机关的考核内容。

（二）建立健全内部审计资料备案及成果运用机制。审计机关要建立健全被审计单位内部审计工作计划、审计报告、审计整改情况、工作总结以及审计发现的重大违纪违法问题线索等资料向同级审计机关备案机制。审计机关要加大对备案材料的研究和分析力度，将其作为编制年度审计项目计划的参考依据。审计机关要重视内部审计成果运用，审计中涉及国家机关、事业单位和国有企业三级以下单位时，可以在评估被审计单位内部审计工作质量的基础上，积极有效利用内部审计成果。对内部审计已经发现并纠正的问题不再在审计报告中反映，对纠正不及时不到位的问题应当依法提出处理意见并督促整改。

（三）建立健全与主管部门的协作机制。审计机关要注重发挥主管部门的作用，加强工作联系，根据行业属性、业务特点、资金规模等因素，会同制定行业性内部审计指导意见、内部审计工作指引等，协调开展对被审计单位内部审计工作的分类指导，及时通报监督检查结果，形成监督合力。

三、加强对内部审计工作的业务指导

（一）加强对建立健全内部审计工作机制的指导。推动被审计单位进一步理顺内部审计管理体制，建立被审计单位党组织、董事会（或者主要负责人）对内部审计工作的领导机制，加快建立国有企业总审计师制度，完善审计质量控制、内部审计结果运用和责任追究等制度。推动被审计单位建立内部审计与纪检监察、巡视巡察、组织人事等其他内部监督力量的协作配合机制，在监督信息共享、监督成果共用、重要事项共同实施、问题整改问责共同落实等方面形成监督合力。推动被审计单位建立内部审计发现问题整改长效机制，健全整改报告机制，落实整改主体责任。

（二）加强对内部审计计划安排和审计重点的指导。指导被审计单位紧紧围绕统筹推进“五位一体”总体布局和协调推进“四个全面”战略布局，围绕推进供给侧结构性改革、打好“三大攻坚战”等重大任务落实，科学安排内部审计计划，在审计财政财务收支真实合法效益的基础上，加大对内部管理领导干部履行经济责任情况的审计力度。要引导被审计单位内部审计坚持问题导向，突出审计重点，关注重大改革任务推进、重大政策落实、资金分配和使用、工程建设招投标和物资采购、土地流转和开发利用、金融资源配置和金融创新、国有资本运营和国有资产处置、生态环境保护、民生保障和改善、国家经济安全等重点领域，紧盯权力集中、资金密集、资源富集、资产聚集的部门和岗位，及时发现权力运行中存在的损害国家和人民利益、重大违纪违法、重大履职不到位、重大损失浪费、重大环境污染和资源毁损、重大风险隐患等问题。

（三）加强对内部审计人员的业务指导。采取现场指导、业务交流等方式，分层分类加强对内部审计人员的业务指导和培训。搭建交流推广平台，围绕当前审计工作的重点、难点，注重发现被审计单位内部审计工作的特点、亮点，做好内部审计经验推广工作。积极推广大数据审计工作模式等先进审计技术方法，推动提高内部审计人员运用信息化技术查核问题、评价判断和分析问题的能力，促进提高内部审计工作效率和质量。按照规定加强对内部审计协会的政策和业务指导，推动做好内部审计人员业务咨询、学术研讨、经验交流、评优表彰等工作。

四、加强对内部审计工作的监督检查

（一）加强日常监督。审计机关要加强对被审计单位内部审计工作的指导监督，及时掌握内部审计机构依法履行职责情况，通过经验交流、座谈研讨、现场调研等方式，总结推广开展内部审计工作的经验和做法。督促被审计单位认真整改内部审计发现的问题，积极为内部审计工作的顺利开展创造良好的工作环境。

（二）结合实施审计项目开展监督。审计机关实施审计项目时，要将被审计单位内部审计制度建立健全情况、内部审计工作开展情况以及质量效果等内容，纳入审计监督评价的范围。特别是在开展经济责任审计时，要将内部监督制约机制的建立健全和执行情况作为领导干部履职的内容进行评价，促进被审计单位按照规定建立健全内部审计制度，加强内部审计工作，规范管理，防范风险，提质增效，充分发挥内部审计作用。

（三）开展专项检查。审计机关可以采取组织自查与重点抽查相结合等方式，围绕内部审计制度建设与执行，聚焦内部审计项目的计划、实施、报告、整改等环节，组织开展对被审计单位内部审计工作情况的专项检查，并将检查情况在一定范围内进行通报，督促被审计单位及时整改，积极推动被审计单位规范内部审计行为，强化内部审计质量控制，防范内部审计风险，切实提高内部审计工作质量和水平。

中国内部审计准则

（中国内部审计协会公告2013年第1号　2013年8月20日）

目　录

第1101号——内部审计基本准则
第1201号——内部审计人员职业道德规范
第2101号内部审计具体准则——审计计划
第2102号内部审计具体准则——审计通知书
第2103号内部审计具体准则——审计证据
第2104号内部审计具体准则——审计工作底稿
第2105号内部审计具体准则——结果沟通
第2106号内部审计具体准则——审计报告
第2107号内部审计具体准则——后续审计
第2108号内部审计具体准则——审计抽样
第2109号内部审计具体准则——分析程序
第2201号内部审计具体准则——内部控制审计
第2202号内部审计具体准则——绩效审计
第2203号内部审计具体准则——信息系统审计
第2204号内部审计具体准则——对舞弊行为进行检查和报告

第 2205 号内部审计具体准则——经济责任审计
第 2301 号内部审计具体准则——内部审计机构的管理
第 2302 号内部审计具体准则——与董事会或者最高管理层的关系
第 2303 号内部审计具体准则——内部审计与外部审计的协调
第 2304 号内部审计具体准则——利用外部专家服务
第 2305 号内部审计具体准则——人际关系
第 2306 号内部审计具体准则——内部审计质量控制
第 2307 号内部审计具体准则——评价外部审计工作质量
第 2308 号内部审计具体准则——审计档案工作

第 1101 号——内部审计基本准则

第一章　总　则

第一条　为了规范内部审计工作，保证内部审计质量，明确内部审计机构和内部审计人员的责任，根据《审计法》及其实施条例，以及其他有关法律、法规和规章，制定本准则。

第二条　本准则所称内部审计，是一种独立、客观的确认和咨询活动，它通过运用系统、规范的方法，审查和评价组织的业务活动、内部控制和风险管理的适当性和有效性，以促进组织完善治理、增加价值和实现目标。

第三条　本准则适用于各类组织的内部审计机构、内部审计人员及其从事的内部审计活动。其他组织或者人员接受委托、聘用，承办或者参与内部审计业务，也应当遵守本准则。

第二章　一般准则

第四条　组织应当设置与其目标、性质、规模、治理结构等相适应的内部审计机构，并配备具有相应资格的内部审计人员。

第五条　内部审计的目标、职责和权限等内容应当在组织的内部审计章程中明确规定。

第六条　内部审计机构和内部审计人员应当保持独立性和客观性，不得负责被审计单位的业务活动、内部控制和风险管理的决策与执行。

第七条　内部审计人员应当遵守职业道德，在实施内部审计业务时保持应有的职业谨慎。

第八条 内部审计人员应当具备相应的专业胜任能力，并通过后续教育加以保持和提高。

第九条 内部审计人员应当履行保密义务，对于实施内部审计业务中所获取的信息保密。

第三章 作业准则

第十条 内部审计机构和内部审计人员应当全面关注组织风险，以风险为基础组织实施内部审计业务。

第十一条 内部审计人员应当充分运用重要性原则，考虑差异或者缺陷的性质、数量等因素，合理确定重要性水平。

第十二条 内部审计机构应当根据组织的风险状况、管理需要及审计资源的配置情况，编制年度审计计划。

第十三条 内部审计人员根据年度审计计划确定的审计项目，编制项目审计方案。

第十四条 内部审计机构应当在实施审计三日前，向被审计单位或者被审计人员送达审计通知书，做好审计准备工作。

第十五条 内部审计人员应当深入了解被审计单位的情况，审查和评价业务活动、内部控制和风险管理的适当性和有效性，关注信息系统对业务活动、内部控制和风险管理的影响。

第十六条 内部审计人员应当关注被审计单位业务活动、内部控制和风险管理中的舞弊风险，对舞弊行为进行检查和报告。

第十七条 内部审计人员可以运用审核、观察、监盘、访谈、调查、函证、计算和分析程序等方法，获取相关、可靠和充分的审计证据，以支持审计结论、意见和建议。

第十八条 内部审计人员应当在审计工作底稿中记录审计程序的执行过程，获取的审计证据，以及作出的审计结论。

第十九条 内部审计人员应当以适当方式提供咨询服务，改善组织的业务活动、内部控制和风险管理。

第四章 报告准则

第二十条 内部审计机构应当在实施必要的审计程序后，及时出具审计报告。

第二十一条 审计报告应当客观、完整、清晰，具有建设性并体现重要性原则。

第二十二条 审计报告应当包括审计概况、审计依据、审计发现、审计结论、审计意见和审计建议。

第二十三条 审计报告应当包含是否遵循内部审计准则的声明。如存在未遵循内部审计准则的情形，应当在审计报告中作出解释和说明。

第五章 内部管理准则

第二十四条 内部审计机构应当接受组织董事会或者最高管理层的领导和监督，并保持与董事会或者最高管理层及时、高效的沟通。

第二十五条 内部审计机构应当建立合理、有效的组织结构，多层级组织的内部审计机构可以实行集中管理或者分级管理。

第二十六条 内部审计机构应当根据内部审计准则及相关规定，结合本组织的实际情况制定内部审计工作手册，指导内部审计人员的工作。

第二十七条 内部审计机构应当对内部审计质量实施有效控制，建立指导、监督、分级复核和内部审计质量评估制度，并接受内部审计质量外部评估。

第二十八条 内部审计机构应当编制中长期审计规划、年度审计计划、本机构人力资源计划和财务预算。

第二十九条 内部审计机构应当建立激励约束机制，对内部审计人员的工作进行考核、评价和奖惩。

第三十条 内部审计机构应当在董事会或者最高管理层的支持和监督下，做好与外部审计的协调工作。

第三十一条 内部审计机构负责人应当对内部审计机构管理的适当性和有效性负主要责任。

第六章 附 则

第三十二条 本准则由中国内部审计协会发布并负责解释。

第三十三条 本准则自 2014 年 1 月 1 日起施行。

第 1201 号——内部审计人员职业道德规范

第一章　总　则

第一条　为了规范内部审计人员的职业行为，维护内部审计职业声誉，根据《审计法》及其实施条例，以及其他有关法律、法规和规章，制定本规范。

第二条　内部审计人员职业道德是内部审计人员在开展内部审计工作中应当具有的职业品德、应当遵守的职业纪律和应当承担的职业责任的总称。

第三条　内部审计人员从事内部审计活动时，应当遵守本规范，认真履行职责，不得损害国家利益、组织利益和内部审计职业声誉。

第二章　一般原则

第四条　内部审计人员在从事内部审计活动时，应当保持诚信正直。

第五条　内部审计人员应当遵循客观性原则，公正、不偏不倚地作出审计职业判断。

第六条　内部审计人员应当保持并提高专业胜任能力，按照规定参加后续教育。

第七条　内部审计人员应当遵循保密原则，按照规定使用其在履行职责时所获取的信息。

第八条　内部审计人员违反本规范要求的，组织应当批评教育，也可以视情节给予一定的处分。

第三章　诚信正直

第九条　内部审计人员在实施内部审计业务时，应当诚实、守信，不应有下列行为：

（一）歪曲事实；

（二）隐瞒审计发现的问题；

（三）进行缺少证据支持的判断；

（四）做误导性的或者含糊的陈述。

第十条　内部审计人员在实施内部审计业务时，应当廉洁、正直，不应有下列行为：

（一）利用职权谋取私利；

（二）屈从于外部压力，违反原则。

第四章　客观性

第十一条　内部审计人员实施内部审计业务时，应当实事求是，不得由于偏见、利益冲突而影响职业判断。

第十二条　内部审计人员实施内部审计业务前，应当采取下列步骤对客观性进行评估：

（一）识别可能影响客观性的因素；

（二）评估可能影响客观性因素的严重程度；

（三）向审计项目负责人或者内部审计机构负责人报告客观性受损可能造成的影响。

第十三条　内部审计人员应当识别下列可能影响客观性的因素：

（一）审计本人曾经参与过的业务活动；

（二）与被审计单位存在直接利益关系；

（三）与被审计单位存在长期合作关系；

（四）与被审计单位管理层有密切的私人关系；

（五）遭受来自组织内部和外部的压力；

（六）内部审计范围受到限制；

（七）其他。

第十四条　内部审计机构负责人应当采取下列措施保障内部审计的客观性：

（一）提高内部审计人员的职业道德水准；

（二）选派适当的内部审计人员参加审计项目，并进行适当分工；

（三）采用工作轮换的方式安排审计项目及审计组；

（四）建立适当、有效的激励机制；

（五）制定并实施系统、有效的内部审计质量控制制度、程序和方法；

（六）当内部审计人员的客观性受到严重影响，且无法采取适当措施降低影响时，停止实施有关业务，并及时向董事会或者最高管理层报告。

第五章　专业胜任能力

第十五条　内部审计人员应当具备下列履行职责所需的专业知识、职业技能和实践经验：

（一）审计、会计、财务、税务、经济、金融、统计、管理、内部控制、风险管理、法律和信息技术等专业知识，以及与组织业务活动相关的专业知识；

（二）语言文字表达、问题分析、审计技术应用、人际沟通、组织管理等职业技能；

（三）必要的实践经验及相关职业经历。

第十六条　内部审计人员应当通过后续教育和职业实践等途径，了解、学习和掌握相关法律法规、专业知识、技术方法和审计实务的发展变化，保持和提升专业胜任能力。

第十七条　内部审计人员实施内部审计业务时，应当保持职业谨慎，合理运用职业判断。

第六章　保　密

第十八条　内部审计人员应当对实施内部审计业务所获取的信息保密，非因有效授权、法律规定或其他合法事由不得披露。

第十九条　内部审计人员在社会交往中，应当履行保密义务，警惕非故意泄密的可能性。

内部审计人员不得利用其在实施内部审计业务时获取的信息牟取不正当利益，或者以有悖于法律法规、组织规定及职业道德的方式使用信息。

第七章　附　则

第二十条　本规范由中国内部审计协会发布并负责解释。

第二十一条　本规范自2014年1月1日起施行。

第2101号内部审计具体准则——审计计划

第一章　总　则

第一条　为了规范审计计划的编制与执行，保证有计划、有重点地开展审计业务，提高审计质量和效率，根据《内部审计基本准则》，制定本准则。

第二条　本准则所称审计计划，是指内部审计机构和内部审计人员为完成审计业务，达到预期的审计目的，对审计工作或者具体审计项目作出的安排。

第三条　本准则适用于各类组织的内部审计机构、内部审计人员及其从事的内部审计活动。其他组织或者人员接受委托、聘用，承办或者参与内部审计业务，也应当遵守本准则。

第二章　一般原则

第四条　审计计划一般包括年度审计计划和项目审计方案。

年度审计计划是对年度预期要完成的审计任务所作的工作安排，是组织年度工作计划的重要组成部分。

项目审计方案是对实施具体审计项目所需要的审计内容、审计程序、人员分工、审计时间等作出的安排。

第五条　内部审计机构应当在本年度编制下年度审计计划，并报经组织董事会或者最高管理层批准；审计项目负责人应当在审计项目实施前编制项目审计方案，并报经内部审计机构负责人批准。

第六条　内部审计机构应当根据批准后的审计计划组织开展内部审计活动。在审计计划执行过程中，如有必要，应当按照规定的程序对审计计划进行调整。

第七条　内部审计机构负责人应当定期检查审计计划的执行情况。

第三章　年度审计计划

第八条　内部审计机构负责人负责年度审计计划的编制工作。

第九条　编制年度审计计划应当结合内部审计中长期规划，在对组织风险进行评估的基础上，根据组织的风险状况、管理需要和审计资源的配置情况，确定具体审计项目及时间安排。

第十条　年度审计计划应当包括下列基本内容：

（一）年度审计工作目标；

（二）具体审计项目及实施时间；

（三）各审计项目需要的审计资源；

（四）后续审计安排。

第十一条　内部审计机构在编制年度审计计划前，应当重点调查了解下列情况，以评价具体审计项目的风险：

（一）组织的战略目标、年度目标及业务活动重点；

（二）对相关业务活动有重大影响的法律、法规、政策、计划和合同；

（三）相关内部控制的有效性和风险管理水平；

（四）相关业务活动的复杂性及其近期变化；

（五）相关人员的能力及其岗位的近期变动；

（六）其他与项目有关的重要情况。

第十二条 内部审计机构负责人应当根据具体审计项目的性质、复杂程度及时间要求，合理安排审计资源。

第四章 项目审计方案

第十三条 内部审计机构应当根据年度审计计划确定的审计项目和时间安排，选派内部审计人员开展审计工作。

第十四条 审计项目负责人应当根据被审计单位的下列情况，编制项目审计方案：

（一）业务活动概况；

（二）内部控制、风险管理体系的设计及运行情况；

（三）财务、会计资料；

（四）重要的合同、协议及会议记录；

（五）上次审计结论、建议及后续审计情况；

（六）上次外部审计的审计意见；

（七）其他与项目审计方案有关的重要情况。

第十五条 项目审计方案应当包括下列基本内容：

（一）被审计单位、项目的名称；

（二）审计目标和范围；

（三）审计内容和重点；

（四）审计程序和方法；

（五）审计组成员的组成及分工；

（六）审计起止日期；

（七）对专家和外部审计工作结果的利用；

（八）其他有关内容。

第五章 附 则

第十六条 本准则由中国内部审计协会发布并负责解释。

第十七条 本准则自2014年1月1日起施行。

第2102号内部审计具体准则——审计通知书

第一章　总　则

第一条　为了规范审计通知书的编制与送达，根据《内部审计基本准则》，制定本准则。

第二条　本准则所称审计通知书，是指内部审计机构在实施审计之前，告知被审计单位或者人员接受审计的书面文件。

第三条　本准则适用于各类组织的内部审计机构、内部审计人员及其从事的内部审计活动。其他组织或者人员接受委托、聘用，承办或者参与的内部审计业务，也应当遵守本准则。

第二章　审计通知书的编制与送达

第四条　审计通知书应当包括下列内容：

（一）审计项目名称；

（二）被审计单位名称或者被审计人员姓名；

（三）审计范围和审计内容；

（四）审计时间；

（五）需要被审计单位提供的资料及其他必要的协助要求；

（六）审计组组长及审计组成员名单；

（七）内部审计机构的印章和签发日期。

第五条　内部审计机构应当根据经过批准后的年度审计计划和其他授权或者委托文件编制审计通知书。

第六条　内部审计机构应当在实施审计三日前，向被审计单位或者被审计人员送达审计通知书。特殊审计业务的审计通知书可以在实施审计时送达。

第七条　审计通知书送达被审计单位，必要时可以抄送组织内部相关部门。

经济责任审计项目的审计通知书送达被审计人员及其所在单位，并抄送有关部门。

第三章　附　则

第八条　本准则由中国内部审计协会发布并负责解释。

第九条　本准则自2014年1月1日起施行。

第2103号内部审计具体准则——审计证据

第一章　总　则

第一条　为了规范审计证据的获取及处理，保证审计证据的相关性、可靠性和充分性，根据《内部审计基本准则》，制定本准则。

第二条　本准则所称审计证据，是指内部审计人员在实施内部审计业务中，通过实施审计程序所获取的，用以证实审计事项，支持审计结论、意见和建议的各种事实依据。

第三条　本准则适用于各类组织的内部审计机构、内部审计人员及其从事的内部审计活动。其他组织或者人员接受委托、聘用，承办或者参与内部审计业务，也应当遵守本准则。

第二章　一般原则

第四条　内部审计人员应当依据不同的审计事项及其审计目标，获取不同种类的审计证据。

审计证据主要包括下列种类：

（一）书面证据；

（二）实物证据；

（三）视听证据；

（四）电子证据；

（五）口头证据；

（六）环境证据。

第五条　内部审计人员获取的审计证据应当具备相关性、可靠性和充分性。

相关性，即审计证据与审计事项及其具体审计目标之间具有实质性联系。

可靠性，即审计证据真实、可信。

充分性，即审计证据在数量上足以支持审计结论、意见和建议。

第六条　审计项目的各级复核人员应当在各自职责范围内对审计证据的相关性、可靠性和充分性予以复核。

第七条　内部审计人员在获取审计证据时，应当考虑下列基本因素：

（一）具体审计事项的重要性。内部审计人员应当从数量和性质两个方面判断审计事项的重要性，以做出获取审计证据的决策。

（二）可以接受的审计风险水平。证据的充分性与审计风险水平密切相关。可以接受的审计风险水平越低，所需证据的数量越多。

（三）成本与效益的合理程度。获取审计证据应当考虑成本与效益的对比，但对于重要审计事项，不应当将审计成本的高低作为减少必要审计程序的理由。

（四）适当的抽样方法。

第三章　审计证据的获取与处理

第八条　内部审计人员向有关单位和个人获取审计证据时，可以采用（但不限于）下列方法：

（一）审核；

（二）观察；

（三）监盘；

（四）访谈；

（五）调查；

（六）函证；

（七）计算；

（八）分析程序。

第九条　内部审计人员应当将获取的审计证据名称、来源、内容、时间等完整、清晰地记录于审计工作底稿中。

采集被审计单位电子数据作为审计证据的，内部审计人员应当记录电子数据的采集和处理过程。

第十条　内部审计机构可以聘请其他专业机构或者人员对审计项目的某些特殊问题进行鉴定，并将鉴定结论作为审计证据。内部审计人员应当对所引用鉴定结论的可靠性负责。

第十一条　对于被审计单位有异议的审计证据，内部审计人员应当进一步核实。

第十二条　内部审计人员获取的审计证据，如有必要，应当由证据提供者签名或者盖章。如果证据提供者拒绝签名或者盖章，内部审计人员应当注明原因和日期。

第十三条　内部审计人员应当对获取的审计证据进行分类、筛选和汇总，保证审计证据的相关性、可靠性和充分性。

第十四条　在评价审计证据时，应当考虑审计证据之间的相互印证关系及证据来源的可靠程度。

第四章　附　则

第十五条　本准则由中国内部审计协会发布并负责解释。

第十六条　本准则自 2014 年 1 月 1 日起施行。

第 2104 号内部审计具体准则
——审计工作底稿

第一章　总　则

第一条　为了规范审计工作底稿的编制和使用，根据《内部审计基本准则》，制定本准则。

第二条　本准则所称审计工作底稿，是指内部审计人员在审计过程中所形成的工作记录。

第三条　本准则适用于各类组织的内部审计机构、内部审计人员及其从事的内部审计活动。其他组织或者人员接受委托、聘用，承办或者参与内部审计业务，也应当遵守本准则。

第二章　一般原则

第四条　内部审计人员在审计工作中应当编制审计工作底稿，以达到下列目的：

（一）为编制审计报告提供依据；

（二）证明审计目标的实现程度；

（三）为检查和评价内部审计工作质量提供依据；

（四）证明内部审计机构和内部审计人员是否遵循内部审计准则；

（五）为以后的审计工作提供参考。

第五条　审计工作底稿应当内容完整、记录清晰、结论明确，客观地反映项目审计方案的编制及实施情况，以及与形成审计结论、意见和建议有关的所有重要事项。

第六条　内部审计机构应当建立审计工作底稿的分级复核制度，明确规定各级复核人员的要求和责任。

第三章　审计工作底稿的编制与复核

第七条　审计工作底稿主要包括下列要素：

（一）被审计单位的名称；

（二）审计事项及其期间或者截止日期；

（三）审计程序的执行过程及结果记录；

（四）审计结论、意见及建议；

（五）审计人员姓名和审计日期；

（六）复核人员姓名、复核日期和复核意见；

（七）索引号及页次；

（八）审计标识与其他符号及其说明等。

第八条　项目审计方案的编制及调整情况应当编制审计工作底稿。

第九条　审计工作底稿中可以使用各种审计标识，但应当注明含义并保持前后一致。

第十条　审计工作底稿应当注明索引编号和顺序编号。相关审计工作底稿之间如存在勾稽关系，应当予以清晰反映，相互引用时应当交叉注明索引编号。

第十一条　审计工作底稿的复核工作应当由比审计工作底稿编制人员职位更高或者经验更为丰富的人员承担。

第十二条　如果发现审计工作底稿存在问题，复核人员应当在复核意见中加以说明，并要求相关人员补充或者修改审计工作底稿。

第十三条　在审计业务执行过程中，审计项目负责人应当加强对审计工作底稿的现场复核。

第四章　审计工作底稿的归档与保管

第十四条　内部审计人员在审计项目完成后，应当及时对审计工作底稿进行分类整理，按照审计工作底稿相关规定进行归档、保管和使用。

第十五条　审计工作底稿归组织所有，由内部审计机构或者组织内部有关部门具体负责保管。

第十六条　内部审计机构应当建立审计工作底稿保管制度。如果内部审计机构以外的组织或者个人要求查阅审计工作底稿，必须经内部审计机构负责人或者其主管领导批准，但国家有关部门依法进行查阅的除外。

第五章 附 则

第十七条 本准则由中国内部审计协会发布并负责解释。

第十八条 本准则自2014年1月1日起实行。

第2105号内部审计具体准则——结果沟通

第一章 总 则

第一条 为了规范内部审计的结果沟通，保证审计工作质量，根据《内部审计基本准则》，制定本准则。

第二条 本准则所称结果沟通，是指内部审计机构与被审计单位、组织适当管理层就审计概况、审计依据、审计发现、审计结论、审计意见和审计建议进行的讨论和交流。

第三条 本准则适用于各类组织的内部审计机构、内部审计人员及其从事的内部审计活动。其他组织或者人员接受委托、聘用，承办或者参与内部审计业务，也应当遵守本准则。

第二章 一般原则

第四条 结果沟通的目的，是提高审计结果的客观性、公正性，并取得被审计单位、组织适当管理层的理解和认同。

第五条 内部审计机构应当建立审计结果沟通制度，明确各级人员的责任，进行积极有效的沟通。

第六条 内部审计机构应当与被审计单位、组织适当管理层进行认真、充分的沟通，听取其意见。

第七条 结果沟通一般采取书面或者口头方式。

第八条 内部审计机构应当在审计报告正式提交之前进行审计结果的沟通。

第九条 内部审计机构应当将结果沟通的有关书面材料作为审计工作底稿归档保存。

第三章 结果沟通的内容

第十条 结果沟通主要包括下列内容：

（一）审计概况；

（二）审计依据；

（三）审计发现；

（四）审计结论；

（五）审计意见；

（六）审计建议。

第十一条 如果被审计单位对审计结果有异议，审计项目负责人及相关人员应当进行核实和答复。

第十二条 内部审计机构负责人应当与组织适当管理层就审计过程中发现的重大问题及时进行沟通。

第十三条 内部审计机构与被审计单位进行结果沟通时，应当注意沟通技巧。

第四章 附 则

第十四条 本准则由中国内部审计协会发布并负责解释。

第十五条 本准则自2014年1月1日起施行。

第2106号内部审计具体准则——审计报告

第一章 总 则

第一条 为了规范审计报告的编制、复核和报送，根据《内部审计基本准则》，制定本准则。

第二条 本准则所称审计报告，是指内部审计人员根据审计计划对被审计单位实施必要的审计程序后，就被审计事项作出审计结论，提出审计意见和审计建议的书面文件。

第三条 本准则适用于各类组织的内部审计机构、内部审计人员及其从事的内部审计活动。其他组织或者人员接受委托、聘用，承办或者参与内部审计业务，也应当遵守本准则。

第二章 一般原则

第四条 内部审计人员应当在审计实施结束后，以经过核实的审计证据为依据，形成审计结论、意见和建议，出具审计报告。如有必要，内部审计人员可以在审计过程中提交期中报告，以便及时采取有效的纠正措施改善业务活动、内部控制和风险管理。

第五条　审计报告的编制应当符合下列要求：

（一）实事求是、不偏不倚地反映被审计事项的事实；

（二）要素齐全、格式规范，完整反映审计中发现的重要问题；

（三）逻辑清晰、用词准确、简明扼要、易于理解；

（四）充分考虑审计项目的重要性和风险水平，对于重要事项应当重点说明；

（五）针对被审计单位业务活动、内部控制和风险管理中存在的主要问题或者缺陷提出可行的改进建议，以促进组织实现目标。

第六条　内部审计机构应当建立健全审计报告分级复核制度，明确规定各级复核人员的要求和责任。

第三章　审计报告的内容

第七条　审计报告主要包括下列要素：

（一）标题；

（二）收件人；

（三）正文；

（四）附件；

（五）签章；

（六）报告日期；

（七）其他。

第八条　审计报告的正文主要包括下列内容：

（一）审计概况，包括审计目标、审计范围、审计内容及重点、审计方法、审计程序及审计时间等；

（二）审计依据，即实施审计所依据的相关法律法规、内部审计准则等规定；

（三）审计发现，即对被审计单位的业务活动、内部控制和风险管理实施审计过程中所发现的主要问题的事实；

（四）审计结论，即根据已查明的事实，对被审计单位业务活动、内部控制和风险管理所作的评价；

（五）审计意见，即针对审计发现的主要问题提出的处理意见；

（六）审计建议，即针对审计发现的主要问题，提出的改善业务活动、内部控制和风险管理的建议。

第九条 审计报告的附件应当包括针对审计过程、审计中发现问题所作出的具体说明，以及被审计单位的反馈意见等内容。

第四章 审计报告的编制、复核与报送

第十条 审计组应当在实施必要的审计程序后，及时编制审计报告，并征求被审计对象的意见。

第十一条 被审计单位对审计报告有异议的，审计项目负责人及相关人员应当核实，必要时应当修改审计报告。

第十二条 审计报告经过必要的修改后，应当连同被审计单位的反馈意见及时报送内部审计机构负责人复核。

第十三条 内部审计机构应当将审计报告提交被审计单位和组织适当管理层，并要求被审计单位在规定的期限内落实纠正措施。

第十四条 已经出具的审计报告如果存在重要错误或者遗漏，内部审计机构应当及时更正，并将更正后的审计报告提交给原审计报告接收者。

第十五条 内部审计机构应当将审计报告及时归入审计档案，妥善保存。

第五章 附 则

第十六条 本准则由中国内部审计协会发布并负责解释。

第十七条 本准则自 2014 年 1 月 1 日起施行。

第 2107 号内部审计具体准则——后续审计

第一章 总 则

第一条 为了规范后续审计活动，提高审计效果，根据《内部审计基本准则》，制定本准则。

第二条 本准则所称后续审计，是指内部审计机构为跟踪检查被审计单位针对审计发现的问题所采取的纠正措施及其改进效果，而进行的审查和评价活动。

第三条 本准则适用于各类组织的内部审计机构、内部审计人员及其从事的内部审计活动。其他组织或者人员接受委托、聘用，承办或者参与内部审计业务，也应当遵守本准则。

第二章　一般原则

第四条　对审计中发现的问题采取纠正措施，是被审计单位管理层的责任。评价被审计单位管理层所采取的纠正措施是否及时、合理、有效，是内部审计人员的责任。

第五条　内部审计机构可以在规定期限内，或者与被审计单位约定的期限内实施后续审计。

第六条　内部审计机构负责人可以适时安排后续审计工作，并将其列入年度审计计划。

第七条　内部审计机构负责人如果初步认定被审计单位管理层对审计发现的问题已采取了有效的纠正措施，可以将后续审计作为下次审计工作的一部分。

第八条　当被审计单位基于成本或者其他方面考虑，决定对审计发现的问题不采取纠正措施并做出书面承诺时，内部审计机构负责人应当向组织董事会或者最高管理层报告。

第三章　后续审计程序

第九条　审计项目负责人应当编制后续审计方案，对后续审计作出安排。

第十条　编制后续审计方案时应当考虑下列因素：

（一）审计意见和审计建议的重要性；

（二）纠正措施的复杂性；

（三）落实纠正措施所需要的时间和成本；

（四）纠正措施失败可能产生的影响；

（五）被审计单位的业务安排和时间要求。

第十一条　对于已采取纠正措施的事项，内部审计人员应当判断是否需要深入检查，必要时可以提出应在下次审计中予以关注。

第十二条　内部审计人员应当根据后续审计的实施过程和结果编制后续审计报告。

第四章　附　则

第十三条　本准则由中国内部审计协会发布并负责解释。

第十四条　本准则自 2014 年 1 月 1 日起施行。

第2108号内部审计具体准则——审计抽样

第一章 总 则

第一条 为了规范内部审计人员运用审计抽样方法，提高审计质量和效率，根据《内部审计基本准则》，制定本准则。

第二条 本准则所称审计抽样，是指内部审计人员在审计业务实施过程中，从被审查和评价的审计总体中抽取一定数量具有代表性的样本进行测试，以样本审查结果推断总体特征，并作出审计结论的一种审计方法。

第三条 本准则适用于各类组织的内部审计机构、内部审计人员及其从事的内部审计活动。其他组织或者人员接受委托、聘用，承办或者参与内部审计业务，也应当遵守本准则。

第二章 一般原则

第四条 确定抽样总体、选择抽样方法时应当以审计目标为依据，并考虑被审计单位及审计项目的具体情况。

第五条 抽样总体的确定应当遵循相关性、充分性和经济性原则。

相关性是指抽样总体与审计对象及其审计目标相关；充分性是指抽样总体能够在数量上代表审计项目的实际情况；经济性是指抽样总体的确定符合成本效益原则。

第六条 审计抽样方法包括统计抽样和非统计抽样。在审计抽样过程中，可以采用统计抽样方法，也可以采用非统计抽样方法，或者两种方法结合使用。

第七条 选取的样本应当有代表性，具有与审计总体相似的特征。

第八条 内部审计人员在选取样本时，应当对业务活动中存在重大差异或者缺陷的风险以及审计过程中的检查风险进行评估，并充分考虑因抽样引起的抽样风险及其他因素引起的非抽样风险。

第九条 抽样结果的评价应当从定量和定性两个方面进行，并以此为依据合理推断审计总体特征。

第三章 抽样程序和方法

第十条 审计抽样的一般程序包括下列步骤：

（一）根据审计目标及审计对象的特征制定审计抽样方案；

（二）选取样本；

（三）对样本进行审查；

（四）评价抽样结果；

（五）根据抽样结果推断总体特征；

（六）形成审计结论。

第十一条　审计抽样方案包括下列主要内容：

（一）审计总体，是指由审计对象的各个单位组成的整体；

（二）抽样单位，是指从审计总体中抽取并代表总体的各个单位；

（三）样本，是指在抽样过程中从审计总体中抽取的部分单位组成的整体；

（四）误差，是指业务活动、内部控制和风险管理中存在的差异或者缺陷；

（五）可容忍误差，是指内部审计人员可以接受的差异或者缺陷的最大程度；

（六）预计总体误差，是指内部审计人员预先估计的审计总体中存在的差异或者缺陷；

（七）可靠程度，是指预计抽样结果能够代表审计总体质量特征的概率；

（八）抽样风险，是指内部审计人员依据抽样结果得出的结论与总体特征不相符合的可能性；

（九）样本量，是指为了能使内部审计人员对审计总体作出审计结论所抽取样本单位的数量；

（十）其他因素。

第十二条　内部审计人员应当根据审计重要性水平，合理确定预计总体误差、可容忍误差和可靠程度。

第十三条　内部审计人员应当根据审计目标和审计对象的特征，选择确定审计抽样方法。

统计抽样，是指以数理统计方法为基础，按照随机原则从总体中选取样本进行审查，并对总体特征进行推断的审计抽样方法。主要包括发现抽样、连续抽样等属性抽样方法，以及单位均值抽样、差异估计抽样和货币单位抽样等变量抽样方法。

非统计抽样，是指内部审计人员根据自己的专业判断和经验抽取样本进行审查，并对总体特征进行推断的审计抽样方法。统计抽样和非统计抽样审计方法相互结合使用，可以降低抽样风险。

第十四条 内部审计人员应当根据下列要素确定样本量：

（一）审计总体。审计总体的量越大，所需要的样本量越多。

（二）可容忍误差。可容忍误差越大，所需样本量越少。

（三）预计总体误差。预计总体误差越大，所需样本量越多。

（四）抽样风险。抽样风险越小，所需样本量越多。

（五）可靠程度。可靠程度越大，所需样本量越多。

第十五条 内部审计人员可以运用下列方法选取样本：

（一）随机数表选样法；

（二）系统选样法；

（三）分层选样法；

（四）整群选样法；

（五）任意选样法。

第十六条 内部审计人员在选取样本之后，应当对样本进行审查，获取相关、可靠和充分的审计证据。

第四章　抽样结果的评价

第十七条 内部审计人员应当根据预先确定的误差构成条件，确定存在误差的样本。

第十八条 内部审计人员应当对抽样风险和非抽样风险进行评估，以防止对审计总体作出不恰当的审计结论。

第十九条 抽样风险主要包括两类：

（一）误受风险，是指样本结果表明审计项目不存在重大差异或者缺陷，而实际上却存在着重大差异或者缺陷的可能性；

（二）误拒风险，是指样本结果表明审计项目存在重大差异或者缺陷，而实际上并没有存在重大差异或者缺陷的可能性。

第二十条 非抽样风险是由抽样之外的其他因素造成的风险，一般包括下列原因：

（一）审计程序设计及执行不恰当；

（二）抽样过程没有按照规范程序执行；

（三）样本审查结果解释错误；

（四）审计人员业务能力不足；

（五）其他原因。

第二十一条 内部审计人员应当根据样本误差，采用适当的方法，推断审计总体误差。

第二十二条　内部审计人员应当根据抽样结果的评价，确定审计证据是否足以证实某一审计总体特征。如果推断的总体误差超过可容忍误差，应当增加样本量或者执行替代审计程序。

第二十三条　内部审计人员在上述评价的基础上还应当考虑误差性质、误差产生的原因，以及误差对其他审计项目可能产生的影响等。

第五章　附　则

第二十四条　本准则由中国内部审计协会发布并负责解释。

第二十五条　本准则自 2014 年 1 月 1 日起施行。

第 2109 号内部审计具体准则——分析程序

第一章　总　则

第一条　为了规范内部审计人员执行分析程序的行为，提高审计质量和效率，根据《内部审计基本准则》，制定本准则。

第二条　本准则所称分析程序，是指内部审计人员通过分析和比较信息之间的关系或者计算相关的比率，以确定合理性，并发现潜在差异和漏洞的一种审计方法。

第三条　本准则适用于各类组织的内部审计机构、内部审计人员及其从事的内部审计活动。其他组织或者人员接受委托、聘用，承办或者参与内部审计业务，也应当遵守本准则。

第二章　一般原则

第四条　内部审计人员应当合理运用职业判断，根据需要在审计过程中执行分析程序。

第五条　内部审计人员执行分析程序，有助于实现下列目标：

（一）确认业务活动信息的合理性；

（二）发现差异；

（三）分析潜在的差异和漏洞；

（四）发现不合法和不合规行为的线索。

第六条　内部审计人员通过执行分析程序，能够获取与下列事项相关的证据：

（一）被审计单位的持续经营能力；
（二）被审计事项的总体合理性；
（三）业务活动、内部控制和风险管理中差异和漏洞的严重程度；
（四）业务活动的经济性、效率性和效果性；
（五）计划、预算的完成情况；
（六）其他事项。

第七条 分析程序所使用的信息按其存在的形式划分，主要包括下列内容：

（一）财务信息和非财务信息；
（二）实物信息和货币信息；
（三）电子数据信息和非电子数据信息；
（四）绝对数信息和相对数信息。

第八条 执行分析程序时，应当考虑信息之间的相关性，以免得出不恰当的审计结论。

第九条 内部审计人员应当保持应有的职业谨慎，在确定对分析程序结果的依赖程度时，需要考虑下列因素：

（一）分析程序的目标；
（二）被审计单位的性质及其业务活动的复杂程度；
（三）已收集信息资料的相关性、可靠性和充分性；
（四）以往审计中对被审计单位内部控制、风险管理的评价结果；
（五）以往审计中发现的差异和漏洞。

第三章 分析程序的执行

第十条 分析程序一般包括下列基本内容：

（一）将当期信息与历史信息相比较，分析其波动情况及发展趋势；
（二）将当期信息与预测、计划或者预算信息相比较，并作差异分析；
（三）将当期信息与内部审计人员预期信息相比较，分析差异；
（四）将被审计单位信息与组织其他部门类似信息相比较，分析差异；
（五）将被审计单位信息与行业相关信息相比较，分析差异；
（六）对财务信息与非财务信息之间的关系、比率的计算与分析；
（七）对重要信息内部组成因素的关系、比率的计算与分析。

第十一条 分析程序主要包括下列具体方法：

（一）比较分析；
（二）比率分析；

（三）结构分析；

（四）趋势分析；

（五）回归分析；

（六）其他技术方法。

内部审计人员可以根据审计目标和审计事项单独或者综合运用以上方法。

第十二条　内部审计人员需要在审计计划阶段执行分析程序，以了解被审计事项的基本情况，确定审计重点。

第十三条　内部审计人员需要在审计实施阶段执行分析程序，对业务活动、内部控制和风险管理进行审查，以获取审计证据。

第十四条　内部审计人员需要在审计终结阶段执行分析程序，验证其他审计程序所得结论的合理性，以保证审计质量。

第四章　对分析程序结果的利用

第十五条　内部审计人员应当考虑下列影响分析程序效率和效果的因素：

（一）被审计事项的重要性；

（二）内部控制、风险管理的适当性和有效性；

（三）获取信息的便捷性和可靠性；

（四）分析程序执行人员的专业素质；

（五）分析程序操作的规范性。

第十六条　内部审计人员执行分析程序发现差异时，应当采用下列方法对其进行调查和评价：

（一）询问管理层获取其解释和答复；

（二）实施必要的审计程序，确认管理层解释和答复的合理性与可靠性；

（三）如果管理层没有作出恰当解释，应当扩大审计范围，执行其他审计程序，实施进一步审查，以便得出审计结论。

第五章　附　则

第十七条　本准则由中国内部审计协会发布并负责解释。

第十八条　本准则自2014年1月1日起施行。

第2201号内部审计具体准则
——内部控制审计

第一章　总　则

第一条　为了规范内部审计人员实施内部控制审计的行为，保证内部控制审计质量，根据《内部审计基本准则》，制定本准则。

第二条　本准则所称内部控制审计，是指内部审计机构对组织内部控制设计和运行的有效性进行的审查和评价活动。

第三条　本准则适用于各类组织的内部审计机构、内部审计人员及其从事的内部控制审计活动。其他组织或者人员接受委托、聘用，承办或者参与内部审计业务，也应当遵守本准则。

第二章　一般原则

第四条　董事会及管理层的责任是建立、健全内部控制并使之有效运行。

内部审计的责任是对内部控制设计和运行的有效性进行审查和评价，出具客观、公正的审计报告，促进组织改善内部控制及风险管理。

第五条　内部控制审计应当以风险评估为基础，根据风险发生的可能性和对组织单个或者整体控制目标造成的影响程度，确定审计的范围和重点。

内部审计人员应当关注串通舞弊、滥用职权、环境变化和成本效益等内部控制的局限性。

第六条　内部控制审计应当在对内部控制全面评价的基础上，关注重要业务单位、重大业务事项和高风险领域的内部控制。

第七条　内部控制审计应当真实、客观地揭示经营管理的风险状况，如实反映内部控制设计和运行的情况。

第八条　内部控制审计按其范围划分，分为全面内部控制审计和专项内部控制审计。

全面内部控制审计，是针对组织所有业务活动的内部控制，包括内部环境、风险评估、控制活动、信息与沟通、内部监督五个要素所进行的全面审计。

专项内部控制审计，是针对组织内部控制的某个要素、某项业务活动或者业务活动某些环节的内部控制所进行的审计。

第三章　内部控制审计的内容

第九条　内部审计机构可以参考《企业内部控制基本规范》及配套指引的相关规定，根据组织的实际情况和需要，通过审查内部环境、风险评估、控制活动、信息与沟通、内部监督等要素，对组织层面内部控制的设计与运行情况进行审查和评价。

第十条　内部审计人员开展内部环境要素审计时，应当以《企业内部控制基本规范》和各项应用指引中有关内部环境要素的规定为依据，关注组织架构、发展战略、人力资源、组织文化、社会责任等，结合本组织的内部控制，对内部环境进行审查和评价。

第十一条　内部审计人员开展风险评估要素审计时，应当以《企业内部控制基本规范》有关风险评估的要求，以及各项应用指引中所列主要风险为依据，结合本组织的内部控制，对日常经营管理过程中的风险识别、风险分析、应对策略等进行审查和评价。

第十二条　内部审计人员开展控制活动要素审计时，应当以《企业内部控制基本规范》和各项应用指引中关于控制活动的规定为依据，结合本组织的内部控制，对相关控制活动的设计和运行情况进行审查和评价。

第十三条　内部审计人员开展信息与沟通要素审计时，应当以《企业内部控制基本规范》和各项应用指引中有关内部信息传递、财务报告、信息系统等规定为依据，结合本组织的内部控制，对信息收集处理和传递的及时性、反舞弊机制的健全性、财务报告的真实性、信息系统的安全性，以及利用信息系统实施内部控制的有效性进行审查和评价。

第十四条　内部审计人员开展内部监督要素审计时，应当以《企业内部控制基本规范》有关内部监督的要求，以及各项应用指引中有关日常管控的规定为依据，结合本组织的内部控制，对内部监督机制的有效性进行审查和评价，重点关注监事会、审计委员会、内部审计机构等是否在内部控制设计和运行中有效发挥监督作用。

第十五条　内部审计人员根据管理需求和业务活动的特点，可以针对采购业务、资产管理、销售业务、研究与开发、工程项目、担保业务、业务外包、财务报告、全面预算、合同管理、信息系统等，对业务层面内部控制的设计和运行情况进行审查和评价。

第四章　内部控制审计的具体程序与方法

第十六条　内部控制审计主要包括下列程序：

（一）编制项目审计方案；

（二）组成审计组；

（三）实施现场审查；

（四）认定控制缺陷；

（五）汇总审计结果；

（六）编制审计报告。

第十七条 内部审计人员在实施现场审查之前，可以要求被审计单位提交最近一次的内部控制自我评估报告。

内部审计人员应当结合内部控制自我评估报告，确定审计内容及重点，实施内部控制审计。

第十八条 内部审计机构可以适当吸收组织内部相关机构熟悉情况的业务人员参加内部控制审计。

第十九条 内部审计人员应当综合运用访谈、问卷调查、专题讨论、穿行测试、实地查验、抽样和比较分析等方法，充分收集组织内部控制设计和运行是否有效的证据。

第二十条 内部审计人员编制审计工作底稿应当详细记录实施内部控制审计的内容，包括审查和评价的要素、主要风险点、采取的控制措施、有关证据资料，以及内部控制缺陷认定结果等。

第五章 内部控制缺陷的认定

第二十一条 内部控制缺陷包括设计缺陷和运行缺陷。内部审计人员应当根据内部控制审计结果，结合相关管理层的自我评估，综合分析后提出内部控制缺陷认定意见，按照规定的权限和程序进行审核后予以认定。

第二十二条 内部审计人员应当根据获取的证据，对内部控制缺陷进行初步认定，并按照其性质和影响程度分为重大缺陷、重要缺陷和一般缺陷。

重大缺陷，是指一个或者多个控制缺陷的组合，可能导致组织严重偏离控制目标。重要缺陷，是指一个或者多个控制缺陷的组合，其严重程度和经济后果低于重大缺陷，但仍有可能导致组织偏离控制目标。一般缺陷，是指除重大缺陷、重要缺陷之外的其他缺陷。重大缺陷、重要缺陷和一般缺陷的认定标准，由内部审计机构根据上述要求，结合本组织具体情况确定。

第二十三条 内部审计人员应当编制内部控制缺陷认定汇总表，对内部控制缺陷及其成因、表现形式和影响程度进行综合分析和全面复核，提出认定意见，并以适当的形式向组织适当管理层报告。重大缺陷应当及时向组织董事会或者最高管理层报告。

第六章 内部控制审计报告

第二十四条 内部控制审计报告的内容，应当包括审计目标、依据、范围、程序与方法、内部控制缺陷认定及整改情况，以及内部控制设计和运行有效性的审计结论、意见、建议等相关内容。

第二十五条 内部审计机构应当向组织适当管理层报告内部控制审计结果。一般情况下，全面内部控制审计报告应当报送组织董事会或者最高管理层。包含有重大缺陷认定的专项内部控制审计报告在报送组织适当管理层的同时，也应当报送董事会或者最高管理层。

第二十六条 经董事会或者最高管理层批准，内部控制审计报告可以作为《企业内部控制评价指引》中要求的内部控制评价报告对外披露。

第七章 附 则

第二十七条 本准则由中国内部审计协会发布并负责解释。

第二十八条 本准则自 2014 年 1 月 1 日起施行。

第 2202 号内部审计具体准则——绩效审计

第一章 总 则

第一条 为了规范绩效审计工作，提高绩效审计质量和效率，根据《内部审计基本准则》，制定本准则。

第二条 本准则所称绩效审计，是指内部审计机构和内部审计人员对本组织经营管理活动的经济性、效率性和效果性进行的审查和评价。

经济性，是指组织经营管理过程中获得一定数量和质量的产品或者服务及其他成果时所耗费的资源最少；效率性，是指组织经营管理过程中投入资源与产出成果之间的对比关系；效果性，是指组织经营管理目标的实现程度。

第三条 本准则适用于各类组织的内部审计机构、内部审计人员及其从事的绩效审计活动。其他组织或者人员接受委托、聘用，承办或者参与内部审计业务，也应当遵守本准则。

第二章 一般原则

第四条 内部审计机构应当充分考虑实施绩效审计项目对内部审计人员

专业胜任能力的需求，合理配置审计资源。

第五条 组织各管理层根据授权承担相应的经营管理责任，对经营管理活动的经济性、效率性和效果性负责。内部审计机构开展绩效审计不能减轻或者替代管理层的责任。

第六条 内部审计机构和内部审计人员根据实际需要选择和确定绩效审计对象，既可以针对组织的全部或者部分经营管理活动，也可以针对特定项目和业务。

第三章 绩效审计的内容

第七条 根据实际情况和需要，绩效审计可以同时对组织经营管理活动的经济性、效率性和效果性进行审查和评价，也可以只侧重某一方面进行审查和评价。

第八条 绩效审计主要审查和评价下列内容：

（一）有关经营管理活动经济性、效率性和效果性的信息是否真实、可靠；

（二）相关经营管理活动的人、财、物、信息、技术等资源取得、配置和使用的合法性、合理性、恰当性和节约性；

（三）经营管理活动既定目标的适当性、相关性、可行性和实现程度，以及未能实现既定目标的情况及其原因；

（四）研发、财务、采购、生产、销售等主要业务活动的效率；

（五）计划、决策、指挥、控制及协调等主要管理活动的效率；

（六）经营管理活动预期的经济效益和社会效益等的实现情况；

（七）组织为评价、报告和监督特定业务或者项目的经济性、效率性和效果性所建立的内部控制及风险管理体系的健全性及其运行的有效性；

（八）其他有关事项。

第四章 绩效审计的方法

第九条 内部审计机构和内部审计人员应当依据重要性、审计风险和审计成本，选择与审计对象、审计目标及审计评价标准相适应的绩效审计方法，以获取相关、可靠和充分的审计证据。

第十条 选择绩效审计方法时，除运用常规审计方法以外，还可以运用下列方法：

（一）数量分析法，即对经营管理活动相关数据进行计算分析，并运用抽样技术对抽样结果进行评价的方法；

（二）比较分析法，即通过分析、比较数据间的关系、趋势或者比率获取审计证据的方法；

（三）因素分析法，即查找产生影响的因素，并分析各个因素的影响方向和影响程度的方法；

（四）量本利分析法，即分析一定期间内的业务量、成本和利润三者之间变量关系的方法；

（五）专题讨论会，即通过召集组织相关管理人员就经营管理活动特定项目或者业务的具体问题进行讨论的方法；

（六）标杆法，即对经营管理活动状况进行观察和检查，通过与组织内外部相同或者相似经营管理活动的最佳实务进行比较的方法；

（七）调查法，即凭借一定的手段和方式（如访谈、问卷），对某种或者某几种现象、事实进行考察，通过对搜集到的各种资料进行分析处理，进而得出结论的方法；

（八）成本效益（效果）分析法，即通过分析成本和效益（效果）之间的关系，以每单位效益（效果）所消耗的成本来评价项目效益（效果）的方法；

（九）数据包络分析法，即以相对效率概念为基础，以凸分析和线性规划为工具，应用数学规划模型计算比较决策单元之间的相对效率，对评价对象做出评价的方法；

（十）目标成果法，即根据实际产出成果评价被审计单位或者项目的目标是否实现，将产出成果与事先确定的目标和需求进行对比，确定目标实现程度的方法；

（十一）公众评价法，即通过专家评估、公众问卷及抽样调查等方式，获取具有重要参考价值的证据信息，评价目标实现程度的方法。

第五章　绩效审计的评价标准

第十一条　内部审计机构和内部审计人员应当选择适当的绩效审计评价标准。

绩效审计评价标准应当具有可靠性、客观性和可比性。

第十二条　绩效审计评价标准的来源主要包括：

（一）有关法律法规、方针、政策、规章制度等的规定；

（二）国家部门、行业组织公布的行业指标；

（三）组织制定的目标、计划、预算、定额等；

（四）同类指标的历史数据和国际数据；

（五）同行业的实践标准、经验和做法。

第十三条 内部审计机构和内部审计人员在确定绩效审计评价标准时，应当与组织管理层进行沟通，在双方认可的基础上确定绩效审计评价标准。

第六章 绩效审计报告

第十四条 绩效审计报告应当反映绩效审计评价标准的选择、确定及沟通过程等重要信息，包括必要的局限性分析。

第十五条 绩效审计报告中的绩效评价应当根据审计目标和审计证据作出，可以分为总体评价和分项评价。当审计风险较大，难以做出总体评价时，可以只做分项评价。

第十六条 绩效审计报告中反映的合法、合规性问题，除进行相应的审计处理外，还应当侧重从绩效的角度对问题进行定性，描述问题对绩效造成的影响、后果及严重程度。

第十七条 绩效审计报告应当注重从体制、机制、制度上分析问题产生的根源，兼顾短期目标和长期目标、个体利益和组织整体利益，提出切实可行的建议。

第七章 附 则

第十八条 本准则由中国内部审计协会发布并负责解释。

第十九条 本准则自2014年1月1日起施行。

第2203号内部审计具体准则
——信息系统审计

第一章 总 则

第一条 为了规范信息系统审计工作，提高审计质量和效率，根据《内部审计基本准则》，制定本准则。

第二条 本准则所称信息系统审计，是指内部审计机构和内部审计人员对组织的信息系统及其相关的信息技术内部控制和流程所进行的审查与评价活动。

第三条 本准则适用于各类组织的内部审计机构、内部审计人员及其从事的信息系统审计活动。其他组织或者人员接受委托、聘用，承办或者参与内部审计业务，也应当遵守本准则。

第二章　一般原则

第四条　信息系统审计的目的是通过实施信息系统审计工作，对组织是否实现信息技术管理目标进行审查和评价，并基于评价意见提出管理建议，协助组织信息技术管理人员有效地履行职责。组织的信息技术管理目标主要包括：

（一）保证组织的信息技术战略充分反映组织的战略目标；

（二）提高组织所依赖的信息系统的可靠性、稳定性、安全性及数据处理的完整性和准确性；

（三）提高信息系统运行的效果与效率，合理保证信息系统的运行符合法律法规以及相关监管要求。

第五条　组织中信息技术管理人员的责任是进行信息系统的开发、运行和维护，以及与信息技术相关的内部控制的设计、执行和监控；信息系统审计人员的责任是实施信息系统审计工作并出具审计报告。

第六条　从事信息系统审计的内部审计人员应当具备必要的信息技术及信息系统审计专业知识、技能和经验。必要时，实施信息系统审计可以利用外部专家服务。

第七条　信息系统审计可以作为独立的审计项目组织实施，也可以作为综合性内部审计项目的组成部分实施。

当信息系统审计作为综合性内部审计项目的一部分时，信息系统审计人员应当及时与其他相关内部审计人员沟通信息系统审计中的发现，并考虑依据审计结果调整其他相关审计的范围、时间及性质。

第八条　内部审计人员应当采用以风险为基础的审计方法进行信息系统审计，风险评估应当贯穿于信息系统审计的全过程。

第三章　信息系统审计计划

第九条　内部审计人员在实施信息系统审计前，需要确定审计目标并初步评估审计风险，估算完成信息系统审计或者专项审计所需的资源，确定重点审计领域及审计活动的优先次序，明确审计组成员的职责，编制信息系统审计方案。

第十条　编制信息系统审计方案时，除遵循相关内部审计具体准则的规定，还应当考虑下列因素：

（一）高度依赖信息技术、信息系统的关键业务流程及相关的组织战略目标；

（二）信息技术管理的组织架构；

（三）信息系统框架和信息系统的长期发展规划及近期发展计划；

（四）信息系统及其支持的业务流程的变更情况；

（五）信息系统的复杂程度；

（六）以前年度信息系统内、外部审计所发现的问题及后续审计情况；

（七）其他影响信息系统审计的因素。

第十一条 当信息系统审计作为综合性内部审计项目的一部分时，内部审计人员在审计计划阶段还应当考虑项目审计目标及要求。

第四章 信息技术风险评估

第十二条 内部审计人员进行信息系统审计时，应当识别组织所面临的与信息技术相关的内、外部风险，并采用适当的风险评估技术与方法，分析和评价其发生的可能性及影响程度，为确定审计目标、范围和方法提供依据。

第十三条 信息技术风险是指组织在信息处理和信息技术运用过程中产生的、可能影响组织目标实现的各种不确定因素。信息技术风险，包括组织层面的信息技术风险、一般性控制层面的信息技术风险及业务流程层面的信息技术风险等。

第十四条 内部审计人员在识别和评估组织层面、一般性控制层面的信息技术风险时，需要关注下列内容：

（一）业务关注度，即组织的信息技术战略与组织整体发展战略规划的契合度以及信息技术（包括硬件及软件环境）对业务和用户需求的支持度；

（二）信息资产的重要性；

（三）对信息技术的依赖程度；

（四）对信息技术部门人员的依赖程度；

（五）对外部信息技术服务的依赖程度；

（六）信息系统及其运行环境的安全性、可靠性；

（七）信息技术变更；

（八）法律规范环境；

（九）其他。

第十五条 业务流程层面的信息技术风险受行业背景、业务流程的复杂程度、上述组织层面及一般性控制层面的控制有效性等因素的影响而存在差异。一般而言，内部审计人员应当了解业务流程，并关注下列信息技术风险：

（一）数据输入；

（二）数据处理；

（三）数据输出。

第十六条　内部审计人员应当充分考虑风险评估的结果，以合理确定信息系统审计的内容及范围，并对组织的信息技术内部控制设计合理性和运行有效性进行测试。

第五章　信息系统审计的内容

第十七条　信息系统审计主要是对组织层面信息技术控制、信息技术一般性控制及业务流程层面相关应用控制的审查和评价。

第十八条　信息技术内部控制的各个层面均包括人工控制、自动控制和人工、自动相结合的控制形式，内部审计人员应当根据不同的控制形式采取恰当的审计程序。

第十九条　组织层面信息技术控制，是指董事会或者最高管理层对信息技术治理职能及内部控制的重要性的态度、认识和措施。内部审计人员应当考虑下列控制要素中与信息技术相关的内容：

（一）控制环境。内部审计人员应当关注组织的信息技术战略规划对业务战略规划的契合度、信息技术治理制度体系的建设、信息技术部门的组织结构和关系、信息技术治理相关职权与责任的分配、信息技术人力资源管理、对用户的信息技术教育和培训等方面。

（二）风险评估。内部审计人员应当关注组织的风险评估的总体架构中信息技术风险管理的框架、流程和执行情况，信息资产的分类以及信息资产所有者的职责等方面。

（三）信息与沟通。内部审计人员应当关注组织的信息系统架构及其对财务、业务流程的支持度、董事会或者最高管理层的信息沟通模式、信息技术政策/信息安全制度的传达与沟通等方面。

（四）内部监督。内部审计人员应当关注组织的监控管理报告系统、监控反馈、跟踪处理程序以及组织对信息技术内部控制的自我评估机制等方面。

第二十条　信息技术一般性控制是指与网络、操作系统、数据库、应用系统及其相关人员有关的信息技术政策和措施，以确保信息系统持续稳定的运行，支持应用控制的有效性。对信息技术一般性控制的审计应当考虑下列控制活动：

（一）信息安全管理。内部审计人员应当关注组织的信息安全管理政策，物理访问及针对网络、操作系统、数据库、应用系统的身份认证和逻辑访问管理机制，系统设置的职责分离控制等。

（二）系统变更管理。内部审计人员应当关注组织的应用系统及相关系统基础架构的变更、参数设置变更的授权与审批，变更测试，变更移植到生产环境的流程控制等。

（三）系统开发和采购管理。内部审计人员应当关注组织的应用系统及相关系统基础架构的开发和采购的授权审批，系统开发的方法论，开发环境、测试环境、生产环境严格分离情况，系统的测试、审核、移植到生产环境等环节。

（四）系统运行管理。内部审计人员应当关注组织的信息技术资产管理、系统容量管理、系统物理环境控制、系统和数据备份及恢复管理、问题管理和系统的日常运行管理等。

第二十一条 业务流程层面应用控制是指在业务流程层面为了合理保证应用系统准确、完整、及时完成业务数据的生成、记录、处理、报告等功能而设计、执行的信息技术控制。对业务流程层面应用控制的审计应当考虑下列与数据输入、数据处理以及数据输出环节相关的控制活动：

（一）授权与批准；

（二）系统配置控制；

（三）异常情况报告和差错报告；

（四）接口/转换控制；

（五）一致性核对；

（六）职责分离；

（七）系统访问权限；

（八）系统计算；

（九）其他。

第二十二条 信息系统审计除上述常规的审计内容外，内部审计人员还可以根据组织当前面临的特殊风险或者需求，设计专项审计以满足审计战略，具体包括（但不限于）下列领域：

（一）信息系统开发实施项目的专项审计；

（二）信息系统安全专项审计；

（三）信息技术投资专项审计；

（四）业务连续性计划的专项审计；

（五）外包条件下的专项审计；

（六）法律、法规、行业规范要求的内部控制合规性专项审计；

（七）其他专项审计。

第六章　信息系统审计的方法

第二十三条　内部审计人员在进行信息系统审计时，可以单独或者综合运用下列审计方法获取相关、可靠和充分的审计证据，以评估信息系统内部控制的设计合理性和运行有效性：

（一）询问相关控制人员；

（二）观察特定控制的运用；

（三）审阅文件和报告及计算机文档或者日志；

（四）根据信息系统的特性进行穿行测试，追踪交易在信息系统中的处理过程；

（五）验证系统控制和计算逻辑；

（六）登录信息系统进行系统查询；

（七）利用计算机辅助审计工具和技术；

（八）利用其他专业机构的审计结果或者组织对信息技术内部控制的自我评估结果；

（九）其他。

第二十四条　信息系统审计人员可以根据实际需要利用计算机辅助审计工具和技术进行数据的验证、关键系统控制/计算的逻辑验证、审计样本选取等；内部审计人员在充分考虑安全的前提下，可以利用可靠的信息安全侦测工具进行渗透性测试等。

第二十五条　内部审计人员在对信息系统内部控制进行评估时，应当获得相关、可靠和充分的审计证据以支持审计结论完成审计目标，并应当充分考虑系统自动控制的控制效果的一致性及可靠性的特点，在选取审计样本时可以根据情况适当减少样本量。在系统未发生变更的情况下，可以考虑适当降低审计频率。

第二十六条　内部审计人员在审计过程中应当在风险评估的基础上，依据信息系统内部控制评估的结果重新评估审计风险，并根据剩余风险设计进一步的审计程序。

第七章　附　则

第二十七条　本准则由中国内部审计协会发布并负责解释。

第二十八条　本准则自 2014 年 1 月 1 日起施行。

第2204号内部审计具体准则
——对舞弊行为进行检查和报告

第一章　总　则

第一条　为了规范内部审计机构和内部审计人员在审计活动中对舞弊行为进行检查和报告，提高审计效率和效果，根据《内部审计基本准则》，制定本准则。

第二条　本准则所称舞弊，是指组织内、外人员采用欺骗等违法违规手段，损害或者谋取组织利益，同时可能为个人带来不正当利益的行为。

第三条　本准则适用于各类组织的内部审计机构、内部审计人员及其从事的内部审计活动。其他组织或者人员接受委托、聘用，承办或者参与内部审计业务，也应当遵守本准则。

第二章　一般原则

第四条　组织管理层对舞弊行为的发生承担责任。建立、健全并有效实施内部控制，预防、发现及纠正舞弊行为是组织管理层的责任。

第五条　内部审计机构和内部审计人员应当保持应有的职业谨慎，在实施的审计活动中关注可能发生的舞弊行为，并对舞弊行为进行检查和报告。

第六条　内部审计机构和内部审计人员在检查和报告舞弊行为时，应当从下列方面保持应有的职业谨慎：

（一）具有识别、检查舞弊的基本知识和技能，在实施审计项目时警惕相关方面可能存在的舞弊风险；

（二）根据被审计事项的重要性、复杂性以及审计成本效益，合理关注和检查可能存在的舞弊行为；

（三）运用适当的审计职业判断，确定审计范围和审计程序，以检查、发现和报告舞弊行为；

（四）发现舞弊迹象时，应当及时向适当管理层报告，提出进一步检查的建议。

第七条　由于内部审计并非专为检查舞弊而进行，即使审计人员以应有的职业谨慎执行了必要的审计程序，也不能保证发现所有的舞弊行为。

第八条　损害组织经济利益的舞弊，是指组织内、外人员为谋取自身利益，采用欺骗等违法违规手段使组织经济利益遭受损害的不正当行为。具体包括下列情形：

（一）收受贿赂或者回扣；

（二）将正常情况下可以使组织获利的交易事项转移给他人；

（三）贪污、挪用、盗窃组织资产；

（四）使组织为虚假的交易事项支付款项；

（五）故意隐瞒、错报交易事项；

（六）泄露组织的商业秘密；

（七）其他损害组织经济利益的舞弊行为。

第九条　谋取组织经济利益的舞弊，是指组织内部人员为使本组织获得不当经济利益而其自身也可能获得相关利益，采用欺骗等违法违规手段，损害国家和其他组织或者个人利益的不正当行为。具体包括下列情形：

（一）支付贿赂或者回扣；

（二）出售不存在或者不真实的资产；

（三）故意错报交易事项、记录虚假的交易事项，使财务报表使用者误解而作出不适当的投融资决策；

（四）隐瞒或者删除应当对外披露的重要信息；

（五）从事违法违规的经营活动；

（六）偷逃税款；

（七）其他谋取组织经济利益的舞弊行为。

第十条　内部审计人员在检查和报告舞弊行为时，应当特别注意做好保密工作。

第三章　评估舞弊发生的可能性

第十一条　内部审计人员在审查和评价业务活动、内部控制和风险管理时，应当从以下方面对舞弊发生的可能性进行评估：

（一）组织目标的可行性；

（二）控制意识和态度的科学性；

（三）员工行为规范的合理性和有效性；

（四）业务活动授权审批制度的有效性；

（五）内部控制和风险管理机制的有效性；

（六）信息系统运行的有效性。

第十二条　内部审计人员除考虑内部控制的固有局限外，还应当考虑下列可能导致舞弊发生的情况：

（一）管理人员品质不佳；

（二）管理人员遭受异常压力；

（三）业务活动中存在异常交易事项；

（四）组织内部个人利益、局部利益和整体利益存在较大冲突。

第十三条 内部审计人员应当根据可能发生的舞弊行为的性质，向组织适当管理层报告，同时就需要实施的舞弊检查提出建议。

第四章 舞弊的检查

第十四条 舞弊的检查是指实施必要的检查程序，以确定舞弊迹象所显示的舞弊行为是否已经发生。

第十五条 内部审计人员进行舞弊检查时，应当根据下列要求进行：

（一）评估舞弊涉及的范围及复杂程度，避免向可能涉及舞弊的人员提供信息或者被其所提供的信息误导；

（二）设计适当的舞弊检查程序，以确定舞弊者、舞弊程度、舞弊手段及舞弊原因；

（三）在舞弊检查过程中，与组织适当管理层、专业舞弊调查人员、法律顾问及其他专家保持必要的沟通；

（四）保持应有的职业谨慎，以避免损害相关组织或者人员的合法权益。

第五章 舞弊的报告

第十六条 舞弊的报告是指内部审计人员以书面或者口头形式向组织适当管理层或者董事会报告舞弊检查情况及结果。

第十七条 在舞弊检查过程中，出现下列情况时，内部审计人员应当及时向组织适当管理层报告：

（一）可以合理确信舞弊已经发生，并需要深入调查；

（二）舞弊行为已经导致对外披露的财务报表严重失实；

（三）发现犯罪线索，并获得了应当移送司法机关处理的证据。

第十八条 内部审计人员完成必要的舞弊检查程序后，应当从舞弊行为的性质和金额两方面考虑其严重程度，并出具相应的审计报告。审计报告的内容主要包括舞弊行为的性质、涉及人员、舞弊手段及原因、检查结论、处理意见、提出的建议及纠正措施。

第六章 附 则

第十九条 本准则由中国内部审计协会发布并负责解释。

第二十条　本准则自 2014 年 1 月 1 日起施行。

第 2205 号内部审计具体准则
——经济责任审计

第一章　总　则

第一条　为了规范经济责任审计工作，提高审计质量和效果，根据《党政主要领导干部和国有企业领导人员经济责任审计规定》、《党政主要领导干部和国有企业领导人员经济责任审计规定实施细则》和《内部审计基本准则》，制定本准则。

第二条　本准则所称经济责任，是指领导干部任职期间因其所任职务，依法对所在部门、单位、团体或企业（含金融机构）的财政、财务收支以及有关经济活动应当履行的职责、义务。

第三条　本准则所称经济责任审计，是指内部审计机构对本组织所管理的领导干部经济责任的履行情况进行监督、评价和鉴证的行为。

第四条　本准则适用于各类组织的内部审计机构、内部审计人员所从事的经济责任审计活动。其他单位或者人员接受委托、聘用，承办或者参与经济责任审计业务，也应当遵守本准则。

第二章　一般原则

第五条　经济责任审计的对象包括：党政工作部门、事业单位和人民团体下属独立核算单位的主要领导人员，以及下属非独立核算但负有经济管理职能单位的主要领导人员；企业（含金融机构）下属全资或控股企业的主要领导人员，以及对经营效益产生重大影响或掌握重要资产的部门和机构的主要领导人员等。

第六条　经济责任审计应当有计划地进行，一般由干部管理部门书面委托内部审计机构负责实施。

内部审计机构应当结合干部管理部门提出的年度委托建议，拟定年度经济责任审计计划，报请主管领导批准后，纳入年度审计计划并组织实施。

组织可以结合实际，建立经济责任审计工作联席会议制度，负责经济责任审计的委托和其他重大经济责任事项的审定。

第三章 审计内容

第七条 内部审计机构应当根据被审计领导干部的职责权限和履行经济责任情况，结合其所在组织或者原任职组织的实际情况，确定审计内容。

第八条 经济责任审计的主要内容一般包括：

（一）贯彻执行党和国家有关经济方针政策和决策部署，推动组织可持续发展情况；

（二）组织治理结构的健全和运转情况；

（三）组织发展战略的制定和执行情况及其效果；

（四）遵守有关法律法规和财经纪律情况；

（五）各项管理制度的健全和完善，特别是内部控制制度的制定和执行情况，以及对下属单位的监管情况；

（六）财政、财务收支的真实、合法和效益情况；

（七）有关目标责任制完成情况；

（八）重大经济事项决策程序的执行情况及其效果；

（九）重要项目的投资、建设、管理及效益情况；

（十）资产的管理及保值增值情况；

（十一）本人遵守廉洁从业规定情况；

（十二）对以往审计中发现问题的整改情况；

（十三）其他需要审计的内容。

第四章 审计程序和方法

第九条 经济责任审计可分为准备、实施、终结和后续审计四个阶段。

（一）审计准备阶段主要工作包括：组成审计组、开展审前调查、编制审计方案和下达审计通知书。审计通知书送达被审计领导干部及其所在组织，并抄送有关部门。

（二）审计实施阶段主要工作包括：召开进点会议、收集有关资料、获取审计证据、编制审计工作底稿、与被审计领导干部及其所在组织交换意见。被审计领导干部应当参加审计进点会并做述职。

（三）审计终结阶段主要工作包括：编制审计报告、征求意见、修改与审定审计报告、出具审计报告、建立审计档案。

（四）后续审计阶段主要工作包括：检查审计发现问题的整改情况和审计建议的实施效果。

第十条 内部审计人员应当考虑审计目标、审计重要性、审计风险和审计成本等因素，综合运用审核、观察、监盘、访谈、调查、函证、计算和分析程序等方法，获取相关、可靠和充分的审计证据。

第五章　审计评价

第十一条　内部审计机构应当依据法律法规、国家有关政策以及干部考核评价等规定，结合所在组织的实际情况，根据审计查证或者认定的事实，客观公正、实事求是地进行审计评价。

第十二条　审计评价应当遵循全面性、重要性、客观性、相关性和谨慎性原则。审计评价应当与审计内容相一致，一般包括被审计领导干部任职期间履行经济责任的业绩、主要问题以及应当承担的责任。

第十三条　审计评价可以综合运用多种方法，主要包括：进行纵向和横向的业绩比较分析；运用与被审计领导干部履行经济责任有关的指标量化分析；将被审计领导干部履行经济责任的行为或事项置于相关经济社会环境中进行对比分析等。

内部审计机构应当根据审计内容和审计评价的需要，合理选择和设定定性和定量评价指标。

第十四条　审计评价的依据一般包括：

（一）法律、法规、规章、规范性文件；

（二）国家和行业的有关标准；

（三）组织的内部管理制度、发展战略、规划、目标；

（四）有关领导的职责分工文件，有关会议记录、纪要、决议和决定，有关预算、决算和合同；

（五）有关职能部门、主管部门发布或者认可的统计数据、考核结果和评价意见；

（六）专业机构的意见和公认的业务惯例或者良好实务；

（七）其他依据。

第十五条　对被审计领导干部履行经济责任过程中存在的问题，内部审计机构应当按照权责一致原则，根据领导干部的职责分工，结合相关事项的决策环境、决策程序等实际情况，依法依规进行责任界定。被审计领导干部对审计中发现的问题应当承担的责任包括：直接责任、主管责任和领导责任。

对被审计领导干部应当承担责任的问题或者事项，可以提出责任追究建议。

第十六条　被审计领导干部以外的其他人员对有关问题应当承担的责任，内部审计机构可以以适当方式向干部管理监督部门等提供相关情况。

第六章　审计报告

第十七条　内部审计机构实施经济责任审计项目后，应当出具审计报告。

第十八条　审计组实施审计后，应当将审计报告书面征求被审计领导干部及其所在组织的意见。内部审计机构应当针对收到的书面意见，进一步核实情况，对审计报告作出必要的修改。

被审计领导干部及其所在组织应当自接到审计组的审计报告之日起 10 日内提出书面意见；10 日内未提出书面意见的，视同无异议。

第十九条　经济责任审计报告的内容，主要包括：

（一）基本情况，包括审计依据、实施审计的情况、被审计领导干部所在组织的基本情况、被审计领导干部的任职及分工情况等；

（二）被审计领导干部履行经济责任的主要情况；

（三）审计发现的主要问题和责任认定；

（四）审计评价；

（五）审计处理意见和建议；

（六）其他必要的内容。

审计中发现的有关重大事项，可以直接报送主管领导或者相关部门，不在审计报告中反映。

第二十条　内部审计机构应当将审计报告报送主管领导；提交委托审计的干部管理部门；抄送被审计领导干部及其所在组织和相关部门。

内部审计机构可以根据实际情况撰写并向委托部门报送经济责任审计结果报告。

第七章　审计结果运用

第二十一条　经济责任审计结果应当作为干部考核、任免和奖惩的重要依据。

内部审计机构应当促进经济责任审计结果的充分运用，推进组织健全经济责任审计情况通报、责任追究、整改落实、结果公告等制度。

第二十二条　内部审计机构发现被审计领导干部及其所在组织违反内部规章制度时，可以建议由组织的权力机构或有关部门对责任单位和责任人员作出处理、处罚决定；发现涉嫌违法违规线索时，应当将线索移送纪检监察部门或司法机关查处并协助其落实、查处与审计项目相关的问题和事项。

第二十三条　内部审计机构应当及时跟踪、了解、核实被审计领导干部及其所在组织对于审计查实问题和审计建议的整改落实情况。必要时，内部审计机构应当开展后续审计，审查和评价被审计领导干部及其所在组织对审计发现的问题所采取的整改情况。

第二十四条 内部审计机构应当将经济责任审计结果和被审计领导干部及其所在组织的整改落实情况，在一定范围内进行公告；对审计发现的典型性、普遍性、倾向性问题和有关建议，以综合报告、专题报告等形式报送主要领导，提交有关部门。

第八章 附 则

第二十五条 本准则由中国内部审计协会发布并负责解释。

第二十六条 本准则自2016年3月1日起施行。

第2301号内部审计具体准则——内部审计机构的管理

第一章 总 则

第一条 为了规范内部审计机构的管理工作，保证审计质量，提高审计效率，根据《内部审计基本准则》，制定本准则。

第二条 本准则所称内部审计机构的管理，是指内部审计机构对内部审计人员和内部审计活动实施的计划、组织、领导、控制和协调工作。

第三条 本准则适用于各类组织的内部审计机构。

第二章 一般原则

第四条 内部审计机构的管理主要包括下列目的：

（一）实现内部审计目标；

（二）促使内部审计资源得到充分和有效的利用；

（三）提高内部审计质量，更好地履行内部审计职责；

（四）促使内部审计活动符合内部审计准则的要求。

第五条 内部审计机构应当接受组织董事会或者最高管理层的领导和监督，内部审计机构负责人应当对内部审计机构管理的适当性和有效性负主要责任。

第六条 内部审计机构应当制定内部审计章程，对内部审计的目标、职责和权限进行规范，并报经董事会或者最高管理层批准。内部审计章程应当包括下列主要内容：

（一）内部审计目标；

（二）内部审计机构的职责和权限；

（三）内部审计范围；

（四）内部审计标准；

（五）其他需要明确的事项。

第七条 内部审计机构应当建立合理、有效的组织结构，多层级组织的内部审计机构可以实行集中管理或者分级管理。

实行集中管理的内部审计机构可以对下级组织实行内部审计派驻制或者委派制。

实行分级管理的内部审计机构应当通过适当的组织形式和方式对下级内部审计机构进行指导和监督。

第八条 内部审计机构管理的内容主要包括下列方面：

（一）审计计划；

（二）人力资源；

（三）财务预算；

（四）组织协调；

（五）审计质量；

（六）其他事项。

第九条 内部审计机构的管理可以分为部门管理和项目管理。

部门管理主要包括内部审计机构运行过程中的一般性行政管理。项目管理主要包括内部审计机构对审计项目业务工作的管理与控制。

第三章 部门管理的内容和方法

第十条 内部审计机构应当根据组织的风险状况、管理需要及审计资源的配置情况，编制年度审计计划。

第十一条 内部审计机构应当根据内部审计目标和管理需要，加强人力资源管理，保证人力资源利用的充分性和有效性，主要包括下列内容：

（一）内部审计人员的聘用；

（二）内部审计人员的培训；

（三）内部审计人员的工作任务安排；

（四）内部审计人员专业胜任能力分析；

（五）内部审计人员的业绩考核与激励机制；

（六）其他有关事项。

第十二条　内部审计机构负责人应当根据年度审计计划和人力资源计划编制财务预算。编制财务预算时应当考虑下列因素：

（一）内部审计人员的数量；

（二）内部审计工作的安排；

（三）内部审计机构的行政管理活动；

（四）内部审计人员的教育及培训要求；

（五）内部审计工作的研究和发展；

（六）其他有关事项。

第十三条　内部审计机构应当根据组织的性质、规模和特点，编制内部审计工作手册，以指导内部审计人员的工作。内部审计工作手册主要包括下列内容：

（一）内部审计机构的目标、权限和职责的说明；

（二）内部审计机构的组织、管理及工作说明；

（三）内部审计机构的岗位设置及岗位职责说明；

（四）主要审计工作流程；

（五）内部审计质量控制制度、程序和方法；

（六）内部审计人员职业道德规范和奖惩措施；

（七）内部审计工作中应当注意的事项。

第十四条　内部审计机构和内部审计人员应当在组织董事会或者最高管理层的支持和监督下，做好与组织其他机构和外部审计的协调工作。

第十五条　内部审计机构应当接受组织董事会或者最高管理层的领导和监督，在日常工作中保持有效的沟通，向其定期提交工作报告，适时提交审计报告。

第十六条　内部审计机构应当制定内部审计质量控制制度，通过实施督导、分级复核、审计质量内部评估、接受审计质量外部评估等，保证审计质量。

第四章　项目管理的内容和方法

第十七条　内部审计机构应当根据年度审计计划确定的审计项目，编制项目审计方案并组织实施，在实施过程中做好审计项目管理与控制工作。

第十八条　在审计项目管理过程中，内部审计机构负责人与项目负责人应当充分履行职责，以确保审计质量，提高审计效率。

第十九条　内部审计机构负责人在项目管理中应当履行下列职责：

（一）选派审计项目负责人并对其进行有效的授权；

（二）审定项目审计方案；

（三）督导审计项目的实施；

（四）协调、沟通审计过程中发现的重大问题；

（五）审定审计报告；

（六）督促被审计单位对审计发现问题的整改；

（七）其他有关事项。

第二十条 审计项目负责人应当履行的职责包括下列方面：

（一）编制项目审计方案；

（二）组织审计项目的实施；

（三）对项目审计工作进行现场督导；

（四）向内部审计机构负责人及时汇报审计进展及重大审计发现；

（五）组织编制审计报告；

（六）组织实施后续审计；

（七）其他有关事项。

第二十一条 内部审计机构可以采取下列辅助管理工具，完善和改进项目管理工作，保证审计项目管理与控制的有效性：

（一）审计工作授权表；

（二）审计任务清单；

（三）审计工作底稿检查表；

（四）审计文书跟踪表；

（五）其他辅助管理工具。

第二十二条 内部审计机构应当建立审计项目档案管理制度，加强审计工作底稿的归档、保管、查询、复制、移交和销毁等环节的管理工作，妥善保存审计档案。

第五章　附　则

第二十三条 本准则由中国内部审计协会发布并负责解释。

第二十四条 本准则自 2014 年 1 月 1 日起施行。

第2302号内部审计具体准则
——与董事会或者最高管理层的关系

第一章　总　则

第一条　为了明确和协调内部审计机构与董事会或者最高管理层的关系，保证内部审计的独立性，增强内部审计工作的有效性，根据《内部审计基本准则》，制定本准则。

第二条　本准则所称与董事会或者最高管理层的关系，是指内部审计机构因其隶属于董事会或者最高管理层所形成的接受其领导并向其报告的组织关系。

第三条　本准则适用于各类组织的内部审计机构。

第二章　一般原则

第四条　内部审计机构应当接受董事会或者最高管理层的领导，保持与董事会或最高管理层的良好关系，实现董事会、最高管理层与内部审计在组织治理中的协同作用。

第五条　对内部审计机构有管理权限的董事会或者类似的机构包括：

（一）董事会；

（二）董事会下属的审计委员会；

（三）非盈利组织的理事会。

第六条　对内部审计机构有管理权限的最高管理层包括：

（一）总经理；

（二）与总经理级别相当的人员。

第七条　内部审计机构与董事会或者最高管理层的关系主要包括：

（一）接受董事会或者最高管理层的领导；

（二）向董事会或者最高管理层报告工作。

第八条　内部审计机构负责人应当积极寻求董事会或者最高管理层对内部审计工作的理解与支持。

第九条　在设立监事会的组织中，内部审计机构应当在授权范围内配合监事会的工作。

第三章　接受董事会或者最高管理层的领导

第十条　内部审计机构接受董事会或者最高管理层领导的方式主要包括：

（一）报请董事会或者最高管理层批准审计工作事项；

（二）接受并完成董事会或者最高管理层的业务委派。

第十一条　内部审计机构应当向董事会或者最高管理层报请批准的事项主要包括：

（一）内部审计章程；

（二）年度审计计划；

（三）人力资源计划；

（四）财务预算；

（五）内部审计政策的制定及变动。

第十二条　内部审计机构除实施常规审计业务外，还可以接受董事会或者最高管理层委派的下列事项：

（一）进行舞弊检查；

（二）实施专项审计；

（三）开展经济责任审计；

（四）评价社会审计组织的工作质量；

（五）其他。

第四章　向董事会或者最高管理层报告

第十三条　内部审计机构应当与董事会或者最高管理层保持有效的沟通，除向董事会或者最高管理层提交审计报告之外，还应当定期提交工作报告，一般每年至少一次。

第十四条　内部审计机构的工作报告应当概括、清晰地说明内部审计工作的开展以及内部审计资源的使用情况，主要包括下列内容：

（一）年度审计计划的执行情况；

（二）审计项目涉及范围及审计意见的总括说明；

（三）对组织业务活动、内部控制和风险管理的总体评价；

（四）审计中发现的差异和缺陷的汇总及其原因分析；

（五）审计发现的重要问题和建议；

（六）财务预算的执行情况；

（七）人力资源计划的执行情况；

（八）内部审计工作的效率和效果；

（九）董事会或者最高管理层要求或关注的其他内容。

第十五条　内部审计机构提交工作报告时，还应当对年度审计计划、财务预算和人力资源计划执行中出现的重大偏差及原因做出说明，并提出改进措施。

第十六条　内部审计机构应当及时向董事会或者最高管理层提交审计报告，审计报告应当清晰反映审计发现的重要问题、审计结论、意见和建议。

第十七条　日常工作中，内部审计机构还应当与董事会或者最高管理层就下列事项进行交流：

（一）董事会或者最高管理层关注的领域；

（二）内部审计活动满足董事会或者最高管理层信息需求的程度；

（三）内部审计的新趋势和最佳实务；

（四）内部审计与外部审计之间的协调。

第五章　附　则

第十八条　本准则由中国内部审计协会发布并负责解释。

第十九条　本准则自2014年1月1日起施行。

第2303号内部审计具体准则
——内部审计与外部审计的协调

第一章　总　则

第一条　为了规范内部审计与外部审计的协调工作，提高审计效率和效果，根据《内部审计基本准则》，制定本准则。

第二条　本准则所称内部审计与外部审计的协调，是指内部审计机构与社会审计组织、国家审计机关在审计工作中的沟通与合作。

第三条　本准则适用于各类组织的内部审计机构。

第二章　一般原则

第四条　内部审计应当做好与外部审计的协调工作，以实现下列目的：

（一）保证充分、适当的审计范围；

（二）减少重复审计，提高审计效率；

（三）共享审计成果，降低审计成本；

（四）持续改进内部审计机构工作。

第五条 内部审计与外部审计的协调工作，应当在组织董事会或者最高管理层的支持和监督下，由内部审计机构负责人具体组织实施。

第六条 内部审计机构负责人应当定期对内外部审计的协调工作进行评估，并根据评估结果及时调整、改进内外部审计协调工作。

第七条 内部审计机构应当在外部审计对本组织开展审计时做好协调工作。

第三章 协调的方法和内容

第八条 内部审计与外部审计之间的协调，可以通过定期会议、不定期会面或者其他沟通方式进行。

第九条 内部审计与外部审计的协调工作包括下列方面：

（一）与外部审计机构和人员的沟通；

（二）配合外部审计工作；

（三）评价外部审计工作质量；

（四）利用外部审计工作成果。

第十条 内部审计与外部审计应当在审计范围上进行协调。在编制年度审计计划和项目审计方案时，应当考虑双方的工作，以确保充分、适当的审计范围，最大限度减少重复性工作。

第十一条 在条件允许的情况下，内部审计与外部审计应当在必要的范围内互相交流相关审计工作底稿，以便利用对方的工作成果。

第十二条 内部审计与外部审计应当相互参阅审计报告。

第十三条 内部审计与外部审计应当在具体审计程序和方法上相互沟通，达成共识，以促进双方的合作。

第四章 附 则

第十四条 本准则由中国内部审计协会发布并负责解释。

第十五条 本准则自 2014 年 1 月 1 日起施行。

第2304号内部审计具体准则
——利用外部专家服务

第一章　总　则

第一条　为了规范内部审计机构利用外部专家服务的行为，提高审计质量和效率，根据《内部审计基本准则》，制定本准则。

第二条　本准则所称利用外部专家服务，是指内部审计机构聘请在某一领域中具有专门技能、知识和经验的人员或者单位提供专业服务，并在审计活动中利用其工作结果的行为。

第三条　本准则适用于各类组织的内部审计机构。

第二章　一般原则

第四条　内部审计机构可以根据实际需要利用外部专家服务。利用外部专家服务是为了获取相关、可靠和充分的审计证据，保证审计工作的质量。

第五条　外部专家应当对其所选用的假设、方法及其工作结果负责。

第六条　内部审计机构应当对利用外部专家服务结果所形成的审计结论负责。

第七条　内部审计机构和内部审计人员可以在下列方面利用外部专家服务：

（一）特定资产的评估；

（二）工程项目的评估；

（三）产品或者服务质量问题；

（四）信息技术问题；

（五）衍生金融工具问题；

（六）舞弊及安全问题；

（七）法律问题；

（八）风险管理问题；

（九）其他。

第八条　外部专家可以由内部审计机构从组织外部聘请，也可以在组织内部指派。

第三章　对外部专家的聘请

第九条　内部审计机构聘请外部专家时，应当对外部专家的独立性、客观性进行评价，评价时应当考虑下列影响因素：

（一）外部专家与被审计单位之间是否存在重大利益关系；

（二）外部专家与被审计单位董事会、最高管理层是否存在密切的私人关系；

（三）外部专家与审计事项之间是否存在专业相关性；

（四）外部专家是否正在或者即将为组织提供其他服务；

（五）其他可能影响独立性、客观性的因素。

第十条　在聘请外部专家时，内部审计机构应当对外部专家的专业胜任能力进行评价，考虑其专业资格、专业经验与声望等。

第十一条　在利用外部专家服务前，内部审计机构应当与外部专家签订书面协议。书面协议主要包括下列内容：

（一）外部专家服务的目的、范围及相关责任；

（二）外部专家服务结果的预定用途；

（三）在审计报告中可能提及外部专家的情形；

（四）外部专家利用相关资料的范围；

（五）报酬及其支付方式；

（六）对保密性的要求；

（七）违约责任。

第四章　对外部专家服务结果的评价和利用

第十二条　内部审计机构在利用外部专家服务结果作为审计证据时，应当评价其相关性、可靠性和充分性。

第十三条　内部审计机构在评价外部专家服务结果时，应当考虑下列影响因素：

（一）外部专家选用的假设和方法的适当性；

（二）外部专家所用资料的相关性、可靠性和充分性。

第十四条　在利用外部专家服务时，如果有必要，应当在审计报告中提及。

第十五条　内部审计机构对外部专家服务评价后，如果认为其服务的结果无法形成相关、可靠和充分的审计证据，应当通过实施其他替代审计程序补充获取相应的审计证据。

第五章 附 则

第十六条 本准则由中国内部审计协会发布并负责解释。

第十七条 本准则自2014年1月1日起施行。

第2305号内部审计具体准则——人际关系

第一章 总 则

第一条 为了规范内部审计人员与组织内、外相关机构和人员建立和保持良好的人际关系，保证内部审计工作顺利而有效地进行，提高审计效率和效果，根据《内部审计基本准则》，制定本准则。

第二条 本准则所称人际关系，是指内部审计人员与组织内外相关机构和人员之间的相互交往与联系。

第三条 本准则适用于各类组织的内部审计机构中的内部审计人员。其他组织或者人员接受委托、聘用，承办或者参与内部审计业务，也应当遵守本准则。

第二章 一般原则

第四条 内部审计人员在从事内部审计活动中，需要与下列机构和人员建立人际关系：

（一）组织适当管理层和相关人员；

（二）被审计单位和相关人员；

（三）组织内部各职能部门和相关人员；

（四）组织外部相关机构和人员；

（五）内部审计机构中的其他成员。

第五条 内部审计人员应当与组织内外相关机构和人员进行必要的沟通，保持良好的人际关系，以实现下列目的：

（一）在内部审计工作中与相关机构和人员建立相互信任的关系，促进彼此的交流与沟通；

（二）在内部审计工作中取得相关机构和人员的理解和配合，及时获得相关、可靠和充分的信息，提高内部审计效率；

（三）保证内部审计意见得到有效落实，实现内部审计目标。

第六条 内部审计人员应当具备建立良好人际关系的意识和能力。

第七条 内部审计人员在人际关系的处理中应当注意保持独立性和客观性。

第八条 内部审计人员应当在遵循有关法律、法规的情况下灵活、妥善地处理人际关系。

第九条 内部审计机构负责人应当定期对内部审计人员的人际关系进行评价，并根据评价结果及时采取措施改进人际关系。

第三章 处理人际关系的方式和方法

第十条 内部审计人员在处理人际关系时，应当主动、及时、有效地进行沟通，以保证信息的快捷传递和充分交流。

第十一条 内部审计人员处理人际关系时采用的沟通类型包括：

（一）人员沟通，即内部审计人员与相关人员之间的沟通。

（二）组织沟通，即内部审计机构在特定组织环境下的沟通，主要包括与上下级部门之间的信息交流，与组织内各平行部门之间的信息交流，信息在非平行、非隶属部门之间的交流。

第十二条 内部审计人员处理人际关系时采用的主要沟通方式有口头沟通和书面沟通两种。

口头沟通，即内部审计人员利用口头语言进行信息交流。书面沟通，即内部审计人员利用书面语言进行信息交流。

第十三条 内部审计人员人际关系冲突的原因主要包括：

（一）缺乏必要、及时的信息沟通；

（二）对同一事物的认识存在分歧，导致不同的评价；

（三）各自的价值观、利益观不一致；

（四）职业道德信念的差异。

第十四条 内部审计人员应当及时、妥善地化解人际冲突，可以采取的方法主要包括：

（一）暂时回避，寻找适当的时机再进行协调；

（二）说服、劝导；

（三）适当的妥协；

（四）互相协作；

（五）向适当管理层报告，寻求协调；

（六）其他。

第十五条 内部审计人员应当积极、主动地与对内部审计工作负有领导责任的组织适当管理层进行沟通，可以采取的沟通途径主要包括：

（一）与组织适当管理层就审计计划进行沟通，以达成共识；

（二）咨询组织适当管理层，了解内部控制环境；

（三）根据审计发现的问题和作出的审计结论，及时向组织适当管理层提出审计意见和建议；

（四）出具书面审计报告之前，利用各种沟通方式征求组织适当管理层对审计结论、意见和建议的意见。

第十六条　内部审计人员应当与被审计单位建立并保持良好的人际关系，可以采取下列沟通途径获得被审计单位的理解、配合和支持：

（一）在了解被审计单位基本情况时，应当进行及时、有效的沟通和协调；

（二）通过询问、会谈、会议、问卷调查等沟通方式，了解被审计单位业务活动、内部控制和风险管理的情况；

（三）通过口头方式或者其他非正式方式，与被审计单位交流审计中发现的问题；

（四）在审计报告提交之前，以书面方式与被审计单位进行结果沟通。

第十七条　内部审计人员应当与组织内其他职能部门建立并保持良好的人际关系，确保在下列方面得到支持与配合：

（一）了解组织及相关职能部门的情况；

（二）寻求审计中发现问题的解决方法；

（三）落实审计结论、意见和建议；

（四）有效利用审计成果；

（五）其他。

第十八条　内部审计人员应当与组织外部相关机构和人员之间建立并保持良好的人际关系，以获得更多的认同、支持及协助。

第十九条　内部审计人员应当重视内部审计机构成员间的人际关系，相互协作，相互包容。

第四章　附　则

第二十条　本准则由中国内部审计协会发布并负责解释。

第二十一条　本准则自 2014 年 1 月 1 日起施行。

第2306号内部审计具体准则
——内部审计质量控制

第一章　总　则

第一条　为了规范内部审计质量控制工作，保证内部审计质量，根据《内部审计基本准则》，制定本准则。

第二条　本准则所称内部审计质量控制，是指内部审计机构为保证其审计质量符合内部审计准则的要求而制定和执行的制度、程序和方法。

第三条　本准则适用于各类组织的内部审计机构和内部审计人员。

第二章　一般原则

第四条　内部审计机构负责人对制定并实施系统、有效的质量控制制度与程序负主要责任。

第五条　内部审计质量控制主要包括下列目标：

（一）保证内部审计活动遵循内部审计准则和本组织内部审计工作手册的要求；

（二）保证内部审计活动的效率和效果达到既定要求；

（三）保证内部审计活动能够增加组织的价值，促进组织实现目标。

第六条　内部审计质量控制分为内部审计机构质量控制和内部审计项目质量控制。

第七条　内部审计机构负责人和审计项目负责人通过督导、分级复核、质量评估等方式对内部审计质量进行控制。

第三章　内部审计机构质量控制

第八条　内部审计机构负责人对内部审计机构质量负责。

第九条　内部审计机构质量控制需要考虑下列因素：

（一）内部审计机构的组织形式及授权状况；

（二）内部审计人员的素质与专业结构；

（三）内部审计业务的范围与特点；

（四）成本效益原则的要求；

（五）其他。

第十条　内部审计机构质量控制主要包括下列措施：
（一）确保内部审计人员遵守职业道德规范；
（二）保持并不断提升内部审计人员的专业胜任能力；
（三）依据内部审计准则制定内部审计工作手册；
（四）编制年度审计计划及项目审计方案；
（五）合理配置内部审计资源；
（六）建立审计项目督导和复核机制；
（七）开展审计质量评估；
（八）评估审计报告的使用效果；
（九）对审计质量进行考核与评价。

第四章　内部审计项目质量控制

第十一条　内部审计项目负责人对审计项目质量负责。
第十二条　内部审计项目质量控制应当考虑下列因素：
（一）审计项目的性质及复杂程度；
（二）参与项目审计的内部审计人员的专业胜任能力；
（三）其他。
第十三条　内部审计项目质量控制主要包括下列措施：
（一）指导内部审计人员执行项目审计方案；
（二）监督审计实施过程；
（三）检查已实施的审计工作。
第十四条　内部审计项目负责人在指导内部审计人员开展项目审计时，应当告知项目组成员下列事项：
（一）项目组成员各自的责任；
（二）被审计项目或者业务的性质；
（三）与风险相关的事项；
（四）可能出现的问题；
（五）其他。
第十五条　内部审计项目负责人监督内部审计实施过程时，应当履行下列职责：
（一）追踪业务的过程；
（二）解决审计过程中出现的重大问题，根据需要修改原项目审计方案；
（三）识别在审计过程中需要咨询的事项；
（四）其他。

第十六条 内部审计项目负责人在检查已实施的审计工作时，应当关注下列内容：

（一）审计工作是否已按照审计准则和职业道德规范的规定执行；

（二）审计证据是否相关、可靠和充分；

（三）审计工作是否实现了审计目标。

第五章 附 则

第十七条 本准则由中国内部审计协会发布并负责解释。

第十八条 本准则自2014年1月1日起施行。

第2307号内部审计具体准则——评价外部审计工作质量

第一章 总 则

第一条 为规范内部审计机构对外部审计工作质量的评价工作，有效利用外部审计成果，提高内部审计效率和效果，根据《内部审计基本准则》，制定本准则。

第二条 本准则所称评价外部审计工作质量，是指由内部审计机构对外部审计工作过程及结果的质量所进行的评价活动。

第三条 本准则适用于各类组织的内部审计机构。

第二章 一般原则

第四条 内部审计机构应当根据适当的标准对外部审计工作质量进行客观评价，合理利用外部审计成果。

第五条 评价外部审计工作质量，可以按照评价准备、评价实施和评价报告三个阶段进行。

第六条 内部审计机构应当挑选具有足够专业胜任能力的人员对外部审计工作质量进行评价。

第三章 评价准备

第七条 在评价外部审计工作质量之前，内部审计机构应当考虑下列因素：

（一）评价活动的必要性；

（二）评价活动的可行性；

（三）评价活动预期结果的有效性。

第八条　在决定对外部审计工作质量进行评价后，内部审计机构应当编制适当的评价方案。评价方案应当包括下列主要内容：

（一）评价目的；

（二）评价的主要内容与步骤；

（三）评价的依据；

（四）评价工作的主要方法；

（五）评价工作的时间安排；

（六）评价人员的分工。

第九条　内部审计机构应当取得反映外部审计工作质量的审计报告及其他相关资料。

第十条　内部审计机构应当详细了解外部审计所采用的审计依据、实施的审计过程及其在审计过程中与组织之间进行协调的情况。

第十一条　如有必要，内部审计机构可以与外部审计机构就评价事项进行适当的沟通。

第四章　评价实施

第十二条　内部审计机构在评价外部审计工作质量时，应当重点关注下列内容：

（一）外部审计机构和人员的独立性与客观性；

（二）外部审计人员的专业胜任能力；

（三）外部审计人员的职业谨慎性；

（四）外部审计机构的信誉；

（五）外部审计所采用审计程序及方法的适当性；

（六）外部审计所采用审计依据的有效性；

（七）外部审计所获取审计证据的相关性、可靠性和充分性。

第十三条　内部审计机构在评价外部审计工作质量时，应当充分考虑其与内部审计活动的差异。

第十四条　内部审计机构在评价外部审计工作质量时，可以采用审核、观察、询问等常用方法，以及与有关方面进行沟通、协调的方法。

第十五条　内部审计机构应当将评价工作过程及结果记录于审计工作底稿中。

第五章　评价报告

第十六条　内部审计机构做出外部审计工作质量评价结论之前，应当征求组织内部有关部门和人员的意见。必要时，内部审计人员也可以就评价结论与被评价的外部审计机构进行沟通。

第十七条　内部审计机构完成外部审计工作质量评价之后，应当编制评价报告。评价报告一般包括下列要素：

（一）评价报告的名称；

（二）被评价外部审计机构的名称；

（三）评价目的；

（四）评价的主要内容及方法；

（五）评价结果；

（六）评价报告编制人员及编制时间。

第六章　附　则

第十八条　本准则由中国内部审计协会发布并负责解释。

第十九条　本准则自 2014 年 1 月 1 日起施行。

第 2308 号内部审计具体准则
——审计档案工作

第一章　总　则

第一条　为了规范审计档案工作，提高审计档案质量，发挥审计档案作用，根据《中华人民共和国档案法》和《内部审计基本准则》，制定本准则。

第二条　本准则所称审计档案，是指内部审计机构和内部审计人员在审计项目实施过程中形成的、具有保存价值的历史记录。

第三条　本准则所称审计档案工作，是指内部审计机构对应纳入审计档案的材料（以下简称审计档案材料）进行收集、整理、立卷、移交、保管和利用的活动。

第四条　本准则适用于各类组织的内部审计机构、内部审计人员及其从事的内部审计活动。其他单位或人员接受委托、聘用，承办或者参与内部审计项目，形成的审计档案材料应当交回组织，并遵守本准则。

第二章　一般原则

第五条　内部审计人员在审计项目实施结束后，应当及时收集审计档案材料，按照立卷原则和方法进行归类整理、编目装订、组合成卷和定期归档。

第六条　内部审计人员立卷时，应当遵循按性质分类、按单元排列、按项目组卷原则。

第七条　内部审计人员应当坚持谁审计、谁立卷的原则，做到审结卷成、定期归档。

第八条　内部审计人员应当按审计项目立卷，不同审计项目不得合并立卷。跨年度的审计项目，在审计终结的年度立卷。

第九条　审计档案质量的基本要求是：审计档案材料应当真实、完整、有效、规范，并做到遵循档案材料的形成规律和特点，保持档案材料之间的有机联系，区别档案材料的重要程度，便于保管和利用。

第十条　内部审计机构应当建立审计档案工作管理制度，明确规定审计档案管理人员的要求和责任。

第十一条　内部审计项目负责人应当对审计档案的质量负主要责任。

第三章　审计档案的范围与排列

第十二条　内部审计人员应当及时收集在审计项目实施过程中直接形成的文件材料和与审计项目有关的其他审计档案材料。

第十三条　内部审计人员应当根据审计档案材料的保存价值和相互之间的关联度，以审计报告相关内容的需要为标准，整理鉴别和选用需要立卷的审计档案材料，并归集形成审计档案。

第十四条　审计档案材料主要包括以下几类：

（一）立项类材料：审计委托书、审计通知书、审前调查记录、项目审计方案等；

（二）证明类材料：审计承诺书、审计工作底稿及相应的审计取证单、审计证据等；

（三）结论类材料：审计报告、审计报告征求意见单、被审计对象的反馈意见等；

（四）备查类材料：审计项目回访单、被审计对象整改反馈意见、与审计项目联系紧密且不属于前三类的其他材料等。

第十五条　审计档案材料应当按下列四个单元排列：

（一）结论类材料，按逆审计程序、结合其重要程度予以排列；

（二）证明类材料，按与项目审计方案所列审计事项对应的顺序、结合其重要程度予以排列；

（三）立项类材料，按形成的时间顺序、结合其重要程度予以排列；

（四）备查类材料，按形成的时间顺序、结合其重要程度予以排列。

第十六条 审计档案内每组材料之间的排列要求：

（一）正件在前，附件在后；

（二）定稿在前，修改稿在后；

（三）批复在前，请示在后；

（四）批示在前，报告在后；

（五）重要文件在前，次要文件在后；

（六）汇总性文件在前，原始性文件在后。

第四章 纸质审计档案的编目、装订与移交

第十七条 纸质审计档案主要包括下列要素：

（一）案卷封面；

（二）卷内材料目录；

（三）卷内材料；

（四）案卷备考表。

第十八条 案卷封面应当采用硬卷皮封装。

第十九条 卷内材料目录应当按卷内材料的排列顺序和内容编制。

第二十条 卷内材料应当逐页注明顺序编号。

第二十一条 案卷备考表应当填写立卷人、项目负责人、检查人、立卷时间以及情况说明。

第二十二条 纸质审计档案的装订应当符合下列要求：

（一）拆除卷内材料上的金属物；

（二）破损和褪色的材料应当修补或复制；

（三）卷内材料装订部分过窄或有文字的，用纸加宽装订；

（四）卷内材料字迹难以辨认的，应附抄件加以说明；

（五）卷内材料一般不超过200页装订。

第二十三条 内部审计人员（立卷人）应当将获取的电子证据的名称、来源、内容、时间等完整、清晰地记录于纸质材料中，其证物装入卷内或物品袋内附卷保存。

第二十四条 内部审计人员（立卷人）完成归类整理，经项目负责人审核、档案管理人员检查后，按规定进行编目和归档，向组织内部档案管理部

门（以下简称档案管理部门）办理移交手续。

第五章　电子审计档案的建立、移交与接收

第二十五条　内部审计机构在条件允许的情况下，可以为审计项目建立电子审计档案。

第二十六条　内部审计机构应当确保电子审计档案的真实、完整、可用和安全。

第二十七条　电子审计档案应当采用符合国家标准的文件存储格式，确保能够长期有效读取。主要包括以下内容：

（一）用文字处理技术形成的文字型电子文件；

（二）用扫描仪、数码相机等设备获得的图像电子文件；

（三）用视频或多媒体设备获得的多媒体电子文件；

（四）用音频设备获得的声音电子文件；

（五）其他电子文件。

第二十八条　内部审计机构在审计项目完成后，应当以审计项目为单位，按照归档要求，向档案管理部门办理电子审计档案的移交手续，并符合以下基本要求：

（一）元数据应当与电子审计档案一起移交，一般采用基于XML的封装方式组织档案数据；

（二）电子审计档案的文件有相应纸质、缩微制品等载体的，应当在元数据中著录相关信息；

（三）采用技术手段加密的电子审计档案应当解密后移交，压缩的电子审计档案应当解压缩后移交；特殊格式的电子审计档案应当与其读取平台一起移交；

（四）内部审计机构应当将已移交的电子审计档案在本部门至少保存5年，其中的涉密信息必须符合保密存储要求。

第二十九条　电子审计档案移交的主要流程包括：组织和迁移转换电子审计档案数据、检验电子审计档案数据和移交电子审计档案数据等步骤。

第三十条　电子审计档案的移交可采用离线或在线方式进行。离线方式是指内部审计机构一般采用光盘移交电子审计档案；在线方式是指内部审计机构通过与管理要求相适应的网络传输电子审计档案。

第三十一条　档案管理部门可以建立电子审计档案接收平台，进行电子审计档案数据的接收、检验、迁移、转换、存储等工作。

第三十二条　电子审计档案检验合格后办理交接手续，由交接双方签字；

也可采用电子形式并以电子签名方式予以确认。

第六章　审计档案的保管和利用

第三十三条　审计档案应当归组织所有，一般情况下，由档案管理部门负责保管，档案管理部门应当安排对审计档案业务熟悉的人员对接收的纸质和电子审计档案进行必要的检查。

第三十四条　归档与纸质文件相同的电子文件时，应当在彼此之间建立准确、可靠的标识关系，并注明含义、保持一致。

第三十五条　内部审计机构和档案管理部门应当按照国家法律法规和组织内部管理规定，结合自身实际需要合理确定审计档案的保管期限。

第三十六条　审计档案的密级和保密期限应当根据审计工作保密事项范围和有关部门保密事项范围合理确定。

第三十七条　内部审计机构和档案管理部门应当定期开展保管期满审计档案的鉴定工作，对不具有保存价值的审计档案进行登记造册，经双方负责人签字，并报组织负责人批准后，予以销毁。

第三十八条　内部审计机构应当建立健全审计档案利用制度。借阅审计档案，一般限定在内部审计机构内部。

内部审计机构以外或组织以外的单位查阅或者要求出具审计档案证明的，必须经内部审计机构负责人或者组织的主管领导批准，国家有关部门依法进行查阅的除外。

第三十九条　损毁、丢失、涂改、伪造、出卖、转卖、擅自提供审计档案的，由组织依照有关规定追究相关人员的责任；构成犯罪的，移送司法机关依法追究刑事责任。

第七章　附　则

第四十条　本准则由中国内部审计协会发布并负责解释。

第四十一条　本准则自 2016 年 3 月 1 日起施行。

第三部分

工会经审制度类

工　会　经　审　制　度　文　件　选　编

中华全国总工会
关于印发《中国工会审计条例》的通知

（总工发〔2011〕27号　2011年4月8日）

各省、自治区、直辖市总工会，各全国产业工会，中共中央直属机关工会联合会、中央国家机关工会联合会，全总各部门、各直属单位：

《中国工会审计条例》已经中华全国总工会第十五届书记处第六十七次会议讨论通过，现印发给你们，请认真贯彻执行。

附件：

中国工会审计条例

第一章　总　则

第一条　为加强工会审计工作，规范工会审计行为，提高工会经费使用效益，维护工会资产安全，根据《中华人民共和国工会法》、《中华人民共和国审计法》和《中国工会章程》，制定本条例。

第二条　工会坚持经费独立原则，依法建立对工会经费收支、资产管理等全部经济活动的审计监督制度。

第三条　工会审计是指各级工会经费审查委员会（以下简称经审会）依照法律和《中国工会章程》规定的职责、权限和程序，对工会经费收支、资产管理等全部经济活动的真实、合法与效益实施的审计监督。

第四条　工会审计实行统一领导、分级管理、分级负责、下审一级的工作体制。工会审计的制度和办法由中华全国总工会统一制定。

第五条　经审会下设办公室（以下简称经审办），承担经审会对本级和下一级工会审计的职责。

第六条　工会审计遵循依法审计、服务大局、突出重点、注重实效的工作方针。

第七条　经审会依照法律和《中国工会章程》独立履行审计监督职责，

被审计单位及其有关人员不得拒绝和阻碍工会审计人员执行公务，不得打击报复工会审计人员。

第八条 工会审计人员在办理审计事项中，应当恪守国家审计准则规定的严格依法、正直坦诚、客观公正、勤勉尽责、保守秘密等基本审计职业道德和审计纪律。

第九条 经审会的审计结果作为同级工会、上级工会及其有关部门评选先进和工作考核的重要依据。

第十条 工会审计应当接受审计机关的指导。

第二章 工会审计机构和人员

第十一条 经审会应当与同级工会委员会同时考察、同时报批、同时选举产生。

第十二条 经审会向同级工会会员大会或者会员代表大会负责并报告工作；大会闭会期间，向同级工会委员会负责并报告工作。上级经审会对下级经审会进行业务指导和督促检查。

第十三条 经审会委员由政治素质高、业务能力强、具有相关专业知识的工会干部和会员担任并经民主选举产生。县级以上工会经审会委员人数不少于同级工会委员会委员人数的20%，最低不少于5人。经审会委员中具有审计、财会专业知识的人员一般不少于三分之二。

第十四条 工会主席、分管财务和资产的副主席、财务和资产管理部门的人员，不得担任同级工会经审会委员。

第十五条 全国总工会和省、自治区、直辖市总工会以及独立管理经费的全国产业工会经审会，应当设置常务委员会。

第十六条 全国总工会经审会委员实行替补制。各级地方总工会、独立管理经费的产业工会和机关工会联合会经审会委员也可以实行替补制。

第十七条 经审会主任按同级工会副职级配备，纳入同级工会领导干部序列。地（市）级以上工会经审会主任应当专职配备。经审会主任的任免，应当事先书面征求上一级经审会的意见。

第十八条 各级地方总工会、独立管理经费的产业工会和机关工会联合会应当设置经审办，列入同级工会机关机构编制序列，配备专职干部。经审办主任、副主任应当列入同级工会机关部门正、副职级领导职位。

第十九条 经审办应当由具有审计、财会及相关专业知识和业务能力的人员组成。省级工会经审办一般不少于5名专业干部；地（市）级工会经审办一般不少于2名专业干部；经费管理总量较多的县级工会经审办应当配备专业干部。

第二十条　工会审计人员应当具备与其从事审计业务相适应的专业知识和职业能力。

第二十一条　经审会根据工作需要，可以委托具有相应资质的社会中介机构对有关事项进行审计；可以聘请具有审计、财会等专业资格和职业能力的人员作为特邀审计员参与审计工作。

第二十二条　工会审计人员不得从事被审计单位的经济管理活动；在办理审计事项中，与被审计单位或者审计事项有利害关系的应当回避；对被审计单位需要保密的事项负有保密义务。

第三章　工会审计职责

第二十三条　经审会对同级工会及其所属企事业单位和下一级工会及其所属企事业单位的下列事项进行审计：

（一）经费预算执行情况和财务状况；

（二）经费计提和拨缴情况；

（三）专项资金的筹措、拨付、管理和使用情况；

（四）资产的管理、使用和处置情况；

（五）基本建设和维修改造工程；

（六）对外投资情况；

（七）财务管理和相关内部控制制度情况；

（八）经费使用效益和资产经营效益情况；

（九）撤并时的财务清算情况；

（十）工会管理和委托其他单位管理的社会捐赠资金、各类基金的收支情况；

（十一）其他需要审计的有关事项。

以上事项，必要时可以进行延伸审计。

第二十四条　经审会接受同级工会干部管理部门的书面委托，对同级工会涉及经费、资产及有关经济活动管理的内设机构和所属企事业单位的主要负责人进行经济责任审计。

第二十五条　经审会应当在审计职责范围内对特定事项进行专项审计调查，并向同级工会委员会和上一级经审会报告审计调查结果。

第二十六条　经审会应当配合协助上级经审会开展各项审计工作。

第四章　工会审计权限

第二十七条　经审会有权要求被审计单位按时提供会计报表、会计账簿、会计凭证、会计电算化数据以及与其经济活动相关的计划、批文、合同等其他资料。

第二十八条　经审会有权审查被审计单位的会计报表、会计账簿、会计凭证、会计电算化数据以及其他与财务收支相关的资料、资产。

第二十九条　经审会有权对审计涉及的相关事项，向被审计单位和有关人员进行调查并取得相关文件、资料和证明材料。

第三十条　经审会有权对可能被转移、隐匿、篡改、毁弃的会计报表、会计账簿、会计凭证以及其他与财务收支相关的资料，采取暂时封存的措施。

第三十一条　经审会有权对正在进行的违反财经法律法规的行为予以制止，在职权范围内作出审计决定。

第三十二条　经审会有权对审计结果以适当方式进行通报。

第三十三条　经审会对审计中发现的重大违法违规、重大资产损失等问题，有权向同级工会委员会和上一级经审会报告。

第五章　工会审计程序

第三十四条　经审会根据同级工会委员会的工作部署和上级经审会的要求，制订年度审计工作计划。

第三十五条　经审会根据年度审计工作计划，确定审计项目，成立审计组，制订审计实施方案。

第三十六条　经审会应当于实施审计 3 日前，向被审计单位送达审计通知书。遇有特殊情况，报经审会主任批准后，可以直接持审计通知书实施审计。

第三十七条　被审计单位应当对所提供审计资料的真实性和完整性作出书面承诺，并为开展审计工作提供必要的条件。

第三十八条　审计组通过审查财务资料、有关文件和会议记录，核实现金、实物、有价证券，向相关单位和个人进行调查等方式开展审计，取得审计证据，做好审计记录，编制审计工作底稿。

第三十九条　审计组对相关事项实施审计后，依据相关法律法规和内部控制制度作出审计评价，对需要整改的事项提出审计意见和建议，形成审计组的审计报告，并征求被审计单位的意见。

第四十条　被审计单位自接到审计组的审计报告之日起 10 日内，应当向审计组回复书面意见，逾期不回复的，视同无异议。

第四十一条 经审会审核审计组的审计报告、研究被审计单位的书面意见后，出具经审会的审计报告，对违反财经法律法规的行为在职权范围内作出审计决定，并将经审会的审计报告和审计决定送达被审计单位。审计决定自送达之日起生效。

第四十二条 被审计单位自收到经审会的审计报告或者审计决定之日起30 日内，将整改落实情况书面报告给出具审计报告或者审计决定的经审会。

第四十三条 被审计单位或者相关责任人员对经审会作出的审计决定不服的，自收到审计决定之日起60 日内，可以向出具审计决定的上一级经审会书面申请复审。上一级经审会自收到书面复审申请之日起60 日内，应当作出复审决定。复审期间执行原审计决定。

第四十四条 经审会发现下一级经审会作出的审计决定违反国家有关规定或者有重大错误的，应当责成下一级经审会予以变更或者撤销，必要时可以直接作出变更或者撤销决定。

第四十五条 经审会应当建立审计整改督查制度，对被审计单位进行审计回访，督促其落实整改意见，执行审计决定。

第四十六条 经审会应当每年向同级工会委员会报告审计结果和整改落实情况。

第四十七条 经审会对办理的审计项目、专项审计调查、审计复审、审计回访等，按照工会审计业务公文处理规定和审计档案管理规定建立档案。

第六章 工作保障

第四十八条 各级工会领导班子应当自觉接受审计监督，支持工会审计机构和人员依法履行职责。

第四十九条 各级工会领导班子应当听取经审会的审计结果报告，按照审计报告或者审计决定的要求，明确责任，制定措施，落实整改。

第五十条 经审会主任应当参加（或者列席）工会主席办公会议、常委会议和研究工会重大经济活动的会议；经审办主任应当参加（或者列席）涉及工会经费、资产和相关经济活动的会议。

第五十一条 各级工会应当为经审会及其经审办开展审计工作，提供必要的物质保障和工作条件，按规定比例安排经审专用经费，纳入本级工会年度经费预算。

第五十二条 各级工会应当加强工会审计人员队伍建设，落实经审会主任任期培训制度和工会审计人员培训规划，做好工会审计人员的配备、使用、考核和管理工作。

第五十三条 各级工会应当支持经审会加强审计工作规范化建设，健全审计工作运行机制，完善审计质量评价体系，实施工会审计人员业绩评价和奖惩制度。

第五十四条 上级经审会应当加强对下级经审会的业务指导和工作支持，对在工会审计工作中做出突出成绩的单位和个人给予表彰和奖励。

第七章 相关责任

第五十五条 单位和个人有下列行为之一的，由经审会根据情节轻重，向同级工会提出批评、处罚或者处分等建议，同级工会应当及时予以处理；构成犯罪的，依法追究刑事责任：

（一）拒绝或者故意拖延提供与审计事项有关的文件、会计资料和证明材料的；

（二）转移、隐匿、篡改、毁弃有关文件和会计资料的；

（三）转移、隐匿所持有的违反国家规定取得的财产的；

（四）弄虚作假、隐瞒事实真相的；

（五）授意、指使、强令审计人员违反国家法律法规和审计规定的；

（六）阻挠工会审计人员行使职权，抗拒、破坏监督检查的；

（七）拒不执行审计决定的；

（八）报复陷害审计人员或者检举人员的。

第五十六条 工会审计人员有下列行为之一的，由其所在工会根据有关规定给予批评、处罚或者处分；构成犯罪的，依法追究刑事责任：

（一）利用职权谋取私利的；

（二）弄虚作假，徇私舞弊的；

（三）玩忽职守，给国家和工会造成重大损失的；

（四）泄露相关秘密并造成严重后果的。

第八章 附 则

第五十七条 各级工会可以根据本条例制定具体实施办法。

第五十八条 上级经审会应当指导和督促下级经审会执行本条例，对下级经审会执行本条例的情况进行检查。

第五十九条 本条例由中华全国总工会负责解释。

第六十条 本条例自发布之日起施行。

中华全国总工会关于加强县级工会经费审查审计监督工作的意见

（总工发〔2010〕1号　2010年1月19日）

为切实加强县（市、区）（以下简称县级）工会经费审查审计监督工作，充分发挥经审组织在工会工作全局中的重要作用，依据《工会法》和《中国工会章程》有关规定，提出如下意见。

一、加强县级工会经审工作的重要性和紧迫性

1. 坚持走中国特色社会主义工会发展道路，对工会经审工作提出了新的更高的要求。随着县域经济的快速发展、工会组织的不断壮大和工会经费收缴“一改三策”的实施，县级工会经费总量不断增加，资产规模日益扩大，县级工会经审组织肩负的审查审计监督任务日益繁重。新的形势和任务要求必须大力推进县级工会经审组织建设和制度建设，进一步加大审查审计监督力度，确保县级工会经费和资产的安全，促进工会系统的党风廉政建设。

2. 县级工会经审工作直接面向基层、贴近职工，是工会经审工作承上启下的重要环节。加强县级工会经审工作，是坚持“统一领导、分级管理、分级负责”的经费审查监督体制的客观要求，也是工会顺利完成各项任务的重要保证。近年来，县级工会经审组织围绕中心，服务大局，认真履行监督职责，大力加强自身建设，在推进县级工会工作创新发展中发挥了重要作用。与新形势新任务的要求相比，县级工会经审工作还存在薄弱环节，加强县级工会经审工作是工会面临的一项重要而紧迫的任务。

二、加强县级工会经审工作的指导思想

3. 加强县级工会经审工作，要坚持以邓小平理论和“三个代表”重要思想为指导，深入贯彻落实科学发展观，按照坚持走中国特色社会主义工会发展道路的要求，从加强工会经费审查审计监督的现实需要出发，深入研究县级工会经审工作遇到的新情况新问题，探索县级工会经审工作新途径新方法，以加强县级经审组织和制度建设为基础，以提高经审干部素质为保证，进一步加大县级工会经审工作力度，推动形成组织机构健全、制度机制完善、审查审计规范、监督成效明显的县级工会经审工作新局面，切实发挥经审组织在工会工作全局中的服务保障作用。

三、县级工会经审组织的主要职责和任务

4. 县级工会经费审查委员会的基本职责是依法对本级工会经费收支和资产管理情况进行审查审计监督，向同级会员大会或会员代表大会负责并报告工作；大会闭会期间，向同级工会委员会负责并报告工作。

5. 坚持和完善本级经费预算、决算的审查审计监督制度。本级年度经费收支预算（草案）和预算调整方案，需同级经审会全体会议审查通过；年度预算执行情况（决算）需经同级经审会审计，审计结果向经审会全体会议报告，由全体会议审查通过。

6. 依据国家有关部门和全国总工会关于专项资金使用管理的规定，按照全国总工会经审会《关于加强专项资金审计监督的通知》要求，采取有效措施，加强对县级工会各类专项资金的审计监督，促进专项资金的规范管理，防止专项资金被挤占、挪用、截留和损失浪费，最大限度地发挥专项资金的使用效能。

7. 加强对县级工会直属企事业单位财务收支情况的年度审计监督，促进企事业单位的财务管理和会计核算；开展工会资产审计，促进工会资产监管和运营效益的提高。

8. 建立健全监管机制，加强对县级工会投资项目、基本建设和维修改造工程的全过程审计监督，保障资金安全和效益。

9. 按照干部管理权限，根据有关部门的委托，对县级工会直属企事业单位领导人员和乡镇（街道）工会、基层工会领导干部进行任期经济责任审计。

10. 加强对乡镇（街道）工会、基层工会经审工作的指导和服务，促其不断完善经审工作制度，规范工会经费审查审计监督工作。通过经审会直接审计、委托审计或片审、互审、聘请特邀审计员审计等方式，对基层工会经费的收缴、管理和使用情况进行审计，年审计覆盖率不低于20%，确保五年审计一遍。

11. 完善审计程序，健全审计档案，严格按照有关法律法规、制度规定和审计准则的要求进行审计，不断提高审计质量，规避审计风险。制定审计回访、督查制度，实行动态管理，确保审计意见的整改落实。

四、健全县级工会经审组织和工作机构

12. 县级工会换届选举时，经审会与工会委员会同时考察、同时报批、同时选举产生。经审会委员人数不少于工会委员会委员人数20%，最低不少于5人。经审会委员经民主选举产生，由政治素质高、责任心和业务能力强、具有相关专业知识的工会干部和会员群众担任，审计、财会专业人员比例不少于三分之二。

13. 经审会主任应按县级工会副职配备，设立常委会的进入常委会。县级工会换届或届中调整时，经审会主任人选应以书面形式事先征求上级工会经审会意见。

14. 经审会下设办公室，本级年拨缴经费收入200万元以上的，应独立设置经审会办公室。经费管理总量较多的县级工会，应配备专职经审干部。

15. 经审会办公室主任按县级工会部门正职配备，列席涉及工会经费、工会经济活动及其它与审查审计监督工作有关的会议，参与工会经费、资产管理等相关制度办法的研究制定。

16. 完善经审会议事规则和经审办工作制度，充分发挥经审会委员在审查审计监督工作中的重要作用。

17. 整合内部资源，运用社会力量，建立并不断充实特邀审计员队伍，确保工会审计任务的完成和审计质量的提高。

五、提高县级工会经审干部的政治和业务素质

18. 加强对县级工会经审干部的思想政治教育，用科学理论武装经审干部的头脑，引导经审干部进一步增强做好经审工作的责任感和使命感，牢固树立政治意识、大局意识、责任意识和服务意识，敢于负责、坚持原则，求真务实、积极开拓，切实履行好审查审计监督职责。

19. 加强对经审干部的业务培训，引导经审干部认真学习有关法规政策和专业知识，了解国内外审计工作动态，更新观念，拓宽思路，不断提高业务水平和实际工作能力。支持和组织经审干部参加有关专业资格证书考试，力争实现审计人员持证上岗。

20. 加强经审干部队伍的职业道德建设和廉政建设，严格遵守审计人员职业道德规范和审计工作纪律，增强经审干部客观公正、廉洁从审的意识和能力，始终把廉政建设作为工会经审工作的生命线。

六、加强对县级工会经审工作的领导

21. 县级工会领导班子要高度重视经审工作，定期听取经审工作汇报，研究经审工作遇到的新情况新问题，帮助解决实际困难，支持经审组织依法履行监督职能。带头接受经审组织的监督，及时研究整改审查审计中发现的问题。维护经审干部的合法权益，对于拒绝审查审计监督或打击报复经审干部的，认真调查，严肃处理。

22. 县级工会要为经审机构提供必要的办公条件。经审会及办公室的专用经费和日常经费，应按照上级工会规定比例和工作需要，纳入本级年度经费预算，保障经审工作的正常开展。

23. 上级工会经审组织要加强对县级工会经审工作的指导，及时了解掌握县级工会经审工作情况，提出有针对性的分类指导意见。大力推进县级工会经审工作规范化建设，建立健全激励机制，总结经验，选树典型，表彰先进，推动县级工会经审工作创新发展。加大对县级工会特别是经济比较困难的县级工会经审工作的支持力度，确保县级工会经审工作的有效开展。

（此件发各省、自治区、直辖市总工会，中华全国铁路总工会、中国民航工会全国委员会、中国金融工会全国委员会，中央直属机关工会联合会，中央国家机关工会联合会）

中华全国总工会印发《关于地方工会召开代表大会及组成工会委员会、经费审查委员会的若干规定》的通知

（总工发〔2015〕6号　2015年2月8日）

各省、自治区、直辖市总工会，各全国产业工会，中共中央直属机关工会联合会、中央国家机关工会联合会：

《关于地方工会召开代表大会及组成工会委员会、经费审查委员会的若干规定》已经中华全国总工会第十六届书记处第二十三次会议讨论通过，现印发给你们，请结合实际，认真贯彻执行。

附件：

关于地方工会召开代表大会及组成工会委员会、经费审查委员会的若干规定

为了更好地贯彻执行《中华人民共和国工会法》和《中国工会章程》，体现民主集中制原则，建立健全工会民主制度和民主生活，现就地方工会召开代表大会及组成工会委员会、经费审查委员会的若干问题，作如下规定。

一、代表组成和名额

1. 代表的组成应具有广泛的代表性。代表主要由工会工作者、先进模范

人物、生产和工作一线的工人代表、知识分子代表、机关工作人员和其他人员组成，其中工会工作者不少于代表总数的55%，要有适当数量的妇女、少数民族代表。民族自治地方，工会召开代表大会，少数民族代表应占一定比例。

2. 各级地方总工会，召开代表大会的代表名额，按照下列规定确定：

省、自治区、直辖市工会代表大会的代表，一般为400—900人。

设区的市、自治州工会代表大会的代表，一般为200—500人。

县（旗）、自治县、不设区的市和市辖区工会代表大会的代表，一般为100—400人。

各地根据工会会员和工会组织数，经上一级工会同意，可适当增加或减少代表名额。

二、工会委员会组成和名额

3. 各级地方总工会委员会，应由地方总工会及其部门、直属单位、所属产业工会负责人，下级地方总工会负责人，基层工会工作者，生产和工作一线的工人代表，以及与工会工作联系密切的相关单位的人员和社会知名人士组成，其中工会工作者不少于委员总数的60%，要有一定数量的先进模范人物、妇女、少数民族委员。民族自治地方，工会委员会中少数民族委员应占一定比例。

4. 各级地方总工会委员会委员名额，按照下列规定确定：

省、自治区、直辖市总工会委员会委员，一般为91—181人。

设区的市、自治州总工会委员会委员，一般为41—101人。

县（旗）、自治县、不设区的市和市辖区总工会委员会委员，一般为27—51人。

各地根据工会会员和工会组织数，经上一级工会同意，可适当增加或减少委员名额。

三、工会常务委员会组成和名额

5. 各级地方总工会常务委员会由主席、副主席和常务委员会委员组成。

6. 省、自治区、直辖市总工会常务委员会人数，一般不超过工会委员会人数的四分之一，其中主席1人，副主席3—8人。根据工作需要，可另设兼职副主席。

7. 设区的市、自治州总工会常务委员会人数，一般不超过工会委员会人数的三分之一，其中主席1人，副主席2—6人。

8. 县（旗）、自治县、不设区的市和市辖区总工会常务委员会人数，一般不超过工会委员会人数的三分之一，其中主席1人，副主席2—4人。

9. 各级地方总工会主席、副主席（含兼职副主席）的人数应少于常务委员会人数的二分之一。

10. 各级地方总工会主席、副主席配备职数，根据有关规定，由同级党委和上一级工会协商决定。

四、经费审查委员会及其常务委员会组成和名额

11. 各级地方总工会经费审查委员会，应由地方总工会经费审查委员会及其办公室负责人，地方总工会所属的部分独立管理经费的产业工会经费审查委员会负责人，下一级地方总工会经费审查委员会负责人和有关方面人员组成。

12. 各级地方总工会经费审查委员会委员人数，应不少于同级工会委员会人数的20%，县级总工会经费审查委员会委员人数应不少于5人。

13. 省、自治区、直辖市总工会经费审查委员会设常务委员会，由5—7人组成，其中主任1人，副主任1—2人，主任、副主任的人数应少于常务委员会人数的二分之一。

14. 设区的市、自治州及以下地方总工会经费审查委员会设主任1人，副主任1人。

五、大会代表资格审查委员会组成和职责

15. 地方工会代表大会，应成立代表资格审查委员会，负责代表资格审查工作。

16. 代表资格审查委员会应由地方总工会分管组织人事工作的负责人及其组织人事部门负责人，地方总工会所属的部分产业工会负责人，部分下级地方总工会和基层工会负责人组成。其组成名额，由地方总工会委员会确定。

17. 代表资格审查委员会设主任1人，副主任1—2人，委员若干人，其人选由地方总工会委员会提出，提交大会预备会议表决产生。

18. 代表资格审查委员会成立之前，对代表的产生程序和代表资格的初步审查工作，由大会组织处（组）或地方总工会组织部承担。

19. 代表资格审查委员会经大会预备会议表决产生后召开全体会议，审议通过代表资格审查报告。

20. 代表资格审查委员会向大会主席团提交代表资格审查报告，经大会主席团第一次全体会议审议通过，确认代表资格。

六、大会主席团组成和职责

21. 大会主席团是代表大会的组织领导机构，其成员由地方总工会常务委员会与各代表团协商提出，经大会预备会议表决产生。大会主席团成员必须是本次代表大会的代表。

22. 大会主席团应由地方总工会委员会和经费审查委员会负责人，地方总工会所属产业工会负责人，地方总工会部门、直属单位负责人，各代表团（组）长，部分下级地方总工会负责人，部分基层工会负责人和工人代表，与工会工作联系密切的部分单位的负责人等组成。大会主席团中，要有一定数量的先进模范人物、少数民族、妇女、民主党派、无党派人士和群众。其成员名额由地方总工会常务委员会确定。

23. 大会主席团设常务主席若干人，一般由地方总工会委员会负责人和经费审查委员会主要负责人担任，经大会主席团第一次全体会议推选产生。

24. 大会主席团贯彻民主集中制原则，有关大会的重大问题，须经大会主席团全体会议讨论决定。

25. 大会主席团的主要职责：

（1）按照大会预备会议通过的议程主持大会；

（2）审议通过代表资格审查报告，确认代表资格；

（3）组织代表讨论、审议和修改大会的有关报告；

（4）组织代表讨论、确定新一届总工会委员会委员和经费审查委员会委员候选人建议人选。如需选举出席上一级工会代表大会的代表，还应组织讨论、确定其代表候选人建议人选；

（5）主持大会选举；

（6）组织代表讨论大会的决议草案，提请大会审议通过；

（7）分别委托一名新当选的工会委员会委员和经费审查委员会委员主持本届委员会第一次全体会议；

（8）研究决定会议期间的其他重要事项。

七、大会秘书长、副秘书长设置和职责

26. 地方工会代表大会可设秘书长 1 人，副秘书长若干人。

27. 秘书长一般由地方总工会主要负责人担任，由地方总工会常务委员会在代表中提名，经大会预备会议表决产生；副秘书长一般由地方总工会负责人和有关方面负责人担任，由地方总工会常务委员会提名，经大会主席团第一次全体会议表决产生。

28. 秘书长是大会期间日常工作的组织者，其主要职责是：在大会主席团领导下，负责处理大会事务性工作。副秘书长的主要职责是：协助秘书长做好大会的相关工作。

八、选举的原则和方法

29. 代表大会的代表和工会委员会委员、常务委员会委员、主席、副主席及经费审查委员会委员、常务委员会委员、主任、副主任均应履行有关民主程序，采用无记名投票方式选举产生。

30. 代表大会的代表和工会委员会委员、常务委员会委员、主席、副主席及经费审查委员会委员、常务委员会委员、主任、副主任候选人人选的产生，必须按照民主集中制原则，经过自下而上地反复酝酿、充分讨论后确定。工会委员会委员和经费审查委员会委员候选人人选不限于本次代表大会的代表。

31. 代表大会的代表由各选举单位采用差额选举办法产生，差额率不低于15%。工会委员会和经费审查委员会均由代表大会选举产生。选举工会委员会委员采用差额选举办法，差额率不低于8%；选举经费审查委员会委员采用等额选举办法。

差额选举，可以采用候选人人数多于应选人人数的差额选举办法直接进行正式选举，也可以先采用差额选举办法进行预选，产生候选人，然后采用等额选举办法进行正式选举。

32. 地方总工会常务委员会委员、主席、副主席和经费审查委员会常务委员会委员、主任、副主任，分别由工会委员会和经费审查委员会全体会议选举产生。

33. 地方总工会常务委员会委员，实行等额选举，也可以实行差额选举；主席、副主席实行等额选举。经费审查委员会常务委员会委员和主任、副主任实行等额选举。

34. 代表大会、工会委员会、经费审查委员会选举时，参加选举的代表、委员须分别超过应到会代表、委员的半数，方可进行。候选人获得的同意票超过应到会代表、委员半数的，始得当选。

35. 大会代表，工会委员会委员和常务委员会委员，经费审查委员会委员和常务委员会委员候选人名单，按姓氏笔画为序排列。工会委员会主席、副主席和经费审查委员会主任、副主任候选人名单，按提名的顺序排列。

36. 在地方工会代表大会闭会期间，选举工会委员会常务委员会委员、主席、副主席和经费审查委员会常务委员会委员、主任、副主任，须分别在工会委员会和经费审查委员会全体会议上进行。如果候选人人选不是本届工会委员会委员或经费审查委员会委员，应先在工会委员会全体会议上替补或增补为工会委员会委员或经费审查委员会委员，然后再进行选举。

九、报批程序

37. 各级地方工会应按照《中国工会章程》规定，按期召开代表大会进行换届。筹备召开代表大会前，应向上一级工会呈报召开代表大会的请示。

请示应含有以下内容：同级党委关于换届工作的意见；召开会议时间、地点；会议主要任务、议程；会议代表名额、条件、组成比例；工会委员会组成意见及委员分配方案，常务委员会的组成方案；经费审查委员会组成意见及委员分配方案，常务委员会的组成方案。

经同级党委和上一级工会批准后，方可筹备召开代表大会。在特殊情况下，由地方总工会委员会提议，经同级党委和上一级工会批准，可以提前或者延期召开代表大会。延期时间一般不得超过一年。

38. 代表大会选举产生的工会委员会和经费审查委员会，工会委员会选举产生的常务委员会和主席、副主席，经费审查委员会选举产生的常务委员会和主任，应报上一级工会审批，同时报同级党委备案。

十、附则

39. 各级产业工会、乡镇（街道）总工会换届和选举工作可参照本规定执行。

40. 本规定由中华全国总工会组织部负责解释。

41. 本规定自印发之日起施行。1984 年 5 月全总印发的《关于地方工会和基层工会召开代表大会及组成工会委员会、经费审查委员会的若干规定》同时废止。

中华全国总工会关于印发《工会基层组织选举工作条例》的通知

（总工发〔2016〕27 号　2016 年 10 月 9 日）

各省、自治区、直辖市总工会，各全国产业工会，中共中央直属机关工会联合会、中央国家机关工会联合会，全总各部门、各直属单位：

《工会基层组织选举工作条例》已经中华全国总工会第十六届书记处第五十五次会议审议通过，现印发给你们，请结合实际，认真贯彻执行。

附件：

工会基层组织选举工作条例

第一章 总 则

第一条 为规范工会基层组织选举工作，加强基层工会建设，发挥基层工会作用，根据《中华人民共和国工会法》《中国工会章程》等有关规定，制定本条例。

第二条 本条例适用于企业、事业单位、机关和其他社会组织单独或联合建立的基层工会委员会。

第三条 基层工会委员会由会员大会或会员代表大会选举产生。工会委员会的主席、副主席，可以由会员大会或会员代表大会直接选举产生，也可以由工会委员会选举产生。

第四条 工会会员享有选举权、被选举权和表决权。保留会籍的人员除外。

第五条 选举工作应坚持党的领导，坚持民主集中制，遵循依法规范、公开公正的原则，尊重和保障会员的民主权利，体现选举人的意志。

第六条 选举工作在同级党组织和上一级工会领导下进行。未建立党组织的在上一级工会领导下进行。

第七条 基层工会委员会换届选举的筹备工作由上届工会委员会负责。

新建立的基层工会组织选举筹备工作由工会筹备组负责。筹备组成员由同级党组织代表和职工代表组成，根据工作需要，上级工会可以派人参加。

第二章 委员和常务委员名额

第八条 基层工会委员会委员名额，按会员人数确定：不足25人，设委员3至5人，也可以设主席或组织员1人；

25人至200人，设委员3至7人；

201人至1000人，设委员7至15人；

1001人至5000人，设委员15至21人；

5001人至10000人，设委员21至29人；

10001人至50000人，设委员29至37人；

50001人以上，设委员37至45人。

第九条 大型企事业单位基层工会委员会，经上一级工会批准，可以设常务委员会，常务委员会由 9 至 11 人组成。

第三章　候选人的提出

第十条　基层工会委员会的委员、常务委员会委员和主席、副主席的选举均应设候选人。候选人应信念坚定、为民服务、勤政务实、敢于担当、清正廉洁，热爱工会工作，受到职工信赖。

基层工会委员会委员候选人中应有适当比例的劳模（先进工作者）、一线职工和女职工代表。

第十一条　单位行政主要负责人、法定代表人、合伙人以及他们的近亲属不得作为本单位工会委员会委员、常务委员会委员和主席、副主席候选人。

第十二条　基层工会委员会的委员候选人，应经会员充分酝酿讨论，一般以工会分会或工会小组为单位推荐。由上届工会委员会或工会筹备组根据多数工会分会或工会小组的意见，提出候选人建议名单，报经同级党组织和上一级工会审查同意后，提交会员大会或会员代表大会表决通过。

第十三条　基层工会委员会的常务委员会委员、主席、副主席候选人，可以由上届工会委员会或工会筹备组根据多数工会分会或工会小组的意见提出建议名单，报经同级党组织和上一级工会审查同意后提出；也可以由同级党组织与上一级工会协商提出建议名单，经工会分会或工会小组酝酿讨论后，由上届工会委员会或工会筹备组根据多数工会分会或工会小组的意见，报经同级党组织和上一级工会审查同意后提出。

根据工作需要，经上一级工会与基层工会和同级党组织协商同意，上一级工会可以向基层工会推荐本单位以外人员作为工会主席、副主席候选人。

第十四条　基层工会委员会的主席、副主席，在任职一年内应按规定参加岗位任职资格培训。凡无正当理由未按规定参加岗位任职资格培训的，一般不再提名为下届主席、副主席候选人。

第四章　选举的实施

第十五条　基层工会组织实施选举前应向同级党组织和上一级工会报告，制定选举工作方案和选举办法。

基层工会委员会委员候选人建议名单应进行公示，公示期不少于 5 个工作日。

第十六条　会员不足 100 人的基层工会组织，应召开会员大会进行选举；会员 100 人以上的基层工会组织，应召开会员大会或会员代表大会进行选举。

召开会员代表大会进行选举的，按照有关规定由会员民主选举产生会员代表。

第十七条 参加选举的人数为应到会人数的三分之二以上时，方可进行选举。

基层工会委员会委员和常务委员会委员应差额选举产生，可以直接采用候选人数多于应选人数的差额选举办法进行正式选举，也可以先采用差额选举办法进行预选产生候选人名单，然后进行正式选举。委员会委员和常务委员会委员的差额率分别不低于5%和10%。常务委员会委员应从新当选的工会委员会委员中产生。

第十八条 基层工会主席、副主席可以等额选举产生，也可以差额选举产生。主席、副主席应从新当选的工会委员会委员中产生，设立常务委员会的应从新当选的常务委员会委员中产生。

第十九条 基层工会主席、副主席由会员大会或会员代表大会直接选举产生的，一般在经营管理正常、劳动关系和谐、职工队伍稳定的中小企事业单位进行。

第二十条 召开会员大会进行选举时，由上届工会委员会或工会筹备组主持；不设委员会的基层工会组织进行选举时，由上届工会主席或组织员主持。

召开会员代表大会进行选举时，可以由大会主席团主持，也可以由上届工会委员会或工会筹备组主持。大会主席团成员由上届工会委员会或工会筹备组根据各代表团（组）的意见，提出建议名单，提交代表大会预备会议表决通过。

召开基层工会委员会第一次全体会议选举常务委员会委员、主席、副主席时，由上届工会委员会或工会筹备组或大会主席团推荐一名新当选的工会委员会委员主持。

第二十一条 选举前，上届工会委员会或工会筹备组或大会主席团应将候选人的名单、简历及有关情况向选举人介绍。

第二十二条 选举设监票人，负责对选举全过程进行监督。

召开会员大会或会员代表大会选举时，监票人由全体会员或会员代表、各代表团（组）从不是候选人的会员或会员代表中推选，经会员大会或会员代表大会表决通过。

召开工会委员会第一次全体会议选举时，监票人从不是常务委员会委员、主席、副主席候选人的委员中推选，经全体委员会议表决通过。

第二十三条 选举采用无记名投票方式。不能出席会议的选举人，不得委托他人代为投票。

选票上候选人的名单按姓氏笔画为序排列。

第二十四条　选举人可以投赞成票或不赞成票，也可以投弃权票。投不赞成票者可以另选他人。

第二十五条　会员或会员代表在选举期间，如不能离开生产、工作岗位，在监票人的监督下，可以在选举单位设立的流动票箱投票。

第二十六条　投票结束后，在监票人的监督下，当场清点选票，进行计票。

选举收回的选票，等于或少于发出选票的，选举有效；多于发出选票的，选举无效，应重新选举。

每张选票所选人数等于或少于规定应选人数的为有效票，多于规定应选人数的为无效票。

第二十七条　被选举人获得应到会人数的过半数赞成票时，始得当选。

获得过半数赞成票的被选举人人数超过应选名额时，得赞成票多的当选。如遇赞成票数相等不能确定当选人时，应就票数相等的被选举人再次投票，得赞成票多的当选。

当选人数少于应选名额时，对不足的名额可以另行选举。如果接近应选名额且符合第八条规定，也可以由大会征得多数会员或会员代表的同意减少名额，不再进行选举。

第二十八条　大会主持人应当场宣布选举结果及选举是否有效。

第二十九条　基层工会委员会、常务委员会和主席、副主席的选举结果，报上一级工会批准。上一级工会自接到报告15日内应予批复。违反规定程序选举的，上一级工会不得批准，应重新选举。

基层工会委员会的任期自选举之日起计算。

第五章　任期、调动、罢免和补选

第三十条　基层工会委员会每届任期三年或五年，具体任期由会员大会或会员代表大会决定。经选举产生的工会委员会委员、常务委员会委员和主席、副主席可连选连任。基层工会委员会任期届满，应按期换届选举。遇有特殊情况，经上一级工会批准，可以提前或延期换届，延期时间一般不超过半年。

上一级工会负责督促指导基层工会组织按期换届。

第三十一条　基层工会主席、副主席任期未满时，不得随意调动其工作。因工作需要调动时，应征得本级工会委员会和上一级工会的同意。

第三十二条　经会员大会或会员代表大会民主测评和上级工会与同级党组织考察，需撤换或罢免工会委员会委员、常务委员会委员和主席、副主席时，须依法召开会员大会或会员代表大会讨论，非经会员大会全体会员或会员代表大会全体代表无记名投票过半数通过，不得撤换或罢免。

第三十三条 基层工会主席因工作调动或其他原因空缺时，应及时按照相应民主程序进行补选。

补选主席，如候选人是委员的，可以由工会委员会选举产生，也可以由会员大会或会员代表大会选举产生；如候选人不是委员的，可以经会员大会或会员代表大会补选为委员后，由工会委员会选举产生，也可以由会员大会或会员代表大会选举产生。

补选主席的任期为本届工会委员会尚未履行的期限。

补选主席前征得同级党组织和上一级工会的同意，可暂由一名副主席或委员主持工作，期限一般不超过半年。

第六章 经费审查委员会

第三十四条 凡建立一级工会财务管理的基层工会组织，应在选举基层工会委员会的同时，选举产生经费审查委员会。

第三十五条 基层工会经费审查委员会委员名额一般 3 至 11 人。经费审查委员会设主任 1 人，可根据工作需要设副主任 1 人。

基层工会的主席、分管财务和资产的副主席、财务和资产管理部门的人员，不得担任同级工会经费审查委员会委员。

第三十六条 基层工会经费审查委员会由会员大会或会员代表大会选举产生。主任、副主任可以由经费审查委员会全体会议选举产生，也可以由会员大会或会员代表大会选举产生。

第三十七条 基层工会经费审查委员会的选举结果，与基层工会委员会选举结果同时报上一级工会批准。基层工会经费审查委员会的任期与基层工会委员会相同。

第七章 女职工委员会

第三十八条 基层工会组织有女会员 10 人以上的建立女职工委员会，不足 10 人的设女职工委员。女职工委员会与基层工会委员会同时建立。

第三十九条 基层工会女职工委员会委员由同级工会委员会提名，在充分协商的基础上产生，也可召开女职工大会或女职工代表大会选举产生。

第四十条 基层工会女职工委员会主任由同级工会女主席或女副主席担任，也可经民主协商，按照相应条件配备女职工委员会主任。女职工委员会主任应提名为同级工会委员会或常务委员会委员候选人。基层工会女职工委员会主任、副主任名单，与工会委员会选举结果同时报上一级工会批准。

第八章 附 则

第四十一条 乡镇（街道）、开发区（工业园区）、村（社区）建立的工会委员会，县级以下建立的区域（行业）工会联合会如进行选举的，参照本条例执行。

第四十二条 本条例由中华全国总工会负责解释。

第四十三条 本条例自发布之日起施行，以往有关规定与本条例不一致的，以本条例为准。1992 年 5 月 18 日全国总工会办公厅印发的《工会基层组织选举工作暂行条例》同时废止。

中华全国总工会关于加强工会财务管理、资产监督管理和经费审查审计监督的意见

（总工发〔2016〕38 号 2016 年 12 月 26 日）

为进一步加强工会财务管理、资产监管，强化经费审查审计监督，不断提高工会经费使用效益和工会资产服务职工效能，提出以下意见。

一、加强工会财务管理，依法依规收好管好用好工会经费

（一）坚持依法理财。各级工会要牢固树立依法理财的理念，严格按照《预算法》《会计法》《工会会计制度》和《关于加强基层工会经费收支管理的通知》等法律法规和制度规定的要求，健全完善工会财务管理制度，依法依规开展财务工作。要进一步加强内部控制制度建设，使内部控制贯穿单位经济活动的决策、执行和监督的全过程，实现对经济活动的全覆盖。要建立重大事项决策、重大项目安排和大额度资金使用事项集体研究、民主决策机制，强化责任追究。

（二）依法收缴经费。各级工会要依法收缴工会经费。要加强与税务部门的协调配合，加大委托税务部门代收工会经费工作力度，逐步实现企业工会经费全部委托税务部门代收；要密切与财政部门的沟通联系，切实抓好行政事业单位工会经费由财政部门统一划拨工作，使财政统发工资的行政事业单位的工会经费依法足额列入部门预算，通过国库集中支付到同级工会组织，确保行政机关和事业单位工会经费及时、足额收缴。要加大对暂不具备委托税务代收或财政划拨条件的企业、机关和事业单位的工会经费收缴力度，确

保工会经费收缴单位全覆盖。省级工会要按照全国总工会关于加大对基层工会经费支持力度的要求，合理确定省级以下（含省级，下同）各级工会经费分成比例。省级以下工会必须按照经费分成比例，及时足额上解工会经费，任何单位不得截留、挪用。

（三）严格预算管理。各级工会要将本级各项收支全部纳入预算，实行全面预算管理。要细化预算编制，提高预算编制的科学性、准确性。要加强预算执行管理，严禁无预算、超预算支出。要严格控制预算调整，必要的追加预算，必须按照《工会预算管理办法》的规定，经有关部门审核，报工会委员会（常委会）或主席办公会议同意后，在预算内调整或动用预算预备费。县级以上（含县级，下同）工会要按照《工会预算支出绩效评价管理暂行办法》的要求，完善绩效目标和评价指标体系，逐步扩大工会经费预算支出绩效评价范围，强化评价结果应用，对工会资金使用进行追踪问效，违规追责。各级工会所属企事业单位要将全部收支纳入本单位预算管理，进行统一核算、统一管理。

各级工会要加强工会经费收支决算管理。全国总工会建立工会经费财务决算报告制度，全总财务部负责全国工会系统工会经费收支决算的汇总、分析。各省级工会要完整、准确汇总本地区或本产业、本系统工会经费收支决算，报全国总工会财务部审批。基层工会要按照工会经费财务决算报告制度的要求，及时、准确、完整地编报本单位年度收支决算，报上级工会审批。

（四）严控经费开支。各级工会要抓好《关于加强基层工会经费收支管理的通知》的贯彻落实，把工会经费用于为职工服务和工会活动，让职工群众和全体会员满意；要严格控制工会经费开支，不准将工会经费用于服务职工群众和开展工会活动以外的开支。不准用工会经费购买购物卡、代金券等，搞请客送礼等活动；不准违反工会经费使用规定，滥发津贴、补贴、奖金；不准用工会经费支付高消费性的娱乐健身活动；不准单位行政利用工会账户，违规设立“小金库”；不准将工会账户并入单位行政账户，使工会经费开支失去控制；不准截留、挪用工会经费；不准用工会经费参与非法集资活动，或为非法集资活动提供经济担保；不准用工会经费报销与工会活动无关的费用。各级工会所属企事业单位的工资、津贴、补贴和奖励等项费用的开支应在主管工会核定的工资总额内，按规定的项目和标准发放，不得擅自提高标准、重复和超范围发放。

（五）坚持勤俭办会。各级工会要按照中央八项规定精神和党政机关厉行节约反对浪费条例的要求，不贪大求全，不铺张浪费，勤俭办会。要压缩工会机关行政经费，严控“三公”经费。要严格按照国家有关规定和标准开支相应的费用，严格执行会议、出差、公务接待等相关规定，严禁以会议、培训、委托课题为名虚列支出，转移、隐匿资金或向下级工会摊派、转嫁支出。要坚决贯彻中央关于严格控制办公用房维修改造的规定，严格履行审批程序，严禁用工会经费超标准改建办公用房，严禁豪华装修。

（六）做好核算工作。县级以上工会应当设置会计机构、配备专职会计人员。县级以下工会应当根据会计业务的需要设置会计机构或者在有关机构中设置专职会计人员。尚不具备独立核算条件的乡镇（街道）、开发区（工业园区）工会，可实行由县级工会财务“上代下”会计核算管理模式。尚不具备独立核算条件的基层工会，应当委托经批准设立从事会计代理记账业务的机构代理记账或者聘请兼职会计。各级工会要根据实际发生的经济业务事项进行会计核算，填制会计凭证，登记会计账簿，编制财务会计报告；不得以虚假的经济业务事项或资料进行会计核算。要确保会计凭证、会计账簿、财务会计报表及其他会计资料的真实性、合法性。各级工会及所属企事业单位负责人对本单位收支情况、会计工作和会计资料的真实性、合法性负责。

（七）加强经费监管。各级工会要对工会经费实行全面监管，决不允许任何转移、截留、挪用、改变资金用途等违法违纪违规问题的发生。要加强对各级财政用于困难职工帮扶的资金、劳模补助资金等专项资金的监管，确保专款专用。各级工会的经费收支情况，必须做到公开透明。要建立责任追究制度，对违反法律法规和制度的行为，依法依纪追究相关人员的责任，并对负有领导责任的主要负责人或者有关领导干部进行严肃问责。

二、加强工会资产监管，确保工会资产安全完整

（一）明确工会资产监管职责。按照“统一所有、分级监管、单位使用”的原则，加强各级工会资产监管机构建设，明确工会资产监管责任部门和监管职责，实现工会资产出资人到位。工会资产监管机构的主要职责是对工会行政资产和企事业资产（包括工会企事业单位、社团组织及其所属的二级单位）进行统一归口管理，实现监管范围全覆盖；对工会资产配置、产权登记、资产使用、资产收益、资产处置等关键环节进行全过程监管；对工会企事业发展改革工作进行指导。

（二）改进工会资产监管机制。合理划分工会资产审批管理权限，建立分级审批机制。全国总工会负责对省级工会本级行政资产和企事业资产的产权变动、重大资产使用事项进行审批（备案），省级总工会受全国总工会委托负责对所属工会组织的工会资产产权变动和重大事项进行审批。具体审批权限按照全国总工会有关制度确定。建立上级工会对下级工会资产监督管理工作进行指导和监督检查机制。下一级工会每年应定期向上一级工会报告资产监督管理和运营情况，上一级工会每年应对下一级工会资产监督管理工作进行指导和考核评价，并定期进行监督检查。

（三）加强资产配置管理。建立资产管理与预算管理、财务管理相结合的机制，盘活存量，优化增量，科学有效配置资产。各级工会和工会事业单位应当根据工作需要，合理配置行政事业资产。工会企事业单位资产配置应符合工会企事业发展方向，与资产服务职工功能、单位职能相匹配。各级工会要加强基本建设投资管理，严格执行国家基本建设管理程序和审批规定，规范建设管理行为，控制项目建设风险，提高管理水平和投资效益。要加强政府采购预算编制管理，进一步完善政府采购预算执行制度。

（四）规范资产使用管理。工会资产使用包括单位自用和对外投资、出租、出借等方式。工会行政资产的出租、出借要严格遵照国家和全国总工会有关规定执行。工会企事业单位的对外投资、出租、出借等行为要严格管理，加强风险管控。各级工会主办的工人文化宫、工会院校、工人疗休养院、职工学校等单位不得整体出租。确需部分对外投资、出租、出借的，应当按照规定程序和管理权限履行报批程序，出租事项原则上实行公开竞价招租，确保过程公正透明。出租、出借收入和对外投资收益，应当纳入单位预算，统一核算、统一管理。建立工会资产有偿占用制度，工会企业及实行企业化管理的事业单位应向本级工会上缴收益，工会事业单位应缴纳经营性资产资产占用费。

（五）严格资产处置管理。工会资产处置主要包括调拨划转、出让、转让、置换、货币性资产损失核销等方式。各级工会要按照全总制度要求加强资产处置事项管理，对资产评估、处置协议、产权归属等关键环节严格把关，并按照规定程序和管理权限履行报批程序，防止资产流失。因城市规划需要拆除工会房屋的，应当采取还建或异地置换的方式进行，先建设后拆除，且建设资金必须有保证，新址占地面积及土地评估价格不得低于原有占地面积及土地评估价格。

（六）加强资产基础管理。各级工会要定期对本级工会资产开展全面清查，做好工会资产的占有、变更、注销登记工作，加大工会资产产权登记力度，进一步明晰产权。建立全国工会资产管理信息系统，对全国工会资产的存量、分布、运行情况和使用效益进行动态管理。强化工会资产统计分析，为工会资产管理宏观决策提供参考。

（七）落实责任追究制度。坚持“谁主管，谁负责”的原则，各级工会领导班子及企事业单位要切实履行管好用好工会资产的主体责任，严格执行“三重一大”决策制度，重大事项必须经领导班子以会议形式集体决策，形成会议纪要，并按程序报批。工会企事业改组改制以及经营管理方面的重大问题、涉及职工切身利益的重大事项，应当通过职工（代表）大会听取职工群众的意见和建议。对未履行科学论证和集体决策程序的基本建设、合资合作、资产处置等项目不得审批。依法建立重大决策终身责任追究制度、风险防控机制和责任倒查机制，对违反资产管理规定、造成工会资产损失的要严肃查处、追究责任并予以公开通报。

三、加强审查审计监督，保障工会经费和资产安全完整效益

（一）加强对预算的审查和对预算执行效果的审计。各级工会要加强对预算编制科学性、准确性和完整性的审查，加强对预算执行效果的审计，促进建立经费预算执行责任制度和绩效管理制度，杜绝改变预算资金用途、无预算、超预算支出的现象，切实维护预算执行的严肃性，强化经审组织的预防、揭露和抵御的基础防线和“免疫系统”功能。

（二）突出审计重点。各级工会要加强对重点领域、大额资金、重大建设项目的审计监督。要毫不放松地监督检查中央八项规定精神和党政机关厉行节约反对浪费条例等规定的贯彻落实情况，加强“三公”经费、会议费、培训费、集中采购等方面的审计，促进厉行节约和规范管理。加强对货币资金的审计，将函证银行存款余额、核对银行存款对账单作为必要的审计程序，防止贪污挪用工会经费。加强对票据的审计，防止利用假发票套取现金和设置“小金库”。加强对困难职工帮扶资金、劳模“三金”等专项资金的审计，确保专款专用，充分发挥资金使用的社会效益。加强对基本建设和维修改造工程的竣工结算、决算审计，各级工会及其企事业单位要将规定金额起点以上的基本建设和维修改造工程全部纳入审计范围，及时将工程竣工结算、决算等资料送交经审会（经审办）审计，依据审计结果支付工程款；对投资金额大的建设项目要进行全过程跟踪审计，加强对工程招投标、合同管理、设备和材料采购、工程造价、财务管理等过程的审计和评价，最大限度地保证建设资金安全和效益。加强对工会企事业单位财务收支的审计，强化对资产管理运营绩效的监督，促进工会资产安全、完整和效益。深化工会领导干部和工会企事业单位主要负责人经济责任审计，促进党风廉政建设。

（三）提高审查审计工作质量和效率。各级工会要依法依规、运用科学方法开展审查审计工作，督促有关单位坚决纠正和处理发现的问题。要自觉接受经审监督、积极支持经审组织依法履行职责。凡是涉及管理、分配、使用工会经费和财政资金的部门、单位和个人，都要自觉接受审查审计、配合审查审计。有关部门和单位要按照规定及时提供审查审计所需的财务会计、业务管理等资料。对拒不接受审计监督，阻挠干扰和不配合审计工作，或威胁恐吓、打击报复审计人员，要依纪依法查处。要加快推进经审工作信息化建设，探索建立财务经审信息共享平台，开发计算机辅助审计软件，探索远程审计、实时审计。工会经审组织要积极运用大数据技术，加强业务数据和财务数据分析，单位数据与行业数据以及跨行业、跨领域数据的综合比对和关联分析力度，提高运用信息化技术查核问题、评价判断、宏观分析能力，不断提高审查审计工作的质量和效率。工会经审组织为充分履行审查审计职责，可以通过集中采购等方式购买审计服务、聘请特邀审计员参与审计工作，各级工会应当在经费等方面提供保障。

（四）狠抓审查审计整改落实。各级工会要认真听取经审会的审计结果报告，按照审计报告或者审计决定的要求，明确责任，制定措施，落实整改。被审计单位是审计整改的主体，被审计单位的主要负责人是整改第一责任人。对审计发现的问题和提出的审计建议，要认真、主动、及时地抓好整改。各级工会要按照有关规定切实开展审查审计整改督查工作。严肃整改问责追责，对整改不力、屡审屡犯、拒不整改的，给予通报批评直至追究相关人员的责任。要深化审查审计成果运用，将审查审计结果和整改情况作为考核、评价单位和个人的重要依据。

（五）推动经审工作改革创新。认真贯彻落实《中共中央办公厅、国务院办公厅〈关于完善审计制度若干重大问题的框架意见〉及相关配套文件的通知》，紧密结合工会工作实际，积极借鉴先进审计理念和审查审计方法，实现有重点、有步骤、有深度、有成效的全覆盖。做到应审尽审，凡审必严，严肃问责。大力加强经审干部队伍思想作风建设、业务建设，不断推进经审工作创新发展。

（此件发各省、自治区、直辖市总工会，各全国产业工会，中共中央直属机关工会联合会、中央国家机关工会联合会，全总各部门、各直属单位）

中华全国总工会办公厅关于印发《基层工会经费审查委员会工作条例》的通知

（工厅审字〔1990〕58 号　1990 年 11 月 15 日）

各省、自治区、直辖市总工会、经费审查委员会，各全国产业工会，全总各部门、各直属单位，各计划单列市总工会、新疆生产建设兵团工会、经费审查委员会：

为了适应工会建设和改革的需要，加强工会经费的审查和监督，把工会经审工作的重点放在基层，使基层工会的经费审查工作做到经常化、制度化、规范化，为全面履行工会的社会职能，发展工会事业服务，在总结各地实践经验的基础上，对全国总工会 1980 年 2 月颁发的《基层工会经费审查委员会暂行工作条例》进行了修改、充实和完善。现将修订的《基层工会经费审查委员会工会条例》印发给你们，请结合本地区、本部门、本单位的实际，认真贯彻执行。

附件：

基层工会经费审查委员工作条例

第一章　总　则

第一条　为加强对基层工会及所属企业、事业财务收支和财产管理的审查，监督财经法纪的贯彻执行和工会经费的合理使用，发扬财务民主，密切工会组织同会员群众的联系，为全面履行工会的社会职能，促进工会事业的发展服务，根据《中国工会章程》和《工会各级经费审查委员会组织通则》及有关规定，制订本条例。

第二条　基层工会经费审查委员会是代表会员群众对基层工会及所属企业、事业单位经费收支和财产管理的真实、完整、合法及效益进行审查监督的组织，由同级工会会员大会或会员代表大会选举产生。

基层工会内部审计职权由基层工会经费审查委员会行使。

第三条　基层工会经费审查委员会向同级工会会员大会或会员代表大会负责并报告工作；在大会闭会期间，向同级工会委员会负责并报告工作。

基层工会经费审查委员会接受上级工会经费审查委员会的业务指导和督促检查。

第四条 基层工会经费审查委员会依照国家法规、政策和工运方针、任务、工会财务制度、纪律，独立行使审查监督权。

基层工会委员会应尊重和保证基层工会经费审查委员会依法行使审查监督的职权。对工会经费审查委员会提出的正确意见，应予支持和采纳。

第二章　组织和成员

第五条 凡建立一级工会财务管理的工会基层组织，必须在选举工会基层委员会的同时，选举产生经费审查委员会。

工会基层委员会下辖的管钱管物、举办企业、事业的车间工会，可经车间工会会员大会或会员代表大会选举产生经费审查小组或经费审查委员。

第六条 基层工会经费审查委员会一般由三至十一名委员组成。大型企业可根据需要适当增加委员名额。经费审查委员会成员，应选举坚持四项基本原则，密切联系群众，热心工会经审工作，懂得财经政策，能坚持原则、求实公正、廉洁奉公的会员担任。

为有利于代表会员群众进行有效的审查监督，委员中一般应包括工会干部、财会或审计人员和其他的会员群众代表，本级工会委员会主持财务工作的负责人及其管钱、管物人员不得兼任本级工会经费审查委员会的成员。

第七条 基层工会经费审查委员会设主任一人，负责召集经费审查委员会会议，主持经费审查委员会的日常工作。工作需要时，设副主任一至二人，协助主任工作。主任、副主任由经费审查委员会全体会议选举产生。选举结果，报上一级工会委员会批准。

第八条 基层工会经费审查委员会的任期与基层工会委员会相同。在任期内，如有成员出缺，由同级会员大会或会员代表大会补选。其主要负责人的任免，要征得上一级工会委员会的同意，履行民主程序。

第九条 基层工会经费审查委员会，根据工作需要，可聘请工会积极分子参加审查工作。

第三章　工作任务

第十条 基层工会经费审查委员会对基层工会及所属企业、事业经费收支和财产管理的下列事项进行审查监督：

（一）工会经费收入、上解和支出预算的制定、执行和决算；

（二）与工会经费收支有关的经济、技术活动及其效益；

（三）工会经费专项基金的提取、使用；

（四）工会财产的安全、完整；

（五）工会内部控制制度的建立、健全、有效；

（六）国家财经法规、条例和工会财务制度、纪律的执行情况；

（七）国家和上级工会规定的其他审查事项。

第十一条　基层工会经费审查委员会有责任检查工会会员大会或会员代表大会关于工会财务工作决议的执行情况，督促和审查工会委员会定期向会员群众公布帐目和向会员大会或会员代表大会报告财务收支情况；检查对经费审查委员会全体会议决议的执行情况。

第十二条　深入实际，深入群众，调查研究，总结经验，对收好、管好、用好各项经费和加强工会财产管理，提高所属企业、事业的效益，提出意见和建议。

第十三条　宣传党和国家的财经方针政策，支持工会财务人员依法履行职责，对模范执行财务制度、纪律，在财务工作方面取得显著成绩的单位、人员，建议会员大会或会员代表大会给予表彰和奖励；同铺张浪费、私设小金库和私分钱物、贪污盗窃、侵占国家和工会财物等现象进行斗争。

第十四条　在基层工会组织机构变动和财务、财产管理负责人调动工作时，负责监督做好交接工作。

第四章　主要职权

第十五条　基层工会经费审查委员会委员列席同级工会委员会全体会议。在设工会基层委员会常务委员会的基层工会，不是常务委员会成员的该工会基层经费审查委员会的主任、副主任有权列席常务委员会会议。主任、副主任或经指定人员参加各该基层工会有关财务工作的会议。

第十六条　基层工会经费审查委员会有下列审查权：

（一）要求基层工会及所属企业、事业单位按时报送有关的计划、预算、决算、会计报表和文件资料，听取他们的汇报；

（二）检查凭证、帐表、决算、资金和财产，查阅有关的文件和资料；

（三）对审查中发现的问题，向被审查单位和有关人员调查并取得证明材料；

（四）对正在进行的严重违反财经法纪、严重损失浪费行为，提请同级工会委员会或上级工会及时制止，并对已造成的损失作出处理决定；

（五）遇有阻挠、破坏审查工作时，有权采取封存帐册、印鉴和资财等临时措施，并提出追究有关人员的责任的意见。

第十七条 基层工会经费审查委员会对基层工会及其所属企业、事业单位违反财经法纪的有关责任人员，有权建议同级工会委员会或上级工会给予纪律处分或经济制裁，触犯刑律者，提请司法机关依法追究刑事责任。

第十八条 基层工会委员会向上级工会报送预算、决算，向会员和上级工会报告经费收支情况时，预算、决算、报告必须经同级工会经费审查委员会审查、签署、盖章。

第十九条 基层工会经费审查委员会对审查工作中的重大事项，有权向上级工会委员会、经费审查委员会反映。

第五章 审查方式和程序

第二十条 基层工会经费审查委员会主要采取下列方式进行审查工作：

（一）定期召开经费审查委员会全体会议审查基层工会委员会提出的预算和决算方案，听取预算执行情况的报告，审议预算的调整和追加事项；

（二）对基层工会经费的收入、上解、管理、重大开支事项或会员群众反映的重要问题，进行专题审查；

（三）对基层工会所属企业、事业单位的经费收支、社会效益和经济效益状况，对工会财产的管理状况，进行定期的报送审查或就地审查；

（四）参加同级工会组织的财务大检查工作，参与检查监督。

第二十一条 基层工会经费审查委员会进行审查工作的主要程序是：

（一）根据国家和上级工会的规定、要求以及本单位的实际情况，制定对基层工会及所属企业、事业进行审查的工作计划。

（二）审查前，应当通知基层工会或被审查的所属企业、事业单位。

（三）审查终结，应将审查结果、处理意见和改进工作的建议报告基层工会委员会。报送前，应征求被审查单位的意见。

（四）基层工会委员会应及时研究处理，并将处理意见和执行情况向基层工会经费审查委员会通报。

（五）被审查单位对处理决定如有异议，可以提请复议。如复议后原决定仍维持不变，被审查单位必须执行。

（六）基层工会经费审查委员会与基层工会委员会在重大问题上意见不一致时，应同时报请上级工会委员会和经费审查委员会处理。

第六章 工作制度和工作方法

第二十二条 基层工会经费审查委员会实行集体领导制、民主集中制。讨论问题时，应充分发扬民主。决定问题时，由全体委员的过半数通过。日常工作，委员会各有分工，并根据实际情况建立学习、会议、审查、调研、计划、总结等制度。

第二十三条　基层工会经费审查委员会要认真贯彻执行群众路线，广泛听取和定期征求会员群众的意见、要求，宣传党和国家的财经方针政策，依靠广大会员群众和积极分子做好工作。

第二十四条　基层工会经费审查委员会应加强与基层工会委员会及其财务工作委员会的经常联系，加强同本单位行政财务、劳资、内审等部门的联系，沟通情况，取得支持和帮助，密切协作，做好工作。

第二十五条　基层工会经费审查人员（含积极分子）要认真学习和贯彻执行党、政府和上级工会的有关方针、政策、制度、规定，坚持原则，忠于职守，秉公办事，尽职尽责，自觉接受会员群众监督。工作表现突出的优秀经费审查人员应受到同级工会或上级工会委员会、经费审查委员会的表彰、奖励。

经费审查人员行使职权受国家法律和工会章程的保护，任何单位及人员不得给予不公正对待甚至打击报复。当发生这种错误做法时，基层工会和上级工会应当进行干预，加以纠正，并对打击报复者严肃处理。

上级工会有关财经法规、政策、制度、纪律及对预算、决算的批复等文件，应同时发给基层工会经费审查委员会；基层工会经费审查委员会开展工作必需的工作时间、办公用品、活动经费等应得到保证。

基层工会经费审查委员会公章的规格，与同级工会委员会相同。

第七章　附　则

第二十六条　基层工会经费审查委员会可以根据本条例的规定，结合本单位的实际，制订执行本条例的工作细则。

第二十七条　本条例由中华全国总工会经费审查委员会负责解释。

第二十八条　本条例自公布之日起施行。一九八零年二月颁发的《中华全国总工会基层工会经费审查委员会暂行工作条例》同时废止。

全总经审会关于进一步加强审计纪律的规定

（工审会字〔2009〕2号　2009年2月4日）

各省、自治区、直辖市总工会经审会，中华全国铁路总工会、中国民航工会、中国金融工会经审会，中共中央直属机关工会联合会、中央国家机关工会联合会经审会：

为进一步规范工会经审组织的审计行为，保证审计人员廉洁从审，根据中央关于加强党风廉政建设的有关规定，参照《审计署关于加强审计纪律的八项规定》，结合工会经审工作实际，现就进一步加强工会经审组织审计纪律作出如下规定：

一、不准由被审计单位支付住宿费用。全总经审会审计组一律在财政部定点饭店或工会系统的宾馆按标准住宿。

二、不准使用被审计单位的交通工具、通讯工具等办公条件办理与审计工作无关的事项。

三、不准参加被审计单位安排的宴请、旅游和娱乐活动。

四、不准接受被审计单位的礼品、礼金、消费卡和有价证券。

五、不准在被审计单位报销任何因公因私费用。

六、不准向被审计单位推销商品或介绍业务。

七、不准利用审计职权或知晓的被审计单位的内部信息，为自己和他人谋利。正式交换意见前，审计人员不得泄露审计工作情况。

八、不准向被审计单位提出任何与审计工作无关的要求。

以上规定要连同审计通知书送达被审计单位，接受被审计单位对审计组和审计人员的监督。

违反以上规定的，对有关责任人视违规情节轻重进行批评教育、诫勉谈话、通报批评、组织处理或按有关规定给予纪律处分；涉嫌犯罪的，移送司法机关追究法律责任。侵占被审计单位经济利益的，如数退还，有关责任人所在单位领导登门赔礼道歉。

发现违反以上规定问题不查处、不报告，甚至包庇姑息和造成恶劣影响的，对有关负责人给予通报批评或采取其他组织处理措施。

中华全国总工会经费审查委员会常务委员会议事规则

（工审会字〔2009〕3号 2009年3月27日中华全国总工会第十五届经费审查委员会常务委员会第一次会议通过）

第一条 为坚持和健全民主集中制，完善全国总工会经费审查委员会常务委员会集体领导制度，充分发挥常务委员会作用，根据《中国工会章程》，制定本规则。

第二条 全国总工会经费审查委员会常务委员会是由全国总工会经费审查委员会全体会议选举产生的领导集体，在经费审查委员会闭会期间，行使以下职权：

（一）贯彻全国总工会关于工会经费审查工作的要求，落实全国总工会经费审查委员会全体会议决议；

（二）审查全国总工会本级及所属事业单位经费收支预算执行情况和工会资产监督管理情况，审查预算调整和追加事项；

（三）研究确定召开全国总工会经费审查委员会全体会议，审议通过提交经费审查委员会全体会议的工作报告和其他议案；

（四）研究确定省级工会经费审查工作规范化建设考核等次；

（五）研究确定全国总工会经费审查委员会重点调研课题及调研分工；

（六）审议全国总工会经费审查委员会的其他重要事项。

第三条 全国总工会经费审查委员会常务委员会会议原则上每季度举行一次，必要时可以临时召开会议。

第四条 全国总工会经费审查委员会常务委员会会议由全国总工会经费审查委员会主任召集并主持，也可委托副主任主持会议。

第五条 全国总工会经费审查委员会常务委员会会议议程，由全国总工会经费审查委员会办公室征求常务委员意见后提出，由全国总工会经费审查委员会主任决定。

第六条 全国总工会经费审查委员会常务委员会举行会议，除临时召集外，应提前将开会日期和建议讨论的主要事项书面通知常务委员会成员。

第七条 全国总工会经费审查委员会常务委员会会议，须有过三分之二的常务委员会成员出席，方可举行。常务委员不能出席会议，应在会前向会议主持人请假，其意见可用书面形式表达。会后，主持人应将议定事项向未到会成员通报。根据需要，会议主持人可确定有关人员列席常务委员会会议。

第八条 全国总工会经费审查委员会常务委员会会议，应充分发扬民主，按照民主集中制的原则作出决定，决议案应由常务委员会全体成员过半数通过。如对重要问题的决议意见有分歧，一般应暂缓作出决定，待进一步调查研究、交换意见后再行表决。确有必要议定时，按少数服从多数的原则进行表决。

第九条 全国总工会经费审查委员会常务委员会会议需作会议纪要。研究确定的重要事项需通报全国总工会经费审查委员会委员。

第十条 全国总工会经费审查委员会常务委员会实行集体领导制度。常务委员会成员个人不得决定应由常务委员会集体讨论决定的重大事项。对由于情况急迫，无法召集符合法定人数参加的常务委员会会议进行讨论而作出决定的事项，应采取一定方式听取常务委员意见，并报请常务委员会下次会议确认。

中华全国总工会经费审查委员会关于充分发挥全国总工会经费审查委员会常委会委员作用的意见

（工审会字〔2009〕4号　2009年4月30日）

为进一步加强全国总工会经费审查委员会（以下简称全总经审会）自身建设，提高全总经审会的决策水平和工作效率，更好地适应新形势下加强工会经费审查工作的需要，依据《中国工会章程》的有关规定，就充分发挥全总经审会常委作用，提出如下意见。

一、加强学习

加强学习是发挥全总经审会常委作用的重要前提。一是建立集体学习制度。利用召开常委会会议的机会，每年举办一至两次集体学习，交流学习体会和工作情况，研讨经审工作案例，请专家学者就有关问题进行学习辅导。二是组织参加有关专业培训。在认真举办全国工会经审干部培训班的同时，分期分批组织全总经审会委员到相关审计院校和财会院校，系统学习国家有关法规和审计工作业务知识，提高专业水平。每次学习培训，由一名或几名常委带队。三是组织观摩考察活动。根据需要，组织全总经审会常委到经审工作特色突出、成绩显著的地区和单位进行观摩学习，借鉴经验、开阔视野，推进工会经审工作创新发展。四是鼓励和支持自学。每年为全总经审会常委购置一定数量的理论政策书籍和工会业务、审计工作专业书籍，鼓励和支持常委自觉学习，不断提高理论和业务素质。

二、开展调查研究

调查研究是推动工会经审工作理论创新、制度创新和工作创新的重要基础。一是组织专题调研。围绕建设中国特色社会主义工会对工会经审工作的新要求和经审工作中的重点难点问题，研究确定每年的重点调研课题，组成由全总经审会常委带队的专题调研组，开展实地调研，形成调研成果，为指导和推动工会经审工作提供科学依据。二是就地开展调研。全总经审会常委要从所在地区的实际出发，确定调研重点，就地组织调研，及时总结经验，研究解决工会经审工作中遇到的突出矛盾和问题。三是加强研讨交流。在认真调研基础上，组织召开专题研讨会，交流调研成果，集中研究问题，争取每年在一至两个重点问题的解决上有所突破。

三、强化工作督查

加强工作督查是促进审计整改、提高工会经审工作水平的重要环节。一是建立督查制度。从实际出发制定督查工作细则，形成工作规范，确定督查地点和项目，由一名或几名全总经审会常委带队，组成督导检查组，有计划有重点地组织开展审计督查工作。二是明确督查内容。主要是对各地贯彻落实全总经审会有关会议决议、工作部署和经费收支审计意见的落实情况，进行监督检查。三是促进工作整改。对督查中了解到的好做法、好经验要及时总结，对发现的问题要认真梳理，对审计整改意见落实不力的要提出意见、督促解决，并将督查结果适时向全总经审会报告。

四、落实议事规则

全总经审会常委会议事规则是规范常委会工作、促进常委会自身建设的重要制度。一是修改好议事规则。根据形势任务发展变化的需要，在充分调研论证的基础上，对常委会议事规则进行修改完善，使其更加符合时代要求，常委会职权更加明确，议事程序更加规范，决策机制更加科学合理。二是抓好议事规则的落实。全总经审会常委要把握规则要求，认真履行职责，确保常委会议质量；全总经审会办公室要严格按议事规则办事，为常委会议事提供及时有效的服务。

五、畅通联系渠道

加强联系沟通是实现资源共享、促进决策科学的重要前提。一是建立工作联系制度。全总经审办要把涉及经审工作全局性政策性的情况信息和工作安排定期向全总经审会常委通报；常委也要通过电话或电子邮件等方式，将各地经审工作动态、经验及时向全总经审办反馈，做到信息互通，资源互享。二是畅通意见反馈渠道。全总经审会常委要从工会和经审工作的全局出发，加强实践探索和理性思考，对如何改进和加强全总经审会工作提出积极的建议、对策；全总经审办要认真汇总、及时研究全总经审会常委的意见和建议，制定改进工作的措施。三是办好《经审工作信息》。要建立信息员队伍，扩大信息来源和信息量，提高全总经审会和各地经审会刊物的质量，发挥好《经审工作信息》等刊物的政策指导和信息服务作用。

六、提供工作保障

要为全总经审会常委开展工作、发挥作用提供必要的保障。一是经费保障。根据工作需要，本着节约的原则，全总经审办每年编制全总经审会常委专项工作经费，为常委参加学习培训、调查研究和工作督查等活动提供经费支持。二是时间保证。积极争取全总经审会常委所在单位的重视支持，确保常委如期参加经审会的各项活动。全总经审会常委也要统筹安排，主动参与，积极发挥作用。

中华全国总工会经费审查委员会关于印发《工会专项资金审计暂行办法》的通知

（工审会字〔2012〕7号　2012年11月8日）

各省、自治区、直辖市总工会经费审查委员会，中华全国铁路总工会、中国民航工会、中国金融工会经费审查委员会，中共中央直属机关工会联合会、中央国家机关工会联合会经费审查委员会：

《工会专项资金审计暂行办法》已经全总十五届经审会第十次常委会议审议同意，现印发给你们，请贯彻执行。

附件：

工会专项资金审计暂行办法

第一条　为切实加强对工会专项资金收入、管理、使用情况的审计监督，保证专项资金的安全、合规和效益，根据《中国工会审计条例》和全国总工会有关专项资金使用管理办法等规定制定本办法。

第二条　本办法所称工会专项资金审计，主要是指工会经费审查委员会（以下简称经审会）对上级工会拨入、本级工会预算安排、政府财政或相关部门拨入、企事业单位及个人捐赠等汇集的专项帮扶资金、送温暖资金、劳模专项资金、救灾慰问款等具有特定用途的资金组织实施的审计。

第三条　经审会负责对本级及下一级工会专项资金实施审计监督，必要时可根据专项资金的拨付去向进行延伸审计。

第四条　经审会根据工作计划，在开展工会经费预算执行情况审计时对工会专项资金一并进行审计；或因工作需要，也可单独组织实施专项审计；在对下级工会检查专项资金时可与相关的业务部门和财务部门人员联合完成。

第五条　经审会组织实施专项资金审计时，被审计单位应当提供专项资金年度预算安排及其运作流程，项目资金申请、拨付、结算的资料，专项资金管理办法等内部控制制度和与专项资金相关的文件等会计资料及其他资料。

第六条　被审计单位应当对其所提供全部资料的真实性和完整性作出书面承诺。

第七条　审计人员依据专项资金的性质、特定用途和拨付环节等情况，通过审查财务资料、专项资金分配方案、有关文件和会议记录，采取向相关单位和个人进行调查、询问等方式开展审计，其审计的主要内容包括：

（一）专项资金管理是否遵循国家、工会的相关规定及工会内部控制制度；

（二）专项资金收入是否全部入账，现金和银行存款是否账实相符；

（三）专项资金拨付使用是否按规定用途专款专用，审批、签收等手续是否健全，票据管理是否完善，有无截留、挪用资金和虚列支出等问题；

（四）根据专项资金规定对该专项资金取得的经济、社会效益，以及推动工会重点工作开展的情况进行评价。

第八条　经审会在实施工会经费收支审计时对专项资金一并进行审计的，应将审计结果在审计报告中予以披露；若对专项资金组织专项审计的，应将审计报告报送同级工会相关领导和部门。

第九条　经审会在专项资金审计中发现的重大问题，应当向同级工会委员会和上一级工会经审会报告。

第十条　本办法由中华全国总工会经费审查委员会负责解释。各级工会经审会可根据本办法制定具体实施细则。

第十一条　本办法自发布之日起施行。

中华全国总工会经费审查委员会关于印发《工会审计整改督查暂行办法》的通知

（工审会字〔2012〕8号　2012年11月8日）

各省、自治区、直辖市总工会经费审查委员会，中华全国铁路总工会、中国民航工会、中国金融工会经费审查委员会，中共中央直属机关工会联合会、中央国家机关工会联合会经费审查委员会：

《工会审计整改督查暂行办法》已经全总十五届经审会第十次常委会议审议同意，现印发给你们，请贯彻执行。

附件：

工会审计整改督查暂行办法

第一条　为健全工会审计监督制度，促进审计决定和审计意见的整改落实，提高审计工作质量和效率，根据《中国工会审计条例》，制定本暂行办法。

第二条　审计整改督查是工会经费审查委员会（以下简称经审会）对被审计单位落实审计决定和审计意见的情况进行的检查和回访。

第三条　经审会负责组织实施审计整改督查工作。

第四条　审计整改督查的主要内容：

（一）被审计单位执行审计决定的情况；

（二）被审计单位对审计意见的整改落实情况；

（三）被审计单位对移送处理事项的落实情况；

（四）被审计单位对审计建议的处理情况。

第五条　被审计单位存在的一般性问题，可在下一次对该单位审计时进行审计整改督查。

第六条　被审计单位存在下列情况之一的，应当单独采取实地检查方式进行审计整改督查：

（一）存在严重违法违规问题的；

（二）明确提出对审计决定和审计意见不采取整改措施的；

（三）在规定期限内未提交书面整改报告的；

（四）对审计决定和审计意见的整改不充分的；

（五）对审计决定和审计意见的整改措施不适当的；

（六）对审计决定和审计意见的整改要求有异议或误解的；

（七）非定期审计项目；

（八）经审会认定的其他情况。

第七条　采取实地检查方式进行审计整改督查的，经审会应当自收到被审计单位出具的整改报告之日起 90 日内实施审计整改督查；未收到整改报告的，应当自出具审计报告之日起 120 日内实施审计整改督查。

第八条　采取实地检查方式进行审计整改督查的，经审会应当提前 3 个工作日向被审计单位送达《审计整改督查通知书》，说明审计整改督查的方式、需要提供的资料以及时间安排等事项。

第九条　审计整改督查应当编制《审计工作底稿》。

第十条　审计整改督查工作完成后应当撰写《审计整改督查报告》。《审计整改督查报告》主要包括以下内容：

（一）审计项目名称、审计依据、审计时间、审计方式等；

（二）被审计单位对审计决定及审计意见的整改落实情况；

（三）对被审计单位整改落实情况的评价；

（四）整改督查工作中发现的主要问题及处理意见。

第十一条　对某些不能在规定期限内整改完毕的审计事项，被审计单位应当提出书面申请，经审会审查同意后适当延长整改期限。延长整改期限最长不超过 90 日。

第十二条　审计整改督查工作应当纳入经审会年度工作计划。

第十三条　经审会发现被审计单位整改措施不当或整改不充分的，应当予以指导，提出二次整改意见和整改期限；对未按审计决定和审计意见进行整改的，经审会应当予以批评并责令改正；对仍拒不整改的，给予通报批评直至追究相关人员的责任。

第十四条　各省级工会经审会可以根据本暂行办法的规定，结合实际情况，制定具体实施办法。

第十五条　本暂行办法由中华全国总工会经费审查委员会负责解释。

第十六条　本暂行办法自发布之日起施行。

中华全国总工会经费审查委员会关于印发《关于规范工会票据审计工作的规定》的通知

（工审会字〔2012〕9号　2012年11月8日）

各省、自治区、直辖市总工会经费审查委员会，中华全国铁路总工会、中国民航工会、中国金融工会经费审查委员会，中共中央直属机关工会联合会、中央国家机关工会联合会经费审查委员会：

《关于规范工会票据审计工作的规定》已经全总十五届经审会第十次常委会议审议同意，现印发给你们，请贯彻执行。

附件：

关于规范工会票据审计工作的规定

第一条　为规范工会票据审计工作，进一步严肃财经纪律，遏制涉票违法违规事项的发生，维护工会正常的经济秩序，制定本规定。

第二条　本规定所指票据包括发票和财政票据。发票按照税收征管范围划分为国税、地税发票。财政票据分为政府非税收入票据和其他财政票据。

发票是指在购销商品、提供或者接受经营服务以及从事其他经营活动中，开具、收取的收付款凭证。

财政票据是指国家机关、事业单位、社会团体、经法律法规授权的具有管理公共事务职能的其他组织机构在依法履行或代行政府职能、提供社会公共服务过程中，向管理和服务对象开具的由财政部门统一印制的收款凭证。

第三条　各级工会和工会企事业单位在采购货物，接受加工、修理修配劳务时应索取国税机关监制的发票；在接受交通运输、建筑安装、金融保险、邮电通信、文化体育、餐饮娱乐等服务和销售不动产、转让无形资产时应索取地税机关监制的发票；支付各级国家机关、事业单位、社会团体以及其他组织非税收入和其他收入时，应取得财政部门批准的政府非税收入票据和其他财政票据。

第四条　不合规票据和假票据是指违反《中华人民共和国发票管理办法》、

《财政违法行为处罚处分条例》、《关于清理整合中央财政票据的通知》等法规印制、领购、开具、取得的票据。不合规票据和假票据的主要特点如下：

（一）非正式票据；

（二）私自印制、伪造、变造、过期作废的票据；

（三）内容不真实，虚构经济业务；

（四）以其他凭证代替；

（五）扩大使用范围；

（六）未加盖财务印章或发票专用章；

（七）项目填写不全，字迹不清楚，自行涂改；

（八）其他不符合法律法规规定的票据。

第五条 按照全面审计、突出重点的原则，经审会应将工会机关及工会企事业单位的日常公用经费支出、管理费用、工程建设、物资采购等方面的票据作为票据审计的重点范围。

第六条 在票据审计工作中，一方面要发现和查处票据违法违规问题，另一方面要对是否按照《会计基础工作规范》等法律法规的要求建立健全相关内部控制制度予以关注。对于没有建立票据审核、报销等相关内部控制制度或者相关内部控制制度未落实的，应当在审计报告中予以披露并提出改进意见或建议。

第七条 在票据审计工作中应当并督促财务人员充分利用下列手段鉴别票据的真伪：

（一）税务机关提供的票据网络查询、电话查询；

（二）票面防伪信息；

（三）工商管理机关提供的出票企业基本信息网络查询；

（四）提请税务机关鉴定。

第八条 应当根据被审计单位原始凭证的数量和审计资源合理确定抽查票据的比例和金额起点，提高审计效率。

第九条 进行票据审计时，应当适当抽取部分发票，检查该经济业务的真实性；对于发现的假票据，应当对其经济业务的真实性进行审计。

第十条 应当根据《中国工会审计条例》的有关规定，充分考虑违法违规票据的金额和性质，根据情节轻重提出相应的审计意见。

（一）对使用不合规票据和假票据（未虚构经济业务的）报销的，被审计单位应当改正错误做法。同时要建立健全相关内部控制制度，责成财务部门有关业务人员严格票据管理，避免类似问题的再次出现。对经教育、培训仍不能严格执行国家票据管理规定的，被审计单位应选派具有职业能力的人员从业。

（二）对使用假票据并虚构经济业务，情节较轻的，被审计单位对当事人应进行批评教育及经济处罚；情节严重的，被审计单位对当事人应进行经济处罚或纪律处分。

（三）构成犯罪的，按有关程序移送有关部门处理。

第十一条 本规定由中华全国总工会经费审查委员会负责解释。

第十二条 本规定自发布之日起施行。

全国总工会经审会印发《关于改进工作作风密切联系群众的若干意见》的通知

（工审会字〔2013〕1号 2013年1月31日）

各省、自治区、直辖市总工会经费审查委员会，中华全国铁路总工会、中国民航工会、中国金融工会经费审查委员会，中共中央直属机关工会联合会、中央国家机关工会联合会经费审查委员会：

现将全国总工会经审会《关于改进工作作风密切联系群众的若干意见》印发给你们，请结合实际认真贯彻执行。

附件：

关于改进工作作风密切联系群众的若干意见

为贯彻落实《十八届中央政治局关于改进工作作风、密切联系群众的八项规定》和中办、国办《贯彻落实〈十八届中央政治局关于改进工作作风、密切联系群众的八项规定〉实施细则》，按照中华全国总工会《关于贯彻中央改进工作作风、密切联系群众八项规定的实施办法》的要求，结合工会经审工作实际，提出如下具体实施意见。

一、切实改进调查研究。各级工会经审会领导要率先垂范，带头深入基层开展调查研究。既要到工作开展好的地方和单位调查研究、总结经验、推动工作，更要到困难比较多、工作难度比较大的地方和单位了解实情、解决问题。要围绕调研主题，认真制定调研方案，如实了解基层情况，防止调研工作走形式、走过场。调研可采取谈话、问卷、座谈等多种形式，汇报情况时要实事求是、突出重点、言简意赅，既要讲成绩也要讲问题。调研要简化形式、统筹安排、务求实效。

二、切实简化接待工作。各级工会经审会对下开展审计、调研等工作时要按规定乘坐交通工具，多人出差应尽量选择集中乘车。要轻车简从、减少陪同，不安排下级经审会主任、经审办主任到机场、车站、码头、宾馆迎送，不张贴悬挂标语横幅，不摆放花草，不超规格安排住宿，不赠送纪念品或土特产，不安排酒宴，不上高档菜肴。除工作需要外，不安排到名胜古迹、风景区游览。

三、切实精简会议活动。严格控制各类会议活动，能不开的会议坚决不开，可以合并召开的会议坚决合并，能够以电视电话会议形式召开的，一般不集中开会。各级经审会全体会议、常委会议，按经审会委员或常委名额控制出席人数，会期不超过 1 天半。其他工作会、研讨会、座谈会及片会等要严格控制数量、规模，侧重解决具体问题，不开泛泛部署工作和提一般性要求的会。会议活动要简化形式、压缩议程、充实内容、注重实效。要切实改进会风，开短会、讲短话，力戒空话、套话。

四、切实精简文件简报。下发文件应讲求实效，坚持少发文、发短文、发管用的文。文件要严格控制篇幅，简报要重点反映重要动态、经验、问题和工作意见建议等内容。审计公文文字要简短精炼，使用规范性语言进行表述，提高审计公文质量，注重实效，做到主题鲜明、重点突出、简洁准确，倡导清新简练的文风。要加快推进经审系统信息化建设和办公自动化建设，逐步实现文件和简报资料网络传输和网上办理，提高工作效率，节约工作成本。

五、切实坚持廉洁从审。广大经审干部在办理审计事项中，要恪守国家审计准则规定的严格依法、正直坦诚、客观公正、勤勉尽责、保守秘密等基本审计职业道德和工会审计工作“八不准”纪律，真正赢得各级工会的信任和职工群众的满意。

六、切实勤俭节约、反对铺张浪费。坚持勤俭办一切事情。在审查审计工作中，要把会议活动等经费的使用情况作为审查审计的重要内容，切实加强监督。

全总经审会关于印发《省级工会经费审查工作规范化建设考核办法》和《省级工会经费审查工作规范化建设考核标准》的通知

（工审会发〔2015〕1号　2015年9月2日）

各省、自治区、直辖市总工会经费审查委员会，中华全国铁路总工会、中国民航工会全国委员会、中国金融工会全国委员会经费审查委员会，中共中央直属机关工会联合会、中央国家机关工会联合会经费审查委员会：

新修订的《省级工会经费审查工作规范化建设考核办法》和《省级工会经费审查工作规范化建设考核标准》，已经全总十六届经审会常务委员会第五次会议审议通过，现印发给你们，请认真贯彻落实。

附件1：

省级工会经费审查工作规范化建设考核办法

为更好地规范工会经审组织建设、制度建设、业务建设和审查审计等工作，进一步提高工会经审工作的整体水平，现制定本办法。

第一条　考核对象

省、自治区、直辖市总工会经费审查委员会，独立管理经费的全国产业工会经费审查委员会，中共中央直属机关工会联合会、中央国家机关工会联合会经费审查委员会。

第二条　考核内容

经费审查委员会（以下简称经审会）的组织建设、规章制度、审查审计、业务建设、经费设备和工作创新6个方面的43项指标。

第三条　考核程序

各省级工会经审会根据《省级工会经费审查工作规范化建设考核标准》及全总经审会办公室的考核通知要求，准备考核材料。

全总经审会办公室组织召开省级工会经审会办公室主任会议，对各单位提交的考核材料进行考评计分。全总经审会办公室对考评计分情况进行复核确认后，提出各单位考核等次初步建议。考核中如有难以确定的问题，提交全总经审会常委会议研究确定。

全总经审会常委会议对全总经审会办公室提出的各单位考核等次初步建议进行审议，确定考核结果并予以通报。

第四条　计分方法和等次确定

考核满分为 100 分。各指标实际得分相加形成的总分为该单位考核得分。

考核分为特等奖、一等奖、二等奖、三等奖 4 个等次。90 分以上为特等奖；80 至 89 分为一等奖；70 至 79 分为二等奖；60 至 69 分为三等奖。不申报考核的单位，没有考核等次。

全总经审会颁发考核等次奖状并予以通报表扬。

第五条　考核要求

全总经审会办公室根据工作需要，适时对部分省级工会上一年度的经审工作规范化建设情况进行督导检查。考核材料与实际情况不符的，取消相关单位该年度考核结果。

第六条　根据本办法制定省级工会经费审查工作规范化建设考核标准。

第七条　本办法自印发之日起施行。《关于印发〈省级工会经费审查工作规范化建设标准〉和〈关于省级工会经费审查工作规范化建设标准的说明〉的通知》（工审会字〔2010〕1 号）、《关于印发〈省级工会经费审查工作规范化建设标准考核试行办法〉的通知》（工审会字〔2010〕2 号）和《关于对〈省级工会经费审查工作规范化建设标准考核试行办法〉的补充说明》（工审会字〔2010〕7 号）同时废止。

附件 2：

省级工会经费审查工作规范化建设考核标准

根据《省级工会经费审查工作规范化建设考核办法》，制定本标准。

一、组织建设

组织建设共 14 项指标，29 分。

1. 省级工会党组或主席办公会定期听取经审工作汇报的得 2 分；达不到要求的不得分。由会议纪要确认。

2. 经审会主任参加（列席）主席办公会、常委会；经审会办公室主任列席涉及工会经费、工会经济活动和其它与经审工作有关的会议。经审会主任、经审会办公室主任全部参加（列席）的得 2 分；仅参加（列席）其中一项的得 1 分；没有参加（列席）的不得分。由会议纪要确认。

3. 按照全总文件规定，经审会委员人数应不少于省级工会委员会委员人数的 20%。经审会委员中具有审计、财会专业知识的人员一般不少于三分之二。达到 20%，且具有专业知识的人员不少于三分之二的得 2 分；达到 20%，且具有专业知识的人员不少于一半的得 1 分；达不到 20% 或具有专业知识的人员少于一半的不得分。由省级工会组织人事部门证明材料或换届文件确认；专业知识由从业资格证明或所在单位组织人事部门出具的从业经历证明确认。

4. 按照全总文件规定，经审会应设常委会。设立常委会的得 1 分；没有设立常委会的不得分。由省级工会常委会、党组会议纪要或换届文件确认。

5. 经审会换届与工会委员会“三同时”的得 1 分；达不到要求的不得分。由报刊登载的选举结果或工会换届文件确认。

6. 经审会主任列入同级工会领导职数、进党组、按同级副职专职配备的得 3 分；列入领导职数、进党组、副主席兼职的得 2 分；只按同级副职配备的得 1 分；考核当年没有配备经审会主任的不得分。由省级党委组织部门证明材料或工会换届文件确认。

7. 经审会办公室列入机关机构编制序列的得 2 分；仅有事业编制或与其他部门混编的得 1 分；没有列入机关机构编制序列的不得分。由省级工会组织人事部门证明材料确认。

8. 经审会办公室主任列入部门正职且专职配备的得 2 分；按部门副职配备或由其他部门正职兼任的得 1 分；考核当年没有配备经审办主任的不得分。由省级工会组织人事部门证明材料确认。

9. 经审会办公室配备 5 名以上专业干部的得 4 分；配备 4 名专业干部的得 3 分；配备 3 名专业干部的得 2 分；配备 2 名专业干部的得 1 分；少于 2 名专业干部的不得分。由省级工会组织人事部门证明材料确认。

10. 经审会办公室专业干部具有审计或财务从业资格，即具有会计证或内审资格证。全部具有的得 2 分；不少于 2/3 的得 1 分；达不到 2/3 的不得分。由从业资格证明文件确认。

11. 经审会办公室专业干部具有审计或财务专业职称，即具有会计、审计中级以上职称。具有职称人数不少于 1/2 的得 2 分；不少于 1/3 的得 1 分；达不到 1/3 的不得分。由专业职称证明文件确认。

12. 所属地市级工会（含独立管理经费的全国产业工会的下一级工会，直辖市工会所属的区县级工会），应建立经审会办公室并列入机关机构编制序列，配备专职干部。100% 设立经审会办公室，配备专职干部的得 4 分；不少于 90%，配备专职干部的得 3 分；不少于 80%，配备专职干部的得 2 分；不少于 70%，配备专职干部的得 1 分；少于 70% 的不得分。由各地市级工会组织人事部门证明材料确认。中共中央直属机关工会联合会、中央国家机关工会联合会没有这一项的视同为 100% 设立。

13. 所属独立管理经费的产业工会（含驻会和不驻会），应至少配备 1 名专职或兼职经审干部。100% 配齐的得 1 分；达不到要求的不得分。由独立管理经费的省属产业工会证明材料确认。独立管理经费的全国产业工会和中共中央直属机关工会联合会、中央国家机关工会联合会没有这一项的视同为 100% 配齐。

14. 直管基层工会即直接向省级工会上解经费的基层工会，其经审会组建率达到 100% 的得 1 分；达不到的不得分。由基层工会证明材料确认。省级工会或独立管理经费的全国产业工会没有直管基层工会的视同为达到 100%。

中共中央直属机关工会联合会、中央国家机关工会联合会，对组织建设中的第 7、8、9、10、11 项指标，只要设立了经审会办公室、有相对固定的专兼职人员、能够正常开展经审工作，得分按该项指标满分的 80% 计算。

二、规章制度

规章制度共 4 项指标，7 分。

1. 对全总及全总经审会制定的有关经审工作的制度文件转发并执行（按要求需要制定实施细则、贯彻意见的有实施细则或贯彻意见）的得 3 分；达不到要求的不得分。由省级工会经审会正式转发文件和下发的实施细则或贯彻意见确认。

2. 已制定并执行经审会会议制度和常委会议事规则的得 1 分；达不到要求的不得分。由省级工会经审会印发文件确认。

3. 已制定并执行对下一级工会经审工作规范化建设考核的得 2 分；没有考核的不得分。由省级工会或省级工会经审会制定的经审工作规范化建设标准文件和常委会、全委会会议纪要及考核结果通报确认。

4. 经审会办公室建立健全各项工作制度，包括：会议制度、学习制度、廉洁自律规定、信息工作制度、档案管理制度。制度健全的得 1 分；达不到要求的不得分。由省级工会经审会印发文件确认。

三、审查审计

审查审计共 15 项指标，44 分。

1. 经审会向工会代表大会或全委会宣读工作报告的得 3 分；仅印发书面工作报告的得 2 分；达不到上述要求的不得分。由会议议程或日程表确认。

2. 经审会全委会审查本级工会经费预算及预算执行情况、经审会常委会（或全委会）审查本级工会经费上半年预算执行情况并有会议纪要的得 4 分；

仅审查本级工会经费预算及预算执行情况或仅审查本级工会经费上半年预算执行情况的得 2 分；没有审查的不得分。由会议纪要和财务报告文本确认。

3. 经审会全委会听取经审会办公室对本级工会年度经费预算执行情况审计结果综合报告的得 2 分；仅提供书面报告的得 1 分；没有报告的不得分。由会议日程表和报告文本确认。

4. 经审会办公室对本级工会经费预算执行情况（含资产管理情况）进行审计，并出具审计报告（审计意见书）的得 3 分；没有进行审计的不得分。由审计报告（审计意见书）确认。

5. 对专项资金审计即对政府、上级工会和本级工会拨付的各类专项资金进行审计（含对本级和下一级的专项审计）。完成全部应审项目的得 3 分；没有完成的不得分。由专项审计报告或审计报告（审计意见书）中对专项资金审计情况专门列段表述内容确认。

6. 经审会办公室对直属企事业单位财务收支和资产管理情况进行审计。完成应审单位 100% 的得 3 分；不少于 80% 的得 2 分；少于 80% 的不得分。由审计报告（审计意见书）确认。2 年审 1 次且同时审 2 年的，视同为每年审 1 次。

7. 经审会办公室按规定对本级及直属企事业单位基本建设工程和 5 万元以上维修改造工程项目进行审计。完成应审项目 100% 的得 2 分；不少于 80% 的得 1 分；少于 80% 的不得分。由审计报告（审计意见书）确认。当年没有审计项目的视同为完成应审项目 100% 。

8. 受组织人事部门书面委托对领导干部及直属企事业单位负责人进行经济责任审计。完成委托项目 100% 的得 2 分；不少于 80% 的得 1 分；少于 80% 的不得分。由审计报告或审计意见书确认。跨年度委托审计项目可以算在第 2 年度；当年没有审计项目的由组织人事部门盖章确认，得 2 分。

9. 对本级和所属企事业单位出具的审计报告（审计意见书），必须含有主要问题、处理意见和建议的内容。均含有上述内容的得 3 分；不少于 80% 的得 2 分；不少于 60% 的得 1 分；少于 60% 的不得分。由审计报告（审计意见书）确认。

10. 对所属地市级工会每年审计覆盖面不少于 50% 的得 4 分；不少于 33% 的得 3 分；不少于 25% 的得 2 分；少于 25% 的不得分。由审计报告（审计意见书）确认。

11. 对所属独立管理经费的产业工会（含驻会和不驻会）每年审计覆盖面不少于 50% 的得 4 分；不少于 33% 的得 3 分；不少于 25% 的得 2 分；少于 25% 的不得分。由审计报告（审计意见书）确认。

12. 对直管基层工会每年审计覆盖面不少于33%的得4分；不少于25%的得3分；不少于20%的得2分；少于20%的不得分。由审计报告（审计意见书）确认。省级工会没有直管基层工会的视同为完成全部应审项目。

13. 经审办组织开展工会计拨经费审计工作，组织开展的得1分；没有组织开展的不得分。由省级工会计拨审计情况综合报告（附地市级工会查出漏欠数和入库数汇总情况）确认。

14. 对所属地市级工会、独立管理经费的产业工会和直管基层工会出具的审计报告（审计意见书），必须含有主要问题、处理意见和建议的内容。均含有上述内容的得3分；不少于80%的得2分；不少于60%的得1分；少于60%的不得分。由审计报告（审计意见书）确认。

15. 建立并执行审计整改督查制度，督促本级及下一级工会对审计意见进行整改的得3分；没有进行审计整改督查的不得分。由审计整改督查报告和整改情况书面报告确认。

对直辖市工会采取3个指标（第10、11、12项指标）捆绑计分考核，即以地市级工会、独立管理经费的产业工会和直管基层工会单位数的总和为基数进行综合考核，对被审计单位每年审计比例达到20%的，3个指标均得满分；达不到20%的均不得分。

对独立管理经费的全国产业工会和中共中央直属机关工会联合会、中央国家机关工会联合会采取5个指标（第6、7、10、11、12项指标）捆绑计分考核，即对直属企事业单位审计、基本建设审计、地市级工会审计、独立管理经费的产业工会审计和对直管基层工会审计单位数的总和为基数进行综合考核，对被审计单位每年审计比例达到33%的，5个指标均得满分；不少于25%的均得第二档分数；少于25%的不得分。

四、业务建设

业务建设共5项指标，11分。

1. 对省级工会本级当年出现的重大财产损失和已立案的重大经济案件情况及时向全总经审会如实上报。1个月内上报的得1分；其余不得分。由上报材料或相关信息确认。当年没有重大经济案件和重大财产损失情况视同为及时上报。

2. 省级工会经审会或经审会办公室自办或与有关部门联合举办经审干部培训班、研讨班，以及选送干部参加其他专业培训。每年举办培训的得2分；不举办培训的不得分。由培训通知、人员名单和日程表确认。

3. 调查报告、理论文章和论文被省级以上报刊或中工网采用2篇以上的得2分；采用1篇的得1分；没有采用的不得分。由有关复印件或相关证明材料确认。

4. 向全总《工会经审工作》投稿，被采用 3 篇以上的得 3 分；采用 2 篇的得 2 分；采用 1 篇的得 1 分；没有采用的不得分。由编发的《工会经审工作》确认。

5. 编发经审工作信息或简报并向全总经审会办公室及时上报，每年不少于 4 期的得 3 分；3 期的得 2 分；2 期的得 1 分；2 期以下的不得分。由编发的经审工作信息或简报确认。

独立管理经费的全国产业工会和中共中央直属机关工会联合会、中央国家机关工会联合会，对业务建设中的第 3、4 项指标，有 1 篇调查报告或理论文章被省级以上报刊、中工网或全总《工会经审工作》采用，则按该项指标满分计算。

五、经费设备

经费设备共 4 项指标，4 分。

1. 严格按照全总文件规定按当年经审工作需要，将所需经费列入本级年度预算的得 1 分；达不到要求的不得分。由本级工会经费年度预、决算报表确认。

2. 经审会全委会和常委会议经费，按标准列入本级工会预算的得 1 分；达不到要求的不得分。由本级工会经费年度预、决算报表确认。

3. 经审会办公室办公经费按机关部门标准列入本级预算的得 1 分；达不到要求的不得分。由本级工会经费年度预、决算报表确认。

4. 使用经审审计软件的得 1 分；达不到要求的不得分。

六、工作创新

工作创新指标，5 分。

经审会在扩展审计范围、改进审计方法、提高审查审计质量、深化审计监督和探索绩效审计等方面有所创新。在全国工会经审工作中首创或在现有工作基础上进一步创新，对全国工会经审工作有促进和带动作用的项目，得 5 分，没有创新的不得分。由全总经审会常委会确认。

中华全国总工会经费审查委员会关于印发《在京中央企业工会财务收支审计暂行办法》的通知

（工审会发〔2016〕1号　2016年3月15日）

各有关在京中央企业工会：

现将《在京中央企业工会财务收支审计暂行办法》印发给你们，请认真贯彻执行。

附件：

在京中央企业工会财务收支审计暂行办法

第一条　为规范在京中央企业工会财务收支审计工作，根据《中华人民共和国工会法》、《中国工会章程》、《中国工会审计条例》、《中华全国总工会关于在京中央企业工会经费拨缴、管理和监督的暂行规定》等有关法律法规，制定本办法。

第二条　本办法所称在京中央企业工会财务收支审计，是指中华全国总工会经费审查委员会（以下简称全总经审会）派出审计组对与中华全国总工会有经费拨缴关系的在京中央企业工会财务收支的真实性、合法性和效益性及其相关制度的执行情况进行的审计。必要时可对其在京直属二、三级单位工会进行延伸审计。

第三条　审计内容

（一）工会经费收入情况，包括：

1. 会费收入
2. 拨缴经费收入
3. 上级补助收入
4. 行政补助收入
5. 事业收入
6. 投资收益

7. 其他收入

（二）工会经费支出情况，包括：

1. 职工活动支出

2. 维权支出

3. 业务支出

4. 行政支出

5. 资本性支出

6. 补助下级支出

7. 事业支出

8. 其他支出

（三）相关制度的建立与执行情况。

第四条 审计程序

依照《中国工会审计条例》规定的审计程序开展审计工作。

第五条 在京中央企业工会应向全总经审会派出的审计组如实提供以下资料：

（一）会计报表、会计账簿、会计凭证、会计电算化数据；

（二）内部控制制度；

（三）工会经费收缴情况表；

（四）在京直属二、三级单位工会上解经费报告表及决算报表；

（五）银行开户资料；

（六）有关计划、批复、合同协议等；

（七）其他相关资料。

第六条 全总经审会有权对可能被转移、隐匿、篡改、毁弃的会计报表、会计账簿、会计凭证以及其他与工会财务收支相关的资料，予以暂时封存。

全总经审会有权对正在进行的违反财经法律法规的行为予以制止，在职权范围内作出审计决定。

第七条 全总经审会有权对审计结果以适当方式进行通报。

第八条 本办法由全总经审会负责解释。

第九条 本办法自发布之日起施行。

中华全国总工会经费审查委员会关于印发《工会预算审查监督办法》的通知

（工审会发〔2016〕4号　2016年10月13日）

各省、自治区、直辖市总工会经费审查委员会，中华全国铁路总工会、中国民航工会、中国金融工会经费审查委员会，中共中央直属机关工会联合会、中央国家机关工会联合会经费审查委员会：

《工会预算审查监督办法》已经全总第十六届经费审查委员会常务委员会第四次全体会议审议通过，现印发给你们，请认真贯彻执行。

附件：

工会预算审查监督办法

第一章　总　则

第一条　为规范工会经费审查委员会（以下简称经审会）对工会预算的审查监督，促进各级工会及预算拨款单位提高预算管理水平和工会经费使用效益，保障工会各项职能的履行和工运事业的发展，根据《中华人民共和国预算法》、《中华人民共和国工会法》、《中国工会章程》、《工会预算管理办法》，制定本办法。

第二条　对工会预算的审查，是指经审会对工会预算的编制、执行、调整、结果实施的全过程监督。包括：

（一）对本级预算草案的审查；

（二）对上半年本级预算执行情况的审查；

（三）对本级预算调整的审查；

（四）对本级决算草案的审查。

第三条　工会经费审查监督以审计为基础。经审会对本级工会及预算拨款单位和下一级工会预算执行情况进行审计，并将审计情况作为审查监督的重要依据。

第四条　经审会依照法律、法规和工会有关规定履行审查监督职能。对预算进行审议、评价，做出审查决议，并在会议后形成会议纪要或审查报告，责成有关部门、单位落实。

第二章　预算草案的审查

第五条　预算草案审查的内容和要求：

（一）预算编制符合有关法律、法规、政策和工会工作要求；

（二）预算编制体现统筹兼顾，保证重点；量入为出，收支平衡；真实合法，精细高效原则；

（三）预算收入编制应当依法、真实、完整、合理；

（四）预算支出编制应当坚持勤俭节约，突出工作重点，优化支出结构，强化项目绩效；

（五）本年度无重大支出项目不得编制赤字预算，滚存经费结余不得出现赤字；

（六）工会投资时，应当符合有关规定，手续齐备。

第六条　预算草案审查程序：

（一）每年初召开经审会全体会议，对工会本年度预算草案进行审查；

（二）提交经审会审议的书面材料，应当在会议召开前五个工作日，提交经审会或经审会办公室，书面材料包括：预算草案、预算草案编制说明及有关明细资料；

（三）会议审查预算草案时，预算管理部门负责人和分管领导应当到会作出说明，听取审议意见，接受质询；

（四）工会领导机构应当认真听取经审会提出的审查意见和改进建议，责成有关部门对预算进行调整，并向经审会会议作出调整说明；

（五）经审会会议对审查后的预算草案进行表决，形成决议。

第三章　上半年预算执行情况审查

第七条　每年第三季度召开经审会会议或常委会会议，对工会本年度上半年预算执行情况进行审查。审查后提出审查意见和建议，形成决议。

第八条　预算管理部门向经审会或常委会会议汇报工会本年度上半年预算执行情况，包括各项收入情况、支出情况及本级预算拨款单位的预算执行情况。

第四章　预算调整和后备金使用的审查

第九条　工会在预算执行过程中，遇有特殊情况，预算收支总额需要增减变动，预算管理部门应当编制预算调整方案，并提请经审会或常委会审查，且每年以一次为限。审查结果要在审查决算的经审会会议上通报。

第十条　工会遇有特殊情况，需要动用后备金时，应当向本级经审会或常委会作出说明，并通过审查。

第五章　决算草案的审查

第十一条　决算草案审查的主要内容：

（一）遵守有关法规制度的情况；

（二）年度预算完成情况；

（三）重点支出完成及绩效情况；

（四）预算调整履行程序情况；

（五）预算结余、结转情况；

（六）其他相关情况。

第十二条　决算草案审查程序：

（一）每年初召开经审会全体会议，对工会上年度决算草案进行审查。

（二）预算管理部门应当在会议召开前五个工作日，提交经审会审议的书面材料，包括：决算草案、决算草案编制说明及有关明细资料。

（三）会议审查决算草案时，预算管理部门负责人和分管领导应当到会作出说明，听取审议意见，接受质询。

（四）工会领导机构应当认真听取经审会提出的审查意见和建议，并向经审会会议作出说明。

（五）经审会会议对审查后的决算草案进行表决，形成决议。

第十三条　在审查上年度决算草案前，经审会办公室应当向经审会会议报告对上年度预算执行情况的审计结果。

第六章　附　则

第十四条　本办法由中华全国总工会经审会负责解释。

第十五条　本办法自发布之日起施行。《工会预算审查监督暂行办法》（工审会字〔2002〕5 号）同时废止。

中华全国总工会经费审查委员会关于印发《工会预算执行情况审计监督办法》的通知

（工审会发〔2016〕5号　2016年10月13日）

各省、自治区、直辖市总工会经费审查委员会，中华全国铁路总工会、中国民航工会、中国金融工会经费审查委员会，中共中央直属机关工会联合会、中央国家机关工会联合会经费审查委员会：

《工会预算执行情况审计监督办法》已经全总第十六届经费审查委员会常务委员会第四次全体会议审议通过，现印发给你们，请认真贯彻执行。

附件：

工会预算执行情况审计监督办法

第一条　为加强对工会预算执行情况的审计监督，根据《中华人民共和国工会法》、《中华人民共和国审计法》、《中国工会审计条例》及有关法律法规，制定本办法。

第二条　工会预算执行情况审计监督，是指工会经费审查委员会（以下简称经审会）对同级工会和下一级工会预算执行情况及其他财务收支的真实性、合法性和效益性进行审计监督。

真实性是指反映经费收支、资产管理以及有关经济活动的信息与实际情况相符合的程度。

合法性是指经费收支、资产管理以及有关经济活动遵守法律、法规和规章的情况。

效益性是指经费收支、资产管理以及有关经济活动实现的经济效益、社会效益和环境效益。

第三条　经审会及其工会审计人员开展预算执行情况审计业务适用本办法。其他组织或者人员接受经审会的委托、聘用、承办或者参加预算执行情况审计业务，也应当适用本办法。

第四条　经审会对同级工会、下一级工会及其纳入预算管理的直属企事业单位的全部收入、支出、资产、负债、净资产等进行审计监督。

第五条 审计人员执行审计业务时，重点关注以下内容：

（一）内部控制制度是否健全完善，执行是否有效；

（二）预算执行、调整是否遵照《工会预算管理办法》的规定；

（三）中央财政资金、地方财政资金、上级工会补助资金以及项目资金等专项资金的筹措、拨付、管理和使用是否合规，有无截留、挪用等问题；

（四）工会经费收支情况是否真实、完整，有无截留应解经费、违规使用工会经费等问题；

（五）“三公经费”、会议费、培训费开支是否合规，津贴补贴奖金发放是否合规等问题；

（六）银行账户和现金管理是否合规，有无“小金库”；

（七）固定资产管理制度是否健全，管理是否规范，产权是否明晰，处置是否合规合法；

（八）建设项目是否真实、合法、效益；

（九）对外投资是否论证充分、程序合法、注重绩效；

（十）往来款项是否手续齐备，及时对账、催收、清理；

（十一）是否参照《中华人民共和国政府采购法》和《中华人民共和国招标投标法》等有关法律法规，实施集中采购管理；

（十二）历年审计中发现的共性问题；

（十三）其他相关内容。

第六条 经审会有权对可能被转移、隐匿、篡改、毁弃的会计报表、会计账簿、会计凭证以及其他与财务收支及资产管理相关的资料，采取暂时封存的措施。

经审会有权对正在进行的违反财经法律法规的行为予以制止，在职权范围内作出审计决定。

第七条 经审会实行由审计组成员、主审、组长对审计业务进行分级质量控制。结合日常管理工作或者通过开展审计业务质量检查等方式，对审计质量控制制度及其执行情况进行持续评估。

第八条 本办法适用于县级（含县级）以上工会。基层工会参照本办法执行。

第九条 本办法由中华全国总工会经审会负责解释。

第十条 本办法自发布之日起施行。《工会年度经费预算执行情况审计监督暂行办法》和《工会经费审查委员会对下一级工会经费审计监督暂行办法》（工审会字〔2003〕2号）同时废止。

中华全国总工会经费审查委员会关于印发《工会企业事业单位财务审计办法》的通知

（工审会发〔2016〕6号　2016年10月13日）

各省、自治区、直辖市总工会经费审查委员会，中华全国铁路总工会、中国民航工会、中国金融工会经费审查委员会，中共中央直属机关工会联合会、中央国家机关工会联合会经费审查委员会，全总各直属单位：

《工会企业事业单位财务审计办法》已经全总第十六届经费审查委员会常务委员会第四次全体会议审议通过，现印发给你们，请认真贯彻执行。

附件：

工会企业事业单位财务审计办法

第一条　为规范工会企业事业单位财务审计（以下简称企事业审计）工作，根据《中华人民共和国工会法》、《中国工会章程》、《中国工会审计条例》等有关法律法规，制定本办法。

第二条　工会企业事业审计，是指工会经费审查委员会（以下简称经审会）对同级工会所属企业事业单位全部经济活动的真实性、合法性和效益性进行的审计。必要时可对其下属单位进行延伸审计。

第三条　经审会对同级工会所属企业事业单位的全部收入、支出、资产、负债、净资产等进行审计监督，重点关注以下内容：

（一）内部控制制度的建立和执行情况；

（二）预算执行和财务收支情况；

（三）目标责任制完成情况和绩效评价；

（四）专项资金的筹措、拨付、管理和使用情况；

（五）“三公经费”、会议费、培训费开支情况，奖金和津贴补贴发放情况；

（六）银行账户和现金管理情况；

（七）固定资产、建设项目、对外投资管理情况；

（八）重要经济事项审批和决策情况；

（九）企事业重组、撤并时财务清算情况；

（十）其他需要审计的有关事项。

第四条 经审会原则上对同级工会所属企业事业单位每年审计一次。

第五条 被审计单位应如实提供以下资料：

（一）会计报表、会计账簿、会计凭证、会计电算化数据；

（二）内部控制制度；

（三）与经济活动相关的招投标文件、可行性分析报告、审批文件、合同等；

（四）统计资料；

（五）法人登记、税务登记资料；

（六）银行开户资料；

（七）不动产产权证、资产处置等相关资料；

（八）其他有关资料。

第六条 经审会可自行开展企业事业审计，也可委托社会中介机构审计，社会中介机构出具审计报告的，经审会可不再单独出具审计报告。

第七条 经审会有权对可能被转移、隐匿、篡改、毁弃的会计报表、会计账簿、会计凭证以及其他与财务收支及资产管理相关的资料，采取暂时封存的措施。

经审会有权对正在进行的违反财经法律法规的行为予以制止，在职权范围内作出审计决定。

第八条 经审会的审计结果作为同级工会、上级工会及其有关部门评选先进和工作考核的重要依据。

经审会有权对审计结果以适当方式进行通报。

第九条 本办法由中华全国总工会经审会负责解释。

第十条 本办法自发布之日起施行。《工会企业事业单位财务收支审计暂行办法》（工审会字〔2002〕5 号）同时废止。

中华全国总工会经费审查委员会关于印发《工会建设项目审计办法》的通知

（工审会发〔2016〕7号　2016年10月13日）

各省、自治区、直辖市总工会经费审查委员会，中华全国铁路总工会、中国民航工会、中国金融工会经费审查委员会，中共中央直属机关工会联合会、中央国家机关工会联合会经费审查委员会，全总各直属单位：

《工会建设项目审计办法》已经全总第十六届经费审查委员会常务委员会第四次全体会议审议通过，现印发给你们，请认真贯彻执行。

附件：

工会建设项目审计办法

第一条　为加强工会建设项目的审计监督，规范对工会建设项目的审计行为，提高建设资金使用效益，根据国家法律法规和《中国工会审计条例》制定本办法。

第二条　工会建设项目审计，是指工会经费审查委员会（以下简称经审会）对建设项目竣工结算、决算的真实性、合法性和效益性进行的审计。

第三条　工会建设项目是指以各级工会及其所属企事业单位为出资人或者为主要出资人的单项金额在5万元以上的建筑工程和安装工程。

第四条　经审会负责对同级工会及其所属企事业单位建设项目的审计工作。

第五条　经审会可自行审计，也可委托社会中介机构对建设项目竣工决（结）算进行审计，委托审计费用列入工程竣工决（结）算。

第六条　经审会应当对列入“三重一大”决策的建设项目进行全过程跟踪审计。委托社会中介机构进行全过程跟踪审计的，经审会应当建立审计情况月报制度，及时了解全过程跟踪审计的进展情况。全过程跟踪审计的审计内容、程序、方法参照中国内部审计协会《内部审计实务指南第1号——建设项目内部审计》的有关规定执行。

第七条　工会建设项目主管部门、工会所属企事业单位应于年度工会预算审批后，将年度建设项目投资计划和投资预算报送工会经审会。

第八条　对于非招标建设项目，建设单位应在施工合同中明确以经审会或经审会委托的社会中介机构的审计结果作为工程竣工结算的依据，法律法规另有规定的除外。对于制定标底或招标控制价的招标建设项目，建设单位应将其标底或招标控制价资料报送经审会审核，以审核结果为依据办理招标业务。

第九条　建设单位应当根据先审计后付款的原则，办理工程款的支付。需要预付工程款的应征得经审会同意后方可支付。

第十条　建设项目竣工决（结）算审计应当具备以下条件：

（一）工程已经竣工，通过了政府有关部门或者建设单位组织的质量验收；

（二）已经编制出竣工决（结）算。

第十一条　建设单位应在建设项目（全过程跟踪审计的建设项目除外）竣工后，向经审会提出审计申请，并提供下列资料：

（一）建设项目立项审批文件；

（二）监理委托、质量验收等有关文件；

（三）概算、预算资料及招标文件；

（四）合同、协议；

（五）施工图或竣工图纸；

（六）工程量计算书；

（七）材料费用资料、取费资料、付款资料；

（八）施工组织设计；

（九）工程变更签证资料；

（十）隐蔽工程资料；

（十一）竣工决算的财务资料；

（十二）有关证照复印件（含施工、监理、质检、设计单位和资质证明）；

（十三）其他影响工程决（结）算的资料。

第十二条　建设项目竣工结算审计的主要内容：

（一）建设项目立项审批手续；

（二）招投标情况；

（三）工程价款的结算情况；

（四）施工、监理等单位的资质；

（五）工程造价；

（六）其他审计事项。

第十三条 建设项目竣工决算审计的主要内容：

（一）建设资金筹措的情况；

（二）建设资金的支付及账务处理；

（三）竣工决算的编制；

（四）工程造价与设计概算的对比分析；

（五）结余资金及剩余设备；

（六）其他审计事项。

第十四条 委托社会中介机构审计建设项目竣工决（结）算并出具审计（审核）报告的，经审会可不再单独出具审计报告。

第十五条 各级工会及其所属企事业单位应根据经审会对工程竣工决算的审计结果办理增加固定资产的手续。

第十六条 本办法由中华全国总工会经审会负责解释。

第十七条 省级工会可根据本办法，结合本地区、本系统的实际，制定具体的实施细则。

第十八条 本办法自发布之日起施行。《工会基本建设维修改造工程竣工决算审计暂行办法》（工审会字〔2003〕2号）同时废止。

关于印发《中华全国总工会经费审查委员会办公室关于聘请社会中介机构参与审计工作管理办法》的通知

（工审办发〔2017〕3号　2017年5月2日）

各省、自治区、直辖市总工会经费审查委员会办公室，中华全国铁路总工会、中国民航工会、中国金融工会经费审查委员会办公室，中共中央直属机关工会联合会、中央国家机关工会联合会经费审查委员会办公室：

现将《中华全国总工会经费审查委员会办公室关于聘请社会中介机构参与审计工作管理办法》印发给你们，请结合实际，参照执行。

附件：

中华全国总工会经费审查委员会办公室关于聘请社会中介机构参与审计工作管理办法

第一章 总 则

第一条 为进一步加强工会经费审查审计工作，构建工会内部审计、国家审计、社会审计和职工会员监督相结合的立体经审监督体系，规范聘请社会中介机构参与中华全国总工会经费审查委员会办公室（以下简称全总经审办）审计工作的行为，提高审计质量，防范审计风险，根据国家法律法规和《中国工会审计条例》，制定本办法。

第二条 本办法所称社会中介机构，是指经国家有关部门批准成立的，具有独立执业资格的工程造价咨询、会计、审计和其他相关服务的社会中介组织。

第三条 全总经审办遇有审计力量不足、相关专业知识不能满足审计工作需要时，可以聘请社会中介机构参与审计工作。

第四条 社会中介机构参与审计工作主要有以下方式：

（一）社会中介机构承担某一审计项目或某一审计项目中的部分工作事项；

（二）社会中介机构派出专业技术人员参与审计组工作。

第五条 聘请社会中介机构可以参与下列工作：

（一）建设项目竣工决（结）算审计、建设项目招标控制价审核及建设项目全过程跟踪审计等；

（二）工会企事业单位财务收支及经济责任审计；

（三）工会预算执行情况审计；

（四）其他适宜聘请社会中介机构参与的工作。

第二章 社会中介机构的选聘

第六条 全总经审办设立社会中介机构备选库。备选库一般分为工程类、会计类。社会中介机构备选库的设立，应当遵循公平、公正、公开的原则，选取方式和程序应当符合《中华人民共和国政府采购法》、《中华人民共和国招标投标法》等法律法规，采用公开招标方式。

第七条 社会中介机构应当符合下列条件：

（一）具有独立承担民事责任的能力；

（二）具有良好的商业信誉和健全的财务会计制度；

（三）具有履行合同所必需的设备和专业技术能力；

（四）有依法缴纳税收和社会保障资金的良好记录；

（五）参加政府采购活动前三年内，在经营活动中没有重大违法记录；

（六）具备与审计事项相适应的资质、等级；

（七）法律、行政法规规定的其他条件。

第八条 社会中介机构备选库的设立程序为：

（一）全总经审办根据对社会中介机构的需求情况，定期更新社会中介机构备选库；

（二）全总经审办组成选聘工作小组，负责选聘社会中介机构的具体事项；

（三）选聘工作小组根据《中华人民共和国政府采购法》、《中华人民共和国招标投标法》等法律法规规定的选聘方式和程序，委托招标代理机构采用公开招标方式，择优选聘社会中介机构，经经审办主任办公会议研究确定，设立社会中介机构备选库。其中：参与建设项目竣工决（结）算审计、建设项目招标控制价审核及建设项目全过程跟踪审计的社会中介机构一般5—8个；参与工会企事业单位财务收支、经济责任审计以及预算执行情况审计等审计业务的社会中介机构一般不超过10个。

第九条 政府集中采购公开招标数额标准以下的项目，全总经审办在备选库中通过询价、竞争性谈判等方式择优选择社会中介机构参与审计工作。采购金额达到政府集中采购公开招标数额标准的项目，应当单独采用公开招标方式确定社会中介机构。

财政部、中央直属机关事务管理局、全国总工会对选聘程序和选聘范围等有特殊规定的，从其规定。

第十条 聘请社会中介机构参与审计工作，全总经审办应当与社会中介机构签订《委托审计业务约定书》或《建设工程造价咨询合同》。

第三章 审计费用及其支付程序

第十一条 聘请社会中介机构所需经费的列支渠道为：

（一）建设项目的审计费用由建设单位支付，列入竣工决算；

（二）工会企事业单位财务收支及经济责任审计、工会预算执行情况审计以及其他项目的审计费用列入全总经审工作经费年度预算。

第十二条 审计费用标准为：

（一）政府集中采购公开招标数额标准以下的项目，按照与社会中介机构询价、竞争性谈判等方式，确定费用标准；

（二）采购金额达到政府集中采购公开招标数额标准的项目，按照公开招标的中标价格，确定费用标准；

（三）财政部、中央直属机关事务管理局、全国总工会有特殊规定的，从其规定。

第十三条　项目完成后，按照《委托审计业务约定书》或《建设工程造价咨询合同》提出费用支付意见和金额，经经审办主任审批后，支付审计费用。

第四章　工作要求

第十四条　社会中介机构在选派工作人员参与审计工作前，应提交拟选派人员的工作简历及有关工作业绩等情况，全总经审办择优选择项目负责人以及工作人员。

第十五条　社会中介机构参与审计的工作人员一般应当符合下列条件：

（一）具有与审计事项相适应的专业技能和资格；

（二）从事相关专业工作三年以上；

（三）职业道德良好，近三年未受到有关部门处理处罚，未受到党纪政纪处分；

（四）身体健康；

（五）属于机关退休人员的，应符合退休人员从业的有关规定。

第十六条　全总经审办应当对社会中介机构选派的工作人员进行工会财务、审计、职业道德、工作要求等方面的培训。

第十七条　凡与被审计单位或者审计事项有利害关系的社会中介机构工作人员，应当要求其回避。

第十八条　社会中介机构有义务建立和遵守质量控制制度，以合理保证其人员遵守职业准则和适用的法律法规的规定，出具适合具体情况的审计报告或审计结论。

第十九条　对于涉密审计项目或者事项，社会中介机构参与审计工作时，应当严格执行《中华人民共和国保密法》和工会有关规定。

第二十条　社会中介机构参与审计工作时，应当遵守工会审计工作规范和要求，接受全总经审办的监督管理。

第二十一条　社会中介机构在审计项目完成后，应当将审计实施过程中所形成的审计工作底稿和审计结果文件，及时提交全总经审办。

第五章　考核和责任

第二十二条　独立实施审计项目的社会中介机构，对其全部工作结果负责。派员参与审计组实施审计的，对其审计范围内的工作结果负责。

第二十三条 审计项目完成后，应当定期组织对所聘社会中介机构参与审计工作的业务质量和履行《委托审计业务约定书》或《建设工程造价咨询合同》的情况进行考评，考评结果作为能否继续竞聘和参与审计工作的重要依据。

可以定期组织评审专家或委托社会中介机构对所聘社会中介机构进行考评，考评的重点内容为：

（一）社会中介机构和人员的独立性与客观性；

（二）审计人员的专业胜任能力；

（三）审计人员的职业谨慎性；

（四）社会中介机构的信誉；

（五）采用审计程序及方法的适当性；

（六）采用审计依据的有效性；

（七）获取审计证据的相关性、可靠性和充分性。

第二十四条 社会中介机构及其有关工作人员有下列情况之一、导致严重后果的，应当解除合作关系并追究违约责任；涉嫌犯罪的，按相关法律规定追究责任：

（一）隐瞒审计发现的问题或者与被审计单位串通舞弊的；

（二）擅自以全总经审办名义从事与审计事项无关活动的；

（三）利用受聘工作从被审计单位获取不正当利益的；

（四）将审计结果用于与审计事项无关目的的；

（五）违反保密纪律或回避规定的；

（六）拒绝接受全总经审办指导和监督的；

（七）工作结果不符合审计质量要求，应当发现而未发现重大违法和违规问题的；

（八）将受托审计事项转包、分包他人的；

（九）不履行《委托审计业务约定书》或《建设工程造价咨询合同》规定的其他义务，违反法律、法规规定的其他行为的。

第六章 附 则

第二十五条 本办法由全总经审办负责解释。

第二十六条 本办法自发布之日起施行。《全总经审办聘请社会中介机构参与审计工作管理办法》（工审办字〔2013〕4号）同时废止。

第四部分

经费收缴类

中华全国总工会
关于收交工会会费的通知

（工发〔1978〕101 号　1978 年 11 月 13 日）

各省、市、自治区总工会，铁路总工会：

根据《中国工会章程》的规定，现将有关工会会费收交的几个问题通知如下：

一、工会会员每月应向工会组织交纳本人每月工资收入百分之零点五的会费，工资尾数不足十元的不计交会费。

二、学徒工会员，一律按每人每月人民币五分交纳会费。

三、无固定收入的会员，可按本人上月所得工资额计算交纳会费。

四、会员所得各种奖金、津贴、稿费收入以及按劳动保险条例或其他法令规定所领取的各种补助费、救济费、退休金、退职金等，均不交纳会费。

五、关于按新办法收交会费的时间，不作划一的规定。凡工会组织健全、条件具备的，均可在“中国工会章程”正式通过后，即一九七八年十月二十一日以后的第一个收交工会会费月份改按新办法收交会费。凡工会组织不够健全的，应尽快地进行整顿，健全组织，做好准备，尽快按新办法收交会费。但除新建工会组织以外，最迟均应在一九七九年一月份，改按新办法收交会费。

六、收交的会费，暂时全部留在基层工会掌握使用。

中华人民共和国财政部　中华全国总工会关于恢复企业、事业、机关的行政方面拨交工会经费的联合通知

（(78) 财企字 645 号
工发〔1978〕131 号　　1978 年 12 月 22 日）

各省、市、自治区财政局、总工会、铁路总工会、人民银行分行，中央办公厅、中央各部、委、局，国务院各部、委、局：

根据《中华人民共和国工会法》的规定，从一九七九年一月份起，恢复企业、事业、机关的行政方面向工会拨交工会经费的办法。现将有关事项通知如下：

一、凡已成立工会组织的工业、交通、财贸、基建、农林、水利、气象、学校、科学、卫生等生产企业或事业单位的行政方面，均应按职工工资总额的百分之二，按月向工会拨交工会经费；已成立工会组织的国家机关的行政方面，应按工资总额的百分之一，按月向工会拨交工会经费。

拨交工会经费的工资总额，一律按国家统计局《关于工资总额组成的暂行规定》计算。

工会经费应于每月十五日前拨交工会，一般可按上月份工资总额计算拨交当月的工会经费（一九七九年一月份按一九七八年十二月份工资总额计算）。

二、行政拨交的工会经费，基层工会留用比例应不少于百分之六十；省、直辖市、自治区总工会和市县总工会两级的留用比例应不超过百分之三十五，两级各留多少，由省、直辖市、自治区总工会决定；其余百分之五上缴全国总工会掌握使用。

三、工会经费（包括工会会员交纳的会费）的开支范围如下：

（1）宣传活动支出。包括工会进行日常的政治、时事、政策教育，组织劳动竞赛，举办各种讲座、报告会、展览会和其他技术交流活动的宣传费用；工会黑板报、墙报和广播站的费用；收音机、电唱机等各种宣传工具的购置、修理费以及集体订阅的报刊杂志等支出。

（2）职工业余教育支出。在行政拨交工会经费的百分之二十五至三十七

点五的范围内列入预算掌握使用，使用范围包括职工文化、电视、函授等业余教育方面的支出。

（3）文艺活动支出。包括工会开展职工业余文艺活动所需的设备用品费和维修费；举办文艺演出、联欢会、艺术创作展览会等活动的经费；文化宫、俱乐部、电影放映队及图书馆的设备购置、维修费和经常费等。

（4）体育活动支出。包括工会开展各种体育活动所需的一般设备用品费和维修费；举办或参加各项职工体育比赛的活动经费，运动用品费和服装费以及体育事业单位（体育场、体育馆）的经常活动费等。

（5）干部训练支出。包括工会专职人员和积极分子的训练费和各级工会干部学校的经费。

（6）工会行政费支出。包括各级工会专职人员的人员经费、办公费、差旅费、工会文件和会员证的印刷费；县以上工会组织自有房屋设备的维修费；以及工会召开各种会议的费用支出。

基层工会干部的人员经费改由工会经费开支后，其一切待遇，应与企业党政管理干部相同。

（7）基建和大修理费用支出。包括市、县以上工会为建设职工文化体育活动场所的基建费和大修理支出。

（8）工会经费也可用于会员的困难补助和职工集体福利事业的补助支出。

［编者注：这八项开支范围，目前已作了一些修改。如业余教育费的比例，全总与财政部协商，改为基层工会留用经费的25%范围内列入工会预算掌握使用（见全总财务部《关于工会经费中职工业余教育费使用的答复》）；关于各级工会房屋、设备及基建费问题，国家计委、国家建委、财政部、国家物资总局、全国总工会发出联合通知，重申各级工会机关及事业单位办公（或事业活动）、宿舍所需房屋及设备，由各级政府及企事业单位行政解决；关于基层工会干部工资福利，仍按财政部、劳动部、全总《关于工会脱产干部工资福利开支的补充通知》的规定执行。另外，各省、市、自治区总工会与当地财政部门有具体规定的，可继续执行。］

四、恢复拨交工会经费办法后，原来由财政拨给的县以上各级工会组织的行政费、文体事业活动费，改由工会经费开支。

原来由企业成本中列支的企业工会人员经费和应由工会开支的文体宣传费，改由工会经费开支。每人每月三角钱的文体宣传费取消。

所有已规定应由工会经费开支的费用，不再列入企业成本或行政费开支。

五、经与人民银行总行商定，各级工会（从基层工会到全国总工会）均需在银行开立“工会工作费”专户，办理工会经费的收支和上解工作（会员交纳的会费也存入此户)。具体办法由省、直辖市、自治区总工会与当地人民银行分行洽商办理。

六、各级工会对于工会经费的使用，必须坚持勤俭节约的原则，严格遵守国家的财经纪律和财政制度。各级财政、银行部门和工会有权对工会经费的提取、拨交和使用进行监督检查。执行中的问题，请及时向财政部、全国总工会反映。

此外，由于恢复拨交工会经费办法后，工会经费的汇集、上交需要有一个过程，因此，一九七九年县以上各级工会的行政费和业务活动费，可暂由地方财政在财政部下达的一九七九年行政费指标（包括县以上各级工会行政费和业务活动费）中垫付。一九八〇年如数归还。

中华全国总工会　中国人民银行
中华人民共和国财政部
关于严格按工会法规定拨交工会经费的通知

（工发总字〔1980〕339号
(80）银会字第176号　　1980年12月31日
(80）财企字第728号）

国务院各部委、各直属机构，中央军委总后勤部，各省、市、自治区人民政府财政局（厅)，人民银行分行、总工会：

国家为了保障工会工作和职工群众文化教育体育活动的顺利进行，在一九五〇年六月颁布的工会法中，规定凡建立工会组织的企业、事业、机关单位的行政方面，应按月向工会组织拨交工会经费。十年浩劫中，工会组织遭到破坏，拨交工会经费的规定中止执行。工会“九大”以后，一九七八年十二月二十二日财政部与中华全国总工会发出联合通知，恢复执行拨交工会经费的规定。据各地反映，恢复拨交工会经费以来，大多数单位能够按规定拨交，但也有少数单位虽经多次催缴仍不按规定拨交。个别企、事业单位的主管部门对所属单位拨交工会经费不加督促，甚至进行阻挠。由于不少地方的工会组织经费收得不好，影响了职工群众正常活动及工会工作的恢复和发展。

为了使国家的规定得到切实执行，保证工会经费按期如数拨交，提出以下意见和办法，并已报经国务院批准，请按照执行。

（一）所有已建立工会组织的单位，都必须严格按《工会法》的规定和财政部、全国总工会一九七八年十二月二十二日联合通知的规定，向工会拨交工会经费。上级主管部门要负责对所属单位拨交工会经费进行督促检查。

（二）对逾期不交工会经费的单位，工会组织应向其讲明拨交工会经费的意义和规定，并及时催收追缴。经屡次催收无效的，由县或城市的区工会（产业工会管理经费的，由基层的上一级工会）以文件正式通知缴款单位的开户银行，由银行从单位的存款中扣交，并按欠交金额每日千分之五扣收滞纳金。

（三）至于在国民经济调整时期，国家正式决定关闭并已停止生产的企业，除负担基层工会的必要开支外，可免拨工会经费；国家确定的停产企业，确有实际困难，暂时拨不出经费的，应向上一级工会说明理由，征得同意后，可在一定期限内停交工会经费，停交期间基层工会的必要开支由企业行政解决。

全国总工会财务部转发国家统计局有关工资总额规定文件的通知

（工财字〔1990〕29 号　1990 年 4 月 5 日）

各省、自治区、直辖市总工会、铁路总工会财务部，中国民航工会办公室：

现将国家统计局《关于工资总额组成的规定》、《关于认真贯彻执行〈关于工资总额组成的规定〉的通知》以及附件一、附件二以及《“关于工资总额组成规定若干问题的解答”的通知》转发给你们，请你们按上述文件规定的工资总额，抓好工会经费收缴工作。执行中有什么问题，请与全总财务部联系。

附件：

关于工资总额组成的规定

（一九八九年九月三十日国务院批准　一九九〇年一月一日国家统计局发布）

第一章　总　则

第一条　为了统一工资总额的计算范围，保证国家对工资进行统一的统计核算和会计核算，有利于编制、检查计划和进行工资管理以及正确地反映职工的工资收入，制定本规定。

第二条 全民所有制和集体所有制企业、事业单位，各种合营单位，各级国家机关、政党机关和社会团体，在计划、统计、会计上有关工资总额范围的计算，均应遵守本规定。

第三条 工资总额是指各单位在一定时间内直接支付给本单位全部职工的劳动报酬总额。

工资总额的计算应以直接支付给职工的全部劳动报酬为根据。

第二章 工资总额的组成

第四条 工资总额由下列六个部分组成：

（一）计时工资；

（二）计件工资；

（三）奖金；

（四）津贴和补贴；

（五）加班加点工资；

（六）特殊情况下支付的工资。

第五条 计时工资是指按计时工资标准（包括地区生活费补贴）和工作时间支付给个人的劳动报酬。包括：

（一）对已做工作按计时工资标准支付的工资；

（二）实行结构工资制的单位支付给职工的基础工资和职务（岗位）工资；

（三）新参加工作职工的见习工资（学徒的生活费）；

（四）运动员体育津贴。

第六条 计件工资是指对已做工作按计件单价支付的劳动报酬。包括：

（一）实行超额累进计件、直接无限计件、限额计件、超定额计件等工资制，按劳动部门或主管部门批准的定额和计件单价支付给个人的工资；

（二）按工作任务包干方法支付给个人的工资；

（三）按营业额提成或利润提成办法支付给个人的工资。

第七条 奖金是指支付给职工的超额劳动报酬和增收节支的劳动报酬。包括：

（一）生产奖；

（二）节约奖；

（三）劳动竞赛奖；

（四）机关、事业单位的奖励工资；

（五）其他奖金。

第八条　津贴和补贴是指为了补偿职工特殊或额外的劳动消耗和因其他特殊原因支付给职工的津贴，以及为了保证职工工资水平不受物价影响支付给职工的物价补贴。

（一）津贴。包括：补偿职工特殊或额外劳动消耗的津贴，保健性津贴，技术性津贴，年功性津贴及其他津贴。

（二）物价补贴。包括：为保证职工工资水平不受物价上涨或变动影响而支付的各种补贴。

第九条　加班加点工资是指按规定支付的加班工资和加点工资。

第十条　特殊情况下支付的工资。包括：

（一）根据国家法律、法规和政策规定，因病、工伤、产假、计划生育假、婚丧假、事假、探亲假、定期休假、停工学习、执行国家或社会义务等原因按计时工资标准或计时工资标准的一定比例支付的工资；

（二）附加工资、保留工资。

第三章　工资总额不包括的项目

第十一条　下列各项不列入工资总额的范围：

（一）根据国务院发布的有关规定颁发的创造发明奖、自然科学奖、科学技术进步奖和支付的合理化建议和技术改进奖以及支付给运动员、教练员的奖金；

（二）有关劳动保险和职工福利方面的各项费用；

（三）有关离休、退休、退职人员待遇的各项支出；

（四）劳动保护的各项支出；

（五）稿费、讲课费及其他专门工作报酬；

（六）出差伙食补助费、误餐补助、调动工作的旅费和安家费；

（七）对自带工具、牲畜来企业工作职工所支付的工具、牲畜等的补偿费用；

（八）实行租赁经营单位的承租人的风险性补偿收入；

（九）对购买本企业股票和债券的职工所支付的股息（包括股金分红）和利息；

（十）劳动合同制职工解除劳动合同时由企业支付的医疗补助费、生活补助费等；

（十一）因录用临时工而在工资以外向提供劳动力单位支付的手续费或管

理费；

（十二）支付给家庭工人的加工费和按加工订货办法支付给承包单位的发包费用；

（十三）支付给参加企业劳动的在校学生的补贴；

（十四）计划生育独生子女补贴。

第十二条 前条所列各列按照国家规定另行统计。

第四章 附 则

第十三条 中华人民共和国境内的私营单位、华侨及港、澳、台工商业者经营单位和外商经营单位有关工资总额范围的计算，参照本规定执行。

第十四条 本规定由国家统计局负责解释。

第十五条 各地区、各部门可依据本规定制定有关工资总额组成的具体范围的规定。

第十六条 本规定自发布之日起施行。国务院一九五五年五月二十一日批准颁布的《关于工资总额组成的暂行规定》同时废止。

全国总工会财务部转发国家统计局《劳动统计指标解释》中有关“职工”和“职工工资总额及构成”的规定的通知

（工财字〔1995〕11号 1995年3月3日）

各省、自治区、直辖市总工会财务部，全国铁路总工会财务部，中国民航、金融工会财务部，中直机关、国家机关工会联合会财务部（办公室）：

现将国家统计局1994年10月编印的《劳动统计指标解释》中“从业人员和职工人数统计”及“从业人员劳动报酬和职工个人收入统计”这两部分内容摘录印发给你们，请认真了解掌握，并按照其中的“职工”范围和“职工工资总额及构成”的规定，做好企业、事业、机关按月向工会拨交工会经费的收缴工作。

两个问题说明如下：

一、在各单位中工作的外方人员和港、澳、台方人员，《解释》未列入“职工”范围（列入从业人员范围），但在计算拨交工会经费时，仍应按照全国总工会、对外经济贸易部、财政部、劳动人事部工发总字〔1984〕45 号通知和财政部（92）财工字第 294 号通知的有关规定，将这部分人员的工资总额计算在内拨交工会经费。

二、已建立工会组织的乡镇企业和私营企业按月向工会拨交经费时，按照本企业全部职工工资总额的 2% 计算拨交。

附件 1：

从业人员和职工人数统计（摘录）

（一）基本指标

从业人员　指从事一定社会劳动并取得劳动报酬或经营收入的人员（详见劳动力资源配置情况统计）。

各单位的从业人员是指在各级国家机关、政党机关、社会团体及企业、事业单位中工作，并取得劳动报酬的全部人员。包括职工、再就业的离退休人员、民办教师以及在各单位中工作的外方人员和港、澳、台方人员。

职工　指在国有经济、城镇集体经济、联营经济、股份制经济、外商和港、澳、台投资经济，其他经济单位及其附属机构工作，并由其支付工资的各类人员。

职工统计中不包括下列人员：

1. 乡镇企业从业人员
2. 私营企业从业人员
3. 城镇个体劳动者
4. 离休、退休、退职人员
5. 再就业的离、退休人员
6. 民办教师
7. 其他按有关规定不列入职工统计范围的人员：

（1）实行个人承包离店经营不再由原单位支付工资的人员。

（2）从单位领取原材料，在自己家中进行生产的家庭工。

（3）发包给其他单位半成品加工、装配、包装等工作所使用的人员；发包给其他单位的拆洗缝补、房屋修缮、装卸、搬运、短途运输等工作所使用的人员；承包本单位工程或运输业务，其劳动力不由本单位直接组织安排的农村搬运队、建筑队的人员等。

（4）根据国务院国发〔1981〕181 号文件规定，经省、自治区、直辖市批准有计划从农村就近招用，参加铁路、公路、输油输气管线、水利等大型土石方工程工作，工程结束后立即辞退，不得调往新施工地区的民工。其他以“民工”名义，从农村招收的参加一般建设的人员，应列入“全部职工”中统计。

（5）参加单位生产劳动的军工和勤工俭学的在校学生，以及大中专、技工学校的实习生。

（6）在社会福利单位中工作，以国家救济为主的人员。

（7）经单位批准停薪留职，保留单位职工身份的人员。如自费上电大、出国探亲以及离厂（店）自谋出路等人员。

（8）在各单位中工作的外方人员和港、澳、台方人员。

职工人数计算的原则：

（1）各基层单位的“全部职工”人数，原则上应按“谁发工资谁统计”的办法进行统计。因此，不论是编制内的还是编制外的人员；不论是出勤的还是因故未出勤的人员；不论是在国内工作的还是在国外工作的人员；不论是正式的人员还是试用期间的人员；不论是在本单位工作的还是临时借调到外单位工作的人员，只要由本单位支付工资均应统计为职工。

（2）对于新招收的人员，从其报到参加工作之日起，不论是否发放当月工资，即应统计为本单位职工。对于自然减员、参军（包括参军后原单位仍发给部分生活费或补贴人员）、不带工资上学的人员，从其离开之日起即不再算本单位的职工。对于调往其他单位的人员，从其离开之日起即不再算本单位的职工。对于调往其他单位的人员，如已在原单位领取工资，其期末人数和平均人数均应由原单位进行统计，调入单位从发放工资之月起统计。

长期职工 指用工期限在一年以上（含一年）的职工。包括原固定职工、合同制职工、长期临时工以及国有单位使用的城镇集体所有制单位的人员和其他使用期限在一年以上的原计划外用工。

临时职工 指用工期限不超过一年的职工。包括各单位根据国家有关规定招用的，签订一年以内的劳动合同或使用期不超过一年的临时性、季节性用工。

各单位中的长期职工与临时职工之和为该单位全部职工。

合同制职工 指单位根据国务院国发〔1986〕77号文件和国务院令第99号的规定，通过签订有固定期限劳动合同、无固定期限劳动合同和以完成一项工作为期限劳动合同所使用的职工。包括实行全员劳动合同制单位的全部职工。合同制职工是各单位全部职工中的其中项。

正式职工 指机关和事业单位中，经国家有关部门分配、安排或批准招收录用的职工。包括原固定职工和使用期限在一年以上的合同制职工。正式职工是单位全部职工中的其中项。

附件2：

从业人员劳动报酬和职工个人收入统计（摘录）

（一）从业人员劳动报酬

从业人员劳动报酬　指各单位在一定时期内直接支付给本单位全部从业人员的劳动报酬总额。包括职工工资总额和本单位其他从业人员劳动报酬两部分。

职工工资总额　指各单位在一定时期内直接支付给本单位全部职工的劳动报酬总额。

其他从业人员劳动报酬　指各单位在一定时期内直接支付给本单位其他从业人员的全部劳动报酬。包括支付给再就业离退休人员的劳动报酬和外籍、港、台人员的劳动报酬总额。

（二）职工工资总额及构成

职工工资总额反映了一定时期职工从单位内得到的全部工资，包括计时工资、计件工资、奖金、津贴和补贴、加班加点工资、特殊情况下支付的工资。

工资总额的计算原则应以直接支付给职工的全部劳动报酬为根据。各单位支付给职工的劳动报酬以及其他根据有关规定支付的工资，不论是计入成本的还是不计入成本的，不论是以货币形式支付的还是以实物形式支付的，均应列入工资总额的计算范围。

各单位在统计月、季、年的工资总额时，均应按实发数计算，但对逢节日提前预发下月的工资，仍统计在应发月的工资总额中。因补发调整工资影响当月工资总额变动较大时，应在统计表中加注说明。

工资总额不包括的项目：

（1）根据国务院发布的有关规定颁发的创造发明奖、国家星火奖、自然科学奖、科学技术进步奖和支付的合理化建议和技术改进奖以及支付给运动员在重大体育比赛中的重奖。

（2）有关劳动保险和职工福利方面的费用，具体有：职工死亡丧葬费及抚恤费、医疗卫生费或公费医疗费用、职工生活困难补助费、集体福利事业补贴、工会文教费、集体福利费、探亲路费等。

（3）有关离休、退休、退职人员待遇的各项支出。

（4）支付给聘用或留用的离休、退休人员的各项补贴。

（5）劳动保护的各种支出。具体有：工作服、手套等劳保用品。解毒剂、清凉饮料，以及按照一九六三年七月十九日劳动部等七单位规定的范围对接触有毒物质、矽尘作业、放射线作业和潜水、沉箱作业、高温作业等五类工种所享受的由劳动保护费开支的保健食品待遇。

（6）稿费、讲课费及其他专门工作报酬。

（7）出差伙食补助费、误餐补助、调动工作的旅费和安家费。

（8）对自带工具、牲畜来企业工作的职工所支付的工具、牲畜等的补偿费用。

（9）实行租赁经营单位的承租人的风险性补偿收入。

（10）对购买本企业股票和债券的职工所支付的股息（包括股金分红）和利息。

（11）劳动合同制职工解除劳动合同时由企业支付的医疗补助费、生活补助费等。

（12）因录用临时工而在工资以外向提供劳动力单位支付的手续费或管理费。

（13）支付给家庭工人的加工费和按加工订货办法支付给承包单位的发包费用。

（14）支付给参加企业劳动的在校学生的补贴。

（15）计划生育独生子女补贴。

工资总额构成的内容，根据财务核算的具体情况，国家统计局对国务院国函〔1989〕65号文件批准，国家统计局1990年第1号令发布实施的《关于工资总额组成的规定》中的构成内容进行了调整，即将其中“特殊情况下支付的工资”分列在“计时工资”、“其他工资”两项指标中。

计时工资　是指按计时工资标准和工作时间支付给个人的劳动报酬。包括：

（1）对已做工作按计时工资标准支付的工资；

（2）新参加工作职工的见习工资（学徒的生活费）；

（3）根据国家法律、法规和政策规定，因病、工伤、产假、计划生育假、婚丧假、事假、探亲假、定期休假、停工学习、执行国家或社会义务等原因按计时工资标准或计件工资标准的一定比例支付的工资；

（4）实行岗位技能工资制的单位支付给职工的技能工资和岗位（职务）

工资；

（5）合同制职工按规定缴纳的不超过本人标准工资3%的退休养老基金、职工受处分期间的工资、浮动升级的工资等。

（6）根据国务院关于机关工作人员和事业单位工作人员工资制度改革方案的规定，列入机关工改范围的单位其计时工资包括：机关工作人员的职务工资、级别工资、基础工资；工人的岗位工资、技术等级（职务）工资。

列入事业工改范围的单位其计时工资包括：各类专业技术人员和管理人员的专业技术职务工资、艺术专业职务工资、体育基础津贴、行员等级工资、职员职务工资、技术等级工资、等级工资等。工人的技术等级（职务）工资、等级工资。

中小学教师、护士在新的专业技术职务工资标准的基础上提高10%的部分也列入"计时工资"项内。

计件工资　是指对已做工作按计件单价支付的劳动报酬。包括：

（1）实行超额累进计件、直接无限计件、限额计件、超定额计件等工资制，按劳动部门或主管部门批准的定额和计件单价支付给个人的工资；

（2）按工作任务包干方法支付给个人的工资；

（3）按营业额提成或利润提成办法支付给个人的工资。

计件标准工资　指实行计件工资制的单位，按照批准的计件单价和规定的劳动定额或工作量支付给计件工人的劳动报酬。即在一定时期内职工应当完成的定额乘以单价后的工资。在一般情况下（即工作物等级与标准工资等级相同时），计件标准工资与标准工资相等。当工作物等级高于标准工资等级时，计件标准工资则高于标准工资。

计件超额工资　是计件工资的一部分，指计件工人超额完成定额任务后所得的工资。即计件工人实得的全部计件工资减去应得的计件标准工资后的数额。某些企业的工人由于从事生产的工作物等级高于本人工资等级，因而其计件标准工资高于本人标准工资，其计件超额工资也应是全部工资减去应得的计件标准工资的数额。

奖金　是指支付给职工的超额劳动报酬和增收节支的劳动报酬。包括：

（1）生产（业务）奖　包括超产奖、质量奖、安全（无事故）奖、考核各项经济指标的综合奖、提前竣工奖、外轮速遣奖、年终奖（劳动分红）等；

（2）节约奖　包括各种动力、燃料、原材料等节约奖；

（3）劳动竞赛奖　包括发给劳动模范、先进个人的各种奖金和实物奖励；

（4）机关、事业单位各类人员的年终一次性奖金、机关工人的奖金、体育运动员的平时训练奖；

（5）其他奖金　包括从兼课酬金和业余医疗卫生服务收入提成中支付的奖金，运输系统的堵漏保收奖，学校教师的教学工作量超额酬金，从各项收入中以提成的名义发给职工的奖金等。

津贴和补贴　是指为了补偿职工特殊或额外的劳动消耗和因其他特殊原因支付给职工的津贴，以及为了保证职工工资水平不受物价影响支付给职工的物价补贴。

1. 津贴包括：

（1）补偿职工特殊或额外劳动消耗的津贴及岗位性津贴　包括：高空津贴、井下津贴、流动施工津贴、高温作业临时补贴、海岛津贴、艰苦气象台（站）津贴、微波站津贴、冷库低温津贴、邮电人员外勤津贴、夜班津贴、中班津贴、班（组）长津贴、环卫人员岗位津贴、广播电视天线工岗位津贴、盐业岗位津贴、废品回收人员岗位津贴、殡葬特殊行业津贴、城市社会福利事业岗位津贴、环境监测津贴、收容遣送岗位津贴、课时津贴、班主任津贴、科研辅助津贴、卫生临床津贴和防检津贴、农业技术推广服务津贴、护林津贴、林业技术推广服务津贴、野生动物保护工作津贴、水利防汛津贴、血吸虫疫区工作津贴、气象服务津贴、地震预测预防津贴、技术监督工作津贴、口岸鉴定检验津贴、环境污染监控津贴、社会服务津贴、特殊岗位津贴、岗位津贴、野外津贴、水上作业津贴、艰苦岛屿与作业津贴、艺术表演档次津贴、演出场次津贴、艺术人员工种补贴、运动队班（队）干部驻队补贴、教练员培训津贴、运动员成绩津贴、运动员突出贡献津贴、责任目标津贴、领导职务津贴、岗位目标管理津贴、专业技术职务津贴、专业技术职务岗位津贴、技术等级岗位津贴、机关工作人员岗位津贴（包括公安干警值勤津贴、警衔津贴、海关工作人员岗位津贴、基层审计人员外勤工作补贴、人民法院干警岗位津贴、人民检察院干警岗位津贴、司法助理员岗位津贴、监察纪检部门办案人员外出办案补贴、人民武装部工作人员津贴）、技术工人岗位津贴、普通工人作业津贴以及其他为特殊行业和苦脏累险等特殊岗位设立的津贴等。

（2）保健性津贴　包括：卫生防疫津贴和医疗卫生津贴、科技保健津贴以及其他行业职工的特殊保健津贴等。

（3）技术性津贴　包括：特级教师补贴、科研课题津贴、研究生导师津贴、工人技师津贴、中药老药工技术津贴、特殊教育补贴、高级知识分子特殊津贴（政府特殊津贴）等。

（4）年功性津贴　包括：工龄工资、工龄津贴、教龄津贴和护士工龄津贴。

（5）地区津贴 包括艰苦边远地区津贴和地区附加津贴。

（6）其他津贴 包括：直接支付给个人的伙食津贴（火车司机和乘务员的乘务津贴、航行和空勤人员伙食津贴、水产捕捞人员伙食津贴、专业车队汽车司机行车津贴、体育运动员和教练员伙食补助费、少数民族伙食津贴、小伙食单位补贴、各种伙食补贴等）、合同制职工的工资性补贴、上下班交通补贴、洗理卫生费、书报费、工种粮补贴等。

2. 补贴包括：

为保证职工工资水平不受物价上涨或变动影响而支付的各种补贴，如副食品价格补贴（含肉类等价格补贴），粮、油、蔬菜等价格补贴，煤价补贴，房贴，水电贴，房改补贴以及提高煤炭价格后，部分地区实行的民用燃料和照明电价格补贴等。

对于1993年机关、事业单位工资套改后，原按国家和地方规定发放的物价、福利性补贴及自行建立的津贴，扣除已纳入工资的64元以外的部分也应计入“津贴和补贴”项目。

加班加点工资 是指对法定节假日和公休假日工作的职工，以及在正常工作日以外延长工作时间的职工按规定支付的加班工资和加点工资。

其他工资 是指其他根据国家规定支付的工资。如附加工资、保留工资以及调整工资补发的上年工资等。

在1993年机关、事业单位工资套改中，增资额未达到35元的，按35元增加工资，其超出职级工资线的部分暂列入“其他工资”项内。

（三）职工工资外收入（略）

全国总工会财务部关于机关和事业单位工会会员交纳会费问题的通知

（工财字〔1994〕69号 1994年6月18日）

各省、自治区、直辖市总工会财务部，全国铁路、民航、金融工会财务部（办公室），中直机关、中央国家机关工会联合会：

最近，机关和事业单位工作人员的现行工资制度进行了改革。为了做好工会会费的收缴工作，明确会费的缴纳标准，现将有关问题通知如下：

机关和事业单位工作人员现行工资制度改革后，工会会员目前仍暂按全国总工会1978年颁发的《关于收交工会会费的通知》规定，按照会员本人每月工资收入的0.5%计算交纳会费。“工资收入”具体包括：

1. 机关的工会会员：职务工资，级别工资，基础工资，工龄工资；

2. 事业单位的工会会员：职务工资，等级工资；

3. 机关、事业单位的工人会员：岗位工资，等级工资。

会员工资收入合计尾数不足10元部分和各项津贴、补贴、奖金等收入，仍暂不计算交纳会费。

中华全国总工会　财政部
关于财政拨款的行政事业单位
计拨工会经费有关问题的通知

（总工发〔2003〕25号　2003年9月27日）

各省、自治区、直辖市总工会、财政厅（局）：

为进一步贯彻落实《工会法》和最高人民法院司法解释（法释〔2003〕11号），确保工会经费及时、足额拨缴，保证各级工会组织正常工作的开展，现将行政事业单位拨缴工会经费有关事项通知如下：

一、各地区、各单位一定要增强法制观念和法律意识，认真贯彻落实《工会法》关于建立工会组织的企业、事业单位、机关按每月全部职工工资总额的2%拨缴工会经费的规定，依法足额拨缴和上解工会经费。

二、各级财政部门要将应由财政负担的工会经费列入财政预算。有条件的地区在推行财政国库管理制度改革时，可考虑根据当地财政部门的规定，对工会经费实行国库集中支付。

三、各行政、事业单位在财政统发工资之外的所有人员的工资、各种津贴、补贴和奖金等劳动报酬性开支，其工会经费的计拨，仍应按照国家统计局对工资总额构成的规定，由各单位行政方面按所发的职工工资总额2%计提工会经费，并按规定比例和拨缴办法，及时足额拨缴至本单位基层工会，由基层工会按规定上解上级工会组织。

四、具体实施办法，由各地财政部门和当地总工会研究制定。

五、本通知自下达之日起执行。

中华全国总工会办公厅
关于基层工会组织筹建期间
拨缴工会经费（筹备金）事项的通知

（总工办发〔2004〕29号　2004年8月24日）

各省、自治区、直辖市总工会，中华全国铁路总工会、中国民航工会全国委员会、中国金融工会全国委员会，中共中央直属机关工会联合会，中央国家机关工会联合会：

为了积极推进工会组建工作，确保基层工会筹备建立期间所需的经费，现就有关事项通知如下：

一、根据《中华人民共和国工会法》第十一条和第四十二条的规定，上级工会派员帮助和指导尚未组建工会组织的企业、事业单位、机关和其他组织（以下简称为有关单位）的职工筹建工会组织，自筹建工作开始的下个月起，由有关单位按每月全部职工工资总额的2%向上级工会全额拨缴工会经费（筹备金）。上级工会收到工会经费（筹备金）后向有关单位开具“工会经费拨缴款专用收据”，有关单位凭专用收据在税前列支。

二、上级工会对有关单位拨缴的工会经费（筹备金），除按现行工会经费分成办法解缴经费外，要实行单独核算，专款专用，主要用于基层工会组织筹建期内所发生的有关费用。

三、筹建工作结束，并经上级工会批准正式建立工会组织后，有关单位自批准之月起，不再直接向上级工会拨缴工会经费（筹备金），改为按每月全部职工工资总额的2%向本单位工会拨缴工会经费，再由本单位工会按照全总和省级工会有关工会经费分成办法规定的比例留成并向上级工会上缴工会经费。

中华全国总工会关于在京中央企业工会经费拨缴、管理和监督的暂行规定

（总工发〔2009〕45 号　2009 年 9 月 25 日）

依法拨缴、严格管理、规范使用工会经费，是各级工会组织的重要责任。加强在京中央企业工会经费的收缴、管理和监督，是加强工会建设，增强组织实力，促进事业发展的保障。根据《中华人民共和国工会法》、《中国工会章程》和中华全国总工会关于工会经费管理办法等有关规定，现就在京中央企业工会经费拨缴、管理和监督工作做如下规定。

一、经费拨缴范围

在京中央企业（含在北京地区的所属单位）工会均应按规定拨缴工会经费。已经向全国总工会或北京市总工会拨缴工会经费的，原拨缴渠道和办法不变。

在京外的中央企业和在京中央企业驻京外的所属单位，工会经费的原拨缴渠道和办法不变。在京外的中央企业所属单位驻京的，工会经费向北京市总工会拨缴。

没有实行工会经费拨缴的在京中央企业工会，要依法拨缴工会经费。工会经费的拨缴和财务管理，由全国总工会财务部负责。

二、经费拨缴方法

在京中央企业工会负责拨缴本级及在京所属单位的工会经费。工会经费按工资总额的 2% 提取，其中企业工会留成 70%，上缴全国总工会 30%。全国总工会对完成工会经费拨缴任务的单位给予回拨补助，使企业工会留成部分达到 78%—80%。

工会经费每半年拨缴一次（即每年 7 月 10 日和次年 1 月 10 日前），全国总工会财务部同时开具和发放“工会经费拨缴款专用收据”，企业凭该收据在税前列支工会经费。

三、财务管理和审计监督

（一）根据《中国工会章程》和全国总工会的有关规定，在京中央企业工会要建立健全财务和经审的组织机构，配备相应的工作人员。按照全国总工会相关的财务制度和经费审查审计规定，收好、管好、用好工会经费，并

对所属单位工会财务工作，作好检查、审计和监督。

（二）要严格执行《在京中央企业工会财务会计工作管理办法》，加强预决算管理，按年度编制本级工会经费收支预算、决算，报全国总工会财务部审批。其所属在京的各级工会也要按规定编制年度工会经费收支预算、决算，具体编报和审批办法由在京中央企业工会规定。

（三）参照《中华全国总工会办公厅关于省级工会财务会计工作竞赛评比办法》，全国总工会每年对在京中央企业工会财务工作进行考评，对依法拨缴、严格管理、规范使用工会经费的单位，将给予奖励。

（四）全国总工会财务部，要配合中央企业工会做好经费的收缴、管理、使用和监督工作。全国总工会经费审查委员会办公室，将依据有关规定，对在京中央企业工会经费收支情况进行审计。

中华全国总工会办公厅关于按照《财政部关于企业加强职工福利费财务管理的通知》的规定做好相关工会经费计提工作的通知

（总工办发〔2009〕37 号　2009 年 12 月 1 日）

各省、自治区、直辖市总工会，中华全国铁路总工会、中国民航工会全国委员会、中国金融工会全国委员会，中共中央直属机关工会联合会，中央国家机关工会联合会：

财政部日前下发了《财政部关于企业加强职工福利费财务管理的通知》（财企〔2009〕242 号）（以下简称《通知》）。《通知》第二条规定，企业为职工提供的交通、住房、通讯待遇，已经实行货币化改革的，按月按标准发放或支付的住房补贴、交通补贴或者车改补贴、通讯补贴，应当纳入职工工资总额，不再纳入职工福利费管理；尚未实行货币化改革的，企业发生的相关支出作为职工福利费管理，但根据国家有关企业住房制度改革政策的统一规定，不得再为职工购建住房。企业给职工发放的节日补助、未统一供餐而按月发放的午餐费补贴，应当纳入工资总额管理。

上述补贴、补助等按财政部规定纳入工资总额管理后，企业应当按照《中华人民共和国工会法》第四十二条规定，按每月新调整全部职工工资总额的百分之二向工会拨缴经费。请各级工会遵照《工会法》和《通知》精神，做好工会经费收缴工作。

附件：

财政部关于企业加强职工福利费财务管理的通知

（财企〔2009〕242号　2009年11月12日）

党中央有关部门，国务院各部委、各直属机构，全国人大常委会办公厅，全国政协办公厅，解放军总后勤部，武警总部，各省、自治区、直辖市、计划单列市财政厅（局），新疆生产建设兵团财务局，各中央管理企业：

为加强企业职工福利费财务管理，维护正常的收入分配秩序，保护国家、股东、企业和职工的合法权益，根据《公司法》、《企业财务通则》（财政部令第41号）等有关精神，现通知如下：

一、企业职工福利费是指企业为职工提供的除职工工资、奖金、津贴、纳入工资总额管理的补贴、职工教育经费、社会保险费和补充养老保险费（年金）、补充医疗保险费及住房公积金以外的福利待遇支出，包括发放给职工或为职工支付的以下各项现金补贴和非货币性集体福利：

（一）为职工卫生保健、生活等发放或支付的各项现金补贴和非货币性福利，包括职工因公外地就医费用、暂未实行医疗统筹企业职工医疗费用、职工供养直系亲属医疗补贴、职工疗养费用、自办职工食堂经费补贴或未办职工食堂统一供应午餐支出、符合国家有关财务规定的供暖费补贴、防暑降温费等。

（二）企业尚未分离的内设集体福利部门所发生的设备、设施和人员费用，包括职工食堂、职工浴室、理发室、医务所、托儿所、疗养院、集体宿舍等集体福利部门设备、设施的折旧、维修保养费用以及集体福利部门工作人员的工资薪金、社会保险费、住房公积金、劳务费等人工费用。

（三）职工困难补助，或者企业统筹建立和管理的专门用于帮助、救济困难职工的基金支出。

（四）离退休人员统筹外费用，包括离休人员的医疗费及离退休人员其他统筹外费用。企业重组涉及的离退休人员统筹外费用，按照《财政部关于企业重组有关职工安置费用财务管理问题的通知》（财企〔2009〕117号）执行。国家另有规定的，从其规定。

（五）按规定发生的其他职工福利费，包括丧葬补助费、抚恤费、职工异地安家费、独生子女费、探亲假路费，以及符合企业职工福利费定义但没有包括在本通知各条款项目中的其他支出。

二、企业为职工提供的交通、住房、通讯待遇，已经实行货币化改革的，按月按标准发放或支付的住房补贴、交通补贴或者车改补贴、通讯补贴，应当纳入职工工资总额，不再纳入职工福利费管理；尚未实行货币化改革的，企业发生的相关支出作为职工福利费管理，但根据国家有关企业住房制度改革政策的统一规定，不得再为职工购建住房。

企业给职工发放的节日补助、未统一供餐而按月发放的午餐费补贴，应当纳入工资总额管理。

三、职工福利是企业对职工劳动补偿的辅助形式，企业应当参照历史一般水平合理控制职工福利费在职工总收入的比重。按照《企业财务通则》第四十六条规定，应当由个人承担的有关支出，企业不得作为职工福利费开支。

四、企业应当逐步推进内设集体福利部门的分离改革，通过市场化方式解决职工福利待遇问题。同时，结合企业薪酬制度改革，逐步建立完整的人工成本管理制度，将职工福利纳入职工工资总额管理。

对实行年薪制等薪酬制度改革的企业负责人，企业应当将符合国家规定的各项福利性货币补贴纳入薪酬体系统筹管理，发放或支付的福利性货币补贴从其个人应发薪酬中列支。

五、企业职工福利一般应以货币形式为主。对以本企业产品和服务作为职工福利的，企业要严格控制。国家出资的电信、电力、交通、热力、供水、燃气等企业，将本企业产品和服务作为职工福利的，应当按商业化原则实行公平交易，不得直接供职工及其亲属免费或者低价使用。

六、企业职工福利费财务管理应当遵循以下原则和要求：

（一）制度健全。企业应当依法制订职工福利费的管理制度，并经股东会或董事会批准，明确职工福利费开支的项目、标准、审批程序、审计监督。

（二）标准合理。国家对企业职工福利费支出有明确规定的，企业应当严格执行。国家没有明确规定的，企业应当参照当地物价水平、职工收入情况、企业财务状况等要求，按照职工福利项目制订合理标准。

（三）管理科学。企业应当统筹规划职工福利费开支，实行预算控制和管理。职工福利费预算应当经过职工代表大会审议后，纳入企业财务预算，按规定批准执行，并在企业内部向职工公开相关信息。

（四）核算规范。企业发生的职工福利费，应当按规定进行明细核算，准确反映开支项目和金额。

七、企业按照企业内部管理制度，履行内部审批程序后，发生的职工福利费，按照《企业会计准则》等有关规定进行核算，并在年度财务会计报告中按规定予以披露。

在计算应纳税所得额时，企业职工福利费财务管理同税收法律、行政法规的规定不一致的，应当依照税收法律、行政法规的规定计算纳税。

八、本通知自印发之日起施行。以前有关企业职工福利费的财务规定与本通知不符的，以本通知为准。金融企业另有规定的，从其规定。

中华全国总工会办公厅关于转发《国家税务总局关于工会经费企业所得税税前扣除凭据问题的公告》的通知

（总工办发〔2010〕37号　2010年12月3日）

各省、自治区、直辖市总工会，中华全国铁路总工会、中国民航工会全国委员会、中国金融工会全国委员会，中共中央直属机关工会联合会、中央国家机关工会联合会：

近日，国家税务总局发布了《关于工会经费企业所得税税前扣除凭据问题的公告》（2010年第24号），现转发给你们，请认真贯彻执行。

附件：

国家税务总局关于工会经费企业所得税税前扣除凭据问题的公告

（2010年第24号　2010年11月9日）

根据《工会法》、《中国工会章程》和财政部颁布的《工会会计制度》，以及财政票据管理的有关规定，全国总工会决定从2010年7月1日起，启用财政部统一印制并套印财政部票据监制章的《工会经费收入专用收据》，同时废止《工会经费拨缴款专用收据》。为加强对工会经费企业所得税税前扣除的管理，现就工会经费税前扣除凭据问题公告如下：

一、自2010年7月1日起，企业拨缴的职工工会经费，不超过工资薪金总额2%的部分，凭工会组织开具的《工会经费收入专用收据》在企业所得税税前扣除。

二、《国家税务总局关于工会经费税前扣除问题的通知》（国税函〔2000〕678号）同时废止。

特此公告。

中华全国总工会办公厅印发《关于加大对乡镇（街道）、开发区（工业园区）工会和基层工会经费支持力度的若干规定》的通知

（总工办发〔2016〕18号　2016年7月6日）

各省、自治区、直辖市总工会，各全国产业工会，中共中央直属机关工会联合会、中央国家机关工会联合会，全总各部门、各直属单位：

《关于加大对乡镇（街道）、开发区（工业园区）工会和基层工会经费支持力度的若干规定》已经全总十六届书记处第五十一次会议审议通过，现印发给你们，请遵照执行。

附件：

关于加大对乡镇（街道）、开发区（工业园区）工会和基层工会经费支持力度的若干规定

为深入贯彻中央党的群团工作会议和习近平总书记系列重要讲话精神，进一步加大对乡镇（街道）、开发区（工业园区）工会和基层工会（指企业、事业单位、机关等工会委员会，下同）的经费支持力度，制定以下规定。

一、明确乡镇（街道）、开发区（工业园区）工会和基层工会的经费留成比例

（一）全国工会经费全年收入的95%留在地方和基层工会；全国总工会

本级集中5%。

（二）基层工会的经费分成比例不低于60%。现低于60%的，一律调整为60%。

（三）各省级工会按照省以下各级工会经费分成比例由省级工会确定的原则，明确所辖乡镇（街道）、开发区（工业园区）工会的经费分成比例，报全国总工会备案。

二、坚持工会经费使用进一步向乡镇（街道）、开发区（工业园区）工会和基层工会倾斜

（一）全国总工会本级工会经费全年收入的70%用于对下级工会的补助，通过经费补助实行项目化管理，把其中大部分资金，经省级工会转拨补助到乡镇（街道）、开发区（工业园区）工会和基层工会。

（二）全国总工会每年从对下补助（不低于补助总额的10%）经费中，安排专项资金用于乡镇（街道）、开发区（工业园区）工会的工作经费。此款项经全国总工会拨付各省级工会后，由各省级工会安排所辖乡镇（街道）、开发区（工业园区）工会专款专用。

（三）省级和市县工会要加大对乡镇（街道）、开发区（工业园区）工会和基层工会的经费投入力度，要在年度本级经费预算中通过转移支付、项目化管理及定额补助等方式，将工会经费向乡镇（街道）、开发区（工业园区）工会和基层工会倾斜，把更多的经费直接用于普通职工群众。

（四）省级工会要按照《中华全国总工会关于新形势下加强基层工会建设的意见》（总工发〔2014〕22号）关于"有条件的地方可以由上级工会向基层工会兼职工会干部发放补贴"的规定，制定实施细则，对兼职工会干部发放补贴。

（五）县以上工会要在年度本级经费预算中安排专项资金，解决乡镇（街道）、开发区（工业园区）工会聘用社会化工会工作者的经费问题。

三、依法落实同级政府和单位行政方面应解决的有关问题

（一）乡镇（街道）、开发区（工业园区）工会和基层工会要根据《工会法》第四十五条关于"各级人民政府和企业、事业单位、机关应当为工会办公和开展活动，提供必要的设施和活动场所等物质条件"的规定，主动与乡镇政府、街道办事处、开发区（工业园区）政府（管委会）和企业、事业单位、机关等方面沟通，落实本级工会办公和开展活动所必要的场所和设施等。

（二）基层工会要认真落实《工会法》第四十一条关于"企业、事业单位、机关工会委员会的专职工作人员的工资、奖励、补贴，由所在单位支付。社会保险和其他福利待遇等，享受本单位职工同等待遇"的规定。

（三）乡镇政府、街道办事处、开发区（工业园区）政府工作人员，兼职担任乡镇（街道）、开发区（工业园区）工会干部的，其工资、津补贴以及社会保障和其他福利待遇等，由乡镇政府、街道办事处、开发区（工业园区）政府（管委会）承担。

四、加强乡镇（街道）、开发区（工业园区）工会和基层工会经费管理

（一）乡镇（街道）、开发区（工业园区）工会和基层工会要认真执行《工会会计制度》，做好会计核算工作。具备社团法人资格的乡镇（街道）、开发区（工业园区）工会和基层工会，应设立独立经费账户，实行工会经费独立核算。

尚不具备独立核算条件的乡镇（街道）、开发区（工业园区）工会，在其自愿基础上，可实行由县级工会财务“上代下”会计核算管理模式。

对于一些尚不具备独立核算条件的乡镇（街道）、开发区（工业园区）工会所辖小型企业工会，可建立乡镇（街道）、开发区（工业园区）工会会计核算中心，实行集中核算，分户管理。

（二）乡镇（街道）、开发区（工业园区）工会和基层工会要依法依规全面从严加强工会经费管理，要按照《工会法》《会计法》《工会预算管理办法》以及《中华全国总工会办公厅关于加强基层工会经费收支管理的通知》（总工办发〔2014〕23号）的规定，足额收缴工会经费，将各项收支全部纳入预算管理，严格控制工会经费开支。各项开支实行工会委员会集体领导下的主席负责制，重大开支集体研究决定。要坚持工会经费为工会工作和职工群众服务的方向，确保工会经费取之于职工，用之于职工，把更多工会经费用于职工身上，为职工群众办实事、做好事、解难事，让工会经费真正惠及职工群众和工会会员。县以上工会要加强对乡镇（街道）、开发区（工业园区）工会和基层工会财务工作的监督检查。

第五部分

财会管理类

会计基础工作规范

（财会字〔1996〕19号　1996年6月17日　根据2019年3月14日《财政部关于修改〈代理记账管理办法〉等2部部门规章的决定》修改）

第一章　总　则

第一条　为了加强会计基础工作，建立规范的会计工作秩序，提高会计工作水平，根据《中华人民共和国会计法》的有关规定，制定本规范。

第二条　国家机关、社会团体、企业、事业单位、个体工商户和其他组织的会计基础工作，应当符合本规范的规定。

第三条　各单位应当依据有关法律、法规和本规范的规定，加强会计基础工作，严格执行会计法规制度，保证会计工作依法有序地进行。

第四条　单位领导人对本单位的会计基础工作负有领导责任。

第五条　各省、自治区、直辖市财政厅（局）要加强对会计基础工作的管理和指导，通过政策引导、经验交流、监督检查等措施，促进基层单位加强会计基础工作，不断提高会计工作水平。

国务院各业务主管部门根据职责权限管理本部门的会计基础工作。

第二章　会计机构和会计人员

第一节　会计机构设置和会计人员配备

第六条　各单位应当根据会计业务的需要设置会计机构；不具备单独设置会计机构条件的，应当在有关机构中配备专职会计人员。

事业行政单位会计机构的设置和会计人员的配备，应当符合国家统一事业行政单位会计制度的规定。

设置会计机构，应当配备会计机构负责人；在有关机构中配备专职会计人员，应当在专职会计人员中指定会计主管人员。

会计机构负责人、会计主管人员的任免，应当符合《中华人民共和国会计法》和有关法律的规定。

第七条　会计机构负责人、会计主管人员应当具备下列基本条件：

（一）坚持原则，廉洁奉公；

（二）具备会计师以上专业技术职务资格或者从事会计工作不少于三年；

（三）熟悉国家财经法律、法规、规章和方针、政策，掌握本行业业务管理的有关知识；

（四）有较强的组织能力；

（五）身体状况能够适应本职工作的要求。

第八条 没有设置会计机构或者配备会计人员的单位，应当根据《代理记账管理办法》的规定，委托会计师事务所或者持有代理记账许可证书的代理记账机构进行代理记账。

第九条 大、中型企业、事业单位、业务主管部门应当根据法律和国家有关规定设置总会计师。总会计师由具有会计师以上专业技术资格的人员担任。

总会计师行使《总会计师条例》规定的职责、权限。

总会计师的任命（聘任）、免职（解聘）依照《总会计师条例》和有关法律的规定办理。

第十条 各单位应当根据会计业务需要配备会计人员，督促其遵守职业道德和国家统一的会计制度。

第十一条 各单位应当根据会计业务需要设置会计工作岗位。

会计工作岗位一般可分为：会计机构负责人或者会计主管人员，出纳，财产物资核算，工资核算，成本费用核算，财务成果核算，资金核算，往来结算，总帐报表，稽核，档案管理等。开展会计电算化和管理会计的单位，可以根据需要设置相应工作岗位，也可以与其他工作岗位相结合。

第十二条 会计工作岗位，可以一人一岗、一人多岗或者一岗多人。但出纳人员不得兼管稽核、会计档案保管和收入、费用、债权债务帐目的登记工作。

第十三条 会计人员的工作岗位应当有计划地进行轮换。

第十四条 会计人员应当具备必要的专业知识和专业技能，熟悉国家有关法律、法规、规章和国家统一会计制度，遵守职业道德。

会计人员应当按照国家有关规定参加会计业务的培训。各单位应当合理安排会计人员的培训，保证会计人员每年有一定时间用于学习和参加培训。

第十五条 各单位领导人应当支持会计机构、会计人员依法行使职权；对忠于职守，坚持原则，做出显著成绩的会计机构、会计人员，应当给予精神的和物质的奖励。

第十六条 国家机关、国有企业、事业单位任用会计人员应当实行回避制度。

单位领导人的直系亲属不得担任本单位的会计机构负责人、会计主管人员。会计机构负责人、会计主管人员的直系亲属不得在本单位会计机构中担任出纳工作。

需要回避的直系亲属为：夫妻关系、直系血亲关系、三代以内旁系血亲以及配偶亲关系。

第二节　会计人员职业道德

第十七条　会计人员在会计工作中应当遵守职业道德，树立良好的职业品质、严谨的工作作风，严守工作纪律，努力提高工作效率和工作质量。

第十八条　会计人员应当热爱本职工作，努力钻研业务，使自己的知识和技能适应所从事工作的要求。

第十九条　会计人员应当熟悉财经法律、法规、规章和国家统一会计制度，并结合会计工作进行广泛宣传。

第二十条　会计人员应当按照会计法规、法规和国家统一会计制度规定的程序和要求进行会计工作，保证所提供的会计信息合法、真实、准确、及时、完整。

第二十一条　会计人员办理会计事务应当实事求是、客观公正。

第二十二条　会计人员应当熟悉本单位的生产经营和业务管理情况，运用掌握的会计信息和会计方法，为改善单位内部管理、提高经济效益服务。

第二十三条　会计人员应当保守本单位的商业秘密。除法律规定和单位领导人同意外，不能私自向外界提供或者泄露单位的会计信息。

第二十四条　财政部门、业务主管部门和各单位应当定期检查会计人员遵守职业道德的情况，并作为会计人员晋升、晋级、聘任专业职务、表彰奖励的重要考核依据。

会计人员违反职业道德的，由所在单位进行处理。

第三节　会计工作交接

第二十五条　会计人员工作调动或者因故离职，必须将本人所经管的会计工作全部移交给接替人员。没有办清交接手续的，不得调动或者离职。

第二十六条　接替人员应当认真接管移交工作，并继续办理移交的未了事项。

第二十七条　会计人员办理移交手续前，必须及时做好以下工作：

（一）已经受理的经济业务尚未填制会计凭证的，应当填制完毕。

（二）尚未登记的帐目，应当登记完毕，并在最后一笔余额后加盖经办人员印章。

（三）整理应该移交的各项资料，对未了事项写出书面材料。

（四）编制移交清册，列明应当移交的会计凭证、会计帐簿、会计报表、印章、现金、有价证券、支票簿、发票、文件、其他会计资料和物品等内容；实行会计电算化的单位，从事该项工作的移交人员还应当在移交清册中列明会计软件及密码、会计软件数据磁盘（磁带等）及有关资料、实物等内容。

第二十八条 会计人员办理交接手续，必须有监交人负责监交。一般会计人员交接，由单位会计机构负责人、会计主管人员负责监交；会计机构负责人、会计主管人员交接，由单位领导人负责监交，必要时可由上级主管部门派人会同监交。

第二十九条 移交人员在办理移交时，要按移交清册逐项移交；接替人员要逐项核对点收。

（一）现金、有价证券要根据会计帐簿有关记录进行点交。库存现金、有价证券必须与会计帐簿记录保持一致。不一致时，移交人员必须限期查清。

（二）会计凭证、会计帐簿、会计报表和其他会计资料必须完整无缺。如有短缺，必须查清原因，并在移交清册中注明，由移交人员负责。

（三）银行存款帐户余额要与银行对帐单核对，如不一致，应当编制银行存款余额调节表调节相符，各种财产物资和债权债务的明细帐户余额要与总帐有关帐户余额核对相符；必要时，要抽查个别帐户的余额，与实物核对相符，或者与往来单位、个人核对清楚。

（四）移交人员经管的票据、印章和其他实物等，必须交接清楚；移交人员从事会计电算化工作的，要对有关电子数据在实际操作状态下进行交接。

第三十条 会计机构负责人、会计主管人员移交时，还必须将全部财务会计工作、重大财务收支和会计人员的情况等，向接替人员详细介绍。对需要移交的遗留问题，应当写出书面材料。

第三十一条 交接完毕后，交接双方和监交人员要在移交注册上签名或者盖章。并应在移交注册上注明：单位名称，交接日期，交接双方和监交人员的职务、姓名，移交清册页数以及需要说明的问题和意见等。

移交清册一般应当填制一式三份，交接双方各执一份，存档一份。

第三十二条 接替人员应当继续使用移交的会计帐簿，不得自行另立新帐，以保持会计记录的连续性。

第三十三条 会计人员临时离职或者因病不能工作且需要接替或者代理的，会计机构负责人、会计主管人员或者单位领导人必须指定有关人员接替或者代理，并办理交接手续。

临时离职或者因病不能工作的会计人员恢复工作的，应当与接替或者代理人员办理交接手续。

移交人员因病或者其他特殊原因不能亲自办理移交的，经单位领导人批准，可由移交人员委托他人代办移交，但委托人应当承担本规范第三十五条规定的责任。

第三十四条　单位撤销时，必须留有必要的会计人员，会同有关人员办理清理工作，编制决算。未移交前，不得离职。接收单位和移交日期由主管部门确定。

单位合并、分立的，其会计工作交接手续比照上述有关规定办理。

第三十五条　移交人员对所移交的会计凭证、会计帐簿、会计报表和其他有关资料的合法性、真实性承担法律责任。

第三章　会计核算

第一节　会计核算一般要求

第三十六条　各单位应当按照《中华人民共和国会计法》和国家统一会计制度的规定建立会计帐册，进行会计核算，及时提供合法、真实、准确、完整的会计信息。

第三十七条　各单位发生的下列事项，应当及时办理会计手续、进行会计核算：

（一）款项和有价证券的收付；

（二）财物的收发、增减和使用；

（三）债权债务的发生和结算；

（四）资本、基金的增减；

（五）收入、支出、费用、成本的计算；

（六）财务成果的计算和处理；

（七）其他需要办理会计手续、进行会计核算的事项。

第三十八条　各单位的会计核算应当以实际发生的经济业务为依据，按照规定的会计处理方法进行，保证会计指标的口径一致、相互可比和会计处理方法的前后各期相一致。

第三十九条　会计年度自公历1月1日起至12月31日止。

第四十条　会计核算以人民币为记帐本位币。

收支业务以外国货币为主的单位，也可以选定某种外国货币作为记帐本位币，但是编制的会计报表应当折算为人民币反映。

境外单位向国内有关部门编报的会计报表，应当折算为人民币反映。

第四十一条　各单位根据国家统一会计制度的要求，在不影响会计核算要求、会计报表指标汇总和对外统一会计报表的前提下，可以根据实际情况自行设置和使用会计科目。

事业行政单位会计科目的设置和使用，应当符合国家统一事业行政单位会计制度的规定。

第四十二条 会计凭证、会计帐簿、会计报表和其他会计资料的内容和要求必须符合国家统一会计制度的规定，不得伪造、变造会计凭证和会计帐簿，不得设置帐外帐，不得报送虚假会计报表。

第四十三条 各单位对外报送的会计报表格式由财政部统一规定。

第四十四条 实行会计电算化的单位，对使用的会计软件及其生成的会计凭证、会计帐簿、会计报表和其他会计资料的要求，应当符合财政部关于会计电算化的有关规定。

第四十五条 各单位的会计凭证、会计帐簿、会计报表和其他会计资料，应当建立档案，妥善保管。会计档案建档要求、保管期限、销毁办法等依据《会计档案管理办法》的规定进行。

实行会计电算化的单位，有关电子数据、会计软件资料等应当作为会计档案进行管理。

第四十六条 会计记录的文字应当使用中文，少数民族自治地区可以同时使用少数民族文字。中国境内的外商投资企业、外国企业和其他外国经济组织也可以同时使用某种外国文字。

第二节 填制会计凭证

第四十七条 各单位办理本规范第三十七条规定的事项，必须取得或者填制原始凭证，并及时送交会计机构。

第四十八条 原始凭证的基本要求是：

（一）原始凭证的内容必须具备：凭证的名称；填制凭证的日期；填制凭证单位名称或者填制人姓名；经办人员的签名或者盖章；接受凭证单位名称；经济业务内容；数量、单价和金额。

（二）从外单位取得的原始凭证，必须盖有填制单位的公章；从个人取得的原始凭证，必须有填制人员的签名或者盖章。自制原始凭证必须有经办单位领导人或者其指定的人员签名或者盖章。对外开出的原始凭证，必须加盖本单位公章。

（三）凡填有大写和小写金额的原始凭证，大写与小写金额必须相符。购买实物的原始凭证，必须有验收证明。支付款项的原始凭证，必须有收款单位和收款人的收款证明。

（四）一式几联的原始凭证，应当注明各联的用途，只能以一联作为报销凭证。

一式几联的发票和收据，必须用双面复写纸（发票和收据本身具备复写纸功能的除外）套写，并连续编号。作废时应当加盖“作废”戳记，连同存根一起保存，不得撕毁。

（五）发生销货退回的，除填制退货发票外，还必须有退货验收证明；退款时，必须取得对方的收款收据或者汇款银行的凭证，不得以退货发票代替收据。

（六）职工公出借款凭据，必须附在记帐凭证之后。收回借款时，应当另开收据或者退还借据副本，不得退还原借款收据。

（七）经上级有关部门批准的经济业务，应当将批准文件作为原始凭证附件。如果批准文件需要单独归档的，应当在凭证上注明批准机关名称、日期和文件字号。

第四十九条 原始凭证不得涂改、挖补。发现原始凭证有错误的，应当由开出单位重开或者更正，更正处应当加盖开出单位的公章。

第五十条 会计机构、会计人员要根据审核无误的原始凭证填制记帐凭证。

记帐凭证可以分为收款凭证、付款凭证和转帐凭证，也可以使用通用记帐凭证。

第五十一条 记帐凭证的基本要求是：

（一）记帐凭证的内容必须具备：填制凭证的日期；凭证编号；经济业务摘要；会计科目；金额；所附原始凭证张数；填制凭证人员、稽核人员、记帐人员、会计机构负责人、会计主管人员签名或者盖章。收款和付款记帐凭证还应当由出纳人员签名或者盖章。

以自制的原始凭证或者原始凭证汇总表代替记帐凭证的，也必须具备记帐凭证应有的项目。

（二）填制记帐凭证时，应当对记帐凭证进行连续编号。一笔经济业务需要填制两张以上记帐凭证的，可以采用分数编号法编号。

（三）记帐凭证可以根据每一张原始凭证填制，或者根据若干张同类原始凭证汇总填制，也可以根据原始凭证汇总表填制。但不得将不同内容和类别的原始凭证汇总填制在一张记帐凭证上。

（四）除结帐和更正错误的记帐凭证可以不附原始凭证外，其他记帐凭证必须附有原始凭证。如果一张原始凭证涉及几张记帐凭证，可以把原始凭证附在一张主要的记帐凭证后面，并在其他记帐凭证上注明附有该原始凭证的记帐凭证的编号或者附原始凭证复印件。

一张复始凭证所列支出需要几个单位共同负担的，应当将其他单位负担的部分，开给对方原始凭证分割单，进行结算。原始凭证分割单必须具备原始凭证的基本内容：凭证名称、填制凭证日期、填制凭证单位名称或者填制人姓名、经办人的签名或者盖章、接受凭证单位名称、经济业务内容、数量、单价、金额和费用分摊情况等。

（五）如果在填制记帐凭证时发生错误，应当重新填制。

已经登记入帐的记帐凭证，在当年内发现填写错误时，可以用红字填写一张与原内容相同的记帐凭证，在摘要栏注明“注销某月某日某号凭证”字样，同时再用蓝字重新填制一张正确的记帐凭证，注明“订正某月某日某号凭证”字样。如果会计科目没有错误，只是金额错误，也可以将正确数字与错误数字之间的差额，另编一张调整的记帐凭证，调增金额用蓝字，调减金额用红字。发现以前年度记帐凭证有错误的，应当用蓝字填制一张更正的记帐凭证。

（六）记帐凭证填制完经济业务事项后，如有空行，应当自金额栏最后一笔金额数字下的空行处至合计数上的空行处划线注销。

第五十二条　填制会计凭证，字迹必须清晰、工整，并符合下列要求：

（一）阿拉伯数字应当一个一个地写，不得连笔写。阿拉伯金额数字前面应当书写货币币种符号或者货币名称简写和币种符号。币种符号与阿拉伯金额数字之间不得留有空白。凡阿拉伯数字前写有币种符号的，数字后面不再写货币单位。

（二）所有以元为单位（其他货币种类为货币基本单位，下同）的阿拉伯数字，除表示单价等情况外，一律填写到角分；无角分的，角位和分位可写“00”，或者符号“——”；有角无分的，分位应当写“0”，不得用符号“——”代替。

（三）汉字大写数字金额如零、壹、贰、叁、肆、伍、陆、柒、捌、玖、拾、佰、仟、万、亿等，一律用正楷或者行书体书写，不得用0、一、二、三、四、五、六、七、八、九、十等简化字代替，不得任意自造简化字。大写金额数字到元或者角为止的，在“元”或者“角”字之后应当写“整”字或者“正”字；大写金额数字有分的，分字后面不写“整”或者“正”字。

（四）大写金额数字前未印有货币名称的，应当加填货币名称，货币名称与金额数字之间不得留有空白。

（五）阿拉伯金额数字中间有“0”时，汉字大写金额要写“零”字；阿拉伯数字金额中间连续有几个“0”时，汉字大写金额中可以只写一个“零”字；阿拉伯金额数字元位是“0”，或者数字中间连续有几个“0”、元位也是“0”但角位不是“0”时，汉字大写金额可以只写一个“零”字，也可以不写“零”字。

第五十三条 实行会计电算化的单位，对于机制记帐凭证，要认真审核，做到会计科目使用正确，数字准确无误。打印出的机制记帐凭证要加盖制单人员、审核人员、记帐人员及会计机构负责人、会计主管人员印章或者签字。

第五十四条 各单位会计凭证的传递程序应当科学、合理，具体办法由各单位根据会计业务需要自行规定。

第五十五条 会计机构、会计人员要妥善保管会计凭证。

（一）会计凭证应当及时传递，不得积压。

（二）会计凭证登记完毕后，应当按照分类和编号顺序保管，不得散乱丢失。

（三）记帐凭证应当连同所附的原始凭证或者原始凭证汇总表，按照编号顺序，折叠整齐，按期装订成册，并加具封面，注明单位名称、年度、月份和起讫日期、凭证种类、起讫号码，由装订人在装订线封签外签名或者盖章。

对于数量过多的原始凭证，可以单独装订保管，在封面上注明记帐凭证日期、编号、种类，同时在记帐凭证上注明“附件另订”和原始凭证名称及编号。

各种经济合同、存出保证金收据以及涉外文件等重要原始凭证，应当另编目录，单独登记保管，并在有关的记帐凭证和原始凭证上相互注明日期和编号。

（四）原始凭证不得外借，其他单位如因特殊原因需要使用原始凭证时，经本单位会计机构负责人、会计主管人员批准，可以复制。向外单位提供的原始凭证复制件，应当在专设的登记簿上登记，并由提供人员和收取人员共同签名或者盖章。

（五）从外单位取得的原始凭证如有遗失，应当取得原开出单位盖有公章的证明，并注明原来凭证的号码、金额和内容等，由经办单位会计机构负责人、会计主管人员和单位领导人批准后，才能代作原始凭证。如果确实无法取得证明的，如火车、轮船、飞机票等凭证，由当事人写出详细情况，由经办单位会计机构负责人、会计主管人员和单位领导人批准后，代作原始凭证。

第三节 登记会计帐簿

第五十六条 各单位应当按照国家统一会计制度的规定和会计业务的需要设置会计帐簿。会计帐簿包括总帐、明细帐、日记帐和其他辅助性帐簿。

第五十七条 现金日记帐和银行存款日记帐必须采用订本式帐簿。不得用银行对帐单或者其他方法代替日记帐。

第五十八条 实行会计电算化的单位，用计算机打印的会计帐簿必须连续编号，经审核无误后装订成册，并由记帐人员和会计机构负责人、会计主管人员签字或者盖章。

第五十九条 启用会计帐簿时，应当在帐簿封面上写明单位名称和帐簿名称。在帐簿扉页上应当附启用表，内容包括：启用日期、帐簿页数、记帐人员和会计机构负责人、会计主管人员姓名，并加盖名章和单位公章。记帐人员或者会计机构负责人、会计主管人员调动工作时，应当注明交接日期、接办人员或者监交人员姓名，并由交接双方人员签名或者盖章。

启用订本式帐簿，应当从第一页到最后一页顺序编定页数，不得跳页、缺号。使用活页式帐页，应当按帐户顺序编号，并须定期装订成册。装订后再按实际使用的帐页顺序编定页码。另加目录，记明每个帐户的名称和页次。

第六十条 会计人员应当根据审核无误的会计凭证登记会计帐簿。登记帐簿的基本要求是：

（一）登记会计帐簿时，应当将会计凭证日期、编号、业务内容摘要、金额和其他有关资料逐项记入帐内，做到数字准确、摘要清楚、登记及时、字迹工整。

（二）登记完毕后，要在记帐凭证上签名或者盖章，并注明已经登帐的符号，表示已经记帐。

（三）帐簿中书写的文字和数字上面要留有适当空格，不要写满格；一般应占格距的二分之一。

（四）登记帐簿要用蓝黑墨水或者碳素墨水书写，不得使用圆珠笔（银行的复写帐簿除外）或者铅笔书写。

（五）下列情况，可以用红色墨水记帐：

1. 按照红字冲帐的记帐凭证，冲销错误记录；

2. 在不设借贷等栏的多栏式帐页中，登记减少数；

3. 在三栏式帐户的余额栏前，如未印明余额方向的，在余额栏内登记负数余额；

4. 根据国家统一会计制度的规定可以用红字登记的其他会计记录。

（六）各种帐簿按页次顺序连续登记，不得跳行、隔页。如果发生跳行、隔页，应当将空行、空页划线注销，或者注明“此行空白”、“此页空白”字样，并由记帐人员签名或者盖章。

（七）凡需要结出余额的帐户，结出余额后，应当在“借或贷”等栏内写明“借”或者“贷”等字样。没有余额的帐户，应当在“借或贷”等栏内写“平”字，并在余额栏内用“Q”表示。

现金日记帐和银行存款日记帐必须逐日结出余额。

（八）每一帐页登记完毕结转下页时，应当结出本页合计数及余额，写在本页最后一行和下页第一行有关栏内，并在摘要栏内注明“过次页”和“承前页”字样；也可以将本页合计数及金额只写在下页第一行有关栏内，并在摘要栏内注明“承前页”字样。

对需要结计本月发生额的帐户，结计“过次页”的本页合计数应当为自本月初起至本页末止的发生额合计数；对需要结计本年累计发生额的帐户，结计“过次页”的本页合计数应当为自年初起至本页末止的累计数；对既不需要结计本月发生额也不需要结计本年累计发生额的帐户，可以只将每页末的余额结转次页。

第六十一条 帐簿记录发生错误，不准涂改、挖补、刮擦或者用药水消除字迹，不准重新抄写，必须按照下列方法进行更正：

（一）登记帐簿时发生错误，应当将错误的文字或者数字划红线注销，但必须使原有字迹仍可辨认；然后在划线上方填写正确的文字或者数字，并由记帐人员在更正处盖章。对于错误的数字，应当全部划红线更正，不得只更正其中的错误数字。对于文字错误，可只划去错误的部分。

（二）由于记帐凭证错误而使帐簿记录发生错误，应当按更正的记帐凭证登记帐簿。

第六十二条 各单位应当定期对会计帐簿记录的有关数字与库存实物、货币资金、有价证券、往来单位或者个人等进行相互核对，保证帐证相符、帐帐相符、帐实相符。对帐工作每年至少进行一次。

（一）帐证核对。核对会计帐簿记录与原始凭证、记帐凭证的时间、凭证字号、内容、金额是否一致，记帐方向是否相符。

（二）帐帐核对。核对不同会计帐簿之间的帐簿记录是否相符，包括：总帐有关帐户的余额核对，总帐与明细帐核对，总帐与日记帐核对，会计部门的财产物资明细帐与财产物资保管和使用部门的有关明细帐核对等。

（三）帐实核对。核对会计帐簿记录与财产等实有数额是否相符。包括：现金日记帐帐面余额与现金实际库存数相核对；银行存款日记帐帐面余额定期与银行对帐单相核对；各种财物明细帐帐面余额与财物实存数额相核对；各种应收、应付款明细帐帐面余额与有关债务、债权单位或者个人核对等。

第六十三条 各单位应当按照规定定期结帐。

（一）结帐前，必须将本期内所发生的各项经济业务全部登记入帐。

（二）结帐时，应当结出每个帐户的期末余额。需要结出当月发生额的，应当在摘要栏内注明“本月合计”字样，并在下面通栏划单红线。需要结出本年累计发生额的，应当在摘要栏内注明“本年累计”字样，并在下面通栏划单红线；12 月末的“本年累计”就是全年累计发生额。全年累计发生额下面应当通栏划双红线。年度终了结帐时，所有总帐帐户都应当结出全年发生额和年末余额。

（三）年度终了，要把各帐户的余额结转到下一会计年度，并在摘要栏注明“结转下年”字样；在下一会计年度新建有关会计帐簿的第一行余额栏内填写上年结转的余额，并在摘要栏注明“上年结转”字样。

第四节　编制财务报告

第六十四条　各单位必须按照国家统一会计制度的规定，定期编制财务报告。

财务报告包括会计报表及其说明。会计报表包括会计报表主表、会计报表附表、会计报表附注。

第六十五条　各单位对外报送的财务报告应当根据国家统一会计制度规定的格式和要求编制。

单位内部使用的财务报告，其格式和要求由各单位自行规定。

第六十六条　会计报表应当根据登记完整、核对无误的会计帐簿记录和其他有关资料编制，做到数字真实、计算准确、内容完整、说明清楚。

任何人不得篡改或者授意、指使、强令他人篡改会计报表的有关数字。

第六十七条　会计报表之间、会计报表各项目之间，凡有对应关系的数字，应当相互一致。本期会计报表与上期会计报表之间有关的数字应当相互衔接。如果不同会计年度会计报表中各项目的内容和核算方法有变更的，应当在年度会计报表中加以说明。

第六十八条　各单位应当按照国家统一会计制度的规定认真编写会计报表附注及其说明，做到项目齐全，内容完整。

第六十九条　各单位应当按照国家规定的期限对外报送财务报告。

对外报送的财务报告，应当依次编写页码，加具封面，装订成册，加盖公章。封面上应当注明：单位名称，单位地址，财务报告所属年度、季度、月度，送出日期，并由单位领导人、总会计师、会计机构负责人、会计主管人员签名或者盖章。

单位领导人对财务报告的合法性、真实性负法律责任。

第七十条　根据法律和国家有关规定应当对财务报告进行审计的，财务报告编制单位应当先行委托注册会计师进行审计，并将注册会计师出具的审计报告随同财务报告按照规定的期限报送有关部门。

第七十一条　如果发现对外报送的财务报告有错误，应当及时办理更正手续。除更正本单位留存的财务报告外，并应同时通知接受财务报告的单位更正。错误较多的，应当重新编报。

第四章 会计监督

第七十二条 各单位的会计机构、会计人员对本单位的经济活动进行会计监督。

第七十三条 会计机构、会计人员进行会计监督的依据是：

（一）财经法律、法规、规章；

（二）会计法律、法规和国家统一会计制度；

（三）各省、自治区、直辖市财政厅（局）和国务院业务主管部门根据《中华人民共和国会计法》和国家统一会计制度制定的具体实施办法或者补充规定；

（四）各单位根据《中华人民共和国会计法》和国家统一会计制度制定的单位内部会计管理制度；

（五）各单位内部的预算、财务计划、经济计划、业务计划等。

第七十四条 会计机构、会计人员应当对原始凭证进行审核和监督。

对不真实、不合法的原始凭证，不予受理。对弄虚作假、严重违法的原始凭证，在不予受理的同时，应当予以扣留，并及时向单位领导人报告，请求查明原因，追究当事人的责任。

对记载不准确、不完整的原始凭证，予以退回，要求经办人员更正、补充。

第七十五条 会计机构、会计人员对伪造、变造、故意毁灭会计帐簿或者帐外设帐行为，应当制止和纠正；制止和纠正无效的，应当向上级主管单位报告，请求作出处理。

第七十六条 会计机构、会计人员应当对实物、款项进行监督，督促建立并严格执行财产清查制度。发现帐簿记录与实物、款项不符时，应当按照国家有关规定进行处理。超出会计机构、会计人员职权范围的，应当立即向本单位领导报告，请求查明原因，作出处理。

第七十七条 会计机构、会计人员对指使、强令编造、篡改财务报告行为，应当制止和纠正；制止和纠正无效的，应当向上级主管单位报告，请求处理。

第七十八条 会计机构、会计人员应当对财务收支进行监督。

（一）对审批手续不全的财务收支，应当退回，要求补充、更正。

（二）对违反规定不纳入单位统一会计核算的财务收支，应当制止和纠正。

（三）对违反国家统一的财政、财务、会计制度规定的财务收支，不予办理。

（四）对认为是违反国家统一的财政、财务、会计制度规定的财务收支，应当制止和纠正；制止和纠正无效的，应当向单位领导人提出书面意见请求处理。

单位领导人应当在接到书面意见起十日内作出书面决定，并对决定承担责任。

（五）对违反国家统一的财政、财务、会计制度规定的财务收支，不予制止和纠正，又不向单位领导人提出书面意见的，也应当承担责任。

（六）对严重违反国家利益和社会公众利益的财务收支，应当向主管单位或者财政、审计、税务机关报告。

第七十九条 会计机构、会计人员对违反单位内部会计管理制度的经济活动，应当制止和纠正；制止和纠正无效的，向单位领导人报告，请求处理。

第八十条 会计机构、会计人员应当对单位制定的预算、财务计划、经济计划、业务计划的执行情况进行监督。

第八十一条 各单位必须依照法律和国家有关规定接受财政、审计、税务等机关的监督，如实提供会计凭证、会计帐簿、会计报表和其他会计资料以及有关情况，不得拒绝、隐匿、谎报。

第八十二条 按照法律规定应当委托注册会计师进行审计的单位，应当委托注册会计师进行审计，并配合注册会计师的工作，如实提供会计凭证、会计帐簿、会计报表和其他会计资料以及有关情况，不得拒绝、隐匿、谎报，不得示意注册会计师出具不当的审计报告。

第五章　内部会计管理制度

第八十三条 各单位应当根据《中华人民共和国会计法》和国家统一会计制度的规定，结合单位类型和内容管理的需要，建立健全相应的内部会计管理制度。

第八十四条 各单位制定内部会计管理制度应当遵循下列原则：

（一）应当执行法律、法规和国家统一的财务会计制度。

（二）应当体现本单位的生产经营、业务管理的特点和要求。

（三）应当全面规范本单位的各项会计工作，建立健全会计基础，保证会计工作的有序进行。

（四）应当科学、合理，便于操作和执行。

（五）应当定期检查执行情况。

（六）应当根据管理需要和执行中的问题不断完善。

第八十五条　各单位应当建立内部会计管理体系。主要内容包括：单位领导人、总会计师对会计工作的领导职责；会计部门及其会计机构负责人、会计主管人员的职责、权限；会计部门与其他职能部门的关系；会计核算的组织形式等。

第八十六条　各单位应当建立会计人员岗位责任制度。主要内容包括：会计人员的工作岗位设置；各会计工作岗位的职责和标准；各会计工作岗位的人员和具体分工；会计工作岗位轮换办法；对各会计工作岗位的考核办法。

第八十七条　各单位应当建立帐务处理程序制度。主要内容包括：会计科目及其明细科目的设置和使用；会计凭证的格式、审核要求和传递程序；会计核算方法；会计帐簿的设置；编制会计报表的种类和要求；单位会计指标体系。

第八十八条　各单位应当建立内部牵制制度。主要内容包括：内部牵制制度的原则；组织分工；出纳岗位的职责和限制条件；有关岗位的职责和权限。

第八十九条　各单位应当建立稽核制度。主要内容包括：稽核工作的组织形式和具体分工；稽核工作的职责、权限；审核会计凭证和复核会计帐簿、会计报表的方法。

第九十条　各单位应当建立原始记录管理制度。主要内容包括：原始记录的内容和填制方法；原始记录的格式；原始记录的审核；原始记录填制人的责任；原始记录签署、传递、汇集要求。

第九十一条　各单位应当建立定额管理制度。主要内容包括：定额管理的范围；制定和修订定额的依据、程序和方法；定额的执行；定额考核和奖惩办法等。

第九十二条　各单位应当建立计量验收制度。主要内容包括：计量检测手段和方法；计量验收管理的要求；计量验收人员的责任和奖惩办法。

第九十三条　各单位应当建立财产清查制度。主要内容包括：财产清查的范围；财产清查的组织；财产清查的期限和方法；对财产清查中发现问题的处理办法；对财产管理人员的奖惩办法。

第九十四条　各单位应当建立财务收支审批制度。主要内容包括：财务收支审批人员和审批权限；财务收支审批程序；财务收支审批人员的责任。

第九十五条　实行成本核算的单位应当建立成本核算制度。主要内容包括：成本核算的对象；成本核算的方法和程序；成本分析等。

第九十六条　各单位应当建立财务会计分析制度。主要内容包括：财务会计分析的主要内容；财务会计分析的基本要求和组织程序；财务会计分析的具体方法；财务会计分析报告的编写要求等。

第六章　附　则

第九十七条　本规范所称国家统一会计制度，是指由财政部制定、或者财政部与国务院有关部门联合制定、或者经财政部审核批准的在全国范围内统一执行的会计规章、准则、办法等规范性文件。

本规范所称会计主管人员，是指不设置会计机构、只在其他机构中设置专职会计人员的单位行使会计机构负责人职权的人员。

本规范第三章第二节和第三节关于填制会计凭证、登记会计帐簿的规定，除特别指出外，一般适用于手工记帐。实行会计电算化的单位，填制会计凭证和登记会计帐簿的有关要求，应当符合财政部关于会计电算化的有关规定。

第九十八条　各省、自治区、直辖市财政厅（局）、国务院各业务主管部门可以根据本规范的原则，结合本地区、本部门的具体情况，制定具体实施办法，报财政部备案。

第九十九条　本规范由财政部负责解释、修改。

第一百条　本规范自公布之日起实施。1984 年 4 月 24 日财政部发布的《会计人员工作规则》同时废止。

财政部关于印发《工会会计制度》、《工会新旧会计制度有关衔接问题的处理规定》的通知

（财会〔2009〕7 号　2009 年 5 月 31 日）

中华全国总工会，各省、自治区、直辖市、计划单列市财政厅（局），新疆生产建设兵团财务局：

为了适应工会经费拨缴方式、业务活动内容等方面的变化，进一步规范工会的会计核算，提高会计信息质量，根据《中华人民共和国会计法》、《中华人民共和国工会法》等国家有关法律、行政法规，我部对中华全国总工会 1998 年颁布的《工会会计制度》进行了全面修订，制定了新版《工会会计制度》，并相应制定了《工会新旧会计制度有关衔接问题的处理规定》，现印发

给你们，于2010年1月1日起执行。执行中有何问题，请及时反馈我部。

附件：1. 工会会计制度

2. 工会新旧会计制度有关衔接问题的处理规定（略）

附件1：

工会会计制度

第一章　总　则

第一条　为了规范工会会计行为，保证会计信息质量，根据《中华人民共和国会计法》、《中华人民共和国工会法》等有关规定，制定本制度。

第二条　本制度适用于各级工会组织。

第三条　工会会计是各级工会核算、反映、监督工会预算执行和经济活动的专业会计。工会依法建立独立的会计核算管理体系，与工会预算管理体制相适应。

第四条　县级以上（含县级，下同）工会应当设置会计机构，配备专职会计人员。县级以下工会应当根据会计业务的需要设置会计机构或者在有关机构中设置专职会计人员；不具备设置条件的基层工会，应当委托经批准设立从事会计代理记账业务的中介机构代理记账或者聘请兼职会计。

第五条　各级工会应当建立健全内部控制体系，完善岗位责任制度和内部稽核制度。县级以上工会应当组织指导和检查下级工会会计工作，负责制定有关实施细则或补充规定；组织工会会计人员培训，不断提高政策、业务水平。

第六条　工会应当对其自身发生的经济业务进行会计处理和报告。

第七条　工会会计应当以工会的持续运行为前提。

第八条　工会应当划分会计期间，分期结算账目和编制会计报表。会计期间分为年度和中期，中期是指短于一个完整的会计年度的报告期间（如半年度、季度和月度）。

第九条　工会会计应当以货币计量，以人民币作为记账本位币。

第十条　工会会计以收付实现制为基础，以权责发生制为补充。

第十一条　工会会计要素包括：资产、负债、净资产、收入和支出。其平衡公式为：资产 = 负债 + 净资产。

第十二条　会计应当采用借贷记账法记账。

第十三条　会计记录的文字应当使用中文。在民族自治地方，会计记录可以同时使用当地通用的一种民族文字。

第二章　一般原则

第十四条　工会提供的会计信息应当符合工会宏观管理的要求，满足会计信息使用者的需要，满足本级工会加强财务管理的需要。

第十五条　工会会计应当以实际发生的经济业务为依据，如实反映工会财务状况、各项收支情况及结果，保证会计信息真实可靠、内容完整。

第十六条　工会提供的会计信息应当清晰明了，便于理解和使用。

第十七条　工会会计应当按照规定的会计处理方法进行，前后各期一致，不得随意变更，以确保会计信息口径一致，相互可比。

第十八条　工会会计应当遵循重要性原则。对于重要的经济业务，应当单独反映。

第十九条　工会应当及时进行会计处理和报告，不得提前或延后。

第二十条　资产在取得时应当按照实际成本计量。除另有规定外，一律不得自行调整账面价值。

第二十一条　凡是指定用途的资金，应按规定的用途专款专用，并单独反映。

第三章　资　产

第二十二条　资产是工会拥有或控制的能以货币计量的经济资源。包括流动资产、投资和固定资产等。

第二十三条　流动资产是指预计在一年内（含一年）变现或者耗用的资产。主要包括货币资金、借出款、应收款项、库存物品等。

（一）货币资金包括库存现金、银行存款等。

货币资金应当按照实际发生额入账。工会应当设置库存现金和银行存款日记账，按照业务发生顺序逐日逐笔登记。库存现金的核算应当做到日清月结，其账面余额必须与库存数相符；银行存款的账面余额应当与银行对账单定期核对，如有不符，应编制银行存款余额调节表调节相符。

工会发生外币业务时，应当将有关外币金额折算成人民币金额记账。

（二）借出款是工会因开展工作或发展工运事业的需要而出借给其他工会或工会所属单位的款项。

工会应当对借出款严格管理，借出每笔款项时均需与借款单位签订书面文件，署明用途和还款期限，还款期限通常不应超过三年；对于逾期未还款的借出款，需在年度会计报表附注中说明原因。逾期三年以上、因借款单位原因尚未收回的借出款，报经批准认定确实无法收回或者报经批准认定不再要求借款单位还款的，应及时予以核销。

（三）应收款项包括应收上级经费、应收下级经费、其他应收款等。

应收上级经费是工会应收未收的上级工会应拨付（或划转）工会经费和补助。应收下级经费是本级工会应收下级工会的上缴经费。其他应收款是工会除应收上下级经费以外的其他应收及暂付款项。

应收款项应当按照实际发生额入账。期末，工会应当分析各项应收款项的可收回性，对于确实不能收回的应收款项应报经批准认定后及时予以核销。

（四）库存物品指工会取得的将在日常活动中耗用的材料、物品及达不到固定资产标准的工具、器具等。

库存物品在取得时应当按照其实际成本入账。购入、有偿调入的库存物品以实际支付的价款记账。无偿调拨、接受捐赠的库存物品以其公允价值或者有关凭据注明的金额（加上相关费用）记账。

库存物品在发出（领用或出售等）时，应当根据实际情况在先进先出法、加权平均法、个别计价法中选择一种方法确定发出库存物品的实际成本，一经选定，不得随意变更。

工会应当定期对库存物品进行清查盘点，每年至少全面盘点一次。对于盘盈、盘亏或报废、毁损的库存物品，应当及时查明原因，报经批准认定后及时进行处理。盘盈的库存物品按照其公允价值入账，并计入当期收入；盘亏的库存物品，将其账面余额计入当期支出。报废、毁损的库存物品，先扣除残料价值、可以收回的保险赔偿和责任人赔偿等，将净损失计入当期支出。

第二十四条　投资是指工会按照国家有关法律、行政法规和工会的相关规定，以货币资金、实物资产等方式向其他单位的投资。投资按其流动性分为短期投资和长期投资；按其性质分为股权投资、债权投资等。

（一）投资在取得时应当按照其实际成本入账。以货币资金方式对外投资，以实际支付的款项记账。以实物资产方式对外投资，以评估确认或合同、协议确定的价值记账。

（二）投资期内取得的利息、利润、红利等各项投资收益，应当计入当期收入。

（三）处置（出售）投资时，实际取得价款与投资账面余额的差额，应当计入当期投资收益。

对于因被投资单位破产、被撤销、注销、吊销营业执照或者被政府责令关闭等情况造成难以收回的未处置不良投资，报经批准认定后应当及时核销。

第二十五条　固定资产是指工会使用年限在一年以上，单位价值在规定标准以上，并在使用过程中基本保持原来物质形态的资产。包括房屋及建筑物、专用设备、一般设备、文物和陈列品、图书、其他固定资产。

（一）一般设备单位价值在 500 元以上，专用设备单位价值在 800 元以上，为固定资产。单位价值虽未达到规定标准，但是使用时间在一年以上的大批同类物资，按固定资产管理。

（二）固定资产在取得时应当按照其实际成本入账。

购入、有偿调入的固定资产，以实际支付的买价、运输费、保险费、安装费、装卸费及相关税费等记账。

自行建造的固定资产，以建造过程中实际发生的全部必要支出记账。

无偿调入、接受捐赠的固定资产，以其公允价值或者有关凭据注明的金额（加上相关费用）记账。

对固定资产进行改建、扩建，其净增值部分，应当计入固定资产价值。固定资产修理费用直接计入当期支出。

（三）处置（出售）固定资产时，冲减其账面余额并相应减少固定基金，处置中取得的变价收入扣除处置费用后的净收入（或损失）计入当期收入（或支出）。

（四）工会应当定期对固定资产进行清查盘点，每年至少全面盘点一次。对于盘盈、盘亏或报废、毁损的固定资产，应当及时查明原因，报经批准认定后及时进行处理。盘盈的固定资产按照其公允价值入账，并相应增加固定基金；盘亏的固定资产，冲减其账面余额并相应减少固定基金。报废、毁损的固定资产，冲减其账面余额并相应减少固定基金，清理中取得的变价收入扣除清理费用后的净收入（或损失）计入当期收入（或支出）。

第四章　负　债

第二十六条　负债是指工会承担的能以货币计量，需以资产偿付的债务。包括借入款、应付个人收入、应付款项等。

第二十七条　借入款指工会借入的款项。

第二十八条　应付个人收入包括应付工资（离退休费）、应付地方（部门）津贴补贴、应付其他个人收入。

（一）应付工资（离退休费）指应付未付给本单位职工的工资及离退休费。其中，工资指按国家统一规定发放给在职人员的职务工资、级别工资、年终一次性奖金以及经国务院或人事部、财政部批准设立的津贴补贴等。离退休费指按国家统一规定发放给离退休人员的离休、退休费及经国务院或人事部、财政部批准设立的津贴补贴。

（二）应付地方（部门）津贴补贴指应付未付给本单位职工的地方（部门）津贴补贴。其中，地方（部门）津贴补贴指各地区各部门各单位出台的津贴补贴。

（三）应付其他个人收入指应付未付给本单位职工的其他个人收入。其中，其他个人收入指按国家规定发给个人除上述以外的其他收入，包括误餐费、夜餐费，出差人员伙食补助费、市内交通费，出国人员伙食费、公杂费、个人国外零用费，发放给个人的一次性奖励等。

第二十九条　应付款项包括应付上级经费、应付下级经费、其他应付款。

（一）应付上级经费指本级工会按规定应上缴的工会经费及建会筹备金。

（二）应付下级经费指本级工会应付下级工会的各项补助以及应转拨下级工会的工会经费和建会筹备金。

（三）其他应付款指除应付上下级经费之外的其他应付及暂存款项。

第三十条　各项负债应当按照实际发生额入账。

第五章　净资产

第三十一条　净资产是指工会的资产减去负债后的余额。包括固定基金、在建工程占用资金、投资基金、专用基金、后备金、结余。

第三十二条　固定基金指工会固定资产占用的基金。固定基金应当按照实际发生额入账。

在建工程占用资金指工会在建工程完工前累计占用的资金。在建工程占用资金应当按照实际发生额记账，待工程完工后转入固定基金。

第三十三条　投资基金指工会对外投资占用的基金。投资基金应当按照实际发生数额入账。

第三十四条　专用基金指工会按规定依法提取和使用的有专门用途的基金。包括增收留成基金、财务专用基金、工会干部权益保障金。

提取专用基金时，按照实际提取金额计入当期支出；使用专用基金时，按照实际支出金额冲减专用基金余额；专用基金未使用的余额，可滚存下一年度使用。

第三十五条　后备金指县级以上工会按规定依法提取的特殊情况下使用的储备金。

提取后备金时，按照实际提取金额冲减结余；使用后备金时，按照实际支出金额冲减后备金余额；后备金未使用的余额，可滚存下一年度使用。

第三十六条　结余指工会各项收入与支出相抵后滚存的累计余额。

第六章　收　入

第三十七条　收入是指工会根据《工会法》以及有关政策规定开展业务活动所取得的非偿还性资金。收入按照来源分为会费收入、拨缴经费收入、上级补助收入、政府补助收入、行政补助收入、事业收入、投资收益、其他收入。

（一）会费收入指工会会员依照规定向工会组织缴纳的会费。

（二）拨缴经费收入指基层单位行政拨缴、下级工会按规定上缴及上级工会按规定转拨的工会经费中归属于本级工会的经费及建会筹备金。

（三）上级补助收入指本级工会收到的上级工会补助的款项。包括回拨补助、专项补助、超收补助、帮扶补助、送温暖补助、救灾补助、其他补助。

（四）政府补助收入指各级人民政府按照《工会法》和国家的有关规定给予工会的补助款项。

（五）行政补助收入指工会取得的所在单位行政方面按照《工会法》和国家的有关规定给予工会的补助款项。

（六）事业收入指独立核算的工会附属事业单位上缴的收入和非独立核算的附属事业单位的各项事业收入。

（七）投资收益指工会对外投资发生的损益。

（八）其他收入指工会除会费收入、拨缴经费收入、上级补助收入、政府补助收入、行政补助收入、事业收入、投资收益之外的各项收入。

第三十八条　各项收入应当按照实际发生额入账。

第七章　支　出

第三十九条　支出是指工会为开展各项工作和活动所发生的各项资金耗费及损失。支出按照功能分为职工活动支出、维权支出、业务支出、行政支出、资本性支出、补助下级支出、事业支出、其他支出。

（一）职工活动支出指工会为会员及其他职工开展教育、文体、宣传等活动发生的支出。

（二）维权支出指工会直接用于维护职工权益的支出。

（三）业务支出指工会培训工会干部、加强自身建设及开展业务工作发生的各项支出。

（四）行政支出指工会为行政管理、后勤保障等发生的各项日常支出。

（五）资本性支出指工会从事建设工程、设备工具购置、大型修缮和信息网络购建而发生的实际支出。

（六）补助下级支出指工会为解决下级工会经费不足或根据有关规定给予下级工会的各类补助款项。

（七）事业支出指工会对独立核算的附属事业单位的补助和非独立核算的附属事业单位的各项支出。

（八）其他支出指各级工会除职工活动支出、维权支出、业务支出、行政支出、资本性支出、补助下级支出、事业支出以外的各项支出。

第四十条　各项支出应当按照实际发生额入账。

第八章　会计报表

第四十一条　工会会计报表是反映各级工会财务状况、业务活动和预算执行结果的书面文件。工会会计报表是各级工会领导、上级工会及其他会计报表使用者了解情况，掌握政策，指导工作的重要资料。

第四十二条　工会会计报表主要包括资产负债表、收入支出表和附注。

（一）资产负债表，是反映工会某一会计期末全部资产、负债和净资产情况的报表。

（二）收入支出表，是反映工会某一会计期间全部收入、支出及结余情况的报表。

（三）附注。附注应分析说明工会预算执行情况以及工会在筹集、分配、使用、管理经费过程中的成绩和问题，分析影响预算执行的原因，经费收支变动趋势，提出改进措施、意见和建议。

第四十三条　工会会计报表分为年度会计报表和中期会计报表。以短于一个完整的会计年度的期间（如半年度、季度和月度）编制的会计报表称为中期会计报表。年度会计报表是以整个会计年度为基础编制的会计报表。

第四十四条　工会要负责对所属单位会计报表和下级工会报送的年报进行审核、核批和汇总工作，定期向本级工会领导和上级工会报告本级工会预算执行情况。

第四十五条　会计报表要根据登记完整、核对无误的账簿记录和其他有关资料编制，做到数字准确、内容完整、报送及时。会计报表必须经会计主管人员和单位负责人审阅签章并加盖审查公章后上报。

第九章　附　则

第四十六条　工会填制会计凭证、登记会计账簿、管理会计档案等，应当按照《会计基础工作规范》、《会计档案管理办法》等规定执行。

第四十七条　本制度从2010年1月1日起实施。

工会会计制度——会计科目和会计报表

第一部分　总说明

一、本制度统一规定工会会计科目的名称和编号，以便于编制会计凭证，登记账簿，查阅账目，实行会计电算化。本制度已规定的一级科目和明细科目，不得减并、自行增设，不得擅自更改科目名称，不需要的科目可以不用。

二、各省级工会可以根据需要自行增设未规定的明细科目，或将相应权限授权给所属下级工会。

三、工会在填制会计凭证、登记会计账簿时，应当填列会计科目的名称，或者同时填列会计科目的名称或编号，不得只填列科目编号，不填列科目名称。

四、工会应当根据本制度有关会计报表的编制基础、编制依据、编制原则和方法的要求，提供真实、完整的会计报表。工会不得违反规定，随意改变会计报表的编制基础、编制依据、编制原则和方法，不得随意改变本制度规定的会计报表有关数据的会计口径。

第二部分　会计科目名称和编号

序号	科目编码		名　称
	一级科目	明细科目	
一、资产类			
1	101		库存现金
2	102		银行存款
3	111		零余额账户用款额度
4	112		财政应返还额度
		11201	财政直接支付
		11202	财政授权支付
5	121		借出款
6	131		应收上级经费
		13101	应收上级补助
		13102	应收上级转拨经费

续表

序号	科目编码		名称
	一级科目	明细科目	
		13103	应收建会筹备金
7	132		应收下级经费
8	135		其他应收款
9	141		库存物品
10	151		投资
11	161		在建工程
12	162		固定资产
二、负债类			
13	201		应付工资（离退休费）
14	202		应付地方（部门）津贴补贴
15	203		应付其他个人收入
16	211		借入款
17	221		应付上级经费
18	222		应付下级经费
		22201	应付下级补助
		22202	应付下级转拨经费
		22203	应付建会筹备金
19	225		其他应付款
20	231		代管经费
三、净资产类			
21	301		固定基金
22	302		在建工程占用资金
23	311		投资基金
24	321		专用基金
		32101	增收留成基金
		32102	财务专用基金
		32103	权益保障金

续表

序号	科目编码		名　称
	一级科目	明细科目	
25	322		后备金
26	331		结余
四、收入类			
27	401		会费收入
28	402		拨缴经费收入
29	403		上级补助收入
		40301	回拨补助
		40302	专项补助
		40303	超收补助
		40304	帮扶补助
		40305	送温暖补助
		40306	救灾补助
		40307	其他补助
30	404		政府补助收入
31	405		行政补助收入
32	406		事业收入
33	407		投资收益
34	408		其他收入
五、支出类			
35	501		职工活动支出
		50101	职工教育费
		50102	文体活动费
		50103	宣传活动费
		50104	其他活动支出
36	502		维权支出
		50201	劳动关系协调费
		50202	劳动保护费

续表

序号	科目编码		名 称
	一级科目	明细科目	
		50203	法律援助费
		50204	困难职工帮扶费
		50205	送温暖费
		50206	其他维权支出
37	503		业务支出
		50301	培训费
		50302	会议费
		50303	外事费
		50304	专项业务费
		50305	其他业务支出
38	504		行政支出
		50401	工资福利支出
		50402	商品和服务支出
		50403	对个人和家庭的补助
		50404	其他行政支出
39	505		资本性支出
		50501	房屋建筑物购建
		50502	办公设备购置
		50503	专用设备购置
		50504	交通工具购置
		50505	大型修缮
		50506	信息网络购建
		50507	其他资本性支出
40	506		补助下级支出
		50601	回拨补助
		50602	专项补助
		50603	超收补助

续表

序号	科目编码		名　称
	一级科目	明细科目	
		50604	帮扶补助
		50605	送温暖补助
		50606	救灾补助
		50607	其他补助
41	507		事业支出
42	508		其他支出

第三部分　会计科目使用说明

一、资产类科目

第 101 号科目　库存现金

一、本科目核算工会的库存现金。

二、各级工会应当严格按照国家有关现金管理的规定收支现金。

三、库存现金的主要账务处理如下：

（一）从银行提取现金，借记本科目，贷记“银行存款”科目；将现金存入银行，借记“银行存款”科目，贷记本科目。

（二）因支付内部职工出差等原因所需的现金，借记“其他应收款”科目，贷记本科目；收到出差人员交回的差旅费剩余款并结算时，按实际收回的现金，借记本科目，按应报销的金额，借记“行政支出”等有关科目，按实际借出的现金，贷记“其他应收款”科目。

（三）因其他业务收到现金，借记本科目，贷记有关科目；支出现金，借记有关科目，贷记本科目。

四、本科目应设置“现金日记账”，由出纳人员根据收付款凭证，按照业务发生顺序，逐笔登记，每日终了，应计算当日的现金收入合计数、支出合计数和结余数，并将结余数与实际库存数进行核对，做到账款相符。

五、有外币现金的工会，按照折算后的人民币金额记账，并设立辅助账登记外币现金的币种、外币金额、即期汇率、折算后的人民币金额及来源简要说明等。

六、每日终了结算现金收支、财产清查等发现的现金短缺或溢余，应当及时查明原因，并根据管理权限，报经批准后，在期末结账前处理完毕：

（一）如为现金短缺，属于应由责任人等赔偿的部分，借记“其他应收款”科目，贷记本科目；属于无法查明的其他原因的部分，借记“其他支出”

科目，贷记本科目。

（二）如为现金溢余，属于应支付给有关人员或单位的部分，借记本科目，贷记“其他应付款”科目；属于无法查明的其他原因的部分，借记本科目，贷记“其他收入”科目。

七、本科目期末借方余额，反映工会实际持有的库存现金。

第102号科目 银行存款

一、本科目核算工会存入银行或其他金融机构的各种款项。包括活期存款、定期存款等。

二、工会可以根据实际情况在本科目下设置经费集中户等明细科目。设置经费集中户的工会，应当先在经费集中户中归集工会经费，再按规定将属于本级工会的经费转入本级工会基本户，属于上级或下级工会的经费上缴上级工会或转拨下级工会。

三、工会应当严格按照国家有关支付结算办法的规定，正确地办理银行存款收支结算。

四、银行存款的主要账务处理如下：

（一）将现金存入银行，借记本科目，贷记“库存现金”科目。从银行提取现金，借记“库存现金”科目，贷记本科目。

（二）通过银行转账方式取得工会经费，借记本科目，贷记“拨缴经费收入”、“应付上级经费”、“应付下级经费”科目。

通过银行转账方式取得相关收入，借记本科目，贷记“上级补助收入”、“政府补助收入”、“行政补助收入”、“事业收入”、“投资收益”等科目。

（三）通过银行转账方式支付各项支出，借记“职工活动支出”、“维权支出”、“业务支出”、“行政支出”、“资本性支出”、“补助下级支出”、“事业支出”等科目，贷记本科目。

（四）收到的银行存款利息，借记本科目，贷记“其他收入”科目。

五、各级工会应按开户银行、存款种类分别设置“银行存款日记账”，由出纳人员根据收付款凭证，按照业务的发生顺序逐笔登记，每日终了应结出余额。“银行存款日记账”应定期与银行对账，至少每月核对一次，如有差额，应编制“银行存款余额调节表”，调节相符。

六、本科目期末借方余额，反映工会实际存在银行或其他金融机构的款项。

第111号科目 零余额账户用款额度

一、本科目核算在实行财政国库管理制度改革试点的地区，工会根据财政部门批复的用款计划收到的、尚未动用的零余额账户用款额度。

二、零余额账户用款额度的主要账务处理如下：

（一）在财政授权支付方式下，收到代理银行转来的“授权支付到账通知书”时，根据通知书所列数额，借记本科目，贷记“政府补助收入”科目。实际发生支出时，借记“维权支出”、“行政支出”、“资本性支出”等科目，贷记本科目。

（二）从零余额账户提取现金时，借记“库存现金”科目，贷记本科目。

（三）年度终了，根据代理银行提供的对账单作注销额度的相关账务处理，借记“财政应返还额度——财政授权支付”科目，贷记本科目。如果工会本年度财政授权支付预算指标数大于零余额账户用款额度下达数，借记“财政应返还额度——财政授权支付”科目，贷记“政府补助收入”科目。

下年初，根据代理银行提供的额度恢复到账通知书作相关恢复额度的账务处理，借记本科目，贷记“财政应返还额度——财政授权支付”科目。如果下年度收到财政部门批复的上年末下达零余额账户用款额度，借记本科目，贷记“财政应返还额度——财政授权支付”科目。

三、本科目期末借方余额，反映工会尚未支用的零余额账户用款额度。本科目年末应无余额。

第112号科目　财政应返还额度

一、本科目核算实行国库集中支付的工会年终应收财政下年度返还的资金额度。

二、本科目应设置两个明细科目：11201财政直接支付、11202财政授权支付，进行明细核算。

三、财政应返还额度的主要账务处理如下：

（一）财政直接支付年终结余资金的账务处理

年度终了，根据本年度财政直接支付预算指标数与当年财政直接支付实际支出数的差额，借记本科目（财政直接支付），贷记“政府补助收入”科目。

下年度恢复财政直接支付额度后，发生实际支出时，借记“维权支出”、“行政支出”、“资本性支出”等科目，贷记本科目（财政直接支付）。

（二）财政授权支付年终结余资金的账务处理

年度终了，根据代理银行提供的对账单注销额度，具体账务处理参见“零余额账户用款额度”。下年度年初根据代理银行提供的额度恢复到账通知书恢复额度，具体账务处理参见“零余额账户用款额度”。

四、本科目期末借方余额，反映工会应收财政下年度返还的资金额度。

第121号科目　借出款

一、本科目核算工会因开展工作或发展工运事业的需要而出借给其他工会或工会所属单位的款项。

二、本科目应按借款单位设置明细账。

三、借出款的主要账务处理如下：

（一）借出款项时，借记本科目，贷记“银行存款”等科目。

（二）收回借款时，借记“银行存款”等科目，贷记本科目。

（三）逾期三年以上、因借款单位原因尚未收回的借出款，报经批准认定确实无法收回，或者报经批准认定不再要求借款单位还款的，转入相关支出科目，借记“补助下级支出”、“事业支出”等科目，贷记本科目。

四、各级工会应对借出款严格控制，健全手续，及时清理，不得长期挂账。

五、本科目期末借方余额，反映工会尚未收回的借出款项。

第 131 号科目　应收上级经费

一、本科目核算工会应收未收的上级工会应拨付（或转拨）工会经费、建会筹备金和补助。

二、工会可以根据需要在本科目下设置以下明细科目：

13101　应收上级补助：核算上级工会应拨付给本级工会的回拨、专项和超收等补助收入。

13102　应收上级转拨经费：核算上级工会采用税务代收、财政划拨的形式收缴工会经费的，收缴的金额中应划转给本级工会的部分。

13103　应收建会筹备金：核算上级工会采用税务代收、财政划拨的形式收缴建会筹备金的，收缴的金额中应划转给本级工会的部分。

三、应收上级经费的主要账务处理如下：

（一）根据上级工会回拨、专项和超收等补助通知中的相关金额，借记本科目（应收上级补助），贷记“上级补助收入”科目相关明细科目。

收到上级工会拨来的回拨、专项和超收等补助时，借记“银行存款”科目，贷记本科目（应收上级补助）。

（二）根据上级工会经费转拨通知中的相关金额，借记本科目（应收上级转拨经费），按规定属于本级工会的部分，贷记“拨缴经费收入”科目，按规定应转拨下级工会的部分，贷记“应付下级经费——应付下级转拨经费”科目。

收到上级工会转拨的工会经费时，借记“银行存款”科目，贷记本科目（应收上级转拨经费）。

（三）根据上级工会有关建会筹备金转拨通知中的金额，借记本科目（应收建会筹备金），按规定属于本级工会的部分，贷记“拨缴经费收入”，按规定应转拨下级工会或需返还给筹建单位工会的部分，贷记“应付下级经费——应付建会筹备金”等科目。

收到上级工会转拨的建会筹备金时，借记“银行存款”科目，贷记本科目（应收建会筹备金）。

四、本科目期末借方余额，反映工会应收未收的上级经费、建会筹备金和补助。

第 132 号科目　应收下级经费

一、本科目核算工会按规定应收下级工会的上缴工会经费和建会筹备金。

二、工会可以根据需要在本科目下设置应收经费、应收建会筹备金等明细科目。

三、应收下级经费的主要账务处理如下：

（一）根据下级工会经费收缴报告表中的相关金额，借记本科目，按规定属于本级工会的部分，贷记“拨缴经费收入”科目，按规定应上缴上级工会的部分，贷记“应付上级经费”科目。

（二）收到下级工会的上缴经费时，借记“银行存款”科目，贷记本科目。

四、本科目期末借方余额，反映年末应收未收的下级工会上缴经费。

第 135 号科目　其他应收款

一、本科目核算工会除应收上下级经费以外的其他应收及暂付款项。

二、本科目应按债务人设置明细账，进行明细核算。

三、其他应收款的主要账务处理如下：

（一）发生其他应收及暂付款项，借记本科目，贷记“库存现金”、“银行存款”等科目。

结算收回或核销转列支出时，按收回的金额，借记“库存现金”、“银行存款”等科目，按列入支出的金额，借记有关支出科目，按结算总额，贷记本科目。

（二）逾期三年以上、因债务人原因尚未收回的其他应收款，报经批准认定确实无法收回的，应作为呆账及时进行账务处理，借记“其他支出”科目，贷记本科目。

核销的呆账，应保留备查账簿中登记。

已核销呆账重新收回的，按照实际收到的款项，借记“银行存款”科目，贷记“其他收入”科目。

四、各级工会应对其他应收及暂付款项严格控制，健全手续，及时清理，不得长期挂账。

五、本科目期末借方余额，反映尚未收回的其他应收及暂付款项。

第 141 号科目 库存物品

一、本科目核算工会取得的将在日常活动中耗用的材料、物品及达不到固定资产标准的工具、器具等。

二、本科目应按库存物品的类别、品名设置明细账，并根据出入库单逐笔核算。

三、库存物品的主要账务处理如下：

（一）购入物品时，借记本科目，贷记“银行存款”等科目。

（二）领用物品时，借记“职工活动支出”、“维权支出”、“行政支出”等科目，贷记本科目。

四、库存物品每年至少盘点一次，盘盈、盘亏或报废、毁损应查明原因，按规定程序批准后及时处理。

（一）发生盘盈的，借记本科目，贷记“其他收入”科目。

（二）盘亏的库存物品，按照账面余额，借记“其他支出”科目，贷记本科目。

报废、毁损的库存物品，按照库存物品账面余额扣除可以收回的保险赔偿和过失人的赔偿等后的金额，借记“其他支出”科目，按库存物品账面余额，贷记本科目，按照可以收回的保险赔偿和过失人赔偿等，借记“库存现金”、“银行存款”、“其他应收款”等科目。

五、本科目期末借方余额，反映尚未使用的库存物品的实际价值。

第 151 号科目 投资

一、本科目核算工会按照国家有关法律、行政法规和工会的相关规定，以货币资金、实物资产等方式向其他单位的投资。

二、本科目可按投资类别、投资单位等设置明细账，进行明细核算。

三、投资的主要账务处理如下：

（一）取得投资时：

1. 购入国债等债券，借记本科目，贷记“银行存款”等科目；同时，借记“结余”科目，贷记“投资基金”科目。

2. 以货币资金对外进行股权投资，借记本科目，贷记“银行存款”等科目；同时，借记“结余”科目，贷记“投资基金”科目。

3. 以固定资产对外进行股权投资，按固定资产的评估价等，借记本科目，贷记“投资基金”科目；同时，按投出固定资产的账面原值，借记“固定基金”科目，贷记“固定资产”科目。

4. 以库存物品对外进行股权投资，按库存物品的评估价等，借记本科目，按库存物品账面价值，贷记“库存物品”科目，按评估价等与账面价值的差额，借记或贷记“投资基金”科目；同时，按库存物品的账面价值，借记“结余”科目，贷记“投资基金”科目。

（二）实际收到利息、股利等投资收益时，借记“银行存款”等科目，贷记“投资收益”科目。

（三）投资收回时，按照实际收到的价款，借记“银行存款”科目，按照本科目的账面价值，贷记本科目，按照其差额，贷记或借记“投资收益”科目。同时借记“投资基金”科目，贷记“结余”科目。

（四）投资出现损失，报经批准认定确实无法收回的，借记“投资基金”科目，贷记本科目。

已经核销的投资呆账，保留备查账簿，对投资失误者要追查责任。

已经核销的投资呆账，重新收回的，借记“银行存款”等科目，贷记“其他收入”科目。收回实物的，需重新进行评估，按公允价值入账。

四、本科目期末借方余额，反映工会持有投资的金额。

第 161 号科目　在建工程

一、本科目核算工会进行在建工程所发生的实际支出。

二、本科目可按具体工程项目设置明细科目，进行明细核算。

三、在建工程的主要账务处理如下：

（一）预付工程款时，按照实际支付的金额，借记本科目，贷记“在建工程占用资金”科目，同时借记“资本性支出”科目，贷记“银行存款”科目。

（二）工程完工时，借记“固定资产”科目，贷记本科目，同时借记“在建工程占用资金”科目，贷记“固定基金”科目。

四、本科目的期末贷方余额，反映工会尚未完工的各项在建工程发生的实际支出。

第 162 号科目　固定资产

一、本科目核算工会拥有或控制的各项固定资产原值。

二、工会应设置固定资产明细账，按类别、品名进行明细核算。

三、固定资产的主要账务处理如下：

（一）购入、有偿调入固定资产，借记“资本性支出”等科目，贷记“银行存款”等科目，同时借记本科目，贷记“固定基金”科目。

（二）自行建造固定资产，发生基建支出时，借记“在建工程”科目，贷记“在建工程占用资金”科目，同时借记“资本性支出”科目，贷记“银行存款”科目。工程完工时，借记本科目，贷记“在建工程”科目，同时借记“在建工程占用资金”科目，贷记“固定基金”科目。

（三）无偿调入、接受捐赠固定资产，借记本科目，贷记“固定基金”科目。

（四）以固定资产对外进行股权投资，按固定资产的评估价等，借记“投资”科目，贷记“投资基金”科目；同时，按投出固定资产的账面原值，借记“固定基金”科目，贷记本科目。

（五）出售固定资产，按账面原值，借记“固定基金”科目，贷记本科目，取得的收入扣减相关支出后的净额，借记“银行存款”等科目，贷记“其他收入”科目。

四、固定资产每年必须盘点一次，对盘盈、盘亏、报废或毁损的，资产监督管理部门应当查明原因，写出书面报告，按规定报经批准认定后及时进行账务处理，同时将有关情况在会计报表说明中加以披露。

（一）盘盈的固定资产，借记本科目，贷记“固定基金”科目。

（二）盘亏的固定资产，按账面原值，借记“固定基金”科目，贷记本科目。

（三）毁损、报废的固定资产，按账面原值，借记“固定基金”科目，贷记本科目。同时，按清理过程中取得的收入，借记“库存现金”、“银行存款”等科目，按清理过程中发生的支出，贷记“库存现金”、“银行存款”等科目，按清理净收入（或净支出），贷记“其他收入”科目或借记“其他支出”科目。

五、工会可以设置专门的辅助账记录各项固定资产的原值、购入时间、预计使用年限、应计提折旧（一般采用直线法计提折旧）、固定资产净值等。

六、本科目期末借方余额，反映固定资产的原值。

二、负债类科目

第201号科目　应付工资（离退休费）

一、本科目核算向本单位职工发放的工资或离退休费。

二、工会可以根据需要在本科目下设置在职人员、离休人员、退休人员等明细科目。

三、应付工资（离退休费）的主要账务处理如下：

实际发放工资（离退休费）时，借记“行政支出”等科目，贷记本科目；同时，借记本科目，贷记“银行存款”、“零余额账户用款额度”等科目。

四、本科目期末贷方一般无余额。

第 202 号科目　应付地方（部门）津贴补贴

一、本科目核算向本单位职工发放的各类地方（部门）津贴补贴。

二、工会可以根据需要在本科目下设置在职人员、离休人员、退休人员等明细科目。

三、应付地方（部门）津贴补贴的主要账务处理如下：

实际发放地方（部门）津贴补贴时，借记“行政支出”等科目，贷记本科目；同时，借记本科目，贷记“银行存款”、“零余额账户用款额度”等科目。

四、本科目期末贷方一般无余额。

第 203 号科目　应付其他个人收入

一、本科目核算向本单位职工发放除“201 应付工资（离退休费）”和“202 应付地方（部门）津贴补贴”以外的其他个人收入。

二、工会可以根据需要在本科目下设置在职人员、离休人员、退休人员等明细科目。

三、应付其他个人收入的主要账务处理如下：

实际发放其他个人收入时，借记“行政支出”等科目，贷记本科目；同时，借记本科目，贷记“银行存款”、“零余额账户用款额度”等科目。

四、本科目期末贷方一般无余额。

第 211 号科目　借入款

一、本科目核算工会借入的款项。

二、借入款的主要账务处理如下：

（一）发生借入款时，借记“银行存款”科目，贷记本科目。

（二）归还借款时，借记本科目，贷记“银行存款”等科目。

三、本科目期末贷方余额，反映工会尚未偿还的借入款项。

第 221 号科目　应付上级经费

一、本科目核算工会按规定应上缴的工会经费及建会筹备金。

二、工会可以根据需要在本科目下设置应上缴经费、应上缴建会筹备金等明细科目。

三、应付上级经费的主要账务处理如下：

（一）应上缴经费的处理

收到工会经费，按下级工会经费收缴报告表中的相关金额或实际收到的总金额，借记“应收下级经费”、“银行存款”等科目，按规定属于本级工会的部分，贷记“拨缴经费收入”科目，按规定应上缴上级工会的部分，贷记本科目，按规定应转拨下级工会的部分，贷记“应付下级经费——应付下级转拨经费”科目。

实际上缴工会经费时，借记本科目，贷记“银行存款”科目。

（二）应上缴建会筹备金的处理

收到建会筹备金，按实际收到的总金额，借记“银行存款”科目，按规定属于本级工会的部分，贷记“拨缴经费收入”科目，按规定应上缴上级工会的部分，贷记本科目，按规定应转拨下级工会或需返还筹建单位工会的部分，贷记“应付下级经费——应付建会筹备金”科目。

实际上缴上级工会的经费，借记本科目，贷记“银行存款”科目。

四、本科目期末贷方余额，反映工会应缴上级但尚未上缴的经费。

第 222 号科目　应付下级经费

一、本科目核算工会应付下级工会的各项补助以及应转拨下级工会的工会经费和建会筹备金。

二、工会可以根据需要在本科目下设置以下明细科目：

22201　应付下级补助：核算工会应拨付给下级工会的回拨、专项和超收等各项补助。

22202　应付下级转拨经费：核算工会采用税务代收、财政划拨的形式收缴工会经费的，收缴的金额中应划转给下级工会作为下级工会拨缴经费收入的部分。

22203　应付建会筹备金：核算工会采用税务代收、财政划拨的形式收缴建会筹备金的，收缴的金额中应划转给下级工会作为下级工会拨缴经费收入的部分和需返还给筹建单位工会的部分。

三、应付下级经费的主要账务处理如下：

（一）本级工会年末清算对下级工会的补助时，根据补助通知中的相关金额，借记“补助下级支出”科目，贷记本科目（应付下级补助）。

次年，实际拨付补助时，借记本科目（应付下级补助），贷记“银行存款”科目。

（二）采用税务代收、财政划拨方式收缴工会经费的：

1. 本级工会通过税务部门代收、财政部门划拨的工会经费，按实际收到的总金额，借记“银行存款”科目，按规定属于本级工会的部分，贷记“拨缴经费收入”科目，按规定应上缴上级工会的部分，贷记“应付上级经费”科目，按规定应转拨下级工会的部分，贷记本科目（应付下级转拨经费）。

实际转拨下级工会经费，借记本科目，贷记“银行存款”科目。

2. 本级工会收到上级工会通过财政部门划拨、税务部门代收的工会经费，按上级工会经费转拨通知中的金额或实际收到的总金额，借记“应收上级经费——应收上级转拨经费”、“银行存款”科目，按规定属于本级工会的部分，贷记“拨缴经费收入”科目，按规定应转拨下级工会的部分，贷记本科目（应付下级转拨经费）。

实际转拨下级工会的经费，借记本科目，贷记“银行存款”科目。

（三）采用税务代收、财政划拨方式收取建会筹备金的：

1. 本级工会通过税务部门代收、财政部门划拨的建会筹备金，按实际收到的总金额，借记“银行存款”科目，按规定属于本级工会的部分，贷记“拨缴经费收入”科目，按规定应上缴上级工会的部分，贷记“应付上级经费”科目，按规定应转拨下级工会或需返还给筹建单位工会的部分，贷记本科目（应付建会筹备金）。

2. 本级工会收到上级工会通过财政部门划拨、税务部门代收的建会筹备金，按上级工会有关建会筹备金转拨通知中的金额或实际收到的总金额，借记“应收上级经费——应收建会筹备金”、“银行存款”科目，按规定属于本级工会的部分，贷记“拨缴经费收入”科目，按规定应转拨下级工会或需返还给筹建单位工会的部分，贷记本科目（应付建会筹备金）。

3. 对于需要返还基层单位工会的建会筹备金，借记本科目，贷记“银行存款”科目。

4. 对于不需返还基层单位的建会筹备金，借记本科目，按规定属于本级工会的部分，贷记“拨缴经费收入”科目，规定应上缴上级工会的部分，贷记“应付上级经费”科目。

四、本科目期末贷方余额，反映应拨付下级但尚未拨付的经费。

第 225 号科目　其他应付款

一、本科目核算工会除应付上下级经费之外的其他应付及暂存款项。

二、本科目应按对方单位或个人设置明细账，进行明细核算。

三、其他应付款的主要账务处理如下：

发生其他应付及暂存款项，借记“库存现金”、“银行存款”等科目，贷记本科目。支付款项时，借记本科目，贷记“银行存款”等科目。

四、本科目期末贷方余额，反映尚未支付的其他应付及暂存款项。

第 231 号科目　代管经费

一、本科目核算党团组织及单位行政委托工会代管的、有指定用途的、不属于工会收入的经费，如代管的党费、团费、职工互助金等。

二、本科目应按拨入代管经费的项目或单位设置明细账。

三、收到代管的经费时，借记“银行存款”科目，贷记本科目，实际支出时，借记本科目，贷记“银行存款”科目。

四、本科目期末贷方余额，反映尚未使用的代管经费。

三、净资产类科目

第301号科目　固定基金

一、本科目核算工会购入、调入、建造、盘盈、接受捐赠固定资产所形成的基金，以及拆除、盘亏、毁损、捐出固定资产等原因减少的固定基金。

二、固定基金的主要账务处理如下：

（一）固定基金增加

1. 购入、有偿调入固定资产，借记“固定资产”科目，贷记本科目，同时借记“资本性支出”等科目，贷记“银行存款”等科目。

2. 自行建造固定资产，发生基建支出时，借记“在建工程”科目，贷记“在建工程占用资金”科目，同时借记“资本性支出”科目，贷记“银行存款”科目。工程完工时，借记“固定资产”科目，贷记“在建工程”科目，同时借记“在建工程占用资金”科目，贷记本科目。

3. 无偿调入、接受捐赠固定资产，借记“固定资产”科目，贷记本科目。

4. 盘盈的固定资产，借记“固定资产”科目，贷记本科目。

（二）固定基金减少

1. 有偿调出、出售的固定资产，按账面原值，借记本科目，贷记“固定资产”科目；取得的收入扣减相关支出后的净额，借记“银行存款”等科目，贷记“其他收入”科目。

2. 毁损、报废的固定资产，按账面原值，借记本科目，贷记“固定资产”科目。同时，按清理过程中取得的收入，借记“库存现金”、“银行存款”等科目，按清理过程中发生的支出，贷记“库存现金”、“银行存款”等科目，按清理净收入（或净支出），贷记“其他收入”科目或借记“其他支出”科目。

3. 以固定资产对外进行股权投资，按固定资产的评估价等，借记“投资”科目，贷记“投资基金”科目；同时，按投出固定资产的账面原值，借记本科目，贷记“固定资产”科目。

4. 盘亏的固定资产，按账面原值，借记本科目，贷记“固定资产”科目。

三、本科目期末贷方余额，反映工会拥有的固定基金总值。

第302号科目　在建工程占用资金

一、本科目核算工会在建工程完工前累计占用的资金。

二、本科目可按具体工程项目设置明细科目，进行明细核算。

三、在建工程占用资金的主要账务处理如下：

（一）预付工程款时，按照实际支付的金额，借记“资本性支出”科目，贷记“银行存款”科目，同时借记“在建工程”科目，贷记本科目。

（二）工程完工时，借记“固定资产”科目，贷记“在建工程”科目，同时借记本科目，贷记“固定基金”科目。

四、本科目的期末贷方余额，反映工会尚未完工的各项在建工程发生的累计实际支出。

第 311 号科目　投资基金

一、本科目核算工会对外投资占用的基金。

二、投资基金的主要账务处理如下：

（一）投资基金增加

1. 购入国债等债券，借记“投资”科目，贷记“银行存款”等科目；同时，借记“结余”科目，贷记本科目。

2. 以货币资金对外进行股权投资，借记“投资”科目，贷记“银行存款”等科目；同时，借记“结余”科目，贷记本科目。

3. 以库存物品对外进行股权投资。对外投出库存物品，按库存物品的评估价等，借记“投资”科目，按库存物品账面价值，贷记“库存物品”科目，按评估价与账面价值的差额，借记或贷记本科目；同时，按库存物品的账面价值，借记“结余”科目，贷记本科目。

4. 以固定资产对外进行股权投资，按固定资产的评估价等，借记“投资”科目，贷记本科目；同时，按投出固定资产的账面原值，借记“固定基金”科目，贷记“固定资产”科目。

（二）投资基金减少

1. 投资出现损失，经确认无法收回的部分，按照工会呆账处理的有关规定进行账务核销，借记本科目，贷记“投资”科目。

已经核销的投资呆账，保留备查账簿，对投资失误者要追查责任。已经核销的投资呆账，重新收回的，借记“银行存款”科目，贷记“其他收入”科目。收回实物的，按公允价值入账。

2. 投资收回时，按照实际收到的价款，借记“银行存款”科目，按照本科目的账面价值，贷记“投资”科目，同时借记本科目，贷记“结余”科目，按照其差额，贷记或借记“投资收益”科目。

三、本科目的贷方余额，核算工会尚未收回的投资款项。

第 321 号科目　专用基金

一、本科目核算根据国家和全国总工会有关规定，依法提取和使用的有专门用途的基金。

二、本科目应按专用基金种类设置以下明细科目：

32101 增收留成基金：核算提取的增收留成基金。

32102 财务专用基金：核算提取的财务专用基金。

32103 权益保障金：核算提取的工会干部权益保障金。

三、专用基金的主要账务处理如下：

（一）提取增收留成基金时，借记“其他支出”科目，贷记本科目（增收留成基金）。实际支出时，借记本科目（增收留成基金），贷记“银行存款”等科目。

（二）提取财务专用基金时，借记“其他支出”科目，贷记本科目（财务专用基金）。实际支出时，借记本科目（财务专用基金），贷记“银行存款”等科目。

（三）县级以上工会提取工会干部权益保障金时，借记“维权支出”科目，贷记本科目（权益保障金）。

接受社会募集、捐款增加工会干部权益保障金时，借记“库存现金”、“银行存款”等科目，贷记本科目（权益保障金）。

实际发放工会干部权益保障金时，借记本科目（权益保障金），贷记“库存现金”、“银行存款”等科目。

四、本科目期末贷方余额，反映工会专用基金的数额。

第 322 号科目 后备金

一、本科目核算县级以上工会按规定依法提取的特殊情况下使用的储备金。

二、后备金的主要账务处理如下：

（一）提取后备金时，借记“结余”科目，贷记本科目。

（二）按有关规定经批准动用后备金时，按实际支付的金额，借记本科目，贷记“银行存款”等科目。

三、本科目期末贷方余额，反映工会尚未动用的后备金数额。

第 331 号科目 结余

一、本科目核算工会各项收入与支出相抵后的余额。

二、结余的主要账务处理如下：

（一）发生对外投资时，借记“投资”科目，贷记有关科目，同时，借记本科目，贷记“投资基金”科目。收回投资时，按照投资的账面价值，借记“投资基金”科目，贷记本科目。

（二）期末结账时，将各收入类科目的余额转入本科目，借记“会费收入”、“拨缴经费收入”、“上级补助收入”、“政府补助收入”、“行政补助收入”、“事业收入”、“投资收益”、“其他收入”等科目，贷记本科目。

将各支出类科目的余额转入本科目，借记本科目，贷记“职工活动支出”、“维权支出”、“业务支出”、“行政支出”、“资本性支出”、“补助下级支出”、“事业支出”、“其他支出”等科目。

（三）提取后备金时，借记本科目，贷记“后备金”科目。

三、本科目期末贷方余额，反映工会历年滚存的结余。

四、收入类科目

第 401 号科目　会费收入

一、本科目核算工会会员依照规定向工会组织缴纳的会费。

二、会费收入的主要账务处理如下：

（一）取得会费时，借记“库存现金”、“银行存款”等科目，贷记本科目。

（二）期末结转时，借记本科目，贷记“结余”科目。

三、本科目期末结转后无余额。

第 402 号科目　拨缴经费收入

一、本科目核算基层单位行政拨缴、下级工会按规定上缴及上级工会按规定转拨的工会经费中归属于本级工会的经费及建会筹备金。

二、工会可以根据需要在本科目下设置明细科目，进行明细核算。

三、拨缴经费收入的主要账务处理如下：

（一）工会经费的处理

1. 采用自主收缴工会经费的：

收到工会经费，按下级工会经费收缴报告表中的相关金额或实际收到的总金额，借记“应收下级经费”、“银行存款”科目，按规定属于本级工会的部分，贷记本科目，按规定应上缴上级工会的部分，贷记“应付上级经费”科目。

2. 采用税务代收、财政划拨方式收取工会经费的：

（1）本级工会通过税务部门代收、财政部门划拨的工会经费，按实际收到的总金额，借记“银行存款”科目，按规定属于本级工会的部分，贷记本科目，按规定应上缴上级工会的部分，贷记“应付上级经费”科目，按规定应转拨下级工会的部分，贷记“应付下级经费——应付下级转拨经费”科目。

（2）本级工会收到上级工会转拨通过财政部门划拨、税务部门代收的工会经费，按上级工会经费转拨通知中的金额或实际收到的总金额，借记“应收上级经费——应收上级转拨经费”、“银行存款”科目，按规定属于本级工会的部分，贷记本科目，按规定属于下级工会的部分，贷记“应付下级经费——应付下级转拨经费”科目。

（二）建会筹备金的处理

1. 采用自主收缴方式收取建会筹备金的：

本级工会收到建会筹备金，按实际收到的总金额，借记“银行存款”科目，按规定属于本级工会的部分，贷记本科目，按规定应上缴上级工会的部分，贷记“应付上级经费”科目，需返还给筹建单位工会的部分，贷记“应付下级经费——应付建会筹备金”科目。

2. 采用税务代收、财政划拨方式收取建会筹备金的：

（1）本级工会通过税务部门代收、财政部门划拨的建会筹备金，按实际收到的总金额，借记“银行存款”科目，按规定属于本级工会的部分，贷记本科目，按规定应上缴上级工会的部分，贷记“应付上级经费”科目，按规定应转拨下级工会或需返还给筹建单位工会的部分，贷记“应付下级经费——应付建会筹备金”科目。

（2）本级工会收到上级工会转拨通过财政部门划拨、税务部门代收的建会筹备金，按上级工会有关建会筹备金转拨通知中的金额或实际收到的总金额，借记“应收上级经费——应收建会筹备金”、“银行存款”科目，按规定属于本级工会的部分，贷记本科目，按规定属于下级工会或需返还给筹建单位工会的部分，贷记“应付下级经费——应付建会筹备金”科目。

3. （1）筹建单位在期限内建立工会，本级工会返还建会筹备金的，按实际返还的金额，借记“应付下级经费——应付建会筹备金”科目，贷记“银行存款”科目。

（2）筹建单位到期未建立工会，本级工会不需返还的建会筹备金，借记“应付下级经费——应付建会筹备金”科目，按规定属于本级工会的部分，贷记本科目，按规定应上缴上级工会的部分，贷记“应付上级经费”科目。

4. 筹建单位按期建立工会，所建工会收到返还的建会筹备金，借记“银行存款”科目，贷记本科目。

（三）期末结转时，借记本科目，贷记“结余”科目。

四、本科目期末结转后无余额。

第 403 号科目　上级补助收入

一、本科目核算本级工会收到的上级工会补助的款项。

二、本科目应设置以下明细科目：

40301　回拨补助：核算上级工会按有关规定拨付的回拨补助。

40302　专项补助：核算上级工会拨付的指定专门用途的项目补助。

40303　超收补助：核算上级工会按有关超收增缴经费管理规定，拨付的超收补助。

40304　帮扶补助：核算上级工会拨付的帮扶困难职工的补助。

40305　送温暖补助：核算上级工会拨付的用于开展向困难职工和家庭送温暖活动的补助。

40306　救灾补助：核算上级工会拨付的用于慰问在自然灾害中经济财产遭受损失、生活遇到困难的职工和家庭的补助。

40307　其他补助：核算上级工会拨付的除上述明细科目所述内容以外的其他补助。

三、上级补助收入的主要账务处理如下：

（一）按银行收款单或上级工会的补助通知书，借记“银行存款”、“应收上级经费——应收上级补助”科目，贷记本科目相关明细科目。

（二）年末清算时，存在上级应付未付补助款项的，借记“应收上级经费——应收上级补助”科目，贷记本科目相关明细科目。

（三）期末结转时，借记本科目，贷记“结余”科目。

四、本科目的余额要与上级工会的补助下级支出科目金额核对一致。

五、本科目期末结转后无余额。

第404号科目　政府补助收入

一、本科目核算各级人民政府按照《工会法》和国家的有关规定给予工会的补助款项。包括工会收到财政拨付的离退休人员离退休费和生活补贴、帮扶资金、送温暖经费、疗养事业补助、劳模补助、基建、维修及大型活动补助等。

二、工会可以根据需要在本科目下设置明细科目，进行明细核算。

三、政府补助收入的主要账务处理如下：

（一）在实行国库集中支付的地区

1. 收到财政直接支付的政府补助，根据财政国库支付执行机构委托代理银行转来的《财政直接支付入账通知书》及原始凭证入账，借记有关支出科目，贷记本科目。

2. 收到财政授权支付的政府补助，根据代理银行盖章的《授权支付到账通知书》与分月用款计划核对后记账，借记“零余额账户用款额度”科目，贷记本科目。

（二）未实行国库集中支付的地区，收到财政补助时，借记“银行存款”等科目，贷记本科目。

（三）期末结转时，借记本科目，贷记“结余”科目。

四、本科目期末结转后无余额。

第405号科目　行政补助收入

一、本科目核算工会取得的所在单位行政方面按照《工会法》和国家的有关规定给予工会的补助款项。包括工会收到行政拨付的劳动竞赛经费、工会开展活动的费用补助等。不包括行政方面按规定向工会拨缴的工会经费。

二、行政补助收入的主要账务处理如下：

（一）收到行政补助时，借记“银行存款”等科目，贷记本科目。

（二）期末结转时，借记本科目，贷记“结余”科目。

三、本科目期末结转后无余额。

第406号科目　事业收入

一、本科目核算独立核算的工会附属事业单位上缴的收入和非独立核算的附属事业单位的各项事业收入。

二、本科目应按缴款项目或缴款单位名称设明细账。

三、事业收入的主要账务处理如下：

（一）收到相关收入时，借记“银行存款”等科目，贷记本科目。

（二）期末结转时，借记本科目，贷记“结余”科目。

四、本科目期末结转后无余额。

第407号科目　投资收益

一、本科目核算工会对外投资发生的损益。

二、投资收益的主要账务处理如下：

（一）收到投资收益时，借记“银行存款”科目，贷记本科目。

（二）投资收回时，按照实际收到的价款，借记“银行存款”科目，按照本科目的账面价值，贷记“投资”科目，按照其差额，贷记或借记“投资收益”科目。同时借记“投资基金”科目，贷记“结余”科目。

三、本科目期末结转后无余额。

第408号科目　其他收入

一、本科目核算除上述收入以外的各项收入。如资产盘盈、固定资产处置净收入、接受捐赠收入、银行存款利息收入等。

二、其他收入的主要账务处理如下：

（一）取得其他收入时

1. 取得银行存款利息收入，借记“银行存款”等科目，贷记本科目。

2. 接受捐赠，借记“银行存款”等科目，贷记本科目。

3. 盘盈的库存物品，借记“库存物品”科目，贷记本科目。

4. 有偿调出、出售的固定资产，按账面原值，借记“固定基金”科目，贷记“固定资产”科目，取得的收入扣减相关支出后的净额，借记“银行存款”等科目，贷记本科目。毁损、报废的固定资产，按账面原值，借记“固定基金”科目，贷记“固定资产”科目；清理过程中发生的净收入，借记“库存现金”、“银行存款”等科目，贷记本科目；清理过程中发生的净支出，借记“其他支出”科目，贷记“库存现金”、“银行存款”等科目。

（二）期末结转时，借记本科目，贷记“结余”科目。

三、本科目期末结转后无余额。

五、支出类科目

第 501 号科目　职工活动支出

一、本科目核算工会为会员及其他职工开展教育、文体、宣传等活动发生的支出。基层工会组织会员开展集体活动及会员特殊困难补助的费用，列入本科目核算。

二、本科目应设置以下明细科目：

50101　职工教育费：核算工会开展职工教育活动的各项支出。

50102　文体活动费：核算工会开展职工业余文体活动的各项支出。

50103　宣传活动费：核算工会开展职工宣传活动方面的各项支出。

50104　其他活动支出：核算基层工会支付的会员特殊困难补助的费用以及工会开展其他活动的各项支出。

三、职工活动支出的主要账务处理如下：

（一）发生职工活动支出时，借记本科目，贷记“库存现金”、“银行存款”等科目。

（二）期末结转时，借记“结余”科目，贷记本科目。

四、本科目期末结转后无余额。

第 502 号科目　维权支出

一、本科目核算工会直接用于维护职工权益的支出。

二、本科目应设置以下明细科目：

50201　劳动关系协调费：核算工会在协调劳动关系争议中发生的支出。

50202　劳动保护费：核算工会开展职工劳动保护发生的支出。

50203　法律援助费：核算工会向职工群众提供法律咨询、法律服务等发生的支出。

50204　困难职工帮扶费：核算工会对困难职工帮扶发生的支出。

50205　送温暖费：核算工会向职工送温暖发生的支出。

50206　其他维权支出：核算以上各项维权活动之外的维权支出，如参与立法费等。

三、维权支出的主要账务处理如下：

（一）发生维权、帮扶支出时，借记本科目，贷记“库存现金”、“银行存款”等科目。

（二）县级以上工会提取工会干部权益保障金时，借记本科目，贷记“专用基金——权益保障金”科目。

（三）期末结转时，借记“结余”科目，贷记本科目。

四、本科目期末结转后无余额。

第503号科目　业务支出

一、本科目核算工会培训工会干部、加强自身建设及开展业务工作发生的各项支出。

二、本科目应设置以下明细科目：

50301　培训费：核算工会干部、积极分子培训等支出。

50302　会议费：核算工会代表大会、委员会、经审会以及工会专业工作会议的各项支出。

50303　外事费：核算工会开展外事活动方面的费用。

50304　专项业务费：核算工会开展工会组织建设、考核表彰、建家活动、大型专题调研、经审专用经费等专项业务发生的支出。

50305　其他业务支出：不属于以上业务开支的其他费用。

三、业务支出主要账务处理如下：

（一）发生业务支出时，借记本科目，贷记“库存现金”、“银行存款”等科目。

（二）期末结转时，借记“结余”科目，贷记本科目。

四、本科目期末结转后无余额。

第504号科目　行政支出

一、本科目核算工会为行政管理、后勤保障等发生的各项日常支出。

二、本科目应设置以下明细科目：

50401　工资福利支出：核算工会开支的专职工作人员和聘用人员的各类劳动报酬，以及为上述人员缴纳的各项社会保险费等。包括：基本工资、津贴补贴、奖金、社会保障缴费、伙食补助费等。

50402　商品和服务支出：核算工会购买商品和服务的支出（不包括用于购置固定资产的支出）。包括：办公费、印刷费、咨询费、手续费、水费、电费、邮电费、物业管理费、交通费（燃料费、保险费、修理费、其他交通费）、差旅费（住宿费、旅费、伙食补助费、杂费）、维修（护）费、租赁费、招待费（餐费、其他招待费）、专用材料费、劳务费、委托业务费、工会经费、福利费等。

50403　对个人和家庭的补助：核算工会用于对个人和家庭的补助支出。包括：离休费、退休费、退职费、抚恤金、生活补助、医疗费、住房公积金、提租补贴、购房补贴等。

50404　其他行政支出：核算不能划分到上述经济科目的其他支出。

三、行政支出的主要账务处理如下：

（一）支出人员经费时，借记本科目，贷记“应付工资（离退休费）”、“应付地方（部门）津贴补贴”、“应付其他个人收入”等科目；同时，借记“应付工资（离退休费）”、“应付地方（部门）津贴补贴”、“应付其他个人收入”等科目，贷记“银行存款”、“零余额账户用款额度”等科目。

（二）支出公用经费时，借记本科目，贷记“库存现金”、“银行存款”等科目。

（三）期末结转时，借记“结余”科目，贷记本科目。

四、本科目期末结转后无余额。

第505号科目　资本性支出

一、本科目核算工会从事建设工程、设备工具购置、大型修缮和信息网络购建而发生的实际支出。

二、本科目应设置以下明细科目：

50501　房屋建筑物购建：核算工会用于购买、自行建造办公用房、仓库、食堂等建筑物（含附属设施，如电梯、通讯线路、电缆、水气管道等）的支出。

50502　办公设备购置：核算工会购置纳入固定资产核算范围的办公家具和办公设备的支出。

50503　专用设备购置：核算工会购置具有专门用途、纳入固定资产核算范围的各类专用设备的支出。

50504　交通工具购置：核算工会用于购置各类交通工具的支出（含车辆购置税）。

50505　大型修缮：核算工会各类设备、建筑物等的大型修缮支出。

50506　信息网络购建：核算工会用于信息网络方面的支出。如计算机硬件、软件购置、开发、应用支出等。购建的计算机硬件、软件等不符合固定资产确认标准的，不在此科目核算。

50507　其他资本性支出：核算工会其他上述科目中未包括的资本性支出。

三、资本性支出的主要账务处理如下：

（一）购置房屋建筑物等，借记本科目，贷记“银行存款”科目，同时借记“固定资产”科目，贷记“固定基金”科目。

（二）自行建造房屋建筑物、大型修缮等，发生基建支出时，借记“在建工程”科目，贷记“在建工程占用资金”科目，同时借记本科目，贷记“银行存款”科目。工程完工时，借记“固定资产”科目，贷记“在建工程”科目，同时借记“在建工程占用资金”科目，贷记“固定基金”科目。

（三）期末结转时，借记“结余”科目，贷记本科目。

四、本科目期末结转后无余额。

第506号科目　补助下级支出

一、本科目核算工会为解决下级工会经费不足或根据有关规定给予下级工会的各类补助款项。

二、本科目应设置以下明细科目：

50601　回拨补助：核算工会按有关规定给下级工会的回拨经费补助。

50602　专项补助：核算工会对下级工会指定项目的补助。

50603　超收补助：核算工会按有关超收增缴的规定对下级工会的超收补助。

50604　帮扶补助：核算工会按有关规定对下级工会的困难职工帮扶补助。

50605　送温暖补助：核算工会拨付下级工会用于开展送温暖活动的补助。

50606　救灾补助：核算工会拨付下级工会用于慰问在自然灾害中经济财产遭受损失、生活遇到困难的职工和家庭的补助。

50607　其他补助：核算工会拨付下级工会的除上述明细科目所述内容以外的其他补助。

三、补助下级支出的主要账务处理如下：

（一）发生补助下级支出时，借记本科目相关明细科目，贷记“银行存款”等科目。

（二）期末结转时，借记“结余”科目，贷记本科目。

四、本科目期末结转后无余额。

第507号科目　事业支出

一、本科目核算工会对独立核算的附属事业单位的补助和非独立核算的附属事业单位的各项支出。

二、本科目应按单位或部门设置明细账。

三、事业支出的主要账务处理如下：

（一）发生相关支出时，借记本科目，贷记“银行存款”等科目。

（二）期末结转时，借记“结余”科目，贷记本科目。

四、本科目期末结转后无余额。

第508号科目　其他支出

一、本科目核算各级工会以上支出项目以外的各项支出。如资产盘亏、固定资产处置净损失、捐赠支出以及按规定计提有关专用基金等。

二、其他支出的主要账务处理如下：

（一）发生其他支出时

1. 盘亏的库存物品，按照账面余额，借记本科目，贷记“库存物品”科目。

报废、毁损的库存物品，按照库存物品账面余额扣除可以收回的保险赔偿和过失人的赔偿等后的金额，借记本科目，按库存物品账面余额，贷记“库存物品”科目，按照可以收回的保险赔偿和过失人赔偿等，借记“库存现金”、“银行存款”、“其他应收款”等科目。

2. 毁损、报废的固定资产，按账面原值，借记“固定基金”科目，贷记“固定资产”科目。同时，按清理过程中取得的收入，借记“库存现金”、“银行存款”等科目，按清理过程中发生的支出，贷记“库存现金”、“银行存款”等科目，按清理净收入（或净支出），贷记“其他收入”科目或借记本科目。

3. 对外捐赠支出，借记本科目，贷记“库存现金”、“银行存款”等科目。

4. 提取增收留成基金、财务专用基金时，借记本科目，贷记“专用基金——增收留成基金、财务专用基金”科目。

（二）期末结转时，借记“结余”科目，贷记本科目。

三、本科目期末结转后无余额。

第四部分　会计报表格式

编　号	会计报表名称	编制期
工会01表	资产负债表	月报、年报
工会02表	收入支出表	月报、年报
工会01表附表1	往来款项明细表	年报
工会02表附表1	经费收缴情况表	季报、年报

资产负债表

工会01表

编制单位：　　　　　　　　　　　　____年__月__日　　　　　　　　　　　单位：元

	资产	年初数	期末数		负债与净资产	年初数	期末数
	一、资产				二、负债		
101	库存现金			201	应付工资（离退休费）		
102	银行存款			202	应付地方(部门)津贴补贴		
111	零余额账户用款额度			203	应付其他个人收入		
112	财政应返还额度			211	借入款		
121	借出款			221	应付上级经费		
131	应收上级经费			222	应付下级经费		
132	应收下级经费			225	其他应付款		
135	其他应收款			231	代管经费		
141	库存物品				负债合计		
151	投资						
161	在建工程				三、净资产类		
162	固定资产			301	固定基金		
				302	在建工程占用资金		
				311	投资基金		
				321	专用基金		
				322	后备金		
				331	结余		
					净资产合计		
	资产总计				负债与净资产总计		

工会主席：　　　　　　财务负责人：　　　　　　　　复核：　　　　　　　制表：

收入支出表

工会 02 表

编制单位：　　　　　　　　　　　____年__月　　　　　　　　　　　单位：元

项目		本月数	本年累计数
一、收入			
401	会费收入		
402	拨缴经费收入		
403	上级补助收入		
40301	回拨补助		
40302	专项补助		
40303	超收补助		
40304	帮扶补助		
40305	送温暖补助		
40306	救灾补助		
40307	其他补助		
404	政府补助收入		
405	行政补助收入		
406	事业收入		
407	投资收益		
408	其他收入		
本期收入合计			
二、支出			
501	职工活动支出		
50101	职工教育费		
50102	文体活动费		
50103	宣传活动费		
50104	其他活动支出		
502	维权支出		
50201	劳动关系协调费		
50202	劳动保护费		
50203	法律援助费		
50204	困难职工帮扶费		
50205	送温暖费		
50206	其他维权支出		

续表

项目		本月数	本年累计数
503	业务支出		
50301	培训费		
50302	会议费		
50303	外事费		
50304	专项业务费		
50305	其他业务支出		
504	行政支出		
50401	工资福利支出		
50402	商品和服务支出		
50403	对个人和家庭的补助		
50404	其他行政支出		
505	资本性支出		
50501	房屋建筑物购建		
50502	办公设备购置		
50503	专用设备购置		
50504	交通工具购置		
50505	大型修缮		
50506	信息网络购建		
50507	其他资本性支出		
506	补助下级支出		
50601	回拨补助		
50602	专项补助		
50603	超收补助		
50604	帮扶补助		
50605	送温暖补助		
50606	救灾补助		
50607	其他补助		
507	事业支出		
508	其他支出		
	本期支出合计		
三、本期结余			

工会主席：　　　财务负责人：　　　复核：　　　制表：

往来款项明细表

工会 01 表附表 1

编制单位：　　　　　　　　　　____年__月__日　　　　　　　　　　单位：元

资产类科目	具体内容	金额	负债类科目	具体内容	金额
借出款			借入款		
(按明细项目列)			(按明细项目列)		
应收上级经费			应付上级经费		
(按明细项目列)			(按明细项目列)		
应收下级经费			应付下级经费		
(按明细项目列)			(按明细项目列)		
其他应收款			其他应付款		
(按明细项目列)			(按明细项目列)		
			代管经费		
			(按明细项目列)		

工会主席：　　　　　财务负责人：　　　　　复核：　　　　　制表：

经费收缴情况表

工会 02 表附表 1

编制单位：　　　　　　　　　　____年____季度　　　　　　　　　　单位：元

项目 / 单位	应收经费				拨缴经费收入（本级）		应付经费				已付上级经费	应付未付上级经费
	应收上级经费		应收下级经费				应付上级经费		应付下级经费			
	比例	金额	比例	金额	比例	金额	比例	金额	比例	金额		
总计												

工会主席：　　　　　财务负责人：　　　　　复核：　　　　　制表：

第五部分　会计报表编制说明

一、资产负债表编制说明

（一）本表反映工会某一会计期末全部资产、负债和净资产的情况。工会至少应当编制月度、年度资产负债表，可以根据需要编制季度、半年度资产负债表。

（二）编制年度资产负债表时，将“期末数”栏改为“年末数”栏。

（三）本表“年初数”栏内各项目，根据上年度资产负债表“年末数”栏内各对应项目数字填列。

（四）本表“期末数”栏内各项目，根据本期末总账各科目余额填列。“结余”项目也可以根据上期资产负债表“结余——期末数”加上本期收入支出表“本期结余——本月数”并加上本期收回投资、减去本期对外投资后的金额填列。

年度资产负债表“年末数”栏内各项目，根据本年末总账各科目余额填列。

二、收入支出表编制说明

（一）本表反映工会某一会计期间全部收入、支出和结余的情况。工会至少应当编制月度、年度收入支出表，可以根据需要编制季度、半年度收入支出表。

（二）编制年度收入支出表时，将表头中的“____年__月”改为“____年度”；并将“本月数”栏改为“本年数”栏，将“本年累计数”栏改为“上年数”栏。

（三）本表“本月数”栏内各项目，根据本月总账各科目借方或贷方发生额填列。

年度收入支出表“本年数”栏内各项目，根据本年度总账各科目借方或贷方发生额填列。

（四）本表“本年累计数”栏内各项目，根据本月末总账各科目余额填列，也可以根据上月收入支出表“本年累计数”加上本月收入支出表“本月数”后的金额填列。

年度收入支出表“上年数”栏内各项目，根据上年度收入支出表“本年数”栏内各对应项目数字填列。

全国总工会财务部关于转发《财政部关于印发〈行政事业单位内部控制规范（试行）〉的通知》的通知

（工财发〔2013〕2号　2013年1月5日）

各省、自治区、直辖市总工会财务部，中华全国铁路总工会、中国民航工会全国委员会、中国金融工会全国委员会财务部（办公室），中共中央直属机关工会联合会、中央国家机关工会联合会办公室，全总各直属事业单位：

为了进一步提高行政事业单位内部管理水平，规范内部控制，加强廉政风险防控机制建设，财政部制定了《行政事业单位内部控制规范（试行）》，现转发给你们。执行中有何问题，请及时反馈我部。

附件：

财政部关于印发《行政事业单位内部控制规范（试行）》的通知

（财会〔2012〕21号　2012年11月29日）

党中央有关部门，国务院各部委、各直属机构，全国人大常委会办公厅，全国政协办公厅，高法院，高检院，各民主党派中央，有关人民团体，各省、自治区、直辖市、计划单列市财政厅（局），新疆生产建设兵团财务局：

为了进一步提高行政事业单位内部管理水平，规范内部控制，加强廉政风险防控机制建设，根据《中华人民共和国会计法》、《中华人民共和国预算法》等法律法规和相关规定，我部制定了《行政事业单位内部控制规范（试行）》，现印发给你们，自2014年1月1日起施行。执行中有何问题，请及时反馈我部。

附件：

行政事业单位内部控制规范（试行）

第一章 总 则

第一条 为了进一步提高行政事业单位内部管理水平，规范内部控制，加强廉政风险防控机制建设，根据《中华人民共和国会计法》、《中华人民共和国预算法》等法律法规和相关规定，制定本规范。

第二条 本规范适用于各级党的机关、人大机关、行政机关、政协机关、审判机关、检察机关、各民主党派机关、人民团体和事业单位（以下统称单位）经济活动的内部控制。

第三条 本规范所称内部控制，是指单位为实现控制目标，通过制定制度、实施措施和执行程序，对经济活动的风险进行防范和管控。

第四条 单位内部控制的目标主要包括：合理保证单位经济活动合法合规、资产安全和使用有效、财务信息真实完整，有效防范舞弊和预防腐败，提高公共服务的效率和效果。

第五条 单位建立与实施内部控制，应当遵循下列原则：

（一）全面性原则。内部控制应当贯穿单位经济活动的决策、执行和监督全过程，实现对经济活动的全面控制。

（二）重要性原则。在全面控制的基础上，内部控制应当关注单位重要经济活动和经济活动的重大风险。

（三）制衡性原则。内部控制应当在单位内部的部门管理、职责分工、业务流程等方面形成相互制约和相互监督。

（四）适应性原则。内部控制应当符合国家有关规定和单位的实际情况，并随着外部环境的变化、单位经济活动的调整和管理要求的提高，不断修订和完善。

第六条 单位负责人对本单位内部控制的建立健全和有效实施负责。

第七条 单位应当根据本规范建立适合本单位实际情况的内部控制体系，并组织实施。具体工作包括梳理单位各类经济活动的业务流程，明确业务环节，系统分析经济活动风险，确定风险点，选择风险应对策略，在此基础上根据国家有关规定建立健全单位各项内部管理制度并督促相关工作人员认真执行。

第二章　风险评估和控制方法

第八条　单位应当建立经济活动风险定期评估机制，对经济活动存在的风险进行全面、系统和客观评估。

经济活动风险评估至少每年进行一次；外部环境、经济活动或管理要求等发生重大变化的，应及时对经济活动风险进行重估。

第九条　单位开展经济活动风险评估应当成立风险评估工作小组，单位领导担任组长。

经济活动风险评估结果应当形成书面报告并及时提交单位领导班子，作为完善内部控制的依据。

第十条　单位进行单位层面的风险评估时，应当重点关注以下方面：

（一）内部控制工作的组织情况。包括是否确定内部控制职能部门或牵头部门；是否建立单位各部门在内部控制中的沟通协调和联动机制。

（二）内部控制机制的建设情况。包括经济活动的决策、执行、监督是否实现有效分离；权责是否对等；是否建立健全议事决策机制、岗位责任制、内部监督等机制。

（三）内部管理制度的完善情况。包括内部管理制度是否健全；执行是否有效。

（四）内部控制关键岗位工作人员的管理情况。包括是否建立工作人员的培训、评价、轮岗等机制；工作人员是否具备相应的资格和能力。

（五）财务信息的编报情况。包括是否按照国家统一的会计制度对经济业务事项进行账务处理；是否按照国家统一的会计制度编制财务会计报告。

（六）其他情况。

第十一条　单位进行经济活动业务层面的风险评估时，应当重点关注以下方面：

（一）预算管理情况。包括在预算编制过程中单位内部各部门间沟通协调是否充分，预算编制与资产配置是否相结合、与具体工作是否相对应；是否按照批复的额度和开支范围执行预算，进度是否合理，是否存在无预算、超预算支出等问题；决算编报是否真实、完整、准确、及时。

（二）收支管理情况。包括收入是否实现归口管理，是否按照规定及时向财会部门提供收入的有关凭据，是否按照规定保管和使用印章和票据等；发生支出事项时是否按照规定审核各类凭据的真实性、合法性，是否存在使用虚假票据套取资金的情形。

（三）政府采购管理情况。包括是否按照预算和计划组织政府采购业务；

是否按照规定组织政府采购活动和执行验收程序；是否按照规定保存政府采购业务相关档案。

（四）资产管理情况。包括是否实现资产归口管理并明确使用责任；是否定期对资产进行清查盘点，对账实不符的情况及时进行处理；是否按照规定处置资产。

（五）建设项目管理情况。包括是否按照概算投资；是否严格履行审核审批程序；是否建立有效的招投标控制机制；是否存在截留、挤占、挪用、套取建设项目资金的情形；是否按照规定保存建设项目相关档案并及时办理移交手续。

（六）合同管理情况。包括是否实现合同归口管理；是否明确应签订合同的经济活动范围和条件；是否有效监控合同履行情况，是否建立合同纠纷协调机制。

（七）其他情况。

第十二条　单位内部控制的控制方法一般包括：

（一）不相容岗位相互分离。合理设置内部控制关键岗位，明确划分职责权限，实施相应的分离措施，形成相互制约、相互监督的工作机制。

（二）内部授权审批控制。明确各岗位办理业务和事项的权限范围、审批程序和相关责任，建立重大事项集体决策和会签制度。相关工作人员应当在授权范围内行使职权、办理业务。

（三）归口管理。根据本单位实际情况，按照权责对等的原则，采取成立联合工作小组并确定牵头部门或牵头人员等方式，对有关经济活动实行统一管理。

（四）预算控制。强化对经济活动的预算约束，使预算管理贯穿于单位经济活动的全过程。

（五）财产保护控制。建立资产日常管理制度和定期清查机制，采取资产记录、实物保管、定期盘点、账实核对等措施，确保资产安全完整。

（六）会计控制。建立健全本单位财会管理制度，加强会计机构建设，提高会计人员业务水平，强化会计人员岗位责任制，规范会计基础工作，加强会计档案管理，明确会计凭证、会计账簿和财务会计报告处理程序。

（七）单据控制。要求单位根据国家有关规定和单位的经济活动业务流程，在内部管理制度中明确界定各项经济活动所涉及的表单和票据，要求相关工作人员按照规定填制、审核、归档、保管单据。

（八）信息内部公开。建立健全经济活动相关信息内部公开制度，根据国家有关规定和单位的实际情况，确定信息内部公开的内容、范围、方式和程序。

第三章　单位层面内部控制

第十三条　单位应当单独设置内部控制职能部门或者确定内部控制牵头部门，负责组织协调内部控制工作。同时，应当充分发挥财会、内部审计、纪检监察、政府采购、基建、资产管理等部门或岗位在内部控制中的作用。

第十四条　单位经济活动的决策、执行和监督应当相互分离。

单位应当建立健全集体研究、专家论证和技术咨询相结合的议事决策机制。

重大经济事项的内部决策，应当由单位领导班子集体研究决定。重大经济事项的认定标准应当根据有关规定和本单位实际情况确定，一经确定，不得随意变更。

第十五条　单位应当建立健全内部控制关键岗位责任制，明确岗位职责及分工，确保不相容岗位相互分离、相互制约和相互监督。

单位应当实行内部控制关键岗位工作人员的轮岗制度，明确轮岗周期。不具备轮岗条件的单位应当采取专项审计等控制措施。

内部控制关键岗位主要包括预算业务管理、收支业务管理、政府采购业务管理、资产管理、建设项目管理、合同管理以及内部监督等经济活动的关键岗位。

第十六条　内部控制关键岗位工作人员应当具备与其工作岗位相适应的资格和能力。

单位应当加强内部控制关键岗位工作人员业务培训和职业道德教育，不断提升其业务水平和综合素质。

第十七条　单位应当根据《中华人民共和国会计法》的规定建立会计机构，配备具有相应资格和能力的会计人员。

单位应当根据实际发生的经济业务事项按照国家统一的会计制度及时进行账务处理、编制财务会计报告，确保财务信息真实、完整。

第十八条　单位应当充分运用现代科学技术手段加强内部控制。对信息系统建设实施归口管理，将经济活动及其内部控制流程嵌入单位信息系统中，减少或消除人为操纵因素，保护信息安全。

第四章　业务层面内部控制

第一节　预算业务控制

第十九条　单位应当建立健全预算编制、审批、执行、决算与评价等预算内部管理制度。

单位应当合理设置岗位，明确相关岗位的职责权限，确保预算编制、审批、执行、评价等不相容岗位相互分离。

第二十条 单位的预算编制应当做到程序规范、方法科学、编制及时、内容完整、项目细化、数据准确。

（一）单位应当正确把握预算编制有关政策，确保预算编制相关人员及时全面掌握相关规定。

（二）单位应当建立内部预算编制、预算执行、资产管理、基建管理、人事管理等部门或岗位的沟通协调机制，按照规定进行项目评审，确保预算编制部门及时取得和有效运用与预算编制相关的信息，根据工作计划细化预算编制，提高预算编制的科学性。

第二十一条 单位应当根据内设部门的职责和分工，对按照法定程序批复的预算在单位内部进行指标分解、审批下达，规范内部预算追加调整程序，发挥预算对经济活动的管控作用。

第二十二条 单位应当根据批复的预算安排各项收支，确保预算严格有效执行。

单位应当建立预算执行分析机制。定期通报各部门预算执行情况，召开预算执行分析会议，研究解决预算执行中存在的问题，提出改进措施，提高预算执行的有效性。

第二十三条 单位应当加强决算管理，确保决算真实、完整、准确、及时，加强决算分析工作，强化决算分析结果运用，建立健全单位预算与决算相互反映、相互促进的机制。

第二十四条 单位应当加强预算绩效管理，建立“预算编制有目标、预算执行有监控、预算完成有评价、评价结果有反馈、反馈结果有应用”的全过程预算绩效管理机制。

第二节 收支业务控制

第二十五条 单位应当建立健全收入内部管理制度。

单位应当合理设置岗位，明确相关岗位的职责权限，确保收款、会计核算等不相容岗位相互分离。

第二十六条 单位的各项收入应当由财会部门归口管理并进行会计核算，严禁设立账外账。

业务部门应当在涉及收入的合同协议签订后及时将合同等有关材料提交财会部门作为账务处理依据，确保各项收入应收尽收，及时入账。财会部门应当定期检查收入金额是否与合同约定相符；对应收未收项目应当查明情况，明确责任主体，落实催收责任。

第二十七条 有政府非税收入收缴职能的单位，应当按照规定项目和标准征收政府非税收入，按照规定开具财政票据，做到收缴分离、票款一致，并及时、足额上缴国库或财政专户，不得以任何形式截留、挪用或者私分。

第二十八条 单位应当建立健全票据管理制度。财政票据、发票等各类票据的申领、启用、核销、销毁均应履行规定手续。单位应当按照规定设置票据专管员，建立票据台账，做好票据的保管和序时登记工作。票据应当按照顺序号使用，不得拆本使用，做好废旧票据管理。负责保管票据的人员要配置单独的保险柜等保管设备，并做到人走柜锁。

单位不得违反规定转让、出借、代开、买卖财政票据、发票等票据，不得擅自扩大票据适用范围。

第二十九条 单位应当建立健全支出内部管理制度，确定单位经济活动的各项支出标准，明确支出报销流程，按照规定办理支出事项。

单位应当合理设置岗位，明确相关岗位的职责权限，确保支出申请和内部审批、付款审批和付款执行、业务经办和会计核算等不相容岗位相互分离。

第三十条 单位应当按照支出业务的类型，明确内部审批、审核、支付、核算和归档等支出各关键岗位的职责权限。实行国库集中支付的，应当严格按照财政国库管理制度有关规定执行。

（一）加强支出审批控制。明确支出的内部审批权限、程序、责任和相关控制措施。审批人应当在授权范围内审批，不得越权审批。

（二）加强支出审核控制。全面审核各类单据。重点审核单据来源是否合法，内容是否真实、完整，使用是否准确，是否符合预算，审批手续是否齐全。

支出凭证应当附反映支出明细内容的原始单据，并由经办人员签字或盖章，超出规定标准的支出事项应由经办人员说明原因并附审批依据，确保与经济业务事项相符。

（三）加强支付控制。明确报销业务流程，按照规定办理资金支付手续。签发的支付凭证应当进行登记。使用公务卡结算的，应当按照公务卡使用和管理有关规定办理业务。

（四）加强支出的核算和归档控制。由财会部门根据支出凭证及时准确登记账簿；与支出业务相关的合同等材料应当提交财会部门作为账务处理的依据。

第三十一条 根据国家规定可以举借债务的单位应当建立健全债务内部管理制度，明确债务管理岗位的职责权限，不得由一人办理债务业务的全过程。大额债务的举借和偿还属于重大经济事项，应当进行充分论证，并由单位领导班子集体研究决定。

单位应当做好债务的会计核算和档案保管工作。加强债务的对账和检查控制，定期与债权人核对债务余额，进行债务清理，防范和控制财务风险。

第三节　政府采购业务控制

第三十二条　单位应当建立健全政府采购预算与计划管理、政府采购活动管理、验收管理等政府采购内部管理制度。

第三十三条　单位应当明确相关岗位的职责权限，确保政府采购需求制定与内部审批、招标文件准备与复核、合同签订与验收、验收与保管等不相容岗位相互分离。

第三十四条　单位应当加强对政府采购业务预算与计划的管理。建立预算编制、政府采购和资产管理等部门或岗位之间的沟通协调机制。根据本单位实际需求和相关标准编制政府采购预算，按照已批复的预算安排政府采购计划。

第三十五条　单位应当加强对政府采购活动的管理。对政府采购活动实施归口管理，在政府采购活动中建立政府采购、资产管理、财会、内部审计、纪检监察等部门或岗位相互协调、相互制约的机制。

单位应当加强对政府采购申请的内部审核，按照规定选择政府采购方式、发布政府采购信息。对政府采购进口产品、变更政府采购方式等事项应当加强内部审核，严格履行审批手续。

第三十六条　单位应当加强对政府采购项目验收的管理。根据规定的验收制度和政府采购文件，由指定部门或专人对所购物品的品种、规格、数量、质量和其他相关内容进行验收，并出具验收证明。

第三十七条　单位应当加强对政府采购业务质疑投诉答复的管理。指定牵头部门负责、相关部门参加，按照国家有关规定做好政府采购业务质疑投诉答复工作。

第三十八条　单位应当加强对政府采购业务的记录控制。妥善保管政府采购预算与计划、各类批复文件、招标文件、投标文件、评标文件、合同文本、验收证明等政府采购业务相关资料。定期对政府采购业务信息进行分类统计，并在内部进行通报。

第三十九条　单位应当加强对涉密政府采购项目安全保密的管理。对于涉密政府采购项目，单位应当与相关供应商或采购中介机构签订保密协议或者在合同中设定保密条款。

第四节　资产控制

第四十条　单位应当对资产实行分类管理，建立健全资产内部管理制度。

单位应当合理设置岗位，明确相关岗位的职责权限，确保资产安全和有效使用。

第四十一条　单位应当建立健全货币资金管理岗位责任制，合理设置岗位，不得由一人办理货币资金业务的全过程，确保不相容岗位相互分离。

（一）出纳不得兼管稽核、会计档案保管和收入、支出、债权、债务账目的登记工作。

（二）严禁一人保管收付款项所需的全部印章。财务专用章应当由专人保管，个人名章应当由本人或其授权人员保管。负责保管印章的人员要配置单独的保管设备，并做到人走柜锁。

（三）按照规定应当由有关负责人签字或盖章的，应当严格履行签字或盖章手续。

第四十二条　单位应当加强对银行账户的管理，严格按照规定的审批权限和程序开立、变更和撤销银行账户。

第四十三条　单位应当加强货币资金的核查控制。指定不办理货币资金业务的会计人员定期和不定期抽查盘点库存现金，核对银行存款余额，抽查银行对账单、银行日记账及银行存款余额调节表，核对是否账实相符、账账相符。对调节不符、可能存在重大问题的未达账项应当及时查明原因，并按照相关规定处理。

第四十四条　单位应当加强对实物资产和无形资产的管理，明确相关部门和岗位的职责权限，强化对配置、使用和处置等关键环节的管控。

（一）对资产实施归口管理。明确资产使用和保管责任人，落实资产使用人在资产管理中的责任。贵重资产、危险资产、有保密等特殊要求的资产，应当指定专人保管、专人使用，并规定严格的接触限制条件和审批程序。

（二）按照国有资产管理相关规定，明确资产的调剂、租借、对外投资、处置的程序、审批权限和责任。

（三）建立资产台账，加强资产的实物管理。单位应当定期清查盘点资产，确保账实相符。财会、资产管理、资产使用等部门或岗位应当定期对账，发现不符的，应当及时查明原因，并按照相关规定处理。

（四）建立资产信息管理系统，做好资产的统计、报告、分析工作，实现对资产的动态管理。

第四十五条　单位应当根据国家有关规定加强对对外投资的管理。

（一）合理设置岗位，明确相关岗位的职责权限，确保对外投资的可行性研究与评估、对外投资决策与执行、对外投资处置的审批与执行等不相容岗位相互分离。

（二）单位对外投资，应当由单位领导班子集体研究决定。

（三）加强对投资项目的追踪管理，及时、全面、准确地记录对外投资的价值变动和投资收益情况。

（四）建立责任追究制度。对在对外投资中出现重大决策失误、未履行集体决策程序和不按规定执行对外投资业务的部门及人员，应当追究相应的责任。

第五节　建设项目控制

第四十六条　单位应当建立健全建设项目内部管理制度。

单位应当合理设置岗位，明确内部相关部门和岗位的职责权限，确保项目建议和可行性研究与项目决策、概预算编制与审核、项目实施与价款支付、竣工决算与竣工审计等不相容岗位相互分离。

第四十七条　单位应当建立与建设项目相关的议事决策机制，严禁任何个人单独决策或者擅自改变集体决策意见。决策过程及各方面意见应当形成书面文件，与相关资料一同妥善归档保管。

第四十八条　单位应当建立与建设项目相关的审核机制。项目建议书、可行性研究报告、概预算、竣工决算报告等应当由单位内部的规划、技术、财会、法律等相关工作人员或者根据国家有关规定委托具有相应资质的中介机构进行审核，出具评审意见。

第四十九条　单位应当依据国家有关规定组织建设项目招标工作，并接受有关部门的监督。

单位应当采取签订保密协议、限制接触等必要措施，确保标底编制、评标等工作在严格保密的情况下进行。

第五十条　单位应当按照审批单位下达的投资计划和预算对建设项目资金实行专款专用，严禁截留、挪用和超批复内容使用资金。

财会部门应当加强与建设项目承建单位的沟通，准确掌握建设进度，加强价款支付审核，按照规定办理价款结算。实行国库集中支付的建设项目，单位应当按照财政国库管理制度相关规定支付资金。

第五十一条　单位应当加强对建设项目档案的管理。做好相关文件、材料的收集、整理、归档和保管工作。

第五十二条　经批准的投资概算是工程投资的最高限额，如有调整，应当按照国家有关规定报经批准。

单位建设项目工程洽商和设计变更应当按照有关规定履行相应的审批程序。

第五十三条 建设项目竣工后，单位应当按照规定的时限及时办理竣工决算，组织竣工决算审计，并根据批复的竣工决算和有关规定办理建设项目档案和资产移交等工作。

建设项目已实际投入使用但超时限未办理竣工决算的，单位应当根据对建设项目的实际投资暂估入账，转作相关资产管理。

第六节 合同控制

第五十四条 单位应当建立健全合同内部管理制度。

单位应当合理设置岗位，明确合同的授权审批和签署权限，妥善保管和使用合同专用章，严禁未经授权擅自以单位名义对外签订合同，严禁违规签订担保、投资和借贷合同。

单位应当对合同实施归口管理，建立财会部门与合同归口管理部门的沟通协调机制，实现合同管理与预算管理、收支管理相结合。

第五十五条 单位应当加强对合同订立的管理，明确合同订立的范围和条件。对于影响重大、涉及较高专业技术或法律关系复杂的合同，应当组织法律、技术、财会等工作人员参与谈判，必要时可聘请外部专家参与相关工作。谈判过程中的重要事项和参与谈判人员的主要意见，应当予以记录并妥善保管。

第五十六条 单位应当对合同履行情况实施有效监控。合同履行过程中，因对方或单位自身原因导致可能无法按时履行的，应当及时采取应对措施。

单位应当建立合同履行监督审查制度。对合同履行中签订补充合同，或变更、解除合同等应当按照国家有关规定进行审查。

第五十七条 财会部门应当根据合同履行情况办理价款结算和进行账务处理。未按照合同条款履约的，财会部门应当在付款之前向单位有关负责人报告。

第五十八条 合同归口管理部门应当加强对合同登记的管理，定期对合同进行统计、分类和归档，详细登记合同的订立、履行和变更情况，实行对合同的全过程管理。与单位经济活动相关的合同应当同时提交财会部门作为账务处理的依据。

单位应当加强合同信息安全保密工作，未经批准，不得以任何形式泄露合同订立与履行过程中涉及的国家秘密、工作秘密或商业秘密。

第五十九条 单位应当加强对合同纠纷的管理。合同发生纠纷的，单位应当在规定时效内与对方协商谈判。合同纠纷协商一致的，双方应当签订书面协议；合同纠纷经协商无法解决的，经办人员应向单位有关负责人报告，并根据合同约定选择仲裁或诉讼方式解决。

第五章 评价与监督

第六十条 单位应当建立健全内部监督制度，明确各相关部门或岗位在内部监督中的职责权限，规定内部监督的程序和要求，对内部控制建立与实施情况进行内部监督检查和自我评价。

内部监督应当与内部控制的建立和实施保持相对独立。

第六十一条 内部审计部门或岗位应当定期或不定期检查单位内部管理制度和机制的建立与执行情况，以及内部控制关键岗位及人员的设置情况等，及时发现内部控制存在的问题并提出改进建议。

第六十二条 单位应当根据本单位实际情况确定内部监督检查的方法、范围和频率。

第六十三条 单位负责人应当指定专门部门或专人负责对单位内部控制的有效性进行评价并出具单位内部控制自我评价报告。

第六十四条 国务院财政部门及其派出机构和县级以上地方各级人民政府财政部门应当对单位内部控制的建立和实施情况进行监督检查，有针对性地提出检查意见和建议，并督促单位进行整改。

国务院审计机关及其派出机构和县级以上地方各级人民政府审计机关对单位进行审计时，应当调查了解单位内部控制建立和实施的有效性，揭示相关内部控制的缺陷，有针对性地提出审计处理意见和建议，并督促单位进行整改。

第六章 附 则

第六十五条 本规范自2014年1月1日起施行。

财政部关于全面推进行政事业单位内部控制建设的指导意见

（财会〔2015〕24号 2015年12月21日）

党中央有关部门，国务院各部委、各直属机构，全国人大常委会办公厅，全国政协办公厅，高法院，高检院，各民主党派中央，有关人民团体，各省、自治区、直辖市、计划单列市财政厅（局），新疆生产建设兵团财务局：

内部控制是保障组织权力规范有序、科学高效运行的有效手段，也是组织目标实现的长效保障机制。自《行政事业单位内部控制规范（试行）》（财会〔2012〕21号，以下简称《单位内控规范》）发布实施以来，各行政事业单位积极推进内部控制建设，取得了初步成效。但也存在部分单位重视不够、制度建设不健全、发展水平不平衡等问题。党的十八届四中全会通过的《中共中央关于全面推进依法治国若干重大问题的决定》明确提出："对财政资金分配使用、国有资产监管、政府投资、政府采购、公共资源转让、公共工程建设等权力集中的部门和岗位实行分事行权、分岗设权、分级授权，定期轮岗，强化内部流程控制，防止权力滥用"，为行政事业单位加强内部控制建设指明了方向。为认真贯彻落实党的十八届四中全会精神，现对全面推进行政事业单位内部控制建设提出以下指导意见。

一、总体要求

（一）指导思想。高举中国特色社会主义伟大旗帜，认真贯彻落实党的十八大和十八届三中、四中、五中全会精神，深入贯彻习近平总书记系列重要讲话精神，全面推进行政事业单位内部控制建设，规范行政事业单位内部经济和业务活动，强化对内部权力运行的制约，防止内部权力滥用，建立健全科学高效的制约和监督体系，促进单位公共服务效能和内部治理水平不断提高，为实现国家治理体系和治理能力现代化奠定坚实基础、提供有力支撑。

（二）基本原则。

1. 坚持全面推进。行政事业单位（以下简称单位）应当按照党的十八届四中全会决定关于强化内部控制的精神和《单位内控规范》的具体要求，全面建立、有效实施内部控制，确保内部控制覆盖单位经济和业务活动的全范围，贯穿内部权力运行的决策、执行和监督全过程，规范单位内部各层级的全体人员。

2. 坚持科学规划。单位应当科学运用内部控制机制原理，结合自身的业务性质、业务范围、管理架构，合理界定岗位职责、业务流程和内部权力运行结构，依托制度规范和信息系统，将制约内部权力运行嵌入内部控制的各个层级、各个方面、各个环节。

3. 坚持问题导向。单位应当针对内部管理薄弱环节和风险隐患，特别是涉及内部权力集中的财政资金分配使用、国有资产监管、政府投资、政府采购、公共资源转让、公共工程建设等重点领域和关键岗位，合理配置权责，细化权力运行流程，明确关键控制节点和风险评估要求，提高内部控制的针对性和有效性。

4. 坚持共同治理。充分发挥内部控制与其他内部监督机制的相互促进作用，形成监管合力，优化监督效果；充分发挥政府、单位、社会和市场的各自作用，各级财政部门要加强统筹规划、督促指导，主动争取审计、监察等部门的支持，共同推动内部控制建设和有效实施；单位要切实履行内部控制建设的主体责任；要建立公平、公开、公正的市场竞争和激励机制，鼓励社会第三方参与单位内部控制建设和发挥外部监督作用，形成单位内部控制建设的合力。

（三）总体目标。以单位全面执行《单位内控规范》为抓手，以规范单位经济和业务活动有序运行为主线，以内部控制量化评价为导向，以信息系统为支撑，突出规范重点领域、关键岗位的经济和业务活动运行流程、制约措施，逐步将控制对象从经济活动层面拓展到全部业务活动和内部权力运行，到2020年，基本建成与国家治理体系和治理能力现代化相适应的，权责一致、制衡有效、运行顺畅、执行有力、管理科学的内部控制体系，更好发挥内部控制在提升内部治理水平、规范内部权力运行、促进依法行政、推进廉政建设中的重要作用。

二、主要任务

（一）健全内部控制体系，强化内部流程控制。单位应当按照内部控制要求，在单位主要负责人直接领导下，建立适合本单位实际情况的内部控制体系，全面梳理业务流程，明确业务环节，分析风险隐患，完善风险评估机制，制定风险应对策略；有效运用不相容岗位相互分离、内部授权审批控制、归口管理、预算控制、财产保护控制、会计控制、单据控制、信息内部公开等内部控制基本方法，加强对单位层面和业务层面的内部控制，实现内部控制体系全面、有效实施。

已经建立并实施内部控制的单位，应当按照本指导意见和《单位内控规范》要求，对本单位内部控制制度的全面性、重要性、制衡性、适应性和有效性进行自我评价、对照检查，并针对存在的问题，抓好整改落实，进一步健全制度，提高执行力，完善监督措施，确保内部控制有效实施。内部控制尚未建立或内部控制制度不健全的单位，必须于2016年底前完成内部控制的建立和实施工作。

（二）加强内部权力制衡，规范内部权力运行。分事行权、分岗设权、分级授权和定期轮岗，是制约权力运行、加强内部控制的基本要求和有效措施。单位应当根据自身的业务性质、业务范围、管理架构，按照决策、执行、监督相互分离、相互制衡的要求，科学设置内设机构、管理层级、岗位职责权限、权力运行规程，切实做到分事行权、分岗设权、分级授权，并定期轮岗。分事行权，就是对经济和业务活动的决策、执行、监督，必须明确分工、相互分离、分别行权，防止职责混淆、权限交叉；分岗设权，就是对涉及经济和业务活动的相关岗位，必须依职定岗、分岗定权、权责明确，防止岗位职责不清、设权界限混乱；分级授权，就是对各管理层级和各工作岗位，必须依法依规分别授权，明确授权范围、授权对象、授权期限、授权与行权责任、一般授权与特殊授权界限，防止授权不当、越权办事。同时，对重点领域的关键岗位，在健全岗位设置、规范岗位管理、加强岗位胜任能力评估的基础上，通过明确轮岗范围、轮岗条件、轮岗周期、交接流程、责任追溯等要求，建立干部交流和定期轮岗制度，不具备轮岗条件的单位应当采用专项审计等控制措施。对轮岗后发现原工作岗位存在失职或违法违纪行为的，应当按国家有关规定追责。

（三）建立内控报告制度，促进内控信息公开。针对内部控制建立和实施的实际情况，单位应当按照《单位内控规范》的要求积极开展内部控制自我评价工作。单位内部控制自我评价情况应当作为部门决算报告和财务报告的重要组成内容进行报告。积极推进内部控制信息公开，通过面向单位内部和外部定期公开内部控制相关信息，逐步建立规范有序、及时可靠的内部控制信息公开机制，更好发挥信息公开对内部控制建设的促进和监督作用。

（四）加强监督检查工作，加大考评问责力度。监督检查和自我评价，是内部控制得以有效实施的重要保障。单位应当建立健全内部控制的监督检查和自我评价制度，通过日常监督和专项监督，检查内部控制实施过程中存在的突出问题、管理漏洞和薄弱环节，进一步改进和加强内部控制；通过自我评价，评估内部控制的全面性、重要性、制衡性、适应性和有效性，进一步改进和完善内部控制。同时，单位要将内部监督、自我评价与干部考核、追责问责结合起来，并将内部监督、自我评价结果采取适当的方式予以内部公开，强化自我监督、自我约束的自觉性，促进自我监督、自我约束机制的不断完善。

三、保障措施

（一）加强组织领导。各地区、各部门要充分认识全面推进行政事业单位内部控制建设的重要意义，把制约内部权力运行、强化内部控制，作为当前和今后一个时期的重要工作来抓，切实加强对单位内部控制建设的组织领导，建立健全由财政、审计、监察等部门参与的协调机制，协同推进内部控制建设和监督检查工作。同时，积极探索建立单位财务报告内部控制实施情况注册会计师审计制度，将单位内部控制建设纳入制度化、规范化轨道。

（二）抓好贯彻落实。单位要按照本指导意见确定的总体要求、主要任务和时间表，认真抓好内部控制建设，确保制度健全、执行有力、监督到位。单位主要负责人应当主持制定工作方案，明确工作分工，配备工作人员，健全工作机制，充分利用信息化手段，组织、推动本单位内部控制建设，并对建立与实施内部控制的有效性承担领导责任。

（三）强化督导检查。各级财政部门要加强对单位内部控制建立与实施情况的监督检查，公开监督检查结果，并将监督检查结果、内部控制自我评价情况和注册会计师审计情况作为安排财政预算、实施预算绩效评价与中期财政规划的参考依据。同时，加强与审计、监察等部门的沟通协调和信息共享，形成监督合力，避免重复检查。

（四）深入宣传教育。各地区、各部门、各单位要加大宣传教育力度，广泛宣传制约内部权力运行、强化内部控制的必要性和紧迫性，广泛宣传相关先进经验和典型做法，引导单位广大干部职工自觉提高风险防范和抵制权力滥用意识，确保权力规范有序运行。同时，要加强对单位领导干部和工作人员有关制约内部权力运行、强化内部控制方面的教育培训，为全面推进行政事业单位内部控制建设营造良好的环境和氛围。

财政部关于印发《行政事业单位内部控制报告管理制度（试行）》的通知

（财会〔2017〕1号　2017年1月25日）

党中央有关部门，国务院各部委、各直属机构，全国人大常委会办公厅，全国政协办公厅，高法院，高检院，各民主党派中央，有关人民团体，各省、自治区、直辖市、计划单列市财政厅（局），新疆生产建设兵团财务局：

为全面推进行政事业单位加强内部控制建设，根据《财政部关于全面推进行政事业单位内部控制建设的指导意见》（财会〔2015〕24号）和《行政事业单位内部控制规范（试行）》（财会〔2012〕21号）的有关要求，我们制定了《行政事业单位内部控制报告管理制度（试行）》，现印发你们，请遵照执行。执行中有何问题，请及时反馈我们。

附件：行政事业单位内部控制报告管理制度（试行）

附件：

行政事业单位内部控制报告管理制度（试行）

第一章 总 则

第一条 为贯彻落实党的十八届四中全会通过的《中共中央关于全面推进依法治国若干重大问题的决定》的有关精神，进一步加强行政事业单位内部控制建设，规范行政事业单位内部控制报告的编制、报送、使用及报告信息质量的监督检查等工作，促进行政事业单位内部控制信息公开，提高行政事业单位内部控制报告质量，根据《财政部关于全面推进行政事业单位内部控制建设的指导意见》（财会〔2015〕24号，以下简称《指导意见》）和《行政事业单位内部控制规范（试行）》（财会〔2012〕21号，以下简称《单位内部控制规范》）等，制定本制度。

第二条 本制度适用于所有行政事业单位。

本制度所称行政事业单位包括各级党的机关、人大机关、行政机关、政协机关、审判机关、检察机关、各民主党派机关、人民团体和事业单位。

第三条 本制度所称内部控制报告，是指行政事业单位在年度终了，结合本单位实际情况，依据《指导意见》和《单位内部控制规范》，按照本制度规定编制的能够综合反映本单位内部控制建立与实施情况的总结性文件。

第四条 行政事业单位编制内部控制报告应当遵循下列原则：

（一）全面性原则。内部控制报告应当包括行政事业单位内部控制的建立与实施、覆盖单位层面和业务层面各类经济业务活动，能够综合反映行政事业单位的内部控制建设情况。

（二）重要性原则。内部控制报告应当重点关注行政事业单位重点领域和关键岗位，突出重点、兼顾一般，推动行政事业单位围绕重点开展内部控制建设，着力防范可能产生的重大风险。

（三）客观性原则。内部控制报告应当立足于行政事业单位的实际情况，坚持实事求是，真实、完整地反映行政事业单位内部控制建立与实施情况。

（四）规范性原则。行政事业单位应当按照财政部规定的统一报告格式及信息要求编制内部控制报告，不得自行修改或删减报告及附表格式。

第五条 行政事业单位是内部控制报告的责任主体。

单位主要负责人对本单位内部控制报告的真实性和完整性负责。

第六条　行政事业单位应当根据本制度，结合本单位内部控制建立与实施的实际情况，明确相关内设机构、管理层级及岗位的职责权限，按照规定的方法、程序和要求，有序开展内部控制报告的编制、审核、报送、分析使用等工作。

第七条　内部控制报告编报工作按照“统一部署、分级负责、逐级汇总、单向报送”的方式，由财政部统一部署，各地区、各垂直管理部门分级组织实施并以自下而上的方式逐级汇总，非垂直管理部门向同级财政部门报送，各行政事业单位按照行政管理关系向上级行政主管部门单向报送。

第二章　内部控制报告编报工作的组织

第八条　财政部负责组织实施全国行政事业单位内部控制报告编报工作。其职责主要是制定行政事业单位内部控制报告的有关规章制度及全国统一的行政事业单位内部控制报告格式，布置全国行政事业单位内部控制年度报告编报工作并开展相关培训，组织和指导全国行政事业单位内部控制报告的收集、审核、汇总、报送、分析使用，组织开展全国行政事业单位内部控制报告信息质量的监督检查工作，组织和指导全国行政事业单位内部控制考核评价工作，建立和管理全国行政事业单位内部控制报告数据库等工作。

第九条　地方各级财政部门负责组织实施本地区行政事业单位内部控制报告编报工作，并对本地区内部控制汇总报告的真实性和完整性负责。其职责主要是布置本地区行政事业单位内部控制年度报告编报工作并开展相关培训，组织和指导本地区行政事业单位内部控制报告的收集、审核、汇总、报送、分析使用，组织和开展本地区行政事业单位内部控制报告信息质量的监督检查工作，组织和指导本地区行政事业单位内部控制考核评价工作，建立和管理本地区行政事业单位内部控制报告数据库等工作。

第十条　各行政主管部门（以下简称各部门）应当按照财政部门的要求，负责组织实施本部门行政事业单位内部控制报告编报工作，并对本部门内部控制汇总报告的真实性和完整性负责。其职责主要是布置本部门行政事业单位内部控制年度报告编报工作并开展相关培训，组织和指导本部门行政事业单位内部控制报告的收集、审核、汇总、报送、分析使用，组织和开展本部门行政事业单位内部控制报告信息质量的监督检查工作，组织和指导本部门行政事业单位内部控制考核评价工作，建立和管理本部门行政事业单位内部控制报告数据库。

第三章　行政事业单位内部控制报告的编制与报送

第十一条　年度终了，行政事业单位应当按照本制度的有关要求，根据本单位当年内部控制建设工作的实际情况及取得的成效，以能够反映内部控制工作基本事实的相关材料为支撑，按照财政部发布的统一报告格式编制内部控制报告，经本单位主要负责人审批后对外报送。

第十二条　行政事业单位能够反映内部控制工作基本事实的相关材料一般包括内部控制领导机构会议纪要、内部控制制度、流程图、内部控制检查报告、内部控制培训会相关材料等。

第十三条　行政事业单位应当在规定的时间内，向上级行政主管部门报送本单位内部控制报告及能够反映本单位内部控制工作基本事实的相关材料。

第四章　部门行政事业单位内部控制报告的编制与报送

第十四条　各部门应当在所属行政事业单位上报的内部控制报告和部门本级内部控制报告的基础上，汇总形成本部门行政事业单位内部控制报告。

第十五条　各部门汇总的行政事业单位内部控制报告应当以所属行政事业单位上报的信息为准，不得虚报、瞒报和随意调整。

第十六条　各部门应当在规定的时间内，向同级财政部门报送本部门行政事业单位内部控制报告。

第五章　地区行政事业单位内部控制报告的编制与报送

第十七条　地方各级财政部门应当在下级财政部门上报的内部控制报告和本地区部门内部控制报告的基础上，汇总形成本地区行政事业单位内部控制报告。

第十八条　地方各级财政部门汇总的本地区行政事业单位内部控制报告应当以本地区部门和下级财政部门上报的信息为准，不得虚报、瞒报和随意调整。

第十九条　地方各级财政部门应当在规定的时间内，向上级财政部门逐级报送本地区行政事业单位内部控制报告。

第六章　行政事业单位内部控制报告的使用

第二十条　行政事业单位应当加强对本单位内部控制报告的使用，通过对内部控制报告中反映的信息进行分析，及时发现内部控制建设工作中存在的问题，进一步健全制度，提高执行力，完善监督措施，确保内部控制有效实施。

第二十一条 各地区、各部门应当加强对行政事业单位内部控制报告的分析，强化分析结果的反馈和使用，切实规范和改进财政财务管理，更好发挥对行政事业单位内部控制建设的促进和监督作用。

第七章 行政事业单位内部控制报告的监督检查

第二十二条 各地区、各部门汇总的内部控制报告报送后，各级财政部门、各部门应当组织开展对所报送的内部控制报告内容的真实性、完整性和规范性进行监督检查。

第二十三条 行政事业单位内部控制报告信息质量的监督检查工作采取“统一管理、分级实施”原则。中央部门内部控制报告信息质量监督检查工作由财政部组织实施，各地区行政事业单位内部控制报告信息质量监督检查工作由同级财政部门按照统一的工作要求分级组织实施，各部门所属行政事业单位内部控制报告信息质量监督检查由本部门组织实施。

第二十四条 行政事业单位内部控制报告信息质量的监督检查应按规定采取适当的方式来确定对象，并对内部控制报告存在明显质量问题或以往年份监督检查不合格单位进行重点核查。

第二十五条 各地区、各部门应当认真组织落实本地区（部门）的行政事业单位内部控制报告编报工作，加强对内部控制报告编报工作的考核。

第二十六条 行政事业单位应当认真、如实编制内部控制报告，不得漏报、瞒报有关内部控制信息，更不得编造虚假内部控制信息；单位负责人不得授意、指使、强令相关人员提供虚假内部控制信息，不得对拒绝、抵制编造虚假内部控制信息的人员进行打击报复。

第二十七条 对于违反规定、提供虚假内部控制信息的单位及相关负责人，按照《中华人民共和国会计法》《中华人民共和国预算法》《财政违法行为处罚处分条例》等有关法律法规规定追究责任。

各级财政部门及其工作人员在行政事业单位内部控制报告管理工作中，存在滥用职权、玩忽职守、徇私舞弊等违法违纪行为的，按照《公务员法》《行政监察法》《财政违法行为处罚处分条例》等国家有关规定追究相应责任；涉嫌犯罪的，移送司法机关处理。

第八章 附 则

第二十八条 各地区、各部门可依据本制度，结合工作实际，制定相应的实施细则。

第二十九条 本制度自2017年3月1日起施行。

政府会计准则——基本准则

（中华人民共和国财政部令第78号 2015年10月23日）

第一章 总 则

第一条 为了规范政府的会计核算，保证会计信息质量，根据《中华人民共和国会计法》、《中华人民共和国预算法》和其他有关法律、行政法规，制定本准则。

第二条 本准则适用于各级政府、各部门、各单位（以下统称政府会计主体）。

前款所称各部门、各单位是指与本级政府财政部门直接或者间接发生预算拨款关系的国家机关、军队、政党组织、社会团体、事业单位和其他单位。

军队、已纳入企业财务管理体系的单位和执行《民间非营利组织会计制度》的社会团体，不适用本准则。

第三条 政府会计由预算会计和财务会计构成。

预算会计实行收付实现制，国务院另有规定的，依照其规定。

财务会计实行权责发生制。

第四条 政府会计具体准则及其应用指南、政府会计制度等，应当由财政部遵循本准则制定。

第五条 政府会计主体应当编制决算报告和财务报告。

决算报告的目标是向决算报告使用者提供与政府预算执行情况有关的信息，综合反映政府会计主体预算收支的年度执行结果，有助于决算报告使用者进行监督和管理，并为编制后续年度预算提供参考和依据。政府决算报告使用者包括各级人民代表大会及其常务委员会、各级政府及其有关部门、政府会计主体自身、社会公众和其他利益相关者。

财务报告的目标是向财务报告使用者提供与政府的财务状况、运行情况（含运行成本，下同）和现金流量等有关信息，反映政府会计主体公共受托责任履行情况，有助于财务报告使用者作出决策或者进行监督和管理。政府财务报告使用者包括各级人民代表大会常务委员会、债权人、各级政府及其有关部门、政府会计主体自身和其他利益相关者。

第六条　政府会计主体应当对其自身发生的经济业务或者事项进行会计核算。

第七条　政府会计核算应当以政府会计主体持续运行为前提。

第八条　政府会计核算应当划分会计期间，分期结算账目，按规定编制决算报告和财务报告。

会计期间至少分为年度和月度。会计年度、月度等会计期间的起讫日期采用公历日期。

第九条　政府会计核算应当以人民币作为记账本位币。发生外币业务时，应当将有关外币金额折算为人民币金额计量，同时登记外币金额。

第十条　政府会计核算应当采用借贷记账法记账。

第二章　政府会计信息质量要求

第十一条　政府会计主体应当以实际发生的经济业务或者事项为依据进行会计核算，如实反映各项会计要素的情况和结果，保证会计信息真实可靠。

第十二条　政府会计主体应当将发生的各项经济业务或者事项统一纳入会计核算，确保会计信息能够全面反映政府会计主体预算执行情况和财务状况、运行情况、现金流量等。

第十三条　政府会计主体提供的会计信息，应当与反映政府会计主体公共受托责任履行情况以及报告使用者决策或者监督、管理的需要相关，有助于报告使用者对政府会计主体过去、现在或者未来的情况作出评价或者预测。

第十四条　政府会计主体对已经发生的经济业务或者事项，应当及时进行会计核算，不得提前或者延后。

第十五条　政府会计主体提供的会计信息应当具有可比性。

同一政府会计主体不同时期发生的相同或者相似的经济业务或者事项，应当采用一致的会计政策，不得随意变更。确需变更的，应当将变更的内容、理由及其影响在附注中予以说明。

不同政府会计主体发生的相同或者相似的经济业务或者事项，应当采用一致的会计政策，确保政府会计信息口径一致，相互可比。

第十六条　政府会计主体提供的会计信息应当清晰明了，便于报告使用者理解和使用。

第十七条　政府会计主体应当按照经济业务或者事项的经济实质进行会计核算，不限于以经济业务或者事项的法律形式为依据。

第三章　政府预算会计要素

第十八条　政府预算会计要素包括预算收入、预算支出与预算结余。

第十九条　预算收入是指政府会计主体在预算年度内依法取得的并纳入预算管理的现金流入。

第二十条　预算收入一般在实际收到时予以确认，以实际收到的金额计量。

第二十一条　预算支出是指政府会计主体在预算年度内依法发生并纳入预算管理的现金流出。

第二十二条　预算支出一般在实际支付时予以确认，以实际支付的金额计量。

第二十三条　预算结余是指政府会计主体预算年度内预算收入扣除预算支出后的资金余额，以及历年滚存的资金余额。

第二十四条　预算结余包括结余资金和结转资金。

结余资金是指年度预算执行终了，预算收入实际完成数扣除预算支出和结转资金后剩余的资金。

结转资金是指预算安排项目的支出年终尚未执行完毕或者因故未执行，且下年需要按原用途继续使用的资金。

第二十五条　符合预算收入、预算支出和预算结余定义及其确认条件的项目应当列入政府决算报表。

第四章　政府财务会计要素

第二十六条　政府财务会计要素包括资产、负债、净资产、收入和费用。

第一节　资产

第二十七条　资产是指政府会计主体过去的经济业务或者事项形成的，由政府会计主体控制的，预期能够产生服务潜力或者带来经济利益流入的经济资源。

服务潜力是指政府会计主体利用资产提供公共产品和服务以履行政府职能的潜在能力。

经济利益流入表现为现金及现金等价物的流入，或者现金及现金等价物流出的减少。

第二十八条　政府会计主体的资产按照流动性，分为流动资产和非流动资产。

流动资产是指预计在1年内（含1年）耗用或者可以变现的资产，包括货币资金、短期投资、应收及预付款项、存货等。

非流动资产是指流动资产以外的资产，包括固定资产、在建工程、无形资产、长期投资、公共基础设施、政府储备资产、文物文化资产、保障性住房和自然资源资产等。

第二十九条 符合本准则第二十七条规定的资产定义的经济资源，在同时满足以下条件时，确认为资产：

（一）与该经济资源相关的服务潜力很可能实现或者经济利益很可能流入政府会计主体；

（二）该经济资源的成本或者价值能够可靠地计量。

第三十条 资产的计量属性主要包括历史成本、重置成本、现值、公允价值和名义金额。

在历史成本计量下，资产按照取得时支付的现金金额或者支付对价的公允价值计量。

在重置成本计量下，资产按照现在购买相同或者相似资产所需支付的现金金额计量。

在现值计量下，资产按照预计从其持续使用和最终处置中所产生的未来净现金流入量的折现金额计量。

在公允价值计量下，资产按照市场参与者在计量日发生的有序交易中，出售资产所能收到的价格计量。

无法采用上述计量属性的，采用名义金额（即人民币 1 元）计量。

第三十一条 政府会计主体在对资产进行计量时，一般应当采用历史成本。

采用重置成本、现值、公允价值计量的，应当保证所确定的资产金额能够持续、可靠计量。

第三十二条 符合资产定义和资产确认条件的项目，应当列入资产负债表。

第二节 负债

第三十三条 负债是指政府会计主体过去的经济业务或者事项形成的，预期会导致经济资源流出政府会计主体的现时义务。

现时义务是指政府会计主体在现行条件下已承担的义务。未来发生的经济业务或者事项形成的义务不属于现时义务，不应当确认为负债。

第三十四条 政府会计主体的负债按照流动性，分为流动负债和非流动负债。

流动负债是指预计在 1 年内（含 1 年）偿还的负债，包括应付及预收款项、应付职工薪酬、应缴款项等。

非流动负债是指流动负债以外的负债，包括长期应付款、应付政府债券和政府依法担保形成的债务等。

第三十五条 符合本准则第三十三条规定的负债定义的义务，在同时满足以下条件时，确认为负债：

（一）履行该义务很可能导致含有服务潜力或者经济利益的经济资源流出政府会计主体；

（二）该义务的金额能够可靠地计量。

第三十六条 负债的计量属性主要包括历史成本、现值和公允价值。

在历史成本计量下，负债按照因承担现时义务而实际收到的款项或者资产的金额，或者承担现时义务的合同金额，或者按照为偿还负债预期需要支付的现金计量。

在现值计量下，负债按照预计期限内需要偿还的未来净现金流出量的折现金额计量。

在公允价值计量下，负债按照市场参与者在计量日发生的有序交易中，转移负债所需支付的价格计量。

第三十七条 政府会计主体在对负债进行计量时，一般应当采用历史成本。

采用现值、公允价值计量的，应当保证所确定的负债金额能够持续、可靠计量。

第三十八条 符合负债定义和负债确认条件的项目，应当列入资产负债表。

第三节 净资产

第三十九条 净资产是指政府会计主体资产扣除负债后的净额。

第四十条 净资产金额取决于资产和负债的计量。

第四十一条 净资产项目应当列入资产负债表。

第四节 收入

第四十二条 收入是指报告期内导致政府会计主体净资产增加的、含有服务潜力或者经济利益的经济资源的流入。

第四十三条 收入的确认应当同时满足以下条件：

（一）与收入相关的含有服务潜力或者经济利益的经济资源很可能流入政府会计主体；

（二）含有服务潜力或者经济利益的经济资源流入会导致政府会计主体资产增加或者负债减少；

（三）流入金额能够可靠地计量。

第四十四条 符合收入定义和收入确认条件的项目，应当列入收入费用表。

第五节 费用

第四十五条 费用是指报告期内导致政府会计主体净资产减少的、含有服务潜力或者经济利益的经济资源的流出。

第四十六条 费用的确认应当同时满足以下条件：

（一）与费用相关的含有服务潜力或者经济利益的经济资源很可能流出政府会计主体；

（二）含有服务潜力或者经济利益的经济资源流出会导致政府会计主体资产减少或者负债增加；

（三）流出金额能够可靠地计量。

第四十七条 符合费用定义和费用确认条件的项目，应当列入收入费用表。

第五章 政府决算报告和财务报告

第四十八条 政府决算报告是综合反映政府会计主体年度预算收支执行结果的文件。

政府决算报告应当包括决算报表和其他应当在决算报告中反映的相关信息和资料。

政府决算报告的具体内容及编制要求等，由财政部另行规定。

第四十九条 政府财务报告是反映政府会计主体某一特定日期的财务状况和某一会计期间的运行情况和现金流量等信息的文件。

政府财务报告应当包括财务报表和其他应当在财务报告中披露的相关信息和资料。

第五十条 政府财务报告包括政府综合财务报告和政府部门财务报告。

政府综合财务报告是指由政府财政部门编制的，反映各级政府整体财务状况、运行情况和财政中长期可持续性的报告。

政府部门财务报告是指政府各部门、各单位按规定编制的财务报告。

第五十一条 财务报表是对政府会计主体财务状况、运行情况和现金流量等信息的结构性表述。

财务报表包括会计报表和附注。

会计报表至少应当包括资产负债表、收入费用表和现金流量表。

政府会计主体应当根据相关规定编制合并财务报表。

第五十二条 资产负债表是反映政府会计主体在某一特定日期的财务状况的报表。

第五十三条 收入费用表是反映政府会计主体在一定会计期间运行情况的报表。

第五十四条 现金流量表是反映政府会计主体在一定会计期间现金及现金等价物流入和流出情况的报表。

第五十五条 附注是对在资产负债表、收入费用表、现金流量表等报表中列示项目所作的进一步说明，以及对未能在这些报表中列示项目的说明。

第五十六条 政府决算报告的编制主要以收付实现制为基础，以预算会计核算生成的数据为准。

政府财务报告的编制主要以权责发生制为基础，以财务会计核算生成的数据为准。

第六章 附 则

第五十七条 本准则所称会计核算，包括会计确认、计量、记录和报告各个环节，涵盖填制会计凭证、登记会计账簿、编制报告全过程。

第五十八条 本准则所称预算会计，是指以收付实现制为基础对政府会计主体预算执行过程中发生的全部收入和全部支出进行会计核算，主要反映和监督预算收支执行情况的会计。

第五十九条 本准则所称财务会计，是指以权责发生制为基础对政府会计主体发生的各项经济业务或者事项进行会计核算，主要反映和监督政府会计主体财务状况、运行情况和现金流量等的会计。

第六十条 本准则所称收付实现制，是指以现金的实际收付为标志来确定本期收入和支出的会计核算基础。凡在当期实际收到的现金收入和支出，均应作为当期的收入和支出；凡是不属于当期的现金收入和支出，均不应当作为当期的收入和支出。

第六十一条 本准则所称权责发生制，是指以取得收取款项的权利或支付款项的义务为标志来确定本期收入和费用的会计核算基础。凡是当期已经实现的收入和已经发生的或应当负担的费用，不论款项是否收付，都应当作为当期的收入和费用；凡是不属于当期的收入和费用，即使款项已在当期收付，也不应当作为当期的收入和费用。

第六十二条 本准则自 2017 年 1 月 1 日起施行。

财政部关于印发《政府会计制度——行政事业单位会计科目和报表》的通知

（财会〔2017〕25号 2017年10月24日）

党中央有关部门，国务院各部委、各直属机构，全国人大常委会办公厅，全国政协办公厅，高法院，高检院，各民主党派中央，有关人民团体，各省、自治区、直辖市、计划单列市财政厅（局），新疆生产建设兵团财务局：

为了适应权责发生制政府综合财务报告制度改革需要，规范行政事业单位会计核算，提高会计信息质量，根据《中华人民共和国会计法》《中华人民共和国预算法》《政府会计准则——基本准则》等法律、行政法规和规章，我部制定了《政府会计制度——行政事业单位会计科目和报表》，现予印发，自2019年1月1日起施行。鼓励行政事业单位提前执行。

执行本制度的单位，不再执行《行政单位会计制度》《事业单位会计准则》《事业单位会计制度》《医院会计制度》《基层医疗卫生机构会计制度》《高等学校会计制度》《中小学校会计制度》《科学事业单位会计制度》《彩票机构会计制度》《地质勘查单位会计制度》《测绘事业单位会计制度》《国有林场与苗圃会计制度（暂行）》《国有建设单位会计制度》等制度。

执行中有何问题，请及时反馈我部。

附件（略）

中华全国总工会关于印发《工会经费呆账处理办法》的通知

（总工发〔2002〕20号 2002年10月9日）

各省、自治区、直辖市总工会，中华全国铁路总工会、中国民航工会全国委员会、中国金融工会全国委员会，中共中央直属机关工会联合会，中央国家机关工会联合会：

现将《工会经费呆账处理办法》印发给你们，请结合本地工会的具体情况参照执行。

附件：

工会经费呆账处理办法

为加强工会经费的管理，及时准确反映工会资产状况，妥善解决工会经费呆账问题，参照财政部印发的《财政周转金呆账处理规定》及《企业会计制度》，制定本办法。

一、呆账的确认

本办法仅适用于工会经费形成的由工会财务部门管理的呆账。凡下列情况之一，可确认为呆账：

（一）投资损失：以工会经费对外投资，由于接受投资的单位撤销、破产，经履行清算后确认不能收回的投资；遭受严重自然灾害导致经济活动停止，投资本金不能收回的部分。

（二）借出款：以工会经费借出的款项，借款合同期满后，逾期三年以上不能归还的欠款。

（三）暂付款：暂付三年以上的，由于债务人的原因尚未收回并按管理权限确认无法收回的暂付款。

二、呆账处理的原则

（一）根据“统一领导，分级管理”的财务管理体制，各级工会的呆账处理由本级工会决定，报上级工会财务部门备案。

（二）处理呆账要按照“分清责任，账销债留”的原则办理，保留备查账簿，对投资失误者要追查责任。

（三）对造成借款呆账损失的单位，一般应停止借款。

（四）对有弄虚作假、伪造呆账等行为，应责令纠正。对负有直接责任的主管人员和直接责任人要追究责任，对触犯法律的要依法追究其法律责任。

三、呆账处理审批程序

（一）各级工会财务部门对本级经费投资、借款、暂付款等形成的呆账进行清理，列出呆账事项。

（二）呆账事项的责任人应将呆账形成过程、原因以及鉴定意见、法律文书、证明材料、说明材料、函证材料等，以书面形式提交工会财务部门审核。

（三）由工会财务部门将呆账事项汇总，报本级工会主席办公会议研究确定。

（四）本级工会主席办公会议作出处理决定前，应征求同级经审会同意。

必要时可由经审会办公室安排审计。

（五）工会财务部门依据主席办公会议决定进行账务处理。

四、呆账的账务处理

（一）工会财务部门根据主席办公会议作出的决定，进行账务调整。

（二）工会投资或借款核销的账务处理：

（投资）借：投资基金，贷：投资

（借款或暂付款）借：其他支出，贷：借出款或暂付款

（三）核销的呆账，以后又重新收回的，按照实际收回的金额入账。其账务处理为：

（收回现金）借：银行存款，贷：其他收入

（收回固定资产）借：固定资产，贷：固定基金

五、本办法自2003年1月1日起执行。各级工会可结合本地实际，根据本办法制定具体实施办法。

中华全国总工会办公厅关于依法做好工会经费独立核算工作的通知

（总工办发〔2004〕23号 2004年7月2日）

各省、自治区、直辖市总工会，中华全国铁路总工会、中国民航工会全国委员会、中国金融工会全国委员会，中共中央直属机关工会联合会，中央国家机关工会联合会：

为了进一步加强工会经费管理，认真做好工会经费独立核算工作，根据《工会法》的有关规定，现就有关事项通知如下：

一、根据《工会法》第十四条关于“中华全国总工会、地方总工会、产业工会具有社会团体法人资格。基层工会组织具备民法通则规定的法人条件的，依法取得社会团体法人资格”的规定，以及最高人民法院《关于产业工会、基层工会是否具备社团法人资格和工会经费集中户可否冻结划拨问题的批复》（法复〔1997〕6号）关于“产业工会社团法人资格的取得是由工会法直接规定的，依法不需要办理法人登记。基层工会只要符合《中华人民共和国民法通则》、《工会法》和《中国工会章程》规定的条件，报上一级工会批准成立，即具有社团法人资格”的规定，各企业、行政事业等单位的基层工

会应当按照中华全国总工会《基层工会法人资格登记办法》（总工发〔1997〕24号）的要求，取得工会法人资格证书，并凭此证书办理银行账户开户手续，实行工会经费独立核算。产业工会办理银行账户开户手续过程中，确需提供工会法人资格证书的，可以向所在地地市级以上工会领取工会法人资格证书。

二、根据《工会法》第四十四条关于“工会应当根据经费独立原则，建立预算、决算和经费审查监督制度”和第四十六条关于“工会的财产、经费和国家拨给工会使用的不动产，任何组织和个人不得侵占、挪用和任意调拨”的规定，各基层工会应当根据经费独立原则，单独开立账户，独立进行核算，不允许与本单位机关财务或党、团等其他组织财务合并账户集中核算，也不允许将工会财务纳入当地会计结算中心管理。凡已经合并或纳入的，应当予以纠正。

三、各省级工会可根据本通知的规定，制定具体实施办法。

全国总工会财务部关于转发《企业财务通则》的通知

（工财字〔2007〕1号　2007年1月4日）

全总各直属事业单位：

为了加强企业财务管理，规范企业财务行为，保护企业及其相关方的合法权益，财政部发布了《企业财务通则》（财政部令第41号），自2007年1月1日起施行。现转发你们，请结合各单位实际情况参照执行。

附件：

企业财务通则

（财政部令第41号　2006年12月4日）

根据《国务院关于〈企业财务通则〉、〈企业会计准则〉的批复》（国函〔1992〕178号）的规定，财政部对《企业财务通则》（财政部令第4号）进行了修订，修订后的《企业财务通则》已经部务会议讨论通过，现予公布，自2007年1月1日起施行。

第一章　总　则

第一条　为了加强企业财务管理，规范企业财务行为，保护企业及其相关方的合法权益，推进现代企业制度建设，根据有关法律、行政法规的规定，制定本通则。

第二条　在中华人民共和国境内依法设立的具备法人资格的国有及国有控股企业适用本通则。金融企业除外。

其他企业参照执行。

第三条　国有及国有控股企业（以下简称企业）应当确定内部财务管理体制，建立健全财务管理制度，控制财务风险。

企业财务管理应当按照制定的财务战略，合理筹集资金，有效营运资产，控制成本费用，规范收益分配及重组清算财务行为，加强财务监督和财务信息管理。

第四条　财政部负责制定企业财务规章制度。

各级财政部门（以下通称主管财政机关）应当加强对企业财务的指导、管理、监督，其主要职责包括：

（一）监督执行企业财务规章制度，按照财务关系指导企业建立健全内部财务制度。

（二）制定促进企业改革发展的财政财务政策，建立健全支持企业发展的财政资金管理制度。

（三）建立健全企业年度财务会计报告审计制度，检查企业财务会计报告质量。

（四）实施企业财务评价，监测企业财务运行状况。

（五）研究、拟订企业国有资本收益分配和国有资本经营预算的制度。

（六）参与审核属于本级人民政府及其有关部门、机构出资的企业重要改革、改制方案。

（七）根据企业财务管理的需要提供必要的帮助、服务。

第五条　各级人民政府及其部门、机构，企业法人、其他组织或者自然人等企业投资者（以下通称投资者），企业经理、厂长或者实际负责经营管理的其他领导成员（以下通称经营者），依照法律、法规、本通则和企业章程的规定，履行企业内部财务管理职责。

第六条　企业应当依法纳税。企业财务处理与税收法律、行政法规规定不一致的，纳税时应当依法进行调整。

第七条　各级人民政府及其部门、机构出资的企业，其财务关系隶属同级财政机关。

第二章　企业财务管理体制

第八条　企业实行资本权属清晰、财务关系明确、符合法人治理结构要求的财务管理体制。

企业应当按照国家有关规定建立有效的内部财务管理级次。企业集团公司自行决定集团内部财务管理体制。

第九条　企业应当建立财务决策制度，明确决策规则、程序、权限和责任等。法律、行政法规规定应当通过职工（代表）大会审议或者听取职工、相关组织意见的财务事项，依照其规定执行。

企业应当建立财务决策回避制度。对投资者、经营者个人与企业利益有冲突的财务决策事项，相关投资者、经营者应当回避。

第十条　企业应当建立财务风险管理制度，明确经营者、投资者及其他相关人员的管理权限和责任，按照风险与收益均衡、不相容职务分离等原则，控制财务风险。

第十一条　企业应当建立财务预算管理制度，以现金流为核心，按照实现企业价值最大化等财务目标的要求，对资金筹集、资产营运、成本控制、收益分配、重组清算等财务活动，实施全面预算管理。

第十二条　投资者的财务管理职责主要包括：

（一）审议批准企业内部财务管理制度、企业财务战略、财务规划和财务预算。

（二）决定企业的筹资、投资、担保、捐赠、重组、经营者报酬、利润分配等重大财务事项。

（三）决定企业聘请或者解聘会计师事务所、资产评估机构等中介机构事项。

（四）对经营者实施财务监督和财务考核。

（五）按照规定向全资或者控股企业委派或者推荐财务总监。

投资者应当通过股东（大）会、董事会或者其他形式的内部机构履行财务管理职责，可以通过企业章程、内部制度、合同约定等方式将部分财务管理职责授予经营者。

第十三条　经营者的财务管理职责主要包括：

（一）拟订企业内部财务管理制度、财务战略、财务规划，编制财务预算。

（二）组织实施企业筹资、投资、担保、捐赠、重组和利润分配等财务方案，诚信履行企业偿债义务。

（三）执行国家有关职工劳动报酬和劳动保护的规定，依法缴纳社会保险费、住房公积金等，保障职工合法权益。

（四）组织财务预测和财务分析，实施财务控制。

（五）编制并提供企业财务会计报告，如实反映财务信息和有关情况。

（六）配合有关机构依法进行审计、评估、财务监督等工作。

第三章　资金筹集

第十四条　企业可以接受投资者以货币资金、实物、无形资产、股权、特定债权等形式的出资。其中，特定债权是指企业依法发行的可转换债券、符合有关规定转作股权的债权等。

企业接受投资者非货币资产出资时，法律、行政法规对出资形式、程序和评估作价等有规定的，依照其规定执行。

企业接受投资者商标权、著作权、专利权及其他专有技术等无形资产出资的，应当符合法律、行政法规规定的比例。

第十五条　企业依法以吸收直接投资、发行股份等方式筹集权益资金的，应当拟订筹资方案，确定筹资规模，履行内部决策程序和必要的报批手续，控制筹资成本。

企业筹集的实收资本，应当依法委托法定验资机构验资并出具验资报告。

第十六条　企业应当执行国家有关资本管理制度，在获准工商登记后30日内，依据验资报告等向投资者出具出资证明书，确定投资者的合法权益。

企业筹集的实收资本，在持续经营期间可以由投资者依照法律、行政法规以及企业章程的规定转让或者减少，投资者不得抽逃或者变相抽回出资。

除《公司法》等有关法律、行政法规另有规定外，企业不得回购本企业发行的股份。企业依法回购股份，应当符合有关条件和财务处理办法，并经投资者决议。

第十七条　对投资者实际缴付的出资超出注册资本的差额（包括股票溢价），企业应当作为资本公积管理。

经投资者审议决定后，资本公积用于转增资本。国家另有规定的，从其规定。

第十八条　企业从税后利润中提取的盈余公积包括法定公积金和任意公积金，可以用于弥补企业亏损或者转增资本。法定公积金转增资本后留存企业的部分，以不少于转增前注册资本的25%为限。

第十九条　企业增加实收资本或者以资本公积、盈余公积转增实收资本，由投资者履行财务决策程序后，办理相关财务事项和工商变更登记。

第二十条 企业取得的各类财政资金，区分以下情况处理：

（一）属于国家直接投资、资本注入的，按照国家有关规定增加国家资本或者国有资本公积。

（二）属于投资补助的，增加资本公积或者实收资本。国家拨款时对权属有规定的，按规定执行；没有规定的，由全体投资者共同享有。

（三）属于贷款贴息、专项经费补助的，作为企业收益处理。

（四）属于政府转贷、偿还性资助的，作为企业负债管理。

（五）属于弥补亏损、救助损失或者其他用途的，作为企业收益处理。

第二十一条 企业依法以借款、发行债券、融资租赁等方式筹集债务资金的，应当明确筹资目的，根据资金成本、债务风险和合理的资金需求，进行必要的资本结构决策，并签订书面合同。

企业筹集资金用于固定资产投资项目的，应当遵守国家产业政策、行业规划、自有资本比例及其他规定。

企业筹集资金，应当按规定核算和使用，并诚信履行合同，依法接受监督。

第四章 资产营运

第二十二条 企业应当根据风险与收益均衡等原则和经营需要，确定合理的资产结构，并实施资产结构动态管理。

第二十三条 企业应当建立内部资金调度控制制度，明确资金调度的条件、权限和程序，统一筹集、使用和管理资金。企业支付、调度资金，应当按照内部财务管理制度的规定，依据有效合同、合法凭证，办理相关手续。

企业向境外支付、调度资金应当符合国家有关外汇管理的规定。

企业集团可以实行内部资金集中统一管理，但应当符合国家有关金融管理等法律、行政法规规定，并不得损害成员企业的利益。

第二十四条 企业应当建立合同的财务审核制度，明确业务流程和审批权限，实行财务监控。

企业应当加强应收款项的管理，评估客户信用风险，跟踪客户履约情况，落实收账责任，减少坏账损失。

第二十五条 企业应当建立健全存货管理制度，规范存货采购审批、执行程序，根据合同的约定以及内部审批制度支付货款。

企业选择供货商以及实施大宗采购，可以采取招标等方式进行。

第二十六条 企业应当建立固定资产购建、使用、处置制度。

企业自行选择、确定固定资产折旧办法，可以征询中介机构、有关专家的意见，并由投资者审议批准。固定资产折旧办法一经选用，不得随意变更。确需变更的，应当说明理由，经投资者审议批准。

企业购建重要的固定资产、进行重大技术改造，应当经过可行性研究，按照内部审批制度履行财务决策程序，落实决策和执行责任。

企业在建工程项目交付使用后，应当在一个年度内办理竣工决算。

第二十七条　企业对外投资应当遵守法律、行政法规和国家有关政策的规定，符合企业发展战略的要求，进行可行性研究，按照内部审批制度履行批准程序，落实决策和执行的责任。

企业对外投资应当签订书面合同，明确企业投资权益，实施财务监管。依据合同支付投资款项，应当按照企业内部审批制度执行。

企业向境外投资的，还应当经投资者审议批准，并遵守国家境外投资项目核准和外汇管理等相关规定。

第二十八条　企业通过自创、购买、接受投资等方式取得的无形资产，应当依法明确权属，落实有关经营、管理的财务责任。

无形资产出现转让、租赁、质押、授权经营、连锁经营、对外投资等情形时，企业应当签订书面合同，明确双方的权利义务，合理确定交易价格。

第二十九条　企业对外担保应当符合法律、行政法规及有关规定，根据被担保单位的资信及偿债能力，按照内部审批制度采取相应的风险控制措施，并设立备查账簿登记，实行跟踪监督。

企业对外捐赠应当符合法律、行政法规及有关财务规定，制定实施方案，明确捐赠的范围和条件，落实执行责任，严格办理捐赠资产的交接手续。

第三十条　企业从事期货、期权、证券、外汇交易等业务或者委托其他机构理财，不得影响主营业务的正常开展，并应当签订书面合同，建立交易报告制度，定期对账，控制风险。

第三十一条　企业从事代理业务，应当严格履行合同，实行代理业务与自营业务分账管理，不得挪用客户资金、互相转嫁经营风险。

第三十二条　企业应当建立各项资产损失或者减值准备管理制度。各项资产损失或者减值准备的计提标准，一经选用，不得随意变更。企业在制订计提标准时可以征询中介机构、有关专家的意见。

对计提损失或者减值准备后的资产，企业应当落实监管责任。能够收回或者继续使用以及没有证据证明实际损失的资产，不得核销。

第三十三条　企业发生的资产损失，应当及时予以核实、查清责任，追偿损失，按照规定程序处理。

企业重组中清查出的资产损失，经批准后依次冲减未分配利润、盈余公积、资本公积和实收资本。

第三十四条 企业以出售、抵押、置换、报废等方式处理资产时，应当按照国家有关规定和企业内部财务管理制度规定的权限和程序进行。其中，处理主要固定资产涉及企业经营业务调整或者资产重组的，应当根据投资者审议通过的业务调整或者资产重组方案实施。

第三十五条 企业发生关联交易的，应当遵守国家有关规定，按照独立企业之间的交易计价结算。投资者或者经营者不得利用关联交易非法转移企业经济利益或者操纵关联企业的利润。

第五章 成本控制

第三十六条 企业应当建立成本控制系统，强化成本预算约束，推行质量成本控制办法，实行成本定额管理、全员管理和全过程控制。

第三十七条 企业实行费用归口、分级管理和预算控制，应当建立必要的费用开支范围、标准和报销审批制度。

第三十八条 企业技术研发和科技成果转化项目所需经费，可以通过建立研发准备金筹措，据实列入相关资产成本或者当期费用。

符合国家规定条件的企业集团，可以集中使用研发费用，用于企业主导产品和核心技术的自主研发。

第三十九条 企业依法实施安全生产、清洁生产、污染治理、地质灾害防治、生态恢复和环境保护等所需经费，按照国家有关标准列入相关资产成本或者当期费用。

第四十条 企业发生销售折扣、折让以及支付必要的佣金、回扣、手续费、劳务费、提成、返利、进场费、业务奖励等支出的，应当签订相关合同，履行内部审批手续。

企业开展进出口业务收取或者支付的佣金、保险费、运费，按照合同规定的价格条件处理。

企业向个人以及非经营单位支付费用的，应当严格履行内部审批及支付的手续。

第四十一条 企业可以根据法律、法规和国家有关规定，对经营者和核心技术人员实行与其他职工不同的薪酬办法，属于本级人民政府及其部门、机构出资的企业，应当将薪酬办法报主管财政机关备案。

第四十二条 企业应当按照劳动合同及国家有关规定支付职工报酬，并为从事高危作业的职工缴纳团体人身意外伤害保险费，所需费用直接作为成本（费用）列支。

经营者可以在工资计划中安排一定数额，对企业技术研发、降低能源消耗、治理“三废”、促进安全生产、开拓市场等作出突出贡献的职工给予奖励。

第四十三条　企业应当依法为职工支付基本医疗、基本养老、失业、工伤等社会保险费，所需费用直接作为成本（费用）列支。

已参加基本医疗、基本养老保险的企业，具有持续盈利能力和支付能力的，可以为职工建立补充医疗保险和补充养老保险，所需费用按照省级以上人民政府规定的比例从成本（费用）中提取。超出规定比例的部分，由职工个人负担。

第四十四条　企业为职工缴纳住房公积金以及职工住房货币化分配的财务处理，按照国家有关规定执行。

职工教育经费按照国家规定的比例提取，专项用于企业职工后续职业教育和职业培训。

工会经费按照国家规定比例提取并拨缴工会。

第四十五条　企业应当依法缴纳行政事业性收费、政府性基金以及使用或者占用国有资源的费用等。

企业对没有法律法规依据或者超过法律法规规定范围和标准的各种摊派、收费、集资，有权拒绝。

第四十六条　企业不得承担属于个人的下列支出：

（一）娱乐、健身、旅游、招待、购物、馈赠等支出。

（二）购买商业保险、证券、股权、收藏品等支出。

（三）个人行为导致的罚款、赔偿等支出。

（四）购买住房、支付物业管理费等支出。

（五）应由个人承担的其他支出。

第六章　收益分配

第四十七条　投资者、经营者及其他职工履行本企业职务或者以企业名义开展业务所得的收入，包括销售收入以及对方给予的销售折扣、折让、佣金、回扣、手续费、劳务费、提成、返利、进场费、业务奖励等收入，全部属于企业。

企业应当建立销售价格管理制度，明确产品或者劳务的定价和销售价格调整的权限、程序与方法，根据预期收益、资金周转、市场竞争、法律规范约束等要求，采取相应的价格策略，防范销售风险。

第四十八条 企业出售股权投资，应当按照规定的程序和方式进行。股权投资出售底价，参照资产评估结果确定，并按照合同约定收取所得价款。在履行交割时，对尚未收款部分的股权投资，应当按照合同的约定结算，取得受让方提供的有效担保。

上市公司国有股减持所得收益，按照国务院的规定处理。

第四十九条 企业发生的年度经营亏损，依照税法的规定弥补。税法规定年限内的税前利润不足弥补的，用以后年度的税后利润弥补，或者经投资者审议后用盈余公积弥补。

第五十条 企业年度净利润，除法律、行政法规另有规定外，按照以下顺序分配：

（一）弥补以前年度亏损。

（二）提取10%法定公积金。法定公积金累计额达到注册资本50%以后，可以不再提取。

（三）提取任意公积金。任意公积金提取比例由投资者决议。

（四）向投资者分配利润。企业以前年度未分配的利润，并入本年度利润，在充分考虑现金流量状况后，向投资者分配。属于各级人民政府及其部门、机构出资的企业，应当将应付国有利润上缴财政。

国有企业可以将任意公积金与法定公积金合并提取。股份有限公司依法回购后暂未转让或者注销的股份，不得参与利润分配；以回购股份对经营者及其他职工实施股权激励的，在拟订利润分配方案时，应当预留回购股份所需利润。

第五十一条 企业弥补以前年度亏损和提取盈余公积后，当年没有可供分配的利润时，不得向投资者分配利润，但法律、行政法规另有规定的除外。

第五十二条 企业经营者和其他职工以管理、技术等要素参与企业收益分配的，应当按照国家有关规定在企业章程或者有关合同中对分配办法作出规定，并区别以下情况处理：

（一）取得企业股权的，与其他投资者一同进行企业利润分配。

（二）没有取得企业股权的，在相关业务实现的利润限额和分配标准内，从当期费用中列支。

第七章　重组清算

第五十三条 企业通过改制、产权转让、合并、分立、托管等方式实施重组，对涉及资本权益的事项，应当由投资者或者授权机构进行可行性研究，履行内部财务决策程序，并组织开展以下工作：

（一）清查财产，核实债务，委托会计师事务所审计。

（二）制订职工安置方案，听取重组企业的职工、职工代表大会的意见或者提交职工代表大会审议。

（三）与债权人协商，制订债务处置或者承继方案。

（四）委托评估机构进行资产评估，并以评估价值作为净资产作价或者折股的参考依据。

（五）拟订股权设置方案和资本重组实施方案，经过审议后履行报批手续。

第五十四条 企业采取分立方式进行重组，应当明晰分立后的企业产权关系。

企业划分各项资产、债务以及经营业务，应当按照业务相关性或者资产相关性原则制订分割方案。对不能分割的整体资产，在评估机构评估价值的基础上，经分立各方协商，由拥有整体资产的一方给予他方适当经济补偿。

第五十五条 企业可以采取新设或者吸收方式进行合并重组。企业合并前的各项资产、债务以及经营业务，由合并后的企业承继，并应当明确合并后企业的产权关系以及各投资者的出资比例。

企业合并的资产税收处理应当符合国家有关税法的规定，合并后净资产超出注册资本的部分，作为资本公积；少于注册资本的部分，应当变更注册资本或者由投资者补足出资。

对资不抵债的企业以承担债务方式合并的，合并方应当制定企业重整措施，按照合并方案履行偿还债务责任，整合财务资源。

第五十六条 企业实行托管经营，应当由投资者决定，并签订托管协议，明确托管经营的资产负债状况、托管经营目标、托管资产处置权限以及收益分配办法等，并落实财务监管措施。

受托企业应当根据托管协议制订相关方案，重组托管企业的资产与债务。未经托管企业投资者同意，不得改组、改制托管企业，不得转让托管企业及转移托管资产、经营业务，不得以托管企业名义或者以托管资产对外担保。

第五十七条 企业进行重组时，对已占用的国有划拨土地应当按照有关规定进行评估，履行相关手续，并区别以下情况处理：

（一）继续采取划拨方式的，可以不纳入企业资产管理，但企业应当明确划拨土地使用权权益，并按规定用途使用，设立备查账簿登记。国家另有规定的除外。

（二）采取作价入股方式的，将应缴纳的土地出让金转作国家资本，形成的国有股权由企业重组前的国有资本持有单位或者主管财政机关确认的单位持有。

（三）采取出让方式的，由企业购买土地使用权，支付出让费用。

（四）采取租赁方式的，由企业租赁使用，租金水平参照银行同期贷款利率确定，并在租赁合同中约定。

企业进行重组时，对已占用的水域、探矿权、采矿权、特许经营权等国有资源，依法可以转让的，比照前款处理。

第五十八条 企业重组过程中，对拖欠职工的工资和医疗、伤残补助、抚恤费用以及欠缴的基本社会保险费、住房公积金，应当以企业现有资产优先清偿。

第五十九条 企业被责令关闭、依法破产、经营期限届满而终止经营的，或者经投资者决议解散的，应当按照法律、法规和企业章程的规定实施清算。清算财产变卖底价，参照资产评估结果确定。国家另有规定的，从其规定。

企业清算结束，应当编制清算报告，委托会计师事务所审计，报投资者或者人民法院确认后，向相关部门、债权人以及其他的利益相关人通告。其中，属于各级人民政府及其部门、机构出资的企业，其清算报告应当报送主管财政机关。

第六十条 企业解除职工劳动关系，按照国家有关规定支付的经济补偿金或者安置费，除正常经营期间发生的列入当期费用以外，应当区别以下情况处理：

（一）企业重组中发生的，依次从未分配利润、盈余公积、资本公积、实收资本中支付。

（二）企业清算时发生的，以企业扣除清算费用后的清算财产优先清偿。

第八章　信息管理

第六十一条 企业可以结合经营特点，优化业务流程，建立财务和业务一体化的信息处理系统，逐步实现财务、业务相关信息一次性处理和实时共享。

第六十二条 企业应当逐步创造条件，实行统筹企业资源计划，全面整合和规范财务、业务流程，对企业物流、资金流、信息流进行一体化管理和集成运作。

第六十三条 企业应当建立财务预警机制，自行确定财务危机警戒标准，重点监测经营性净现金流量与到期债务、企业资产与负债的适配性，及时沟通企业有关财务危机预警的信息，提出解决财务危机的措施和方案。

第六十四条 企业应当按照有关法律、行政法规和国家统一的会计制度的规定，按时编制财务会计报告，经营者或者投资者不得拖延、阻挠。

第六十五条 企业应当按照规定向主管财政机关报送月份、季度、年度财务会计报告等材料，不得在报送的财务会计报告等材料上作虚假记载或者隐瞒重要事实。主管财政机关应当根据企业的需要提供必要的培训和技术支持。

企业对外提供的年度财务会计报告，应当依法经过会计师事务所审计。国家另有规定的，从其规定。

第六十六条 企业应当在年度内定期向职工公开以下信息：

（一）职工劳动报酬、养老、医疗、工伤、住房、培训、休假等信息。

（二）经营者报酬实施方案。

（三）年度财务会计报告审计情况。

（四）企业重组涉及的资产评估及处置情况。

（五）其他依法应当公开的信息。

第六十七条 主管财政机关应当建立健全企业财务评价体系，主要评估企业内部财务控制的有效性，评价企业的偿债能力、盈利能力、资产营运能力、发展能力和社会贡献。评估和评价的结果可以通过适当方式向社会发布。

第六十八条 主管财政机关及其工作人员应当恰当使用所掌握的企业财务信息，并依法履行保密义务，不得利用企业的财务信息谋取私利或者损害企业利益。

第九章 财务监督

第六十九条 企业应当依法接受主管财政机关的财务监督和国家审计机关的财务审计。

第七十条 经营者在经营过程中违反本通则有关规定的，投资者可以依法追究经营者的责任。

第七十一条 企业应当建立、健全内部财务监督制度。

企业设立监事会或者监事人员的，监事会或者监事人员依照法律、行政法规、本通则和企业章程的规定，履行企业内部财务监督职责。

经营者应当实施内部财务控制，配合投资者或者企业监事会以及中介机构的检查、审计工作。

第七十二条 企业和企业负有直接责任的主管人员和其他人员有以下行为之一的，县级以上主管财政机关可以责令限期改正、予以警告，有违法所得的，没收违法所得，并可以处以不超过违法所得3倍、但最高不超过3万元的罚款；没有违法所得的，可以处以1万元以下的罚款。

（一）违反本通则第三十九条、四十条、四十二条第一款、四十三条、四十六条规定列支成本费用的。

（二）违反本通则第四十七条第一款规定截留、隐瞒、侵占企业收入的。

（三）违反本通则第五十条、五十一条、五十二条规定进行利润分配的。但依照《公司法》设立的企业不按本通则第五十条第一款第二项规定提取法定公积金的，依照《公司法》的规定予以处罚。

（四）违反本通则第五十七条规定处理国有资源的。

（五）不按本通则第五十八条规定清偿职工债务的。

第七十三条 企业和企业负有直接责任的主管人员和其他人员有以下行为之一的，县级以上主管财政机关可以责令限期改正、予以警告。

（一）未按本通则规定建立健全各项内部财务管理制度的。

（二）内部财务管理制度明显与法律、行政法规和通用的企业财务规章制度相抵触，且不按主管财政机关要求修正的。

第七十四条 企业和企业负有直接责任的主管人员和其他人员不按本通则第六十四条、第六十五条规定编制、报送财务会计报告等材料的，县级以上主管财政机关可以依照《公司法》、《企业财务会计报告条例》的规定予以处罚。

第七十五条 企业在财务活动中违反财政、税收等法律、行政法规的，依照《财政违法行为处罚处分条例》（国务院令第 427 号）及有关税收法律、行政法规的规定予以处理、处罚。

第七十六条 主管财政机关以及政府其他部门、机构有关工作人员，在企业财务管理中滥用职权、玩忽职守、徇私舞弊或者泄露国家机密、企业商业秘密的，依法进行处理。

第十章 附 则

第七十七条 实行企业化管理的事业单位比照适用本通则。

第七十八条 本通则自 2007 年 1 月 1 日起施行。

中华全国总工会办公厅关于印发《关于加强全总机关财务资金管理的实施意见》的通知

（总工办发〔2007〕14号　2007年5月22日）

各全国产业工会、全总各部门：

经全总书记处同意，现将《关于加强全总机关财务资金管理的实施意见》印发给你们，请遵照执行。

附件：

关于加强全总机关财务资金管理的实施意见

为了进一步加强全总机关财务资金管理工作，强化预算执行监督，不断提高财务管理水平和资金的使用效益，根据国家财经法规和工会财务会计制度规定，现就加强全总机关财务资金管理，提出如下实施意见：

一、建立健全全总机关财务管理监督体制

（一）全总机关财务工作实行科学预算、归口管理，概算控制、用管分离，集中采购、统一结算，健全制度、强化监督的财务管理监督体制。

（二）全总机关经费运作实行“项目立项与资金审批分离，资金审批与项目执行分离，项目执行与项目结算分离”的原则。

（三）全总财务部统一管理全总机关的各项财务工作，并对全总机关各单位（以下简称为各单位）财务工作实行日常财务监督。全总经审办负责对各单位的财务活动进行审计。

（四）各单位要严格执行全总机关各项财务制度和预算管理办法，将所有收入（预算收入、财政拨款、赞助款和其他收入）纳入全总机关财务账户统一管理和核算，各项支出要严格按照财务制度规定执行，各单位负责人对所签批的报销事项的真实性和合法性负全部责任。

二、全面加强全总机关预算管理

（一）各单位的年度部门预算必须依据国家规定、全总制定的预算编制标准和程序，以及编报时间要求进行编报。编报当年部门预算时，要以上一年本单位基本费用和书记处已确定的本单位本年度重点工作项目作为依据。

（二）对各单位申报的部门预算的审核汇总实行归口管理。各单位申报的部门预算中属于项目相同的开支，先交由各主管业务部门进行预算归口审核汇总，再由财务部负责全机关预算管理编制。归口管理分工如下：办公厅负责机关办公设备、会议和表彰预算审核汇总；组织部负责机关举办的培训班预算审核汇总；宣教部负责机关的出书、汇编和手册预算和各单位用于新闻宣传的预算审核汇总；服务中心负责机关办公家具审核汇总。

（三）财务部对各单位编报的部门预算和归口管理的单项支出预算审核汇总意见，与全总的年度预算费用相平衡后，提出全总机关年度预算草案，报书记处会议审议；经书记处会议审议同意后，提交全总经审会讨论；经全总经审会审查通过后，提交书记处会议正式批准全总机关年度预算。

（四）财务部对各单位的年度部门预算实行概算控制。财务部根据书记处正式批准的年度预算额度，确定各单位的项目经费概算，在实施预算时，各有关单位须再提交详细项目经费预算，经财务部批准后方可执行。

（五）各单位必须严格执行财务部、经审办批准的预算，不得随意改变项目支出内容和已核准的金额，不得改变资金用途，不得截留、挪用项目资金。如有超支，必须事前申请，否则不予报销，超支费用由本单位自行负责处理；项目资金有节余的按规定提取相应的奖励。

（六）各单位在年度部门预算外追加的项目，需事前提出追加预算申请，交由财务部、经审办审查并提出意见后，报书记处审批。

（七）各单位部门预算因项目调整或取消，需要重新核定或调整预算，按调整后的预算执行。

（八）财务部要将书记处批准的各单位预算项目，在机关内部网站向机关干部职工公布，接受群众监督。

三、建立全总机关集中采购制度

（一）全总建立集中统一的采购制度，由机关服务局集中采购办公室负责所有的采购项目。集中采购的项目除国家规定的物品外，还包括会议、奖章、奖状与奖品、资料印刷、会议照相、药品等采购。

（二）各单位要根据书记处批准的预算额度，将列入统一采购范围的项目，交由集中采购办公室进行集中采购。

（三）集中采购工作实行采购与结算分离。集中采购办公室只负责采购，财务部负责项目采购费用的结算。

四、建立资金管理的制约机制

（一）在全总机关内部建立相互制约的财务资金监管机制，实行资金审批与项目执行分离，项目执行与项目费用结算分离的原则，并建立资金审批一支笔制度。

（二）各单位在执行预算过程中，需借用现金、支票、汇票（含预付款项）时，由本单位负责人审核签字，单笔金额在 10 万元（含 10 万元）以内的，由财务部负责人审批后预借；10 万元以上的，由分管财务工作的全总副主席审批后预借。

（三）各单位在办理专项业务费借款时，须附费用明细预算，报销时须持有效凭证，附收款单位出具的费用明细清单，并与预算项目一一对应。

（四）各单位要切实加强会议费、表彰费管理，严格按年度预算执行。在北京召开的会议，原则上安排在中国职工之家、中工大厦或日坛宾馆。各项会议费支出统一由财务部负责向有关宾馆、饭店办理费用结算手续。在京外召开的会议，原则上安排在工会系统的饭店（宾馆）、疗养院举行。

（五）全总机关外事费的开支要严格执行国家有关规定。出国团组的费用，要做到账务公开透明，按规定可以发放给个人的费用，报销时应附当事人的签字。

（六）各有关单位因工作需要开展的较大规模接待活动，在本单位接待费标准中开支有困难的，由单位事前提出书面申请，经财务部审批后，按批准的数额据实报销。各有关单位在全总机关食堂安排地方工会干部和有关单位同志就餐的，按《全总机关公务接待用餐管理办法》执行。

（七）各单位必须在国家规定的范围内使用现金。在举办会议（活动）过程中，需要提取部分现金使用的，要向财务部写出书面申请，经审批后办理借款手续。会议（活动）结束后一个月内，凭有关单据报销。

（八）要严肃财经纪律，严禁利用工作之便套取现金，严禁以任何理由设立“小金库”。

五、强化机关财务监督和审计工作

（一）财务部要切实加强机关日常财务监督管理工作，加大监督力度，做到对全总经费使用情况的全过程财务监督管理。

要加强事前监督，对各单位在编制、审核、批准预算以及做出重大财务活动决策时进行监督，把监督做到预算、计划制定时和资金支付前，防止问题的发生；要加强事中监督，通过对各单位经济事项办理过程中和预算执行过程中的监督，保证各项开支的合理合法；要加强事后监督，对各单位预算执行结果进行监督，要检查预算完成情况，资金使用效果，各项开支是否符合规定。

（二）财务部对日常财务监督中发现的问题，要立即下达整改意见，要求有关单位限期予以纠正和整改；对发现的重大问题，由财务部提出初步处理意见后，上报书记处，并按照书记处会议决定，对有关单位下达整改意见。有关单位要根据整改意见，在规定期限内整改；对未落实整改意见的单位，暂时停止对其项目预算执行的审批。

（三）经审办要建立和健全机关经费审查监督制约机制，通过加大审查和审计力度，扩大审计面，严肃财经纪律，促进工会经费管理水平和使用效率的提高，防止违规违纪现象的发生。

（四）财务部和经审办要对机关集中采购工作进行监督。

（五）对违反财经法律、法规和制度，有下列行为的，要追究有关单位和有关人员的责任，由财务部、经审办、机关纪委等单位，依纪依规严肃处理。

1. 伪造、变造虚假合同、发票，骗取资金。

2. 擅自改变预算资金的性质和使用范围，截留、挪用项目资金，报销与项目无关的开支。

3. 利用工作之便违规套取现金。

4. 私设“小金库”和账外设账。

5. 严重违反国家和全总有关集中采购的有关规定。

6. 其他违反财经法律、法规和制度的行为。

中华全国总工会办公厅关于印发《关于加强全总直属事业单位财务管理的实施意见》的通知

（总工办发〔2007〕15号　2007年5月22日）

各直属单位：

经全总书记处同意，现将《关于加强全总直属事业单位财务管理的实施意见》印发给你们，请遵照执行。

附件：

关于加强全总直属事业单位财务管理的实施意见

为加强全总直属事业单位财务管理，规范财务行为，提高资金使用效益，保证事业单位资金安全，根据国家财经法规和工会事业单位财务会计制度规定，现就加强全总直属事业单位财务管理提出如下实施意见：

一、各直属事业单位（指中央机构编制委员会对全总所属事业单位机构编制批复中所列各直属事业单位，下同）要高度重视财务管理工作，全面加强本单位的管理。事业单位财务管理的主要任务是：合理编制部门预算，如实反映本单位财务状况；依法组织收入，努力节约支出；建立健全财务制度，加强经济核算，提高资金使用效率；对本单位经济活动进行财务控制和监督。

二、各直属事业单位的财务管理和各项经济活动必须严格遵守和执行《中华人民共和国会计法》、《中华人民共和国预算法》、《会计基础工作规范》等有关法律、法规以及工会事业单位财务会计制度。

三、各直属事业单位要严格执行国家和工会的各项财务制度和预算管理制度，将所有收入（预算收入、财政拨款、赞助款和其他收入）纳入本单位财务账户统一进行管理和核算，各项支出要严格按照财务制度规定执行。各直属事业单位负责人对本单位收支情况、会计工作和会计资料的真实性、合法性负全部责任。

四、全总财务部负责对各直属事业单位财务工作实行财务、预算会计等管理和财务监督。全总经审办负责对全总各直属事业单位的财务活动进行审计，全总资产监督管理部负责考核本级企事业单位资产运营和管理状况以及经营目标完成情况。

五、各直属预算管理事业单位要严格预算资金管理，认真按照财政部、中直管理局和全总的规定，编制财政资金拨款和工会经费拨款的预算。

六、全总财务部对各直属预算管理事业单位编报的年度工会经费拨款预算，与全总的年度预算费用相平衡后，提出全总直属预算管理事业单位年度预算草案，报全总书记处会议审议；书记处会议审议同意后，提交全总经审会讨论；全总经审会审查通过后，提交书记处会议正式批准各直属预算管理事业单位年度预算。

七、各直属预算管理事业单位必须严格按照国家财政和全总书记处批准的预算执行，不得随意改变项目支出内容和已核准的金额，不得改变资金用途，不得截留、挪用项目资金。各直属预算管理事业单位在年度预算外追加预算，需事前提出追加预算申请，由全总财务部、经审办审核提出意见后，报书记处审批；属于财政拨款的，按财政部和中直管理局的规定办理。

八、各直属预算管理事业单位的预算内工会经费由全总财务部按会计期间和项目支出进度拨款。

九、各直属预算管理事业单位应按时向全总财务部、资产监督管理部上报季报和年报（决算）。按照《事业单位会计制度》的要求，季报包括资产负债表、收入支出表。季报上报一份，上报时间为季度终了 20 日以内。年报（决算）包括资产负债表、收入支出表、附表及会计报表附注、收支情况说明书和全总要求的其他报表。年报（决算）报表全套一式五份上报全总财务部、资产监督管理部，上报时间为年度终了后 25 天以内。

十、各直属非预算管理事业单位应按时向全总财务部、资产监督管理部上报季报和年报。季报包括资产负债表和损益表，上报日期为季度终了后 20 天以内。年报包括资产负债表、损益表、现金流量表和年度财务状况说明书，上报日期为年度终了后 25 天以内。季报和年报均上报一份。

十一、各直属事业单位要认真做好会计核算工作，根据实际发生的经济业务事项进行会计核算，填制会计凭证，登记会计账簿，编制财务会计报告。不得以虚假的经济业务事项或资料进行会计核算，要确保会计凭证、会计账簿、财务会计报表及其他会计资料的真实性、合法性。

十二、各直属事业单位发生的全部收支业务应全部在依法设置的单位基本账户会计账簿中收支科目内统一登记、核算。不得私设“小金库”或账外设账，不得在往来科目内超范围核算收支或在其他账户会计账簿中登记、核算收支。

十三、各直属事业单位应当严格按照国家和全总的有关规定，严格控制各项人事费用的支出。工资、津贴、补贴和奖励等项费用的开支应在全总组织部核定的工资总额内，按规定的项目和标准发放，不得擅自提高标准、重复和超范围发放。发生的所有人事费用均应在基本工资等科目内核算。

十四、各直属事业单位应严格按照财政部《行政事业性收费和政府性基金票据管理规定》的要求管理收费票据。各种收费票据应视同于货币资金，严防丢失、毁损收费票据，不得擅自转借、转让、代开收费票据。

十五、全总财务部要切实加强直属事业单位的财务会计日常监督管理工作，加大监督力度。特别要对直属预算管理事业单位的工会经费拨款使用情况进行全过程的财务监督管理。

十六、全总财务部对日常财务监督中发现的问题，要立即下达整改意见，要求有关事业单位限期予以纠正和整改；发现的重大问题由全总财务部提出初步处理意见后，上报书记处，并按照书记处决定对有关单位下达整改意见。有关单位要根据整改意见在规定期限内整改；对未落实整改意见的单位，暂时停止对其项目预算执行的审批。

十七、全总经审办要建立健全直属事业单位经费审查监督制约机制，通过加大审查和审计力度，扩大审计面，严肃财经纪律，促进工会经费管理水平和使用效率的提高，防止发生违纪违规现象。

十八、对违反财经纪律、法规和制度，有下列行为的，要追究有关事业单位和有关人员的责任，由全总财务部或经审办、全总机关纪检等部门和单位依纪依规严肃处理。

（一）伪造、变造虚假合同、发票，骗取资金。

（二）擅自改变预算资金的性质和使用范围，截留、挪用项目资金，报销与项目无关的开支。

（三）利用工作之便违规套取现金。

（四）私设“小金库”，不按规定核算收支，账外核算或账外设账。

（五）擅自转让、转借、代开收费票据。

（六）其他严重违反财经纪律、法规和制度的行为。

十九、关于直属事业单位工会资产监督管理事宜，按照《全总本级企事业单位资产监督管理规定》执行。

中华全国总工会办公厅关于进一步做好工会经费独立核算工作的通知

（总工办发〔2008〕20号　2008年5月4日）

各省、自治区、直辖市总工会，中华全国铁路总工会、中国民航工会全国委员会、中国金融工会全国委员会，中共中央直属机关工会联合会，中央国家机关工会联合会：

2004年，全总办公厅下发了《关于依法做好工会经费独立核算工作的通知》（总工办发〔2004〕23号），对切实加强工会经费管理，建立健全工会经费账户，依法独立管理和使用工会经费，为工会开展工作提供物质保障作出部署。现针对各地贯彻中，特别是基层工会经费独立核算中存在的问题，根据《工会法》的有关规定，进一步做好经费独立核算工作，通知如下：

一、各级工会要依法取得工会社团法人资格，并凭法人证书办理单独开立银行账户手续。根据《工会法》第十四条关于“中华全国总工会、地方总工会、产业工会具有社会团体法人资格。基层工会组织具备民法通则规定的法人条件的，依法取得社会团体法人资格”的规定，以及最高人民法院《关于产业工会、基层工会是否具备社团法人资格和工会经费集中户可否冻结划拨问题的批复》（法复〔1997〕6号）关于“产业工会社团法人资格的取得是由《工会法》直接规定的，依法不需要办理法人登记。基层工会只要符合《中华人民共和国民法通则》、《工会法》和《中国工会章程》规定的条件，报上级工会批准成立，即具有社团法人资格”的规定，各企业、行政事业单位、社会团体和中介机构等基层工会，应当按照中华全国总工会《基层工会法人资格登记办法》（总工发〔1997〕24号）的要求，取得工会法人资格证书，并凭此证书办理银行账户开户手续，实行工会经费独立核算。产业工会办理银行账户开户手续过程中，确需提供工会法人资格证书的，可以向所在地地市级以上工会领取工会法人资格证书。

二、各级工会的工会经费必须实行独立核算。根据《工会法》第四十四条关于“工会应当根据经费独立原则，建立预算、决算和经费审查监督制度”和第四十六条关于“工会的财产、经费和国家拨给工会使用的不动产，任何组织和个人不得侵占、挪用和任意调拨”的规定，各级地方工会和基层工会应当根据经费独立原则，单独开立账户，独立进行核算，不允许与本单位行政财务或党、团等其他组织财务合并账户集中核算，也不允许将工会财务纳入当地会计结算中心管理。凡已经合并或纳入的，应当予以纠正。

三、各级工会要切实加强对基层工会开立银行账户工作的指导、督促和检查。各省级工会要在2008年5月至6月对本地区、本产业所属工会开立银行账户、实行独立核算情况，进行一次全面检查。对未按规定单独开立银行账户、实行独立核算的基层工会，要督促其限期完成银行账户开户和实行工会经费独立核算工作。请各省级工会将检查情况于6月30日前报全总财务部。全总也将组织有关部门进行专项检查，并将检查情况纳入相关考核内容。

事业单位财务规则

（中华人民共和国财政部令第 68 号 2012 年 2 月 7 日）

第一章 总 则

第一条 为了进一步规范事业单位的财务行为，加强事业单位财务管理和监督，提高资金使用效益，保障事业单位健康发展，制定本规则。

第二条 本规则适用于各级各类事业单位（以下简称事业单位）的财务活动。

第三条 事业单位财务管理的基本原则是：执行国家有关法律、法规和财务规章制度；坚持勤俭办事业的方针；正确处理事业发展需要和资金供给的关系，社会效益和经济效益的关系，国家、单位和个人三者利益的关系。

第四条 事业单位财务管理的主要任务是：合理编制单位预算，严格预算执行，完整、准确编制单位决算，真实反映单位财务状况；依法组织收入，努力节约支出；建立健全财务制度，加强经济核算，实施绩效评价，提高资金使用效益；加强资产管理，合理配置和有效利用资产，防止资产流失；加强对单位经济活动的财务控制和监督，防范财务风险。

第五条 事业单位的财务活动在单位负责人的领导下，由单位财务部门统一管理。

第二章 单位预算管理

第六条 事业单位预算是指事业单位根据事业发展目标和计划编制的年度财务收支计划。

事业单位预算由收入预算和支出预算组成。

第七条 国家对事业单位实行核定收支、定额或者定项补助、超支不补、结转和结余按规定使用的预算管理办法。

定额或者定项补助根据国家有关政策和财力可能，结合事业特点、事业发展目标和计划、事业单位收支及资产状况等确定。定额或者定项补助可以为零。

非财政补助收入大于支出较多的事业单位，可以实行收入上缴办法。具体办法由财政部门会同有关主管部门制定。

第八条 事业单位参考以前年度预算执行情况，根据预算年度的收入增减因素和措施，以及以前年度结转和结余情况，测算编制收入预算；根据事业发展需要与财力可能，测算编制支出预算。

事业单位预算应当自求收支平衡，不得编制赤字预算。

第九条 事业单位根据年度事业发展目标和计划以及预算编制的规定，提出预算建议数，经主管部门审核汇总报财政部门（一级预算单位直接报财政部门，下同）。事业单位根据财政部门下达的预算控制数编制预算，由主管部门审核汇总报财政部门，经法定程序审核批复后执行。

第十条 事业单位应当严格执行批准的预算。预算执行中，国家对财政补助收入和财政专户管理资金的预算一般不予调整。上级下达的事业计划有较大调整，或者根据国家有关政策增加或者减少支出，对预算执行影响较大时，事业单位应当报主管部门审核后报财政部门调整预算；财政补助收入和财政专户管理资金以外部分的预算需要调增或者调减的，由单位自行调整并报主管部门和财政部门备案。

收入预算调整后，相应调增或者调减支出预算。

第十一条 事业单位决算是指事业单位根据预算执行结果编制的年度报告。

第十二条 事业单位应当按照规定编制年度决算，由主管部门审核汇总后报财政部门审批。

第十三条 事业单位应当加强决算审核和分析，保证决算数据的真实、准确，规范决算管理工作。

第三章 收入管理

第十四条 收入是指事业单位为开展业务及其他活动依法取得的非偿还性资金。

第十五条 事业单位收入包括：

（一）财政补助收入，即事业单位从同级财政部门取得的各类财政拨款。

（二）事业收入，即事业单位开展专业业务活动及其辅助活动取得的收入。其中：按照国家有关规定应当上缴国库或者财政专户的资金，不计入事业收入；从财政专户核拨给事业单位的资金和经核准不上缴国库或者财政专户的资金，计入事业收入。

（三）上级补助收入，即事业单位从主管部门和上级单位取得的非财政补助收入。

（四）附属单位上缴收入，即事业单位附属独立核算单位按照有关规定上缴的收入。

（五）经营收入，即事业单位在专业业务活动及其辅助活动之外开展非独立核算经营活动取得的收入。

（六）其他收入，即本条上述规定范围以外的各项收入，包括投资收益、利息收入、捐赠收入等。

第十六条　事业单位应当将各项收入全部纳入单位预算，统一核算，统一管理。

第十七条　事业单位对按照规定上缴国库或者财政专户的资金，应当按照国库集中收缴的有关规定及时足额上缴，不得隐瞒、滞留、截留、挪用和坐支。

第四章　支出管理

第十八条　支出是指事业单位开展业务及其他活动发生的资金耗费和损失。

第十九条　事业单位支出包括：

（一）事业支出，即事业单位开展专业业务活动及其辅助活动发生的基本支出和项目支出。基本支出是指事业单位为了保障其正常运转、完成日常工作任务而发生的人员支出和公用支出。项目支出是指事业单位为了完成特定工作任务和事业发展目标，在基本支出之外所发生的支出。

（二）经营支出，即事业单位在专业业务活动及其辅助活动之外开展非独立核算经营活动发生的支出。

（三）对附属单位补助支出，即事业单位用财政补助收入之外的收入对附属单位补助发生的支出。

（四）上缴上级支出，即事业单位按照财政部门和主管部门的规定上缴上级单位的支出。

（五）其他支出，即本条上述规定范围以外的各项支出，包括利息支出、捐赠支出等。

第二十条　事业单位应当将各项支出全部纳入单位预算，建立健全支出管理制度。

第二十一条　事业单位的支出应当严格执行国家有关财务规章制度规定的开支范围及开支标准；国家有关财务规章制度没有统一规定的，由事业单位规定，报主管部门和财政部门备案。事业单位的规定违反法律制度和国家政策的，主管部门和财政部门应当责令改正。

第二十二条　事业单位在开展非独立核算经营活动中，应当正确归集实际发生的各项费用数；不能归集的，应当按照规定的比例合理分摊。

经营支出应当与经营收入配比。

第二十三条 事业单位从财政部门和主管部门取得的有指定项目和用途的专项资金，应当专款专用、单独核算，并按照规定向财政部门或者主管部门报送专项资金使用情况；项目完成后，应当报送专项资金支出决算和使用效果的书面报告，接受财政部门或者主管部门的检查、验收。

第二十四条 事业单位应当加强经济核算，可以根据开展业务活动及其他活动的实际需要，实行内部成本核算办法。

第二十五条 事业单位应当严格执行国库集中支付制度和政府采购制度等有关规定。

第二十六条 事业单位应当加强支出的绩效管理，提高资金使用的有效性。

第二十七条 事业单位应当依法加强各类票据管理，确保票据来源合法、内容真实、使用正确，不得使用虚假票据。

第五章 结转和结余管理

第二十八条 结转和结余是指事业单位年度收入与支出相抵后的余额。

结转资金是指当年预算已执行但未完成，或者因故未执行，下一年度需要按照原用途继续使用的资金。结余资金是指当年预算工作目标已完成，或者因故终止，当年剩余的资金。

经营收支结转和结余应当单独反映。

第二十九条 财政拨款结转和结余的管理，应当按照同级财政部门的规定执行。

第三十条 非财政拨款结转按照规定结转下一年度继续使用。非财政拨款结余可以按照国家有关规定提取职工福利基金，剩余部分作为事业基金用于弥补以后年度单位收支差额；国家另有规定的，从其规定。

第三十一条 事业单位应当加强事业基金的管理，遵循收支平衡的原则，统筹安排、合理使用，支出不得超出基金规模。

第六章 专用基金管理

第三十二条 专用基金是指事业单位按照规定提取或者设置的有专门用途的资金。

专用基金管理应当遵循先提后用、收支平衡、专款专用的原则，支出不得超出基金规模。

第三十三条 专用基金包括：

（一）修购基金，即按照事业收入和经营收入的一定比例提取，并按照规定在相应的购置和修缮科目中列支（各列 50%），以及按照其他规定转入，用于事业单位固定资产维修和购置的资金。事业收入和经营收入较少的事业单位可以不提取修购基金，实行固定资产折旧的事业单位不提取修购基金。

（二）职工福利基金，即按照非财政拨款结余的一定比例提取以及按照其他规定提取转入，用于单位职工的集体福利设施、集体福利待遇等的资金。

（三）其他基金，即按照其他有关规定提取或者设置的专用资金。

第三十四条 各项基金的提取比例和管理办法，国家有统一规定的，按照统一规定执行；没有统一规定的，由主管部门会同同级财政部门确定。

第七章 资产管理

第三十五条 资产是指事业单位占有或者使用的能以货币计量的经济资源，包括各种财产、债权和其他权利。

第三十六条 事业单位的资产包括流动资产、固定资产、在建工程、无形资产和对外投资等。

第三十七条 事业单位应当建立健全单位资产管理制度，加强和规范资产配置、使用和处置管理，维护资产安全完整，保障事业健康发展。

第三十八条 事业单位应当按照科学规范、从严控制、保障事业发展需要的原则合理配置资产。

第三十九条 流动资产是指可以在一年以内变现或者耗用的资产，包括现金、各种存款、零余额账户用款额度、应收及预付款项、存货等。

前款所称存货是指事业单位在开展业务活动及其他活动中为耗用而储存的资产，包括材料、燃料、包装物和低值易耗品等。

事业单位应当建立健全现金及各种存款的内部管理制度，对存货进行定期或者不定期的清查盘点，保证账实相符。对存货盘盈、盘亏应当及时处理。

第四十条 固定资产是指使用期限超过一年，单位价值在 1000 元以上（其中：专用设备单位价值在 1500 元以上），并在使用过程中基本保持原有物质形态的资产。单位价值虽未达到规定标准，但是耐用时间在一年以上的大批同类物资，作为固定资产管理。

固定资产一般分为六类：房屋及构筑物；专用设备；通用设备；文物和陈列品；图书、档案；家具、用具、装具及动植物。行业事业单位的固定资产明细目录由国务院主管部门制定，报国务院财政部门备案。

第四十一条 事业单位应当对固定资产进行定期或者不定期的清查盘点。

年度终了前应当进行一次全面清查盘点，保证账实相符。

第四十二条 在建工程是指已经发生必要支出，但尚未达到交付使用状态的建设工程。

在建工程达到交付使用状态时，应当按照规定办理工程竣工财务决算和资产交付使用。

第四十三条 无形资产是指不具有实物形态而能为使用者提供某种权利的资产，包括专利权、商标权、著作权、土地使用权、非专利技术、商誉以及其他财产权利。

事业单位转让无形资产，应当按照有关规定进行资产评估，取得的收入按照国家有关规定处理。事业单位取得无形资产发生的支出，应当计入事业支出。

第四十四条 对外投资是指事业单位依法利用货币资金、实物、无形资产等方式向其他单位的投资。

事业单位应当严格控制对外投资。在保证单位正常运转和事业发展的前提下，按照国家有关规定可以对外投资的，应当履行相关审批程序。事业单位不得使用财政拨款及其结余进行对外投资，不得从事股票、期货、基金、企业债券等投资，国家另有规定的除外。

事业单位以非货币性资产对外投资的，应当按照国家有关规定进行资产评估，合理确定资产价值。

第四十五条 事业单位资产处置应当遵循公开、公平、公正和竞争、择优的原则，严格履行相关审批程序。

事业单位出租、出借资产，应当按照国家有关规定经主管部门审核同意后报同级财政部门审批。

第四十六条 事业单位应当提高资产使用效率，按照国家有关规定实行资产共享、共用。

第八章 负债管理

第四十七条 负债是指事业单位所承担的能以货币计量，需要以资产或者劳务偿还的债务。

第四十八条 事业单位的负债包括借入款项、应付款项、暂存款项、应缴款项等。

应缴款项包括事业单位收取的应当上缴国库或者财政专户的资金、应缴税费，以及其他按照国家有关规定应当上缴的款项。

第四十九条 事业单位应当对不同性质的负债分类管理，及时清理并按照规定办理结算，保证各项负债在规定期限内归还。

第五十条　事业单位应当建立健全财务风险控制机制，规范和加强借入款项管理，严格执行审批程序，不得违反规定举借债务和提供担保。

第九章　事业单位清算

第五十一条　事业单位发生划转、撤销、合并、分立时，应当进行清算。

第五十二条　事业单位清算，应当在主管部门和财政部门的监督指导下，对单位的财产、债权、债务等进行全面清理，编制财产目录和债权、债务清单，提出财产作价依据和债权、债务处理办法，做好资产的移交、接收、划转和管理工作，并妥善处理各项遗留问题。

第五十三条　事业单位清算结束后，经主管部门审核并报财政部门批准，其资产分别按照下列办法处理：

（一）因隶属关系改变，成建制划转的事业单位，全部资产无偿移交，并相应划转经费指标。

（二）转为企业管理的事业单位，全部资产扣除负债后，转作国家资本金。需要进行资产评估的，按照国家有关规定执行。

（三）撤销的事业单位，全部资产由主管部门和财政部门核准处理。

（四）合并的事业单位，全部资产移交接收单位或者新组建单位，合并后多余的资产由主管部门和财政部门核准处理。

（五）分立的事业单位，资产按照有关规定移交分立后的事业单位，并相应划转经费指标。

第十章　财务报告和财务分析

第五十四条　财务报告是反映事业单位一定时期财务状况和事业成果的总结性书面文件。

事业单位应当定期向主管部门和财政部门以及其他有关的报表使用者提供财务报告。

第五十五条　事业单位报送的年度财务报告包括资产负债表、收入支出表、财政拨款收入支出表、固定资产投资决算报表等主表，有关附表以及财务情况说明书等。

第五十六条　财务情况说明书，主要说明事业单位收入及其支出、结转、结余及其分配、资产负债变动、对外投资、资产出租出借、资产处置、固定资产投资、绩效考评的情况，对本期或者下期财务状况发生重大影响的事项，以及需要说明的其他事项。

第五十七条 财务分析的内容包括预算编制与执行、资产使用、收入支出状况等。

财务分析的指标包括预算收入和支出完成率、人员支出与公用支出分别占事业支出的比率、人均基本支出、资产负债率等。主管部门和事业单位可以根据本单位的业务特点增加财务分析指标。

第十一章 财务监督

第五十八条 事业单位财务监督主要包括对预算管理、收入管理、支出管理、结转和结余管理、专用基金管理、资产管理、负债管理等的监督。

第五十九条 事业单位财务监督应当实行事前监督、事中监督、事后监督相结合，日常监督与专项监督相结合。

第六十条 事业单位应当建立健全内部控制制度、经济责任制度、财务信息披露制度等监督制度，依法公开财务信息。

第六十一条 事业单位应当依法接受主管部门和财政、审计部门的监督。

第十二章 附 则

第六十二条 各级财政部门及其工作人员在事业单位预算管理、国有资产管理审批工作中，存在违反本规则规定的行为，以及其他滥用职权、玩忽职守、徇私舞弊等违法违纪行为的，依照《中华人民共和国预算法》《中华人民共和国公务员法》《中华人民共和国行政监察法》《财政违法行为处罚处分条例》等国家有关规定追究相应责任；涉嫌犯罪的，依法移送司法机关处理。

第六十三条 事业单位基本建设投资的财务管理，应当执行本规则，但国家基本建设投资财务管理制度另有规定的，从其规定。

第六十四条 参照公务员法管理的事业单位财务制度的适用，由国务院财政部门另行规定。

第六十五条 接受国家经常性资助的社会力量举办的公益服务性组织和社会团体，依照本规则执行；其他社会力量举办的公益服务性组织和社会团体，可以参照本规则执行。

第六十六条 下列事业单位或者事业单位特定项目，执行企业财务制度，不执行本规则：

（一）纳入企业财务管理体系的事业单位和事业单位附属独立核算的生产经营单位；

（二）事业单位经营的接受外单位要求投资回报的项目；

（三）经主管部门和财政部门批准的具备条件的其他事业单位。

第六十七条　行业特点突出，需要制定行业事业单位财务管理制度的，由国务院财政部门会同有关主管部门根据本规则制定。

部分行业根据成本核算和绩效管理的需要，可以在行业事业单位财务管理制度中引入权责发生制。

第六十八条　省、自治区、直辖市人民政府财政部门可以根据本规则结合本地区实际情况制定事业单位具体财务管理办法。

第六十九条　本规则自2012年4月1日起施行。

附件：事业单位财务分析指标

附件：

事业单位财务分析指标

1. 预算收入和支出完成率，衡量事业单位收入和支出总预算及分项预算完成的程度。计算公式为：

预算收入完成率 = 年终执行数 ÷（年初预算数 ± 年中预算调整数）×100%

年终执行数不含上年结转和结余收入数

预算支出完成率 = 年终执行数 ÷（年初预算数 ± 年中预算调整数）×100%

年终执行数不含上年结转和结余支出数

2. 人员支出、公用支出占事业支出的比率，衡量事业单位事业支出结构。计算公式为：

人员支出比率 = 人员支出 ÷ 事业支出 ×100%

公用支出比率 = 公用支出 ÷ 事业支出 ×100%

3. 人均基本支出，衡量事业单位按照实际在编人数平均的基本支出水平。计算公式为：

人均基本支出 =（基本支出 - 离退休人员支出）÷ 实际在编人数

4. 资产负债率，衡量事业单位利用债权人提供资金开展业务活动的能力，以及反映债权人提供资金的安全保障程度。计算公式为：

资产负债率 = 负债总额 ÷ 资产总额 ×100%

中华全国总工会办公厅关于印发《工会财务会计管理规范》（修订）的通知

（总工办发〔2013〕20号　2013年5月21日）

各省、自治区、直辖市总工会，中华全国铁路总工会、中国民航工会全国委员会、中国金融工会全国委员会，中共中央直属机关工会联合会、中央国家机关工会联合会：

为进一步加强工会财务会计管理工作规范化建设，形成长效机制，全国总工会对2009年印发的《工会财务会计管理规范》进行了修订。现印发给你们，请认真贯彻实施，并将执行中遇到的问题及时报告全国总工会财务部。

附件：

工会财务会计管理规范

为切实加强各级工会财务会计管理，规范财务会计行为，提高资金使用效益，保证资金安全，根据国家有关法律法规和工会财务会计制度，制定本规范。

第一章　指导思想和总体目标

第一条　指导思想。以邓小平理论、“三个代表”重要思想和科学发展观为指导，全面推进工会财务会计管理规范化，切实提高工会财务会计管理水平，收好、管好、用好工会经费，为工会工作的开展提供可靠的物质保障。

第二条　总体目标。各级工会应在初步达到规范化要求的基础上，不断完善工会财务会计管理规范化工作，使之制度化、常态化、长期化，形成工会财务会计规范管理的长效机制。

第二章　工会财务会计管理规范

第三条　按照《会计法》、《会计基础工作规范》以及全国总工会的有关规定设置财务会计机构、配备业务素质相适应的会计人员。

第四条 设置会计人员工作岗位并明确工作职责。

第五条 会计人员的任免符合法定手续。会计人员调动或离职按照国家有关规定办理交接手续。

第六条 会计工作人员持有会计从业资格证书，每年接受继续教育培训。

第七条 各级工会应当根据财务会计业务的需要，建立健全内部财务会计管理制度。主要包括：收支预算、决算制度，货币资金管理制度，票据管理制度，财务收支管理制度，专项资金管理制度，债权债务管理制度，账务处理程序制度，内部会计控制制度，经费定额管理制度，财产清查制度，财务会计分析制度，岗位责任制度，会计档案管理制度等。

第八条 严格遵守《预算法》等法律法规以及《工会预算管理办法》。

第九条 各级工会要按照《工会预算管理办法》编制工会经费预算、决算和组织预算执行；县级和县级以上工会要按照政府财政部门的要求编制政府补助资金部门预算、决算。预算编制做到程序规范、方法科学、编制及时、内容完整、项目细化、数据准确。

第十条 各级工会按照规定及时、足额拨缴工会经费。依法取得的各项收入全部列入预算。

第十一条 厉行节约，有效控制“三公经费”等行政支出。

第十二条 严肃财经纪律，没有“小金库”或账外设账行为。

第十三条 根据批复的预算安排各项收支，确保预算严格有效的执行。调整或追加预算，严格履行规定的程序。决算真实、完整、准确、及时。

第十四条 年度预算、决算按照规定程序审核、报批。实行预算绩效管理，建立“预算编制有目标、预算执行有监控、预算完成有评价、评价结果有反馈、反馈结果有应用”的全过程预算绩效管理和责任追究制度。

第十五条 按照《会计法》、《会计基础工作规范》、《工会会计制度》等规定建账。

第十六条 原始凭证的格式、内容、填制方法、审核程序等符合国家有关规定和工会会计制度的要求。

第十七条 记账凭证内容、填制方法、所附原始凭证、更正错误方法等符合国家有关规定和工会会计制度的要求，经有关人员签章，字迹清楚，装订整齐。

第十八条 会计账簿设置齐全，有总账、明细账（如各类收入明细账、各类支出明细账、拨缴经费收入台账、固定资产明细账、往来款项明细账等）、日记账（现金日记账、银行存款日记账），设有必要的辅助账簿（如财政划拨、税务代收工会经费辅助账等）和备查账簿（如低值易耗品、呆坏账处理备查账等）。各类账簿的启用、登记、结账、错误更正方法符合国家有关规定和工会会计制度，记账及时，文字规范。

第十九条 定期对会计账簿记录的有关数字与库存实物、货币资金、有价证券、往来单位或个人等进行相互核对，保证账证相符（会计账簿记录与原始凭证、记账凭证相符）、账账相符（不同会计账簿之间的账簿记录相符）、账实相符（会计账簿记录与财产等实有数额相符）。

第二十条 按照《工会会计制度》的规定，根据经过审核的记账凭证登记会计账簿，编制会计报表。

第二十一条 财务报告数字真实、计算准确、内容完整、说明清楚、报送及时，并经分管财务的工会主席、财务负责人审阅并签章。

第二十二条 实行会计电算化的单位，根据财政部《会计电算化工作规范》的要求，制定本单位会计电算化实施工作的具体方案，做好会计电算化工作。

第二十三条 用于账务处理的计算机应保证财务会计工作专用，不能联入单位局域网及互联网；需要联网的，应通过物理隔离等技术，保证账务数据的安全。

第二十四条 账务处理等电子数据定期备份。

第二十五条 下级工会财务软件、报表软件应能满足上级工会数据上报、报表上报的要求。

第二十六条 按照《工会法》和中国人民银行关于规范人民币银行结算账户管理的有关规定，开立银行账户，实行工会经费独立核算。

第二十七条 现金管理符合《现金管理暂行条例》；银行存款管理符合《人民币银行结算账户管理办法》；支付结算符合《支付结算办法》。

第二十八条 没有下列违反人民币银行结算账户管理规定的行为：擅自多头开设银行结算账户；将单位款项以个人名义在金融机构存储；出租、出借银行账户。

第二十九条 按照不相容职务相分离的原则，明确相关岗位的职责权限，确保不相容岗位相互分离、制约和监督。

第三十条 出纳人员不得兼任稽核、会计档案保管和收入、支出、费用、债权债务账目的登记工作。

第三十一条 单位不得由一人办理货币资金业务的全过程。

第三十二条 建立严格的经费开支程序和授权批准制度，明确授权批准的范围、权限、程序、责任和相关控制措施，做到申请、经办、证明、验收、审核、签批等经费开支手续完备，原始凭证合法有效，相关附件齐全。

第三十三条　重大资金支出实行集体决策和审批，并建立责任追究制度。

第三十四条　财务专用章由专人保管，个人名章由本人或其授权人保管。严禁一人保管支付款项所需的全部印章。

第三十五条　发票、收据等各种票据由不直接经办货币资金收付的人员保管，申领、启用、核销、销毁履行规定手续。

第三十六条　发票、收据做到手续清、账目清、责任清；使用专柜、专账、专表；防火、防盗、防霉烂损毁、防虫蛀鼠咬、防丢失；不准相互转借、转让，不准擅自处理空白联和其它质量残次的无效联。

第三十七条　银行票据明确购买、保管、领用、背书转让、注销等环节的职责权限和程序，设置登记簿进行记录。

第三十八条　严格按照财政部、全国总工会的规定管理和使用“工会经费收入专用收据”。

第三十九条　会计凭证、会计账簿、会计报表和其它会计资料按照国家有关规定，定期整理归档，妥善保管，调阅和销毁符合规定手续。

第三章　附　则

第四十条　各级工会要加强对工会财务会计管理规范化建设的组织领导，建立健全长效机制。按照“统一领导，分级管理”的财务体制，全国总工会财务部负责对省级工会财务会计管理规范化的指导和检查。省级工会财务部门负责对本地区、本产业工会财务会计管理规范化的指导和检查。省、市级工会财务部门要加强对县级工会、乡镇（街道）工会和基层工会财务会计管理规范化的指导和检查，将工会财务会计规范化建设纳入工会财务竞赛考核指标。

第四十一条　各级工会要根据本规范，结合本单位的实际情况，制定具体实施办法。

第四十二条　本规范自发布之日起执行，2009 年 11 月以中华全国总工会办公厅名义印发的《工会财务会计管理规范》（总工办发〔2009〕32 号）同时废止。

中华全国总工会办公厅关于印发《全总机关财务管理若干规定》的通知

（厅字〔2016〕7号 2016年7月26日）

各驻会全国产业工会、全总各部门：

现将《全总机关财务管理若干规定》印发给你们，请严格遵照执行。

附件：

全总机关财务管理若干规定

第一章 总 则

第一条 为进一步加强全总机关财务资金管理，提倡厉行节约，不断提高财务管理水平和资金使用效益，从源头杜绝违纪违法行为，贯彻落实中央八项规定精神，促进党风廉政建设，根据国家相关法律法规和《工会会计制度》，制定本规定。

第二条 全总机关财务资金收支实行科学预算管理，预算编制遵循“统筹兼顾，保证重点；量入为出，收支平衡；真实合法，精细高效”原则，统一编制，严肃执行。各项收入应全部纳入预算管理，并利用工会预算支出绩效评价管理体系，对资金使用进行追踪问效，促进财务资金使用更加规范、高效。

第三条 全总财务部统一管理全总机关财务工作，并对各驻会全国产业工会，全总机关各部门（以下简称为各单位）的经费使用实行日常财务监督。

第四条 全总经审办负责对全总机关的经济活动进行审计监督。

第二章 预算管理

第五条 各单位要严格按照《工会预算管理办法》，围绕全总年度重点工作，坚持厉行节约，严格控制“三公经费”，合理确定预算项目。每年在规定时间内，依据国家相关规定和全总机关“二上二下”的预算编制程序，向全总财务部申报各项经费预算。

第六条 各单位预算内容包括基本支出预算和项目支出预算。基本支出预算由全总财务部按定员定额编制。项目支出预算以全总书记处确定的本年度重点工作和本单位工作计划为编制依据。项目支出预算，实行归口管理。

各单位在申报年度预算时，先将“一上”预算经本单位主要负责人签字同意后报送全总财务部，由财务部进行预算汇总，初步划定全年经费支出预算额度，并向各归口业务审核管理部门分配预算额度。各归口业务审核管理部门依据预算额度审核各申请单位的预算项目。归口管理部门分工如下：

办公厅负责会议、表彰的项目及预算审核；

组织部负责各类培训班的项目及预算审核；

宣传教育部负责资料汇编和新闻宣传的项目及预算审核；

研究室负责部门委托课题、问卷调查的项目及预算审核；

劳动和经济工作部负责各类劳动和技能竞赛的项目及预算审核；

网络工作部负责信息网络构建的项目及预算审核；

国际联络部负责全总机关外事活动项目的预算申报；

机关服务中心负责机关大型修缮项目预算申报。

第七条　各归口管理部门要制定相应的审核办法，认真做好项目及预算审核工作。

第八条　各单位根据全总财务部下达的预算控制指标额度，进一步细化项目预算内容，且单项金额 30 万元以上（含 30 万元）的项目，需提供可行性研究报告，经全总分管领导批准后向财务部报送。全总财务部再次对各单位的年度预算进行汇总平衡后，统一编制全总机关年度预算（草案），报全总书记处研究。经全总书记处同意，全总经审会审查通过后，由全总书记处或分管财务工作的领导批准正式执行。

第九条　年度预算正式批准执行前，各单位项目支出预算原则上不得使用。确因工作需要提前使用的，须履行审批程序，同时支出不超过本单位年度项目支出总预算的 25%。

第十条　全总财务部对各单位的年度预算实行概算控制。全总财务部根据全总书记处正式批准的年度预算额度，确定各单位的项目支出经费概算，并下达概算通知。在项目执行时，各单位须提交项目支出的详细预算，经全总财务部审核签批后方可使用资金。

第十一条　各单位必须严格执行预算，不得随意改变项目支出内容、预算金额，不得截留、挪用项目资金。因特殊原因出现项目超支，必须提前申请调剂或追加预算，未经批准的，超支部分不予报销。严禁无预算支出。

第十二条　各单位因年度工作计划变动或临时承办全总书记处交办的任务，需要调整预算的，需提出书面申请，经全总分管领导审批后，交全总财务部履行预算调整审批程序，批准后，按调整后预算执行。

各单位追加预算，由各单位提出书面申请，单项金额30万元以下（含30万元）的，送全总财务部审核，报全总分管领导和分管财务领导批准；单项金额30万元以上的，由全总财务部审核并提出意见，经全总分管领导和分管财务领导同意，报全总书记处会议批准。

第十三条 各单位应严格按照项目支出预算内容和时间进度执行预算，年末未执行的项目支出预算不得自行调剂使用。项目支出预算不得结转下一年度。

第十四条 按照工会预算支出绩效评价管理办法，一般以预算年度为周期，对各单位项目支出情况进行绩效评价，对跨年度重大项目可实施阶段性评价，综合考量绩效目标实现程度及效果。全总财务部根据预算公开的要求，每年将全总各单位年度预算、预算执行情况以及预算支出绩效评价结果，在机关内部网站公布，接受监督。

第三章 集中采购

第十五条 全总执行集中统一采购制度。各单位要根据全总书记处批准的预算额度，将列入统一采购范围的项目，交由全总负责集中采购的部门审批并进行集中采购。

第十六条 集中采购的范围除国家规定的采购项目外，还包括会议，奖状、奖牌、奖章、奖杯、证书制作，资料印刷，药品采购等。

第四章 审批与报销

第十七条 全总机关各项收入统一纳入机关财务核算和管理，各项支出严格按照财务制度规定审批执行。

第十八条 全总机关财务收支实行全总分管财务工作的领导一支笔审批制度。各单位在核定预算内的经费支出，由本单位负责人签字，全总财务部审核把关，各单位负责人对所签批事项的真实性和合法性负全部责任。预算外、大额资金和特殊支出由全总书记处研究决定。

第十九条 各单位借用现金、支票、汇票（含预付款项），由本单位负责人审核签字，单笔金额1万元至10万元（含10万元）的，由全总分管财务工作的领导责成全总财务部领导审批后预借；10万元以上的，由全总分管财务工作的领导或分管财务工作的领导授权全总财务部长审批后预借。

第二十条 各项借款自借出日起计算最迟1个月内，借款单位凭有效凭据报销。对于不按规定及时报销借款或长期占压借款资金的单位或个人，原则上“欠款未还，新款不借”。

第二十一条　各单位办理培训费、会议费、专项业务费、信息网络购建费等借款时，须附费用明细预算，报销时须持有效凭据，附收款单位出具的费用原始明细清单，并与预算项目一一对应。

第二十二条　各单位要根据预算和相关规定及有效凭据办理报销事项。全总财务部对无预算、超范围、超标准的支出，凭据不符合规定的支出等，均不予报销。

第二十三条　各单位要切实加强会议费、表彰费管理，严格按年度预算执行。会议地点必须为财政部批准的定点场所或工会系统会议室、礼堂、宾馆、疗养院。表彰用奖牌、奖杯、奖状、证书等按照有关规定制作。

第二十四条　全总机关外事费开支必须严格执行国家有关规定。因公出国（境）、接待外宾、对外援助等的费用按规定程序审批，必须按照团组集中结算，及时报销清账。出国年度经费总额按国家有关规定应与上年持平或略有下降。因公出国（境）人员的公杂费按规定领取，报销时附本人领取签字凭据。禁止用人民币、个人信用卡支付因公出国（境）团组相关费用。

第二十五条　严格控制公务接待费用支出。执行国家有关规定和《全总机关国内公务接待用餐管理办法》。各单位因公务接待费用在部门年度接待费控制数内报销，不得超出控制标准。因工作需要开展的较大规模接待活动，由承办单位事前提出书面申请，经全总分管领导批准后，全总财务部审核安排经费。全总机关食堂原则上安排地方工会干部和相关业务部委工作人员因公务临时就餐。

第二十六条　各单位必须严格执行国家《现金管理暂行条例》，不得超限额（1000 元）使用现金。在举办会议、活动过程中，需要提取使用现金的，须向全总财务部写出书面申请，经审批后办理借款手续。会议、活动结束后应及时持有效票据和领款人签字凭证报销。

第二十七条　因公出差所发生的交通费（飞机票等）、住宿费、伙食费，以及经全总财务部批准的 1000 元以下的零星办公支出，公务接待费等，可使用个人公务卡结算。持卡人因公务消费后，应在 10 日内办理报销结算手续。因个人报销不及时产生的滞纳金或是对个人资信造成影响等责任，由持卡人自行承担。

第二十八条　全总委托课题和问卷调查经费支出，按照《全总机关委托课题和问卷调查管理办法》和《全总机关委托外单位开展课题研究和问卷调查专项经费管理办法（试行）》执行。

第二十九条　各单位出版资料汇编等按照以下规定执行：

（一）属于不能出售的内部资料，严格控制发送数量，适当安排资金。

（二）经全总书记处批准赠送的可售出版物，赠送部分安排资金。

（三）属于对外出售的，不安排资金。

第五章　纪律和监督

第三十条　各单位必须严格执行国家财经纪律和工会财会制度。任何单位和个人不得先用钱后审批，不得以拨代支；不得巧立名目，变相扩大个人津贴补贴范围和标准；不得随意变更项目支出内容和标准；不得追求奢侈消费项目和办公设施。

第三十一条　对违反财经法律、法规和制度，有下列行为的，要依纪依规严肃处理，追究有关单位和有关人员的责任。

（一）伪造、变造虚假合同、发票，骗取资金。

（二）擅自改变预算资金的性质和使用范围，转移、截留、挪用项目资金，报销与项目无关的开支。

（三）利用工作之便违规套取现金。

（四）私设“小金库”和账外设账。

（五）严重违反国家和全总有关集中采购的规定实施采购行为。

（六）其他违反财经法律、法规和制度的行为。

第三十二条　全总财务部要加强机关日常财务监督管理工作，建立健全内部控制制度，强化内部约束，降低机关运行成本。加大审核监督力度，切实做到对经费收支使用全过程监管。

（一）事前监督。加强对各单位预算编制、资金使用的审核把关，防止问题的发生。

（二）事中监督。对各单位经济事项在办理过程中和预算执行过程中加强监管，保证各项开支的合理合法。

（三）事后监督。对各单位预算执行结果进行检查，检查预算完成情况，资金使用效果，票据是否真实合法，各项开支是否符合规定。

第三十三条　全总财务部对日常财务监督中发现的问题，要立即下达整改通知，督促有关单位限期纠正和整改，对未落实整改的单位，暂时停止执行预算和各项支出。对发现的重大问题，财务部要提出初步处理意见，上报全总分管财务工作的领导和全总书记处，并按照全总书记处决定进行处理。

第三十四条　全总经审办要加大审查、审计力度，严肃财经纪律，促进工会经费管理水平和使用效率的提高。

第三十五条　全总财务部和全总经审办要对机关集中采购工作进行监督。

第六章 附 则

第三十六条 本规定由全总财务部负责解释。

第三十七条 本规定自印发之日起执行，原《全总机关财务管理若干规定》同时作废。

财政部关于进一步加强财政部门和预算单位资金存放管理的指导意见

（财库〔2017〕76号 2017年3月31日）

党中央有关部门，国务院各部委、各直属机构，全国人大常委会办公厅，全国政协办公厅，高法院，高检院，各民主党派中央，有关人民团体，新疆生产建设兵团，各省、自治区、直辖市、计划单列市财政厅（局），有关银行业金融机构：

近年来，各地区、各部门在加强财政部门和预算单位资金存放管理方面做了大量工作，取得一定成效，但还面临许多亟待解决的问题。主要表现在：有的地方和部门资金存放管理不够透明，存在廉政风险甚至利益输送现象；资金存放管理不够规范，存在资金安全隐患；资金存放管理不够科学，选择资金存放银行未综合考虑安全性、流动性和收益性等因素。各地区、各部门应当充分认识当前资金存放管理中存在的问题和面临的风险，从加强党风廉政建设和完善公共财政治理体系的高度，切实提高思想认识，加强组织领导，以高度的责任感做好财政部门和预算单位资金存放管理工作。为进一步规范财政部门和预算单位资金存放行为，经国务院同意，现就进一步加强财政部门和预算单位资金存放管理提出以下指导意见。

一、主要目标和基本原则

（一）主要目标。建立健全科学规范、公正透明的财政部门和预算单位资金存放管理机制，防范资金存放安全风险和廉政风险，发挥暂时闲置资金支持经济发展的重要作用，提高资金存放综合效益。

（二）基本原则。财政部门和预算单位资金存放管理应遵循以下原则：

依法合规。资金存放应当符合法律法规和政策规定，符合廉政建设要求。

公正透明。资金存放银行选择应当公开、公平、公正，程序透明，结果透明，兼顾效率。

安全优先。资金存放应当以确保资金安全为前提，充分评估资金存放银行经营状况，防止出现资金安全风险事件。

科学评估。综合考虑资金安全性、流动性、支持经济发展、资金收益等因素，科学设置资金存放银行评选指标。

权责统一。实施资金存放的单位应当履行资金存放管理的主体责任，组织好资金存放管理工作，保证资金存放平稳有序。

二、严格规范资金存放银行的选择方式

除国家政策已明确存放银行和涉密等有特殊存放管理要求的资金外，财政部门和预算单位应当按照规定采取竞争性方式或集体决策方式选择资金存放银行。

（一）竞争性方式。需开展资金存放的财政部门或预算单位（以下简称资金存放主体）应就选择资金存放银行事宜公开邀请银行报名参与竞争，采用综合评分法进行评分，根据评分结果择优确定资金存放银行。主要流程包括：资金存放主体或受其委托的中介机构发布资金存放银行竞争性选择公告，载明资金存放事宜、参与银行基本资格要求、报名方式及需提供材料、报名截止时间等事项；资金存放主体或受其委托的中介机构组建由资金存放主体内部成员和外部专家共同组成的评选委员会，采用综合评分法对符合基本资格要求的参与银行进行评分；资金存放主体根据评选委员会评分结果择优确定资金存放银行并对外公告。资金存放主体应当制定具体操作办法，对参与银行基本资格要求、操作流程、评选委员会组成方式、具体评选方法、监督管理等内容作出详细规定。

（二）集体决策方式。资金存放主体组织对备选银行采用综合评分法进行评分，将评分过程和结果提交单位领导办公会议集体讨论，集体决定资金存放银行。中央部门可由负责账户管理的内设机构领导办公会议集体讨论商议存放银行，并报本部门负责同志审定。备选银行应当遵循公平、公正的原则选取，一般不得少于 3 家。资金存放主体所在地银行少于 3 家的，按实际数量确定备选银行。备选银行的评分情况、会议表决情况和会议决定等内容应当在领导办公会议纪要中反映，并在单位内部显著位置予以公告。以集体决策方式选择资金存放银行，对资金存放主体的主要领导干部、分管资金存放业务的领导干部以及相关业务部门负责人应实行利益回避制度，不得将本单位公款存放在上述人员的配偶、子女及其配偶和其他直接利益相关人员工作的银行。

三、科学制定综合评分法的评分指标和评分标准

综合评分法的评分指标和评分标准的具体设置，应当遵循客观、公正、科学的原则。

（一）评分指标。主要包括经营状况、服务水平、利率水平等方面。经营状况方面的指标应能反映资金存放银行的资产质量、偿付能力、运营能力、内部控制水平等。服务水平方面的指标应能反映资金存放银行提供支付结算、对账、分账核算等服务的能力和水平。利率水平主要指定期存款利率等，利率应当符合国家利率政策规定。具体指标由资金存放主体根据实际情况和管理要求设置。地方政府财政部门可结合本地实际，研究设置反映资金存放银行对小微企业、三农、扶贫领域贷款等支持经济发展贡献度的相关指标。

（二）评分标准。评分标准主要明确各项评分指标的权重和计分公式，由资金存放主体结合实际情况和管理要求设置。

四、加强财政专户资金存放管理

（一）财政部门新开立财政专户存放资金和变更财政专户开户银行存放资金，一般应当采取竞争性方式选择资金存放银行。资金量较小的，可采取集体决策方式选择资金存放银行，资金量标准由省级财政部门结合本地区实际情况统一确定。

（二）财政专户资金转为定期存款、协定存款、通知存款的，一般在财政专户开户银行办理。社会保险基金等大额财政专户资金，可以转出开户银行进行定期存款，定期存款银行应当采取竞争性方式选择，在增强资金存放透明度的同时实现资金保值增值。粮食风险基金等国务院批准保留的专项支出类财政专户资金和待缴国库非税收入资金、外国政府和国际金融组织贷款和赠款资金，一律不得转出开户银行进行定期存款。

省级财政部门开展财政专户资金转出开户银行定期存款，应当制定具体操作办法并报省级人民政府同意。省级以下财政部门是否开展财政专户资金转出开户银行定期存款，由省级财政部门规定。

五、加强预算单位银行账户资金存放管理

（一）预算单位（不包括财政预算单列的企业，下同）新开立银行结算账户存放资金和变更银行结算账户开户银行存放资金，一般采取集体决策方式选择资金存放银行，鼓励有条件的预算单位采取竞争性方式选择资金存放银行。

（二）预算单位银行结算账户资金转为定期存款、协定存款、通知存款的，一般在开户银行办理。预算单位银行结算账户内的事业收入、经营收入等非财政补助收入资金，在扣除日常资金支付需要后有较大规模余额的，可以按照财政部门的规定转出开户银行进行定期存款，定期存款银行应当采取竞争性方式选择。到期后不需要收回使用的定期存款可以在原定期存款银行续存，累计存期不超过2年。

中央和省级预算单位开展银行结算账户资金转出开户银行定期存款的单位范围、资金规模，分别由财政部和省级财政部门规定。省级以下预算单位是否开展银行结算账户资金转出开户银行定期存款，由省级财政部门规定。

六、加强资金存放银行管理与约束

（一）加强资金存放银行管理。资金转出开户银行进行定期存款的，资金存放主体应当严格控制每次定期存款的银行数量，并与定期存款银行签订协议，全面、清晰界定双方权利和义务。资金存放银行出现重大安全风险事件或者经营状况恶化影响资金存放安全的，资金存放主体应当及时收回资金。

（二）防范资金存放银行利益输送行为。资金存放主体新选择资金存放银行时，应当要求资金存放银行出具廉政承诺书，承诺不得向资金存放主体相关负责人员输送任何利益，承诺不得将资金存放与资金存放主体相关负责人员在本行亲属的业绩、收入挂钩。凡发现并经核实资金存放银行未遵守廉政承诺或者在资金存放中存在其他利益输送行为的，资金存放主体应当及时收回资金，并由财政部门进行通报，在一定期限内取消该银行参与当地财政部门和预算单位资金存放的资格。

（三）规范银行吸存行为。银行应按照监管要求，进一步规范存款经营行为，完善绩效考核机制，并强化监管和问责。

七、工作要求

（一）加强资金流量预测，确保资金支付需要。财政部门和预算单位开展定期存款操作的，应当科学预测资金流量，合理确定开展定期存款操作的资金规模和期限，确保资金支付需要。除社会保险基金等按照国家规定开展保值增值管理的资金外，定期存款期限一般控制在1年以内（含1年）。

（二）加强资金存放内部控制和监督检查，防范风险事件。财政部门和预算单位要建立健全资金存放内部控制办法，通过流程控制和制度控制，强化各环节有效制衡，防范资金存放风险事件。财政部门和预算单位领导干部不得以任何形式违规干预、插手资金存放。财政部门要加强预算单位资金存放的监督检查，并对下级财政部门资金存放管理进行监督指导，及时发现和纠正资金存放中的违规问题。

（三）严格执行账户管理规定，提高资金存放规范性。财政部门和预算单位资金存放涉及开立银行账户的，应当严格执行财政专户和预算单位银行账户管理制度有关规定。财政部门和预算单位不得以资金转出开户银行进行定期存款为由，在定期存款银行新开立财政专户或预算单位银行结算账户。财政部门和预算单位不得采取购买理财产品的方式存放资金。各级财政部门要按照国务院和财政部有关规定，全面清理整顿存量财政专户。各地区、各部门要切实加强预算单位银行账户审批、备案、年检等管理工作，加大预算单位银行账户清理力度，从严控制预算单位银行账户数量。

（四）盘活银行账户存量资金，充分发挥财政资金作用。预算单位应按照国务院和财政部有关规定，盘活银行账户内的一般公共预算和政府性基金预算存量资金，提高财政资金使用效益。

（五）国库资金存放管理应严格按照财政部和中国人民银行关于国库现金管理的有关规定执行。

（六）严肃查处资金存放违法违纪行为，通报曝光典型案例。各级领导干部要严格遵守廉洁自律有关规定，不得以任何形式违规干预、插手资金存放。对资金存放过程中的违规行为，财政部门应及时予以纠正，涉嫌违法违纪的，应移交有关部门查处和问责。对资金存放违法违纪典型案例应予以通报曝光，发挥警示教育作用。

各地区、各部门要充分认识加强财政部门和预算单位资金存放管理的重要性和紧迫性，严格落实本意见各项规定，确保加强资金存放管理工作取得实效。各省、自治区、直辖市、计划单列市财政厅（局）要结合本地区实际情况，制定具体的资金存放管理实施办法，报财政部备案。

财政部关于印发《中央预算单位资金存放管理实施办法》的通知

（财库〔2017〕176 号 2017 年 10 月 16 日）

党中央有关部门，国务院各部委、各直属机构，全国人大常委会办公厅，全国政协办公厅，高法院，高检院，各民主党派中央，有关人民团体，新疆生产建设兵团：

为进一步加强中央预算单位资金存放管理，依据《财政部关于进一步加强财政部门和预算单位资金存放管理的指导意见》（财库〔2017〕76 号）有关规定，财政部制定了《中央预算单位资金存放管理实施办法》。现印发给你们，请遵照执行。

附件：中央预算单位资金存放管理实施办法

附件：

中央预算单位资金存放管理实施办法

第一章 总 则

第一条 为建立健全科学规范、公正透明的中央预算单位资金存放管理机制，规范中央预算单位资金存放行为，依据《财政部关于进一步加强财政部门和预算单位资金存放管理的指导意见》（财库〔2017〕76 号），制定本办法。

第二条 纳入财政审批、备案管理范围的中央预算单位银行账户的资金存放管理，适用本办法。

第三条 本办法所称中央预算单位银行账户，包括基本存款账户、专用存款账户、外汇账户、党费账户、工会经费账户、房改资金账户等，不包括中央预算单位用于办理财政授权支付的零余额账户。

第四条 参与中央预算单位资金存放的银行应为在中华人民共和国境内依法成立的商业银行、农村信用合作社、农村合作银行等银行业金融机构，并在实施资金存放的中央预算单位所在同城设有分支机构（含总行经营吸收存款业务的直营部门，下同）。

本办法所称资金存放银行，包括中央预算单位银行结算账户开户银行和资金转出开户银行进行定期存款的银行。

第五条 中央预算单位资金存放管理，应当遵循依法合规、公正透明、安全优先、科学评估、权责统一的原则。

第二章 资金存放银行选择方式

第六条 中央预算单位选择资金存放银行，应当采取竞争性方式或集体决策方式。

第七条 竞争性方式是指中央预算单位公开邀请银行报名参与竞争，组建评选委员会采用综合评分法对参与银行进行评分，中央预算单位根据评分结果择优确定资金存放银行。

评选委员会由中央预算单位内部成员和外部专家共 3 人以上的单数组成。

外部专家由中央预算单位或受其委托的中介机构，从中央预算单位以外的机构中选择。外部专家应当熟悉预算单位财务管理工作和银行支付结算业务，并与参与银行没有利害关系。

第八条 集体决策方式是指中央预算单位对备选银行采用综合评分法进行评分，将评分过程和结果提交单位领导办公会议集体讨论决定资金存放银行。

第九条 综合评分法包括评分指标和评分标准。

（一）评分指标。主要包括经营状况、服务水平、利率水平等方面。经营状况方面的指标应能反映资金存放银行的资产质量、偿付能力、运营能力等。服务水平方面的指标应能反映资金存放银行提供支付结算、对账、分账核算的能力和水平等。利率水平主要指承诺的存款利率等。

（二）评分标准。评分标准主要明确各项评分指标的权重和计分公式。

中央预算单位按照本办法所附评分指标体系和评分方法，制定具体的综合评分指标和评分标准。

第三章 评选开户银行

第十条 中央预算单位新开立银行结算账户以及变更银行结算账户开户银行，一般采取集体决策方式选择开户银行。鼓励银行存款资金量较大、管理水平较高、所在同城银行数量较多的中央预算单位采取竞争性方式选择开户银行。

开户银行一经确定，应保持稳定，除本办法规定应变更开户银行的情形以及其他特殊原因外，不得频繁变更。

第十一条 集体决策方式选择开户银行包括以下步骤：

（一）选取备选开户银行。中央预算单位应当遵循公平、公正的原则，从经营状况和服务水平较好、并在同城设立分支机构的银行中，选取不少于3家不同银行所属分支机构作为备选开户银行。中央预算单位所在同城银行少于3家的，按实际数量确定备选开户银行。单位主要领导干部、分管资金存放业务的领导干部以及单位财务机构负责人应当实行利益回避，上述人员的配偶、子女及其配偶和其他直接利益相关人员在银行工作的，该银行所属分支机构不得作为备选开户银行。

（二）对备选开户银行综合评分。确定综合评分法的评分指标和评分标准，收集备选开户银行相关指标，并对备选开户银行分别评分。

（三）单位领导办公会议集体决策。将备选开户银行的评分过程和结果提交单位领导办公会议集体讨论，集体表决选定开户银行。

（四）内部公示。备选开户银行的评分情况、单位领导办公会议表决情况和会议决定等内容应当在领导办公会议纪要中反映，并在单位内部显著位置予以公告。公告5个工作日无异议的，按照会议决定确定开户银行。

中央部门（本级）可由财务机构领导办公会议集体讨论商议开户银行，并将领导办公会议纪要在单位内部显著位置予以公告。公告5个工作日无异议的，报本部门负责同志审定。

单位内部公告期间，如单位相关人员对结果提出异议，单位应对有关情况进行复核确认。

第十二条 采取竞争性方式选择开户银行的，中央预算单位应当制定具体操作办法，对参与银行基本资格要求、操作流程、评选委员会组成方式、具体评选方法、监督管理等内容作出详细规定。中央预算单位可自行组织实施或委托中介机构代理实施开户银行选择。

（一）发布竞争性选择公告。中央预算单位或受其委托的中介机构在中央预算单位或其主管部门的门户网站等公开媒体上发布开户银行竞争性选择公告，载明开户事宜、参与银行基本资格要求、报名方式及需要提供的材料、报名截止时间等事项。参与每个账户开户竞争的银行不应少于3家，报名截止后不足3家的，可公告延长报名截止时间并扩大竞争性选择公告刊登范围，直至参与银行数量达到要求。

（二）组建评选委员会。中央预算单位或受其委托的中介机构按照本办法第七条规定的标准组建评选委员会。

（三）对参与银行综合评分。评选委员会采用综合评分法对符合基本资格要求的参与银行进行评分，将评分结果提交中央预算单位。

（四）择优确定开户银行。中央预算单位根据评选委员会评分结果择优确定开户银行，向入选开户银行发出确认通知书，同时将评选结果在原发布竞争性选择公告的公开媒体上公告。

第十三条 中央预算单位对于纳入财政审批管理范围的银行结算账户，应当在确定开户银行前，先按照中央预算单位银行账户管理制度有关规定向财政部门提交开户申请，开户申请表中不填写开户银行名称。财政部门批复同意开户申请后，中央预算单位应当按照本办法规定确定开户银行，并于开户后规定时间内将开户银行全称、银行账号等账户信息报财政部门和各级主管单位备案。

中央预算单位对于纳入财政备案管理范围的银行结算账户，应当按照本办法规定确定开户银行，并于开户后规定时间内将开户银行全称、银行账号等账户信息报财政部门和各级主管单位备案。

第四章　资金转出开户银行定期存款

第十四条 中央预算单位银行结算账户资金转存定期存款，一般在开户银行办理。中央预算单位银行结算账户内的事业收入、经营收入等除同级财政拨款收入以外的资金，在扣除日常资金支付需要后有较大规模余额的，可以转出开户银行进行定期存款，单次操作金额不少于1000万元。

中央预算单位中的行政单位暂不开展资金转出开户银行进行定期存款，但其代管的有保值增值管理要求的大额资金除外。

第十五条　中央预算单位开展资金转出开户银行进行定期存款，应当采取竞争性方式选择定期存款银行。

第十六条　中央预算单位在本单位现有的银行结算账户之间按照规定的账户用途划转资金，并在转入资金的开户银行转存定期存款，不属于本办法规定的资金转出开户银行进行定期存款。

第十七条　中央预算单位在开户银行办理定期存款或将资金转出开户银行进行定期存款，应当在预测资金流量基础上，合理确定定期存款的资金规模和期限，确保资金支付需要。除按照国家规定开展保值增值管理的资金外，定期存款期限一般控制在1年以内（含1年）。

第十八条　中央预算单位开展资金转出开户银行进行定期存款，应当制定具体操作办法，对参与银行基本资格要求、操作流程、评选委员会组成方式、具体评选方法、监督管理等内容作出详细规定。中央预算单位可自行组织实施或委托中介机构代理实施。

（一）发布竞争性选择公告。中央预算单位或受其委托的中介机构在中央预算单位或其主管部门的门户网站等公开媒体上发布定期存款银行竞争性选择公告，载明本期计划存放资金规模和定期存款期限、参与银行基本资格要求、拟选择存放银行数量和在每个银行的存款金额、报名方式及需要提供材料、报名截止时间等事项。参与竞争的银行数量应大于拟选择存放银行数量2家以上。报名截止后参与银行数量不足的，可公告延长报名截止时间并扩大竞争性选择公告刊登范围，直至参与银行数量达到要求。

（二）组建评选委员会。中央预算单位或受其委托的中介机构按照本办法第七条规定的标准组建评选委员会。

（三）对参与银行综合评分。评选委员会采用综合评分法对符合基本资格要求的参与银行进行评分，将评分结果提交中央预算单位。

（四）择优确定定期存款银行。中央预算单位根据评选委员会评分结果择优确定定期存款银行，向入选定期存款银行发出确认通知书，同时将评选结果在原发布竞争性选择公告的公开媒体上公告。

第十九条　中央预算单位开展资金转出开户银行进行定期存款，定期存款到期后不需要收回使用的，可以在原定期存款银行续存，累计存期不超过2

年。到期后不再续存以及累计存期已达到2年的，存款本息应当返回原开户银行，仍需转出开户银行进行定期存款的，应当重新采取竞争性方式选择定期存款银行。

第二十条 中央预算单位开展资金转出开户银行进行定期存款，应当按照中央预算单位银行账户管理制度规定将开立的定期存款账户报财政部门备案，不得在定期存款银行新开立银行结算账户，不得将资金转到异地银行分支机构进行定期存款。

第五章 资金存放银行管理与约束

第二十一条 参与中央预算单位资金存放的银行应当按照中央预算单位要求提供真实、准确的评分材料。

第二十二条 中央预算单位新选择资金存放银行时，应当要求资金存放银行出具廉政承诺书，承诺不得向本单位相关负责人员输送任何利益，承诺不得将资金存放与本单位相关负责人员在本行亲属的业绩、收入挂钩。

第二十三条 中央预算单位应当与开户银行签订银行结算账户管理协议，开展资金转出开户银行进行定期存款，应当与定期存款银行签订协议，全面、清晰界定双方权利和义务。

第二十四条 中央预算单位发现参与资金存放的银行存在以下行为的，应当取消该银行参与本单位此次资金存放的资格，已将该银行确定为资金存放银行的，应当重新选择开户银行或者收回定期存款：

（一）该银行未按照本办法第二十一条规定提供真实、准确的评分材料，或者未履行承诺利率；

（二）该银行拒绝按照本办法第二十二条规定向中央预算单位出具廉政承诺书；

（三）该银行拒绝与中央预算单位按照本办法第二十三条规定签订相关协议；

（四）发现并经核实该银行未遵守廉政承诺或者存在其他与本单位资金存放相关的利益输送行为。

对于上述第（四）款问题，中央预算单位应将发现问题及核实情况经主管部门报财政部，由财政部进行通报，取消该银行参与此次资金存放的分支机构1年内参与当地中央预算单位资金存放的资格。

第六章 管理职责

第二十五条 中央预算单位在资金存放管理中承担以下职责：

（一）切实履行本单位资金存放管理主体责任，组织好资金存放管理工作，保证资金存放平稳有序；

（二）建立健全资金存放内部控制办法，明确财务、纪检、内审、人事等机构职责分工，通过流程控制和制度控制，强化各环节有效制衡，防范资金存放风险事件；

（三）发现资金存放银行出现重大安全风险事件或者经营状况恶化影响资金存放安全的，应当及时变更开户银行或收回定期存款资金；

（四）加强对所属单位资金存放的监督管理；

（五）中央预算单位领导干部应当严格遵守廉洁自律有关规定，不得以任何形式违规干预、插手资金存放。

第二十六条 主管部门应当加强对所属单位资金存放的监督管理，可依据本办法并结合本部门实际情况制定完善本部门的资金存放管理制度。

第二十七条 财政部应当加强对中央预算单位资金存放的监督检查，对于发现的资金存放违规行为，应当及时予以纠正。

第二十八条 财政部、各主管部门和各中央预算单位及其工作人员在资金存放工作中，存在违反本办法规定的行为，以及其他滥用职权、玩忽职守、徇私舞弊等违法违纪行为的，按照《预算法》、《公务员法》、《行政监察法》、《财政违法行为处罚处分条例》等国家有关规定追究相应责任；涉嫌犯罪的，移送司法机关处理。

第七章 附 则

第二十九条 中央预算单位涉密资金、境外机构境外账户资金、全国社会保障基金理事会直接在银行存放的全国社会保障基金和基本养老保险基金等有特殊存放管理要求的资金，由有关中央预算单位或其主管部门根据本办法有关基本原则制定完善资金存放管理办法，报财政部备案。

第三十条 国家政策已明确存放银行的资金，应在国家政策规定的银行中开展资金存放。

第三十一条 按照规定自主负责银行账户管理的中央部门所属单位，可参照本办法规定加强资金存放管理。

第三十二条 此前发布的中央预算单位银行账户开立流程有关规定与本办法不一致的，适用本办法。

第三十三条 本办法自2017年11月1日起施行。

附：评分指标体系与评分方法

附：

评分指标体系与评分方法

一、评分指标体系

（一）评选开户银行。评分指标包括3个方面：经营状况、服务水平、利率水平，权重分别为35%、50%、15%（详见表1）。

表1　开户银行评分指标

类别	分项指标	权重	权重合计
经营状况	净资产总额	7%	35%
	资本充足率	7%	
	不良贷款率	7%	
	资产利润率	7%	
	流动性比例	7%	
服务水平	由中央预算单位根据实际情况和管理要求设置分项指标和权重	50%	50%
利率水平*	承诺活期存款利率、在开户银行定期存款利率等	15%	15%

*利率水平指标可以不设置，相应将经营状况权重增加到40%（各分项指标权重增加到8%），服务水平权重增加到60%。

（二）评选定期存款银行。评分指标包括3个方面：经营状况、服务水平、利率水平，权重分别为45%、20%、35%（详见表2）。

表2　定期存款银行评分指标

类别	分项指标	权重	权重合计
经营状况	净资产总额	9%	45%
	资本充足率	9%	
	不良贷款率	9%	
	资产利润率	9%	
	流动性比例	9%	
服务水平	由中央预算单位根据实际情况和管理要求设置分项指标和权重	20%	20%
利率水平	承诺定期存款利率	35%	35%

二、评分方法

（一）经营状况和利率水平指标计分方法。

经营状况类各项指标根据银行全行数据计算得出，银行已上市的，数据一般来源于已披露的最近一年的年度报告；银行未上市的，数据一般来源于最近一年经审计的年度报告。利率水平指标由参与竞争的银行分支机构在总行授权范围内提供。

净资产总额、资本充足率、资产利润率、流动性比例、利率水平得分的计算方法为：

$$单项指标得分=\frac{本机构单项指标数值}{所有参评银行在本指标中的最大值}\times 100$$

不良贷款率得分计算方法为：

$$不良贷款率得分=\frac{所有参评银行在本指标中的最小值}{本机构单项指标数值}\times 100$$

（二）服务水平指标计分方法。

服务水平的分项指标由中央预算单位根据实际情况和管理要求设置，可以为银行分支机构指标或全行指标，由评选人员根据具体分项指标情况采取计算方法或评审方法，采用百分制打分。

（三）总分计算方法。

单个评选人员对某个银行评分 = ∑经营状况中单项指标得分 × 分项指标权重 + ∑服务水平中单项指标得分 × 分项指标权重 + 利率水平指标得分 × 本项指标权重

参评银行最终得分为评选委员会中全体评选人员评分的算术平均数。评选委员会人数在 5 人以上的，参评银行最终得分为去掉全体评选人员评分中最高分和最低分后的算术平均数。

中华全国总工会印发《关于进一步加强工会资金存放管理的指导意见》的通知

（总工发〔2019〕21 号　2019 年 6 月 27 日）

各省、自治区、直辖市总工会，中华全国铁路总工会、中国民航工会全国委员会、中国金融工会全国委员会，中央和国家机关工会联合会：

《关于进一步加强工会资金存放管理的指导意见》已经全总党组会议审议

通过，现印发给你们，请遵照执行。

附件：

关于进一步加强工会资金存放管理的指导意见

近年来，各级工会在加强工会资金存放管理方面做了大量工作，取得一定成效，但还面临许多亟待解决的问题。主要表现在：有的资金存放管理不够透明，存在廉政风险；有的资金存放管理不够规范，存在资金安全隐患；有的资金存放管理不够科学，选择资金存放银行未综合考虑安全性、流动性和收益性等因素。各级工会应当充分认识存在的问题和面临的风险，从加强工会系统党风廉政建设的高度，切实提高思想认识，加强组织领导，以高度的责任感做好工会资金存放管理工作。为进一步规范各级工会及所属单位（以下简称“资金存放单位”）资金存放管理，依据财政部《关于进一步加强财政部门和预算单位资金存放管理指导意见》（财库〔2017〕76 号）规定，提出以下指导意见。

一、主要目标和基本原则

（一）主要目标。建立健全科学规范、公正透明的工会资金存放管理机制，防范资金存放安全风险和廉政风险，提高资金存放综合效益。

（二）基本原则。

依法合规。资金存放应当符合法律法规和政策规定，符合廉政建设要求。

公正透明。资金存放银行的选择应当公开、公平、公正，程序透明，结果透明，兼顾效率。

安全优先。资金存放应当以确保资金安全为前提，充分评估资金存放银行经营状况，防止出现资金安全风险事件。

科学评估。综合考虑资金安全性、流动性、资金收益等因素，科学设置资金存放银行评选指标。

权责统一。资金存放单位应当履行资金存放管理的主体责任，组织好资金存放管理工作，保证资金存放平稳有序。

二、严格规范资金存放银行的选择方式

资金存放单位应当建立集体决策机制，成立由组织人事、账户管理、政府采购、内部审计、纪检监察等部门组成的工作小组，负责资金存放管理相关工作。除国家政策已明确存放银行和涉密等有特殊存放管理要求的资金外，按照规定采取竞争性方式或集体决策方式选择资金存放银行。

（一）竞争性方式。资金存放单位工作小组或受其委托的中介机构应就选择资金存放银行事宜公开邀请银行报名参与竞争，采用综合评分法进行评分，根据评分结果择优确定资金存放银行。主要流程包括：

1. 发布资金存放银行竞争性选择公告，载明资金存放事宜、参与银行资格要求、报名方式及需提供材料、报名截止时间等事项；

2. 组建由资金存放单位内部成员和外部专家共同组成的评选委员会，采用综合评分法对符合基本资格要求的参与银行进行评分；

3. 资金存放单位领导召开办公会议集体研究评分结果后，择优确定资金存放银行并对外公告。

资金存放单位应当制定具体操作办法，对参与银行资格要求、操作流程、评选委员会组成方式、具体评选方法、监督管理等内容作出详细规定。

（二）集体决策方式。资金存放单位工作小组对备选银行采用综合评分法进行评分，将评分过程和结果提交单位领导办公会议集体研究决定资金存放银行。主要流程包括：

1. 选取备选银行。备选银行的选取应当遵循公平、公正的原则，一般不得少于 3 家。资金存放单位所在地银行少于 3 家的，按实际数量确定备选银行。

2. 集体评分。工作小组采用综合评分法对符合基本资格要求的参与银行进行评分；将备选银行的评分情况、会议表决情况和会议决定等内容在单位显著位置进行公示。

3. 工作小组将公示结果提交本单位领导办公会议集体研究决定资金存放银行，并对外公告。

以集体决策方式选择资金存放银行，对资金存放单位的主要领导干部、分管资金存放业务的领导干部以及相关业务部门负责人应实行利益回避制度，不得将公款存放在上述人员的配偶、子女及其配偶和其他直接利益相关人员工作的银行。

三、科学制定综合评分法的评分指标和评分标准

综合评分法的评分指标和评分标准的具体设置，应当遵循客观、公正、科学的原则。

（一）评分指标。主要包括经营状况、服务水平、利率水平等方面。经营状况方面的指标应能反映资金存放银行的资产质量、偿付能力、运营能力、内部控制水平等。服务水平方面的指标应能反映资金存放银行提供支付结算、对账、分账核算等服务的能力和水平。利率水平主要指定期存款利率等，利率应当符合国家利率政策规定。具体指标由资金存放单位根据实际情况和管理要求设置。

（二）评分标准。评分标准主要明确各项评分指标的权重和计分公式，由资金存放单位结合实际情况和管理要求设置。

四、加强工会资金存放管理

（一）各级工会应加强拨缴经费的管理，定期与国库、代理银行进行汇算清缴，按比例及时足额拨缴工会经费，将本单位留成收入转入基本账户，及时上解上级经费，下拨下级经费。

（二）各级工会应加强工会资金的存放管理，严格按规定确定银行结算账户的开立、变更和定期存款账户的开立。

（三）新开立和变更银行结算账户，一般采取集体决策方式，鼓励有条件的单位采取竞争性方式。

（四）结算账户资金转为定期存款、协定存款、通知存款的，一般在开户银行办理。

（五）银行结算账户内的资金在扣除日常支付需要后有较大规模余额的，可以转出开户银行进行定期存款，银行的选择应当采取竞争性方式。到期后不需要收回使用的定期存款可以在原定期存款银行续存，累计存期不超过两年。

（六）资金存放单位应当严格控制每次定期存款的银行数量，并与定期存款银行签订协议，全面、清晰界定双方权利和义务。资金存放银行出现重大安全风险事件或者经营状况恶化影响资金存放安全的，资金存放单位应当及时收回资金。

（七）资金存放单位新选择资金存放银行时，应当要求资金存放银行出具廉政承诺书，承诺不得向资金存放单位相关负责人员输送任何利益，承诺不得将资金存放与资金存放单位相关人员在本行亲属的业绩、收入挂钩。凡发现并经核实资金存放银行未遵守廉政承诺或者在资金存放中存在其他利益输送行为的，资金存放单位应当及时收回资金，在一定期限内取消该银行参与资金存放单位资金存放的资格。

五、工作要求

（一）加强资金流量预测，确保资金支付需要。资金存放开展定期存款操作的，应当科学预测资金流量，合理确定开展定期存款操作的资金规模和期限，确保资金支付需要。定期存款期限一般控制在1年以内（含1年）。

（二）加强资金存放内部控制，防范风险事件。资金存放单位要建立健全资金存放内部控制办法，通过流程控制和制度控制，强化各环节有效制衡，防范资金存放风险事件。

（三）严格执行账户管理规定，提高资金存放规范性。资金存放单位资金存放涉及开立银行账户的，应当严格执行银行账户管理制度有关规定。资金存放单位不得以资金转出开户银行进行定期存款为由，在定期存款银行新开立银行结算账户。资金存放单位不得采取购买理财产品的方式存放资金。各单位要按照财政部门要求切实加强银行账户审批、备案、年检等管理工作，加大银行账户清理力度，从严控制银行账户数量。

（四）盘活银行账户存量资金，充分发挥工会资金作用。资金存放单位应按照财政部和全国总工会的有关规定，盘活银行账户内的存量资金，提高资金使用效益。

（五）加强资金存放监督检查。资金存放单位要加强对预算单位资金存放的监督检查，并对下级单位资金存放管理进行监督指导，及时发现和纠正资金存放中的违规问题。各级工会领导干部要严格遵守廉洁自律有关规定，不得以任何形式违规干预、插手资金存放。

各级工会要充分认识加强工会资金存放管理的重要性和紧迫性，严格落实本意见各项规定，确保加强资金存放管理工作取得实效。各省级工会要结合本地区本行业的实际情况，制定具体实施办法，报全国总工会备案。

中华全国总工会办公厅关于印发《全总本级资金存放管理实施办法》的通知

（厅字〔2019〕16 号　2019 年 7 月 12 日）

全总机关及全总本级所属单位：

《全总本级资金存放管理实施办法》已经全总党组会议审议通过，现印发给你们，请遵照执行。

附件：

全总本级资金存放管理实施办法

第一章　总　则

第一条　为建立健全科学规范、公正透明的资金存放管理机制，规范全总本级资金存放行为，防范廉政风险，提高资金使用效益，依据财政部《中央预算单位资金存放管理实施办法》（财库〔2017〕176 号）和全国总工会《关于进一步加强工会资金存放管理的指导意见》（总工发〔2019〕21 号），结合全总机关和全总本级所属单位资金管理实际，制定本办法。

第二条 全总机关和全总本级所属事业单位（以下简称资金存放单位）开立或变更银行结算账户，以及从银行结算账户转出资金进行定期存款时适用本办法。全总本级所属企业和执行企业会计制度的事业单位不执行本办法。

第三条 本办法所称银行账户，包括基本存款账户、专用存款账户、外汇账户、党费账户、工会经费账户、房改资金账户等，不包括用于办理财政授权支付的零余额账户。

第四条 本办法所称资金存放银行包括：在中华人民共和国境内依法成立的商业银行、农村信用合作社、农村合作银行等银行业金融机构。

第五条 资金存放管理，应当遵循以下原则：

依法合规。资金存放应当符合法律法规和政策规定，符合廉政建设要求。

公正透明。资金存放银行的选择应当公开、公平、公正，程序透明，结果透明，兼顾效率。

安全优先。资金存放应当以确保资金安全为前提，充分评估资金存放银行经营状况，防止出现资金安全风险事件。

科学评估。综合考虑资金安全性、流动性、资金收益等因素，科学设置资金存放银行评选指标。

权责统一。资金存放单位应当履行资金存放管理的主体责任，组织好资金存放管理工作，保证资金存放平稳有序。

第六条 资金存放单位应当建立集体决策机制，成立由组织人事、账户管理、政府采购、内部审计等部门组成的资金存放工作小组，负责资金存放管理相关工作。

第二章 新开立或变更银行结算账户的流程

第七条 资金存放单位新开立银行结算账户以及变更结算账户开户银行，一般采取集体决策方式。

第八条 资金存放工作小组对备选银行根据本办法附件的评分指标和评分标准采用综合评分法进行评分，评分结果提交单位办公会议集体研究决定。其中：全总机关的评分结果提交全总书记处会议集体研究决定，全总所属单位的评分结果提交各单位领导办公会议集体研究决定。主要流程包括：

（一）选取备选银行。遵循公平、公正的原则，从经营状况和服务水平较好、并在同城设立分支机构的银行中，选取不少于 3 家不同银行所属分支机构作为备选开户银行。

（二）集体评分。工作小组采用综合评分法对符合要求的参与银行进行评分；将备选银行的评分情况、会议表决情况和会议决定等内容在单位显著位置进行公示。

（三）集体决策。全总机关的公示结果提交全总书记处会议集体研究决定资金存放银行，全总所属单位的公示结果提交各单位领导办公会议集体研究决定资金存放银行。并对外公告 5 个工作日，公告无异议的，按照会议决定确定开户银行并向开户银行发出确认通知书。

第三章　转出资金进行定期存款的流程

第九条　资金存放单位资金转出开户银行进行定期存款，应当采取竞争性方式。

第十条　资金存放单位工作小组应公开邀请备选银行报名参与竞争，根据本办法附件的评分指标和评分标准采用综合评分法对备选银行进行评分，根据评分结果择优确定定期存款的开户行。主要流程包括：

（一）发布资金存放银行竞争性选择公告。资金存放单位工作小组在本单位或其主管单位的门户网站等公开媒体上发布开户银行竞争性选择公告，载明资金存放事宜、参与银行基本资格要求、报名方式及需提供材料、报名截止时间等事项；参与竞争的银行数量应不少于 3 家。

（二）资金存放工作小组组建评选委员会，评选委员会应由资金存放单位内部成员和外部专家组成，一般不少于 3 人，且为单数。外部专家从资金存放单位以外的机构中选择，应当熟悉银行支付结算业务，并与参与银行没有利害关系。评选委员会采用综合评分法对符合要求的参与银行进行评分。

（三）全总机关评选委员会根据评分结果择优提出资金存放银行的建议，提交全总书记处会议集体研究决定；全总所属各单位评选委员会根据评分结果择优提出资金存放银行的建议，提交各单位领导办公会议集体研究决定。

（四）资金存放单位将研究结果对外公告 5 个工作日，公告无异议的，向定期存款银行发出确认通知书。

第十一条　定期存款到期后不需要收回使用的，可以在原定期存款银行续存，累计存期不超过两年。到期后不再续存以及累计存期已达到两年的，存款本息应当返回原开户银行。仍需转出开户银行进行定期存款的，应当重新采取竞争性方式选择定期存款银行。

第四章　综合评分法主要内容

第十二条　集体决策方式和竞争性方式均采用综合评分法评定资金存放银行。综合评分法包括评分指标体系和评分方法（见附件）。

（一）评分指标体系。主要包括经营状况、服务水平、利率水平等方面。经营状况方面的指标应能反映资金存放银行的资产质量、偿付能力、运营能力等。服务水平方面的指标应能反映资金存放银行提供支付结算、对账、分账核算的能力和水平等。利率水平主要指承诺的存款利率等。

（二）评分方法。评分方法主要明确各项评分指标的权重和计分公式。

第五章　资金存放具体规定

第十三条　纳入财政审批管理范围的银行结算账户，资金存放单位应在确定开户银行前，按照有关规定向财政部门提交开户申请，待财政部门批复同意后按照本办法确定开户银行，并向财政部门和全总财务部备案。

纳入财政备案管理范围的银行结算账户，资金存放单位应按本办法确定开户银行，并向财政部门和全总财务部备案。开户银行一经确定，应保持稳定，不得频繁变更。

第十四条　资金存放单位银行结算账户内除财政拨款以外的事业收入、经营收入等，在扣除日常资金支付需要后有较大规模余额的，可以转出开户银行进行定期存款。要根据资金流量大小合理确定定期存款的资金规模和期限。转存定期存款一般在开户银行办理，定期存款期限一般控制在1年以内（含1年）。

资金存放单位应根据本单位资金规模大小确定每次转存定期存款的最低金额。其中全总机关单次操作金额不少于1千万元，全总所属单位自行确定。

资金存放单位不得在定期存款银行新开立银行结算账户，不得将资金转到定期存款银行异地分支机构进行定期存款。资金存放单位现有的银行结算账户之间按照规定的账户用途划转资金，并在转入资金的开户银行转存定期存款，不属于本办法规定的资金转出开户银行进行定期存款。

第十五条　资金存放单位选择资金存放银行时，应当要求参与银行提供真实、准确的评分材料并出具廉政承诺书，承诺不得向资金存放单位相关人员输送任何利益。

第十六条　资金存放单位应当与开户银行签订银行结算账户管理协议，办理定期存款应当与定期存款银行签订协议，全面、清晰界定双方权利和义务。

第十七条　资金存放单位发现参与银行提供资料不真实不准确、未履行承诺的利率、未出具廉政承诺书的，应取消该银行参与资格。发现资金存放银行存在重大安全风险事件或者经营状况恶化影响资金存放安全的，应及时变更开户银行或收回定期存款。

第十八条　资金存放单位主要领导干部、分管资金存放业务的领导以及单位财务机构负责人应当实行利益回避，上述人员的配偶、子女及其配偶和其他直接利益相关人员在拟存放银行工作的，该银行所属分支机构不得作为备选开户银行。

第十九条　资金存放单位要健全资金存放内部控制办法，明确人事、财务、内审、纪检等机构职责分工，通过流程控制和制度控制，强化各环节有效制衡，防范资金存放风险事件。

第二十条　资金存放单位及其工作人员不得以任何形式违规干预、插手资金存放。违反本办法规定，以及其他滥用职权、玩忽职守、徇私舞弊的，按照国家有关规定，追究相应责任；经相关部门初步调查核实，涉嫌违纪违法的，移送有关国家机关处理。

第六章　附　则

第二十一条　全总本级所属事业单位应根据本办法制定具体实施细则报全总财务部备案。

第二十二条　中国职工保险互助会、中国职工发展基金会等全总主管的社团组织参照本办法执行。

第二十三条　本办法自印发之日起施行。

附件：资金存放单位资金存放银行评分指标体系与评分方法

附件：

资金存放单位资金存放银行评分指标体系与评分方法

一、评分指标体系

（一）评选开户银行。评分指标包括 3 个方面：经营状况、服务水平、利率水平，权重分别为 35%、50%、15%（详见表 1）。

表 1　开户银行评分指标

类别	分项指标	权重	权重合计
经营状况	净资产总额	7%	35%
	资本充足率	7%	
	不良贷款率	7%	
	资产利润率	7%	
	流动性比例	7%	

续表

类别	分项指标	权重	权重合计
服务水平	由全总机关根据实际情况和管理要求设置分项	50%	50%
利率水平	承诺活期存款利率、在开户银行定期存款利率	15%	15%

注：利率水平指标可以不设置，相应将经营状况权重增加到40%（各分项指标权重增加到8%），服务水平权重增加到60%。

（二）评选定期存款银行。评分指标包括3个方面：经营状况、服务水平、利率水平，权重分别为45%、20%、35%（详见表2）。

表2　定期存款银行评分指标

类别	分项指标	权重	权重合计
经营状况	净资产总额	9%	45%
	资本充足率	9%	
	不良贷款率	9%	
	资产利润率	9%	
	流动性比例	9%	
服务水平	由全总机关根据实际情况和管理要求设置分项	20%	20%
利率水平	承诺定期存款利率	35%	35%

二、评分方法

（一）经营状况和利率水平指标计分方法。

经营状况类各项指标根据银行全行数据计算得出，银行已上市的，数据一般来源于已披露的最近一年的年度报告；银行未上市的，数据一般来源于最近一年经审计的年度报告。利率水平指标由参与竞争的银行分支机构在总行授权范围内提供。

净资产总额、资本充足率、资产利润率、流动性比例、利率水平得分的计算方法为：

单项指标得分 =（本机构单项指标数值/所有参评银行在本指标中的最大值）×100

不良贷款率得分计算方法为：

不良贷款率得分 =（所有参评银行在本指标中的最小值/本机构单项指标数值）×100

（二）服务水平指标计分方法。

服务水平的分项指标由全总机关根据实际情况和管理要求设置，可以为银行分支机构指标或全行指标，由评选人员根据具体分项指标情况采取计算方法或评审方法，采用百分制打分。

（三）总分计算方法。

单个评选人员对某个银行评分 = Σ 经营状况中单项指标得分 × 分项指标权重 + Σ 服务水平中单项指标得分 × 分项指标权重 + 利率水平指标得分 × 本项指标权重

参评银行最终得分为评选委员会中全体评选人员评分的算术平均数。评选委员会人数在 5 人以上的，参评银行最终得分为去掉全体评选人员评分中最高分和最低分后的算术平均数。

中华全国总工会办公厅关于印发《全总本级银行账户管理办法》的通知

（厅字〔2019〕21 号　2019 年 8 月 27 日）

全总机关及全总本级所属单位：

《全总本级银行账户管理办法》已经全总党组第二十九次会议审议通过，现印发给你们，请遵照执行。

附件：

全总本级银行账户管理办法

第一章　总　则

第一条　为了规范全总本级单位银行账户管理，根据《中央预算单位银行账户管理暂行办法》（财库〔2002〕48 号）和《关于调整中央预算单位银行账户管理有关事项的通知》（财库〔2016〕210 号）等文件的有关规定，结合全总本级单位实际，制定本办法。

第二条　本办法适用于全总机关和全总本级所属单位在中华人民共和国境内依法成立的商业银行、农村信用合作社、农村合作银行等金融机构开立的人民币和外币账户的管理。全总本级各单位根据财政部要求开立的零余额账户的管理适用于财政部关于零余额账户管理的相关制度文件。

第三条　全总本级各单位开立、变更、撤销银行账户，实行财政审批、财政备案或全总备案制度。

第四条　全总本级各单位银行账户的开立、变更、撤销与使用管理由本单位财务部门归口管理。单位负责人对本单位银行账户申请开立与使用的合法性、合规性、安全性负责。

第二章　银行账户的设置

第五条　全总本级各单位只能开设一个基本存款账户，用于办理预算资金、自有资金、往来款项的日常转账结算和现金收付等业务。

第六条　全总本级各单位只能开设一个基本建设资金专用存款账户，用于核算本单位使用的各种基建资金。

第七条　全总本级各单位可根据有关规定开设一个党费、工会经费专用存款账户。

第八条　全总本级各单位根据住房管理制度改革的有关规定，可分别开设一个售房收入、住房维修基金及其利息、个人公积金、购房补贴专用存款账户，用于核算职工按住房制度改革政策规定交纳的购房款等资金。

第九条　全总本级各单位需开设外币账户的，按照财政部和国家外汇管理局的有关规定办理。

第十条　全总本级各单位异地办公的非法人独立核算机构，可由本单位报财政部门审批后，按有关规定开设一个相关账户。

第十一条　全总本级各单位财政拨款以外的资金转为定期存款的，按照《中华全国总工会办公厅关于印发〈全总本级资金存放管理实施办法〉的通知》（厅字〔2019〕16号）的有关规定办理，转出开户银行的采取竞争性谈判方式确定定期存款银行。

第十二条　全总本级各单位因业务需要开设贷款转存款账户、保证金存款账户的，可在该贷款银行开设一个一般存款账户。

第三章　银行账户的审批与备案

第十三条　全总机关和所属事业单位开设基本存款账户、基本建设资金账户、外币账户，须报财政部或财政部驻当地财政监督管理局审批；账户开立后，须向财政部或财政部驻当地财政监督管理局和全总财务部备案。

第十四条 全总机关和所属事业单位开设党费账户、工会经费账户、房改资金账户、定期存款账户等银行账户，须报全总财务部审批；账户开立后，须向财政部或财政部驻当地财政监督管理局备案，同时报全总财务部备案。

第十五条 全总本级各单位开立的贷款转存款账户，须向全总财务部备案。

全总所属的企业和学会、基金会、保险互助会，以及尚未与全总脱钩的协会开设的各类银行账户，须报全总财务部备案。

第四章 银行账户的开立

第十六条 全总本级各单位开立需由财政部门审批的各类银行账户时，应提交“开立银行账户申请报告”、《中央一级预算单位开立银行账户申请表》（附件1）、《中央基层预算单位开立银行账户申请表》（附件2）和其他相关材料，由全总财务部审核后，报财政部门审批。

第十七条 全总本级各单位开立需向财政部门备案的银行账户时，应提交“开立银行账户申请报告”、《中央一级预算单位开立银行账户申请表》（附件1）、《中央基层预算单位开立银行账户申请表》（附件2）和其他相关材料，由全总财务部审批后到银行开户。账户开立后，应填写《中央预算单位银行账户备案表》（附件4），由全总财务部审核后，报财政部门备案。

第十八条 全总本级各单位开立需向全总财务部备案的银行账户后，应填写《中央预算单位银行账户备案表》（附件4），向全总财务部备案。

第五章 银行账户变更与撤销

第十九条 全总机关和所属事业单位发生下列变更事项，须报财政部门备案。

（一）变更单位名称，但不改变开户银行及账号的；

（二）单位主要负责人或法定代表、地址及其他开户资料变更的；

（三）因开户银行原因变更银行账号，但不改变开户银行的；

（四）其他按规定不需报财政部门审批的变更事项。

第二十条 全总所属事业单位的主管单位发生变更的，应在变更后3个工作日内填写《中央预算单位主管单位变更登记表》（附件6），报财政部门和全总财务部备案。

第二十一条 全总机关和所属事业单位开立的银行账户确因特殊需要变更开户银行的，应按照《中华全国总工会办公厅关于印发〈全总本级资金存放管理实施办法〉的通知》（厅字〔2019〕16 号）的规定，采取集体决策方式确定开户银行，重新办理开户、备案手续。

第二十二条 全总所属事业单位合并组建一个新的单位的，原账户按规定撤销，按照《中华全国总工会办公厅关于印发〈全总本级资金存放管理实施办法〉的通知》（厅字〔2019〕16 号）的规定，采取集体决策方式确定开户银行，重新办理开户、备案手续。

第二十三条 全总机关和所属事业单位银行账户使用期满时必须撤户。撤户时账户资金余额转入本单位基本存款账户，销户后的未了事项纳入基本存款账户核算。

确需延长使用期的银行账户，需报财政部门审批的，应提前提出申请，报财政部门审批；账户开立后，报财政部门和全总财务部备案。

第二十四条 全总机关和所属事业单位按规定开设的银行账户，在开立后一年内没有发生资金往来业务的，该账户应予撤销。

第二十五条 全总所属事业单位因机构改革等原因被撤销的，必须在规定时间内撤销所开立的银行账户，并按全总主管部门的意见处理账户资金余额。

第二十六条 全总所属企业和学会、基金会、保险互助会，以及尚未与全总脱钩的协会，银行账户发生变更与撤销的，应及时报全总财务部备案。

第六章 银行账户的年检

第二十七条 根据《财政部关于调整中央预算单位银行账户管理有关事项的通知》（财库〔2016〕210 号）的有关规定，财政部门每两年对全总机关及所属事业单位的银行账户进行一次年检。每年审检单位具体名单，由财政部门确定。

第二十八条 需进行账户年检的相关单位，应将截至上年 12 月 31 日的所有银行账户，填写《中央预算单位银行账户年检申请表》（附件 5），按照财政部规定的时限，报审批部门进行账户年检。

第二十九条 年检不合格或存在问题的单位，下一年度财政部门将继续进行年检。

第三十条 财政部和财政部驻各地财政监督管理局、中国人民银行及其分支机构，每年按照一定比例对全总机关及所属事业单位账户管理情况进行实地抽查，全总本级各单位应认真做好相关配合工作。

第七章　管理与监督

第三十一条　全总本级各单位要按照财政部和中国人民银行规定的用途使用银行账户，不得将财政拨款转为定期存款，不得以个人名义存放单位资金，不得出租、转让银行账户，不得为个人或其他单位提供信用。

第三十二条　全总本级各单位应加强对本单位银行账户的监督管理，定期对银行账户进行监督检查。加强账户和资金的统筹管理，除工会经费、住房公积金、提租补贴以及经财政部批准的特殊款项外，禁止将单位零余额账户资金违规转入本单位或上级主管单位、所属下级单位实存资金账户。

第三十三条　全总本级各单位有下列情形之一的，由全总财务部责令违规单位立即纠正，经全总党组、书记处同意由财务部暂停或停止对违规单位拨付预算资金，并按规定提请组织、纪检（监察）部门对违规单位的责任人员给予相应的党纪、政务处分；涉嫌犯罪的移交司法机关处理：

（一）违反本办法规定开立银行账户的；

（二）违反本办法第二章规定，改变账户用途，使用相应银行账户的；

（三）违反本办法第三十一条规定的；

（四）不按本办法规定变更、撤销银行账户的，或变更、撤销银行账户不按规定报送全总财务部审核、备案的；

（五）其他违反账户管理规定的。

第八章　附　则

第三十四条　本办法由全国总工会财务部负责解释。

第三十五条　本办法自发布之日起施行。

附件：1. 中央一级预算单位开立银行账户申请表

2. 中央基层预算单位开立银行账户申请表

3. 中央预算单位开立银行账户批复书

4. 中央预算单位银行账户备案表

5. 中央预算单位银行账户年检申请表

6. 中央预算单位主管单位变更登记表

附件 1：

中央一级预算单位开立银行账户申请表

（单位公章）

申报单位：
单位国标码：
财政分配码：

序号	账户申请情况			账户有效期（年）	备注
	开户职能部门	账户类别（用途）	开户行全称		

单位负责人（签章）
年　　月　　日

注：1. “财政分配码”：没有财政分配码的新开户单位填“新开户”。
2. “账户类别（用途）”按《中央预算单位银行账户管理暂行办法》规定的账户类别口径填报。

附件2：

中央基层预算单位开立银行账户申请表

（单位公章）

申报单位：　　　　上级主管单位：　　　　中央主管部门：
单位国标码：　　　　单位国标码：　　　　单位国标码：
财政分配码：　　　　财政分配码：　　　　财政分配码：

序号	账户申请情况			账户有效期（年）	中央主管部门审核意见	备注
	开户职能部门	账户类别（用途）	开户行全称			

单位负责人（签章）　　　　中央主管部门（签章）
年　月　日　　　　年　月　日

注：1. “财政分配码”：没有财政分配码的新开户单位填“新开户”。
2. “账户类别（用途）”按《中央预算单位银行账户管理暂行办法》规定的账户类别口径填报。

附件3：

中央预算单位开立银行账户批复书

批号：________

____

你单位“开立银行账户申请报告”收悉。根据《中央预算单位银行账户管理暂行办法》之规定，现核准你单位开立____个银行账户。请收到批复书后，按规定及时办理账户开立及备案手续。

（核准印章）

年　月　日

财政分配码：　　单位国标码：

序号	账户代码	开户职能部门	账户类别（用途）	开户行全称	账户有效日期（年）	备注

注：1. 此批复书一式二份，开户申请单位一份，财政部门留存。

2. “账户类别（用途）”按《中央预算单位银行账户管理暂行办法》规定的账户类别口径填报。

附件4：

中央预算单位银行账户备案表

（单位公章）

编报单位：
国标码：
财政分配码：

序号	账户代码	开户单位			现银行账户情况				原银行账户情况			变更、撤户说明
		国标码	财政分配码	单位名称	开户日期	账户名称	银行账号	开户银行	账户名称	银行账号	开户银	

单位负责人（签章） 财务负责人（签章） 经办人（签章）
年 月 日 年 月 日 年 月 日

注：1. 本表适用于新开账户、账户变更和撤户备案。
2. 新开账户备案时“现银行账户情况”填写新开账户内容，“原银行账户情况”空白，“变更、撤户说明”中填“新开户”。
3. 撤户时“原银行账户情况”填写原账户内容，“现银行账户情况”空白，“变更、撤户说明”中填“撤户”。

附件5：

中央预算单位银行账户年检申请表

（单位公章）

申报单位：　　上级主管单位：　　中央主管部门：

单位国标码：　　单位国标码：　　单位国标码：

财政分配码：　　财政分配码：　　财政分配码：

序号	账户基本情况					账户审批备案情况				备注
	账户代码	开户职能部	账户类别（用途）	开户行全称	银行账号	账户到期日	是否审批	是否备案	备案后是否变更	

填报日期：　　年　　月　　日　　单位负责人（签章）：　　经办人（签章）：

联系电话：

附件6：

中央预算单位主管单位变更登记表

（单位公章）

编报单位：
国标码：
财政分配码：

序号	开户单位				现上级主管单位			原上级主管单位		
	单位级次	国标码	财政码	单位名称	国标码	账政码	单位名称	国标码	账政码	单位名称

单位负责人（签章） 财务负责人（签章） 经办人（签章）
年 月 日 年 月 日 年 月 日

·2019版·

工会经审制度
文件选编

下

中华全国总工会经费审查委员会办公室　编

Gonghui Jingshen Zhidu

WENJIANXUANBIAN

中国工人出版社

目录
CONTENTS

第六部分　预算管理类

国务院关于深化预算管理制度改革的决定
（2014 年 9 月 26 日） …………………………………………………… （419）
中共中央　国务院关于全面实施预算绩效管理的意见
（2018 年 9 月 1 日） …………………………………………………… （427）
财政部关于贯彻落实《中共中央国务院关于全面实施预算绩效管理的意见》的通知
（2018 年 11 月 8 日） …………………………………………………… （432）
中华全国总工会关于印发《工会预算管理办法》的通知
（2009 年 8 月 14 日） …………………………………………………… （435）
中华全国总工会办公厅关于停止执行《增收留成基金管理办法》、《财务专用基金管理办法》和《经审专用经费管理办法》的通知
（2014 年 5 月 4 日） …………………………………………………… （448）
全国总工会财务部关于印发《关于工会财务工作经费开支范围的规定》、《关于工会经审工作经费开支范围的规定》的通知
（2014 年 6 月 6 日） …………………………………………………… （449）
中华全国总工会办公厅关于对下补助实行项目补助管理的通知
（2015 年 3 月 31 日） …………………………………………………… （452）
中华全国总工会办公厅关于印发《工会预算支出绩效评价管理暂行办法》的通知
（2016 年 1 月 20 日） …………………………………………………… （462）

中华全国总工会财务部关于印发《县以上工会企事业单位〈工会预算管理办法〉实施细则》的通知
（2016 年 12 月 22 日） …………………………………………………… (479)
中华全国总工会办公厅关于做好省级工会 2018 年度经费收支预算工作的通知
（2018 年 2 月 23 日） …………………………………………………… (497)
中华全国总工会办公厅关于印发《工会决算报告制度》的通知
（2019 年 7 月 1 日） …………………………………………………… (504)

第七部分　收支管理类

中共中央　国务院关于印发《党政机关厉行节约反对浪费条例》的通知
（2013 年 11 月 18 日） …………………………………………………… (511)
中华全国总工会办公厅关于印发《全总机关厉行节约反对浪费实施办法》的通知
（2014 年 2 月 14 日） …………………………………………………… (523)
中华全国总工会印发《关于贯彻落实中央八项规定精神的实施办法》的通知
（2017 年 12 月 28 日） …………………………………………………… (534)
财政违法行为处罚处分条例
（2004 年 11 月 30 日） …………………………………………………… (539)
违规发放津贴补贴行为处分规定
（2013 年 6 月 13 日） …………………………………………………… (546)
中共中央办公厅　国务院办公厅关于印发《党政机关国内公务接待管理规定》的通知
（2013 年 12 月 8 日） …………………………………………………… (548)
中华全国总工会办公厅关于印发《全总机关国内公务接待管理办法》的通知
（2014 年 1 月 9 日） …………………………………………………… (552)
财政部　外交部关于印发《因公临时出国经费管理办法》的通知
（2013 年 12 月 20 日） …………………………………………………… (555)
中华全国总工会办公厅关于贯彻落实《中央和国家机关差旅费管理办法》有关事项的通知
（2014 年 1 月 24 日） …………………………………………………… (562)

财政部办公厅关于印发《中央和国家机关差旅费管理办法有关问题的解答》的通知
（2014 年 9 月 15 日） …………………………………………………… (570)
财政部关于印发《中央和国家机关工作人员赴地方差旅住宿费标准明细表》的通知
（2016 年 4 月 1 日） …………………………………………………… (572)
财政部办公厅 国家机关事务管理局办公室 中共中央直属机关事务管理局办公室关于规范差旅伙食费和市内交通费收交管理有关事项的通知
（2019 年 7 月 3 日） …………………………………………………… (578)
中华全国总工会办公厅关于规范差旅及国内公务接待伙食费和市内交通费收交管理有关事项的通知
（2019 年 7 月 31 日） …………………………………………………… (579)
财政部 中国民用航空局关于加强公务机票购买管理有关事项的通知
（2014 年 4 月 14 日） …………………………………………………… (583)
财政部 中国民用航空局关于加强公务机票购买管理有关事项的补充通知
（2014 年 11 月 3 日） …………………………………………………… (586)
财政部 国家机关事务管理局 中共中央直属机关事务管理局关于印发《中央和国家机关会议费管理办法》的通知
（2016 年 6 月 29 日） …………………………………………………… (587)
中华全国总工会办公厅关于印发《全国总工会机关会议费管理实施办法》的通知
（2016 年 10 月 26 日） …………………………………………………… (593)
中华全国总工会办公厅转发《关于严禁党政机关到风景名胜区开会的通知》的通知
（2014 年 9 月 30 日） …………………………………………………… (598)
财政部 中共中央组织部 国家公务局关于印发《中央和国家机关培训费管理办法》的通知
（2016 年 12 月 27 日） …………………………………………………… (600)
中华全国总工会财务部 组织部关于印发《全国总工会机关培训费管理办法（试行）》的通知
（2017 年 6 月 9 日） …………………………………………………… (605)
中华全国总工会组织部关于严格规范全总培训班现场教学有关事项的通知

（2018 年 7 月 25 日） ……………………………………………………（608）
中共中央办公厅　国务院办公厅印发《党政机关办公用房管理办法》
（2017 年 12 月 11 日） ……………………………………………………（609）
中共中央办公厅　国务院办公厅印发《党政机关公务用车管理办法》
（2017 年 12 月 11 日） ……………………………………………………（618）
中华全国总工会办公厅关于严格管理工会机关及企事业为各类经济活动提供担保的通知
（1998 年 7 月 14 日） ……………………………………………………（623）
中华全国总工会办公厅关于贯彻执行财政部、监察部《关于党政机关及事业单位用公款为个人购买商业保险若干问题的规定》的通知
（2004 年 10 月 13 日） ……………………………………………………（624）
中华全国总工会办公厅关于印发《基层工会经费收支管理办法》的通知
（2017 年 12 月 15 日） ……………………………………………………（628）
中华全国总工会财务部　办公厅　组织部　机关党委关于重申有关财务管理规定的通知
（2018 年 9 月 20 日） ……………………………………………………（635）

第八部分　专项资金类

中华全国总工会办公厅关于扶贫帮困资金和送温暖资金应当接受工会财务和经审部门检查审计的通知
（2005 年 10 月 26 日） ……………………………………………………（639）
中华全国总工会办公厅关于转发《财政部关于印发〈困难职工帮扶中心专项资金管理办法〉的通知》的通知
（2006 年 10 月 25 日） ……………………………………………………（640）
中华全国总工会关于印发《全国劳模专项补助资金和困难职工帮扶资金发放管理办法》的通知
（2012 年 3 月 9 日） ……………………………………………………（642）
中华全国总工会办公厅关于印发《全国劳模专项补助资金发放管理办法（试行）》的通知
（2014 年 6 月 23 日） ……………………………………………………（644）
中华全国总工会关于印发《中央财政专项帮扶资金使用管理办法》的通知
（2015 年 5 月 8 日） ……………………………………………………（648）

中华全国总工会关于进一步做好困难职工解困脱困工作的实施意见
（2016 年 5 月 20 日） …………………………………………………… (650)
中华全国总工会办公厅关于印发《困难职工档案管理办法》的通知
（2016 年 12 月 5 日） …………………………………………………… (654)
中华全国总工会办公厅关于印发《困难职工帮扶工作有关问题的说明》的通知
（2017 年 7 月 13 日） …………………………………………………… (657)
中华全国总工会办公厅关于进一步加强和规范劳模休养工作的通知
（2017 年 7 月 18 日） …………………………………………………… (660)
中华全国总工会　民政部关于加强工会组织与民政部门困难职工家庭数据比对和信息共享工作的通知
（2017 年 11 月 3 日） …………………………………………………… (662)
中华全国总工会办公厅关于 2018 年中央财政专项帮扶资金管理使用有关事项的通知
（2018 年 7 月 31 日） …………………………………………………… (664)
中华全国总工会关于印发《工会送温暖资金使用管理办法（试行）》的通知
（2018 年 12 月 21 日） …………………………………………………… (672)

第九部分　企事业与资产管理类

基本建设财务规则
（2016 年 4 月 26 日） …………………………………………………… (679)
财政部关于印发《基本建设项目竣工财务决算管理暂行办法》的通知
（2016 年 6 月 30 日） …………………………………………………… (688)
财政部关于印发《基本建设项目建设成本管理规定》的通知
（2016 年 7 月 6 日） …………………………………………………… (708)
中华全国总工会办公厅关于印发《中华全国总工会本级基本建设项目管理办法》的通知
（2017 年 1 月 20 日） …………………………………………………… (711)
中华全国总工会办公厅关于印发《工会固定资产管理办法》的通知
（2002 年 11 月 12 日） …………………………………………………… (717)
中华全国总工会财务部关于确定工会行政性固定资产单位价值标准的复函
（2016 年 6 月 7 日） …………………………………………………… (727)

中华全国总工会办公厅关于印发《关于加强全总直属事业单位财务管理的实施意见》的通知
(2007 年 5 月 22 日) …………………………………………………… (727)
中华全国总工会本级企事业单位资产监督管理暂行规定
(2007 年 9 月 28 日) …………………………………………………… (730)
中华全国总工会关于工会企事业单位资产监督管理的暂行规定
(2007 年 9 月 28 日) …………………………………………………… (734)
财政部　中华全国总工会关于各级总工会及所属事业单位资产产权界定问题的通知
(2008 年 4 月 18 日) …………………………………………………… (739)
中华全国总工会资产监督管理部工会企事业单位资产处置暂行办法
(2009 年 11 月 5 日) …………………………………………………… (740)
中华全国总工会办公厅关于印发《工会企事业单位资产损失责任追究暂行办法》的通知
(2011 年 9 月 15 日) …………………………………………………… (743)
中华全国总工会资产监督管理部关于下发《中华全国总工会本级企事业单位重大事项报告制度（试行)》的通知
(2012 年 10 月 17 日) …………………………………………………… (750)
中华全国总工会本级企事业单位经营业绩考核暂行办法
(2012 年 12 月 12 日) …………………………………………………… (753)
中华全国总工会办公厅关于印发《中华全国总工会本级企事业发展资金使用管理办法》的通知
(2016 年 7 月 1 日) …………………………………………………… (763)
中华全国总工会关于加强和规范工人文化宫管理的意见（试行）
(2016 年 9 月 9 日) …………………………………………………… (765)
中华全国总工会关于加强和规范工人疗休养院管理的意见（试行）
(2016 年 9 月 9 日) …………………………………………………… (771)
关于对全总所属企事业单位实行分类资产监督管理的通知
(2016 年 9 月 9 日) …………………………………………………… (776)
中华全国总工会办公厅关于印发《工会行政事业性资产管理办法》的通知
(2017 年 1 月 23 日) …………………………………………………… (777)
中华全国总工会关于推进工人疗休养院改革发展的指导意见
(2017 年 2 月 6 日) …………………………………………………… (787)
中华全国总工会办公厅印发《关于工会系统经营类事业单位改革的

指导意见》的通知
（2017 年 5 月 2 日） ………………………………………………（794）
中华全国总工会关于加强职工互助保障活动规范和管理的意见
（2018 年 9 月 12 日） ………………………………………………（799）
中华全国总工会资产监督管理部关于印发《工会疗休养事业经费使用管理办法》的通知
（2018 年 12 月 21 日） ………………………………………………（804）
中华全国总工会办公厅关于印发《全国总工会本级政府采购管理办法》的通知
（2017 年 12 月 11 日） ………………………………………………（806）
中华全国总工会办公厅关于印发《全国总工会本级工会资金采购管理办法》的通知
（2018 年 10 月 16 日） ………………………………………………（810）
中华全国总工会办公厅关于印发《全国总工会本级预算单位工会资金集中采购目录及标准》的通知
（2018 年 12 月 10 日） ………………………………………………（814）
中共中央办公厅　国务院办公厅印发《党政主要领导干部和国有企事业单位主要领导人员经济责任审计规定》
（2019 年 7 月 7 日） ………………………………………………（817）

编者后记 ………………………………………………（828）

第六部分

预算管理类

国务院关于深化预算管理制度改革的决定

（国发〔2014〕45号 2014年9月26日）

各省、自治区、直辖市人民政府，国务院各部委、各直属机构：

为贯彻落实党的十八大和十八届三中全会精神，按照新修订的预算法，改进预算管理，实施全面规范、公开透明的预算制度，现就深化预算管理制度改革作出如下决定。

一、充分认识深化预算管理制度改革的重要性和紧迫性

建立与实现现代化相适应的现代财政制度，对于优化资源配置、维护市场统一、促进社会公平、实现国家长治久安具有重要意义。改革开放以来，特别是1995年预算法及预算法实施条例施行以来，在党中央、国务院的正确领导下，我国财政制度改革取得显著成效，初步建立了与社会主义市场经济体制相适应的公共财政制度体系，作为公共财政制度基础的预算管理制度也不断完善，为促进经济社会持续健康发展发挥了重要作用。

当前，我国已进入全面建成小康社会的关键阶段。随着经济社会发展，现行预算管理制度也暴露出一些不符合公共财政制度和现代国家治理要求的问题，主要表现在：预算管理和控制方式不够科学，跨年度预算平衡机制尚未建立；预算体系不够完善，地方政府债务未纳入预算管理；预算约束力不够，财政收支结构有待优化；财政结转结余资金规模较大，预算资金使用绩效不高；预算透明度不够，财经纪律有待加强等，财政可持续发展面临严峻挑战。

党的十八届三中全会确立了全面深化改革的总目标，并对改进预算管理制度提出了明确要求，今年《政府工作报告》也作出了部署。贯彻落实党的十八届三中全会精神和国务院决策部署，深化预算管理制度改革，实施全面规范、公开透明的预算制度，是深化财税体制改革，建立现代公共财政制度的迫切需要；是完善社会主义市场经济体制，加快转变政府职能的必然要求；是推进国家治理体系现代化，实现国家长治久安的重要保障。

二、准确把握深化预算管理制度改革的总体方向

（一）指导思想。

深化预算管理制度改革，要以邓小平理论、“三个代表”重要思想、科学发展观为指导，全面贯彻党的十八大和十八届三中全会精神，落实党中央、国务院决策部署，按照全面深化财税体制改革的总体要求，遵循社会主义市场经济原则，加快转变政府职能，完善管理制度，创新管理方式，提高管理绩效，用好增量资金，构建全面规范、公开透明的预算制度，进一步规范政府行为，防范财政风险，实现有效监督，提高资金效益，逐步建立与实现现代化相适应的现代财政制度。

（二）基本原则。

遵循现代国家治理理念。按照推进国家治理体系和治理能力现代化的要求，着力构建规范的现代预算制度，并与相关法律和制度的修订完善相衔接。健全财政法律制度体系，注重运用法律和制度规范预算管理，提高政府公共服务水平。

划清市场和政府的边界。凡属市场能发挥作用的，财税等优惠政策要逐步退出；凡属市场不能有效发挥作用的，政府包括公共财政等要主动补位。

着力推进预算公开透明。实施全面规范、公开透明的预算制度，将公开透明贯穿预算改革和管理全过程，充分发挥预算公开透明对政府部门的监督和约束作用，建设阳光政府、责任政府、服务政府。

坚持总体设计、协同推进。既要注重顶层设计，增强改革的系统性、整体性、协同性，又要考虑外部环境和制约因素，实现与行政管理体制改革的有序衔接，合理把握改革的力度和节奏，确保改革顺利实施。

三、全面推进深化预算管理制度改革的各项工作

（一）完善政府预算体系，积极推进预算公开。

1. 完善政府预算体系。明确一般公共预算、政府性基金预算、国有资本经营预算、社会保险基金预算的收支范围，建立定位清晰、分工明确的政府预算体系，政府的收入和支出全部纳入预算管理。加大政府性基金预算、国有资本经营预算与一般公共预算的统筹力度，建立将政府性基金预算中应统筹使用的资金列入一般公共预算的机制，加大国有资本经营预算资金调入一般公共预算的力度。加强社会保险基金预算管理，做好基金结余的保值增值，在精算平衡的基础上实现社会保险基金预算的可持续运行。

2. 健全预算标准体系。进一步完善基本支出定额标准体系，加快推进项目支出定额标准体系建设，充分发挥支出标准在预算编制和管理中的基础支撑作用。严格机关运行经费管理，加快制定机关运行经费实物定额和服务标准。加强人员编制管理和资产管理，完善人员编制、资产管理与预算管理相结合的机制。进一步完善政府收支分类体系，按经济分类编制部门预决算和政府预决算。

3. 积极推进预决算公开。细化政府预决算公开内容，除涉密信息外，政府预决算支出全部细化公开到功能分类的项级科目，专项转移支付预决算按项目按地区公开。积极推进财政政策公开。扩大部门预决算公开范围，除涉密信息外，中央和地方所有使用财政资金的部门均应公开本部门预决算。细化部门预决算公开内容，逐步将部门预决算公开到基本支出和项目支出。按经济分类公开政府预决算和部门预决算。加大“三公”经费公开力度，细化公开内容，除涉密信息外，所有财政资金安排的“三公”经费都要公开。对预决算公开过程中社会关切的问题，要规范整改、完善制度。

（二）改进预算管理和控制，建立跨年度预算平衡机制。

1. 实行中期财政规划管理。财政部门会同各部门研究编制三年滚动财政规划，对未来三年重大财政收支情况进行分析预测，对规划期内一些重大改革、重要政策和重大项目，研究政策目标、运行机制和评价办法。中期财政规划要与国民经济和社会发展规划纲要及国家宏观调控政策相衔接。强化三年滚动财政规划对年度预算的约束。推进部门编制三年滚动规划，加强项目库管理，健全项目预算审核机制。提高财政预算的统筹能力，各部门规划中涉及财政政策和资金支持的，要与三年滚动财政规划相衔接。

2. 改进年度预算控制方式。一般公共预算审核的重点由平衡状态、赤字规模向支出预算和政策拓展。强化支出预算约束，各级政府向本级人大报告支出预算的同时，要重点报告支出政策内容。预算执行中如需增加或减少预算总支出，必须报经本级人大常委会审查批准。收入预算从约束性转向预期性，根据经济形势和政策调整等因素科学预测。中央一般公共预算因宏观调控政策需要可编列赤字，通过发行国债予以弥补。中央政府债务实行余额管理，中央国债余额限额根据累计赤字和应对当年短收需发行的债务等因素合理确定，报全国人大或其常委会审批。经国务院批准，地方一般公共预算为没有收益的公益性事业发展可编列赤字，通过举借一般债务予以弥补，地方政府一般债务规模纳入限额管理，由国务院确定并报全国人大或其常委会批准。加强政府性基金预算编制管理。政府性基金预算按照以收定支的原则，根据政府性基金项目的收入情况和实际支出需要编制；经国务院批准，地方政府性基金预算为有一定收益的公益性事业发展可举借专项债务，地方政府专项债务规模纳入限额管理，由国务院确定并报全国人大或其常委会批准。财政部在全国人大或其常委会批准的地方政府债务规模内，根据各地区债务风险、财力状况等因素测算分地区债务限额，并报国务院批准。各省、自治区、直辖市在分地区债务限额内举借债务，报省级人大或其常委会批准。国有资本经营预算按照收支平衡的原则编制，不列赤字。

3. 建立跨年度预算平衡机制。根据经济形势发展变化和财政政策逆周期调节的需要，建立跨年度预算平衡机制。中央一般公共预算执行中如出现超收，超收收入用于冲减赤字、补充预算稳定调节基金；如出现短收，通过调入预算稳定调节基金、削减支出或增列赤字并在经全国人大或其常委会批准的国债余额限额内发债平衡。地方一般公共预算执行中如出现超收，用于化解政府债务或补充预算稳定调节基金；如出现短收，通过调入预算稳定调节基金或其他预算资金、削减支出实现平衡。如采取上述措施后仍不能实现平衡，省级政府报本级人大或其常委会批准后增列赤字，并报财政部备案，在下一年度预算中予以弥补；市、县级政府通过申请上级政府临时救助实现平衡，并在下一年度预算中归还。政府性基金预算和国有资本经营预算如出现超收，结转下年安排；如出现短收，通过削减支出实现平衡。

（三）加强财政收入管理，清理规范税收优惠政策。

1. 加强税收征管。各级税收征管部门要依照法律法规及时足额组织税收收入，并建立与相关经济指标变化情况相衔接的考核体系。切实加强税收征管，做到依法征收、应收尽收，不收过头税。严格减免税管理，不得违反法律法规的规定和超越权限多征、提前征收或者减征、免征、缓征应征税款。加强执法监督，强化税收入库管理。

2. 加强非税收入管理。各地区、各部门要依照法律法规切实加强非税收入管理。继续清理规范行政事业性收费和政府性基金，坚决取消不合法、不合理的收费基金项目。加快建立健全国有资源、国有资产有偿使用制度和收益共享机制。加强国有资本收益管理，完善国家以所有者身份参与国有企业利润分配制度，落实国有资本收益权。加强非税收入分类预算管理，完善非税收入征缴制度和监督体系，禁止通过违规调库、乱收费、乱罚款等手段虚增财政收入。

3. 全面规范税收优惠政策。除专门的税收法律、法规和国务院规定外，各部门起草其他法律、法规、发展规划和区域政策都不得突破国家统一财税制度、规定税收优惠政策。未经国务院批准，各地区、各部门不能对企业规定财政优惠政策。各地区、各部门要对已经出台的税收优惠政策进行规范，违反法律法规和国务院规定的一律停止执行；没有法律法规障碍且具有推广价值的，尽快在全国范围内实施；有明确时限的到期停止执行，未明确时限的应设定优惠政策实施时限。建立税收优惠政策备案审查、定期评估和退出机制，加强考核问责，严惩各类违法违规行为。

（四）优化财政支出结构，加强结转结余资金管理。

1. 优化财政支出结构。严格控制政府性楼堂馆所、财政供养人员以及

“三公”经费等一般性支出。清理规范重点支出同财政收支增幅或生产总值挂钩事项，一般不采取挂钩方式。对重点支出根据推进改革的需要和确需保障的内容统筹安排，优先保障，不再采取先确定支出总额再安排具体项目的办法。结合税费制度改革，完善相关法律法规，逐步取消城市维护建设税、排污费、探矿权和采矿权价款、矿产资源补偿费等专款专用的规定，统筹安排这些领域的经费。统一预算分配，逐步将所有预算资金纳入财政部门统一分配。在此之前，负责资金分配的部门要按规定将资金具体安排情况及时报财政部门。

2. 优化转移支付结构。完善一般性转移支付增长机制，增加一般性转移支付规模和比例，逐步将一般性转移支付占比提高到60%以上；明显增加对革命老区、民族地区、边疆地区和贫困地区的转移支付；中央出台增支政策形成的地方财力缺口，原则上通过一般性转移支付调节。要大力清理、整合、规范专项转移支付，在合理界定中央与地方事权的基础上，严格控制引导类、救济类、应急类专项转移支付，属地方事务的划入一般性转移支付。对竞争性领域的专项转移支付逐一进行甄别排查，凡属“小、散、乱”以及效用不明显的要坚决取消，其余需要保留的也要予以压缩或实行零增长，并改进分配方式，减少行政性分配，引入市场化运作模式，逐步与金融资本相结合，引导带动社会资本增加投入。对目标接近、资金投入方向类同、资金管理方式相近的专项转移支付予以整合。规范专项转移支付项目设立，严格控制新增项目和资金规模，建立健全专项转移支付定期评估和退出机制。加快修订完善中央对地方转移支付管理办法，对转移支付项目的设立、资金分配、使用管理、绩效评价、信息公开等作出规定。研究建立财政转移支付同农业转移人口市民化挂钩机制。在明确中央和地方支出责任的基础上，认真清理现行配套政策，对属于中央承担支出责任的事项，一律不得要求地方安排配套资金；对属于中央和地方分担支出责任的事项，由中央和地方按各自应分担数额安排资金。各地区要对本级安排的专项资金进行清理、整合、规范，完善资金管理办法，提高资金使用效益。

3. 加强结转结余资金管理。建立结转结余资金定期清理机制，各级政府上一年预算的结转资金，应当在下一年用于结转项目的支出；连续两年未用完的结转资金，应当作为结余资金管理，其中一般公共预算的结余资金，应当补充预算稳定调节基金。各部门、各单位上一年预算的结转、结余资金按照财政部的规定办理。要加大结转资金统筹使用力度，对不需按原用途使用的资金，可按规定统筹用于经济社会发展亟需资金支持的领域。建立预算编制与结转结余资金管理相结合的机制，细化预算编制，提高年初预算到位率。

建立科学合理的预算执行进度考核机制，实施预算执行进度的通报制度和监督检查制度，有效控制新增结转结余资金。

4. 加强政府购买服务资金管理。政府购买服务所需资金列入财政预算，从部门预算经费或者经批准的专项资金等既有预算中统筹安排，支持各部门按有关规定开展政府购买服务工作，切实降低公共服务成本，提高公共服务质量。

（五）加强预算执行管理，提高财政支出绩效。

1. 做好预算执行工作。硬化预算约束，年度预算执行中除救灾等应急支出通过动支预备费解决外，一般不出台增加当年支出的政策，一些必须出台的政策，通过以后年度预算安排资金。及时批复部门预算，严格按照预算、用款计划、项目进度、有关合同和规定程序及时办理资金支付，涉及政府采购的应严格执行政府采购有关规定。进一步提高提前下达转移支付预计数的比例，按因素法分配且金额相对固定的转移支付提前下达的比例要达到90%。加快转移支付预算正式下达进度，除据实结算等特殊项目外，中央对地方一般性转移支付在全国人大批准预算后30日内正式下达，专项转移支付在90日内正式下达。省级政府接到中央一般性转移支付或专项转移支付后，应在30日内正式下达到县级以上地方各级政府。规范预算变更，各部门、各单位的预算支出应当按照预算科目执行。不同预算科目、预算级次或者项目间的预算资金需要调剂使用的，按照财政部的规定办理。

2. 规范国库资金管理。规范国库资金管理，提高国库资金收支运行效率。全面清理整顿财政专户，各地一律不得新设专项支出财政专户，除财政部审核并报国务院批准予以保留的专户外，其余专户在2年内逐步取消。规范权责发生制核算，严格权责发生制核算范围，控制核算规模。地方各级财政除国库集中支付年终结余外，一律不得按权责发生制列支。按国务院规定实行权责发生制核算的特定事项，应当向本级人大常委会报告。全面清理已经发生的财政借垫款，应当由预算安排支出的按规定列支，符合制度规定的临时性借垫款及时收回，不符合制度规定的借垫款限期收回。加强财政对外借款管理，各级财政严禁违规对非预算单位及未纳入年度预算的项目借款和垫付财政资金。各级政府应当加强对本级国库的管理和监督，按照国务院的规定完善国库现金管理，合理调节国库资金余额。

3. 健全预算绩效管理机制。全面推进预算绩效管理工作，强化支出责任和效率意识，逐步将绩效管理范围覆盖各级预算单位和所有财政资金，将绩效评价重点由项目支出拓展到部门整体支出和政策、制度、管理等方面，加强绩效评价结果应用，将评价结果作为调整支出结构、完善财政政策和科学安排预算的重要依据。

4. 建立权责发生制的政府综合财务报告制度。研究制定政府综合财务报告制度改革方案、制度规范和操作指南，建立政府综合财务报告和政府会计标准体系，研究修订总预算会计制度。待条件成熟时，政府综合财务报告向本级人大或其常委会报告。研究将政府综合财务报告主要指标作为考核地方政府绩效的依据，逐步建立政府综合财务报告公开机制。

（六）规范地方政府债务管理，防范化解财政风险。

1. 赋予地方政府依法适度举债权限，建立规范的地方政府举债融资机制。经国务院批准，省、自治区、直辖市政府可以适度举借债务；市县级政府确需举借债务的由省、自治区、直辖市政府代为举借。政府债务只能通过政府及其部门举借，不得通过企事业单位等举借。地方政府举债采取政府债券方式。剥离融资平台公司政府融资职能。推广使用政府与社会资本合作模式，鼓励社会资本通过特许经营等方式参与城市基础设施等有一定收益的公益性事业投资和运营。

2. 对地方政府债务实行规模控制和分类管理。地方政府债务规模实行限额管理，地方政府举债不得突破批准的限额。地方政府债务分为一般债务、专项债务两类，分类纳入预算管理。一般债务通过发行一般债券融资，纳入一般公共预算管理。专项债务通过发行专项债券融资，纳入政府性基金预算管理。

3. 严格限定政府举债程序和资金用途。地方政府在国务院批准的分地区限额内举借债务，必须报本级人大或其常委会批准。地方政府举借债务要遵循市场化原则。建立地方政府信用评级制度，逐步完善地方政府债券市场。地方政府举借的债务，只能用于公益性资本支出和适度归还存量债务，不得用于经常性支出。

4. 建立债务风险预警及化解机制。财政部根据债务率、新增债务率、偿债率、逾期债务率等指标，评估各地区债务风险状况，对债务高风险地区进行风险预警。债务高风险地区要积极采取措施，逐步降低风险。对甄别后纳入预算管理的地方政府存量债务，各地区可申请发行地方政府债券置换，以降低利息负担，优化期限结构。要硬化预算约束，防范道德风险，地方政府对其举借的债务负有偿还责任，中央政府实行不救助原则。

5. 建立考核问责机制。把政府性债务作为一个硬指标纳入政绩考核。明确责任落实，省、自治区、直辖市政府要对本地区地方政府性债务负责任。地方各级政府要切实担负起加强地方政府性债务管理、防范化解财政金融风险的责任，政府主要负责人要作为第一责任人，认真抓好政策落实。

（七）规范理财行为，严肃财经纪律。

1. 坚持依法理财，主动接受监督。各地区、各部门要严格遵守预算法、税收征收管理法、会计法、政府采购法等财税法律法规，依法行使行政决策权和财政管理权，自觉接受人大监督和社会各界的监督。建立和完善政府决算审计制度，进一步加强审计监督。推进预算公开，增强政府理财工作的透明度，减少政府自由裁量权，让财政资金在阳光下运行。

2. 健全制度体系，规范理财行为。要健全预算编制、收入征管、资金分配、国库管理、政府采购、财政监督、绩效评价、责任追究等方面的制度建设，扎紧制度的篱笆。要规范理财行为，严格按照规范的程序和要求编报预决算，按规定的用途拨付和使用财政资金，预决算编报都要做到程序合法、数据准确、情况真实、内容完整。

3. 严肃财经纪律，强化责任追究。财经纪律是财经工作中必须遵守的行为准则，也是预算管理制度改革取得成效的重要保障。地方各级政府要对本地区各部门、各单位财经纪律的执行情况进行全面检查，通过单位自查、财政部门和审计机关专项检查，及时发现存在的问题。强化责任追究，对检查中发现的虚报、冒领、截留、挪用、滞留财政资金以及违规出台税收优惠政策等涉及违规违纪的行为，要按照预算法等法律法规的规定严肃处理。

四、切实做好深化预算管理制度改革的实施保障工作

深化预算管理制度改革涉及制度创新和利益关系调整，任务艰巨，面临许多矛盾和困难。各地区、各部门要从大局出发，进一步提高认识，把思想和行动统一到党中央、国务院的决策部署上来。要以高度的责任感、使命感和改革创新精神，切实履行职责，加强协调配合，认真落实各项改革措施，合力推进预算管理制度改革。要坚持于法有据，积极推进相关法律法规的修改工作，确保在法治轨道上推进预算管理制度改革。本决定有关要求需要与法律规定相衔接的，按法律规定的程序做好衔接。要加强宣传引导，做好政策解读，为深化预算管理制度改革营造良好的社会环境。财政部要抓紧制定深化预算管理制度改革的具体办法，印发各地区、各部门执行。各地区要结合本地实际情况制定具体政策措施和工作方案，切实加强组织领导，确保改革顺利实施。

中共中央 国务院
关于全面实施预算绩效管理的意见

（中发〔2018〕34号 2018年9月1日）

全面实施预算绩效管理是推进国家治理体系和治理能力现代化的内在要求，是深化财税体制改革、建立现代财政制度的重要内容，是优化财政资源配置、提升公共服务质量的关键举措。为解决当前预算绩效管理存在的突出问题，加快建成全方位、全过程、全覆盖的预算绩效管理体系，现提出如下意见。

一、全面实施预算绩效管理的必要性

党的十八大以来，在以习近平同志为核心的党中央坚强领导下，各地区各部门认真贯彻落实党中央、国务院决策部署，财税体制改革加快推进，预算管理制度持续完善，财政资金使用绩效不断提升，对我国经济社会发展发挥了重要支持作用。但也要看到，现行预算绩效管理仍然存在一些突出问题，主要是：绩效理念尚未牢固树立，一些地方和部门存在重投入轻管理、重支出轻绩效的意识；绩效管理的广度和深度不足，尚未覆盖所有财政资金，一些领域财政资金低效无效、闲置沉淀、损失浪费的问题较为突出，克扣挪用、截留私分、虚报冒领的问题时有发生；绩效激励约束作用不强，绩效评价结果与预算安排和政策调整的挂钩机制尚未建立。

当前，我国经济已由高速增长阶段转向高质量发展阶段，正处在转变发展方式、优化经济结构、转换增长动力的攻关期，建设现代化经济体系是跨越关口的迫切要求和我国发展的战略目标。发挥好财政职能作用，必须按照全面深化改革的要求，加快建立现代财政制度，建立全面规范透明、标准科学、约束有力的预算制度，以全面实施预算绩效管理为关键点和突破口，解决好绩效管理中存在的突出问题，推动财政资金聚力增效，提高公共服务供给质量，增强政府公信力和执行力。

二、总体要求

（一）指导思想。以习近平新时代中国特色社会主义思想为指导，全面贯彻党的十九大和十九届二中、三中全会精神，坚持和加强党的全面领导，坚持稳中求进工作总基调，坚持新发展理念，紧扣我国社会主要矛盾变化，按照高质量发展的要求，紧紧围绕统筹推进“五位一体”总体布局和协调推进“四个全面”战略布局，坚持以供给侧结构性改革为主线，创新预算管理方式，更加注重结果导向、强调成本效益、硬化责任约束，力争用3—5年时间基本建成全方位、全过程、全覆盖的预算绩效管理体系，实现预算和绩效管理一体化，着力提高财政资源配置效率和使用效益，改变预算资金分配的固化格局，提高预算管理水平和政策实施效果，为经济社会发展提供有力保障。

（二）基本原则。

——坚持总体设计、统筹兼顾。按照深化财税体制改革和建立现代财政制度的总体要求，统筹谋划全面实施预算绩效管理的路径和制度体系。既聚焦解决当前最紧迫问题，又着眼健全长效机制；既关注预算资金的直接产出和效果，又关注宏观政策目标的实现程度；既关注新出台政策、项目的科学性和精准度，又兼顾延续政策、项目的必要性和有效性。

——坚持全面推进、突出重点。预算绩效管理既要全面推进，将绩效理念和方法深度融入预算编制、执行、监督全过程，构建事前事中事后绩效管理闭环系统，又要突出重点，坚持问题导向，聚焦提升覆盖面广、社会关注度高、持续时间长的重大政策、项目的实施效果。

——坚持科学规范、公开透明。抓紧健全科学规范的管理制度，完善绩效目标、绩效监控、绩效评价、结果应用等管理流程，健全共性的绩效指标框架和分行业领域的绩效指标体系，推动预算绩效管理标准科学、程序规范、方法合理、结果可信。大力推进绩效信息公开透明，主动向同级人大报告、向社会公开，自觉接受人大和社会各界监督。

——坚持权责对等、约束有力。建立责任约束制度，明确各方预算绩效管理职责，清晰界定权责边界。健全激励约束机制，实现绩效评价结果与预算安排和政策调整挂钩。增强预算统筹能力，优化预算管理流程，调动地方和部门的积极性、主动性。

三、构建全方位预算绩效管理格局

（三）实施政府预算绩效管理。将各级政府收支预算全面纳入绩效管理。各级政府预算收入要实事求是、积极稳妥、讲求质量，必须与经济社会发展水平相适应，严格落实各项减税降费政策，严禁脱离实际制定增长目标，严禁虚收空转、收取过头税费，严禁超出限额举借政府债务。各级政府预算支出要统筹兼顾、突出重点、量力而行，着力支持国家重大发展战略和重点领域改革，提高保障和改善民生水平，同时不得设定过高民生标准和擅自扩大保障范围，确保财政资源高效配置，增强财政可持续性。

（四）实施部门和单位预算绩效管理。将部门和单位预算收支全面纳入绩效管理，赋予部门和资金使用单位更多的管理自主权，围绕部门和单位职责、行业发展规划，以预算资金管理为主线，统筹考虑资产和业务活动，从运行成本、管理效率、履职效能、社会效应、可持续发展能力和服务对象满意度等方面，衡量部门和单位整体及核心业务实施效果，推动提高部门和单位整体绩效水平。

（五）实施政策和项目预算绩效管理。将政策和项目全面纳入绩效管理，从数量、质量、时效、成本、效益等方面，综合衡量政策和项目预算资金使用效果。对实施期超过一年的重大政策和项目实行全周期跟踪问效，建立动态评价调整机制，政策到期、绩效低下的政策和项目要及时清理退出。

四、建立全过程预算绩效管理链条

（六）建立绩效评估机制。各部门各单位要结合预算评审、项目审批等，对新出台重大政策、项目开展事前绩效评估，重点论证立项必要性、投入经济性、绩效目标合理性、实施方案可行性、筹资合规性等，投资主管部门要加强基建投资绩效评估，评估结果作为申请预算的必备要件。各级财政部门要加强新增重大政策和项目预算审核，必要时可以组织第三方机构独立开展绩效评估，审核和评估结果作为预算安排的重要参考依据。

（七）强化绩效目标管理。各地区各部门编制预算时要贯彻落实党中央、国务院各项决策部署，分解细化各项工作要求，结合本地区本部门实际情况，全面设置部门和单位整体绩效目标、政策及项目绩效目标。绩效目标不仅要包括产出、成本，还要包括经济效益、社会效益、生态效益、可持续影响和服务对象满意度等绩效指标。各级财政部门要将绩效目标设置作为预算安排的前置条件，加强绩效目标审核，将绩效目标与预算同步批复下达。

（八）做好绩效运行监控。各级政府和各部门各单位对绩效目标实现程度和预算执行进度实行“双监控”，发现问题要及时纠正，确保绩效目标如期保质保量实现。各级财政部门建立重大政策、项目绩效跟踪机制，对存在严重问题的政策、项目要暂缓或停止预算拨款，督促及时整改落实。各级财政部门要按照预算绩效管理要求，加强国库现金管理，降低资金运行成本。

（九）开展绩效评价和结果应用。通过自评和外部评价相结合的方式，对预算执行情况开展绩效评价。各部门各单位对预算执行情况以及政策、项目实施效果开展绩效自评，评价结果报送本级财政部门。各级财政部门建立重大政策、项目预算绩效评价机制，逐步开展部门整体绩效评价，对下级政府财政运行情况实施综合绩效评价，必要时可以引入第三方机构参与绩效评价。健全绩效评价结果反馈制度和绩效问题整改责任制，加强绩效评价结果应用。

五、完善全覆盖预算绩效管理体系

（十）建立一般公共预算绩效管理体系。各级政府要加强一般公共预算绩效管理。收入方面，要重点关注收入结构、征收效率和优惠政策实施效果。支出方面，要重点关注预算资金配置效率、使用效益，特别是重大政策和项目实施效果，其中转移支付预算绩效管理要符合财政事权和支出责任划分规定，重点关注促进地区间财力协调和区域均衡发展。同时，积极开展涉及一般公共预算等财政资金的政府投资基金、主权财富基金、政府和社会资本合作（PPP）、政府采购、政府购买服务、政府债务项目绩效管理。

（十一）建立其他政府预算绩效管理体系。除一般公共预算外，各级政府还要将政府性基金预算、国有资本经营预算、社会保险基金预算全部纳入绩效管理，加强四本预算之间的衔接。政府性基金预算绩效管理，要重点关注基金政策设立延续依据、征收标准、使用效果等情况，地方政府还要关注其对专项债务的支撑能力。国有资本经营预算绩效管理，要重点关注贯彻国家战略、收益上缴、支出结构、使用效果等情况。社会保险基金预算绩效管理，要重点关注各类社会保险基金收支政策效果、基金管理、精算平衡、地区结构、运行风险等情况。

六、健全预算绩效管理制度

（十二）完善预算绩效管理流程。围绕预算管理的主要内容和环节，完善涵盖绩效目标管理、绩效运行监控、绩效评价管理、评价结果应用等各环节的管理流程，制定预算绩效管理制度和实施细则。建立专家咨询机制，引导和规范第三方机构参与预算绩效管理，严格执业质量监督管理。加快预算绩效管理信息化建设，打破“信息孤岛”和“数据烟囱”，促进各级政府和各部门各单位的业务、财务、资产等信息互联互通。

（十三）健全预算绩效标准体系。各级财政部门要建立健全定量和定性相结合的共性绩效指标框架。各行业主管部门要加快构建分行业、分领域、分层次的核心绩效指标和标准体系，实现科学合理、细化量化、可比可测、动态调整、共建共享。绩效指标和标准体系要与基本公共服务标准、部门预算项目支出标准等衔接匹配，突出结果导向，重点考核实绩。创新评估评价方法，立足多维视角和多元数据，依托大数据分析技术，运用成本效益分析法、比较法、因素分析法、公众评判法、标杆管理法等，提高绩效评估评价结果的客观性和准确性。

七、硬化预算绩效管理约束

（十四）明确绩效管理责任约束。按照党中央、国务院统一部署，财政部要完善绩效管理的责任约束机制，地方各级政府和各部门各单位是预算绩效管理的责任主体。地方各级党委和政府主要负责同志对本地区预算绩效负责，部门和单位主要负责同志对本部门本单位预算绩效负责，项目责任人对项目预算绩效负责，对重大项目的责任人实行绩效终身责任追究制，切实做到花钱必问效、无效必问责。

（十五）强化绩效管理激励约束。各级财政部门要抓紧建立绩效评价结果与预算安排和政策调整挂钩机制，将本级部门整体绩效与部门预算安排挂钩，将下级政府财政运行综合绩效与转移支付分配挂钩。对绩效好的政策和项目原则上优先保障，对绩效一般的政策和项目要督促改进，对交叉重复、碎片化的政策和项目予以调整，对低效无效资金一律削减或取消，对长期沉淀的资金一律收回并按照有关规定统筹用于亟需支持的领域。

八、保障措施

（十六）加强绩效管理组织领导。坚持党对全面实施预算绩效管理工作的领导，充分发挥党组织的领导作用，增强把方向、谋大局、定政策、促改革的能力和定力。财政部要加强对全面实施预算绩效管理工作的组织协调。各地区各部门要加强对本地区本部门预算绩效管理的组织领导，切实转变思想观念，牢固树立绩效意识，结合实际制定实施办法，加强预算绩效管理力量，充实预算绩效管理人员，督促指导有关政策措施落实，确保预算绩效管理延伸至基层单位和资金使用终端。

（十七）加强绩效管理监督问责。审计机关要依法对预算绩效管理情况开展审计监督，财政、审计等部门发现违纪违法问题线索，应当及时移送纪检监察机关。各级财政部门要推进绩效信息公开，重要绩效目标、绩效评价结果要与预决算草案同步报送同级人大、同步向社会主动公开，搭建社会公众参与绩效管理的途径和平台，自觉接受人大和社会各界监督。

（十八）加强绩效管理工作考核。各级政府要将预算绩效结果纳入政府绩效和干部政绩考核体系，作为领导干部选拔任用、公务员考核的重要参考，充分调动各地区各部门履职尽责和干事创业的积极性。各级财政部门负责对本级部门和预算单位、下级财政部门预算绩效管理工作情况进行考核。建立考核结果通报制度，对工作成效明显的地区和部门给予表彰，对工作推进不力的进行约谈并责令限期整改。

全面实施预算绩效管理是党中央、国务院作出的重大战略部署，是政府治理和预算管理的深刻变革。各地区各部门要更加紧密地团结在以习近平同志为核心的党中央周围，把思想认识和行动统一到党中央、国务院决策部署上来，增强“四个意识”，坚定“四个自信”，提高政治站位，把全面实施预算绩效管理各项措施落到实处，为决胜全面建成小康社会、夺取新时代中国特色社会主义伟大胜利、实现中华民族伟大复兴的中国梦奠定坚实基础。

财政部关于贯彻落实《中共中央国务院关于全面实施预算绩效管理的意见》的通知

（财预〔2018〕167号　2018年11月8日）

党中央有关部门，国务院各部委、各直属机构，中央军委后勤保障部，武警各部门，全国人大常委会办公厅，政协全国委员会办公厅，高法院，高检院，各民主党派中央，有关人民团体，有关中央管理企业，各省、自治区、直辖市、计划单列市财政厅（局），新疆生产建设兵团财政局：

为深入贯彻落实《中共中央国务院关于全面实施预算绩效管理的意见》（以下简称《意见》），加快建成全方位、全过程、全覆盖的预算绩效管理体系，提高财政资源配置效率和使用效益，增强政府公信力和执行力，现就有关事项通知如下：

一、充分认识全面实施预算绩效管理的重要意义

全面实施预算绩效管理是推进国家治理体系和治理能力现代化的内在要求，是深化财税体制改革、建立现代财政制度的重要内容，是优化财政资源配置、提升公共服务质量的关键举措，是推动党中央、国务院重大方针政策落地见效的重要保障。《意见》以习近平新时代中国特色社会主义思想为指导，全面贯彻党的十九大和十九届二中、三中全会精神，按照高质量发展要求，紧紧围绕统筹推进“五位一体”总体布局和协调推进“四个全面”战略布局，坚持以供给侧结构性改革为主线，聚焦解决当前预算绩效管理中存在的突出问题，对全面实施预算绩效管理进行统筹谋划和顶层设计，是新时期预算绩效管理工作的根本遵循。

全面实施预算绩效管理是政府治理方式的深刻变革，是一项长期的系统性工程，涉及面广、难度大。各地区各部门要切实把思想认识行动统一到党中央、国务院决策部署上来，深刻学习领会《意见》的精神实质，准确把握核心内涵，进一步增强责任感和紧迫感，把深入贯彻落实《意见》要求、全面实施预算绩效管理作为当前和今后一段时期财政预算工作的重点，真抓实干、常抓不懈，确保全面实施预算绩效管理各项改革任务落到实处，不断提高财政资源配置效率和使用效益。

二、结合实际制定贯彻落实方案

各地区各部门要深入分析本地区本部门预算绩效管理工作实际，对照《意见》要求，准确查找存在的差距和突出问题，抓紧研究制定具体、有针对性、可操作的贯彻落实方案，明确下一步全面实施预算绩效管理的时间表和路线图，着力抓重点、补短板、强弱项、提质量，确保贯彻落实党中央、国务院决策部署不跑偏、不走样。各级财政部门要抓紧完善预算绩效管理制度办法，组织指导本级部门、单位和下级财政部门全面实施预算绩效管理工作，重点关注预算收支总量和结构，加强预算执行监管，推动财政预算管理水平明显提升。各部门各单位要切实履行预算绩效管理主体责任，健全预算绩效管理操作规范和实施细则，建立上下协调、部门联动、层层抓落实的工作责任制，将绩效管理责任分解落实到具体预算单位、明确到具体责任人，确保每一笔资金花得安全、用得高效。

到 2020 年底中央部门和省级层面要基本建成全方位、全过程、全覆盖的预算绩效管理体系，既要提高本级财政资源配置效率和使用效益，又要加强对下转移支付的绩效管理，防止财政资金损失浪费；到 2022 年底市县层面要基本建成全方位、全过程、全覆盖的预算绩效管理体系，做到“花钱必问效、无效必问责”，大幅提升预算管理水平和政策实施效果。

三、抓好预算绩效管理的重点环节

（一）预算编制环节突出绩效导向。将绩效关口前移，各部门各单位要对新出台重大政策、项目，结合预算评审、项目审批等开展事前绩效评估，评估结果作为申请预算的必备要件，防止“拍脑袋决策”，从源头上提高预算编制的科学性和精准性。加快实现本级政策和项目、对下共同事权分类分档转移支付、专项转移支付绩效目标管理全覆盖，加快设立部门和单位整体绩效目标。财政部门要严格绩效目标审核，未按要求设定绩效目标或审核未通过的，不得安排预算。

（二）预算执行环节加强绩效监控。按照“谁支出、谁负责”的原则，完善用款计划管理，对绩效目标实现程度和预算执行进度实行“双监控”，发现问题要分析原因并及时纠正。逐步建立重大政策、项目绩效跟踪机制，按照项目进度和绩效情况拨款，对存在严重问题的要暂缓或停止预算拨款。加强预算执行监测，科学调度资金，简化审核材料，缩短审核时间，推进国库集中支付电子化管理，切实提高预算执行效率。

（三）决算环节全面开展绩效评价。加快实现政策和项目绩效自评全覆盖，如实反映绩效目标实现结果，对绩效目标未达成或目标制定明显不合理的，要作出说明并提出改进措施。逐步推动预算部门和单位开展整体绩效自评，提高部门履职效能和公共服务供给质量。建立健全重点绩效评价常态机制，对重大政策和项目定期组织开展重点绩效评价，不断创新评价方法，提高评价质量。

（四）强化绩效评价结果刚性约束。健全绩效评价结果反馈制度和绩效问题整改责任制，形成反馈、整改、提升绩效的良性循环。各级财政部门要会同有关部门抓紧建立绩效评价结果与预算安排和政策调整挂钩机制，按照奖优罚劣的原则，对绩效好的政策和项目原则上优先保障，对绩效一般的政策和项目要督促改进，对低效无效资金一律削减或取消，对长期沉淀的资金一律收回，并按照有关规定统筹用于亟需支持的领域。

（五）推动预算绩效管理扩围升级。绩效管理要覆盖所有财政资金，延伸到基层单位和资金使用终端，确保不留死角。推动绩效管理覆盖“四本预算”，并根据不同预算资金的性质和特点统筹实施。加快对政府投资基金、主权财富基金、政府和社会资本合作（PPP）、政府购买服务、政府债务项目等各项政府投融资活动实施绩效管理，实现全过程跟踪问效。积极推动绩效管理实施对象从政策和项目预算向部门和单位预算、政府预算拓展，稳步提升预算绩效管理层级，逐步增强整体性和协调性。

四、加强绩效管理监督问责

（一）硬化预算绩效责任约束。财政部门要会同审计部门加强预算绩效监督管理，重点对资金使用绩效自评结果的真实性和准确性进行复核，必要时可以组织开展再评价。财政部驻各地财政监察专员办事处要发挥就地就近优势，加强对本地区中央专项转移支付绩效目标和绩效自评结果的审核。对绩效监控、绩效评估评价结果弄虚作假，或预算执行与绩效目标严重背离的部门和单位及其责任人要提请有关部门进行追责问责。

（二）加大绩效信息公开力度。大力推动重大政策和项目绩效目标、绩效自评以及重点绩效评价结果随同预决算报送同级人大，并依法予以公开。探索建立部门和单位预算整体绩效报告制度，促使各部门各单位从“要我有绩效”向“我要有绩效”转变，提高预算绩效信息的透明度。

（三）推动社会力量有序参与。引导和规范第三方机构参与预算绩效管理，加强执业质量全过程跟踪和监管。搭建专家学者和社会公众参与绩效管理的途径和平台，自觉接受社会各界监督，促进形成全社会“讲绩效、用绩效、比绩效”的良好氛围。

五、健全工作协调机制

（一）财政部门加强组织协调。各级财政部门要赋予部门和资金使用单位更多的管理自主权，强化预算绩效管理工作考核，充实预算绩效管理机构和人员力量，加大宣传培训力度，指导部门和单位提高预算绩效管理水平。完善共性绩效指标框架，组织建立分行业、分领域、分层次的绩效指标体系，推动绩效指标和评价标准科学合理、细化量化、可比可测，夯实绩效管理基础。加快推进绩效管理信息化建设，逐步完善互联互通的预算绩效“大数据”系统，为全面实施预算绩效管理提供重要支撑。加强与人大、监察、审计等机构的协调配合，健全工作机制，形成改革合力，确保全面预算绩效管理工作顺利实施。

（二）各部门完善内部工作机制。各部门各单位要按照预算和绩效管理一体化要求，结合自身业务特点，优化预算管理流程，完善内控制度，明确部门内部绩效目标设置、监控、评价和审核的责任分工，加强部门财务与业务工作紧密衔接。建立健全本行业、本领域核心绩效指标体系，明确绩效标准，规范一级项目绩效目标设置，理顺二级项目绩效目标逐级汇总流程，推动全面实施预算绩效管理工作常态化、制度化、规范化。

（三）推进配套改革。加强预算绩效管理与机构和行政体制改革、政府职能转变、深化放管服改革等有效衔接，统筹推进中期财政规划、政府收支分类、项目支出标准体系、国库现金管理、权责发生制政府综合财务报告制度等财政领域相关改革，抓紧修改调整与预算绩效管理要求不相符的规章制度，切实提高改革的系统性和协同性。

中华全国总工会关于印发《工会预算管理办法》的通知

（总工发〔2009〕38 号　2009 年 8 月 14 日）

各省、自治区、直辖市总工会，中华全国铁路总工会、中国民航工会全国委员会、中国金融工会全国委员会、中共中央直属机关工会联合会、中央国家机关工会联合会：

为适应工会经费收缴和业务活动等方面的变化，加强各级工会的预算管理，进一步提高各级工会及事业单位的预算管理水平，根据《中华人民共和国工会法》、《中华人民共和国预算法》等国家有关法律、法规，以及财政部新颁布的《工会会计制度》，我会对 1998 年颁布的《工会预算管理办法》进行了全面修订，制定了新版《工会预算管理办法》，并决定从 2010 年 1 月 1 日起执行。现印发给你们，请组织贯彻实施，并将执行中的有关问题及时函告我会。

附件：

工会预算管理办法

第一章　总　则

第一条　为了加强预算管理和宏观调控，强化分配和监督职能，保障工会社会职能的履行和工运事业的发展，根据《中华人民共和国工会法》、《中华人民共和国预算法》等法律、法规，结合工会实际，制定本办法。

第二条　工会预算是经一定程序核定的工会经费年度收支计划，是收好、管好、用好工会经费的重要手段，是工会财务管理的重要内容。各级工会必须按照本办法办理工会预、决算。

第三条　根据“统一领导，分级管理”的工会财务管理体制，工会预算一般分为五级管理，即：全国总工会、省级工会、市级工会、县级工会、基层工会。

预算管理实行下管一级的原则。

建立乡镇（街道）工会的地方，省级以下预算管理级次由省级总工会根据本地实际情况确定后，报全国总工会备案。

经全国总工会批准独立管理经费的中华全国铁路总工会、中国民航工会全国委员会、中国金融工会全国委员会，其预算管理级次由各自产业工会确定后，报全国总工会批准。

第四条　县级以上（含县级，下同）工会对独立核算事业单位的补助及企事业单位按规定上缴的收益列入本级预算；未独立核算的事业单位，其收支要全额列入本级预算。

第五条　各级工会要认真执行上级工会批准的预算。未经规定程序批准不得变更。

第六条　预算年度自公历 1 月 1 日起至 12 月 31 日止。

第七条　预算收支以人民币元为计算单位。

第二章　预算管理职权

第八条　工会预算包括本级预算和单位预算。本级预算是指各级工会本级次范围内工会经费收支（含所属建立预算管理关系的机关和单位）的总预算。单位预算是指与本级预算有相关经费收支管理关系的工会机关、企事业单位的预算。

第九条　实行本级预算管理的工会，其职权是：

1. 编制本级预算、决算草案和预算调整方案。

2. 审批下一级工会和依靠本级供给经费的工会机关及所属独立核算企事业单位的预算、决算，汇总本级及所属各级工会的决算。

3. 组织本级预算的执行，按规定程序办理预算调整。

4. 监督、检查下级工会和依靠本级供给经费的工会机关及所属独立核算企事业单位的预算执行情况。

5. 协调处理工会与同级政府财政、税务等部门及其他有关部门在工会预算管理方面的政策和经济关系。

各级工会财务部门是本级预算管理的职能部门，具体负责本级预算管理工作。

第十条　实行单位预算管理的工会机关、企事业单位，其职权是：

1. 编制本单位预算、决算草案和预算调整方案。

2. 按照批准的预算，积极组织各项收入，合理安排各项支出，办理各项核算业务，保证预算任务的完成。

3. 指导、监督所属单位或部门核算单位的各项财务收支工作。

4. 按规定程序办理预算调整。

5. 定期向主管工会财务部门报告预算执行情况。

第三章　预算收支范围

第十一条　工会预算由预算收入和预算支出组成。

预算收入包括：1. 会费收入；2. 拨缴经费收入；3. 上级补助收入；4. 政府补助收入；5. 行政补助收入；6. 事业收入；7. 投资收益；8. 其他收入。

预算支出包括：1. 职工活动支出；2. 维权支出；3. 业务支出；4. 行政支出；5. 资本性支出；6. 补助下级支出；7. 事业支出；8. 其他支出。

第四章　预算编制与审批

第十二条　工会预算编制的原则是：统筹兼顾，保证重点；量入为出，收支平衡；真实合法，精细高效。

第十三条　工会的年度预算应根据有关政策法规、上级工会要求、预算编制原则和本年度工会工作计划编制。本年度无重大支出项目，不得编制赤字预算。期末滚存经费结余不得出现赤字。

第十四条　预算收入的编制，要按照收入来源，充分考虑本年度各项变动因素，依法、真实、完整、合理地编制。

第十五条 预算支出的编制，要坚持勤俭节约，体现工会工作特点，要优化经费支出结构，把资金使用的重点安排在维护职工权益、为职工服务和工会活动方面。

第十六条 县级以上工会行政性支出预算，应参照同级政府的有关规定、制度、费用标准以及核定的人员编制编列。

第十七条 县级以上工会接受的财政补助资金要纳入预算管理，依据财政确定的开支范围专款专用。不得截留、挪用和改变资金用途。

第十八条 各级工会的办公、职工活动场所等基本建设，根据《工会法》及国家有关规定，应由同级政府或行政解决。

县级以上工会的办公和职工群众的文化、教育、体育活动设施，在政府给予大部分补助的前提下，经上级工会批准，可以动用少量经费弥补不足，上级工会也可根据情况给予适当补助。

第十九条 房屋建筑物购建、专项设备购置、大型修缮等预算，需附经有关专业部门论证的可行性工程项目论证报告、立项批复、开工许可等相关文件，按照工程进度及资金状况编制当年预算。列入地方基本建设或更新改造计划的工程项目，应附地方政府或相关部门文件。

第二十条 各级工会用部分结余经费投资时，必须进行可行性经济分析论证，提出书面报告，报职能部门审核，工会委员会（或常委会）讨论通过后，方可列入预算。

第二十一条 县级以上工会预算，可在本级预算支出总额的百分之五以内编列预备费，用于当年难以预见的特殊开支。

第二十二条 县级以上工会根据需要，可以从本级经费结余中安排一定数额的后备金作为储备，用于特殊情况下的资金需要。需要动用时，必须经过本级工会经费审查委员会审议，工会常委会批准，并报上级工会备案。

第二十三条 县级以上工会应根据全国总工会规定提取增收留成基金、财务专用基金和工会干部权益保障金。

第二十四条 全国总工会每年 10 月提出下年度省级工会编制预算的要求。省、市、县级工会应根据上级工会编制预算的要求，结合实际情况进行部署，并按照上级工会规定的时间上报下年度预算。

第二十五条 各级工会的本级预算草案，由各级工会财务部门编制，经工会委员会（或常委会）讨论通过，并经本级经费审查委员会审查通过后，报上一级工会审批或备案。上一级工会有权提出修订预算的意见和要求，下级工会根据提出的意见和要求调整预算。

依靠本级工会供给经费的工会机关及所属独立核算事业单位的预算草案由本级工会审批。

全国总工会预算草案，经全国总工会经费审查委员会审查通过后，由全国总工会书记处批准后执行。

第二十六条　各省级工会的本级预算（附工会机关预算），应在3月15日前报送全国总工会审批，全国总工会应于30个工作日内及时批复。

市级以下（含市级）工会本级预算的报批时间，由省级工会确定。

第五章　预算的执行与调整

第二十七条　各级工会预算由本级工会委员会（或常委会）组织执行，具体工作由本级工会财务部门负责。

第二十八条　各级工会应按照预算确定的任务积极组织收入。

第二十九条　各级工会要按照全国总工会、省级总工会的规定及时、足额拨缴工会经费，不得截留、挪用。

第三十条　各级工会预算在批准之前只能开支必要的基本费用及帮扶、送温暖等支出。建设工程、设备工具购置、大型修缮和信息网络购建等费用一般不得开支，因特殊原因必须提前开支的，经工会委员会（常委会）或主席办公会议同意，可控制在年度预算的25%以内。预算批准后，按照批准的预算执行。

第三十一条　各级工会应根据年度支出预算和用款计划拨款。不得办理超预算、超计划的拨款，不得越级办理预算拨款。

第三十二条　各级工会要加强预算支出的管理，严格执行预算和财务制度，不得擅自扩大支出范围，提高开支标准，不得以领代报，不得擅自改变预算资金用途。建设工程、设备工具购置、大型修缮和信息网络购建等支出，应经有关专业部门审核后执行。

第三十三条　各级工会要严格控制行政支出，专项资金必须专款专用。应纳入集中采购范围内的支出，按有关规定办理。

第三十四条　各级工会预算在执行过程中，发生项目改变或追加项目，经有关部门审核，报工会委员会（常委会）或主席办公会议同意后，在预算内调整或动用预算预备费。

第三十五条　各级工会预算在执行过程中，遇有特殊情况，预算收支总额需要增减变动时，应当编制预算调整方案，每年以一次为限，其编制、审批与预算编制审批程序相同。

第六章　决　算

第三十六条　工会决算是工会收支预算的执行结果。各级工会应按上级工会的要求编制年度决算。决算未经批准前，称为决算草案。

第三十七条　编制决算草案，必须符合法律法规，做到收支数额准确，内容完整，报送及时（附报工会机关决算草案）。

第三十八条　跨年度的基本建设工程，决算前按年度拨出数编报，最后年度工程竣工后，经具有相应资质的社会中介机构审核确认，按审核确认数扣除以前年度决算数后的余额，编制年度决算。

第三十九条　决算草案的审批程序与预算草案审批程序相同。

第四十条　省级工会的本级决算，应在 3 月 15 日前报送全国总工会审批，全国总工会应于 30 个工作日内及时批复。

市级以下（含市级）工会决算的报批时间，由省级工会确定。

第四十一条　各级工会的决算，应按上级工会的要求逐级汇总上报。

第七章　监　督

第四十二条　各级工会财务部门负责监督检查下级工会和本级工会所属单位预算的执行。

第四十三条　各级工会的预算、决算要接受同级工会经费审查委员会的审查审计监督。预算执行情况要接受上一级工会经费审查委员会的审计监督。

第四十四条　各级工会对年度预算安排的项目要逐步实行绩效考评制度。

第四十五条　有违反本办法规定，擅自改变预算资金的性质和使用范围，截留挪用项目资金；隐瞒收入，虚列支出，造成会计信息严重失真；擅自决定重大开支项目等行为的，上级工会应责令其做出检查，并要求纠正。情节严重，造成经济损失的，对负有直接责任的负责人和相关人员，按照国家法律法规和工会的有关规定追究其责任。

第八章　附　则

第四十六条　本办法自 2010 年 1 月 1 日施行。1998 年 9 月 9 日颁发的《工会预算管理办法》同时废止。

第四十七条　本办法由全国总工会财务部负责解释。

第四十八条　省级工会可根据本办法，结合本地区、本系统的实际，制定具体的实施细则。

附件：

工会经费收支预决算编报要求及表格

一、工会经费收支预算表编报要求

1. 各级工会必须按全国总工会统一编制的表格填报，不得随意增减款、项科目。

2. 各级工会预算，要按上级工会要求准时上报。

3. 各级工会上报本级预算时应附依靠本级供给经费的工会机关支出预算。

4. 预算报表中“编制依据及说明”栏内应将编制依据简要填列，有预算定额标准的项目，要列出定额标准及计算公式，以便审核。

5. 跨年度的项目按当年所需资金，列入当年预算。

6. 预算说明书要全面完整。有数据，有情况，有分析。

7. 本预算应经同级工会经费审查委员会（经审委员）审查、本级工会委员会（或常委会）讨论通过后上报。

8. 本级预算编制后，将预算说明书、预算报表及机关的支出预算，加装预算报表封面，整理装订成册。封面和表内各页均应加盖公章及有关人员名章。

9. 本预算收支表金额单位一律用“元”，小数点后保留两位。

工会经费收支预算表

编制单位：　　　（公章）　　　（年度）报表日期：　　　年　月　日　　单位：元

科目		上年决算数	本年预算数	说明
编号	名称			
401	**会费收入**			
402	**拨缴经费收入**			
403	**上级补助收入**			
40301	回拨补助			
40302	专项补助			
40303	超收补助			
40304	帮扶补助			
40305	送温暖补助			
40306	救灾补助			

续表

科目		上年决算数	本年预算数	说明
编号	名称			
40307	其他补助			
404	**政府补助收入**			
405	**行政补助收入**			
406	**事业收入**			
407	**投资收益**			
408	**其他收入**			
	本年收入合计			
501	**职工活动支出**			
50101	职工教育费			
50102	文体活动费			
50103	宣传活动费			
50104	其他活动支出			
502	**维权支出**			
50201	劳动关系协调费			
50202	劳动保护费			
50203	法律援助费			
50204	困难职工帮扶费			
50205	送温暖费			
50206	其他维权支出			
503	**业务支出**			
50301	培训费			
50302	会议费			
50303	外事费			
50304	专项业务费			
50305	其他业务支出			
504	**行政支出**			
50401	工资福利支出			

续表

科目		上年决算数	本年预算数	说明
编号	名称			
50402	商品和服务支出			
50403	对个人和家庭的补助			
50404	其他行政支出			
505	**资本性支出**			
50501	房屋建筑物购建			
50502	办公设备购置			
50503	专用设备购置			
50504	交通工具购置			
50505	大型修缮			
50506	信息网络购建			
50507	其他资本性支出			
506	**补助下级支出**			
50601	回拨补助			
50602	专项补助			
50603	超收补助			
50604	帮扶补助			
50605	送温暖补助			
50606	救灾补助			
50607	其他补助			
507	**事业支出**			
508	**其他支出**			
预备费				
本年支出合计				
本年结余				
	加：上年结余			

续表

科目		上年决算数	本年预算数	说明
编号	名称			
	加：本年收回投资			
	减：本年投资			
	减：本年提取后备金			
期末滚存结余				

工会主席：　　　经费审查委员会主任：　　　财务负责人：　　　制表：

二、工会经费收支决算表编报要求

1. 各级工会必须按全国总工会统一编制的表格填报，不得随意增减款、项科目。

2. 本表“核定预算数”按上级工会核定的预算填列。

3. 本表“决算数”根据本级工会会计年末各有关总账科目借贷方累计余额与所属单位报表汇总填列。

4. 本决算应附文字说明，分析全年预算的执行情况，重点检查经费收缴、主要收支构成情况和问题以及采取的措施、取得的效果等。

5. 本决算应经同级工会经费审查委员会（经审委员）审查、本级工会委员会（或常委会）讨论通过后上报。

6. 本决算编制后，将决算说明、决算报表及机关的支出决算，加装决算报表封面，整理装订成册。封面和表内各页均应加盖公章及有关人员名章。

7. 本决算收支表金额单位一律用“元”，小数点后保留两位。

工会经费收支决算表

编制单位：　　（公章）　　（年度）报表日期：　　年　月　日　　单位：元

科目		核定预算数	决算数	完成预算%	说明
编号	名称				
401	**会费收入**				
402	**拨缴经费收入**				
403	**上级补助收入**				
40301	回拨补助				
40302	专项补助				
40303	超收补助				

续表

科目		核定预算数	决算数	完成预算%	说明
编号	名　称				
40304	帮扶补助				
40305	送温暖补助				
40306	救灾补助				
40307	其他补助				
404	**政府补助收入**				
405	**行政补助收入**				
406	**事业收入**				
407	**投资收益**				
408	**其他收入**				
本年收入合计					
501	**职工活动支出**				
50101	职工教育费				
50102	文体活动费				
50103	宣传活动费				
50104	其他活动支出				
502	**维权支出**				
50201	劳动关系协调费				
50202	劳动保护费				
50203	法律援助费				
50204	困难职工帮扶费				
50205	送温暖费				
50206	其他维权支出				
503	**业务支出**				
50301	培训费				
50302	会议费				
50303	外事费				
50304	专项业务费				

续表

科目		核定预算数	决算数	完成预算%	说明
编号	名称				
50305	其他业务费				
504	**行政支出**				
50401	工资福利支出				
50402	商品和服务支出				
50403	对个人和家庭的补助				
50404	其他行政支出				
505	**资本性支出**				
50501	房屋建筑物购建				
50502	办公设备购置				
50503	专用设备购置				
50504	交通工具购置				
50505	大型修缮				
50506	信息网络购建				
50507	其他资本性支出				
506	**补助下级支出**				
50601	回拨补助				
50602	专项补助				
50603	超收补助				
50604	帮扶补助				
50605	送温暖补助				
50606	救灾补助				
50607	其他补助				
507	**事业支出**				
508	**其他支出**				
预备费					
本年支出合计					
本年结余					

续表

科　目		核定预算数	决算数	完成预算%	说明
编号	名　　称				
	加：上年结余				
	加:本年收回投资				
	减：本年投资				
	减:本年提取后备金				
期末滚存结余					

工会主席：　　　　　经费审查委员会主任：　　　　　财务负责人：　　　　　制表：

三、工会经费收支决算汇总表编报说明

1. 本表适用于基层工会、县级工会、市级（地、州、盟）工会、省级工会和全国总工会汇总所属决算报表之用。

2. 各省、市、县、基层工会必须按全国总工会统一编制的表格及有关要求汇总填报，不得随意增减款级科目。

3. 决算汇总要求做到数字计算正确，内容完整，并按规定时间及时报送，省级工会必须于次年 3 月 15 日前报送全国总工会财务部一份，包括书面文档和电子数据。

4. 本表金额单位一律用“万元”，小数点后保留两位。

5. 省级工会的决算汇总表应另附决算汇总表说明书。

6. 收支决算汇编的口径及要求：

（1）省辖市级（地、州、盟）工会汇总时，将本级工会的决算填入“市级工会”栏内，根据县（市、市辖区、旗）工会的本级决算汇入“县级工会”栏内，根据县（市、市辖区、旗）工会上报的基层工会汇总决算和市（地、州、盟）直基层工会的汇总决算汇入“基层工会”栏内；

（2）省（自治区）工会汇总时，将本级决算填入“省级工会”栏内，将市（地、州、盟）工会和省产业（局）工会的决算，填入“市级工会”栏目，县级工会决算汇总填表入“县级工会”栏目，根据省直基层和市、县所属基层汇总填表入“基层工会”栏目；

（3）直辖市工会汇总时，将本级决算填入“省级工会”栏内，将区（局）工会的本级决算和直辖市所属县总工会决算，汇总填入“市级工会”栏中，根据市直和区（县）局的基层汇总列入“基层工会”栏内；

（4）全国铁路总工会、中国民航工会、中国金融工会汇总时，将本级决算填入“省级工会”栏内，基层工会汇总决算填入“基层工会”栏内；

（5）中央国家机关工会和中直机关工会汇总时，将本级决算填入“省级工会”栏内，基层工会汇总决算填入“基层工会”栏内；

（6）全国总工会汇总时，将本级决算填入“全国总工会”栏内，并根据省级工会上报的汇总决算进行汇总。

7. 省级工会在“汇总决算数”栏内，应对冲“上级补助收入”与“补助下级支出”科目（即上级补助收入科目保留全国总工会的补助数，其余全部与补助下级支出冲减）；省级工会在“汇总决算数”栏内填写对冲以上两个科目数外，其余各栏数字按原数汇总填列，市级工会也可按此原理进行对冲。

8. 汇总决算应报文字说明，除说明应汇和实汇的单位外，主要是运用结构分析和对比分析的方法，对各级工会经费收、交的状况作综合性检查、分析；重点分析工会经费收、支构成变动情况和问题，为领导制定政策，改进工作提供参考。

9. 省级工会决算汇总编妥后，应将决算汇总表说明、决算汇总报表，加决算汇总封皮，整理装订成册上报全国总工会一份，封皮应加盖公章，经手人员要盖个人名章，同时要求将报表电子数据报送全国总工会。

中华全国总工会办公厅关于停止执行《增收留成基金管理办法》、《财务专用基金管理办法》和《经审专用经费管理办法》的通知

（厅字〔2014〕14 号　2014 年 5 月 4 日）

各省、自治区、直辖市总工会，中华全国铁路总工会、中国民航工会、中国金融工会，中共中央直属机关工会联合会、中央国家机关工会联合会：

为加强和改进工会财务管理，现就有关事项通知如下。

一、各级工会自接到本通知之日起，停止执行中华全国总工会办公厅《关于印发〈增收留成基金管理办法〉、〈财务专用基金管理办法〉、〈经审专用经费管理办法〉的通知》（总工办发〔2000〕47 号），不再按一定比例提取财务专用基金、增收留成基金，不再按一定比例掌握使用经审专用经费。

二、各级工会要保障财务工作、经审工作所需经费，并将经费纳入本级工会年度预算管理。根据相关规定编制预算，并严格按照同级工会审查批准

的预算执行。

三、各级工会的财务工作、经审工作不得发放奖励。

四、各级工会要对以往年度已经提取的增收留成基金和财务专用基金进行清理，年末统一并入经费结余科目。对已按一定比例列入2014年度预算的经审专用经费，要进行相应的预算调整。

全国总工会财务部关于印发《关于工会财务工作经费开支范围的规定》、《关于工会经审工作经费开支范围的规定》的通知

（工财发〔2014〕43号 2014年6月6日）

各省、自治区、直辖市总工会财务部，中华全国铁路总工会、中国民航工会全国委员会、中国金融工会全国委员会财务部（办公室），中共中央直属机关工会联合会、中央国家机关工会联合会办公室：

现将《关于工会财务工作经费开支范围的规定》、《关于工会经审工作经费开支范围的规定》印发给你们，请认真贯彻执行。

附件1：

关于工会财务工作经费开支范围的规定

为保障工会财务工作所需经费纳入工会经费预算管理，根据《中华全国总工会办公厅关于停止执行〈增收留成基金管理办法〉、〈财务专用基金管理办法〉和〈经审专用经费管理办法〉的通知》（厅字〔2014〕14号）文件规定，现就工会财务工作经费开支范围规定如下：

一、各级工会停止执行《财务专用基金管理办法》，不再按照一定比例提取财务专用基金后，要确保本级工会财务工作经费，将财务工作经费统一纳入本级工会年度预算，作为专项业务费进行管理。

二、财务工作经费开支范围包括：

（一）财务制度建设和调研工作经费：主要用于开展工会财务工作专项调

研，包括召开有关业务工作会议、座谈会以及调研工作等。

（二）财务检查工作经费：主要用于对本级工会所属单位和下级工会开展财务检查工作。

（三）财会人员培训经费：主要用于本级和下级工会财会人员培训工作，包括培训费、讲课费、住宿费、伙食费、学杂费、资料印刷费、课件制作费等。

（四）开展税务代收工会经费、财政划拨工会经费工作经费。

（五）财会软件开发与应用经费：主要用于工会财会软件的开发、维护、升级和财务数据网络传输等。

（六）补助工会会计学会业务活动经费。

（七）聘请会计师事务所、资产评估事务所等中介机构经费。

（八）财会业务经费。

1. 财务票证购领费：主要用于涉及工会财务业务票证购领、印制、邮寄、分发等，以及银行票据购领等。

2. 财会业务设备用品购置费：主要用于购置必要的财会业务设备、用品等。

3. 财务业务资料费：主要用于购置工会财务业务建设必需业务书刊、资料，如：与工会财务工作相关的文件汇编、业务书籍等，订阅工会财会方面的报刊杂志等。

（九）财务竞赛工作经费：主要用于有关财务竞赛工作的评选奖状证书制作邮寄等。

（十）其他财务工作所需经费。

三、各级工会应按照本规定的要求，编制好本级工会财务工作经费预算，并严格按照同级工会审批的预算执行。

附件2：

关于工会经审工作经费开支范围的规定

为保障各级工会经审会及经审会办公室监督机制的有效运行，根据《中华全国总工会办公厅关于停止执行〈增收留成基金管理办法〉、〈财务专用基金管理办法〉、〈经审专用经费管理办法〉的通知》（厅字〔2014〕14号）文件规定，现就工会经审工作经费开支范围规定如下：

一、县级以上工会停止执行《经审专用经费管理办法》后，工会经审工作所需经费不再按照规定比例列入预算，改为按照当年工会经审工作需要，将所需经费列入本级工会年度预算。各级工会要确保工会经审组织开展审查审计监督工作经费，将工会经审工作经费列入本级工会年度预算，作为专项业务费进行管理。

二、工会经审工作经费开支范围包括：

（一）审查审计工作经费：主要用于开展审计、审计调研、专项检查等工作所需经费。包括支付聘请社会中介机构、特邀审计员、经审互审活动发生的经费，审计差旅费、交通费，对相关审计业务的论证咨询等费用。

（二）经审工作制度建设和调研工作经费：主要用于开展工会经审工作制度研究、专项调研、工作督导、规范化建设考核及有关业务工作会议、座谈会所需的工作经费。

（三）经审干部培训经费：主要用于对本级和下级工会经审人员培训工作经费。包括培训费、讲课费、住宿费、伙食费、学杂费、资料印刷费、课件制作费等。

（四）工会审计软件开发与应用经费：主要用于工会审计软件的购买、开发、应用、维护、升级、技术服务和网络数据传输、数据库管理等费用。

（五）业务资料费：主要用于购置工会经审业务建设所需的业务书刊、资料。包括：与工会经审工作相关的书籍、报纸、文件汇编、论文选编及工会经审信息的编审印刷邮寄等费用。

（六）设备及办公用品购置费：主要用于购置必备的经审工作设备、工具、办公用品等。

（七）经审工作规范化建设考核、优秀审计项目评选等以及奖牌、奖状证书的制作及邮寄费等。

（八）支付审计学会、协会的会费。

（九）其他经审工作所需的经费。

三、各级工会应按照本规定的要求，编制好本级工会经审工作经费预算，为工会经审组织开展工作提供保证，并严格按照同级工会审批的预算执行。

中华全国总工会办公厅关于对下补助实行项目补助管理的通知

（总工办发〔2015〕10号　2015年3月31日）

各省、自治区、直辖市总工会，中华全国铁路总工会、中国民航工会全国委员会、中国金融工会全国委员会，中共中央直属机关工会联合会、中央国家机关工会联合会：

为理顺工会经费分配管理体制，规范全总对下级工会经费补助工作，进一步提高全总对经费的管控能力，使全总对下补助资金的分配、使用和监管达到优化结构、保障重点，服务基层、帮扶困难，细化管理、专款专用，追踪问效、违规追责的目的，现就全总对下补助实行项目补助管理有关事项通知如下。

一、从2015年起，全总对下级工会的回拨补助、超收补助和专项补助合并为项目补助，项目补助构成：

（一）全总安排的重点工作补助，主要用于区域性、行业性工会职业化干部补助，全国职工教育培训优秀示范点、全国工会干部教育培训特色基地建设，职工（劳模）创新专项补助，全国先进就业培训机构扶持资金等（不超过全总补助总额的10%）。

（二）乡镇（街道）和基层工会经费补助，主要用于乡镇（街道）、开发区（工业园区）和基层工会开展职工活动经费不足的补助。总额不低于全总补助总额的10%。

（三）省级工会重点工作经费补助，主要用于省级总工会年度安排的重点工作项目。

（四）地（市）级、县（区）级工会工作经费补助，主要用于地级市、县级（市）工会重点工作扶持和老少边穷、困难地区县级工会工作经费补助。

（五）其他项目补助，主要用于职工教育、文体活动、疗休养、工会办公场所和职工帮扶服务中心等维修改造、设施设备更新，政府资金投入不足部分的补助。

以上（一）至（四）项补助，暂按全总原对下回拨补助和超收补助之和的水平控制。

二、本通知第一条（一）（二）项补助由全总直接安排，其余项目由省级工会每年向全总申报。

（一）由省级工会向全总申报的项目补助：

1. 省级工会重点工作经费补助，由省级工会提出项目申请。

2. 地（市）级、县（区）级工会工作经费补助，由省级工会审核后提出项目申请。

3. 其他项目补助，由省级工会按有关项目审核，逐项申请。

（二）经批准独立管理经费的全国铁路、民航、金融工会，中共中央直属机关工会联合会、中央国家机关工会联合会向全总申报的项目补助：

1. 所属工会重大活动经费补助。

2. 本级工会重点工作经费补助。

3. 其他项目补助。

（三）省级工会在申报时，应当填报相关补助申请表和《项目补助申请汇总表》（详见附表），并附申请报告。不填报的，视为放弃补助申请；没有全面申报项目补助的，全总只对申报的项目进行补助。

三、对于未完成全总下达的当年经费上缴任务的省级工会，全总将相应抵减对其项目补助总金额。

四、省级工会应当于每年 6 月 30 日前将项目补助相关申报材料报送全总财务部。全总对下级工会的项目补助，每年分上、下半年两次拨付。上半年补助于上半年经费任务完成考核后拨付。下半年补助于全年经费任务完成考核后拨付，下半年拨付的补助可以跨年度使用。

五、全总拨付项目补助，在“补助下级支出——回拨补助”科目核算，省级工会收到项目补助，在“上级补助收入——回拨补助”科目核算。省级及省级以下各级工会转拨、收到项目补助资金，均在“补助下级支出——回拨补助”和“上级补助收入——回拨补助”科目核算。

六、各级工会对全总下拨的项目补助资金，要切实加强预算管理，细化预算编制，从严控制开支。实行专项管理、专款专用，追踪问效、违规追责。

全总财务部负责组织相关部门对申报项目补助管理、资金分配和拨付进行论证报批及对资金使用情况进行监督检查。省级工会财务部门负责资金落实到位，督促资金使用单位及时报告使用情况，开展资金绩效评价工作。资金使用单位要加强资金管理，提高资金使用效益。

对全总下拨的项目补助资金，任何单位不得截留挪用、改变用途。对截留挪用、改变资金用途的，全总要追回下拨的项目补助资金或扣减有关省级工会下一年度的补助，并追究有关当事人和工会负责人的责任。

附件 1：项目补助申请汇总表（地方省级工会填报）

1－1. 地方省级工会重点工作经费补助申请表

1－2. 地方市、县级工会工作经费补助申请表

1－3. 地方其他项目补助申请表

附件2：项目补助申请汇总表（全国铁路、民航、金融工会，中直、国直工会填报）

2－1. 全国产业工会所属工会重大活动经费补助申请表

2－2. 全国产业工会本级工会重点工作经费补助申请表

2－3. 全国产业工会其他项目申请表

附件1：

项目补助申请汇总表（地方省级工会填报）

填报单位：__________（公章）　　　　填报日期：______年______月

金额单位：万元

		类别	资金需求总量	申请总额	全总以前年度解决数	当年申请预算	项目包含工会个数	全总批复金额
项目类别	一	全总安排的重点工作补助	*	*	*	*	*	*
	二	乡镇街道和基层工会经费补助	*	*	*	*	*	*
	三	省级工会重点工作经费补助						
	四	市、县级工会工作经费补助						
	五	其他项目补助						
		合计						

单位负责人：　　　　财务负责人：　　　　复核：　　　　填表：

填表说明：

一、本表反映省级工会上报的所有项目补助汇总情况。第三类项目由附表1－1汇总填列，第四类项目由附表1－2汇总填列，第五类项目由附表1－3汇总填列。

二、本表由省级工会财务部门负责填报。

三、本表由省级工会相关人员填写并加盖公章后上报。

四、上报2015年本表时，“全总以前年度解决数”不填。

1－1：

地方省级工会重点工作经费补助申请表

填报单位：__________（公章）　　　　　　　　　　填报日期：______年______月

金额单位：万元

	序号	省级工会重点工作项目	资金需求总量	申请总额	全总以前年度解决数	当年申请预算	全总批复金额
类别具体情况	1						
	2						
	3						
	4						
	5						
	6						
	7						
	8						
	9						
	10						
		合计					

单位负责人：　　　　财务负责人：　　　　复核：　　　　填表：

填表说明：

一、本表反映省级工会重点工作项目具体情况，每个具体项目需逐行填列。

二、本表合计数应与“项目补助申请汇总表”数据一致。

三、本表由省级工会财务部门负责填报。

四、本表由省级工会相关人员填写并加盖公章后上报。

五、上报2015年本表时，“全总以前年度解决数”不填。

1－2：

地方市、县级工会工作经费补助申请表

填报单位：__________（公章）　　　　　　　　　　　　填报日期：______年______月

金额单位：万元

	序号	市、县级工会工作项目	资金需求总量	申请总额	全总以前年度解决数	当年申请预算	全总批复金额
类别具体情况	1						
	2						
	3						
	4						
	5						
	6						
	7						
	8						
	9						
	10						
		合计					

单位负责人：　　　　财务负责人：　　　　复核：　　　　填表：

填表说明：

一、本表反映市、县级工会工作项目具体情况，每个具体项目需逐行填列。

二、本表合计数应与“项目补助申请汇总表”数据一致。

三、本表由省级工会财务部门负责填报。

四、本表由省级工会相关人员填写并加盖公章后上报。

五、上报2015年本表时，“全总以前年度解决数”不填。

1-3：

地方其他项目补助申请表

填报单位：__________（公章） 填报日期：_____年_____月

金额单位：万元

	序号	其他项目明细	资金需求总量	申请总额	全总以前年度解决数	当年申请预算	全总批复金额
类别具体情况	1						
	2						
	3						
	4						
	5						
	6						
	7						
	8						
	9						
	10						
		合计					

单位负责人： 财务负责人： 复核： 填表：

填表说明：

一、本表反映其他项目补助明细具体情况，每个具体项目需逐行填列。

二、本表合计数应与“项目补助申请汇总表”数据一致。

三、本表由省级工会财务部门负责填报。

四、本表由省级工会相关人员填写并加盖公章后上报。

五、上报2015年本表时，“全总以前年度解决数”不填。

附件2：

项目补助申请汇总表（全国铁路、民航、金融工会，中直、国直工会填报）

填报单位：__________（公章）　　　　　　　　填报日期：______年______月

金额单位：万元

项目类别		类别	资金需求总量	申请总额	全总以前年度解决数	当年申请预算	项目包含工会个数	全总批复金额
	一	所属工会重大活动经费补助						
	二	本级工会重点工作经费补助						
	三	其他项目补助						
		合计						

单位负责人：　　　　财务负责人：　　　　复核：　　　　　　　　填表：

填表说明：

一、本表反映全国铁路、民航、金融工会，以及中直、国直工会上报的所有项目补助汇总情况。第一类项目由附表2－1汇总填列，第二类项目由附表2－2汇总填列，第三类项目由附表2－3汇总填列。

二、本表由全国铁路、民航、金融工会，以及中直、国直工会财务部门负责填报。

三、本表由全国铁路、民航、金融工会，以及中直、国直工会相关人员填写并加盖公章后上报。

四、上报2015年本表时，“全总以前年度解决数”不填。

2－1：

全国产业工会所属工会重大活动经费补助申请表

填报单位：__________（公章）　　　　填报日期：______年______月

金额单位：万元

	序号	所属工会重大活动项目	资金需求总量	申请总额	全总以前年度解决数	当年申请预算	全总批复金额
类别具体情况	1						
	2						
	3						
	4						
	5						
	6						
	7						
	8						
	9						
	10						
		合计					

单位负责人：　　　财务负责人：　　　复核：　　　　填表：

填表说明：

一、本表反映全国铁路、民航、金融工会，以及中直、国直工会所属工会重大活动项目明细具体情况，每个具体项目需逐行填列。

二、本表合计数应与“项目补助申请汇总表”数据一致。

三、本表由全国铁路、民航、金融工会，以及中直、国直工会财务部门负责填报。

四、本表由全国铁路、民航、金融工会，以及中直、国直工会相关人员填写并加盖公章后上报。

五、上报2015年本表时，“全总以前年度解决数”不填。

2－2：

全国产业工会本级工会重点工作
经费补助申请表

填报单位：__________（公章）　　　　填报日期：______年______月

金额单位：万元

	序号	本级工会重点工作项目	资金需求总量	申请总额	全总以前年度解决数	当年申请预算	全总批复金额
类别具体情况	1						
	2						
	3						
	4						
	5						
	6						
	7						
	8						
	9						
	10						
		合计					

单位负责人：　　　财务负责人：　　　复核：　　　　填表：

填表说明：

一、本表反映全国铁路、民航、金融工会，以及中直、国直工会本级工会重点工作明细具体情况，每个具体项目需逐行填列。

二、本表合计数应与“项目补助申请汇总表”数据一致。

三、本表由全国铁路、民航、金融工会，以及中直、国直工会财务部门负责填报。

四、本表由全国铁路、民航、金融工会，以及中直、国直工会相关人员填写并加盖公章后上报。

五、上报2015年本表时，“全总以前年度解决数”不填。

2-3：

全国产业工会其他项目申请表

填报单位：__________（公章）　　　　　　　　填报日期：_____年_____月

金额单位：万元

	序号	其他项目明细	资金需求总量	申请总额	全总以前年度解决数	当年申请预算	全总批复金额
类别具体情况	1						
	2						
	3						
	4						
	5						
	6						
	7						
	8						
	9						
	10						
		合计					

单位负责人：　　　　财务负责人：　　　　复核：　　　　填表：

填表说明：

一、本表反映全国铁路、民航、金融工会，以及中直、国直工会其他项目明细具体情况，每个具体项目需逐行填列。

二、本表合计数应与“项目补助申请汇总表”数据一致。

三、本表由全国铁路、民航、金融工会，以及中直、国直工会财务部门负责填报。

四、本表由全国铁路、民航、金融工会，以及中直、国直工会相关人员填写并加盖公章后上报。

五、上报2015年本表时，“全总以前年度解决数”不填。

中华全国总工会办公厅关于印发《工会预算支出绩效评价管理暂行办法》的通知

（总工办发〔2016〕2号　2016年1月20日）

各省、自治区、直辖市总工会，中华全国铁路总工会、中国民航工会、中国金融工会，中共中央直属机关工会联合会、中央国家机关工会联合会：

为加强工会预算支出管理，强化支出责任，建立科学、合理的预算支出绩效评价管理体系，提高资金使用效益，根据《工会预算管理办法》，全国总工会制定了《工会预算支出绩效评价管理暂行办法》。现印发给你们，请结合实际，制定实施细则，认真组织贯彻实施。目前，尚未开展工会预算支出绩效评价管理工作的省级工会，可先进行试点后，再在县和县以上工会全面推行。

附件：

工会预算支出绩效评价管理暂行办法

第一章　总　则

第一条　为加强工会预算支出管理，强化支出责任，建立科学、合理的预算支出绩效评价管理体系，提高资金使用效益，根据《工会预算管理办法》，制定本暂行办法。

第二条　工会预算支出绩效评价（以下简称绩效评价）是各级工会根据设定的绩效目标，运用科学、合理的绩效评价指标、评价标准和评价方法，对预算支出的经济性、效率性和效益性进行客观、公正的评价。

第三条　本暂行办法适用于县和县以上工会（下同），实行本级预算管理的工会，实行单位预算管理的工会机关、工会企事业单位是绩效评价的主体。

第四条　工会经费安排支出的绩效评价及相关管理活动适用本暂行办法。

第五条　绩效评价应当遵循以下基本原则：

（一）科学规范原则。绩效评价应当严格执行规定的程序，按照科学可行的要求，采用定量与定性分析相结合的方法。

（二）公正公开原则。绩效评价应当符合真实、客观、公正的要求，依法公开并接受监督。

（三）分级分类原则。绩效评价由各级工会根据评价对象的特点分类组织实施。

（四）绩效相关原则。绩效评价应当针对具体支出及其产出绩效进行，评价结果应当清晰反映支出和产出绩效之间的紧密对应关系。

第六条 绩效评价的主要依据：

（一）国家相关法律、法规和规章制度；

（二）工会工作的目标任务；

（三）预算管理制度、资金及财务管理办法、财务会计资料；

（四）预算资金的使用部门（单位）职能职责及年度工作计划；

（五）申请预算时提出的绩效目标及预算批复，年度预算执行情况，年度决算报告等；

（六）审计报告，财务监督检查报告；

（七）其他相关资料。

第二章 绩效评价的对象和内容

第七条 绩效评价的对象是纳入工会预算管理的资金。

第八条 绩效评价的重点以项目支出为主，评价一定金额以上、与工会重点工作密切相关的、具有社会经济影响的项目，是在业务支出、资本性支出、补助下级支出和事业支出等科目中预算安排的项目支出。

第九条 绩效评价的基本内容：

（一）绩效目标的设定情况；

（二）资金投入和使用情况；

（三）为实现绩效目标制定的制度、采取的措施；

（四）绩效目标的实现程度及效果等。

第十条 绩效评价一般以预算年度为周期，对跨年度的重大或重点项目可根据项目或支出完成情况实施阶段性评价。

第三章 绩效目标

第十一条 绩效目标是绩效评价的对象在一定期限内达到的产出和效果，是实施绩效评价的主要依据。

第十二条 绩效目标应当包括以下主要内容：

（一）预期产出，如预算安排的项目（工会提供的公共产品和服务）数量；

（二）预期效果，如为社会发展、工会重点工作、职工群众服务提供资源的经济和社会效益；

（三）达到预期产出所需要的成本资源；

（四）衡量预期产出、预期效果和服务对象满意程度的绩效指标等；

（五）其他。

第十三条 绩效目标应当符合以下要求：

（一）指向明确。绩效目标要符合工会工作的目标任务，预算资金使用部门（单位）的职能职责及年度工作计划，并与相应的工会预算支出范围、方向、效果紧密相关。

（二）具体细化。绩效目标应当从数量、质量、成本和时效等方面进行细化，尽量进行定量表述，不能以量化形式表述的，可以采用定性的分级分档形式表述。

（三）合理可行。制定绩效目标时要经过调查研究和科学论证，目标要符合客观实际。

第四章　绩效评价指标及方法

第十四条 绩效评价指标是指衡量绩效目标实现程度的考核工具。绩效评价指标由全国总工会提供参考模板。

第十五条 绩效评价指标的确定应当遵循以下原则：

（一）相关性原则。应当与绩效目标有直接的联系，能够恰当反映目标的实现程度。

（二）重要性原则。应当优先使用最具评价对象代表性、最能反映评价要求的核心指标。

（三）可比性原则。对同类评价对象要设定共性的绩效评价指标，以便于评价结果可以相互比较。

（四）系统性原则。应当将定量指标与定性指标相结合，系统反映工会预算支出所产生的社会效益、经济效益、环境效益和可持续影响等。

（五）经济性原则。应当通俗易懂、简便易行，数据的获得应当考虑现实条件和可操作性，符合成本效益原则。

第十六条 绩效评价指标分为共性指标和个性指标。

（一）共性指标是适用于所有评价对象的指标。包括预算编制和执行情况、财务管理状况、资产配置、使用、处置及其收益管理情况以及社会效益、经济效益等。

（二）个性指标是针对预算部门或项目特点设定的，适用于不同用款单位或部门和项目的业绩评价指标。

共性指标由财务部门统一制定、适用于所有评价对象。个性指标由财务部门会同用款单位或部门制定。

第十七条　绩效评价方法主要采用成本效益分析法、比较法、因素分析法、最低成本法、公众评判法等。

（一）成本效益分析法。是指将一定时期内的支出与效益进行对比分析，以评价绩效目标实现程度。

（二）比较法。是指通过对绩效目标与实施效果、历史与当期情况、不同部门和地区同类支出的比较，综合分析绩效目标实现程度。

（三）因素分析法。是指通过综合分析影响绩效目标实现、实施效果的内外因素，评价绩效目标实现程度。

（四）最低成本法。是指对效益确定却不易计量的多个同类对象的实施成本进行比较，评价绩效目标实现程度。

（五）公众评判法。是指通过专家评估、公众问卷及抽样调查等对支出效果进行评判，评价绩效目标实现程度。

（六）其他评价方法。

第十八条　绩效评价方法的选用应当坚持简便有效的原则。

根据评价对象的具体情况，可采用一种或多种方法进行绩效评价。

第五章　绩效评价的组织管理

第十九条　各级工会按照“统一领导，分级管理”的工会财务管理体制，开展绩效评价工作。

第二十条　全国总工会负责制定工会预算支出绩效评价制度，指导省级工会开展绩效评价工作，组织实施本级绩效评价工作。

第二十一条　省级工会负责组织实施本地区、本系统和本产业的绩效评价工作。

第二十二条　绩效评价工作可委托专家、中介机构等第三方实施。具体工作由工会财务部门或相关职能部门统一安排，确定绩效评价的项目、绩效目标的提出设定与预算安排同步进行。

第六章　绩效评价工作程序

第二十三条　绩效评价工作程序是有关单位组织实施绩效评价的工作流程。

第二十四条　绩效评价工作一般按照以下程序进行：

（一）确定绩效评价对象；
（二）下达绩效评价通知；
（三）确定绩效评价工作人员；
（四）制订绩效评价工作方案；
（五）收集绩效评价相关资料；
（六）对资料进行审查核实；
（七）综合分析并形成评价结论；
（八）撰写与提交评价报告；
（九）建立绩效评价档案。

第七章　绩效自评报告和绩效评价报告

第二十五条　工会经费的具体使用单位或部门应当按照本暂行办法的规定提交绩效自评报告，绩效自评报告应当包括以下主要内容：

（一）基本概况，本单位与部门的职能、事业发展规划、预决算情况、项目立项依据等；
（二）绩效目标及其设立依据和调整情况；
（三）管理措施及组织实施情况；
（四）总结分析绩效目标完成情况；
（五）说明未完成绩效目标及其原因；
（六）下一步改进工作的意见及建议；
（七）其他需要说明的问题。

第二十六条　实行本级预算管理的工会，实行单位预算管理的工会机关、企事业单位，按照本暂行办法的规定开展绩效评价并撰写绩效评价报告，绩效评价报告内容：

（一）基本概况；
（二）绩效评价的组织实施情况；
（三）绩效评价指标体系、评价标准和评价方法；
（四）绩效目标的实现程度；
（五）存在问题及原因分析；
（六）评价结论及建议等；
（七）其他需要说明的问题。

第二十七条　绩效自评报告和绩效评价报告应当依据充分、真实完整、数据准确、分析透彻、逻辑清晰、客观公正。

第二十八条　绩效自评报告和绩效评价报告的具体格式由全国总工会提

供参考模板，省级工会制定。

第八章　绩效评价结果及其应用

第二十九条　绩效评价结果应当采取评分或评级形式，具体分值和等级根据不同评价内容设定。

第三十条　各级工会应当及时整理、归纳、分析、反馈绩效评价结果，并将其作为改进预算管理和安排年度预算的重要依据。

对绩效评价结果较好的，本级工会予以表扬或继续支持。

对绩效评价发现问题、达不到绩效目标或评价结果较差的，本级工会可予以通报批评，并责令其限期整改。不进行整改或整改不到位的，应当根据情况调整项目或相应调减项目预算，直至取消该预算支出。

第三十一条　绩效评价结果应当按照信息公开的有关规定在一定范围内公开。

第九章　附　则

第三十二条　各省级工会应结合本地区、本产业和本系统实际制定具体的管理办法和实施细则。

第三十三条　本暂行办法自发布之日起施行。

附件：工会预算支出绩效考评工作参考模板

1－1. 工会预算支出绩效目标申报表

1－2.《工会预算支出绩效目标申报表》填报说明

2. 工会预算支出绩效评价指标框架

3－1. 工会预算支出绩效评价报告

3－2. 工会预算支出绩效评价指标分值

3－3. 工会预算支出绩效评价指标评分表

4. 工会预算支出绩效自评报告

5. 工会预算支出绩效评价工作流程图

附件1－1：

工会预算支出绩效目标申报表
（　　年度）

填报单位或部门（盖章）

<table>
<tr><td>项目名称</td><td></td><td>项目属性</td><td colspan="3">新增项目□　延续项目□</td></tr>
<tr><td>用款部门/单位</td><td colspan="5"></td></tr>
<tr><td>项目实施单位</td><td></td><td>项目负责人</td><td></td><td>联系电话</td><td></td></tr>
<tr><td>项目起止时间</td><td colspan="5"></td></tr>
<tr><td rowspan="13">项目资金申请（万元）</td><td colspan="5">资金总额：</td></tr>
<tr><td colspan="5">1. 上级工会预算拨款：</td></tr>
<tr><td colspan="5">工会经费：</td></tr>
<tr><td colspan="5">财政拨款：</td></tr>
<tr><td colspan="5">2. 自有资金：</td></tr>
<tr><td colspan="5">工会经费：</td></tr>
<tr><td colspan="5">财政补助收入：</td></tr>
<tr><td colspan="5">行政补助收入：</td></tr>
<tr><td colspan="5">事业收入：</td></tr>
<tr><td colspan="5">经营性收入：</td></tr>
<tr><td colspan="5">……</td></tr>
<tr><td colspan="5">3. 其他资金：</td></tr>
<tr><td colspan="5">……</td></tr>
<tr><td>单位职能概述</td><td colspan="5"></td></tr>
</table>

续表

<table>
<tr><td>项目概况</td><td colspan="5"></td></tr>
<tr><td rowspan="3">项目立项情况</td><td>项目立项的依据</td><td colspan="4"></td></tr>
<tr><td>项目申报的可行性</td><td colspan="4"></td></tr>
<tr><td>项目申报的必要性</td><td colspan="4"></td></tr>
<tr><td rowspan="5">项目实施进度计划</td><td>项目实施内容</td><td colspan="2">开始时间</td><td colspan="2">完成时间</td></tr>
<tr><td>1.</td><td colspan="2"></td><td colspan="2"></td></tr>
<tr><td>2.</td><td colspan="2"></td><td colspan="2"></td></tr>
<tr><td>3.</td><td colspan="2"></td><td colspan="2"></td></tr>
<tr><td>……</td><td colspan="2"></td><td colspan="2"></td></tr>
<tr><td rowspan="2">项目绩效目标</td><td colspan="2">长期目标</td><td colspan="3">年度目标</td></tr>
<tr><td colspan="2"></td><td colspan="3"></td></tr>
<tr><td rowspan="18">长期绩效指标</td><td>一级指标</td><td>二级指标</td><td>指标内容</td><td>指标值</td><td>备注</td></tr>
<tr><td rowspan="9">产出指标</td><td rowspan="2">数量指标</td><td></td><td></td><td></td></tr>
<tr><td></td><td></td><td></td></tr>
<tr><td rowspan="2">质量指标</td><td></td><td></td><td></td></tr>
<tr><td></td><td></td><td></td></tr>
<tr><td rowspan="2">时效指标</td><td></td><td></td><td></td></tr>
<tr><td></td><td></td><td></td></tr>
<tr><td rowspan="2">成本指标</td><td></td><td></td><td></td></tr>
<tr><td></td><td></td><td></td></tr>
<tr><td>……</td><td></td><td></td><td></td></tr>
<tr><td rowspan="8">效益指标</td><td rowspan="2">经济效益指标</td><td></td><td></td><td></td></tr>
<tr><td></td><td></td><td></td></tr>
<tr><td rowspan="2">社会效益指标</td><td></td><td></td><td></td></tr>
<tr><td></td><td></td><td></td></tr>
<tr><td rowspan="2">环境效益指标</td><td></td><td></td><td></td></tr>
<tr><td></td><td></td><td></td></tr>
<tr><td rowspan="2">可持续影响指标</td><td></td><td></td><td></td></tr>
<tr><td></td><td></td><td></td></tr>
</table>

续表

		……			
	服务对象满意度指标	具体指标			
	……				
年度绩效指标	一级指标	二级指标	指标内容	指标值	备注
	产出指标	数量指标			
		质量指标			
		时效指标			
		成本指标			
		……			
	效益指标	经济效益指标			
		社会效益指标			
		环境效益指标			
		可持续影响指标			
		……			
	服务对象满意度指标	具体指标			
	……				
其他说明的问题					

填报人：　　　　　　　　　　单位负责人：　　　　　　　　　　填报日期：

1-2：

《工会预算支出绩效目标申报表》填报说明

一、适用范围

（一）本表适用于工会组织的用款部门或单位在申请项目支出预算时填报，作为项目绩效目标审核、预算资金确定和绩效评价的依据。

（二）预算部门项目支出是指各级工会的用款部门或单位为完成其特定的工作任务或工会事业发展目标、纳入工会经费预算编制范围的年度项目支出计划。每年度需填报《工会预算支出绩效目标申报表》项目的具体范围，由各级工会组织的财务部门根据各地经济与社会发展需求、工会工作重点内容、工会经费收支情况等自行确定。

二、填报说明

（一）年度：填写编制部门预算所属年份或申请使用专项资金的年份。如：2015 年编报 2016 年部门预算，填写“2016 年”；2015 年申请本年度使用专项资金，则填写“2015 年”。

（二）项目基本情况。

1. 填报单位或部门（盖章）：加盖具体填报单位公章。

2. 项目名称：按规范的项目名称内容填报，与部门预算项目名称一致。

3. 项目属性：分为新增项目和延续项目，在选项“□”中划“√”。

4. 用款部门：填写项目主管部门或单位全称。

5. 项目实施单位：填写项目用款单位。

6. 项目负责人：填写项目用款单位负责人。

7. 联系电话：填写项目用款单位负责人联系电话。

8. 项目起止时间：填写项目整体实施计划开始时间和计划完成时间。

9. 项目资金申请：填写项目资金总额，并按资金来源不同分别填写，包括上级工会预算拨款、自有资金、其他等，并根据实际经费项目填列。

10. 单位职能概述：简要描述项目实施单位的职能。

11. 项目概况：简要描述项目的内容、目的、范围、期限等基本情况。

12. 项目立项情况：分别描述项目立项的依据、项目申报的可行性、项目申报的必要性等。

13. 项目实施进度计划：按进度描述本年度项目具体细化的实施内容，分别填写计划开始时间和计划完成时间。

（三）项目绩效目标。

项目绩效目标：描述实施项目计划在一定期限内达到的产出和效果。

1. 长期目标：概括描述项目整个计划期内的总体产出和效果（延续项目）。

2. 年度目标：概括描述项目在本年度所计划达到的产出和效果。

（四）长期绩效指标：是对项目长期绩效目标的细化和量化，一般包括：

1. 产出指标：反映用款部门或单位根据既定目标计划完成的产品和服务情况。可进一步细分为：数量指标，反映用款部门或单位计划完成的产品或服务数量；质量指标，反映用款部门或单位计划提供产品或服务达到的标准、水平和效果；时效指标，反映用款部门或单位计划提供产品或服务的及时程度和效率情况；成本指标，反映用款部门或单位计划提供产品或服务所需成本，分单位成本和总成本等。

(1) 指标内容：根据实际工作需要将细分的绩效指标确定为具体内容。

(2) 指标值：对指标内容确定具体值，其中，可量化的用数值描述，不可量化的以定性描述。

(3) 备注：其他说明事项。

2. 效益指标：反映与既定绩效目标相关的、工会经费预期结果的实现程度，包括经济效益指标、社会效益指标、环境效益指标、可持续影响指标等。

(1) 指标内容：根据实际工作需要将细分的绩效指标确定为具体内容。

(2) 指标值：对指标内容确定具体值，其中，可量化的用数值描述，不可量化的以定性描述。

(3) 备注：其他说明事项。

3. 服务对象满意程度指标：反映服务对象对工会经费支出效果的满意程度，根据实际细化为具体指标。

(1) 指标内容：根据实际工作需要将细分的绩效指标确定为具体内容。

(2) 指标值：对指标内容确定具体值，其中，可量化的用数值描述，不可量化的以定性描述。

(3) 备注：其他说明事项。

4. 实际操作中确定的长期绩效指标具体内容，可由各省级工会根据预算绩效管理工作的需要，在上述指标中选取或做另行补充。

(五) 年度绩效指标。是对项目年度绩效目标的细化和量化。

具体内容填写参照“长期绩效指标”。

(六) 其他说明的问题：反映项目绩效目标申请中其他需补充说明的内容。

(七) 其他：

1. 填报人：填写具体填报人员姓名。

2. 单位负责人：单位负责人签字。

3. 填报日期：填写申报的具体时间。

附件2：

工会预算支出绩效评价指标框架

一级指标	二级指标	三级指标	指标解释
项目决策	项目目标	目标内容	目标是否明确、细化、量化
	决策过程	决策依据	项目是否满足职工服务和工会活动的需要，符合部门年度工作计划；是否根据需要制定中长期实施规划
		决策程序	项目是否符合申报条件；申报、批复程序是否符合相关管理办法；项目调整是否履行相应手续
	资金分配	分配办法	是否根据需要制定相关资金管理办法，并在管理办法中明确资金分配办法；资金分配因素是否全面、合理
		分配结果	资金分配是否符合相关管理办法；分配结果是否合理
项目管理	资金到位	到位率	实际到位/计划到位×100%
		到位时效	资金是否及时到位；若未及时到位，是否影响项目进度
	资金管理	资金使用	是否存在支出依据不合规、虚列项目支出的情况；是否存在截留、挤占、挪用项目资金情况；是否存在超标准开支情况
		财务管理	资金管理、费用支出等制度是否健全，是否严格执行；会计核算是否规范
	组织实施	组织机构	机构是否健全、分工是否明确
		管理制度	是否建立健全项目管理制度；是否严格执行相关项目管理制度
项目绩效	项目产出	产出数量	项目产出数量是否达到绩效目标
		产出质量	项目产出质量是否达到绩效目标
		产出时效	项目产出时效是否达到绩效目标
		产出成本	项目产出成本是否按绩效目标控制
	项目效益	经济效益	项目实施是否产生直接或间接经济效益
		社会效益	项目实施是否产生社会综合效益
		环境效益	项目实施是否对环境产生积极或消极影响
		可持续影响	项目实施对人、自然、资源是否带来可持续影响
		服务对象满意度	项目预期服务对象对项目实施的满意程度

附件3－1：

工会预算支出绩效评价报告

一、项目基本情况

（一）项目概况。

（二）项目绩效目标。

1. 项目绩效总目标。

2. 项目绩效阶段性目标。

二、项目单位绩效报告情况

三、绩效评价工作情况

（一）绩效评价目的。

（二）绩效评价原则、评价指标体系（附表说明）、评价方法。

（三）绩效评价工作过程。

1. 前期准备。

2. 组织实施。

3. 分析评价。

四、绩效评价指标分析情况

（一）项目资金情况分析。

1. 项目资金到位情况分析。

2. 项目资金使用情况分析。

3. 项目资金管理情况分析。

（二）项目实施情况分析。

1. 项目组织情况分析。

2. 项目管理情况分析。

（三）项目绩效情况分析。

1. 项目经济性分析。

(1) 项目成本（预算）控制情况。

(2) 项目成本（预算）节约情况。

2. 项目的效率性分析

(1) 项目的实施进度。

(2) 项目完成质量。

3. 项目的效益性分析

(1) 项目预期目标完成程度。

(2) 项目实施对经济和社会的影响。

五、综合评价情况及评价结论（附相关评分表）

六、绩效评价结果应用建议（以后年度预算安排、评价结果公开等）

七、主要经验及做法、存在的问题和建议

八、其他需说明的问题

3-2：

工会预算支出绩效评价指标分值

一级指标	分值	二级指标	分值	三级指标	分值	指标解释	评价标准
项目决策	20	项目目标	4	目标内容	4	目标是否明确、细化、量化	目标明确（1分），目标细化（1分），目标量化（2分）
		决策过程	8	决策依据	3	项目是否符合经济社会发展规划和工会年度工作计划；是否根据需要制定中长期实施规划	项目符合工会发展规划和工会年度工作计划（2分），根据需要制定中长期实施规划（1分）
				决策程序	5	项目是否符合申报条件；申报、批复程序是否符合相关管理办法；项目调整是否履行相应手续	项目符合申报条件（2分），申报、批复程序符合相关管理办法（2分），项目实施调整履行相应手续（1分）
		资金分配	8	分配办法	2	是否根据需要制定相关资金管理办法，并在管理办法中明确资金分配办法；资金分配因素是否全面、合理	办法健全、规范（1分），因素选择全面、合理（1分）
				分配结果	6	资金分配是否符合相关管理办法；分配结果是否合理	项目符合相关分配办法（2分），资金分配合理（4分）
项目管理	25	资金到位	5	到位率	3	实际到位/计划到位×100%	根据项目实际到位资金占计划的比重计算得分（3分）
				到位时效	2	资金是否及时到位；若未及时到位，是否影响项目进度	及时到位（2分），未及时到位但未影响项目进度（1.5分），未及时到位并影响项目进度（0-1分）。
		资金管理	10	资金使用	7	是否存在支出依据不合规、虚列项目支出的情况；是否存在截留、挤占、挪用项目资金情况；是否存在超标准开支情况	虚列（套取）扣4-7分，支出依据不合规扣1分，截留、挤占、挪用扣3-6分，超标准开支扣2-5分
				财务管理	3	资金管理、费用支出等制度是否健全，是否严格执行；会计核算是否规范	财务制度健全（1分），严格执行制度（1分），会计核算规范（1分）
		组织实施	10	组织机构	1	机构是否健全、分工是否明确	机构健全、分工明确（1分）
				管理制度	9	是否建立健全项目管理制度；是否严格执行相关项目管理制度	建立健全项目管理制度（2分）；严格执行相关项目管理制度（7分）
项目绩效	55	项目产出	15	产出数量	5	项目产出数量是否达到绩效目标	对照绩效目标评价产出数量（5分）
				产出质量	4	项目产出质量是否达到绩效目标	对照绩效目标评价产出质量（4分）
				产出时效	3	项目产出时效是否达到绩效目标	对照绩效目标评价产出时效（3分）
				产出成本	3	项目产出成本是否按绩效目标控制	对照绩效目标评价产出成本（3分）
		项目效果	40	经济效益	8	项目实施是否产生直接或间接经济效益	对照绩效目标评价经济效益（8分）
				社会效益	8	项目实施是否产生社会综合效益	对照绩效目标评价社会效益（8分）
				环境效益	8	项目实施是否对环境产生积极或消极影响	对照绩效目标评价环境效益（8分）
				可持续影响	8	项目实施对人、自然、资源是否带来可持续影响	对照绩效目标评价可持续影响（8分）
				服务对象满意度	8	项目预期服务对象对项目实施的满意程度	对照绩效目标评价服务对象满意度（8分）
总分	100		100		100		

3－3：

工会预算支出绩效评价指标评分表

一级指标	分值	8	分值	三级指标	分值	得分
项目决策	20	项目目标	4	目标内容	4	
		决策过程	8	决策依据	3	
				决策程序	5	
		资金分配	8	分配办法	2	
				分配结果	6	
项目管理	25	资金到位	5	到位率	3	
				到位时效	2	
		资金管理	10	资金使用	7	
				财务管理	3	
		组织实施	10	组织机构	1	
				管理制度	9	
项目绩效	55	项目产出	15	产出数量	5	
				产出质量	4	
				产出时效	3	
				产出成本	3	
		项目效益	40	经济效益	8	
				社会效益	8	
				环境效益	8	
				可持续影响	8	
				服务对象满意度	8	
总分	100		100		100	

附件4：

工会预算支出绩效自评报告

一、项目概况

（一）项目单位基本情况。

（二）项目年度预算绩效目标、绩效指标设定情况，包括预期总目标及阶段性目标；项目基本性质、用途和主要内容、涉及范围。

二、项目资金使用及管理情况

（一）项目资金安排落实、总投入等情况分析。

（二）项目资金实际使用情况分析。

（三）项目资金管理情况（包括管理制度、办法的制订及执行情况）分析。

三、项目组织实施情况

（一）项目组织情况（包括项目招投标情况、调整情况、完成验收等）分析。

（二）项目管理情况（包括项目管理制度建设、日常检查监督管理等情况）分析。

四、项目绩效情况

（一）项目绩效目标完成情况分析。将项目支出后的实际状况与申报的绩效目标对比，从项目的经济性、效率性、有效性和可持续性等方面进行量化、具体分析。其中：项目的经济性分析主要是对项目成本（预算）控制、节约等情况进行分析；项目的效率性分析主要是对项目实施（完成）的进度及质量等情况进行分析；项目的有效性分析主要是对反映项目资金使用效果的个性指标进行分析；项目的可持续性分析主要是对项目完成后，后续政策、资金、人员机构安排和管理措施等影响项目持续发展的因素进行分析。

（二）项目绩效目标未完成原因分析。

五、其他需要说明的问题

（一）后续工作计划。

（二）主要经验及做法、存在问题和建议。（包括资金安排、使用过程中的经验、做法、存在问题、改进措施和有关建议等）

（三）其他。

六、项目评价工作情况

包括评价基础数据收集、资料来源和依据等佐证材料情况，项目现场勘验检查核实等情况。

附件5：

工会预算支出绩效评价工作流程图

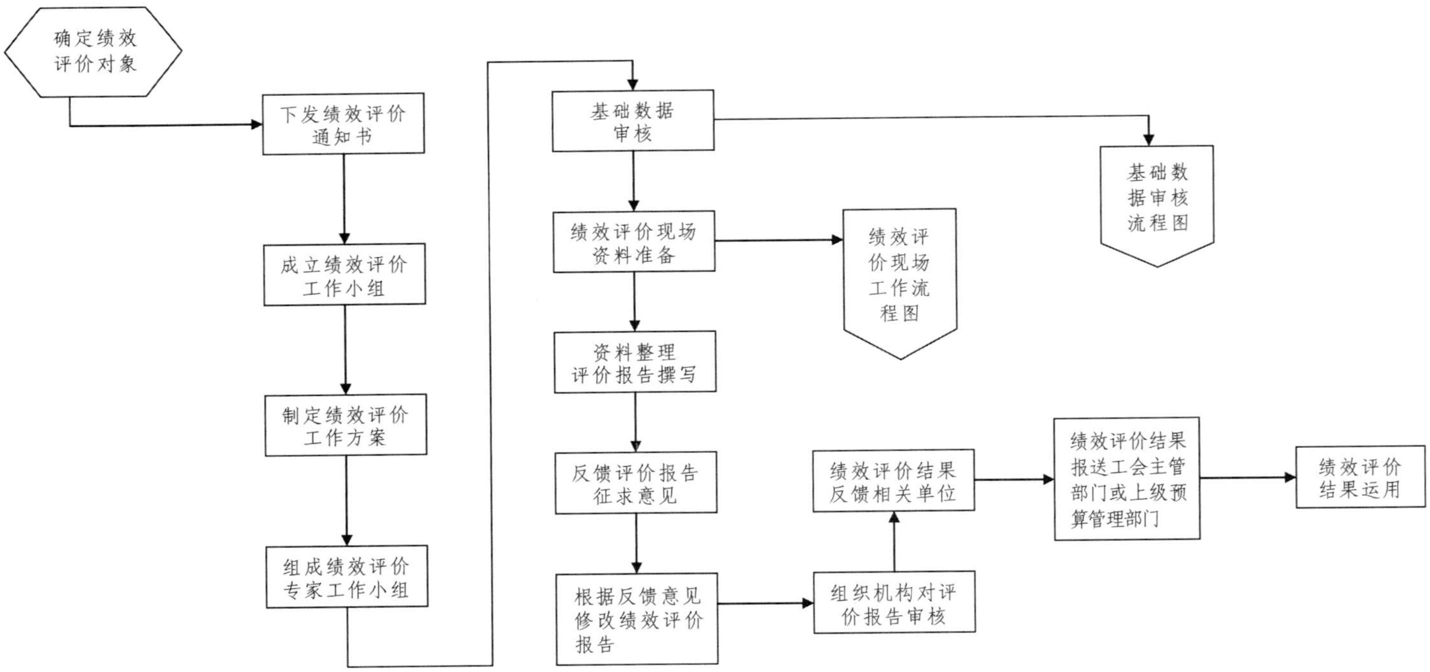

中华全国总工会财务部关于印发《县以上工会企事业单位〈工会预算管理办法〉实施细则》的通知

（工财发〔2016〕70号　2016年12月22日）

各省、自治区、直辖市总工会财务部，中华全国铁路总工会、中国民航工会全国委员会、中国金融工会全国委员会财务部（办公室），中共中央直属机关工会联合会、中央国家机关工会联合会办公室，全总各直属企事业单位：

为加强县以上工会企事业单位的预算管理，提高财务管理质量，我部拟定了《县以上工会企事业单位〈工会预算管理办法〉实施细则》，现印发给你们，请按要求执行。

附件：

县以上工会企事业单位《工会预算管理办法》实施细则

第一章　总　则

第一条　为加强县以上工会（含县级工会，下同）企事业单位的预算管理，根据国家相关法律、法规和《工会预算管理办法》，结合县以上企事业单位实际，制定本实施细则。

第二条　本《实施细则》适用于执行《工会预算管理办法》的县以上工会企事业单位。

第三条　县以上工会企事业单位的年度预算属单位预算。

县以上工会企事业单位每年财务计划与预决算的编报、执行和财务主管部门对预、决算的审批及对财务计划与预算执行过程中的监督均应在《会计法》和《会计基础工作规范》等相关法律、法规和全总有关文件的规定内进行。

第二章　单位预算的编报和日常管理

第四条　县以上工会财务部门对本级各企事业单位预算的编制与审批本

着“核定收支、定额或者定项补助、超支不补、结转和结余按规定使用”的预算管理办法和“总量控制、突出重点、统筹兼顾”的原则，采取两上两下的方法进行。县以上工会企事业单位应当根据国家财务会计制度的具体规定及预算年度工作计划，本着节约开支的原则据实编制预算。

第五条 事业支出预算是县以上工会事业单位预算的组成部分，包括基本支出预算和项目支出预算。基本支出预算是各事业单位为保障其机构正常运转、完成日常工作任务而编制的年度基本支出计划。项目支出预算是各事业单位为完成特定的事业发展目标，在基本支出预算之外编制的年度项目支出计划。

县以上工会拨付的本级企业单位的预算资金参照事业支出预算管理。

第六条 县以上工会事业单位除执行现行的《事业单位会计制度》所规定的专款支出核算范围外，其他由财政部门、上级单位和其他单位拨入的指定项目或用途，并需要单独报账的项目资金均列入事业支出预算中的项目支出预算。

第七条 县以上工会事业单位下一年度预算（项目支出预算应附每个项目的可行性研究报告）于本年 10 月 31 日之前一式一套上报（一上）本级主管工会财务部门。

县以上工会企业单位下一年度预算报告或财务计划（项目支出预算应附每个项目的可行性研究报告）于本年 10 月 31 日之前一式一套上报（一上）本级主管工会财务部门。

县以上工会企事业单位在编制预算时，不得任意加大费用开支标准以及扩大预算资金使用范围。

年末，使用工会经费预算资金的工会企业单位，原则上应单独编报工会经费预算资金使用决算。具体办法按主管工会要求办理。

第八条 县以上工会财务部门根据本级事业单位上报的预算和企业单位上报的预算报告，结合下年度各单位实际需求和本级工会财力状况，初步确定本级企事业单位下年度预算指标控制数，同时对选定的项目支出的项目概算草案进行概算审查。以概算审查结果为基础，在预算年度的 1 月 31 日之前将预算指标控制数下达（一下）至本级企事业单位。

第九条 县以上工会事业单位应在本级主管工会财务部门下达的预算指标控制数之内编制正式预算，并于预算年度的 2 月 20 日之前将正式预算（项目支出预算应附每个项目的正式概算）一式六套（含电子版）上报（二上）本级主管工会财务部门。

县以上工会事业单位预算表格包括封面、县以上工会事业单位预算资金收支预算总表（事预表01）、县以上工会事业单位预算资金事业支出（基本支出）（离退）预算明细表｛事预表02（01—06）｝、县以上工会事业单位预算资金事业支出（项目支出）预算明细表和单项费用概算简表｛事预表02（07—08）｝、预算编制说明书。在预算编制说明书中应将所报预算数字的根据、计算方法、理由等进行详细说明。

县以上工会企业单位应在本级主管工会财务部门下达的预算指标控制数之内编制正式预算报告，并于预算年度的2月20日之前将正式预算报告（项目支出预算应附每个项目的概算）一式六套（含电子版）上报（二上）本级主管工会财务部门。

第十条 县以上工会财务部门在经本级主席办公会及经审会审议通过后进行批复（二下）。已通过预算审议，但未随预算报表上报相应项目支出概算的，该项目支出预算将不予进行批复。本级各企事业单位应按照正式批复严格执行预算。

第十一条 拨付给县以上工会企事业单位的各种财政预算资金（如离退休经费、宣传文化发展专项资金）和县以上工会拨付的各种资金均应控制在预算之内。

第十二条 县以上工会企事业单位各项预算收支必须纳入预算管理，严格按照财政部、全总、上级工会及本单位的相关制度、规定和办法安排预算，不得违反规定在预算外收支。县以上工会拨付的预算资金不得开支未获批准的项目及未获批准追加的项目。

第十三条 对工会预算资金，县以上工会按会计期间和项目支出进度拨款。县以上工会事业单位在领拨预算资金和领拨追加预算资金时应分别填制《县以上工会事业单位预算资金申请表》和《县以上工会事业单位追加预算申请表》。

县以上工会企业单位在领拨预算资金和领拨追加预算资金时，应分别填制《县以上工会企业单位预算资金请款书》和《县以上工会企业单位追加预算请款书》。

未按要求或实际情况填列的，县以上工会延迟或不予拨款。

第十四条 县以上工会企事业单位的会计核算应使用正式财务软件并按各自执行的财务会计制度要求，编制各个会计期间的会计报表。

第十五条 县以上工会事业单位应按照《事业单位会计制度》的要求，向本级主管工会财务部门上报季报和年报（决算）。

季报包括资产负债表、收入支出表。季报上报一份，上报时间为季度终了后20日以内。

年报（决算）包括资产负债表、收入支出表、附表及会计报表附注、收支情况说明书和主管工会要求的其他报表。附表包括科目余额表（四级）、基本情况表。年报（决算）全套一式六份及报表电子版上报本级主管工会财务部门。上报时间为年度终了后25日以内。

第十六条 县以上工会企业单位应按时向本级主管工会财务部门上报季报和年报。

季报包括资产负债表和利润表，上报日期为季度终了后20日以内。

年报包括资产负债表、利润表、现金流量表、附表和年度财务状况说明书。附表包括科目余额表（四级）、基本情况表。上报日期为年度终了后25日以内。季报和年报均上报一份。

上报主管工会的各类报表和编制说明书均使用A4纸打印并装订成册。

第十七条 在年度预算批准之前，县以上工会事业单位只能开支基本支出中必要的费用。县以上工会企事业单位的项目支出如建设工程、设备购置、大型修缮等购建费用一般不得开支，因特殊原因需要提前开支的，须经本级主管工会财务部、经审办公室等部门同意，重要项目须由本级主管工会主席办公会批准后，可控制在该项目支出待批预算的25%以内开支。预算批准后，按批准的预算正式执行。

第十八条 县以上工会企事业单位要加强预算支出的管理，完善各项开支标准和范围。必须严格按照国家有关规定和标准，开支相应的费用，做到“收有凭，支有据”。必须严格执行预算和财务制度，不得擅自扩大支出范围，改变预算资金用途，增加项目，提高开支标准。不得超范围、超标准发放各种个人补贴。节假日开支差旅费等费用，须书面提出报告，说明开支原因、工作内容、人员构成等基本情况，经本单位主管领导核批后方可报销。

第十九条 县以上工会企事业单位在执行年度预算过程中，因特殊情况，在年度预算总额之内，需要改变部分预算资金金额、改变项目支出用途和内容的，须报经本级主管工会财务部门批准，并按批复要求，在单位年度预算总额内调剂使用。

因特殊情况，需要改变或部分改变预算资金金额、改变项目支出用途和内容，在本年度预算总额中无法调剂的，按追加预算程序办理。

第二十条 县以上工会企事业单位年度预算在执行过程中，因特殊情况，需要增加预算资金的，按追加预算程序办理。

追加预算程序：由申请单位提出追加预算申请，报本级主管工会财务部门。本级主管工会财务部提出具体处理意见，并经本级经审会审核，报主管主席审批。重大项目及数额较大项目须报经主席办公会批准。追加项目一经批准，由本级主管工会财务部门负责调整预算总额并对申请单位进行批复。申请单位按批复要求执行。除极特殊情况，全年追加预算不得超过一次；属于财政拨款的，按财政部门的规定办理。

第二十一条 县以上工会事业单位实行“收支两条线”。确定的收入必须全额计入规定账户，各项支出必须纳入预算，按规定渠道办理开支。不得坐支收入。

第三章 项目支出的管理

第二十二条 为加强县以上工会企事业单位项目支出的管理，各单位应根据《会计法》和《会计基础工作规范》等相关法律、法规、要求和全总有关规定结合本单位实际，对不同的项目支出、预算资金在使用过程中的各个阶段发生的诸如预算编制方法、开支标准、开支范围、采购方式、签订合同、施工监管、报销流程、资产统筹安排、资产入账、责任划分和对责任人的处理等方面做出明确规定。在本《实施细则》正式实施后30天报本级主管工会财务部门备案后执行。

有条件的单位应建立项目支出项目库。县以上工会企事业单位应对本单位的发展进行近、中期的规划，将三年以内需要列入项目库的项目及可行性报告上报主管工会财务部门，由其列入项目库。每增加一年，各单位可以对第三年的项目进行增减调整。县以上工会财务部门每年按照当年的实际财力，根据本级各企事业单位上报的预算按项目支出的轻重缓急，对项目库内的项目进行安排，不得盲目设立项目，以用足预算指标。

第二十三条 县以上工会企事业单位在编报项目支出预算时，未经批准不得将已完成或正在发生的项目作为支出预算编报，严禁先发生费用后报预算。

第二十四条 县以上工会企事业单位应严格按已批复的项目预算及批准的项目内容、标准执行。未经批准，不得在各项目之间自行调整内容、金额等。

县以上工会企事业单位工程项目和设备采购项目应按主管工会关于招标、竞争性谈判和集中采购的要求进行办理。

第二十五条 县以上工会按项目执行进度，对本级企事业单位拨付工会预算资金，不得超过各项目支出预算批复金额的80%。工程竣工、设备采购等完成决算、验收合格交付使用并按要求审计完成后，按审计后确定的金额再行拨付余款。县以上工会企事业单位在支付工程款、设备购置款及其他项目款项时，应按照合同金额及各项目预算批复金额的10%预留尾款，在工程或设备采购等决算完成、验收合格，交付使用并按要求审计完成后再行支付。

第二十六条　县以上工会企事业单位项目完成后，需要单独编报决算和接受审计。工程总造价在5万元（含）以上的项目支出决算必须由本级主管工会经审会或由其指定的中介机构进行审计，不得自行处理。本级主管工会财务部门根据审计报告进行决算批复（核定）。未经本级经审会或其指定的中介机构进行审计的项目，本级主管工会财务部门不予认可，不予支付尾款。

总造价在5万元以下的工程及设备购置等其他项目支出，报主管工会财务部门进行项目决算审核，并根据审核结果进行决算批复。

第二十七条　县以上工会企事业单位项目支出审计费用按以下原则处理：审计后决算金额与审计费之和未超过该项目支出预算批复金额的，在该项目预算内核销。审计后决算金额与审计费之和超过该项目支出预算批复金额的，预算批复金额之内部分，在预算内核销，超出部分由被审计单位负担。

第二十八条　县以上工会企事业单位当年的项目支出必须在预算年度内完成并审计完毕。特殊情况需跨年度的基本建设或维修项目必须在预算编报时加以说明。否则，当年只按工程进度拨款，未拨的预算指标余款下年度不能沿用。

第二十九条　县以上工会企事业单位项目支出完成并经审计或审核后，决算金额未超过该项目支出预算批复金额时，结余资金应按本级主管工会财务部门决算批复的要求进行处理，不得自行处理。

第三十条　县以上工会企事业单位对不同性质的项目支出，应按类别建立或完善相应的管理制度，不得以任何名义规定或向本单位工作人员及外单位关联人员发放相关福利。特别是不得开支本单位个人福利方面的费用，包括劳务、奖金、补贴、餐费和实物等。县以上工会企事业单位的所有项目支出未经本级主管工会财务部门批准，不得用于基本支出。

必须在特殊项目中开支差旅、演出、会议等费用，须经本级主管工会财务部门批准，方可在规定的项目支出预算内，严格按国家有关规定和标准，开支相关费用，不得超标准重复开支。

第三十一条　县以上工会企事业单位要严格遵守财经纪律，建立和完善预算管理制度、报销制度、责任人制度，建立健全内部控制制度，确保各种预算资金的安全使用。

第三十二条　县以上工会企事业单位要严格按照《工会预算支出绩效评价管理暂行办法》，接受主管工会对其项目支出实行绩效考核。

第三十三条　县以上工会财务部门应对本级企事业单位预算执行、财务管理进行监督检查。对发现违反《会计基础工作规范》、《工会预算管理办法》、《工会财务会计管理规范》和其他各种规章制度现象的，责令其做出检查，并要求纠正。情节严重，造成经济损失的，提请有关部门对负有直接责任的负责人和相关人员，按照国家法律法规和工会有关规定追究其责任。

第四章 附 则

第三十四条 本办法自 2017 年 1 月 1 日起施行。

第三十五条 2010 年印发的《县以上工会事业单位〈工会预算管理办法〉实施细则（试行）》同时废止。

第三十六条 本办法由全国总工会财务部负责解释。

附：1.《工会事业单位工会预算资金收支预算表》（2016 版）及编报说明
2. 2016 年版《县以上工会事业单位预算资金申请表》
3. 2016 年版《县以上工会事业单位追加预算申请表》
4. 2016 年版《县以上工会企业单位预算资金请款书》
5. 2016 年版《县以上工会企业单位追加预算请款书》

编制说明

一、本套工会预算资金收支预算表（2016 版）暂做 2017 年及以后县以上工会事业单位编制年度收支预算时填制。

二、“已批复的本年度工会预算资金预算额”按填表当年主管工会财务部门批复的预算额填列。

三、事预表 02—01“事业支出合计”数应与事预表 01“事业支出”项目相对应的栏次数一致。事预表 02—01“基本支出小计”和事预表 02—07“项目支出小计”数之和应与事预表 02—01“事业支出合计”相对应的栏次数一致。事预表 02—01、02—02、02—04“工资福利支出小计”、“商品和服务支出小计”、“对个人和家庭的补助支出小计”合计数应与事预表 02—01“基本支出小计”项目相对应的栏次数相同。事预表 02—05“离休费用合计”、事预表 02—06“退休费用合计”应分别与事预表 02—04“离休费”、“退休费”项目相对应的栏次数相同。

四、各表中需要说明的事项，应在编报说明中就“增减主要原因”、“内容构成”、“编制依据、标准及原因”、“数据的构成”等逐项、逐条加以说明。

五、“工资福利支出”、“商品和服务支出”和“对个人和家庭的补助支出”明细项目按每年财政部《政府收支分类科目》“支出经济分类科目”填列。

六、表样中黄色（深色）单元格为锁定单元格，不可变动。

2016 年 12 月

附 1：

工会事业单位工会预算资金收支预算表

（2016 版）

编制单位（加盖公章）：

单位负责人：　　　　　　　　　财务负责人：　　　　　　　　　编报人：

编报日期：

工会事业单位预算资金收支预算总表

事预表 01

单位：元

项　目	下年度预算资金预算额			已批复的本年度工会预算资金预算额	工会预算资金下年度预算较本年度预算增减%
	工会预算资金预算额	财政预算资金预算额	预算资金预算额合计		
财政补助收入					
事业收入					
上级补助收入					
附属单位上缴收入					
经营收入					
其他收入					
收入类合计					
事业支出					
上缴上级支出					
对附属单位补助支出					
经营支出					
其他支出					
费用类合计					
事业结余					
经营结余					

工会事业单位预算资金事业支出（基本支出）预算明细表（一）

事预表02—01

单位：元

项 目	下年度预算资金预算额			已批复的本年度工会预算资金预算额	工会预算资金下年度预算较本年度预算增减%
	工会预算资金预算额	财政预算资金预算额	预算资金预算额合计		
事业支出合计					
一、基本支出小计					
（一）工资福利支出小计					
1.					
2.					
3.					
4.					
5.					
6.					
7.					
8.					
9.					

工会事业单位预算资金事业支出（基本支出）预算明细表（二）

事预表02—02

单位：元

项目	下年度预算资金预算额			已批复的本年度工会预算资金预算额	工会预算资金下年度预算较本年度预算增减%
	工会预算资金预算额	财政预算资金预算额	预算资金预算额合计		
（二）商品和服务支出小计					
1.					
2.					
3.					
4.					
5.					
6.					
7.					
8.					
9.					
10.					
11.					
12.					
13.					
14.					
15.					

工会事业单位预算资金事业支出（基本支出）预算明细表（三）

事预表02—03

单位：元

项　目	下年度预算资金预算额			已批复的本年度工会预算资金预算额	工会预算资金下年度预算较本年度预算增减%
	工会预算资金预算额	财政预算资金预算额	预算资金预算额合计		
16.					
17.					
18.					
19.					
20.					
21.					
22.					
23.					
24.					
25.					
26.					
27.					
28.					

工会事业单位预算资金事业支出（基本支出）预算明细表（四）

事预表 02—04

单位：元

项目	下年度预算资金预算额			已批复的本年度工会预算资金预算额	工会预算资金下年度预算较本年度预算增减%
	工会预算资金预算额	财政预算资金预算额	预算资金预算额合计		
（三）对个人和家庭的补助支出小计					
1.					
2.					
3.					
4.					
5.					
6.					
7.					
8.					
9.					
10.					
11.					
12.					
13.					

工会事业单位预算资金事业支出（离退）预算明细表（五）

事预表02—05

单位：元

项目	下年度预算资金预算额			已批复的本年度工会预算资金预算额	工会预算资金下年度预算较本年度预算增减%
	工会预算资金预算额	财政预算资金预算额	预算资金预算额合计		
一、离休费用合计					
（一）离休待遇					
1. 离休费					
2. 年度补贴					
3. 交通费					
4. 书报费					
5. 洗理费					
6. 护理费					
（二）公用经费					
1. 公用费					
2. 电话补贴					
3. 特需费					
4. 其它补助					
（1）取暖费					
（2）其他					

工会事业单位预算资金事业支出（离退）预算明细表（六）

事预表02—06

单位：元

项　目	下年度预算资金预算额			已批复的本年度工会预算资金预算额	工会预算资金下年度预算较本年度预算增减%
	工会预算资金预算额	财政预算资金预算额	预算资金预算额合计		
二、退休费用合计					
（一）退休待遇					
1. 退休费					
（二）公用经费					
1. 公用费					
2. 电话补贴					
3. 其他补助费					
（1）取暖费					
（2）其他					

工会事业单位预算资金事业支出（项目支出）预算明细表（七）

事预表02—07

单位：元

项　目	下年度预算资金预算额			已批复的本年度工会预算资金预算额	工会预算资金下年度预算较本年度预算增减%
	工会预算资金预算额	财政预算资金预算额	预算资金预算额合计		
二、项目支出小计					
1.				——	——
2.				——	——
3.				——	——
				——	——
				——	——
				——	——

续表

项　目	下年度预算资金预算额			已批复的本年度工会预算资金预算额	工会预算资金下年度预算较本年度预算增减%
	工会预算资金预算额	财政预算资金预算额	预算资金预算额合计		
				——	——
				——	——
				——	——
				——	——
				——	——
				——	——
				——	——
				——	——

工会事业单位预算资金项目支出单项费用概算简表

事预表02—08

项目名称：　　　　　　　　　　　　　　　　　　单位：元

序号	项目分项名称	项目（设备型号）标准	费用预计金额	取费说明（或设备单价等）

附2：

县以上工会事业单位预算资金申请表

申请单位（签章）： 单位：元

内　容			预算数	已拨数	本次申请数	本次核定数	说　明
事业支出	基本支出	1.					
		2.					
		3.					
		4.					
		小　计					
	项目支出	1.					
		2.					
		3.					
		4.					
		小　计					
		合　计					
本次核定拨款金额		（大写）				（小写）	
申请单位		负责人：		财务负责人：		经手人：	
审批单位		负责人：		处室负责人：		经手人：	

申请日期： 审批日期：

注：本表按一式三份填列，主管工会财务部门两份、申请单位一份。

附3：

县以上工会事业单位追加预算申请表

申请单位： 申请日期： 年 月 日 单位：元

申请追加预算名称					
追加预算报告名称					
申请金额	大写：			小写：	
批准金额	大写：			小写：	
申请单位负责人		申请单位财务负责人		申请单位经办人	
批准单位财务负责人		批准单位处室负责人		批准单位经办人	

领款日期： 年 月 日

备注：一、本追加预算申请表应后附追加项目预算明晰概算。

二、本表一式三份，主管工会财务部门两份，申请单位一份。

附4：

县以上工会企业单位预算资金请款书

申请单位（签章）： 单位：元

内容			预算数	已拨数	本次申请数	本次核定数	说明
事业支出	基本支出	1.					
		2.					
		3.					
		4.					
		小计					
	项目支出	1.					
		2.					

续表

内　容			预算数	已拨数	本次申请数	本次核定数	说　明
		3.					
		4.					
		小　计					
		合　计					
本次核定拨款金额		（大写）			（小写）		
申请单位		负责人：		财务负责人：		经手人：	
审批单位		负责人：		处室负责人：		经手人：	

申请日期：　　　　　　　　　　　　　　审批日期：

注：本表按一式三份填列，主管工会财务部门两份、申请单位一份。

附5：

县以上工会企业单位追加预算请款书

申请单位：　　　　申请日期：　　年　　月　　日　　　　单位：元

申请追加	预算名称				
追加预算	报告名称				
申请金额	大写：			小写：	
批准金额	大写：			小写：	
申请单位负责人		申请单位财务负责人		申请单位经办人	
批准单位财务负责人		批准单位处室负责人		批准单位经办人	

领款日期：　　　　　　年　　月　　日

备注：一、本追加预算申请表应后附追加项目预算明晰概算。

二、本表一式三份，主管工会财务部门两份，申请单位一份。

中华全国总工会办公厅关于做好省级工会2018年度经费收支预算工作的通知

（总工办发〔2018〕8号　2018年2月23日）

各省（自治区、直辖市）总工会，中华全国铁路总工会、中国民航工会全国委员会、中国金融工会全国委员会，中共中央直属机关工会联合会、中央国家机关工会联合会：

根据《中华人民共和国预算法》和《工会预算管理办法》的有关规定，现就做好省级工会2018年度经费收支预算编报工作的有关问题通知如下：

一、指导思想

2018年预算编制的指导思想是：全面贯彻党的十九大精神和中央经济工作会议精神，以习近平新时代中国特色社会主义思想为指导，坚持工会经费正确使用方向，深入推进全面预算管理，依法组织经费收入，合理安排经费支出，优化经费支出结构，压缩一般性支出，统筹存量资金使用，加大经费向基层倾斜力度，强化工会预算绩效管理，努力为服务工会全局工作和服务职工群众提供资金保障。

二、2018年预算管理重点工作

（一）深入推进全面预算管理。

各级工会要进一步强化预算管理意识，按照“统一领导、分级管理”的原则，切实承担预算管理主体责任。省级工会2018年度预算管理的任务是：依据预算管理权限，编制省级工会2018年度本级经费收支预算（草案），报全国总工会审批；组织编制市（地）级工会本级2018年度经费收支预算（草案），加强预算审查审核监督，及时批复所属市（地）级工会本级经费收支预算，加强市（地）级工会预算执行管理；指导县级工会和基层工会做好2018年度经费收支预算编制工作；汇总编制本地区、本行业各级工会2018年度经费收支预算（草案），加强全面预算管理，确保所有预算收支、预算层级、预算单位全面纳入预算管理。

（二）深化预算编制改革。

在《工会预算管理办法》修订出台前，根据预算管理需要，全国总工会对2018年度经费收支预算报表进行了适当修订。各级工会动用以前年度结余资金作为一项资金来源，纳入年度经费收入预算管理，并据此安排省级工会2018年度本级经费支出预算，当年不得编制赤字预算。中央财政或全国总工会安排省级工会的专项经费，由省级工会财务主管部门统一归口管理，纳入省级工会2018年度本级经费收支预算。各省级工会财务主管部门要全程参与专项资金的分配、预算编制、预算执行和监督检查。专项资金业务主管部门要按照专项资金使用管理规定，科学编制项目预算绩效目标，细化项目预算支出，优化项目实施方案，配合有关部门做好项目预算绩效评价。

（三）深化对下补助项目化管理改革。

全国总工会对下级工会经费补助继续实行项目化管理。各省级工会要按照《中华全国总工会办公厅关于对下补助实行项目补助管理的通知》（总工办发〔2015〕10号）要求，根据2018年度省级工会确定的年度重点工作任务，结合省级工会事业发展规划总体部署和年度工作安排，分别申报省级工会重点工作经费补助、地（市）级和县（区）级工会工作经费补助以及其他项目补助。要按照2018年度项目立项指南要求，加强项目立项论证，细化各类项目预算编制，规范填报各类项目申报文本。项目预算申报与资金安排要聚焦工会重点工作，坚持问题导向，注重解决突出问题，集中资金、精准施策，最大限度提高资金使用效益。

（四）进一步优化支出结构。

各级工会2018年度预算安排，要认真贯彻落实中央八项规定及其实施细则精神，坚持厉行节约、反对奢侈浪费。各省级工会要采取有效措施，优化经费支出结构，从严控制一般性支出和行政性支出，严格控制公务接待费、公务用车购置及运行费、因公出国（境）支出，将更多的资金投入到“强基层、补短板、增活力”的具体工作之中。各基层工会要按照《基层工会经费收支管理办法》的规定，严格执行工会经费“八不准”规定，严格按照规定的经费支出范围和省级工会确定的开支标准，合理编制年度经费收支预算，让更多的工会经费用于为职工群众服务的工会活动之中。

（五）加强预算绩效管理。

各级工会要切实加强预算执行管理，严格按照批复的预算做好年度预算执行，严禁超预算、无预算执行，严禁虚列支出。要硬化预算约束，年度预算执行中新增的临时性、应急性支出，原则上通过现有预算调剂解决，确需调整预算的，必须履行审批程序。要做好预算绩效目标执行监控，及时纠偏，堵塞漏洞，确保项目绩效目标如期实现。要统筹工会存量资金的使用管理，找准服务职工群众的切入点和落脚点，加大对会员和职工群众普惠化服务的投入力度，提高存量资金使用绩效。

三、关于2018年上缴全总经费问题

为进一步加强巡视和审计整改，经全总书记处研究，各省级工会2018年上缴全总的拨缴经费收入预算，为各省级工会2018年预计收缴的工会经费总额中，按照5%的分成比例计算应上缴全总的部分。

四、关于预算编报时间

请各省级工会于2018年3月31日前，将本地区、本行业省级工会2018年度本级经费收支预算（草案）报表连同电子数据一并报全总财务部。联系人：王尹，联系电话：010－68591222。

附件：2018年度工会经费收支预算报表

附件：

2018年度工会经费收支预算报表

单位名称：＿＿＿＿＿＿＿＿＿＿＿＿

单位负责人：＿＿＿＿＿＿＿＿＿＿＿

财务负责人：＿＿＿＿＿＿＿＿＿＿＿

填 表 人：＿＿＿＿＿＿＿＿＿＿＿＿

电话号码：＿＿＿＿＿＿＿＿＿＿＿＿

单位地址：＿＿＿＿＿＿＿＿＿＿＿＿

报送日期：＿＿＿＿＿＿＿＿＿＿＿＿

表1：

2018年度工会经费收支预算表

编制单位：　　（公章）　编报日期：　年　月　日　　　　单位：元

序号	科目		上年决算数	本年预算数	说明
	编号	名称			
1	上年结转				
2	402	拨缴经费收入			
3	403	上级补助收入			
4	40301	回拨补助			
5	40302	专项补助			
6	40303	超收补助			
7	40304	帮扶补助			
8	40305	送温暖补助			
9	40306	救灾补助			
10	40307	其他补助			
11	404	政府补助收入			
12	405	行政补助收入			
13	406	事业收入			
14	407	投资收益			
15	408	其他收入			
16	当年收入合计				
17	501	职工活动支出			
18	50101	职工教育费			
19	50102	文体活动费			
20	50103	宣传活动费			
21	50104	其他活动费			
22	502	维权支出			
23	50201	劳动关系协调费			
24	50202	劳动保护费			

续表

序号	科目		上年决算数	本年预算数	说明
	编号	名称			
25	50203	法律援助费			
26	50204	困难职工帮扶费			
27	50205	送温暖费			
28	50206	其他维权支出			
29	503	业务支出			
30	50301	培训费			
31	50302	会议费			
32	50303	外事费			
33	50304	专项业务费			
34	50305	其他业务费			
35	504	行政支出			
36	50401	工资福利支出			
37	50402	商品和服务支出			
38	50403	对个人和家庭的补助			
39	50404	其他行政支出			
40	505	资本性支出			
41	50501	房屋建筑物购建			
42	50502	办公设备购置			
43	50503	专用设备购置			
44	50504	交通工具购置			
45	50506	大型修缮			
46	50507	信息网络购建			
47	50508	其他资本性支出			
48	506	补助下级支出			
49	50601	回拨补助			
50	50602	专项补助			
51	50603	超收补助			

续表

序号	科目		上年决算数	本年预算数	说明
	编号	名称			
52	50604	帮扶补助			
53	50605	送温暖补助			
54	50606	救灾补助			
55	50607	其他补助			
56	507	事业支出			
57	508	其他支出			
58	预备费		—		
59	当年支出合计				
60	结转下年				

工会主席：　　　　经费审查委员会主任：　　　　财务负责人：　　　　制表：

2018年度工会经费收支预算表编报要求

1. 各级工会必须按本表表格填报，不得随意增减款、项科目。

2. 各级工会预算，要按上级工会要求准时上报。

3. 各级工会上报本级预算时应附依靠本级供给经费的工会机关支出预算。

4. 预算表中“说明”栏内应将编制依据简要填列，有预算定额标准的项目，要列出定额标准及计算公式，以便审核。

5. 第2行+第3行+第11行+第12行+第13行+第14行+第15行=第16行；第17行+第22行+第29行+第35行+第40行+第48行+第56行+第57行+第58行=第59行。

6. 第1行+第16行－第59行=第60行，即上年结转+当年收入合计－当年支出合计=结转下年。上年结转作为一项资金来源，纳入年度经费收入预算管理。

7. 本预算须附预算说明书，预算说明书要全面完整并进行数据分析。

8. 本级工会上缴上级工会经费、动用结余进行投资和提取使用后备金预算情况在预算说明书中单独反映。

9. 本预算表应经同级工会经费审查委员会（经审委员）审查、本级工会委员会（或常委会）讨论通过后上报。

10. 本预算表必须由工会主席、经费审查委员会主任、财务负责人和制表人签字或盖章。

11. 本预算表金额单位一律用“元”，小数点后保留两位。

表2－1：

2018 年度经费收缴情况表

编制单位：（公章） 单位：元

单位类型	拨缴经费收入（留成）		2018 年应上缴全总经费		备注
	比例（%）	金额	比例（%）	金额	
			5%		
			5%		
			5%		
			5%		
			5%		
			5%		
合计			5%		

工会主席： 财务负责人： 复核： 制表：

注：1. 此表由省级工会填写。

2. “单位类型”是指相同上缴经费比例的所属单位，汇总后填列在一行内。

3. “拨缴经费收入（留成）”为省级工会留成经费数额。

4. “2018 年应上缴全总经费”为省级工会预计收缴经费总额中 5% 应上缴全总部分。

表2－2：

2018年度经费收缴情况表

编制单位：（公章）　　　　单位：元

所属单位	拨缴经费收入（留成）		2018年应上缴全总经费		备注
	比例（%）	金额	比例（%）	金额	
			30%		
			30%		
			30%		
			30%		
			30%		
			30%		
合计			30%		

工会主席：　　　财务负责人：　　　复核：　　　制表：

注：1. 此表由在京中央企业工会填写。
2. “所属单位”为所属二级单位逐行填列。
3. “拨缴经费收入（留成）”为在京中央企业工会留成经费数额。
4. “2018年应上缴全总经费”为在京中央企业工会预计收缴经费总额中30%应上缴全总部分。

中华全国总工会办公厅关于印发《工会决算报告制度》的通知

（总工办发〔2019〕15号　2019年7月1日）

各省、自治区、直辖市总工会，中华全国铁路总工会、中国民航工会全国委员会、中国金融工会全国委员会，中央和国家机关工会联合会：

《工会决算报告制度》已经全总党组会议审议通过，现予以印发，请严格遵照执行。

附件：

工会决算报告制度

第一章　总　则

第一条　为了进一步加强全国工会财务管理，规范工会决算行为，全面、真实、准确、完整地反映各级工会及所属单位财务收支情况与财务管理状况，根据《工会法》《预算法》《会计法》等法律法规和《工会会计制度》《工会预算管理办法》的有关规定，制定本制度。

第二条　本制度所称工会决算报告是指，各级工会组织和工会所属事业单位在年度终了按照有关规定编报的年度财务收支决算和工会所属企业、协会、学会、基金会年度终了按照有关规定编制的年度会计报告。

第三条　本制度适用于各级工会组织及工会所属的事业单位、企业、协会、学会、基金会等单位。

第二章　决算报告的内容

第四条　工会决算报告主要包括：决算报表和报表填报情况说明。

第五条　决算报表主要反映单位决算结果、财务状况和机构人员等信息。全国总工会财务部每年可根据财务管理需要调整决算报告编制内容。

第六条　报表填报情况说明包括：决算报表的说明以及对重要指标的分析。报表说明包括：单位基本情况、数据审核情况、年度主要收支指标增减变动情况以及因重大事项或特殊事项影响决算数据的说明。重要指标分析是对决算报表中的部分重要指标进行分析比较，揭示预算执行、会计核算和财务管理等方面的情况和问题。

第三章　决算报告工作职责、责任

第七条　全国总工会财务部是工会决算报告工作的主管部门。负责制定工会系统决算报告的规章制度、报表体系，组织和指导全国工会决算信息化建设。

全国总工会财务部负责编制全国总工会机关决算报告，并分别按工会组织、事业单位、企业及非营利组织四种类型汇总全国总工会本级和各省级工会的决算报告。

全国总工会财务部负责审批全国总工会机关和本级所属执行《政府会计

制度》的事业单位的决算，负责本级其他单位决算和各省级工会汇总决算的备案管理。全国总工会本级决算须向全国经费审查委员会汇报。

第八条 省级工会财务管理部门负责编制本级机关决算报告，并分别按工会组织、事业单位、企业及非营利组织四种类型汇总省本级和所属各级工会的决算报告。

省级工会财务管理部门负责审批本级机关和本级所属执行《政府会计制度》的事业单位的决算，负责本级其他单位决算的备案管理。

省本级工会决算须经同级工会委员会（或常委会、主席办公会）讨论通过，并经同级经费审查委员会审查通过。省级工会汇总决算需上报全国总工会财务部。

第九条 地市级工会财务管理部门负责编制本级机关决算报告，并分别按工会组织、事业单位、企业及非营利组织四种类型汇总本级和所属各级工会的决算报告。

地市级工会财务管理部门负责审批本级机关和本级所属执行《政府会计制度》的事业单位的决算，负责本级其他单位决算的备案管理。

地市级本级工会决算须经同级工会委员会（或常委会、主席办公会）讨论通过，并经同级经费审查委员会审查通过。地市级工会汇总决算需上报上一级工会财务管理部门。

第十条 县级工会财务管理部门负责编制本级机关决算报告，并分别按工会组织、事业单位、企业及非营利组织四种类型汇总本级和所属各级工会的决算报告。

县级工会财务管理部门负责审批本级机关和本级所属执行《政府会计制度》的事业单位的决算，负责本级其他单位决算的备案管理。

县本级工会决算须经同级工会委员会（或常委会、主席办公会）讨论通过，并经同级经费审查委员会审查通过。全县汇总决算需上报上一级工会财务管理部门。

第十一条 县级以上工会对下级工会决算报告采取审批还是备案方式由县级以上工会财务管理部门根据自身需要确定。

第十二条 县级以上工会财务管理部门根据分级管理的原则，分别组织和指导本地区各级工会决算报告的编制、汇总、批复以及数据汇总分析、考核评价、软件培训工作。

第十三条 各基层工会应按照上级工会要求组织实施本单位的决算报告工作，真实、准确、完整、及时编制并报送本单位的决算报告。有所属单位的基层工会需按不同类型决算报告汇总后上报上一级工会财务管理部门。

第十四条　各单位负责人对本单位的决算报告真实性和完整性负责。财务人员应当认真、如实编制决算报告，不得故意漏报、瞒报有关决算报告信息，更不得编造虚假决算报告信息。

第十五条　各级工会应当认真组织开展决算报告工作，加强工作考核。

第四章　决算报告工作要求

第十六条　年度终了，各级工会应当按照全国总工会财务部的统一部署和要求，根据“统一领导，分级管理”原则自下而上逐级编制、报送、汇总工会决算报告。

第十七条　各级工会应当在全面清理收入、支出、资产、负债以及年终结账的基础上编制工会决算报告，做到数据真实准确、内容完整。

第十八条　县级以上工会财务管理部门应当认真做好决算审核备案工作，确保报送数据资料真实、完整、准确。凡发现决算报告编制不符合规定的，应当要求有关单位立即纠正，并限期重新报送。

第十九条　县级以上工会财务管理部门汇总的决算报告，应当在上级工会财务部门规定的时间内报送。各省级工会财务管理部门汇总的决算报告，应在次年的3月底前上报全国总工会财务部。省级以下工会报送、汇总决算报告的时间由各省级工会财务管理部门确定。

第二十条　县级以上工会汇总决算报告时，应抵消上下级之间、平级单位之间对应的重复项目。

第二十一条　决算批复内容包括所批复单位的工会经费收入、支出、结余及其他决算数据。批复文件中可列出所批复单位在财务管理工作以及决算审核中发现的主要问题，并提出改进意见。

第五章　决算报告的分析利用

第二十二条　各级工会组织应当加强对决算报告的分析，强化分析结果的反馈和运用，规范和改进财务管理。

第二十三条　分析报告的主要内容包括：预算与决算差异分析；收入、支出、结余年度间变动原因分析；资金使用效益分析；资产、负债规模与结构分析；机构、人员对比分析等。

第二十四条　各级工会组织应当综合运用多种方法进行分析，主要包括：分类比较法、趋势分析法、比率分析法、因素分析法等。

第二十五条　各级工会组织要加强工会决算报告工作研究并逐步建立决算报告评价指标体系。

第六章　决算报告的质量检查与资料管理

第二十六条　各级工会组织财务管理部门应采用适当方式对上报的决算报告的真实性、完整性和规范性等方面进行监督检查，可与财务监督工作相结合。

第二十七条　各级工会组织应该按照《会计档案管理办法》对决算报告资料进行归类整理、建档保存。

第七章　附　则

第二十八条　县级以上工会可依据本制度，结合工作实际，制定相应实施细则。

第二十九条　本制度自印发之日起施行。

第七部分

收支管理类

中共中央　国务院关于印发《党政机关厉行节约反对浪费条例》的通知

（中发〔2013〕13号　2013年11月18日）

各省、自治区、直辖市党委和人民政府，中央和国家机关各部委，解放军各总部、各大单位，各人民团体：

《党政机关厉行节约反对浪费条例》（以下简称《条例》）已经党中央、国务院同意，现印发给你们，请认真遵照执行。

艰苦奋斗、勤俭节约是中华民族的传统美德，是我们党的优良作风，是党政机关清廉形象的重要体现。中央历来强调，各级党政机关要大兴艰苦奋斗之风，带头厉行勤俭节约、反对铺张浪费。但是，近年来一些党政机关讲排场、比阔气、大手大脚、奢侈浪费现象时有发生，特别是公款吃喝、违规配车、公款旅游、修建豪华楼堂馆所、大搞节庆论坛活动等问题十分突出，严重败坏了党风政风，严重损害了党和政府的形象和威信，广大干部群众对此反映强烈。为坚决刹住铺张浪费之风，习近平同志多次作出重要指示，中央专门作出部署，强调要以刚性的制度约束、严格的制度执行、强有力的监督检查、严厉的惩戒机制，切实遏制公务支出和公款消费中的各种违规违纪违法现象。党的十八届三中全会围绕反对形式主义、官僚主义、享乐主义和奢靡之风，提出了加快有关体制机制改革的新要求。为此，中央决定制定出台《条例》。

《条例》对党政机关经费管理、国内差旅、因公临时出国（境）、公务接待、公务用车、会议活动、办公用房、资源节约等作出全面规范，对宣传教育、监督检查、责任追究等工作提出明确要求，是党的群众路线教育实践活动建章立制的重要成果，是一部厉行节约反对浪费的综合性、基础性党内法规，是党政机关做好节约工作、防止浪费行为的总依据和总遵循。《条例》的制定和实施，对于推进厉行节约反对浪费工作制度化、规范化、程序化，从源头上狠刹奢侈浪费之风，具有十分重要的意义。

奢靡之始，危亡之渐。各地区各部门一定要从关系党的执政基础和执政地位的高度，从关系党和人民事业兴衰成败的高度，充分认识厉行节约反对浪费的极端重要性和现实紧迫性，切实把这项工作摆在突出位置抓紧抓好。要结合开展党的群众路线教育实践活动，抓好《条例》的学习宣传贯彻，使各级党组织和广大党员、干部深刻领会《条例》精神，坚决执行《条例》提出的各项要求。要加强组织领导，建立健全工作体制机制，党政主要负责同志亲自抓，各有关部门各司其职、密切配合，确保厉行节约反对浪费工作落到实处。要紧密结合本地区本部门工作实际和职责任务，坚持从严从紧原则，抓紧制定实施细则和配套制度，尽快形成立体式、全方位的厉行节约反对浪费制度体系。要认真贯彻党的十八届三中全会精神，坚持深化改革、标本兼治，着力推进财政预算、差旅费管理、公务接待、公务用车、公务活动公开等方面改革，条件成熟的要尽快推出，需要研究探索的要积极创造条件加以推进，努力形成不能不愿不敢铺张浪费的长效机制。要加强督促检查，加大惩戒问责力度，对铺张浪费行为要发现一起、查处一起，坚决维护制度的刚性约束力，坚决杜绝“破窗效应”。要强化宣传教育，引导各级党政机关和广大党员、干部增强节约意识，大力倡导和建设节约文化，努力在全党全社会形成厉行节约反对浪费的浓厚氛围。执行《条例》中的重要情况和建议，请及时报告中央。

附件：

党政机关厉行节约反对浪费条例

第一章　总　则

第一条　为了进一步弘扬艰苦奋斗、勤俭节约的优良作风，推进党政机关厉行节约反对浪费，建设节约型机关，根据国家有关法律法规和中央有关规定，制定本条例。

第二条　本条例适用于党的机关、人大机关、行政机关、政协机关、审判机关、检察机关，以及工会、共青团、妇联等人民团体和参照公务员法管理的事业单位。

第三条　本条例所称浪费，是指党政机关及其工作人员违反规定进行不必要的公务活动，或者在履行公务中超出规定范围、标准和要求，不当使用公共资金、资产和资源，给国家和社会造成损失的行为。

第四条　党政机关厉行节约反对浪费，应当遵循下列原则：坚持从严从简，勤俭办一切事业，降低公务活动成本；坚持依法依规，遵守国家法律法规和党内法规制度的相关规定，严格按程序办事；坚持总量控制，科学设定相关标准，严格控制经费支出总额，加强厉行节约绩效考评；坚持实事求是，从实际出发安排公务活动，取消不必要的公务活动，保证正常公务活动；坚持公开透明，除涉及国家秘密事项外，公务活动中的资金、资产、资源使用等情况应予公开，接受各方面监督；坚持深化改革，通过改革创新破解体制机制障碍，建立健全厉行节约反对浪费工作长效机制。

第五条 中共中央办公厅、国务院办公厅负责统筹协调、指导检查全国党政机关厉行节约反对浪费工作，建立协调联络机制承办具体事务。地方各级党委办公厅（室）、政府办公厅（室）负责指导检查本地区党政机关厉行节约反对浪费工作。

纪检监察机关和组织人事、宣传、外事、发展改革、财政、审计、机关事务管理等部门根据职责分工，依法依规履行对厉行节约反对浪费相关工作的管理、监督等职责。

第六条 各级党委和政府应当加强对厉行节约反对浪费工作的组织领导。党政机关领导班子主要负责人对本地区、本部门、本单位的厉行节约反对浪费工作负总责，其他成员根据工作分工，对职责范围内的厉行节约反对浪费工作负主要领导责任。

第二章 经费管理

第七条 党政机关应当加强预算编制管理，按照综合预算的要求，将各项收入和支出全部纳入部门预算。

党政机关依法取得的罚没收入、行政事业性收费、政府性基金、国有资产收益和处置等非税收入，必须按规定及时足额上缴国库，严禁以任何形式隐瞒、截留、挤占、挪用、坐支或者私分，严禁转移到机关所属工会、培训中心、服务中心等单位账户使用。

第八条 党政机关应当遵循先有预算、后有支出的原则，严格执行预算，严禁超预算或者无预算安排支出，严禁虚列支出、转移或者套取预算资金。

严格控制国内差旅费、因公临时出国（境）费、公务接待费、公务用车购置及运行费、会议费、培训费等支出。年度预算执行中不予追加，因特殊需要确需追加的，由财政部门审核后按程序报批。

建立预算执行全过程动态监控机制，完善预算执行管理办法，建立健全预算绩效管理体系，增强预算执行的严肃性，提高预算执行的准确率，防止年底突击花钱等现象发生。

第九条 推进政府会计改革，进一步健全会计制度，准确核算机关运行经费，全面反映行政成本。

第十条 财政部门应当会同有关部门，根据国内差旅、因公临时出国（境）、公务接待、会议、培训等工作特点，综合考虑经济发展水平、有关货物和服务的市场价格水平，制定分地区的公务活动经费开支范围和开支标准。

加强相关开支标准之间的衔接，建立开支标准调整机制，定期根据有关货物和服务的市场价格变动情况调整相关开支标准，增强开支标准的协调性、规范性、科学性。

严格开支范围和标准，严格支出报销审核，不得报销任何超范围、超标准以及与相关公务活动无关的费用。

第十一条 全面实行公务卡制度。健全公务卡强制结算目录，党政机关国内发生的公务差旅费、公务接待费、公务用车购置及运行费、会议费、培训费等经费支出，除按规定实行财政直接支付或者银行转账外，应当使用公务卡结算。

第十二条 党政机关采购货物、工程和服务，应当遵循公开透明、公平竞争、诚实信用原则。

政府采购应当依法完整编制采购预算，严格执行经费预算和资产配置标准，合理确定采购需求，不得超标准采购，不得超出办公需要采购服务。

严格执行政府采购程序，不得违反规定以任何方式和理由指定或者变相指定品牌、型号、产地。采购公开招标数额标准以上的货物、工程和服务，应当进行公开招标，确需改变采购方式的，应当严格执行有关公示和审批程序。列入政府集中采购目录范围的，应当委托集中采购机构代理采购，并逐步实行批量集中采购。严格控制协议供货采购的数量和规模，不得以协议供货拆分项目的方式规避公开招标。

党政机关应当按照政府采购合同规定的采购需求组织验收。政府采购监督管理部门应当逐步建立政府采购结果评价制度，对政府采购的资金节约、政策效能、透明程度以及专业化水平进行综合、客观评价。

加快政府采购管理交易平台建设，推进电子化政府采购。

第三章 国内差旅和因公临时出国（境）

第十三条 党政机关应当建立健全并严格执行国内差旅内部审批制度，从严控制国内差旅人数和天数，严禁无明确公务目的的差旅活动，严禁以公务差旅为名变相旅游，严禁异地部门间无实质内容的学习交流和考察调研。

第十四条 国内差旅人员应当严格按规定乘坐交通工具、住宿、就餐，费用由所在单位承担。

差旅人员住宿、就餐由接待单位协助安排的，必须按标准交纳住宿费、餐费。差旅人员不得向接待单位提出正常公务活动以外的要求，不得接受礼金、礼品和土特产品等。

第十五条　统筹安排年度因公临时出国计划，严格控制团组数量和规模，不得安排照顾性、无实质内容的一般性出访，不得安排考察性出访，严禁集中安排赴热门国家和地区出访，严禁以各种名义变相公款出国旅游。严格执行因公临时出国限量管理规定，不得把出国作为个人待遇、安排轮流出国。严格控制跨地区、跨部门团组。

组织、外专等有关部门应当加强出国培训总体规划和监督管理，严格控制出国培训规模，科学设置培训项目，择优选派培训对象，提高出国培训的质量和实效。

第十六条　外事管理部门应当加强因公临时出国审核审批管理，对违反规定、不适合成行的团组予以调整或者取消。

加强因公临时出国经费预算总额控制，严格执行经费先行审核制度。无出国经费预算安排的不予批准，确有特殊需要的，按规定程序报批。严禁违反规定使用出国经费预算以外资金作为出国经费，严禁向所属单位、企业、我国驻外机构等摊派或者转嫁出国费用。

第十七条　出国团组应当按规定标准安排交通工具和食宿，不得违反规定乘坐民航包机，不得乘坐私人、企业和外国航空公司包机，不得安排超标准住房和用车，不得擅自增加出访国家或者地区，不得擅自绕道旅行，不得擅自延长在国外停留时间。

出国期间，不得与我国驻外机构和其他中资机构、企业之间用公款互赠礼品或者纪念品，不得用公款相互宴请。

第十八条　严格根据工作需要编制出境计划，加强因公出境审批和管理，不得安排出境考察，不得组织无实质内容的调研、会议、培训等活动。

严格遵守因公出境经费预算、支出、使用、核算等财务制度，不得接受超标准接待和高消费娱乐，不得接受礼金、贵重礼品、有价证券、支付凭证等。

第四章　公务接待

第十九条　建立健全国内公务接待集中管理制度。党政机关公务接待管理部门应当加强对国内公务接待工作的管理和指导。

第二十条　党政机关应当建立公务接待审批控制制度，对无公函的公务活动不予接待，严禁将非公务活动纳入接待范围。

第二十一条　党政机关应当严格执行国内公务接待标准，实行接待费支出总额控制制度。

接待单位应当严格按标准安排接待对象的住宿用房，协助安排用餐的按标准收取餐费，不得在接待费中列支应当由接待对象承担的费用，不得以举办会议、培训等名义列支、转移、隐匿接待费开支。

建立国内公务接待清单制度，如实反映接待对象、公务活动、接待费用等情况。接待清单作为财务报销的凭证之一并接受审计。

第二十二条 外宾接待工作应当遵循服务外交、友好对等、务实节俭的原则。外宾邀请单位应当严格按照有关规定安排接待活动，从严从紧控制外宾团组和接待费用。

第二十三条 有关部门和地方应当参照国内公务接待标准，制定招商引资等活动的接待办法，严格审批，强化管理，严禁超规格、超标准接待，严禁扩大接待范围、增加接待项目，严禁以招商引资等名义变相安排公务接待。

第二十四条 党政机关不得以任何名义新建、改建、扩建所属宾馆、招待所等具有接待功能的设施或者场所。

建立接待资源共享机制，推进机关所属接待、培训场所的集中统一管理和利用。健全服务经营机制，推行机关所属接待、培训场所企业化管理，降低服务经营成本。

积极推进国内公务接待服务社会化改革，有效利用社会资源为国内公务接待提供住宿、餐饮、用车等服务。

第五章 公务用车

第二十五条 坚持社会化、市场化方向，改革公务用车制度，合理有效配置公务用车资源，创新公务交通分类提供方式，保障公务出行，降低行政成本，建立符合国情的新型公务用车制度。

改革公务用车实物配给方式，取消一般公务用车，保留必要的执法执勤、机要通信、应急和特种专业技术用车及按规定配备的其他车辆。普通公务出行由公务人员自主选择，实行社会化提供。取消的一般公务用车，采取公开招标、拍卖等方式公开处置。

适度发放公务交通补贴，不得以车改补贴的名义变相发放福利。

第二十六条 党政机关应当从严配备实行定向化保障的公务用车，不得以特殊用途等理由变相超编制、超标准配备公务用车，不得以任何方式换用、借用、占用下属单位或者其他单位和个人的车辆，不得接受企事业单位和个人赠送的车辆。

严格按规定配备专车，不得擅自扩大专车配备范围或者变相配备专车。

从严控制执法执勤用车的配备范围、编制和标准。执法执勤用车配备应当严格限制在一线执法执勤岗位，机关内部管理和后勤岗位以及机关所属事业单位一律不得配备。

第二十七条　公务用车实行政府集中采购，应当选用国产汽车，优先选用新能源汽车。

公务用车严格按照规定年限更新，已到更新年限尚能继续使用的应当继续使用，不得因领导干部职务晋升、调任等原因提前更新。

公务用车保险、维修、加油等实行政府采购，降低运行成本。

第二十八条　除涉及国家安全、侦查办案等有保密要求的特殊工作用车外，执法执勤用车应当喷涂明显的统一标识。

第二十九条　根据公务活动需要，严格按规定使用公务用车，严禁以任何理由挪用或者固定给个人使用执法执勤、机要通信等公务用车，领导干部亲属和身边工作人员不得因私使用配备给领导干部的公务用车。

第六章　会议活动

第三十条　党政机关应当精简会议，严格执行会议费开支范围和标准。

党政机关会议实行分类管理、分级审批。财政部门应当会同机关事务管理等部门制定本级党政机关会议费管理办法，从严控制会议数量、会期和参会人员规模。完善并严格执行严禁党政机关到风景名胜区开会制度规定。

第三十一条　会议召开场所实行政府采购定点管理。会议住宿用房以标准间为主，用餐安排自助餐或者工作餐。

会议期间，不得安排宴请，不得组织旅游以及与会议无关的参观活动，不得以任何名义发放纪念品。

完善会议费报销制度。未经批准以及超范围、超标准开支的会议费用，一律不予报销。严禁违规使用会议费购置办公设备，严禁列支公务接待费等与会议无关的任何费用，严禁套取会议资金。

第三十二条　建立健全培训审批制度，严格控制培训数量、时间、规模，严禁以培训名义召开会议。

严格执行分类培训经费开支标准，严格控制培训经费支出范围，严禁在培训经费中列支公务接待费、会议费等与培训无关的任何费用。严禁以培训名义进行公款宴请、公款旅游活动。

第三十三条　未经批准，党政机关不得以公祭、历史文化、特色物产、单位成立、行政区划变更、工程奠基或者竣工等名义举办或者委托、指派其他单位举办各类节会、庆典活动，不得举办论坛、博览会、展会活动。严禁使用财政性资金举办营业性文艺晚会。从严控制举办大型综合性运动会和各类赛会。

经批准的节会、庆典、论坛、博览会、展会、运动会、赛会等活动，应当严格控制规模和经费支出，不得向下属单位摊派费用，不得借举办活动发放各类纪念品，不得超出规定标准支付费用邀请名人、明星参与活动。为举办活动专门配备的设备在活动结束后应当及时收回。

第三十四条 严格控制和规范各类评比达标表彰活动，实行中央和省（自治区、直辖市）两级审批制度。评比达标表彰项目费用由举办单位承担，不得以任何方式向相关单位和个人收取费用。

第七章 办公用房

第三十五条 党政机关办公用房建设应当从严控制。凡是违反规定的拟建办公用房项目，必须坚决终止；凡是未按照规定程序履行审批手续、擅自开工建设的办公用房项目，必须停建并予以没收；凡是超规模、超标准、超投资概算建设的办公用房项目，应当根据具体情况限期腾退超标准面积或者全部没收、拍卖。

党政机关办公用房应当严格管理，推进办公用房资源的公平配置和集约使用。凡是超过规定面积标准占有、使用办公用房以及未经批准租用办公用房的，必须腾退；凡是未经批准改变办公用房使用功能的，原则上应当恢复原使用功能。严禁出租出借办公用房，已经出租出借的，到期必须收回；租赁合同未到期的，租金收入应当按照收支两条线管理。

第三十六条 党政机关新建、改建、扩建、购置、置换、维修改造、租赁办公用房，必须严格按规定履行审批程序。采取置换方式配给办公用房的，应当执行新建办公用房各项标准，不得以未使用政府预算建设资金、资产整合等名义规避审批。

第三十七条 党政机关办公用房建设项目应当按照朴素、实用、安全、节能原则，严格执行办公用房建设标准、单位综合造价标准和公共建筑节能设计标准，符合土地利用和城市规划要求。党政机关办公楼不得追求成为城市地标建筑，严禁配套建设大型广场、公园等设施。

第三十八条 党政机关办公用房建设项目投资，统一由政府预算建设资金安排。土地收益和资产转让收益应当按照有关规定实行收支两条线管理，不得直接用于办公用房建设。

党政机关办公用房维修改造项目所需投资，统一列入预算由财政资金安排解决，未经审批的项目不得安排预算。

第三十九条 办公用房建设应当严格执行工程招投标和政府采购有关规定，加强对工程项目的全过程监理和审计监督。加快推行办公用房建设项目代建制。

办公用房因使用时间较长、设施设备老化、功能不全，不能满足办公需求的，可以进行维修改造。维修改造项目应当以消除安全隐患、恢复和完善使用功能、降低能源资源消耗为重点，严格履行审批程序，严格执行维修改造标准。

第四十条　建立健全办公用房集中统一管理制度，对办公用房实行统一调配、统一权属登记。

党政机关应当严格按照有关标准和本单位“三定”方案，从严核定、使用办公用房。超标部分应当移交同级机关事务管理部门用于统一调剂。

新建、调整办公用房的单位，应当按照“建新交旧”、“调新交旧”的原则，在搬入新建或者新调整办公用房的同时，将原办公用房腾退移交机关事务管理部门统一调剂使用。

因机构增设、职能调整确需增加办公用房的，应当在本单位现有办公用房中解决；本单位现有办公用房不能满足需要的，由机关事务管理部门整合办公用房资源调剂解决；无法调剂、确需租用解决的，应当严格履行报批手续，不得以变相补偿方式租用由企业等单位提供的办公用房。

第四十一条　党政机关领导干部应当按照标准配置使用一处办公用房，确因工作需要另行配置办公用房的，应当严格履行审批程序。领导干部不得长期租用宾馆、酒店房间作为办公用房。配置使用的办公用房，在退休或者调离时应当及时腾退并由原单位收回。

第八章　资源节约

第四十二条　党政机关应当节约集约利用资源，加强全过程节约管理，提高能源、水、粮食、办公家具、办公设备、办公用品等的利用效率和效益，统筹利用土地，杜绝浪费行为。

第四十三条　对能源、水的使用实行分类定额和目标责任管理。推广应用节能技术产品，淘汰高耗能设施设备，重点推广应用新能源和可再生能源。积极使用节水型器具，建设节水型单位。

健全节能产品政府采购政策，严格执行节能产品政府强制采购和优先采购制度。

第四十四条　优化办公家具、办公设备等资产的配置和使用，通过调剂方式盘活存量资产，节约购置资金。已到更新年限尚能继续使用的，不得报废处置。

对产生的非涉密废纸、废弃电器电子产品等废旧物品进行集中回收处理，促进循环利用；涉及国家秘密的，按照有关保密规定进行销毁。

第四十五条 党政机关政务信息系统建设应当统筹规划，统一组织实施，防止重复建设和频繁升级。

建立共享共用机制，加强资源整合，推动重要政务信息系统互联互通、信息共享和业务协同，降低软件开发、系统维护和升级等方面费用，防止资源浪费。

积极利用信息化手段，推行无纸化办公，减少一次性办公用品消耗。

第九章 宣传教育

第四十六条 宣传部门应当把厉行节约反对浪费作为重要宣传内容，充分发挥各级各类媒体作用，重视运用互联网等新兴媒体，通过新闻报道、文化作品、公益广告等形式，广泛宣传中华民族勤俭节约的优秀品德，宣传阐释相关制度规定，宣传推广厉行节约的经验做法和先进典型，倡导绿色低碳消费理念和健康文明生活方式。

第四十七条 党政机关应当把加强厉行节约反对浪费教育作为作风建设的重要内容，融入干部队伍建设和机关日常管理之中，建立健全常态化工作机制。对各种铺张浪费现象和行为，应当严肃批评、督促改正。

纪检监察机关应当不定期曝光铺张浪费的典型案例，发挥警示教育作用。

组织人事部门和党校、行政学院、干部学院应当把厉行节约反对浪费作为干部教育培训的重要内容，创新教育方法，切实增强教育培训的针对性和实效性。

第四十八条 党政机关应当围绕建设节约型机关，组织开展形式多样、便于参与的活动，引导干部职工增强节约意识、珍惜物力财力，积极培育和形成崇尚节约、厉行节约、反对浪费的机关文化，为在全社会形成节俭之风发挥示范表率作用。

第十章 监督检查

第四十九条 各级党委和政府应当建立厉行节约反对浪费监督检查机制，明确监督检查的主体、职责、内容、方法、程序等，加强经常性督促检查，针对突出问题开展重点检查、暗访等专项活动。

下级党委和政府应当每年向上级党委和政府报告本地区厉行节约反对浪费工作情况，党委和政府所属部门、单位应当每年向本级党委和政府报告本部门、本单位厉行节约反对浪费工作情况。报告可结合领导班子年度考核和工作报告一并进行。

第五十条 领导干部厉行节约反对浪费工作情况，应当列为领导班子民主生活会和领导干部述职述廉的重要内容并接受评议。

第五十一条 党委办公厅（室）、政府办公厅（室）负责统筹协调相关部门开展对厉行节约反对浪费工作的督促检查。每年至少组织开展一次专项督查，并将督查情况在适当范围内通报。专项督查可以与党风廉政建设责任制检查考核、年终党建工作考核等相结合，督查考核结果应当按照干部管理权限送纪检监察机关和组织人事部门，作为干部管理监督、选拔任用的依据。

第五十二条 纪检监察机关应当加强对厉行节约反对浪费工作的监督检查，受理群众举报和有关部门移送的案件线索，及时查处违纪违法问题。

中央和省、自治区、直辖市党委巡视组应当按照有关规定，加强对有关党组织领导班子及其成员厉行节约反对浪费工作情况的巡视监督。

第五十三条 财政部门应当加强对党政机关预算编制、执行等财政、财务、政府采购和会计事项的监督检查，依法处理发现的违规问题，并及时向本级党委和政府汇报监督检查结果。

审计部门应当加大对党政机关公务支出和公款消费的审计力度，依法处理、督促整改违规问题，并将涉嫌违纪违法问题移送有关部门查处。

第五十四条 党政机关应当建立健全厉行节约反对浪费信息公开制度。除依照法律法规和有关要求须保密的内容和事项外，下列内容应当按照及时、方便、多样的原则，以适当方式进行公开：

（一）预算和决算信息；

（二）政府采购文件、采购预算、中标成交结果、采购合同等情况；

（三）国内公务接待的批次、人数、经费总额等情况；

（四）会议的名称、主要内容、支出金额等情况；

（五）培训的项目、内容、人数、经费等情况；

（六）节会、庆典、论坛、博览会、展会、运动会、赛会等活动举办信息；

（七）办公用房建设、维修改造、使用、运行费用支出等情况；

（八）公务支出和公款消费的审计结果；

（九）其他需要公开的内容。

第五十五条 推动和支持人民代表大会及其常务委员会依法严格审查批准党政机关公务支出预算，加强对预算执行情况的监督。发挥人大代表的监督作用，通过提出意见、建议、批评以及询问、质询等方式加强对党政机关厉行节约反对浪费工作的监督。

支持人民政协对党政机关厉行节约反对浪费工作的监督，自觉接受并积极支持政协委员通过调研、视察、提案等方式加强对党政机关厉行节约反对浪费工作的监督。

第五十六条 重视各级各类媒体在厉行节约反对浪费方面的舆论监督作用。建立舆情反馈机制，及时调查处理媒体曝光的违规违纪违法问题。

发挥群众对党政机关及其工作人员铺张浪费行为的监督作用，认真调查处理群众反映的问题。

第十一章 责任追究

第五十七条 建立党政机关厉行节约反对浪费工作责任追究制度。

对违反本条例规定造成浪费的，应当依纪依法追究相关人员的责任，对负有领导责任的主要负责人或者有关领导干部实行问责。

第五十八条 有下列情形之一的，追究相关人员的责任：

（一）未经审批列支财政性资金的；

（二）采取弄虚作假等手段违规取得审批的；

（三）违反审批要求擅自变通执行的；

（四）违反管理规定超标准或者以虚假事项开支的；

（五）利用职务便利假公济私的；

（六）有其他违反审批、管理、监督规定行为的。

第五十九条 有下列情形之一的，追究主要负责人或者有关领导干部的责任：

（一）本地区、本部门、本单位铺张浪费、奢侈奢华问题严重，对发现的问题查处不力，干部群众反映强烈的；

（二）指使、纵容下属单位或者人员违反本条例规定造成浪费的；

（三）不履行内部审批、管理、监督职责造成浪费的；

（四）不按规定及时公开本地区、本部门、本单位有关厉行节约反对浪费工作信息的；

（五）其他对铺张浪费问题负有领导责任的。

第六十条 违反本条例规定造成浪费的，根据情节轻重，由有关部门依照职责权限给予批评教育、责令作出检查、诫勉谈话、通报批评或者调离岗位、责令辞职、免职、降职等处理。

应当追究党纪政纪责任的，依照《中国共产党纪律处分条例》、《行政机关公务员处分条例》等有关规定给予相应的党纪政纪处分。

涉嫌违法犯罪的，依法追究法律责任。

第六十一条 违反本条例规定获得的经济利益，应当予以收缴或者纠正。

违反本条例规定，用公款支付、报销应由个人支付的费用，应当责令退赔。

第六十二条 受到责任追究的人员对处理决定不服的，可以按照相关规定向有关机关提出申诉。受理申诉机关应当依据有关规定认真受理并作出结论。

申诉期间，不停止处理决定的执行。

第十二章 附 则

第六十三条 各省、自治区、直辖市党委和政府，中央和国家机关各部委，可以根据本条例，结合实际制定实施细则。有关职能部门应当根据各自职责，制定完善相关配套制度。

国有企业、国有金融企业、不参照公务员法管理的事业单位，参照本条例执行。

中国人民解放军和中国人民武装警察部队按照军队有关规定执行。

第六十四条 本条例由中共中央办公厅、国务院办公厅会同有关部门负责解释。

第六十五条 本条例自发布之日起施行。1997 年 5 月 25 日发布的《中共中央、国务院关于党政机关厉行节约制止奢侈浪费行为的若干规定》同时废止。其他有关党政机关厉行节约反对浪费的规定，凡与本条例不一致的，按照本条例执行。

中华全国总工会办公厅关于印发《全总机关厉行节约反对浪费实施办法》的通知

（总工办发〔2014〕3 号 2014 年 2 月 14 日）

各省、自治区、直辖市总工会，各全国产业工会，中共中央直属机关工会联合会、中央国家机关工会联合会，全总各部门、各直属单位：

根据《党政机关厉行节约反对浪费条例》（以下简称《条例》），结合工会工作实际，全总制定了《全总机关厉行节约反对浪费实施办法》（以下简称《实施办法》），对全总经费管理、国内差旅、因公临时出国（境）、公务接待、公务用车、会议活动、办公用房、资源节约以及宣传教育、监督检查、责任追究等工作进行了全面规范。这是全总党的群众路线教育实践活动建章立制的重要成果，是全总做好节约工作、防止浪费行为的基本遵循，对于推进全总厉行节约反对浪费工作制度化、规范化、程序化，从源头上狠刹奢侈浪费之风，具有十分重要的意义。

各驻会全国产业工会、全总各部门（以下简称全总机关）、各直属单位一定要充分认识厉行节约反对浪费的极端重要性和现实紧迫性，切实把这项工作摆在突出位置抓紧抓好。要抓好《条例》、《实施办法》的学习宣传贯彻，使全总机关、各直属单位全体党员干部深刻领会《条例》、《实施办法》精神，坚决执行《条例》、《实施办法》提出的各项要求。办公厅、组织部、党组纪检组、财务部、经审办等相关部门要加强监督检查、加大惩戒问责力度，建立厉行节约反对浪费工作责任追究制度。要强化宣传教育，引导机关广大党员、干部增强节约意识，大力倡导和建设节约文化，努力在全总机关、各直属单位形成厉行节约反对浪费的浓厚氛围。

各省（区、市）总工会要结合各自实际，根据本级党委的要求，参照《实施办法》研究制定贯彻落实《条例》的具体措施，建立健全相关制度。

附件：

全总机关厉行节约反对浪费实施办法

第一章　总　则

第一条　为了进一步弘扬艰苦奋斗、勤俭节约的优良作风，推进全总机关厉行节约反对浪费，建设节约型机关，根据《党政机关厉行节约反对浪费条例》，结合全总机关工作实际，制定本办法。

第二条　本办法所称浪费，是指全总机关、各直属单位及其工作人员违反规定进行不必要的公务活动，或者在履行公务中超出规定范围、标准和要求，不当使用公共资金、资产和资源，给国家和社会造成损失的行为。

第三条　全总机关、各直属单位厉行节约反对浪费，应当遵循下列原则：坚持从严从简，勤俭办一切事业，降低公务活动成本；坚持依法依规，遵守国家法律法规和党内法规制度的相关规定，严格按程序办事；坚持总量控制，科学设定相关标准，严格控制经费支出总额，加强厉行节约绩效考评；坚持实事求是，从实际出发安排公务活动，取消不必要的公务活动，保证正常公务活动；坚持公开透明，除涉及国家秘密事项外，公务活动中的资金、资产、资源使用等情况应予公开，接受各方面监督；坚持改革创新，建立健全厉行节约反对浪费工作长效机制。

第四条　全总办公厅负责统筹协调、指导检查全总机关、各直属单位厉行节约反对浪费工作，建立协调联络机制承办具体事务。全总组织部、党组纪检组、宣传教育部、财务部、国际联络部、经审办、机关党委、资产监督管理部、机关服务中心等部门根据职责分工，认真履行全总机关厉行节约反对浪费相关工作的管理、监督等职责。

第五条　全总党组、书记处应当加强对厉行节约反对浪费工作的组织领导，党组、书记处主要负责同志对全总机关厉行节约反对浪费工作负总责，其他负责同志根据工作分工，对职责范围内的厉行节约反对浪费工作负主要领导责任。

第二章　经费管理

第六条　全总机关按照《工会法》规定，坚持工会经费独立管理原则，建立健全工会经费预算、决算、监督审查机制。严格执行《工会预算管理办法》，各项收入、支出全部纳入预算管理。

第七条　预算编制坚持“统筹兼顾、保证重点、量入为出、收支平衡、真实合法、精细高效”的原则，细化预算内容，基本支出执行定员定额标准，项目支出坚持勤俭高效、科学合理。

第八条　经费支出遵循先有预算、后有支出的原则，严格执行预算，严禁无预算、超预算支出。严禁向下摊派、转嫁支出。严禁虚列支出、转移或者套取预算资金，严禁设立“小金库”。严格控制国内差旅费、因公临时出国（境）费、公务接待费、公务用车购置及运行费、会议费、培训费、出书费等支出。

全总机关、各直属单位应当维护预算执行的严肃性。年度预算执行中不予追加，因特殊需要确需追加的，必须严格履行预算追加审批程序。

第九条　全总机关、各直属单位应当逐步建立预算绩效管理体系，提高预算编制、执行的准确率。建立预算执行进度检查制度，防止年底突击花钱等现象发生。

第十条　全总财务部应当严格执行国家的财政方针政策、工会会计制度，严格开支范围和开支标准，严格支出报销审核，不得报销任何超范围、超标准以及与相关公务活动无关的费用。要准确核算运行经费，全面反映行政成本。

第十一条 全总机关实行公务卡结算制度。除按规定通过银行转账结算外的各项支出，使用公务卡结算。

第十二条 全总机关设备、物品、服务等购置，工程维修项目，应当按照国家规定执行政府采购。凡列入政府采购目录范围的货物和服务，委托中直采购中心办理。中直采购项目之外的自行采购项目，单项或批量达到50万元以上的货物和服务、60万元以上的工程按照《中华人民共和国政府采购法》和《中华人民共和国招标投标法》的有关规定进行公开招标。奖牌、奖状、奖杯、证书等由全总集中采购中心通过法定程序确定供货单位进行集中采购。任何单位不得超标准采购，不得超出办公需要采购服务。

第三章 国内差旅和因公临时出国（境）

第十三条 全总机关、各直属单位要严格执行国内差旅审批制度，加强公务外出计划管理，科学安排和严格控制外出的时间、内容、路线、频率、人员数量，禁止没有特别需要的一般性学习交流、考察调研，禁止重复性考察，禁止以各种名义和方式变相旅游，禁止违反规定到风景名胜区举办会议和活动。

第十四条 全总机关、各直属单位要严格执行《中央国家机关和事业单位差旅费管理办法》和全总机关差旅费报销等相关规定，按规定乘坐交通工具、住宿、就餐，费用由所在单位承担。

差旅人员住宿、就餐、交通工具由接待单位协助安排的，必须按标准交纳住宿费、餐费、交通费。差旅人员不得向接待单位提出正常公务活动以外的要求，不得接受礼金、礼品和土特产品等。

第十五条 严格执行党和国家关于因公临时出国（境）管理的各项政策规定，贯彻落实《因公出国（境）管理规定》（总工发〔2012〕71号）、《关于工会外事工作有关问题的规定》（总工办发〔2013〕29号）、《全总机关因公出国（境）人员审批管理实施细则》（工组字〔2013〕48号），根据工作实际需要统筹安排年度因公临时出国计划，实行出国团组量化管理，严格限制总量和规模，杜绝照顾性、无实质内容的一般性出访、考察性出访，注重工作实效，严禁以各种名义变相公款出国旅游。

进一步加强对跨地区、跨部门团组的审核审批，加强出国培训总体规划和监督管理，严格控制出国培训规模，科学合理设置培训项目和主题，择优选派培训对象，切实提高出国培训的质量和实效。

第十六条 进一步加强因公临时出国团组的审核审批，对出国经费预算实行总额控制，经费先行审核。杜绝违规使用资金、摊派转嫁出国费用的情况发生。严格执行财政部、外交部《因公临时出国经费管理办法》文件的规定，研究制定全总因公临时出国经费管理的有关规定。

第十七条 出国团组应当按规定标准安排交通工具和食宿，不得擅自增加出访国家或者地区，不得擅自绕道旅行，不得擅自延长在国外停留时间。

出国期间，不得与我国驻外机构和其他中资机构、企业之间用公款互赠礼品或者纪念品，不得用公款相互宴请。

第十八条 严格根据工作需要编制出境计划，加强因公出境审批和管理，不得安排出境考察，不得组织无实质内容的调研、会议、培训等活动。

严格遵守因公出境经费预算、支出、使用、核算等财务制度，不得接受超标准接待和高消费娱乐，不得接受礼金、贵重礼品、有价证券、支付凭证等。

第四章 公务接待

第十九条 严格执行《全总机关国内公务接待管理办法》，加强对机关国内公务接待工作的监督和管理。

第二十条 全总机关、各直属单位应当建立公务接待审批控制制度，公务外出需要接待的，派出单位应当向接待单位发出公函，告知内容、行程和人员。对无公函的公务活动不予接待，严格控制国内公务接待范围，严禁将非公务活动纳入接待范围。

第二十一条 全总机关、各直属单位应当严格执行国内公务接待标准，国内公务接待经费全部纳入本级机关预算管理，限定接待费预算总额，实行单独会计核算。

接待单位应当严格按标准安排接待对象的住宿用房，协助安排用餐的按标准收取餐费，不得在接待费中列支应当由接待对象承担的费用，不得以举办会议、培训等名义列支、转移、隐匿接待费开支，不得向下级单位及其他单位、企业、个人转嫁接待费用，不得假借公务接待名义列支其他支出。

建立国内公务接待清单制度，如实反映接待对象、公务活动、接待费用等情况。接待清单作为财务报销的凭证之一并接受审计。

第二十二条 国内公务接待不得在机场、车站、码头组织迎送活动，不得张贴悬挂标语横幅，不得铺设迎宾地毯。严格控制陪同人数，不得层层多人陪同。全总机关、各直属单位安排的活动场所、活动项目和活动方式，应当有利于公务活动开展。

第二十三条 全总机关外宾接待工作遵循服务外交、友好对等、务实节俭的原则，提高工作的主动性、计划性。各相关邀请单位应当严格按照有关规定安排接待活动，从严从紧控制外宾团组和接待费用。

第二十四条 不得以任何名义新建、改建、扩建内部接待场所，不得对内部接待场所进行超标准装修或者装饰、超标准配置家具和电器。

健全全总机关内部接待场所（全总机关食堂）服务经营机制，推行企业化管理，建立市场化的接待费计算机制，降低服务经营成本，提高资产使用效率。

积极推进全总机关国内公务接待服务社会化改革，有效利用社会资源为国内公务接待提供住宿、用餐、用车等服务。推行接待用车定点服务。

第五章 公务用车

第二十五条 坚持社会化、市场化方向，改革公务用车制度，合理有效配置全总机关公务用车资源，保障公务出行，降低行政成本，建立新型公务用车制度。

按照中央有关规定改革公务用车配给方式，取消全总机关一般公务用车，保留办公厅机要通信、应急及按规定配备的其他车辆。全总机关普通公务出行可由各单位自主选择，实行社会化提供，遇有大型会议和活动用车须由机关公开招标定点的汽车公司提供服务。取消的一般公务用车交由中直管理局公务用车管理处处置。按规定适度发放公务交通补贴，但不得以车改补贴的名义变相发放福利。

第二十六条 全总机关、各直属单位按规定从严配备实行定向化保障的公务用车，不得以任何理由变相超编制、超标准配备公务用车，不得以任何方式换用、借用、占用下属单位或者其他单位和个人的车辆，不得接受企事业单位和个人赠送的车辆。严格按规定配备专车，不得擅自扩大专车配备范围或变相配备专车。

第二十七条 全总机关、各直属单位按规定保留的公务用车及专车须到中直采购中心定点单位进行车辆保险、维修、加油等，降低运行成本。严格按照规定年限更新公务用车，已到更新年限尚能继续使用的应当继续使用，不得因领导干部职务晋升、调任等原因提前更新。

第二十八条 严格按规定使用公务用车，加强对机关专职驾驶员的教育和管理，杜绝公车私用，领导干部亲属和身边工作人员不得因私使用配备给领导干部的公务用车。

第六章 会议活动

第二十九条 严格执行《全国总工会机关会议费管理实施办法》，加强会议管理，严格执行会议费开支范围和标准。全总机关、各直属单位召开会议实行分类管理、分级审批。从严控制会议数量、会期和参会人员规模。完善并严格执行严禁到风景名胜区开会制度规定。

第三十条　全国性会议一般在北京召开，会议召开场所实行政府采购定点管理，能在工会所属会议场所召开的会议，不到社会性会议场所召开。不得提高会议用餐、住宿标准，会议住宿用房以标准间为主，用餐安排自助餐或者工作餐。

会议期间，不得安排宴请，不得组织高消费娱乐、健身活动，不得发放礼品、纪念品，不得组织旅游以及与会议无关的参观活动。会议活动现场布置要简朴，工作会议一律不摆花草、不制作背景板。

完善会议费报销制度。未经批准以及超范围、超标准开支的会议费用，一律不予报销，不准对下摊派会议经费。严禁违规使用会议费购置办公设备，严禁列支公务接待费等与会议无关的任何费用，严禁套取会议资金。

第三十一条　建立健全培训审批制度，严格控制培训数量、时间、规模，严禁以培训名义召开会议。全总举办的以工会干部为对象的各类培训班由组织部统一归口管理，培训费用由财务部列入年度预算统一拨付，各主办单位不得以任何名义收取办班费用。

严格执行分类培训经费开支标准，严格控制培训经费支出范围，严禁在培训经费中列支公务接待费、会议费等与培训无关的任何费用。严禁以培训名义进行公款宴请、公款旅游活动。

第三十二条　未经批准，全总机关、各直属单位不得举办或者委托、指派其他单位举办各类节会、庆典活动，不得举办论坛、博览会、展会活动。严禁使用财政性资金举办营业性文艺晚会。从严控制举办大型综合性运动会和各类赛会。经批准的节会、庆典、论坛、赛会等活动，应当严格控制规模和经费支出，不得向下属单位摊派费用，不得借举办活动发放各类纪念品，不得超出规定标准支付费用邀请名人、明星参与活动。为举办活动专门配备的设备在活动结束后应当及时收回。

第三十三条　严格控制和规范各类评比达标表彰活动，严格按照全国清理规范评比达标表彰工作联席会议办公室批准全总保留的表彰项目和由中央部委牵头、全总或全总有关单位参与的表彰项目，开展评比表彰活动，已经取消的，一律不得变相保留或恢复。进一步规范表彰项目、归口管理、备案制度、申报和审批程序。评比达标表彰项目费用由举办单位承担，不得以任何方式向相关单位和个人收取费用。

第七章　办公用房

第三十四条　全总机关、各直属单位办公用房建设应当从严控制。不得违反规定新建办公用房项目；不得未履行审批手续擅自开工建设办公用房项目；不得超规模、超标准、超投资概算建设办公用房项目。

全总机关、各直属单位办公用房应当严格管理，推进办公用房资源的公平配置和集约使用。严格按照党政机关办公用房人均建筑面积执行，凡是超过规定面积标准占有、使用办公用房以及未经批准租用办公用房的，必须腾退；凡是未经批准改变办公用房使用功能的，原则上应当恢复原使用功能。严禁出租出借办公用房，已经出租出借的，到期必须收回；租赁合同未到期的，租金收入应当按照收支两条线管理。

第三十五条　全总机关、各直属单位新建、改建、扩建、购置、置换、维修改造、租赁办公用房，必须严格按规定履行审批程序。在建设过程中，严格执行党政机关办公用房建设标准，不得超标准建设。

第三十六条　全总机关、各直属单位办公用房建设项目应当按照朴素、实用、安全、节能原则，严格执行办公用房建设标准、单位综合造价标准和公共建筑节能设计标准，符合土地利用和城市规划要求。

第三十七条　全总机关、各直属单位办公用房建设应当严格执行工程招投标和政府采购有关规定，加强对工程项目的全过程监理和审计监督。加快推行办公用房建设项目代建制。办公用房因使用时间较长、设施设备老化、功能不全，不能满足办公需求的，可以进行维修改造。维修改造项目应当以消除安全隐患、恢复和完善使用功能、降低能源资源消耗为重点，严格履行审批程序，严格执行维修改造标准。

第三十八条　建立健全办公用房集中统一管理制度，对办公用房实行统一调配、统一权属登记。全总机关、各直属单位应当严格按照有关标准和本单位“三定”方案，从严核定、使用办公用房。新建、调整办公用房的单位，应当按照“建新交旧”、“调新交旧”的原则，在搬入新建或者新调整办公用房的同时，将原办公用房腾退移交。

因机构增设、职能调整确需增加办公用房的，应当在本单位现有办公用房中解决；本单位现有办公用房不能满足需要、确需租用解决的，应当严格履行报批手续，不得以变相补偿方式租用由企业等单位提供的办公用房。

第三十九条　全总机关、各直属单位领导干部应当按照标准配置使用一处办公用房，确因工作需要另行配置办公用房的，应当严格履行审批程序。领导干部不得长期租用宾馆、酒店房间作为办公用房。配置使用的办公用房，在退休或者调离时应当及时腾退并由原单位收回。

第八章　资源节约

第四十条　全总机关、各直属单位应当节约集约利用资源，加强全过程节约管理，加强水电气等相关能源使用的管理，提高能源的使用效率和效益，认真落实按月核查、结算，杜绝浪费，节约机关能源开支。

第四十一条　全总机关、各直属单位对能源、水电使用实行计量管理。推广应用节能技术产品，淘汰高耗能设施设备。积极使用节水型器具，建设节水型单位。健全节能产品政府采购制度，严格执行国家节能产品政府采购清单。严格执行节能型产品政府强制采购和优先采购制度。

第四十二条　全总机关、各直属单位对办公家具、办公设备等资产实行优化配置和使用，通过调剂方式盘活存量资产，节约购置资金。已到更新年限尚能继续使用的，不得报废处置。

第四十三条　全总机关政务信息系统建设应当统筹规划，统一组织实施，防止重复建设和频繁升级。建立共享共用机制，加强资源整合，推动重要政务信息系统互联互通、信息共享和业务协同，降低软件开发、系统维护和升级等方面费用，防止资源浪费。积极利用信息化手段，推行无纸化办公，减少一次性办公用品消耗。

第九章　宣传教育

第四十四条　全总机关党委要把厉行节约反对浪费作为重要宣传内容，宣传阐释厉行节约反对浪费相关制度规定，及时挖掘和广泛宣传全总机关、直属单位干部职工厉行节约反对浪费的做法经验。

第四十五条　全总机关、各直属单位应当把加强厉行节约反对浪费教育作为作风建设的重要内容，融入干部队伍建设和机关日常管理之中，建立健全常态化工作机制。对机关各种铺张浪费现象和行为，给予提醒教育、严肃批评并督促改正。

要把厉行节约反对浪费作为工会干部教育培训的重要内容，通过多种形式，分级分类抓好对全总机关、各直属单位干部职工的教育培训工作。创新教育方法，切实增强教育培训的针对性和实效性。

第四十六条　全总机关、各直属单位应当围绕建设节约型机关，组织开展形式多样、便于参与的活动，引导干部职工增强节约意识、珍惜物力财力，积极培育和形成崇尚节约、厉行节约、反对浪费的机关文化，为在全社会形成节俭之风发挥示范表率作用。

第十章　监督检查

第四十七条　全总机关、各直属单位每年年底对本单位厉行节约反对浪费情况进行一次自查，自查结果报全总办公厅。

第四十八条　全总机关、各直属单位领导干部厉行节约反对浪费工作情况，应当列为领导班子民主生活会和领导干部述职述廉的重要内容并接受评议。

第四十九条　全总纪检部门应当加强对厉行节约反对浪费工作的监督检查，受理群众举报和有关部门移送的线索，及时查处违纪违法问题。

第五十条　全总财务部门要严格预算管理，加强对预算编制、执行、政府采购和会计核算的监督检查，依法抵制和按规定及时反映违纪违规问题。

全总经审部门应当加大对全总机关公务支出和公款消费的审查审计力度，严格审查工会经费公务支出预算，加强对预算执行情况的审计监督。

第五十一条　全总机关应当建立健全厉行节约反对浪费信息公开制度。除依照法律法规和有关要求须保密的内容和事项外，下列内容应当按照及时、方便、多样的原则，以适当方式进行公开：

（一）年度预算和决算信息；

（二）机关政府采购执行情况，中标成交结果、采购合同等情况；

（三）国内公务接待的批次、人数、经费总额等情况；

（四）会议的名称、主要内容、支出金额等情况；

（五）培训的项目、内容、人数、经费等情况；

（六）节会、庆典、论坛、赛会等活动举办信息；

（七）办公用房建设、维修改造、使用、运行费用支出等情况；

（八）公务支出和公款消费的审计结果；

（九）其他需要公开的内容。

第十一章　责任追究

第五十二条　对违反《条例》和本办法规定造成浪费的，应当依纪依法追究相关人员的责任，对负有领导责任的主要负责人或者有关领导干部实行问责。

第五十三条　有下列情形之一的，追究相关人员的责任：

（一）未经审批列支财政性资金的；

（二）采取弄虚作假等手段违规取得审批的；

（三）违反审批要求擅自变通执行的；

（四）违反管理规定超标准或者以虚假事项开支的；

（五）利用职务便利假公济私的；

（六）有其他违反审批、管理、监督规定行为的。

第五十四条 有下列情形之一的，追究主要负责人或者有关领导干部的责任：

（一）本单位铺张浪费、奢侈奢华问题严重，对发现的问题查处不力，干部群众反映强烈的；

（二）指使、纵容本单位人员违反《条例》和本办法规定造成浪费的；

（三）不履行内部审批、管理、监督职责造成浪费的；

（四）不按规定及时公开本单位有关厉行节约反对浪费工作信息的；

（五）其他对铺张浪费问题负有领导责任的。

第五十五条 违反《条例》和本办法规定造成浪费的，应当根据情节轻重，由全总有关部门依照职责权限给予批评教育、责令作出检查、诫勉谈话、通报批评或者调离岗位、责令辞职、免职、降职等处理。应当追究党纪政纪责任的，依照《公务员法》、《中国共产党纪律处分条例》等有关法规给予相应的党纪政纪处分。涉嫌违法犯罪的，依法追究法律责任。

第五十六条 违反《条例》和本办法规定获得的经济利益，应当予以收缴或者纠正。违反本办法规定，用公款支付、报销应由个人支付的费用，应当责令退赔。

第五十七条 受到责任追究的人员对处理决定不服的，可以按照相关规定向全总机关纪检部门或其上级机关有关部门提出申诉。申诉期间，不停止处理决定的执行。

第十二章 附 则

第五十八条 全总机关、各直属单位要严格执行本办法，在健全完善和严格执行制度中不断改进作风，以良好的作风密切与职工群众的联系。

第五十九条 本办法由全总办公厅会同有关单位负责解释。

第六十条 本办法自印发之日起执行。此前印发的有关规定，凡与本办法不一致的，以本办法为准。

中华全国总工会印发《关于贯彻落实中央八项规定精神的实施办法》的通知

（总工发〔2017〕23 号　2017 年 12 月 28 日）

各省、自治区、直辖市总工会，各全国产业工会，中共中央直属机关工会联合会、中央国家机关工会联合会，全总各部门、各直属单位：

近日，全国总工会对《关于贯彻中央改进工作作风、密切联系群众八项规定的实施办法》（总工发〔2016〕9 号）进行了修订，形成了《全国总工会关于贯彻落实中央八项规定精神的实施办法》，经全国总工会党组第 121 次会议审议通过，现予以印发，请严格贯彻执行。

附件：

全国总工会关于贯彻落实中央八项规定精神的实施办法

为更好地贯彻落实中央八项规定精神，根据《中共中央办公厅国务院办公厅关于印发〈中共中央政治局贯彻落实中央八项规定实施细则〉的通知》要求以及中央有关规定，结合工会工作实际，对全总《关于贯彻中央改进工作作风、密切联系群众八项规定的实施办法》（总工发〔2016〕9 号）修订如下。

一、改进调查研究

1. 注重实际效果。全总领导和各驻会全国产业工会，全总各部门、各直属单位负责同志到基层调研，要紧紧围绕调研主题，实事求是，深入基层、深入职工群众、深入实际，既到工作开展好的地方去总结经验，更到困难较多、情况复杂、矛盾尖锐的地方去调研解决问题，力求准确、全面、深入了解情况，防止调研工作走形式、走过场。各考察点现场要真实，不得为迎接考察装饰布置，更不能弄虚作假。除全总书记处第一书记外，全总其他领导调研时，可结合分管工作听取省（区、市）总工会工作汇报，不召开全省（区、市）性工会工作汇报会。汇报工作时要讲真话、报实情。

2. 减少陪同人员。全总书记处第一书记外出调研，陪同的全总有关单位负责同志不超过3人，省（区、市）总工会陪同的负责同志不超过2人；全总其他领导外出调研，陪同的全总有关单位负责同志不超过2人，省（区、市）总工会由1位负责同志陪同；全总各单位负责同志调研，随行工作人员一般不超过2人。到地方考察调研，不搞层层多人陪同，市（地、州、盟）、县（市、区、旗）总工会只安排1位负责同志陪同，最大限度减少随从人员，无直接工作任务人员一律不到现场。全总领导到省（区、市）调研要统筹安排，原则上不同时到同一省（区、市）调研。

3. 简化接待工作。全总领导在地方考察调研期间，不张贴悬挂标语横幅，不铺设迎宾地毯，不摆放花草，不组织专场文艺表演，不安排超规格住房，不安排接见合影，不赠送纪念品或土特产，不安排宴请，不上高档菜肴，不上酒（外事活动按有关规定执行），自助餐也要注意节俭。除工作需要外，不安排到名胜古迹、风景区参观。

4. 建立与职工群众联系的长效机制。健全完善全总机关联系基层工会和职工制度，严格执行全总机关党员干部直接联系职工群众、建立基层联系点等制度规定，深入基层开展调查研究、宣传政策法规、指导帮助工作、解决突出问题。坚持工会领导干部定期接访制度，协调解决职工群众切身利益问题。健全完善全总机关干部赴基层挂职任职制度和与干部群众谈心、征集群众意见制度，广泛听取和反映职工群众意见建议。

二、精简会议表彰

5. 严格控制会议活动数量规模。严格执行《全国总工会机关会议费管理实施办法》，严格会议审批，控制会议数量，压缩会议规模，提高会议质量。除按规定召开的中国工会全国代表大会、“五一”庆祝大会、执委会议、主席团会议、经审会议、女工委会议以外，能不开的会议坚决不开，可以合并召开的会议坚决合并。各驻会全国产业工会全委会、常委会，全总部门召开的业务工作会议，原则上只安排全总分管或联系的领导同志出席，不请各省级工会负责同志参加。不得以培训名义召开会议，不得召开联谊会或轮流做东的“片会”。

6. 提高会议活动效率和质量。充分运用现代信息技术手段改进会议形式，提高会议效率。全国性会议可视情况采用电视电话会议形式召开。电视电话会议的主会场和分会场都要控制规模、简化形式，不请外地同志到主会场参会，各地分会场布置要因地制宜、精简节约。需要安排讨论的会议，要精心设置议题，充分安排讨论时间，提高讨论质量。

7. 严格控制会议活动经费。举办会议活动，要严格执行有关规定，厉行节约，反对铺张浪费。严禁提高会议用餐、住宿标准，严禁组织高消费娱乐、健身活动。会议活动现场布置要简朴，工作会议一律不摆放花草，不制作背景板。严禁以任何名义发放纪念品。全国性会议一般在北京召开，需要在京外召开的，不得到中央明令禁止的风景名胜区召开；能在工会所属会议场所召开的，不到社会性会议场所召开。

8. 规范评比达标表彰和培训。严格执行中央和全总加强评比达标表彰活动管理的有关规定，按照批准的项目制订计划、开展活动，不得擅自变更，不得层层配套设立相应的评比达标表彰项目，严格控制即时表彰项目。活动经费纳入预算管理，严格遵守财经纪律和财务规定，不得以任何方式向参评单位和个人收取费用或变相收取费用。

举办培训班要严格执行审批制度，严格控制培训数量、时间、规模，严格执行分类培训经费开支标准，严格控制培训经费支出范围。全总机关举办的以工会干部为对象的各类培训班由全总组织部统一归口管理，培训费用由全总财务部列入年度预算。各主办单位不得以任何名义收取办班费用，不得在培训经费中列支公务接待费、会议费等与培训无关的任何费用，不得以培训名义安排公款宴请、公款旅游等活动。

三、精简文件简报

9. 精简各类文件简报。加强对发文的统筹，制定并严格执行年度发文计划，减少临时性发文。对未列入年度发文计划的项目，一般不予发文；严格控制以全总和全总办公厅名义印发的文件简报，没有实质内容、可发可不发的一律不发，内容重复的一律不发。各级工会工作的重要动态、举措、经验、问题及工作意见建议，统一通过《全国总工会简报》报党中央、国务院。全总领导同志在以全总名义召开的会议、全总与有关部委联合召开的会议、全总部门召开的业务工作会议上的讲话，除在执委会议、主席团会议等重要会议上的讲话可以全总文件形式下发外，其他的均以《办公厅通报》形式印发。全总领导同志在培训班、研讨会、座谈会、论坛等的讲话，可在《工会工作通讯》、各部门《工作情况交流》和各驻会全国产业工会简报刊发，原则上不再发文。中央国家机关有关部委的文件，原则上不下发或转发。除全总、全总办公厅和授权的有关部门外，各驻会全国产业工会、全总其他部门不得向下级总工会发文。各驻会全国产业工会、全总各部门实行发文字号备案制度，各驻会全国产业工会和全总授权的部门保留一“发”一“函”，全总其他部门保留一“字”一“函”，经全总办公厅备案后，由各单位办公室（综合处）集中管理、统一编号。全总非常设机构、议事协调机构、协会等的发文字号，按照全总办公厅《关于规范发文字号的通知》执行。全总办公厅保留《工会工作通讯》，各驻会全国产业工会保留 1 份工作简报，全总各部门编发的工作指导性资料统一以《工作情况交流》编印，原则上不再另外编办简报和内部资料刊物。已在全总门户网站和工会工作网络平台发布的信息，不再编发简报。

10. 提高文件简报质量和时效。认真执行《工会机关公文处理办法》规定的行文规则，规范文件和简报的报送程序和格式，加强综合协调和审核把关，切实提高运转效率。文件要突出思想性、针对性和可操作性，严格控制篇幅；简报要重点反映重要动态、经验、问题和工作建议等内容，减少一般性工作情况汇报。加快推进机关信息化建设，充分发挥全总门户网站和工会工作网络平台的作用，及时发布和更新工作动态、信息和典型经验。

11. 严格文稿发表、书籍出版和外出讲课。除统一安排外，全总领导个人不公开出版著作，不发贺信、贺电，不题词、题字。全总机关出版各类书籍和刊物由全总宣传教育部统一归口管理，不得向下摊派购买书籍或转嫁出书费用（包括不公开发行的内部资料）。全总机关工作人员一般不外出讲课，如因工作需要确须外出讲课要严格审批。各单位主要负责同志外出讲课报全总书记处第一书记批准，其他局级干部报全总分管领导批准，处级及以下工作人员报本单位主要负责同志批准。

四、规范因公出国（境）

12. 规范因公出国（境）管理。全总领导因公出国（境）审批，根据党中央、国务院的有关规定执行，每年年初向中央对外联络部报送计划，经批准后实施。各驻会全国产业工会、全总各部门、各直属单位的因公出国（境），按照全总《因公出国（境）管理规定》和外出审批报备工作有关规定执行，全总局级干部、直属单位领导班子成员因公出国（境）须报中央纪委驻全总机关纪检组备案。因公临时出国（境）实行计划审批管理。全总国际联络部根据工作需要制订全总年度因公临时出国（境）计划，认真执行报批制度，严格控制总量和规模，规范经费管理，不得安排照顾性或无实质内容的一般性出访，不得安排考察性出访。

13. 简化机场迎送和接待工作。全总领导出访，由全总国际联络部办理要客本人及1名随员的免检免验礼遇，其他人员按照正常程序办理手续。全总书记处第一书记因公出国（境）抵离京时，可安排全总办公厅、国际联络部各1位负责同志到机场迎送；全总其他领导因公出国（境），原则上不安排有关部门负责同志前往机场迎送。外方所赠礼品严格按照国家有关规定处理。

五、改进新闻报道

14. 简化会议活动新闻报道。要根据工作需要、新闻价值、社会效果决定是否报道，按照精简务实、注重实效的原则，进一步压缩报道的数量、字数。重要的工会全国性会议活动，协调中央主要媒体播发不超过500字的消息，工人日报安排不超过 800 字的头条新闻。全总领导出席工会重要会议活动，工人日报发消息。全总书记处第一书记的报道，原则上不超过 800 字，一般安排在头条新闻之后，特别重要的可发头条新闻；全总其他领导的报道，一般发简短消息或标题新闻。全总领导出席各省（区、市）党委工会工作会议、工会代表大会等重要会议活动，工人日报发不超过 600 字的消息。

15. 规范调研和重要专项工作新闻报道。全总书记处第一书记调研活动如需公开报道，工人日报发不超过 600 字的消息；全总其他领导调研活动原则上不公开报道。全总书记处第一书记到地方送温暖，工人日报发不超过 600 字的消息；全总其他领导送温暖活动，工人日报发综合消息。全总书记处第一书记出访及会见外国工会代表团，工人日报发不超过 400 字的消息；全总其他领导的会见活动一般不安排公开报道。

全总领导参加指导地方特大抢险救灾、处理重大安全事故和重大突发事件等，在应急阶段，工人日报头版发不超过 500 字的消息；工作进入常态后，工人日报综合报道工作进展情况，不再单独报道全总领导活动。

16. 加强新闻报道的统筹协调。全总新闻中心负责工会新闻报道工作的统筹协调、严格审核、统一发布、归口管理。工人日报、中工网和各地工会新闻媒体要注重发挥新兴媒体优势，充分报道工会相关新闻，丰富报道形式，扩大工会的社会影响。

六、厉行勤俭节约

17. 规范国内公务接待。认真落实中央有关规定和《全总机关厉行节约反对浪费实施办法》，按照国内公务接待管理办法，建立公务接待审批控制制度和清单制度。严格控制接待范围，按规定履行审批程序，严禁超标准安排住宿、用餐、公务用车等。

18. 严格执行公务用车、办公用房、秘书配备、休假休息等方面的待遇规定。按照中央和全总有关规定，严格专用车辆配备，不得擅自扩大专用车辆配备范围或变相配备专用车辆；从严配备实行定向保障的公务用车；严格按规定使用公务用车，严格按照规定年限更新公务用车。从严控制全总机关、各直属单位办公用房建设，不得违反规定新建办公用房项目，确需新建、改建、扩建、购置、置换、维修改造、租赁办公用房，必须严格按规定履行审批程序；建立健全办公用房集中统一管理制度，严格按照有关标准和本单位“三定”方案，从严核实、使用办公用房，领导干部退休或者调离时应当及时腾退并由原单位收回办公用房。按规定配备和管理全总领导同志秘书。按规定的时间等要求安排休假休息，实行严格报批制度。

领导同志要管理好亲属和身边工作人员，要求他们谨言慎行、本分做人。

各省（区、市）总工会，中华全国铁路总工会、中国民航工会、中国金融工会，中共中央直属机关工会联合会、中央国家机关工会联合会要结合各自实际建立健全相关制度。

本办法自印发之日起执行。此前印发的有关规定，凡与本办法不一致的，以本办法为准。

财政违法行为处罚处分条例

（中华人民共和国国务院第427号令　2004年11月30日）

第一条　为了纠正财政违法行为，维护国家财政经济秩序，制定本条例。

第二条　县级以上人民政府财政部门及审计机关在各自职权范围内，依法对财政违法行为作出处理、处罚决定。

省级以上人民政府财政部门的派出机构，应当在规定职权范围内，依法对财政违法行为作出处理、处罚决定；审计机关的派出机构，应当根据审计机关的授权，依法对财政违法行为作出处理、处罚决定。

根据需要，国务院可以依法调整财政部门及其派出机构（以下统称财政部门）、审计机关及其派出机构（以下统称审计机关）的职权范围。

有财政违法行为的单位，其直接负责的主管人员和其他直接责任人员，以及有财政违法行为的个人，属于国家公务员的，由监察机关及其派出机构（以下统称监察机关）或者任免机关依照人事管理权限，依法给予行政处分。

第三条　财政收入执收单位及其工作人员有下列违反国家财政收入管理规定的行为之一的，责令改正，补收应当收取的财政收入，限期退还违法所得。对单位给予警告或者通报批评。对直接负责的主管人员和其他直接责任人员给予警告、记过或者记大过处分；情节严重的，给予降级或者撤职处分：

（一）违反规定设立财政收入项目；

（二）违反规定擅自改变财政收入项目的范围、标准、对象和期限；

（三）对已明令取消、暂停执行或者降低标准的财政收入项目，仍然依照原定项目、标准征收或者变换名称征收；

（四）缓收、不收财政收入；

（五）擅自将预算收入转为预算外收入；

（六）其他违反国家财政收入管理规定的行为。

《中华人民共和国税收征收管理法》等法律、行政法规另有规定的，依照其规定给予行政处分。

第四条 财政收入执收单位及其工作人员有下列违反国家财政收入上缴规定的行为之一的，责令改正，调整有关会计账目，收缴应当上缴的财政收入，限期退还违法所得。对单位给予警告或者通报批评。对直接负责的主管人员和其他直接责任人员给予记大过处分；情节较重的，给予降级或者撤职处分；情节严重的，给予开除处分：

（一）隐瞒应当上缴的财政收入；

（二）滞留、截留、挪用应当上缴的财政收入；

（三）坐支应当上缴的财政收入；

（四）不依照规定的财政收入预算级次、预算科目入库；

（五）违反规定退付国库库款或者财政专户资金；

（六）其他违反国家财政收入上缴规定的行为。

《中华人民共和国税收征收管理法》、《中华人民共和国预算法》等法律、行政法规另有规定的，依照其规定给予行政处分。

第五条 财政部门、国库机构及其工作人员有下列违反国家有关上解、下拨财政资金规定的行为之一的，责令改正，限期退还违法所得。对单位给予警告或者通报批评。对直接负责的主管人员和其他直接责任人员给予记过或者记大过处分；情节较重的，给予降级或者撤职处分；情节严重的，给予开除处分：

（一）延解、占压应当上解的财政收入；

（二）不依照预算或者用款计划核拨财政资金；

（三）违反规定收纳、划分、留解、退付国库库款或者财政专户资金；

（四）将应当纳入国库核算的财政收入放在财政专户核算；

（五）擅自动用国库库款或者财政专户资金；

（六）其他违反国家有关上解、下拨财政资金规定的行为。

第六条 国家机关及其工作人员有下列违反规定使用、骗取财政资金的行为之一的，责令改正，调整有关会计账目，追回有关财政资金，限期退还违法所得。对单位给予警告或者通报批评。对直接负责的主管人员和其他直接责任人员给予记大过处分；情节较重的，给予降级或者撤职处分；情节严重的，给予开除处分：

（一）以虚报、冒领等手段骗取财政资金；

（二）截留、挪用财政资金；

（三）滞留应当下拨的财政资金；

（四）违反规定扩大开支范围，提高开支标准；

（五）其他违反规定使用、骗取财政资金的行为。

第七条　财政预决算的编制部门和预算执行部门及其工作人员有下列违反国家有关预算管理规定的行为之一的，责令改正，追回有关款项，限期调整有关预算科目和预算级次。对单位给予警告或者通报批评。对直接负责的主管人员和其他直接责任人员给予警告、记过或者记大过处分；情节较重的，给予降级处分；情节严重的，给予撤职处分：

（一）虚增、虚减财政收入或者财政支出；

（二）违反规定编制、批复预算或者决算；

（三）违反规定调整预算；

（四）违反规定调整预算级次或者预算收支种类；

（五）违反规定动用预算预备费或者挪用预算周转金；

（六）违反国家关于转移支付管理规定的行为；

（七）其他违反国家有关预算管理规定的行为。

第八条　国家机关及其工作人员违反国有资产管理的规定，擅自占有、使用、处置国有资产的，责令改正，调整有关会计账目，限期退还违法所得和被侵占的国有资产。对单位给予警告或者通报批评。对直接负责的主管人员和其他直接责任人员给予记大过处分；情节较重的，给予降级或者撤职处分；情节严重的，给予开除处分。

第九条　单位和个人有下列违反国家有关投资建设项目规定的行为之一的，责令改正，调整有关会计账目，追回被截留、挪用、骗取的国家建设资金，没收违法所得，核减或者停止拨付工程投资。对单位给予警告或者通报批评，其直接负责的主管人员和其他直接责任人员属于国家公务员的，给予记大过处分；情节较重的，给予降级或者撤职处分；情节严重的，给予开除处分：

（一）截留、挪用国家建设资金；

（二）以虚报、冒领、关联交易等手段骗取国家建设资金；

（三）违反规定超概算投资；

（四）虚列投资完成额；

（五）其他违反国家投资建设项目有关规定的行为。

《中华人民共和国政府采购法》、《中华人民共和国招标投标法》、《国家重点建设项目管理办法》等法律、行政法规另有规定的，依照其规定处理、处罚。

第十条 国家机关及其工作人员违反《中华人民共和国担保法》及国家有关规定，擅自提供担保的，责令改正，没收违法所得。对单位给予警告或者通报批评。对直接负责的主管人员和其他直接责任人员给予警告、记过或者记大过处分；造成损失的，给予降级或者撤职处分；造成重大损失的，给予开除处分。

第十一条 国家机关及其工作人员违反国家有关账户管理规定，擅自在金融机构开立、使用账户的，责令改正，调整有关会计账目，追回有关财政资金，没收违法所得，依法撤销擅自开立的账户。对单位给予警告或者通报批评。对直接负责的主管人员和其他直接责任人员给予降级处分；情节严重的，给予撤职或者开除处分。

第十二条 国家机关及其工作人员有下列行为之一的，责令改正，调整有关会计账目，追回被挪用、骗取的有关资金，没收违法所得。对单位给予警告或者通报批评。对直接负责的主管人员和其他直接责任人员给予降级处分；情节较重的，给予撤职处分；情节严重的，给予开除处分：

（一）以虚报、冒领等手段骗取政府承贷或者担保的外国政府贷款、国际金融组织贷款；

（二）滞留政府承贷或者担保的外国政府贷款、国际金融组织贷款；

（三）截留、挪用政府承贷或者担保的外国政府贷款、国际金融组织贷款；

（四）其他违反规定使用、骗取政府承贷或者担保的外国政府贷款、国际金融组织贷款的行为。

第十三条 企业和个人有下列不缴或者少缴财政收入行为之一的，责令改正，调整有关会计账目，收缴应当上缴的财政收入，给予警告，没收违法所得，并处不缴或者少缴财政收入10%以上30%以下的罚款；对直接负责的主管人员和其他直接责任人员处3000元以上5万元以下的罚款：

（一）隐瞒应当上缴的财政收入；

（二）截留代收的财政收入；

（三）其他不缴或者少缴财政收入的行为。

属于税收方面的违法行为，依照有关税收法律、行政法规的规定处理、处罚。

第十四条 企业和个人有下列行为之一的，责令改正，调整有关会计账目，追回违反规定使用、骗取的有关资金，给予警告，没收违法所得，并处被骗取有关资金10%以上50%以下的罚款或者被违规使用有关资金10%以上30%以下的罚款；对直接负责的主管人员和其他直接责任人员处3000元以上

5 万元以下的罚款：

（一）以虚报、冒领等手段骗取财政资金以及政府承贷或者担保的外国政府贷款、国际金融组织贷款；

（二）挪用财政资金以及政府承贷或者担保的外国政府贷款、国际金融组织贷款；

（三）从无偿使用的财政资金以及政府承贷或者担保的外国政府贷款、国际金融组织贷款中非法获益；

（四）其他违反规定使用、骗取财政资金以及政府承贷或者担保的外国政府贷款、国际金融组织贷款的行为。

属于政府采购方面的违法行为，依照《中华人民共和国政府采购法》及有关法律、行政法规的规定处理、处罚。

第十五条　事业单位、社会团体、其他社会组织及其工作人员有财政违法行为的，依照本条例有关国家机关的规定执行；但其在经营活动中的财政违法行为，依照本条例第十三条、第十四条的规定执行。

第十六条　单位和个人有下列违反财政收入票据管理规定的行为之一的，销毁非法印制的票据，没收违法所得和作案工具。对单位处 5000 元以上 10 万元以下的罚款；对直接负责的主管人员和其他直接责任人员处 3000 元以上 5 万元以下的罚款。属于国家公务员的，还应当给予降级或者撤职处分；情节严重的，给予开除处分：

（一）违反规定印制财政收入票据；

（二）转借、串用、代开财政收入票据；

（三）伪造、变造、买卖、擅自销毁财政收入票据；

（四）伪造、使用伪造的财政收入票据监（印）制章；

（五）其他违反财政收入票据管理规定的行为。

属于税收收入票据管理方面的违法行为，依照有关税收法律、行政法规的规定处理、处罚。

第十七条　单位和个人违反财务管理的规定，私存私放财政资金或者其他公款的，责令改正，调整有关会计账目，追回私存私放的资金，没收违法所得。对单位处 3000 元以上 5 万元以下的罚款；对直接负责的主管人员和其他直接责任人员处 2000 元以上 2 万元以下的罚款。属于国家公务员的，还应当给予记大过处分；情节严重的，给予降级或者撤职处分。

第十八条　属于会计方面的违法行为，依照会计方面的法律、行政法规的规定处理、处罚。对其直接负责的主管人员和其他直接责任人员，属于国家公务员的，还应当给予警告、记过或者记大过处分；情节较重的，给予降级或者撤职处分；情节严重的，给予开除处分。

第十九条 属于行政性收费方面的违法行为，《中华人民共和国行政许可法》、《违反行政事业性收费和罚没收入收支两条线管理规定行政处分暂行规定》等法律、行政法规及国务院另有规定的，有关部门依照其规定处理、处罚、处分。

第二十条 单位和个人有本条例规定的财政违法行为，构成犯罪的，依法追究刑事责任。

第二十一条 财政部门、审计机关、监察机关依法进行调查或者检查时，被调查、检查的单位和个人应当予以配合，如实反映情况，不得拒绝、阻挠、拖延。

违反前款规定的，责令限期改正。逾期不改正的，对属于国家公务员的直接负责的主管人员和其他直接责任人员，给予警告、记过或者记大过处分；情节严重的，给予降级或者撤职处分。

第二十二条 财政部门、审计机关、监察机关依法进行调查或者检查时，经县级以上人民政府财政部门、审计机关、监察机关的负责人批准，可以向与被调查、检查单位有经济业务往来的单位查询有关情况，可以向金融机构查询被调查、检查单位的存款，有关单位和金融机构应当配合。

财政部门、审计机关、监察机关在依法进行调查或者检查时，执法人员不得少于2人，并应当向当事人或者有关人员出示证件；查询存款时，还应当持有县级以上人民政府财政部门、审计机关、监察机关签发的查询存款通知书，并负有保密义务。

第二十三条 财政部门、审计机关、监察机关依法进行调查或者检查时，在有关证据可能灭失或者以后难以取得的情况下，经县级以上人民政府财政部门、审计机关、监察机关的负责人批准，可以先行登记保存，并应当在7日内及时作出处理决定。在此期间，当事人或者有关人员不得销毁或者转移证据。

第二十四条 对被调查、检查单位或者个人正在进行的财政违法行为，财政部门、审计机关应当责令停止。拒不执行的，财政部门可以暂停财政拨款或者停止拨付与财政违法行为直接有关的款项，已经拨付的，责令其暂停使用；审计机关可以通知财政部门或者其他有关主管部门暂停财政拨款或者停止拨付与财政违法行为直接有关的款项，已经拨付的，责令其暂停使用，财政部门和其他有关主管部门应当将结果书面告知审计机关。

第二十五条 依照本条例规定限期退还的违法所得，到期无法退还的，应当收缴国库。

第二十六条　单位和个人有本条例所列财政违法行为，财政部门、审计机关、监察机关可以公告其财政违法行为及处理、处罚、处分决定。

第二十七条　单位和个人有本条例所列财政违法行为，弄虚作假骗取荣誉称号及其他有关奖励的，应当撤销其荣誉称号并收回有关奖励。

第二十八条　财政部门、审计机关、监察机关的工作人员滥用职权、玩忽职守、徇私舞弊的，给予警告、记过或者记大过处分；情节较重的，给予降级或者撤职处分；情节严重的，给予开除处分。构成犯罪的，依法追究刑事责任。

第二十九条　财政部门、审计机关、监察机关及其他有关监督检查机关对有关单位或者个人依法进行调查、检查后，应当出具调查、检查结论。有关监督检查机关已经作出的调查、检查结论能够满足其他监督检查机关履行本机关职责需要的，其他监督检查机关应当加以利用。

第三十条　财政部门、审计机关、监察机关及其他有关机关应当加强配合，对不属于其职权范围的事项，应当依法移送。受移送机关应当及时处理，并将结果书面告知移送机关。

第三十一条　对财政违法行为作出处理、处罚和处分决定的程序，依照本条例和《中华人民共和国行政处罚法》、《中华人民共和国行政监察法》等有关法律、行政法规的规定执行。

第三十二条　单位和个人对处理、处罚不服的，依照《中华人民共和国行政复议法》、《中华人民共和国行政诉讼法》的规定申请复议或者提起诉讼。

国家公务员对行政处分不服的，依照《中华人民共和国行政监察法》、《国家公务员暂行条例》等法律、行政法规的规定提出申诉。

第三十三条　本条例所称“财政收入执收单位”，是指负责收取税收收入和各种非税收入的单位。

第三十四条　对法律、法规授权的具有管理公共事务职能的组织以及国家行政机关依法委托的组织及其工勤人员以外的工作人员，企业、事业单位、社会团体中由国家行政机关以委任、派遣等形式任命的人员以及其他人员有本条例规定的财政违法行为，需要给予处分的，参照本条例有关规定执行。

第三十五条　本条例自 2005 年 2 月 1 日起施行。1987 年 6 月 16 日国务院发布的《国务院关于违反财政法规处罚的暂行规定》同时废止。

违规发放津贴补贴行为处分规定

（中华人民共和国监察部　中华人民共和国人力资源和社会保障部　中华人民共和国财政部　中华人民共和国审计署第31号令　2013年6月13日）

第一条　为维护收入分配秩序，严肃财经纪律，规范津贴补贴政策执行，根据《中华人民共和国行政监察法》、《中华人民共和国公务员法》、《行政机关公务员处分条例》及其他有关法律、行政法规，制定本规定。

第二条　本规定所称津贴补贴包括国家统一规定的津贴补贴和工作性津贴、生活性补贴、离退休人员补贴、改革性补贴以及奖金、实物、有价证券等。

第三条　有违规发放津贴补贴行为的单位，其负有责任的领导人员和直接责任人员，以及有违规发放津贴补贴行为的个人，应当承担纪律责任。属于下列人员的，由任免机关或者监察机关按照管理权限依法给予处分：

（一）行政机关公务员；

（二）法律、法规授权的具有公共事务管理职能的事业单位中经批准参照《中华人民共和国公务员法》管理的工作人员。

法律、行政法规对违规发放津贴补贴行为的处分另有规定的，从其规定。

第四条　有下列行为之一的，给予警告处分；情节较重的，给予记过或者记大过处分；情节严重的，给予降级或者撤职处分：

（一）违反规定自行新设项目或者继续发放已经明令取消的津贴补贴的；

（二）超过规定标准、范围发放津贴补贴的；

（三）违反中共中央组织部、人力资源社会保障部有关公务员奖励的规定，以各种名义向职工普遍发放各类奖金的；

（四）在实施职务消费和福利待遇货币化改革并发放补贴后，继续开支相关职务消费和福利费用的；

（五）违反规定发放加班费、值班费和未休年休假补贴的；

（六）违反《中共中央纪委、中共中央组织部、监察部、财政部、人事部、审计署关于规范公务员津贴补贴问题的通知》（中纪发〔2006〕17号）等规定，擅自提高标准发放改革性补贴的；

（七）超标准缴存住房公积金的；

（八）以有价证券、支付凭证、商业预付卡、实物等形式发放津贴补贴的；

（九）违反规定使用工会会费、福利费及其他专项经费发放津贴补贴的；

（十）借重大活动筹备或者节日庆祝之机，变相向职工普遍发放现金、有价证券或者与活动无关的实物的；

（十一）违反规定向关联单位（企业）转移好处，再由关联单位（企业）以各种名目给机关职工发放津贴补贴的；

（十二）其他违反规定发放津贴补贴的。

第五条　将执收执罚工作与津贴补贴挂钩，使用行政事业性收费、罚没收入发放津贴补贴的，给予记大过处分；情节严重的，给予降级或者撤职处分。

第六条　以发放津贴补贴的形式，变相将国有资产集体私分给个人的，给予记大过处分；情节较重的，给予降级或者撤职处分；情节严重的，给予开除处分。

第七条　违反财政部关于行政事业单位工资津贴补贴有关会计核算的规定核算津贴补贴的，给予警告处分；情节较重的，给予记过或者记大过处分；情节严重的，给予降级或者撤职处分。

第八条　使用“小金库”款项发放津贴补贴的，给予警告处分；情节较重的，给予记过或者记大过处分；情节严重的，给予降级或者撤职处分。

第九条　利用职务上的便利或者职务影响，违反规定在其他单位领取津贴补贴的，给予记过或者记大过处分；情节较重的，给予降级或者撤职处分；情节严重的，给予开除处分。

第十条　以虚报、冒领等手段骗取财政资金发放津贴补贴的，给予记大过处分；情节较重的，给予降级或者撤职处分；情节严重的，给予开除处分。

以虚报、冒领等手段骗取财政资金，并以发放津贴补贴的形式合伙私分的，依照前款规定从重处分。

第十一条　在执行津贴补贴政策中不负责任，导致本地区、本部门、本系统和本单位发生严重违规发放津贴补贴行为的，给予记过或者记大过处分；情节较重的，给予降级或者撤职处分；情节严重的，给予开除处分。

第十二条　不制止、不查处本地区、本部门、本系统和本单位发生的严重违规发放津贴补贴行为的，给予记过或者记大过处分；情节较重的，给予降级或者撤职处分；情节严重的，给予开除处分。

第十三条　对违规发放的津贴补贴，应当按有关规定责令整改，并清退收回。

第十四条 经费来源由财政补助的事业单位工作人员有本规定所列行为的，参照本规定第四条至第十二条规定的违纪情节，依照《事业单位工作人员处分暂行规定》处理。

第十五条 处分的程序和不服处分的申诉，依照《中华人民共和国行政监察法》、《中华人民共和国公务员法》、《行政机关公务员处分条例》等有关法律法规的规定办理。

第十六条 有违规发放津贴补贴行为，应当给予党纪处分的，移送党的纪律检查机关处理；涉嫌犯罪的，移送司法机关处理。

第十七条 本规定由监察部、人力资源社会保障部、财政部、审计署负责解释。

第十八条 本规定自2013年8月1日起施行。

中共中央办公厅 国务院办公厅关于印发《党政机关国内公务接待管理规定》的通知

（中办发〔2013〕22号 2013年12月8日）

各省、自治区、直辖市党委和人民政府，中央和国家机关各部委，解放军各总部、各大单位，各人民团体：

《党政机关国内公务接待管理规定》已经党中央、国务院领导同志同意，现印发给你们，请遵照执行。

附件：

党政机关国内公务接待管理规定

第一条 为了规范党政机关国内公务接待管理，厉行勤俭节约，反对铺张浪费，加强党风廉政建设，根据《党政机关厉行节约反对浪费条例》规定，制定本规定。

第二条 本规定适用于各级党的机关、人大机关、行政机关、政协机关、审判机关、检察机关，以及工会、共青团、妇联等人民团体和参照公务员法管理事业单位的国内公务接待行为。

本规定所称国内公务，是指出席会议、考察调研、执行任务、学习交流、检查指导、请示汇报工作等公务活动。

第三条　国内公务接待应当坚持有利公务、务实节俭、严格标准、简化礼仪、高效透明、尊重少数民族风俗习惯的原则。

第四条　各级党政机关公务接待管理部门应当结合当地实际，完善国内公务接待管理制度，制定国内公务接待标准。

县级以上党政机关公务接待管理部门负责管理本级党政机关国内公务接待工作，指导下级党政机关国内公务接待工作。

乡镇党委、政府应当加强国内公务接待管理，严格执行有关管理规定和开支标准。

第五条　各级党政机关应当加强公务外出计划管理，科学安排和严格控制外出的时间、内容、路线、频率、人员数量，禁止异地部门间没有特别需要的一般性学习交流、考察调研，禁止重复性考察，禁止以各种名义和方式变相旅游，禁止违反规定到风景名胜区举办会议和活动。

公务外出确需接待的，派出单位应当向接待单位发出公函，告知内容、行程和人员。

第六条　接待单位应当严格控制国内公务接待范围，不得用公款报销或者支付应由个人负担的费用。

国家工作人员不得要求将休假、探亲、旅游等活动纳入国内公务接待范围。

第七条　接待单位应当根据规定的接待范围，严格接待审批控制，对能够合并的公务接待统筹安排。无公函的公务活动和来访人员一律不予接待。

公务活动结束后，接待单位应当如实填写接待清单，并由相关负责人审签。接待清单包括接待对象的单位、姓名、职务和公务活动项目、时间、场所、费用等内容。

第八条　国内公务接待不得在机场、车站、码头和辖区边界组织迎送活动，不得跨地区迎送，不得张贴悬挂标语横幅，不得安排群众迎送，不得铺设迎宾地毯；地区、部门主要负责人不得参加迎送。严格控制陪同人数，不得层层多人陪同。

接待单位安排的活动场所、活动项目和活动方式，应当有利于公务活动开展。安排外出考察调研的，应当深入基层、深入群众，不得走过场、搞形式主义。

第九条　接待住宿应当严格执行差旅、会议管理的有关规定，在定点饭店或者机关内部接待场所安排，执行协议价格。出差人员住宿费应当回本单位凭据报销，与会人员住宿费按会议费管理有关规定执行。

住宿用房以标准间为主，接待省部级干部可以安排普通套间。接待单位不得超标准安排接待住房，不得额外配发洗漱用品。

第十条 接待对象应当按照规定标准自行用餐。确因工作需要，接待单位可以安排工作餐一次，并严格控制陪餐人数。接待对象在10人以内的，陪餐人数不得超过3人；超过10人的，不得超过接待对象人数的三分之一。

工作餐应当供应家常菜，不得提供鱼翅、燕窝等高档菜肴和用野生保护动物制作的菜肴，不得提供香烟和高档酒水，不得使用私人会所、高消费餐饮场所。

第十一条 国内公务接待的出行活动应当安排集中乘车，合理使用车型，严格控制随行车辆。

接待单位应当严格按照有关规定使用警车，不得违反规定实行交通管控。确因安全需要安排警卫的，应当按照规定的警卫界限、警卫规格执行，合理安排警力，尽可能缩小警戒范围，不得清场闭馆。

第十二条 各级党政机关应当加强对国内公务接待经费的预算管理，合理限定接待费预算总额。公务接待费用应当全部纳入预算管理，单独列示。

禁止在接待费中列支应当由接待对象承担的差旅、会议、培训等费用，禁止以举办会议、培训为名列支、转移、隐匿接待费开支；禁止向下级单位及其他单位、企业、个人转嫁接待费用，禁止在非税收入中坐支接待费用；禁止借公务接待名义列支其他支出。

第十三条 县级以上地方党委、政府应当根据当地经济发展水平、市场价格等实际情况，按照当地会议用餐标准制定本级国内公务接待工作餐开支标准，并定期进行调整。接待住宿应当按照差旅费管理有关规定，执行接待对象在当地的差旅住宿费标准。接待开支标准应当报上一级党政机关公务接待管理部门、财政部门备案。

第十四条 接待费报销凭证应当包括财务票据、派出单位公函和接待清单。

接待费资金支付应当严格按照国库集中支付制度和公务卡管理有关规定执行。具备条件的地方应当采用银行转账或者公务卡方式结算，不得以现金方式支付。

第十五条 机关内部接待场所应当建立健全服务经营机制，推行企业化管理，推进劳动、用工和分配制度与市场接轨，建立市场化的接待费结算机制，降低服务经营成本，提高资产使用效率，逐步实现自负盈亏、自我发展。

各级党政机关不得以任何名义新建、改建、扩建内部接待场所，不得对机关内部接待场所进行超标准装修或者装饰、超标准配置家具和电器。推进机关内部接待场所集中统一管理和利用，建立资源共享机制。

第十六条　接待单位不得超标准接待，不得组织旅游和与公务活动无关的参观，不得组织到营业性娱乐、健身场所活动，不得安排专场文艺演出，不得以任何名义赠送礼金、有价证券、纪念品和土特产品等。

第十七条　县级以上党政机关公务接待管理部门应当会同有关部门加强对本级党政机关各部门和下级党政机关国内公务接待工作的监督检查。监督检查的主要内容包括：

（一）国内公务接待规章制度制定情况；

（二）国内公务接待标准执行情况；

（三）国内公务接待经费管理使用情况；

（四）国内公务接待信息公开情况；

（五）机关内部接待场所管理使用情况。

党政机关各部门应当定期汇总本部门国内公务接待情况，报同级党政机关公务接待管理部门、财政部门、纪检监察机关备案。

第十八条　财政部门应当对党政机关国内公务接待经费开支和使用情况进行监督检查。审计部门应当对党政机关国内公务接待经费进行审计，并加强对机关内部接待场所的审计监督。

第十九条　县级以上党政机关公务接待管理部门应当会同财政部门按年度组织公开本级国内公务接待制度规定、标准、经费支出、接待场所、接待项目等有关情况，接受社会监督。

第二十条　各级党政机关应当将国内公务接待工作纳入问责范围。纪检监察机关应当加强对国内公务接待违规违纪行为的查处，严肃追究接待单位相关负责人、直接责任人的党纪责任、行政责任并进行通报，涉嫌犯罪的移送司法机关依法追究刑事责任。

第二十一条　积极推进国内公务接待服务社会化改革，有效利用社会资源为国内公务接待提供住宿、用餐、用车等服务。推行接待用车定点服务制度。

第二十二条　地方各级党委、政府应当依照本规定制定本地区国内公务接待管理办法。

第二十三条　地方各级政府因招商引资等工作需要，接待除国家工作人员以外的其他因公来访人员，应当参照本规定实行单独管理，明确标准，控制经费总额，注重实际效益，加强审批管理，强化审计监督，杜绝奢侈浪费。严禁扩大接待范围、增加接待项目，严禁以招商引资为名变相安排公务接待。

第二十四条　国有企业、国有金融企业和不参照公务员法管理的事业单位参照本规定执行。

第二十五条 本规定由国家机关事务管理局会同有关部门负责解释。

第二十六条 本规定自发布之日起施行。2006 年 10 月 20 日中共中央办公厅、国务院办公厅印发的《党政机关国内公务接待管理规定》同时废止。

中华全国总工会办公厅关于印发《全总机关国内公务接待管理办法》的通知

（厅字〔2014〕1 号 2014 年 1 月 9 日）

各驻会全国产业工会，全总各部门、各直属单位：

现将《全总机关国内公务接待管理办法》印发给你们，请认真贯彻执行。

附件：

全总机关国内公务接待管理办法

第一条 为了规范全总机关国内公务接待管理，厉行勤俭节约，反对铺张浪费，加强党风廉政建设，根据《党政机关厉行节约反对浪费条例》《党政机关国内公务接待管理规定》，结合工会工作实际，制定本办法。

第二条 全总机关国内公务接待包含全总领导国内公务接待和各驻会全国产业工会、全总各部门（以下简称全总机关各单位）国内公务接待。本办法所称国内公务，是指出席会议、考察调研、执行任务、学习交流、检查指导、请示汇报工作等公务活动。

第三条 全总机关国内公务接待应当坚持有利公务、务实节俭、严格标准、简化礼仪、高效透明、尊重少数民族风俗习惯的原则。

第四条 全总机关各单位应当加强公务外出计划管理，科学安排和严格控制外出的时间、内容、路线、频率、人员数量，禁止没有特别需要的一般性学习交流、考察调研，禁止重复性考察，禁止以各种名义和方式变相旅游，禁止违反规定到风景名胜区举办会议和活动。公务外出确需接待的，应当向接待单位发出公函，告知内容、行程和人员。

第五条 全总机关各单位应当严格控制国内公务接待范围，不得用公款报销或者支付应由个人负担的费用。全总机关各单位工作人员不得要求将休假、探亲、旅游等活动纳入国内公务接待范围。

第六条　全总机关各单位应当根据规定的接待范围，严格接待审批控制，对能够合并的公务接待统筹安排。无公函的公务活动和来访人员一律不予接待。公务活动结束后，全总机关各单位应当如实填写接待清单，并由本单位负责人审签。接待清单包括接待对象的单位、姓名、职务和公务活动项目、时间、场所、费用等内容。

第七条　国内公务接待不得在机场、车站、码头组织迎送活动，不得张贴悬挂标语横幅，不得铺设迎宾地毯。严格控制陪同人数，不得层层多人陪同。全总机关各单位安排的活动场所、活动项目和活动方式，应当有利于公务活动开展。安排外出考察调研的，应当深入基层、深入职工群众，不得走过场、搞形式主义。

第八条　接待住宿应当严格执行差旅、会议管理的有关规定。各级工会来全总出差人员，可安排在中国职工之家、日坛宾馆、中家鑫园温泉酒店或者财政部定点饭店住宿，副部级可安排普通套间，司局级及以下人员安排标准间；住宿费用按照财政部定点饭店协议价格结算，没有协议价格的按照当地出差标准结算，由出差人员自行结算后，回本人单位凭据报销；全总直属接待单位不得超标准安排住房，不得额外配发洗漱用品；参加全总会议人员的住宿费由全总会议承担，参会人员范围之外的其他随行人员的住宿费由所在单位自行承担。

第九条　各级工会来京出差办事人员按照规定标准自行用餐。确因工作需要，全总相关接待单位可以安排接待工作餐一次，并严格控制陪餐人数。接待对象 10 人以内的，陪餐人数不超过 3 人；接待对象超过 10 人的，不超过接待对象人数的三分之一。接待工作餐尽可能安排在全总机关食堂，严格控制餐费标准，只供应家常菜，不提供鱼翅、燕窝等高档菜肴和用野生保护动物制作的菜肴，不提供香烟和高档酒水，不得到私人会所、高消费餐饮场所就餐；接待副部级领导每人每次 150 元（含酒水）、接待司局级及以下人员每人每次 130 元（含酒水）。办理接待工作餐应当填写《全总机关国内公务接待用餐申请表》。

第十条　加强全总机关国内公务接待用车使用管理，严格按照接待任务使用公务用车，不得公车私用。全总机关国内公务接待的出行活动应当安排集中乘车，合理使用车型。可以采取向社会租赁方式解决，租赁车辆应选用经过全总机关公开招标所确定的汽车出租公司。全总机关各单位工作人员到京外办理公务，应当乘坐公共交通工具。

第十一条　全总机关国内公务接待经费全部纳入机关预算管理，限定接待费预算总额，实行单独会计核算。不得超预算、超标准接待。全总财务部负责按年度安排国内公务接待经费预算总额，向全总机关各单位下达预算控制数，监督预算执行；根据经济发展水平、市场价格等实际情况，定期对开支标准进行调整，报全总书记处审批。全总办公厅负责在预算内安排全总领导国内公务接待用餐和接待住房，每两个月进行一次财务结算报销。全总机关各单位在预算控制数内安排国内公务接待，随业务发生结算报销。

国内公务接待费中禁止开支以下内容：应当由接待对象承担的差旅、会议、培训等费用；以举办会议、培训为名开支、转移、隐匿接待费用；向下级单位及其他单位、企业、个人转嫁接待费用；在非税收入中坐支接待费用；借公务接待名义开支其他支出。

第十二条 国内公务接待费报销时应当提供合法有效财务票据及相关单据，包括：宾馆饭店餐饮服务业发票、派出单位公函、全总机关各单位填写的《全总机关国内公务接待用餐申请表》、接待清单和经本单位主要领导签批的财务报销凭证。

全总领导国内公务接待经费由办公厅负责人审批。全总机关各单位国内公务接待费由本单位主要负责人审批。国内公务接待费支付采用银行转账或者公务卡方式结算，不得以现金方式支付。

第十三条 健全全总机关内部接待场所（全总机关食堂）服务经营机制，推行企业化管理，建立市场化的接待费计算机制，降低服务经营成本，提高资产使用效率。不以任何名义新建、改建、扩建内部接待场所，不对内部接待场所进行超标准装修或者装饰、超标准配置家具和电器。

第十四条 全总机关国内公务接待不得超标准，不得组织旅游和与公务活动无关的参观，不得组织到营业性娱乐、健身场所活动，不得安排专场文艺演出，不得以任何名义赠送礼金、有价证券、纪念品和土特产品等。

第十五条 办公厅、党组纪检组、财务部、经审办、机关服务中心应当加强对全总机关和各直属单位国内公务接待工作的监督检查。监督检查的主要内容包括：全总机关国内公务接待规章制度制定情况、标准执行情况、经费使用情况、信息公开情况，全总机关内部接待场所管理使用情况等。全总机关各单位和各直属单位应当定期汇总本单位国内公务接待情况，报办公厅、党组纪检组、财务部、经审办、机关服务中心备案。

第十六条 全总财务部负责对全总机关和各直属单位国内公务接待经费开支和使用情况进行监督检查。经审办应当对全总机关和各直属单位国内公务接待经费进行审计，并加强对全总机关内部接待场所的审计监督。

第十七条　全总机关国内公务接待信息应当定期在机关内部公开，接受全体干部职工的监督。

第十八条　全总机关国内公务接待工作应纳入问责范围。全总党组纪检组应当加强对全总机关和各直属单位国内公务接待违规违纪行为的查处，严肃追究接待单位相关负责人、直接责任人的党纪责任、行政责任并进行通报，涉嫌犯罪的移送司法机关依法追究刑事责任。

第十九条　积极推进全总机关国内公务接待服务社会化改革，有效利用社会资源为国内公务接待提供住宿、用餐、用车等服务。推行接待用车定点服务。

第二十条　全总各直属单位应当依照《党政机关国内公务接待管理规定》和本办法制定本单位国内公务接待管理办法；全总机关各单位应当严格执行本办法。

第二十一条　本办法由全总办公厅会同有关部门负责解释。

第二十二条　本办法自印发之日起执行。此前印发的有关规定，凡与本办法不一致的，以本办法为准。

财政部　外交部关于印发《因公临时出国经费管理办法》的通知

（财行〔2013〕516号　2013年12月20日）

党中央各部门，国务院各部委、各直属机构，总后勤部、武警总部，全国人大常委会办公厅，全国政协办公厅，高法院，高检院，各人民团体，各民主党派，各省、自治区、直辖市、计划单列市财政厅（局）、人民政府外事办公室，新疆生产建设兵团财务局、外事局：

根据中共中央政治局《关于改进工作作风、密切联系群众的八项规定》的要求和《党政机关厉行节约反对浪费条例》的精神，为进一步规范因公临时出国经费管理，我们对《临时出国人员费用开支标准和管理办法》（财行〔2001〕73号）进行了修订。现将修订后的《因公临时出国经费管理办法》（以下简称《办法》）印发给你们，请认真遵照执行。

请各地区各部门各单位根据《办法》基本原则和要求，结合实际制定具体规定，并于2014年2月1日前报送财政部备案。边境地区有频繁出国任务的，由所在省、自治区财政厅根据实际情况制定本地区因公临时出国经费开支标准和管理办法，并于2014年4月1日前报送财政部备案。

附件：因公临时出国经费管理办法

附件：

因公临时出国经费管理办法

第一章　总　则

第一条　为了进一步规范因公临时出国经费管理，加强预算监督，提高资金使用效益，保证外事工作的顺利开展，根据《中华人民共和国预算法》、《党政机关厉行节约反对浪费条例》等法律法规，制定本办法。

第二条　本办法适用于各级党政军机关、人大政协机关、审判机关、检察机关、民主党派、人民团体和事业单位因公组派临时代表团组的省部级以下（含省部级）出国人员（以下简称出国人员）。

第三条　各地区各部门各单位因公组派临时出国团组应当坚持强化预算约束、优化经费结构、厉行勤俭节约、讲求务实高效的原则，严格控制因公临时出国规模，规范因公临时出国经费管理。

第二章　预算管理和计划管理

第四条　因公临时出国经费应当全部纳入预算管理，并按照下列规定执行：

（一）各级财政部门应当加强因公临时出国经费的预算管理，严格控制因公临时出国经费总额，科学合理地安排因公临时出国经费预算。

（二）各地区各部门各单位应当加强预算硬约束，认真贯彻落实厉行节约的要求，在核定的年度因公临时出国经费预算内，务实高效、精简节约地安排因公临时出国活动，不得超预算或无预算安排出访团组。确有特殊需要的，按规定程序报批。

第五条　出访团组实行计划审批管理，并按照下列规定执行：

（一）各地区各部门各单位应当认真贯彻中央有关外事管理规定，科学制订年度因公临时出国计划，认真履行因公临时出国计划报批制度，严格控制因公临时出国团组人数、国家数和在外停留天数，正确执行限量管理规定。组团单位和派出单位要明确责任，谁派出、谁负责。

（二）因公临时出国应当坚持因事定人的原则，不得因人找事，不得安排照顾性和无实质内容的一般性出访，不得安排考察性出访。

（三）各级外事部门应当加强因公临时出国计划的审核审批管理，严格把关，对违反规定、不适合成行的团组予以调整或者取消。驻外使馆答复国内因公临时出国征求意见时，应当严格履行把关职责。

第六条　各地区各部门各单位出国经费的支付，应当严格按照国库集中支付制度和公务卡管理制度的有关规定执行。

各地区各部门各单位应当严格执行各项经费开支标准，不得擅自突破，严禁接受或变相接受企事业单位资助，严禁向同级机关、下级机关、下属单位、企业、驻外机构等摊派或转嫁出访费用。

第七条　各地区各部门各单位应当建立因公临时出国计划与财务管理的内部控制制度。出访团组应当事先填报《因公临时出国任务和预算审批意见表》（见附1），由单位外事和财务部门分别出具审签意见，明确审核责任。出国任务、出国经费预算未通过审核的，不得安排出访团组。

第三章　经费管理

第八条　因公临时出国经费包括：国际旅费、国外城市间交通费、住宿费、伙食费、公杂费和其他费用。

国际旅费，是指出境口岸至入境口岸旅费。

国外城市间交通费，是指为完成工作任务所必须发生的，在出访国家的城市与城市之间的交通费用。

住宿费是指出国人员在国外发生的住宿费用。

伙食费是指出国人员在国外期间的日常伙食费用。

公杂费是指出国人员在国外期间的市内交通、邮电、办公用品、必要的小费等费用。

其他费用主要是指出国签证费用、必需的保险费用、防疫费用、国际会议注册费用等。

第九条　国际旅费按照下列规定执行：

（一）选择经济合理的路线。出国人员应当优先选择由我国航空公司运营的国际航线，由于航班衔接等原因确需选择外国航空公司航线的，应当事先报经单位外事和财务部门审批同意。不得以任何理由绕道旅行，或以过境名义变相增加出访国家和时间。

（二）按照经济适用的原则，通过政府采购等方式，选择优惠票价，并尽可能购买往返机票。

（三）因公临时出国购买机票，须经本单位外事和财务部门审批同意。

机票款由本单位通过公务卡、银行转账方式支付，不得以现金支付。单位财务部门应当根据《航空运输电子客票行程单》等有效票据注明的金额予以报销。

（四）出国人员应当严格按照规定安排交通工具，不得乘坐民航包机或私人、企业和外国航空公司包机。

（五）省部级人员可以乘坐飞机头等舱、轮船一等舱、火车高级软卧或全列软席列车的商务座；司局级人员可以乘坐飞机公务舱、轮船二等舱、火车软卧或全列软席列车的一等座；其他人员均乘坐飞机经济舱、轮船三等舱、火车硬卧或全列软席列车的二等座。所乘交通工具舱位等级划分与以上不一致的，可乘坐同等水平的舱位。所乘交通工具未设置上述规定中本级别人员可乘坐舱位等级的，应乘坐低一等级舱位。上述人员发生的国际旅费据实报销。

（六）出国人员乘坐国际列车，国内段按国内差旅费的有关规定执行；国外段超过6小时以上的按自然（日历）天数计算，每人每天补助12美元。

第十条 出国人员根据出访任务需要在一个国家城市间往来，应当事先在出国计划中列明，并报奉单位外事和财务部门批准。未列入出国计划、未经本单位外事和财务部门批准的，不得在国外城市间往来。出国人员的旅程必须按照批准的计划执行，其城市间交通费凭有效原始票据据实报销。

第十一条 住宿费按照下列规定执行：

（一）出国人员应当严格按照规定安排住宿，省部级人员可安排普通套房，住宿费据实报销；厅局级及以下人员安排标准间，在规定的住宿费标准之内予以报销。

（二）参加国际会议等的出国人员，原则上应当按照住宿费标准执行。如对方组织单位指定或推荐酒店，应当严格把关，通过询价方式从紧安排，超出费用标准的，须事先报经本单位外事和财务部门批准。经批准，住宿费可据实报销。

第十二条 伙食费和公杂费按照下列规定执行：

（一）出国人员伙食费、公杂费可以按规定的标准发给个人包干使用。包干天数按离、抵我国国境之日计算。

（二）根据工作需要和特点，不宜个人包干的出访团组，其伙食费和公杂费由出访团组统一掌握，包干使用。

（三）外方以现金或实物形式提供伙食费和公杂费接待我代表团组的，出国人员不再领取伙食费和公杂费。

（四）出访用餐应当勤俭节约，不上高档菜肴和酒水。自助餐也要注意节俭。

第十三条　出访团组对外原则上不搞宴请，确需宴请的，应当连同出国计划一并报批，宴请标准按照所在国家一人一天的伙食费标准掌握。

出访团组与我国驻外使领馆等外交机构和其他中资机构、企业之间一律不得用公款相互宴请。

第十四条　出访团组在国外期间，收授礼品应当严格按有关规定执行。原则上不对外赠送礼品，确有必要赠送的，应当事先报经本单位外事和财务部门审批同意，按照厉行节俭的原则，选择具有民族特色的纪念品、传统手工艺品和实用物品，朴素大方，不求奢华。

出访团组与我国驻外使领馆等外交机构和其他中资机构、企业之间一律不得以任何名义、任何方式互赠礼品或纪念品。

第十五条　出国签证费用、防疫费用、国际会议注册费用等凭有效原始票据据实报销。根据到访国要求，出国人员必须购买保险的，应当事先报经本单位外事和财务部门批准后，按照到访国驻华使领馆要求购买，凭有效原始票据据实报销。

第十六条　出国人员回国报销费用时，须凭有效票据填报有团组负责人审核签字的国外费用报销单（具体表格由各单位制定）。各种报销凭证须用中文注明开支内容、日期、数量、金额等，并由经办人签字。

各单位财务部门应当根据本办法制定本单位财务报销审批的具体规定，加强对因公临时出国团组的经费核销管理。各单位财务部门应当对因公临时出国团组提交的出国任务批件、护照（包括签证和出入境记录）复印件及有效费用明细票据进行认真审核，严格按照批准的出国团组人员、天数、路线、经费预算及开支标准核销经费，不得核销与出访任务无关的开支。

第十七条　中央各部门根据出国经费预算，结合实际购汇需求，自主核定本部门及其所属单位购汇数额，通过财政部批准的人民币资金账户，向外汇指定银行购买外汇。

省级财政部门根据本级各部门和下级财政部门的申请，自主核定本地区购汇数额，并确定一家外汇指定银行具体办理购汇手续。

第四章　监督检查

第十八条　除涉密内容和事项外，因公临时出国经费的预决算应当按照预决算信息公开的有关规定，及时公开，主动接受社会监督。

第十九条　各级外事、财政、审计等部门对因公临时出国情况进行定期或不定期联合检查。各级财政部门应当定期或不定期对各部门各单位因公临时出国经费管理使用情况进行监督检查。审计部门应当对各部门各单位因公临时出国经费管理使用情况进行审计。

财务部门应当建立健全因公临时出国团组内部监督检查机制，每半年向同级外事、财政部门报送本部门本单位因公临时出国经费使用情况。严格按照预算绩效管理的有关规定，加强因公临时出国经费预算绩效评价，切实提高预算资金的使用效益。

第二十条 组团单位应当采取集中形式，对团组全体人员进行行前财经纪律教育。对出国人员违反本办法规定，有下列行为之一的，除相关开支一律不予报销外，按照《财政违法行为处罚处分条例》等有关规定严肃处理，并追究有关人员责任：

（一）违规扩大出国经费开支范围的；

（二）擅自提高经费开支标准的；

（三）虚报团组级别、人数、国家数、天数等，套取出国经费的；

（四）使用虚假发票报销出国费用的；

（五）其他违反本办法的行为。

第五章 附 则

第二十一条 各地区各部门各单位因公临时赴香港、澳门、台湾地区的，适用本办法。

第二十二条 各地区各部门各单位可以根据本办法，结合实际制定具体规定，报财政部备案。边境地区有频繁出国任务的，其因公临时出国经费开支标准和管理办法由所在省（自治区）财政厅根据实际情况制定，并报财政部备案。

第二十三条 对与我新建交或未建交国家，相关经费开支标准暂按照经济水平相近的邻国标准执行。

第二十四条 财政部、外交部根据出访国家或地区经济发展、物价等变动情况，对相关经费开支标准适时调整。

第二十五条 国有企业和其他因公临时出国人员参照本办法执行。

第二十六条 本办法由财政部、外交部负责解释。

第二十七条 本办法自发布之日起30日后施行。财政部、外交部《关于印发〈临时出国人员费用开支标准和管理办法〉的通知》（财行〔2001〕73号）和财政部、原中国民用航空总局《关于加强因公出国机票管理的通知》（财外字〔1998〕283号）同时废止。

附：1. 因公临时出国任务和预算审批意见表

2. 各国家和地区住宿费、伙食费、公杂费开支标准表（略）

附 1：

因公临时出国任务和预算审批意见表

<table>
<tr><td colspan="7">团组名称</td></tr>
<tr><td>组团单位</td><td colspan="2"></td><td>团长（级别）</td><td></td><td>团员人数</td><td></td></tr>
<tr><td colspan="4">出访国别（含经停）</td><td colspan="3">出访时间（天数）</td></tr>
<tr><td colspan="7">出国任务审核意见</td></tr>
<tr><td>审核单位</td><td colspan="3"></td><td>审核日期</td><td colspan="2"></td></tr>
<tr><td>审核依据</td><td colspan="6"></td></tr>
<tr><td rowspan="6">审核内容</td><td colspan="6">是否列入出国计划：</td></tr>
<tr><td colspan="6">出访目标和必要性：</td></tr>
<tr><td colspan="6">时间和国别是否符合规定：</td></tr>
<tr><td colspan="6">路线是否符合规定：</td></tr>
<tr><td colspan="6">团组人数是否符合规定：</td></tr>
<tr><td colspan="6">其他事项：</td></tr>
<tr><td>审核意见</td><td colspan="6"></td></tr>
<tr><td colspan="7">预算财务审核意见</td></tr>
<tr><td>审核单位</td><td colspan="3"></td><td>审核日期</td><td colspan="2"></td></tr>
<tr><td>审核依据</td><td colspan="6"></td></tr>
<tr><td rowspan="5">审核内容</td><td colspan="6">是否列入年度预算：</td></tr>
<tr><td>合计</td><td>国际旅费</td><td>住宿费</td><td>伙食费</td><td>公杂费</td><td>其他费用</td></tr>
<tr><td></td><td></td><td></td><td></td><td></td><td></td></tr>
<tr><td colspan="6">须事先报批的支出事项：</td></tr>
<tr><td colspan="6">其他事项：</td></tr>
<tr><td>审核意见</td><td colspan="6"></td></tr>
</table>

备注：出访团组和单位财务部门应对各项支出的测算和审核做详细说明。

中华全国总工会办公厅关于贯彻落实《中央和国家机关差旅费管理办法》有关事项的通知

（厅字〔2014〕5号　2014年1月24日）

各驻会全国产业工会，全总各部门、各直属单位：

为贯彻落实中央关于改进工作作风，密切联系群众八项规定及其实施细则，推进厉行节约反对浪费制度建设，财政部于2013年12月印发了《中央和国家机关差旅费管理办法》（以下简称《办法》）。根据《办法》要求，现就做好全总机关差旅费管理有关事项通知如下：

一、各单位要认真贯彻落实《办法》有关规定，切实加强本单位差旅费管理。建立严格的公务出差审批制度，工作人员因公出差前，须按照规定填报《全总机关出差审批表》，并报本单位主要领导批准。未经批准，差旅费不予报销。

二、各单位差旅费实行预算总额控制。要根据工作需要安排出差，从严控制出差人数、天数和出差路线，控制差旅费支出规模。严禁无实质内容、无明确公务目的的差旅活动，严禁以任何名义和方式变相旅游，严禁无实质内容的学习交流和考察调研。

三、各单位因公出差活动确需相关单位接待的，应当按照《党政机关国内公务接待管理规定》要求，向接待单位出具全国总工会出差《公函》，公函一式三联：第一联交接待单位留存，第二联出差后用于报销时使用，第三联本单位留存。

四、出差人员要严格执行《办法》规定的城市间交通费、住宿费、伙食费和市内交通费标准，超支部分由个人自理。不得向下级工会或企业以及其他单位转嫁费用。

五、出差人员出差应当自行用餐，伙食费按照出差自然天数和规定标准包干使用。如需接待单位安排用餐的，应当向接待单位交纳伙食费。

六、出差人员发生的市内交通费，按照出差自然天数每人每天80元包干使用，不再报销机场大巴、地铁机场线等交通费用。如需接待单位或其他单位提供交通工具的，应向接待单位或其他单位交纳相关费用。

七、出差人员出差结束后应当及时办理报销手续。差旅费报销时应当提供《全总机关出差审批表》、全国总工会出差《公函》第二联、机票（登机牌）、车票、住宿费等凭据。对未经批准外出以及超范围、超标准、跨地区活动所产生的费用不予报销。实际发生住宿无住宿发票的，不得报销住宿费以及城市间交通费、伙食补助费和市内交通费。

八、会议或培训由举办单位统一安排的，会议、培训期间的食宿和市内交通费由会议、培训举办单位按规定统一开支，往返会议或培训地点的差旅费由所在单位按规定报销。

九、全总直属单位差旅费管理参照本通知执行。全总差旅费管理其他有关具体事项，由全总财务部负责解释说明。

附件：

财政部关于印发《中央和国家机关差旅费管理办法》的通知

（财行〔2013〕531号　2013年12月31日）

党中央各部门，国务院各部委、各直属机构，全国人大常委会办公厅，全国政协办公厅，高法院，高检院，各人民团体，各民主党派中央，全国工商联，新疆生产建设兵团：

为贯彻落实中央关于改进工作作风，密切联系群众八项规定及其实施细则，推进厉行节约反对浪费制度建设，加强和规范中央和国家机关差旅费管理，根据《党政机关厉行节约反对浪费条例》，我们制定了《中央和国家机关差旅费管理办法》。现印发给你们，从2014年1月1日起施行。执行中有何问题，请及时向我们反映。

请各省、自治区、直辖市、计划单列市财政厅（局）参照本办法，结合实际情况，抓紧修订本地党政机关差旅费管理办法，并报财政部备案。

附件：

中央和国家机关差旅费管理办法

第一章　总　则

第一条　为加强和规范中央和国家机关国内差旅费管理，推进厉行节约反对浪费，根据《党政机关厉行节约反对浪费条例》，制定本办法。

第二条 本办法适用于中央和国家机关，以及参照公务员法管理的事业单位（以下简称中央单位）。

本办法所称中央和国家机关，是指党中央各部门，国务院各部委、各直属机构，全国人大常委会办公厅，全国政协办公厅，最高人民法院，最高人民检察院，各人民团体、各民主党派中央和全国工商联。

第三条 差旅费是指工作人员临时到常驻地以外地区公务出差所发生的城市间交通费、住宿费、伙食补助费和市内交通费。

第四条 中央单位应当建立健全公务出差审批制度。出差必须按规定报经单位有关领导批准，从严控制出差人数和天数；严格差旅费预算管理，控制差旅费支出规模；严禁无实质内容、无明确公务目的的差旅活动，严禁以任何名义和方式变相旅游，严禁异地部门间无实质内容的学习交流和考察调研。

第五条 财政部按照分地区、分级别、分项目的原则制定差旅费标准，并根据经济社会发展水平、市场价格及消费水平变动情况适时调整。

第二章 城市间交通费

第六条 城市间交通费是指工作人员因公到常驻地以外地区出差乘坐火车、轮船、飞机等交通工具所发生的费用。

第七条 出差人员应当按规定等级乘坐交通工具。乘坐交通工具的等级见下表：

交通工具 级别	火车（含高铁、动车、全列软席列车）	轮船（不包括旅游船）	飞机	其他交通工具（不包括出租小汽车）
部级及相当职务人员	火车软席（软座、软卧），高铁/动车商务座，全列软席列车一等软座	一等舱	头等舱	凭据报销
司局级及相当职务人员	火车软席（软座、软卧），高铁/动车一等座，全列软席列车一等软座	二等舱	经济舱	凭据报销
其余人员	火车硬席（硬座、硬卧），高铁/动车二等座、全列软席列车二等软座	三等舱	经济舱	凭据报销

部级及相当职务人员出差，因工作需要，随行一人可乘坐同等级交通工具。

未按规定等级乘坐交通工具的，超支部分由个人自理。

第八条　到出差目的地有多种交通工具可选择时，出差人员在不影响公务、确保安全的前提下，应当选乘经济便捷的交通工具。

第九条　乘坐飞机的，民航发展基金、燃油附加费可以凭据报销。

第十条　乘坐飞机、火车、轮船等交通工具的，每人次可以购买交通意外保险一份。所在单位统一购买交通意外保险的，不再重复购买。

第三章　住宿费

第十一条　住宿费是指工作人员因公出差期间入住宾馆（包括饭店、招待所，下同）发生的房租费用。

第十二条　财政部分地区制定住宿费限额标准。各省、自治区、直辖市和计划单列市财政厅（局）根据当地经济社会发展水平、市场价格、消费水平等因素，提出所在市（省会城市、直辖市、计划单列市，下同）的住宿费限额标准报财政部，经财政部统筹研究提出意见反馈地方审核确认后，由财政部统一发布作为中央单位工作人员到相关地区出差的住宿费限额标准（见附表）。

对于住宿价格季节性变化明显的城市，住宿费限额标准在旺季可适当上浮一定比例，具体规定由财政部另行发布。

第十三条　部级及相当职务人员住普通套间，司局级及以下人员住单间或标准间。

第十四条　出差人员应当在职务级别对应的住宿费标准限额内，选择安全、经济、便捷的宾馆住宿。

第四章　伙食补助费

第十五条　伙食补助费是指对工作人员在因公出差期间给予的伙食补助费用。

第十六条　伙食补助费按出差自然（日历）天数计算，按规定标准包干使用。

第十七条　财政部分地区制定伙食补助费标准。各省、自治区、直辖市和计划单列市财政厅（局）负责根据当地经济社会发展水平、市场价格、消费水平等因素，参照所在市公务接待工作餐、会议用餐等标准提出伙食补助费标准报财政部，经财政部统筹研究提出意见反馈地方审核确认后，由财政部统一发布作为中央单位工作人员到相关地区出差的伙食补助费标准（见附表）。

第十八条 出差人员应当自行用餐。凡由接待单位统一安排用餐的，应当向接待单位交纳伙食费。

第五章 市内交通费

第十九条 市内交通费是指工作人员因公出差期间发生的市内交通费用。

第二十条 市内交通费按出差自然（日历）天数计算，每人每天 80 元包干使用。

第二十一条 出差人员由接待单位或其他单位提供交通工具的，应向接待单位或其他单位交纳相关费用。

第六章 报销管理

第二十二条 出差人员应当严格按规定开支差旅费，费用由所在单位承担，不得向下级单位、企业或其他单位转嫁。

第二十三条 城市间交通费按乘坐交通工具的等级凭据报销，订票费、经批准发生的签转或退票费、交通意外保险费凭据报销。

住宿费在标准限额之内凭发票据实报销。

伙食补助费按出差目的地的标准报销，在途期间的伙食补助费按当天最后到达目的地的标准报销。

市内交通费按规定标准报销。

未按规定开支差旅费的，超支部分由个人自理。

第二十四条 工作人员出差结束后应当及时办理报销手续。差旅费报销时应当提供出差审批单、机票、车票、住宿费发票等凭证。

住宿费、机票支出等按规定用公务卡结算。

第二十五条 财务部门应当严格按规定审核差旅费开支，对未经批准出差以及超范围、超标准开支的费用不予报销。

实际发生住宿而无住宿费发票的，不得报销住宿费以及城市间交通费、伙食补助费和市内交通费。

第七章 监督问责

第二十六条 各单位应当加强对本单位工作人员出差活动和经费报销的内控管理，对本单位出差审批制度、差旅费预算及规模控制负责，相关领导、财务人员等对差旅费报销进行审核把关，确保票据来源合法，内容真实完整、合规。对未经批准擅自出差、不按规定开支和报销差旅费的人员进行严肃处理。

一级预算单位应当强化对所属预算单位的监督检查，发现问题及时处理，重大问题向财政部报告。

各单位应当自觉接受审计部门对出差活动及相关经费支出的审计监督。

第二十七条　财政部会同有关部门对中央单位差旅费管理和使用情况进行监督检查。主要内容包括：

（一）单位差旅审批制度是否健全，出差活动是否按规定履行审批手续；

（二）差旅费开支范围和标准是否符合规定；

（三）差旅费报销是否符合规定；

（四）是否向下级单位、企业或其他单位转嫁差旅费；

（五）差旅费管理和使用的其他情况。

第二十八条　出差人员不得向接待单位提出正常公务活动以外的要求，不得在出差期间接受违反规定用公款支付的宴请、游览和非工作需要的参观，不得接受礼品、礼金和土特产品等。

第二十九条　违反本办法规定，有下列行为之一的，依法依规追究相关单位和人员的责任：

（一）单位无出差审批制度或出差审批控制不严的；

（二）虚报冒领差旅费的；

（三）擅自扩大差旅费开支范围和提高开支标准的；

（四）不按规定报销差旅费的；

（五）转嫁差旅费的；

（六）其他违反本办法行为的。

有前款所列行为之一的，由财政部会同有关部门责令改正，违规资金应予追回，并视情况予以通报。对直接责任人和相关负责人，报请其所在单位按规定给予行政处分。涉嫌违法的，移送司法机关处理。

第八章　附　则

第三十条　工作人员外出参加会议、培训，举办单位统一安排食宿的，会议、培训期间的食宿费和市内交通费由会议、培训举办单位按规定统一开支；往返会议、培训地点的差旅费由所在单位按照规定报销。

第三十一条　不参照公务员法管理的事业单位参照本办法执行。

各单位应当根据本办法，结合本单位实际情况制定具体操作规定。

中国人民解放军和中国人民武装警察部队的差旅费管理办法参照本办法

另行规定。

第三十二条 本办法由财政部负责解释。

第三十三条 本办法自2014年1月1日起施行。2006年11月13日发布的《财政部关于印发〈中央国家机关和事业单位差旅费管理办法〉的通知》（财行〔2006〕313号）同时废止，其他有关中央国家机关和事业单位差旅费管理规定与本办法不一致的，按照本办法执行。

附表：

中央和国家机关差旅住宿费和伙食补助费标准表

单位：元

省份	住宿费标准			伙食补助费标准
	部级（普通套间）	司局级（单间或标准间）	其他人员（单间或标准间）	
北京	800	500	350	100
天津	800	450	320	100
河北	800	450	310	100
山西	800	480	310	100
内蒙古	800	460	320	100
辽宁	800	480	330	100
大连	800	490	340	100
吉林	800	450	310	100
黑龙江	800	450	310	100
上海	800	500	350	100
江苏	800	490	340	100
浙江	800	490	340	100
宁波	800	450	330	100
安徽	800	460	310	100
福建	800	480	330	100
厦门	800	490	340	100
江西	800	470	320	100
山东	800	480	330	100
青岛	800	490	340	100

续表

省份	住宿费标准			伙食补助费标准
	部级（普通套间）	司局级（单间或标准间）	其他人员（单间或标准间）	
河南	800	480	330	100
湖北	800	480	320	100
湖南	800	450	330	100
广东	800	490	340	100
深圳	800	500	350	100
广西	800	470	330	100
海南	800	500	350	100
重庆	800	480	330	100
四川	800	470	320	100
贵州	800	470	320	100
云南	800	480	330	100
西藏	800	500	350	120
陕西	800	460	320	100
甘肃	800	470	330	100
青海	800	500	350	120
宁夏	800	470	330	100
新疆	800	480	340	120

财政部办公厅关于印发《中央和国家机关差旅费管理办法有关问题的解答》的通知

（财办行〔2014〕90号　2014年9月15日）

党中央有关部门财务部门，国务院各部委、各直属机构财务部门，全国人大常委会办公厅机关事务管理局，全国政协办公厅机关事务管理局，高法院行装局，高检院计财局，有关人民团体财务部门，各民主党派中央办公厅，新疆生产建设兵团财务局：

《中央和国家机关差旅费管理办法》（财行〔2013〕531号）印发后，我们陆续接到有关部门和人员电话咨询差旅费管理办法执行的一些具体问题。为方便操作，我们制定了《中央和国家机关差旅费管理办法有关问题的解答》。现予印发，请在工作中遵循。

附件：中央和国家机关差旅费管理办法有关问题的解答

附件：

中央和国家机关差旅费管理办法有关问题的解答

1. 出差人员由接待单位统一安排食宿的如何交伙食费？

除接待单位按照《党政机关国内公务接待管理规定》安排的一次工作餐外，出差人员就餐应当自行解决。接待单位协助安排就餐的，出差人员应当在差旅费管理办法规定的标准内向接待单位交纳相应的伙食费。接待单位应向出差人员出具接收凭证（不作报销依据），收取的伙食费用于抵顶接待单位的招待费支出。

2. 出差人员由接待单位或其他单位提供交通工具的如何交市内交通费？

市内交通应由出差人员自行解决。接待单位提供交通工具的，出差人员应当在差旅费管理办法规定的标准内向接待单位交纳市内交通费。接待单位应向出差人员出具接收凭证（不作报销依据），收取的市内交通费用于抵顶接待单位的车辆运行支出。

3. 出差人员实际发生住宿而无住宿发票的差旅费如何报销？

出差人员实际发生住宿而无住宿费发票的，如果是住在自己家里的，或到边远地区出差，无法取得住宿费发票的，由出差人员说明情况并经所在部门领导批准，可以报销城市间交通费、伙食补助费和市内交通费，其他情况一般不予报销差旅费。

4. 中央在京单位工作人员到远郊区县开展公务活动如何报销差旅费？

中央在京单位工作人员到远郊区县参加会议、培训的，不报销住宿费、伙食补助费和市内交通费；到远郊区县开展其他公务活动且实际发生住宿、伙食、交通等费用的，按照差旅费管理办法的规定标准报销。统一安排伙食、交通工具的，不再报销伙食补助费和市内交通费。

北京市远郊区县是指门头沟区、房山区、通州区、顺义区、昌平区、大兴区、怀柔区、平谷区、密云县、延庆县。

5. 工作人员调动搬迁路费如何报销？

中央和国家机关工作人员因调动工作发生的城市间交通费、住宿费、伙食补助费和市内交通费，由调入单位按照差旅费管理办法的规定予以一次性报销。随迁家属和搬迁家具发生的费用由调动人员自理。

6. 出差人员符合乘坐火车软卧条件而改乘软座的是否给予补助？

差旅费管理办法规定的交通工具等级是出差人员可以乘坐交通工具的上限。出差人员应严格按照差旅费管理办法规定的等级乘坐相应交通工具，符合乘坐火车软卧条件而改乘软座的，不给予补助。

7. 经单位领导批准工作人员出差期间回家省亲办事的差旅费如何报销？

工作人员出差期间回家省亲办事的，城市间交通费按不高于从出差目的地返回单位按规定乘坐相应交通工具的票价予以报销，超出部分由个人自理；伙食补助费和市内交通费按从出差目的地返回单位的天数（扣除回家省亲办事的天数）和规定标准予以报销。

8. 参加会议、培训的差旅费如何报销？

到常驻地以外参加会议、培训的，会议、培训期间执行会议和培训费的相关制度。往返会议、培训地点发生的城市间交通费、伙食补助费和市内交通费按照差旅费管理办法的规定报销。其中，伙食补助费和市内交通费按往返各 1 天计发，当天往返的按 1 天计发。

9. 出差乘坐飞机的，从驻地到机场的交通费如何报销？

新修订的差旅费管理办法对市内交通费实行包干办法，按出差自然天数每人每天 80 元包干使用。往返驻地和机场的交通费在按规定发放的市内交通费内统筹解决，不再另外报销。

10. 出差人员是否可以乘坐全列软席列车软卧？

出差人员原则上乘坐全列软席列车软座，但在晚 8 时至次日晨 7 时期间乘车时间 6 小时以上的，或连续乘车超过 12 小时的，经单位领导批准，可以乘坐软卧，按照软卧车票报销。

11. 中央和国家机关工作人员出差是否还要入住定点饭店？

新修订的《中央和国家机关差旅费管理办法》不要求出差人员必须入住定点饭店，从 2015 年起，财政部也不再组织招标采购出差的定点饭店。

12. 司局级以下级别人员是否要求 2 人住 1 间房？

新修订的差旅费管理办法实行分地区按级别制定每人每天住宿费开支标准，在规定标准之内出差人员可以自行选择与其级别相适应的房间类型，对 2 人住 1 间房不再作硬性规定。

财政部关于印发《中央和国家机关工作人员赴地方差旅住宿费标准明细表》的通知

（财行〔2016〕71 号　2016 年 4 月 1 日）

党中央有关部门，国务院各部委、各直属机构，全国人大常委会办公厅，全国政协办公厅，高法院，高检院，各民主党派中央，全国工商联，有关人民团体：

按照《关于调整中央和国家机关差旅住宿费标准等有关问题的通知》（财行〔2015〕497 号）的有关规定，中央和国家机关工作人员到各省会城市、直辖市、计划单列市出差，执行财政部制定的住宿费上限标准；到各省、自治区、直辖市、计划单列市所辖市县出差执行地方财政部门制定的住宿费标准。根据财政部的统一部署，目前，各地财政部门已将差旅住宿费标准细化到地市。为方便执行，我们将相关标准汇总整理后，制定了《中央和国家机关工作人员赴地方差旅住宿费标准明细表》，现印发给你们，自 2016 年 5 月 1 日起执行。

该明细标准已同时发布在财政部门户网站行政政法司子网站（xzzf. mof. gov. cn）政策发布栏目，各部门可根据需要自行下载。今后标准如有调整，我部将及时更新。

附件：中央和国家机关工作人员赴地方差旅住宿费标准明细表

附件：

中央和国家机关工作人员赴地方差旅住宿费标准明细表

单位：元/人·天

<table>
<tr><th rowspan="3">序号</th><th rowspan="3" colspan="2">地区
（城市）</th><th colspan="3">住宿费标准</th><th rowspan="3">旺季地区</th><th colspan="4">旺季浮动标准</th></tr>
<tr><th rowspan="2">部级</th><th rowspan="2">司局级</th><th rowspan="2">其他人员</th><th rowspan="2">旺季期间</th><th colspan="3">旺季上浮价</th></tr>
<tr><th>部级</th><th>司局级</th><th>其他人员</th></tr>
<tr><td>1</td><td>北京</td><td>全市</td><td>1100</td><td>650</td><td>500</td><td></td><td></td><td></td><td></td><td></td></tr>
<tr><td rowspan="2">2</td><td rowspan="2">天津</td><td>6个中心城区、滨海新区、东丽区、西青区、津南区、北辰区、武清区、宝坻区、静海区、蓟县</td><td>800</td><td>480</td><td>380</td><td></td><td></td><td></td><td></td><td></td></tr>
<tr><td>宁河区</td><td>600</td><td>350</td><td>320</td><td></td><td></td><td></td><td></td><td></td></tr>
<tr><td rowspan="4">3</td><td rowspan="4">河北</td><td rowspan="3">石家庄市、张家口市、秦皇岛市、廊坊市、承德市、保定市</td><td rowspan="3">800</td><td rowspan="3">450</td><td rowspan="3">350</td><td>张家口市</td><td>7—9月、11—3月</td><td>1200</td><td>675</td><td>525</td></tr>
<tr><td>秦皇岛市</td><td>7—8月</td><td>1200</td><td>680</td><td>500</td></tr>
<tr><td>承德市</td><td>7—9月</td><td>1000</td><td>580</td><td>580</td></tr>
<tr><td>其他地区</td><td>800</td><td>450</td><td>310</td><td></td><td></td><td></td><td></td><td></td></tr>
<tr><td rowspan="4">4</td><td rowspan="4">山西</td><td>太原市、大同市、晋城市</td><td>800</td><td>480</td><td>350</td><td></td><td></td><td></td><td></td><td></td></tr>
<tr><td>临汾市</td><td>800</td><td>480</td><td>330</td><td></td><td></td><td></td><td></td><td></td></tr>
<tr><td>阳泉市、长治市、晋中市</td><td>800</td><td>480</td><td>310</td><td></td><td></td><td></td><td></td><td></td></tr>
<tr><td>其他地区</td><td>800</td><td>400</td><td>240</td><td></td><td></td><td></td><td></td><td></td></tr>
<tr><td rowspan="4">5</td><td rowspan="4">内蒙古</td><td>呼和浩特市</td><td>800</td><td>460</td><td>350</td><td></td><td></td><td></td><td></td><td></td></tr>
<tr><td rowspan="3">其他地区</td><td rowspan="3">800</td><td rowspan="3">460</td><td rowspan="3">320</td><td>海拉尔市、满洲里市、阿尔山市</td><td>7—9月</td><td>1200</td><td>690</td><td>480</td></tr>
<tr><td>二连浩特市</td><td>7—9月</td><td>1000</td><td>580</td><td>400</td></tr>
<tr><td>额济纳旗</td><td>9—10月</td><td>1200</td><td>690</td><td>480</td></tr>
</table>

续表

<table>
<tr><th rowspan="3">序号</th><th rowspan="3" colspan="2">地区
（城市）</th><th colspan="3">住宿费标准</th><th rowspan="3">旺季地区</th><th colspan="4">旺季浮动标准</th></tr>
<tr><th rowspan="2">部级</th><th rowspan="2">司局级</th><th rowspan="2">其他人员</th><th rowspan="2">旺季期间</th><th colspan="3">旺季上浮价</th></tr>
<tr><th>部级</th><th>司局级</th><th>其他人员</th></tr>
<tr><td rowspan="2">6</td><td rowspan="2">辽宁</td><td>沈阳市</td><td>800</td><td>480</td><td>350</td><td></td><td></td><td></td><td></td><td></td></tr>
<tr><td>其他地区</td><td>800</td><td>480</td><td>330</td><td></td><td></td><td></td><td></td><td></td></tr>
<tr><td>7</td><td>大连</td><td>全市</td><td>800</td><td>490</td><td>350</td><td>全市</td><td>7—9月</td><td>960</td><td>590</td><td>420</td></tr>
<tr><td rowspan="2">8</td><td rowspan="2">吉林</td><td>长春市、吉林市、延边州、长白山管理区</td><td>800</td><td>450</td><td>350</td><td>吉林市、延边州、长白山管理区</td><td>7—9月</td><td>960</td><td>540</td><td>420</td></tr>
<tr><td>其他地区</td><td>750</td><td>400</td><td>300</td><td></td><td></td><td></td><td></td><td></td></tr>
<tr><td rowspan="2">9</td><td rowspan="2">黑龙江</td><td>哈尔滨市</td><td>800</td><td>450</td><td>350</td><td>哈尔滨市</td><td>7—9月</td><td>960</td><td>540</td><td>420</td></tr>
<tr><td>其他地区</td><td>750</td><td>450</td><td>300</td><td>牡丹江市、伊春市、大兴安岭地区、黑河市、佳木斯市</td><td>6—8月</td><td>900</td><td>540</td><td>360</td></tr>
<tr><td>10</td><td>上海</td><td>全市</td><td>1100</td><td>600</td><td>500</td><td></td><td></td><td></td><td></td><td></td></tr>
<tr><td rowspan="2">11</td><td rowspan="2">江苏</td><td>南京市、苏州市、无锡市、常州市、镇江市</td><td>900</td><td>490</td><td>380</td><td></td><td></td><td></td><td></td><td></td></tr>
<tr><td>其他地区</td><td>900</td><td>490</td><td>360</td><td></td><td></td><td></td><td></td><td></td></tr>
<tr><td rowspan="2">12</td><td rowspan="2">浙江</td><td>杭州市</td><td>900</td><td>500</td><td>400</td><td></td><td></td><td></td><td></td><td></td></tr>
<tr><td>其他地区</td><td>800</td><td>490</td><td>340</td><td></td><td></td><td></td><td></td><td></td></tr>
<tr><td>13</td><td>宁波</td><td>全市</td><td>800</td><td>450</td><td>350</td><td></td><td></td><td></td><td></td><td></td></tr>
<tr><td>14</td><td>安徽</td><td>全省</td><td>800</td><td>460</td><td>350</td><td></td><td></td><td></td><td></td><td></td></tr>
<tr><td rowspan="2">15</td><td rowspan="2">福建</td><td>福州市、泉州市、平潭综合实验区</td><td>900</td><td>480</td><td>380</td><td></td><td></td><td></td><td></td><td></td></tr>
<tr><td>其他地区</td><td>900</td><td>480</td><td>350</td><td></td><td></td><td></td><td></td><td></td></tr>
</table>

续表

序号	地区（城市）		住宿费标准			旺季地区	旺季浮动标准			
							旺季期间	旺季上浮价		
			部级	司局级	其他人员			部级	司局级	其他人员
16	厦门	全市	900	500	400					
17	江西	全省	800	470	350					
18	山东	济南市、淄博市、枣庄市、东营市、烟台市、潍坊市、济宁市、泰安市、威海市、日照市	800	480	380	烟台市、威海市、日照市	7—9月	960	570	450
		其他地区	800	460	360					
19	青岛	全市	800	490	380	全市	7—9月	960	590	450
20	河南	郑州市	900	480	380					
		其他地区	800	480	330	洛阳市	4—5月上旬	1200	720	500
21	湖北	武汉市	800	480	350					
		其他地区	800	480	320					
22	湖南	长沙市	800	450	350					
		其他地区	800	450	330					
23	广东	广州市、珠海市、佛山市、东莞市、中山市、江门市	900	550	450					
		其他地区	850	530	420					
24	深圳	全市	900	550	450					
25	广西	南宁市	800	470	350					
		其他地区	800	470	330	桂林市、北海市	1—2月、7—9月	1040	610	430

续表

<table>
<tr><th rowspan="3">序号</th><th rowspan="3" colspan="2">地区
（城市）</th><th colspan="3" rowspan="2">住宿费标准</th><th rowspan="3">旺季地区</th><th colspan="4">旺季浮动标准</th></tr>
<tr><th rowspan="2">旺季期间</th><th colspan="3">旺季上浮价</th></tr>
<tr><th>部级</th><th>司局级</th><th>其他人员</th><th>部级</th><th>司局级</th><th>其他人员</th></tr>
<tr><td rowspan="3">26</td><td rowspan="3">海南</td><td rowspan="2">海口市、三沙市、儋州市、五指山市、文昌市、琼海市、万宁市、东方市、定安县、屯昌县、澄迈县、临高县、白沙县、昌江县、乐东县、陵水县、保亭县、琼中县、洋浦开发区</td><td rowspan="2">800</td><td rowspan="2">450</td><td rowspan="2">350</td><td>海口市、文昌市、澄迈县</td><td>11—2月</td><td>1040</td><td>650</td><td>450</td></tr>
<tr><td>琼海市、万宁市、陵水县、保亭县</td><td>11—3月</td><td>1040</td><td>650</td><td>450</td></tr>
<tr><td>三亚市</td><td>1000</td><td>600</td><td>400</td><td>三亚市</td><td>10—4月</td><td>1200</td><td>720</td><td>480</td></tr>
<tr><td rowspan="2">27</td><td rowspan="2">重庆</td><td>9个中心城区、北部新区</td><td>800</td><td>480</td><td>370</td><td></td><td></td><td></td><td></td><td></td></tr>
<tr><td>其他地区</td><td>770</td><td>450</td><td>300</td><td></td><td></td><td></td><td></td><td></td></tr>
<tr><td rowspan="7">28</td><td rowspan="7">四川</td><td>成都市</td><td>900</td><td>470</td><td>370</td><td></td><td></td><td></td><td></td><td></td></tr>
<tr><td>阿坝州、甘孜州</td><td>800</td><td>430</td><td>330</td><td></td><td></td><td></td><td></td><td></td></tr>
<tr><td>绵阳市、乐山市、雅安市</td><td>800</td><td>430</td><td>320</td><td></td><td></td><td></td><td></td><td></td></tr>
<tr><td>宜宾市</td><td>800</td><td>430</td><td>300</td><td></td><td></td><td></td><td></td><td></td></tr>
<tr><td>凉山州</td><td>750</td><td>430</td><td>330</td><td></td><td></td><td></td><td></td><td></td></tr>
<tr><td>德阳市、遂宁市、巴中市</td><td>750</td><td>430</td><td>310</td><td></td><td></td><td></td><td></td><td></td></tr>
<tr><td>其他地区</td><td>750</td><td>430</td><td>300</td><td></td><td></td><td></td><td></td><td></td></tr>
<tr><td rowspan="2">29</td><td rowspan="2">贵州</td><td>贵阳市</td><td>800</td><td>470</td><td>370</td><td></td><td></td><td></td><td></td><td></td></tr>
<tr><td>其他地区</td><td>750</td><td>450</td><td>300</td><td></td><td></td><td></td><td></td><td></td></tr>
<tr><td rowspan="2">30</td><td rowspan="2">云南</td><td>昆明市、大理州、丽江市、迪庆州、西双版纳州</td><td>900</td><td>480</td><td>380</td><td></td><td></td><td></td><td></td><td></td></tr>
<tr><td>其他地区</td><td>900</td><td>480</td><td>330</td><td></td><td></td><td></td><td></td><td></td></tr>
<tr><td rowspan="2">31</td><td rowspan="2">西藏</td><td>拉萨市</td><td>800</td><td>500</td><td>350</td><td>拉萨市</td><td>6—9月</td><td>1200</td><td>750</td><td>530</td></tr>
<tr><td>其他地区</td><td>500</td><td>400</td><td>300</td><td>其他地区</td><td>6—9月</td><td>800</td><td>500</td><td>350</td></tr>
</table>

续表

<table>
<tr><th rowspan="3">序号</th><th rowspan="3" colspan="2">地区
（城市）</th><th colspan="3">住宿费标准</th><th rowspan="3">旺季地区</th><th colspan="4">旺季浮动标准</th></tr>
<tr><th rowspan="2">部级</th><th rowspan="2">司局级</th><th rowspan="2">其他人员</th><th rowspan="2">旺季期间</th><th colspan="3">旺季上浮价</th></tr>
<tr><th>部级</th><th>司局级</th><th>其他人员</th></tr>
<tr><td rowspan="6">32</td><td rowspan="6">陕西</td><td>西安市</td><td>800</td><td>460</td><td>350</td><td></td><td></td><td></td><td></td><td></td></tr>
<tr><td>榆林市、延安市</td><td>680</td><td>350</td><td>300</td><td></td><td></td><td></td><td></td><td></td></tr>
<tr><td>杨凌区</td><td>680</td><td>320</td><td>260</td><td></td><td></td><td></td><td></td><td></td></tr>
<tr><td>咸阳市、宝鸡市</td><td>600</td><td>320</td><td>260</td><td></td><td></td><td></td><td></td><td></td></tr>
<tr><td>渭南市、韩城市</td><td>600</td><td>300</td><td>260</td><td></td><td></td><td></td><td></td><td></td></tr>
<tr><td>其他地区</td><td>600</td><td>300</td><td>230</td><td></td><td></td><td></td><td></td><td></td></tr>
<tr><td rowspan="2">33</td><td rowspan="2">甘肃</td><td>兰州市</td><td>800</td><td>470</td><td>350</td><td></td><td></td><td></td><td></td><td></td></tr>
<tr><td>其他地区</td><td>700</td><td>450</td><td>310</td><td></td><td></td><td></td><td></td><td></td></tr>
<tr><td rowspan="5">34</td><td rowspan="5">青海</td><td>西宁市</td><td>800</td><td>500</td><td>350</td><td>西宁市</td><td>6—9月</td><td>1200</td><td>750</td><td>530</td></tr>
<tr><td>玉树州、果洛州</td><td>600</td><td>350</td><td>300</td><td>玉树州</td><td>5—9月</td><td>900</td><td>525</td><td>450</td></tr>
<tr><td>海北州、黄南州</td><td>600</td><td>350</td><td>250</td><td>海北州、黄南州</td><td>5—9月</td><td>900</td><td>525</td><td>375</td></tr>
<tr><td>海东市、海南州</td><td>600</td><td>300</td><td>250</td><td>海东市、海南州</td><td>5—9月</td><td>900</td><td>450</td><td>375</td></tr>
<tr><td>海西州</td><td>600</td><td>300</td><td>200</td><td>海西州</td><td>5—9月</td><td>900</td><td>450</td><td>300</td></tr>
<tr><td rowspan="2">35</td><td rowspan="2">宁夏</td><td>银川市</td><td>800</td><td>470</td><td>350</td><td></td><td></td><td></td><td></td><td></td></tr>
<tr><td>其他地区</td><td>800</td><td>430</td><td>330</td><td></td><td></td><td></td><td></td><td></td></tr>
<tr><td rowspan="6">36</td><td rowspan="6">新疆</td><td>乌鲁木齐市</td><td>800</td><td>480</td><td>350</td><td></td><td></td><td></td><td></td><td></td></tr>
<tr><td>石河子市、克拉玛依市、昌吉州、伊犁州、阿勒泰地区、博州、吐鲁番市、哈密地区、巴州、和田地区</td><td>800</td><td>480</td><td>340</td><td></td><td></td><td></td><td></td><td></td></tr>
<tr><td>克州</td><td>800</td><td>480</td><td>320</td><td></td><td></td><td></td><td></td><td></td></tr>
<tr><td>喀什地区</td><td>780</td><td>480</td><td>300</td><td></td><td></td><td></td><td></td><td></td></tr>
<tr><td>阿克苏地区</td><td>700</td><td>450</td><td>300</td><td></td><td></td><td></td><td></td><td></td></tr>
<tr><td>塔城地区</td><td>700</td><td>400</td><td>300</td><td></td><td></td><td></td><td></td><td></td></tr>
</table>

财政部办公厅　国家机关事务管理局办公室 中共中央直属机关事务管理局办公室 关于规范差旅伙食费和市内交通费 收交管理有关事项的通知

（财办行〔2019〕104号　2019年7月3日）

各省、自治区、直辖市、计划单列市财政厅（局）、机关事务主管部门，新疆生产建设兵团财政局、机关事务管理局，党中央有关部门办公厅（室），国务院各部委、各直属机构办公厅（室），全国人大常委会办公厅秘书局，全国政协办公厅秘书局，高法院办公厅，高检院办公厅，各民主党派中央办公厅，有关人民团体办公厅（室）：

为进一步贯彻落实中央八项规定精神，严肃财经纪律，根据《党政机关厉行节约反对浪费条例》《党政机关国内公务接待管理规定》《中央和国家机关差旅费管理办法》等规章制度，现就规范差旅伙食费和市内交通费收交管理有关事项通知如下：

一、中央单位出差人员（以下称出差人员）出差期间按规定领取伙食补助费。除确因工作需要由接待单位按规定安排的一次工作餐外，用餐费用自行解决。出差人员需接待单位协助安排用餐的，应当提前告知控制标准，并向伙食提供方交纳伙食费。

在单位内部食堂用餐，有对外收费标准的，出差人员按标准交纳；没有对外收费标准的，早餐按照日伙食补助费标准的20%交纳，午餐、晚餐按照日伙食补助费标准的40%交纳。在宾馆、饭店等餐饮服务单位用餐的，按照餐饮服务单位收费标准交纳相关费用。

二、出差人员出差期间按规定领取市内交通费。接待单位协助提供交通工具并有收费标准的，出差人员按标准交纳，最高不超过日市内交通费标准；没有收费标准的，每人每半天按照日市内交通费标准的50%交纳。

三、接待单位协助安排用餐、提供交通工具的，出差人员应当索取相应的行政事业单位资金往来结算票据或税务发票等凭证，个人保存备查，不作为报销依据。

四、接待单位应当按规定收取出差人员相关费用，及时出具行政事业单位资金往来结算票据或税务发票；确实无法出具上述凭证的，可出具其他收款凭证。加强收取费用的管理，做好业务台账登记，纳入统一核算，所收费用可作为代收款项用于相关支出或作收入处理。

五、各地区各部门要督促接待单位按照中央八项规定精神和党政机关公务接待管理有关规定，进一步完善内部管理制度，合理制定收费标准，协助安排用餐应当根据出差人员告知的控制标准合理安排。

六、各地要结合本地区实际，制定本地区出差人员差旅伙食费和市内交通费收交管理规定。中央单位可根据本通知要求，制定本单位差旅伙食费和市内交通费交纳、报销具体操作规定。

七、本通知自2019年8月1日起施行。

中华全国总工会办公厅关于规范差旅及国内公务接待伙食费和市内交通费收交管理有关事项的通知

（厅字〔2019〕19号　2019年7月31日）

各驻会全国产业工会，全总各部门：

根据财政部办公厅、国家机关事务管理局办公室、中共中央直属机关事务管理局办公室《关于规范差旅伙食费和市内交通费收交管理有关事项的通知》（财办行〔2019〕104号）（以下称《通知》），以及全国总工会关于差旅费、公务接待的有关规定，现就规范全国总工会机关差旅及国内公务接待伙食费和市内交通费收交管理有关事项通知如下：

一、全总机关出差人员（以下称出差人员）出差期间按规定领取伙食补助费。除确因工作需要由接待单位按规定安排的一次工作餐外，用餐费用自行解决。出差人员需接待单位协助安排用餐的，应当提前告知控制标准，并向伙食提供方交纳伙食费。

在单位内部食堂用餐，有对外收费标准的，出差人员按标准交纳；没有对外收费标准的，早餐按照日伙食补助费标准的20%交纳，午餐、晚餐按照日伙食补助费标准的40%交纳。在宾馆、饭店等餐饮服务单位用餐的，按照餐饮服务单位收费标准交纳相关费用。

二、出差人员出差期间按规定领取市内交通费。接待单位协助提供交通工具并有收费标准的，出差人员按标准交纳，最高不超过日市内交通费标准；没有收费标准的，每人每半天按照日市内交通费标准的50%交纳。

三、接待单位协助安排用餐、提供交通工具的，出差人员应当索取相应的行政事业单位资金往来结算票据或税务发票；确实无法出具上述凭证的，可索取其他收款凭证。出差人员索取的收款凭证，个人保存备查，不作为报销依据。

四、各级工会来京出差办事人员，确因工作需要，全总相关接待单位可以凭来京出差办事人员派出单位公函安排接待工作餐一次。

在全总机关食堂接待用餐，接待单位凭派出单位公函和《全总机关国内公务接待用餐表》，向中国职工之家B座前台交纳伙食费并索取税务发票及全总机关食堂公务接待餐券。标准按照《全总机关食堂公务接待用餐管理办法》的规定执行。在全总机关食堂外安排接待用餐，接待单位要严格控制陪餐人数和接待餐费标准，向提供餐饮服务单位交纳伙食费并索取相应的行政事业单位资金往来结算票据或税务发票，提供餐饮服务单位确实无法出具上述凭证的，可向其索取其他收款凭证。陪餐人数和接待餐费标准按照《全总机关国内公务接待管理办法》的规定执行。

接待单位凭派出单位公函、《全总机关国内公务接待用餐表》、收款凭证、桌餐餐费清单到机关财务处报销，纳入接待单位年度公务接待费。各接待单位明确一名负责人作为国内公务接待用餐审批人报机关服务中心，机关服务中心汇总后交中国职工之家备案。

五、各级工会来京出差办事人员需要在全总机关食堂自行用餐的，接待单位应当协助出差办事人员凭派出单位公函，按照出差办事人员所在地规定标准向中国职工之家B座前台交纳伙食费，并索取税务发票（或收款收据）及全总机关食堂公务接待餐券。

六、全国总工会机关要加强国内公务接待用车使用管理，严格按照接待任务使用公务用车，不得公车私用。全总机关国内公务接待的出行活动应当安排集中乘车，合理使用车型。可以采取向社会租赁方式解决，租赁车辆应选用经过全总机关公开招标所确定的汽车出租公司。

七、本通知自2019年8月1日起施行。

全国总工会所属事业单位，应当根据《通知》（财办行〔2019〕104号）要求，结合本单位实际情况制定具体操作规定。

附件：1. 全总机关国内公务接待用餐表

2. 全总机关出差审批表

附件 1：

全总机关国内公务接待用餐表

接待时间　　年　　月　　日

<table>
<tr><td>公务活动项目</td><td colspan="3"></td></tr>
<tr><td>接待单位名称</td><td colspan="3"></td></tr>
<tr><td>被接待单位名称</td><td colspan="3"></td></tr>
<tr><td rowspan="6">被接待人员
姓名、职务</td><td colspan="3"></td></tr>
<tr><td colspan="3"></td></tr>
<tr><td colspan="3"></td></tr>
<tr><td colspan="3"></td></tr>
<tr><td colspan="3"></td></tr>
<tr><td colspan="3"></td></tr>
<tr><td>陪同人员</td><td colspan="3"></td></tr>
<tr><td>接待场所</td><td colspan="3"></td></tr>
<tr><td>接待标准</td><td colspan="3"></td></tr>
<tr><td>实际支出
（明细附后）</td><td colspan="3"></td></tr>
<tr><td>部门负责人签字</td><td></td><td>经办人签字</td><td></td></tr>
<tr><td>备 注</td><td colspan="3"></td></tr>
</table>

附件2：

全总机关出差审批表

____年____月____日

单位：　　　　　　　　经办人（签字）：　　　　　　　联系电话：

出差人	姓名					
	职务（级别）					
	姓名					
	职务（级别）					
出差人数		人	领队姓名		领队职务	
出差时间		年　月　日至　年　月　日（共　天）				
		年　月　日至　年　月　日（共　天）				
		年　月　日至　年　月　日（共　天）				
出差事由（请划√或填写）		1. 陪同全总领导出差（　）2. 全总领导批示事项（　）3. 部门业务出差（　）				
		4. 参加会议（活动）名称： 地点：　　　　　主办方：				
		5. 其他（具体事由）：				
出差地点及路线		北京→　省　市→　省　市→　省　市→　省　市→北京				
交通工具（请划√或填写）		1. 飞机（　）2. 火车（　）3. 轮船（　）4. 汽车（　）				
		5. 其他（注明）：				
接待单位						
出差人处室领导签字		签字：				
出差人部门领导签字		签字：				
备注						

要求：出差前，将此表和出差公函交到机关财务处。

财政部 中国民用航空局关于加强公务机票购买管理有关事项的通知

（财库〔2014〕33号 2014年4月14日）

党中央有关部门，国务院各部委、各直属机构，全国人大常委会办公厅，全国政协办公厅，高法院，高检院，各人民团体，各民主党派，各省、自治区、直辖市、计划单列市人民政府外事办公室、财政厅（局），新疆生产建设兵团财务局、外事局：

为贯彻落实《党政机关厉行节约反对浪费条例》要求，规范公务机票购买行为，根据《财政部 外交部关于印发〈因公临时出国经费管理办法〉的通知》（财行〔2013〕516号）及政府采购相关制度规定，现就加强公务机票购买管理的有关事项通知如下：

一、各级国家机关、事业单位和团体组织工作人员，以及使用财政性资金购买公务机票的其他人员（以下简称购票人），国内出差、因公临时出国购买机票，应当按照厉行节约和支持本国航空公司发展的原则，优先购买通过政府采购方式确定的我国航空公司（以下简称国内航空公司）航班优惠机票。

二、国内航空公司按政府采购合同约定给予公务机票优惠。对于市场折扣机票，各航空公司按国内、国际机票各航班舱位的折扣票价给予9.5折优惠；对于市场全价机票，则分别给予全价票价的8.8折、8.5折优惠。政府采购机票优惠率的变动情况，将在政府采购机票管理网站（www.gpticket.org）上发布。

三、因公临时出国时，购票人应当选择直达目的地国家（地区）的国内航空公司航班出入境，没有直达航班的，应当选择国内航空公司航班到达的最邻近目的地国家（地区）进行中转。因中转1次以上（不含1次）等特殊原因确需选择非国内航空公司航班，以及因最临近目的地国家（地区）中转需办理过境签证而选择其他邻近中转地的，应当填写《乘坐非国内航空公司航班和改变中转地审批表》（见附件），事先报经单位外事部门和财务部门审批同意。

四、购票人应当做好公务出行计划安排，尽可能选择低价机票，原则上不得购买全价机票。对于各航空公司提供的低于政府采购优惠票价的团队价格或促销价格机票，购票人可选择购买，但不再享受政府采购优惠。购票人需要退改签机票的，按照各航空公司的退改签规定办理。

五、购票人可直接使用公务卡在政府采购机票管理网站购买机票，也可通过具备中国民航机票销售资质的各航空公司直销机构或机票销售代理机构，使用公务卡或银行转账方式购买机票。使用公务卡购票的，应当提前在政府采购机票管理网站进行公务卡注册或通过电话方式注册。使用银行转账方式购票的，需要在支票、汇款等票据上标注资金用途为“公务机票购票款”，填写的单位名称应与系统记录的单位名称一致。

六、各部门各单位要严格公务机票报销管理，购买国内航空公司航班机票的，应当以标注有政府采购机票查验号码的《航空运输电子客票行程单》作为报销凭证；购买非国内航空公司航班机票的，应当以相关有效票据作为报销凭证，并附经单位外事部门和财务部门出具审核意见的审批表。单位财务人员如需对购票单位、购票时间及购票价格等信息进行核实的，可登录政府采购机票管理网站按查验号码查询。

七、各级外事、财政、审计等部门应当将出国机票购买情况纳入因公临时出国情况联合检查的范围。各部门各单位在审计部门对因公临时出国经费管理使用情况进行审计时，应当提供乘坐非国内航空公司航班审批表等机票购买活动的资料以及经费管理使用的资料。

八、各级财政部门应当按预算级次整理本级预算单位名称全称、组织机构代码等信息，在本级预算单位实施公务机票购买管理改革前，按规定格式提供给中国民用航空局清算中心。中央预算单位信息由财政部提供，地方各级预算单位信息由省级财政部门审核汇总后提供。预算单位相关信息变更的，各级财政部门也按此要求办理。

九、中国民用航空局清算中心具体承担公务机票购买的相关执行工作，统一与各航空公司、机票销售机构签订服务合同，协调处理各中央预算单位和地方财政部门书面反映的航空公司执行优惠率、机票销售机构履行服务承诺等方面的问题，定期向各级财政部门报送公务机票购买执行情况。

十、中央预算单位从2014年6月1日起开始实施公务机票购买管理改革。各省级财政部门要统筹安排本地区改革工作，省级预算单位在2014年底前实施，地市级及以下级预算单位在2015年底前全部实施。

十一、各航空公司航班市场票价和政府采购优惠票价，预算单位基础信息表，公务卡注册流程，公务机票购买操作手册，以及国内航空公司和机票销售机构名录等内容，见政府采购机票管理网站。

十二、各地区各部门各单位可根据本通知规定，结合实际制定相应的实施细则。

十三、各中央部门和省级财政部门在实施工作中，有关政策制定、执行中的意见和建议，请与财政部国库司联系，联系电话：010－68552389。有关预算单位信息提供、购票中出现问题的处理等操作执行方面的问题，请与中国民用航空局清算中心联系，联系电话：010－84669065。

附件：乘坐非国内航空公司航班和改变中转地审批表

附件：

乘坐非国内航空公司航班和改变中转地审批表

编号：　　　　　　　　　　　　　　　　　　　　　填表日期：　　年　　月　　日

<table>
<tr><td>团组名称</td><td colspan="4"></td></tr>
<tr><td>组团单位</td><td colspan="2"></td><td>团员人数</td><td></td></tr>
<tr><td colspan="2">出访国家（地区）</td><td></td><td>出访时间</td><td></td></tr>
<tr><td colspan="2">乘坐航班</td><td colspan="3"></td></tr>
<tr><td colspan="2">选择非国内航空公司航班原因，或者改变最邻近目的地国家（地区）中转地原因</td><td colspan="3"></td></tr>
<tr><td colspan="5">外事部门审核意见</td></tr>
<tr><td>审核单位</td><td colspan="2"></td><td>审核日期</td><td></td></tr>
<tr><td>审核意见</td><td colspan="4"></td></tr>
<tr><td colspan="5">财务部门审核意见</td></tr>
<tr><td>审核单位</td><td colspan="2"></td><td>审核日期</td><td></td></tr>
<tr><td>审核意见</td><td colspan="4"></td></tr>
</table>

财政部　中国民用航空局关于加强公务机票购买管理有关事项的补充通知

（财库〔2014〕180号　2014年11月3日）

党中央有关部门，国务院各部委、各直属机构，全国人大常委会办公厅，全国政协办公厅，高法院，高检院，各人民团体，各民主党派，各省、自治区、直辖市、计划单列市财政厅（局），新疆生产建设兵团财政局：

为完善和推进公务机票购买管理改革工作，进一步落实《财政部 中国民用航空局关于加强公务机票购买管理有关事项的通知》（财库〔2014〕33号）要求，现就公务机票购买有关问题补充通知如下：

一、关于完善公务机票购买方式问题

购票人可使用公务卡在政府采购机票管理网站、各航空公司直销机构或具备机票销售资质的代理机构为本人或其他公务人员购票，但需要保证出行公务人员持有的公务卡必须开通且在有效期内。购票人在政府采购机票管理网站购票的，应当事先在网站进行用户注册。购票人为未办理公务卡、公务卡额度不足的人员以及需要购买公务机票的其他人员购票的，可使用银行转账方式在各航空公司直销机构或具备机票销售资质的代理机构购票。

二、关于购买市场低价机票问题

为进一步贯彻落实厉行节约和支持本国航空公司发展的要求，国内出差、因公临时出国购买机票，购票人可以购买市场上公务机票销售渠道外低于政府采购优惠票价的国内航空公司航班机票，购票时应当保留从各航空公司官方网站或者政府采购机票管理网站下载的出行日期机票市场价格截图等证明其低于购票时点政府采购优惠票价的材料。

三、关于公务机票报销问题

购票人报销政府采购机票销售渠道购买的机票退票手续费时，可以各航空公司或机票销售代理机构出具的退款单据作为报销凭证。报销购买市场低价机票的费用时，应当提供低于政府采购优惠票价的证明材料。

财政部 国家机关事务管理局 中共中央直属机关事务管理局关于印发《中央和国家机关会议费管理办法》的通知

（财行〔2016〕214号 2016年6月29日）

党中央有关部门，国务院各部委、各直属机构，全国人大常委会办公厅，全国政协办公厅，高法院，高检院，各民主党派中央，全国工商联，有关人民团体：

为贯彻落实《党政机关厉行节约反对浪费条例》关于加强相关开支标准之间的衔接，建立开支标准调整机制的规定，进一步加强会议费管理，我们制定了《中央和国家机关会议费管理办法》。现印发给你们，从2016年7月1日起施行，请认真遵照执行。执行中有何问题，请及时向我们反映。

附件：中央和国家机关会议费管理办法

附件：

中央和国家机关会议费管理办法

第一章 总 则

第一条 为进一步加强和规范中央和国家机关会议费管理，精简会议，改进会风，提高会议效率和质量，节约会议经费开支，制定本办法。

第二条 中央和国家机关会议的分类、审批和会议费管理等，适用本办法。

本办法所称中央和国家机关，是指党中央各部门，国务院各部委、各直属机构，全国人大常委会办公厅，全国政协办公厅，最高人民法院，最高人民检察院，各人民团体、各民主党派中央和全国工商联（以下简称各单位）。

第三条 各单位召开会议应当坚持厉行节约、反对浪费、规范简朴、务实高效的原则，严格控制会议数量和规模，规范会议费管理。

第四条 各单位召开的会议实行分类管理、分级审批。

第五条 各单位应当严格会议费预算管理，控制会议费预算规模。会议费预算应当细化到具体会议项目，执行中不得突破。会议费应当纳入部门预算，并单独列示。

第二章 会议分类和审批

第六条 中央和国家机关会议分类如下：

一类会议。是以党中央和国务院名义召开的，要求省、自治区、直辖市、计划单列市或中央部门负责同志参加的会议。

二类会议。是党中央和国务院各部委、各直属机构，最高人民法院，最高人民检察院，各人民团体召开的，要求省、自治区、直辖市、计划单列市有关厅（局）或本系统、直属机构负责同志参加的会议。

三类会议。是党中央和国务院各部委、各直属机构，最高人民法院，最高人民检察院，各人民团体及其所属内设机构召开的，要求省、自治区、直辖市、计划单列市有关厅（局）或本系统机构有关人员参加的会议。

四类会议。是指除上述一、二、三类会议以外的其他业务性会议，包括小型研讨会、座谈会、评审会等。

第七条 中央和国家机关会议按以下程序和要求进行审批：

一类会议。应当由主办单位报经党中央和国务院批准。会议总务、经费预算及费用结算等工作分别由中共中央直属机关事务管理局（以下简称中直管理局）和国家机关事务管理局（以下简称国管局）负责。

二类会议。党中央和国务院各部委、各直属机构，各人民团体应当于每年12月底前，将下一年度会议计划（包括会议名称、召开的理由、主要内容、时间地点、代表人数、工作人员数、所需经费及列支渠道等）送财政部审核会签，按程序经中央办公厅、国务院办公厅审核后报批。各单位召开二类会议原则上每年不超过1次。

三类会议。各单位应当建立会议计划编报和审批制度，年度会议计划（包括会议数量、会议名称、召开的理由、主要内容、时间地点、代表人数、工作人员数、所需经费及列支渠道等）经单位领导办公会或党组（党委）会审批后执行。

四类会议。由单位分管领导审核后列入单位年度会议计划。

年度会议计划一经批准，原则上不得调整。对党中央、国务院交办等确需临时增加的会议，按规定程序报批。

第八条 一类会议会期按照批准文件，根据工作需要从严控制；二、三、四类会议会期均不得超过2天；传达、布置类会议会期不得超过1天。

会议报到和离开时间，一、二、三类会议合计不得超过 2 天，四类会议合计不得超过 1 天。

第九条　各单位应当严格控制会议规模。

一类会议参会人员按照批准文件，根据会议性质和主要内容确定，严格限定会议代表和工作人员数量。

二类会议参会人员不得超过 300 人，其中，工作人员控制在会议代表人数的 15% 以内；不请省、自治区、直辖市和中央部门主要负责同志、分管负责同志出席。

三类会议参会人员不得超过 150 人，其中，工作人员控制在会议代表人数的 10% 以内。

四类会议参会人员视内容而定，一般不得超过 50 人。

第十条　全国人大常委会办公厅、全国政协办公厅、各民主党派中央和全国工商联的会议分类、审批事项、会期及参会人员等，由上述部门依据法律法规、章程规定，参照第六条至第九条作出规定，并报财政部备案。

第十一条　各单位召开会议应当改进会议形式，充分运用电视电话、网络视频等现代信息技术手段，降低会议成本，提高会议效率。

传达、布置类会议优先采取电视电话、网络视频会议方式召开。电视电话、网络视频会议的主会场和分会场应当控制规模，节约费用支出。

第十二条　不能够采用电视电话、网络视频召开的会议实行定点管理。各单位会议应当到定点会议场所召开，按照协议价格结算费用。未纳入定点范围，价格低于会议综合定额标准的单位内部会议室、礼堂、宾馆、招待所、培训中心，可优先作为本单位或本系统会议场所。

无外地代表且会议规模能够在单位内部会议室安排的会议，原则上在单位内部会议室召开，不安排住宿。

第十三条　参会人员以在京单位为主的会议不得到京外召开。各单位不得到党中央、国务院明令禁止的风景名胜区召开会议。

第三章　会议费开支范围、标准和报销支付

第十四条　会议费开支范围包括会议住宿费、伙食费、会议场地租金、交通费、文件印刷费、医药费等。

前款所称交通费是指用于会议代表接送站，以及会议统一组织的代表考察、调研等发生的交通支出。

会议代表参加会议发生的城市间交通费，按照差旅费管理办法的规定回单位报销。

第十五条 会议费开支实行综合定额控制，各项费用之间可以调剂使用。

会议费综合定额标准如下：

单位：元/人天

会议类别	住宿费	饮食费	其他费用	合计
一类会议	500	150	110	760
二类会议	400	150	100	650
三、四类会议	340	130	80	550

综合定额标准是会议费开支的上限。各单位应在综合定额标准以内结算报销。

第十六条 一类会议费在部门预算专项经费中列支，二、三、四类会议费原则上在部门预算公用经费中列支。

会议费由会议召开单位承担，不得向参会人员收取，不得以任何方式向下属机构、企事业单位、地方转嫁或摊派。

第十七条 各单位在会议结束后应当及时办理报销手续。会议费报销时应当提供会议审批文件、会议通知及实际参会人员签到表、定点会议场所等会议服务单位提供的费用原始明细单据、电子结算单等凭证。财务部门要严格按规定审核会议费开支，对未列入年度会议计划，以及超范围、超标准开支的经费不予报销。

第十八条 各单位会议费支付，应当严格按照国库集中支付制度和公务卡管理制度的有关规定执行，以银行转账或公务卡方式结算，禁止以现金方式结算。

具备条件的，会议费应当由单位财务部门直接结算。

第四章 会议费公示和年度报告制度

第十九条 各单位应当将非涉密会议的名称、主要内容、参会人数、经费开支等情况在单位内部公示或提供查询，具备条件的应当向社会公开。

第二十条 一级预算单位应当于每年3月底前，将本级和下属预算单位上年度会议计划和执行情况（包括会议名称、主要内容、时间地点、代表人数、工作人员数、经费开支及列支渠道等）汇总后报财政部。党中央各部门同时抄送中直管理局，国务院各部门同时抄送国管局。

第二十一条 财政部对各单位报送的会议年度报告进行汇总分析，针对执行中存在的问题，及时完善相关制度。

第五章　管理职责

第二十二条　财政部的主要职责是：

（一）会同国管局、中直管理局等部门制定或修订中央本级会议费管理办法，并对执行情况进行监督检查；

（二）按规定对各单位报送的二类会议计划进行审核会签；

（三）对会议费支付结算实施动态监控；

（四）对各单位报送的会议年度报告进行汇总分析，提出加强管理的措施。

第二十三条　国管局的主要职责是：

（一）配合财政部制定或修订中央和国家机关会议费管理办法；

（二）负责国务院召开的一类会议的总务工作；

（三）配合财政部对国务院各部委、各直属机构会议费执行情况进行监督检查。

第二十四条　中直管理局的主要职责是：

（一）配合财政部制定或修订中央和国家机关会议费管理办法；

（二）负责党中央召开的一类会议的总务工作；

（三）配合财政部对中央各部门会议费执行情况进行监督检查。

第二十五条　各单位的主要职责是：

（一）负责制定本单位会议费管理的实施细则；

（二）负责单位年度会议计划编制和三类、四类会议的审批管理；

（三）负责安排会议预算并按规定管理、使用会议费，做好相应的财务管理和会计核算工作，对内部会议费报销进行审核把关，确保票据来源合法，内容真实、完整、合规；

（四）按规定报送会议年度报告，加强对本单位会议费使用的内控管理。

第六章　监督检查和责任追究

第二十六条　财政部、国管局、中直管理局会同有关部门对各单位会议费管理和使用情况进行监督检查。主要内容包括：

（一）会议计划的编报、审批是否符合规定；

（二）会议费开支范围和开支标准是否符合规定；

（三）会议费报销和支付是否符合规定；

（四）会议会期、规模是否符合规定，会议是否在规定的地点和场所召开；

（五）是否向下属机构、企事业单位或地方转嫁、摊派会议费；

（六）会议费管理和使用的其他情况。

第二十七条 严禁各单位借会议名义组织会餐或安排宴请；严禁套取会议费设立“小金库”；严禁在会议费中列支公务接待费。

各单位应严格执行会议用房标准，不得安排高档套房；会议用餐严格控制菜品种类、数量和份量，安排自助餐，严禁提供高档菜肴，不安排宴请，不上烟酒；会议会场一律不摆花草，不制作背景板，不提供水果。

不得使用会议费购置电脑、复印机、打印机、传真机等固定资产以及开支与本次会议无关的其他费用；不得组织会议代表旅游和与会议无关的参观；严禁组织高消费娱乐、健身活动；严禁以任何名义发放纪念品；不得额外配发洗漱用品。

第二十八条 违反本办法规定，有下列行为之一的，依法依规追究会议举办单位和相关人员的责任：

（一）计划外召开会议的；

（二）以虚报、冒领手段骗取会议费的；

（三）虚报会议人数、天数等进行报销的；

（四）违规扩大会议费开支范围，擅自提高会议费开支标准的；

（五）违规报销与会议无关费用的；

（六）其他违反本办法行为的。

有前款所列行为之一的，由财政部会同有关部门责令改正，追回资金，并经报批后予以通报。对直接负责的主管人员和相关负责人，报请其所在单位按规定给予行政处分。如行为涉嫌违法的，移交司法机关处理。

定点会议场所或单位内部宾馆、招待所、培训中心有关工作人员违反规定的，按照财政部定点会议场所管理的有关规定处理。

第七章 附 则

第二十九条 各单位应当按照本办法规定，结合本单位业务特点和工作需要，制定会议费管理具体规定。

第三十条 党中央、国务院直属事业单位的会议费管理参照本办法执行。中央和国家机关各部门所属事业单位的会议费管理由各部门依据从严从紧原则参照本办法作出具体规定。

第三十一条 本办法由财政部负责解释，自 2016 年 7 月 1 日起施行。《中央和国家机关会议费管理办法》（财行〔2013〕286 号）同时废止。

中华全国总工会办公厅
关于印发《全国总工会机关会议费管理实施办法》的通知

（总工办发〔2016〕32号 2016年10月26日）

各驻会全国产业工会、全总各部门：

现将修订后的《全国总工会机关会议费管理实施办法》印发给你们，请严格遵照执行。

附件：

全国总工会机关会议费管理实施办法

第一章 总 则

第一条 根据《党政机关厉行节约反对浪费条例》和《中央和国家机关会议费管理办法》，制定本办法。

第二条 本办法适用于各驻会全国产业工会和全总各部门（以下简称各单位）。

第三条 全国总工会办公厅、财务部对各单位召开的会议实行分类管理、分级审批。

第四条 各单位召开的会议应当坚持厉行节约、反对浪费、规范简朴、务实高效的原则，严格会议审批，控制会议数量，压缩会议规模，提高会议质量。

第五条 严格会议费预算管理，会议费预算要细化到具体会议项目，执行中不得突破。因特殊情况确需追加预算的，按规定程序审批。

第二章 分类和审批

第六条 全国总工会机关会议分类如下：

一类会议。全国劳动模范和先进工作者表彰大会、中国工会全国代表大会。

二类会议。以全国总工会名义召开的执委会议、主席团会议、经费审查委员会议、全国女职工委员会议、庆祝“五一”国际劳动节表彰大会。

三类会议。各驻会全国产业工会召开的全委会及其常委会议，机关各部门召开的工作会议。

四类会议。各单位召开的业务性会议，包括小型研讨会、座谈会、交流会等。

第七条 各单位会议按以下程序和要求进行审批：

一类会议。由全国总工会报经党中央和国务院批准。

二类会议。由全国总工会办公厅会同财务部于每年 12 月底前，将下一年度会议计划报全总书记处批准后，送财政部审核会签，按程序经中共中央办公厅、国务院办公厅审核后报批。

会议牵头单位应当在每年 12 月初，将下一年度会议计划报送全国总工会办公厅。包括会议名称、召开的理由、主要内容、时间地点、代表人数、工作人员人数、所需经费及开支渠道、有关批准文件等。

三类会议。各单位按照全国总工会财务部每年预算编制要求，报送当年会议计划。全国总工会办公厅、财务部汇总审核后，报全总书记处会议研究讨论，经全国总工会经费审查委员会审查、书记处批准后执行。

四类会议。各单位按照全国总工会财务部每年预算编制要求，报送当年会议计划，全国总工会办公厅、财务部审核后列入会议计划，报全国总工会分管领导批准执行。

年度会议计划一经批准，原则上不得调整。对全国总工会党组、书记处交办等确需临时增加的会议，按规定程序报批。

第八条 会议会期、报到和返程时间。

会议会期。一类会议会期按照财政部和国务院审核会签的批准文件，根据工作需要从严控制；二、三、四类会议会期不得超过 2 天；传达、布置、交流、推进类会议会期不得超过 1 天。

会议报到和返程时间。一、二、三类会议合计不得超过 2 天，四类会议合计不得超过 1 天。

第九条 参会人员。

一类会议参会人员按照批准文件，严格限定会议代表和工作人员数量。

二类会议按照财政部审核会签的批准文件，严格限定会议代表和工作人员数量。工作人员控制在会议代表人数的 15% 以内。

三类会议参会人员：

（一）各驻会全国产业工会全委会参会人员按委员名额控制出席人数，原则上不得超过 230 人，其中，工作人员控制在会议代表人数的 10% 以内。

（二）各驻会全国产业工会常委会参会人员按常委名额控制出席人数，原则上不得超过 60 人，其中，工作人员控制在会议代表人数的 10% 以内。

（三）部门各类工作会议参会人员原则上不得超过 110 人，其中，工作人员控制在会议代表人数的 10% 以内。四类会议参会人员视会议内容而定，原则上不得超过 50 人，其中，工作人员控制在会议代表人数的 10% 以内。

第十条　各单位召开会议应当改进会议形式，充分运用电视电话、网络视频等现代信息技术手段，降低会议成本，提高会议效率。

传达、布置类会议优先采取电视电话、网络视频会议方式召开。电视电话、网络视频会议的主会场和分会场应当控制规模，节约费用支出。

第十一条　不能够采用电视电话、网络视频召开的会议实行定点管理。各类会议应当到财政部定点会议场所召开，按照协议价格结算费用。未纳入定点范围，价格低于会议综合定额标准的工会系统内部会议室、礼堂、宾馆、招待所、培训中心、工会干部学校、疗养院等，可优先作为会议场所。

第十二条　无外地代表且会议规模能够在全国总工会机关会议室安排的会议，原则上在全国总工会机关会议室召开，不安排住宿。

第十三条　参会人员以在京单位为主的会议不得到京外召开。各单位不得到党中央、国务院明令禁止的风景名胜区召开会议。

第三章　开支范围、标准和报销支付

第十四条　会议费开支范围包括会议住宿费、伙食费、其他费用（包括会议场地租金、交通费、文件印刷费等）。上述的交通费是指用于会议代表接送站，以及会议统一组织的代表考察、调研等发生的交通支出。

会议代表参加会议发生的城市间交通费，按照差旅费管理办法的规定回单位报销。

第十五条　会议费开支实行综合定额控制，各项费用之间可以调剂使用。综合定额标准是会议费开支的上限，各单位应在综合定额标准以内结算报销。

会议费综合定额标准如下：

一类会议。每人每天 760 元，其中，住宿费 500 元、伙食费 150 元、其他费用 110 元。

二类会议。每人每天 650 元，其中，住宿费 400 元、伙食费 150 元、其他费用 100 元。

三、四类会议。每人每天 550 元，其中，住宿费 340 元、伙食费 130 元、其他费用 80 元。

第十六条　一类会议费在专项经费中列支，二、三、四类会议费在机关行政经费支出的会议费中列支。各单位在申请年度会议费预算时，需填写会议费申请表。

各单位不得向参会人员收取会议费，不得以任何方式向下级工会组织、下属机构、企事业单位、地方转嫁或摊派会议费。

第十七条 各单位在会议结束后应当及时办理报销手续。

会议费报销时应当提供会议审批文件、全国总工会机关服务项目集中采购申请表、会议通知及实际参会人员签到表、定点会议场所等会议服务单位提供的费用原始明细单据、电子结算单等凭证。财务人员应当严格按规定审核会议费开支，对未列入年度会议计划，以及超范围、超标准开支的费用不予报销。

第十八条 会议费支付必须以银行转账方式或公务卡结算，禁止以现金方式结算。

在具备条件时，会议费由全国总工会财务部直接结算。

第四章　公示和报告制度

第十九条 会议费年度预算审批后，全国总工会财务部将会议的名称、主要内容、参会人数、经费开支等情况在全国总工会机关内部网站公示。

第二十条 全国总工会办公厅会同财务部于每年 3 月底前，将全国总工会机关上年度会议计划和执行情况（包括会议名称、主要内容、时间地点、代表人数、工作人员人数、经费开支及列支渠道等）汇总后报财政部，同时抄送中直管理局。

第五章　管理职责

第二十一条 全国总工会办公厅的主要职责是：

（一）配合全国总工会财务部制定或修订《全国总工会机关会议费管理实施办法》，并对执行情况进行监督检查；

（二）按规定对向财政部、中直管理局、国管局报送一类会议计划进行审核会签；

（三）对全国总工会财务部报送的会议年度计划进行审核；

（四）对各单位召开会议的时间、地点进行统一协调。

第二十二条 全国总工会财务部的主要职责是：

（一）会同全国总工会办公厅制定或修订《全国总工会机关会议费管理实施办法》；

（二）负责安排会议预算并按规定管理、使用会议费，做好相应的财务管理和会计核算工作，对会议费报销进行审核把关，确保票据来源合法，内容真实、完整、合规；

（三）会同全国总工会办公厅按规定报送会议年度报告，加强对会议费使用的内部管理监督检查。

第二十三条 各单位的主要职责是：

（一）年初申请年度会议费预算，按规定使用会议费，确保票据来源合法，内容真实、完整、合规；

（二）在规定时间内完成会议费报销工作。

一类、二类会议，在会议结束后15个工作日内；三类、四类会议，在会议结束后10个工作日内。

第六章 监督检查

第二十四条 全国总工会办公厅、财务部、经审办、机关纪委对各单位会议费管理和使用情况进行监督检查。主要内容包括：

（一）会议计划的编制、审批是否符合规定；

（二）会议费开支范围和开支标准是否符合规定；

（三）会议费报销和支付是否符合规定；

（四）会议会期、规模是否符合规定，会议是否在规定的地点和场所召开；

（五）是否向下级工会组织、下属机构、企事业单位或地方转嫁、摊派会议费；

（六）会议费管理和使用的其他情况。

第二十五条 严禁各单位借会议名义组织会餐或安排宴请；严禁套取会议费设立“小金库”；严禁在会议费中列支公务接待费。

第二十六条 各单位应严格执行会议用房标准，不得安排高档套房；会议用餐严格控制菜品种类、数量和份量，安排自助餐，严禁提供高档菜肴，不安排宴请，不上烟酒；会议会场一律不摆花草，不制作背景板，不提供水果。

第二十七条 不得使用会议费购置电脑、复印机、打印机、传真机等固定资产以及开支与本次会议无关的其他费用；不得组织会议代表旅游和与会议无关的参观；严禁组织高消费娱乐、健身活动；严禁以任何名义发放纪念品；不得额外配发洗漱用品。

第七章　责任追究

第二十八条　有下列行为之一的，依法依规追究会议举办单位和相关人员的责任：

（一）计划外未按规定程序批准召开会议的；

（二）以虚报、冒领等手段骗取会议费的；

（三）虚报会议人数、天数等进行报销的；

（四）违规扩大会议费开支范围，擅自提高会议费开支标准的；

（五）违规报销与会议无关费用的；

（六）其他违反本办法行为的。

第二十九条　有前款所列行为之一，由全国总工会财务部会同有关部门责令改正，追回资金，并经报批后予以通报。对直接负责的主管人员和相关负责人，依照有关规定给予行政处分。如行为涉嫌违法的，移交司法机关处理。

第八章　附　则

第三十条　全国总工会本级企事业单位、社团参照本办法执行。

第三十一条　本办法由全国总工会财务部负责解释，自印发之日起施行。《全国总工会机关会议费管理实施办法》（总工办发〔2013〕52 号）同时废止。

中华全国总工会办公厅转发《关于严禁党政机关到风景名胜区开会的通知》的通知

（总工办发〔2014〕32 号　2014 年 9 月 30 日）

各驻会全国产业工会，全总各部门、各直属单位：

为深入贯彻落实中央八项规定精神和《党政机关厉行节约反对浪费条例》，坚决杜绝以会议名义到风景名胜区公款旅游等违规行为，近日，中共中央办公厅、国务院办公厅联合下发《关于严禁党政机关到风景名胜区开会的通知》（厅字〔2014〕50 号）。根据全总主要领导要求，现将通知转发给你们，请严格按照两办通知精神贯彻执行。

附件：

中共中央办公厅、国务院办公厅印发《关于严禁党政机关到风景名胜区开会的通知》

1998 年中央办公厅、国务院办公厅下发《关于严禁党政机关到风景名胜区开会的通知》以来，各级党政机关到风景名胜区尤其是到中央明令禁止的 12 个风景名胜区开会现象得到了有效遏制。但是，违规到上述风景名胜区开会问题仍未完全杜绝，到其他热点风景名胜区开会以及在风景名胜区外开会到区内旅游的情况时有发生，有的单位还巧立名目组织公款旅游，损害了党和政府形象，广大干部群众对此反映强烈。为深入贯彻落实中央八项规定精神和《党政机关厉行节约反对浪费条例》，坚决杜绝以会议名义到风景名胜区公款旅游等违规行为，经党中央、国务院同意，现就有关事项通知如下。

一、各级党政机关一律不得到八达岭－十三陵、承德避暑山庄外八庙、五台山、太湖、普陀山、黄山、九华山、武夷山、庐山、泰山、嵩山、武当山、武陵源（张家界）、白云山、桂林漓江、三亚热带海滨、峨眉山－乐山大佛、九寨沟－黄龙、黄果树、西双版纳、华山 21 个风景名胜区召开会议，禁止召开会议的区域范围以风景名胜区总体规划确定的核心景区地域范围为准。

二、地方各级党政机关的会议一律在本行政区域内召开，不得到其他地区召开；因工作需要确需跨行政区域召开会议的，必须报同级党委、政府批准。风景名胜区核心景区与地方政府主要行政区域高度重合的，当地党政机关应当在机关内部会议场所或定点饭店召开会议。中央和国家机关各部门到京外召开会议的，必须严格执行会议费管理有关规定。

会议主办单位要合理安排会议日程，严格遵守报到、离会时限，严禁超出规定时限为参会人员提供食宿，严禁组织与会议无关的参观、考察等活动。

三、党政机关召开涉及旅游、宗教、林业、地震、气象、生态环保、国土资源以及景区规划等工作的专业性会议，确需到禁止名单中的风景名胜区召开的，应当完善管理制度，从严控制、严格审批。垂直管理单位应当报上一级主管部门批准，其他单位报同级党委、政府批准。

四、严禁各级党政机关以召开会议等名义组织公款旅游。严禁在会议费、培训费、接待费中列支风景名胜区等各类旅游景点门票费、导游费、景区内设施使用费、往返景区交通费等应由个人承担的费用。严禁向下级单位以及旅游景区管理部门、接待服务场所、旅游中介公司等单位转嫁上述费用。严禁违反规定要求旅游景区管理部门、有关企业等单位免除上述费用。

五、财政部门要建立会议经费定期或不定期财政监督检查制度，审计机关要建立会议费经常性审计监督制度，加大审计结果公开力度，必要时对旅游景区管理部门、接待服务场所、会议培训中介机构等单位开展延伸监督检查和审计，防止转嫁费用，并及时将违规违纪线索移交纪检监察机关。

六、本通知适用于各级党的机关、人大机关、行政机关、政协机关、审判机关、检察机关，以及工会、共青团、妇联等人民团体和参照公务员法管理的事业单位。

七、此前有关规定与本通知不一致的，以本通知为准。

财政部　中共中央组织部　国家公务局关于印发《中央和国家机关培训费管理办法》的通知

（财行〔2016〕540 号　2016 年 12 月 27 日）

党中央各部门，国务院各部委、各直属机构，全国人大常委会办公厅，全国政协办公厅，高法院，高检院，各人民团体，各民主党派中央，全国工商联，新疆生产建设兵团财务局、组织部、公务员局：

为进一步推进厉行节约反对浪费制度体系建设，推进干部教育培训事业持续健康发展，我们对《中央和国家机关培训费管理办法》（财行〔2013〕523 号）进行了修订。现将修订后的《中央和国家机关培训费管理办法》印发给你们，请认真遵照执行。

附件：中央和国家机关培训费管理办法

附件：

中央和国家机关培训费管理办法

第一章　总　则

第一条　为进一步规范中央和国家机关培训工作，保证培训工作需要，加强培训经费管理，依据《中华人民共和国公务员法》《干部教育培训工作条例》和其他有关法律法规，制定本办法。

第二条 本办法所称培训，是指中央和国家机关及其所属机构使用财政资金在境内举办的三个月以内的各类培训。

第三条 本办法所称中央和国家机关，是指党中央各部门，国务院各部委、各直属机构，全国人大常委会办公厅，全国政协办公厅，最高人民法院，最高人民检察院，各人民团体，各民主党派中央和全国工商联（以下简称各单位）。

第四条 各单位举办培训应当坚持厉行节约、反对浪费的原则，实行单位内部统一管理，增强培训计划的科学性和严肃性，增强培训项目的针对性和实效性，保证培训质量，节约培训资源，提高培训经费使用效益。

第二章 计划和备案管理

第五条 建立培训计划编报和审批制度。各单位培训主管部门制订的本单位年度培训计划（包括培训名称、目的、对象、内容、时间、地点、参训人数、所需经费及列支渠道等），经单位财务部门审核后，报单位领导办公会议或党组（党委）会议批准后施行。

第六条 年度培训计划一经批准，原则上不得调整。因工作需要确需临时增加培训项目的，报单位主要负责同志审批。

第七条 各单位年度培训计划于每年3月31日前同时报中央组织部、财政部、国家公务员局备案。

第三章 开支范围和标准

第八条 本办法所称培训费，是指各单位开展培训直接发生的各项费用支出，包括师资费、住宿费、伙食费、培训场地费、培训资料费、交通费以及其他费用。

（一）师资费是指聘请师资授课发生的费用，包括授课老师讲课费、住宿费、伙食费、城市间交通费等。

（二）住宿费是指参训人员及工作人员培训期间发生的租住房间的费用。

（三）伙食费是指参训人员及工作人员培训期间发生的用餐费用。

（四）培训场地费是指用于培训的会议室或教室租金。

（五）培训资料费是指培训期间必要的资料及办公用品费。

（六）交通费是指用于培训所需的人员接送以及与培训有关的考察、调研等发生的交通支出。

（七）其他费用是指现场教学费、设备租赁费、文体活动费、医药费等与培训有关的其他支出。

参训人员参加培训往返及异地教学发生的城市间交通费，按照中央和国家机关差旅费有关规定回单位报销。

第九条 除师资费外，培训费实行分类综合定额标准，分项核定、总额控制，各项费用之间可以调剂使用。综合定额标准如下：

单位：元/人天

培训类别	住宿费	伙食费	场地、资料、交通费	其他费用	合计
一类培训	500	150	80	30	760
二类培训	400	150	70	30	650
三类培训	340	130	50	30	550

一类培训是指参训人员主要为省部级及相应人员的培训项目。

二类培训是指参训人员主要为司局级人员的培训项目。

三类培训是指参训人员主要为处级及以下人员的培训项目。

以其他人员为主的培训项目参照上述标准分类执行。

综合定额标准是相关费用开支的上限。各单位应在综合定额标准以内结算报销。

30 天以内的培训按照综合定额标准控制；超过 30 天的培训，超过天数按照综合定额标准的 70% 控制。上述天数含报到撤离时间，报到和撤离时间分别不得超过 1 天。

第十条 师资费在综合定额标准外单独核算。

（一）讲课费（税后）执行以下标准：副高级技术职称专业人员每学时最高不超过 500 元，正高级技术职称专业人员每学时最高不超过 1000 元，院士、全国知名专家每学时一般不超过 1500 元。

讲课费按实际发生的学时计算，每半天最多按 4 学时计算。

其他人员讲课费参照上述标准执行。

同时为多班次一并授课的，不重复计算讲课费。

（二）授课老师的城市间交通费按照中央和国家机关差旅费有关规定和标准执行，住宿费、伙食费按照本办法标准执行，原则上由培训举办单位承担。

（三）培训工作确有需要从异地（含境外）邀请授课老师，路途时间较长的，经单位主要负责同志书面批准，讲课费可以适当增加。

第四章　培训组织

第十一条　培训实行中央和地方分级管理，各单位举办培训，原则上不得下延至市、县及以下。

第十二条　各单位开展培训，应当在开支范围和标准内优先选择党校、行政学院、干部学院以及组织人事部门认可的其他培训机构承办。

第十三条　组织培训的工作人员控制在参训人员数量的 10% 以内，最多不超过 10 人。

第十四条　严禁借培训名义安排公款旅游；严禁借培训名义组织会餐或安排宴请；严禁组织高消费娱乐健身活动；严禁使用培训费购置电脑、复印机、打印机、传真机等固定资产以及开支与培训无关的其他费用；严禁在培训费中列支公务接待费、会议费；严禁套取培训费设立“小金库”。

培训住宿不得安排高档套房，不得额外配发洗漱用品；培训用餐不得上高档菜肴，不得提供烟酒；除必要的现场教学外，7 日以内的培训不得组织调研、考察、参观。

第十五条　邀请境外师资讲课，须严格按照有关外事管理规定，履行审批手续。境内师资能够满足培训需要的，不得邀请境外师资。

第十六条　培训举办单位应当注重教学设计和质量评估，通过需求调研、课程设计和开发、专家论证、评估反馈等环节，推进培训工作科学化、精准化；注重运用大数据、“互联网＋”等现代信息技术手段开展培训和管理。所需费用纳入部门预算予以保障。

第五章　报销结算

第十七条　报销培训费，综合定额范围内的，应当提供培训计划审批文件、培训通知、实际参训人员签到表以及培训机构出具的收款票据、费用明细等凭证；师资费范围内的，应当提供讲课费签收单或合同，异地授课的城市间交通费、住宿费、伙食费按照差旅费报销办法提供相关凭据；执行中经单位主要负责同志批准临时增加的培训项目，还应提供单位主要负责同志审批材料。

各单位财务部门应当严格按照规定审核培训费开支，对未履行审批备案程序的培训，以及超范围、超标准开支的费用不予报销。

第十八条　培训费的资金支付应当执行国库集中支付和公务卡管理有关制度规定。

第十九条　培训费由培训举办单位承担，不得向参训人员收取任何费用。

第六章 监督检查

第二十条 各单位应当将非涉密培训的项目、内容、人数、经费等情况，以适当方式公开。

第二十一条 各单位应当于每年 3 月 31 日前将上年度培训计划执行情况（包括培训名称、对象、内容、时间、地点、参训人数、工作人员数、经费开支及列支渠道、培训成效、问题建议等）报送中央组织部、财政部、国家公务员局。

第二十二条 中央组织部、财政部、国家公务员局等有关部门对各单位培训活动和培训费管理使用情况进行监督检查。主要内容包括：

（一）培训计划的编报是否符合规定；

（二）临时增加培训计划是否报单位主要负责同志审批；

（三）培训费开支范围和开支标准是否符合规定；

（四）培训费报销和支付是否符合规定；

（五）是否存在虚报培训费用的行为；

（六）是否存在转嫁、摊派培训费用的行为；

（七）是否存在向参训人员收费的行为；

（八）是否存在奢侈浪费现象；

（九）是否存在其他违反本办法的行为。

第二十三条 对于检查中发现的违反本办法的行为，由中央组织部、财政部、国家公务员局等有关部门责令改正，追回资金，并予以通报。对相关责任人员，按规定予以党纪政纪处分；涉嫌违法的，移交司法机关处理。

第七章 附 则

第二十四条 各单位可以按照本办法，结合本单位业务特点和工作实际，制定培训费管理具体规定。

第二十五条 中央组织部、国家公务员局组织的调训和统一培训，有关部门组织的援外培训，不适用本办法，按有关规定执行。

第二十六条 中央事业单位培训费管理参照本办法执行。

第二十七条 本办法由财政部会同中央组织部、国家公务员局负责解释。

第二十八条 本办法自 2017 年 1 月 1 日起施行。《中央和国家机关培训费管理办法》（财行〔2013〕523 号）同时废止。

中华全国总工会财务部 组织部关于印发《全国总工会机关培训费管理办法（试行）》的通知

（工财发〔2017〕57号 2017年6月9日）

各驻会全国产业工会，全总各部门、各有关直属单位：

根据财政部、中共中央组织部、国家公务员局印发的《中央和国家机关培训费管理办法》（财行〔2016〕540号），我们制定了《全国总工会机关培训费管理办法（试行）》。现印发给你们，请认真遵照执行。

附件：

全国总工会机关培训费管理办法（试行）

为认真贯彻落实《中央和国家机关培训费管理办法》，进一步规范全国总工会培训工作，增强培训项目的针对性和实效性，保证培训质量，节约培训资源，提高培训经费使用效益，制定本办法。

一、培训费构成及标准

培训费是指开展培训直接发生的各项费用支出，包括讲课费、住宿费、伙食费、培训场地费、培训资料费、交通费以及其他费用。各项培训费用之间可以调剂使用，但总费用不得超过预算上限，具体标准详见附件。

二、特殊培训班费用标准

（一）在中共中央党校、国家行政学院、中国浦东干部学院、中国井冈山干部学院、中国延安干部学院等全国工会系统以外的院校举办培训班，按照培训承办单位规定的费用标准执行。

（二）培训对象以局级及以上干部为主体的培训班，培训费标准（除讲课费）为每人每天500元。

（三）全总机关干部英语培训班费用，由组织部参照其他培训班标准，报部门领导同意后执行。

（四）其他特殊培训班，由组织部与财务部共同商定具体标准。

三、培训组织

（一）年度培训计划由全总书记处会议审议。培训计划一经审议通过，原则上不得调整。因工作需要确需取消培训项目的，由办班单位报分管领导和组织部分管领导审批。需临时增加培训班的，由办班单位向组织部提出申请，并报本部门领导、分管组织、财务及全总主要领导同意后，方可增加。

（二）组织培训的工作人员控制在参训人员数量的10%以内，最多不超过10人。

（三）培训报到和返程时间分别不得超过1天。

（四）培训地点应优先选择中国劳动关系学院和省级工会干部院校。

（五）严禁借培训名义安排公款旅游、组织会餐或安排宴请；严禁组织高消费娱乐健身活动；严禁使用培训费购置电脑、复印机、打印机、传真机等固定资产以及开支与培训无关的其他费用；严禁在培训费中列支公务接待费、会议费；严禁套取培训费设立“小金库”。

（六）培训住宿不得安排高档套房，不得额外配发洗漱用品；培训用餐不得上高档菜肴，不得提供烟酒；除必要的现场教学外，7日以内的培训不得组织调研、考察、参观。

（七）培训班天数和人数不得超过预算确定的上限，报销时，以预算内实际天数和人数按标准结算。

四、报销结算

报销培训费，应当提供培训通知、实际参训人员签到表、讲课费签收单或合同以及培训机构出具的收款票据、费用明细等凭证。财务部将严格按照规定审核培训费开支，对未履行审批备案程序的培训，以及超范围、超标准开支的费用不予报销。

培训费由培训举办单位承担，不得向参训人员收取任何费用。

五、监督检查

培训班结束以后要及时报送总结。组织部、财务部等有关部门对各单位培训活动和培训费管理使用情况进行监督检查。主要内容包括：

（一）培训计划的编报是否符合规定；

（二）临时增减培训计划是否报全总分管领导同志审批；

（三）培训费开支范围和开支标准是否符合规定；

（四）培训费报销和支付是否符合规定；

（五）是否存在虚报培训费用的行为；

（六）是否存在转嫁、摊派培训费用的行为；

（七）是否存在向参训人员收费的行为；

（八）是否存在奢侈浪费现象；

（九）是否存在其他违反本办法的行为。

对于检查中发现的违反本办法的行为，由组织部、财务部、经费审查委员会办公室等有关部门责令改正，追回资金，并予以通报。

六、适用范围

各驻会全国产业工会、全总各部门、有关直属单位举办的工会干部培训班以及各省级总工会委托全总为其举办的培训班，适用本办法。

本办法由财务部会同组织部负责解释，自发文之日起施行。《全国总工会工会干部培训班经费管理办法》（工财发〔2014〕17 号）同时废止。

附件 1：

培训费标准（除讲课费）

单位：元/人天

住宿费	伙食费	场地、资料、交通费	其他费用	合计
230	130	50	30	440

注：（一）住宿费是指参训人员及工作人员培训期间发生的住宿费用。

（二）伙食费是指参训人员及工作人员培训期间发生的用餐费用。

（三）培训场地费是指用于培训的会议室或教室租金。

（四）培训资料费是指培训期间必要的资料及办公用品费。

（五）交通费是指用于培训所需的人员接送等发生的交通支出。

（六）其他费用指现场教学费，教师住宿费、伙食费及城际间交通费，设备租赁费，文体活动费，医药费等与培训有关的其他支出。

（七）参训人员参加培训往返及异地教学发生的城市间交通费，按照中央和国家机关差旅费有关规定回单位报销。

附件 2：

讲课费标准

授课教师		每课时费用标准
工会系统外教师（税后）	省部级干部、院士、全国知名专家	一般不超过 1500 元
	厅局级干部、正高级技术职称专业人员	不超过 1000 元
	处级及以下干部、副高级及以下技术职称专业人员	不超过 500 元

续 表

授课教师			每课时费用标准
工会系统教师	工资关系在全总机关人员（税前）	全总党组、书记处领导	不超过 1400 元
		正局级干部	不超过 900 元
		副局级干部	不超过 660 元
		处级及以下干部	不超过 425 元
	其他人员（税后）	地方工会省部级干部	不超过 1000 元
		正局级干部、正高级技术职称专业人员	不超过 625 元
		副局级干部	不超过 500 元
		处级及以下干部、副高级及以下技术职称专业人员	不超过 375 元

注：（一）讲课费是指教师为培训班授课的报酬。

（二）讲课费按实际发生的学时计算，每半天最多按 4 学时计算。

（三）同时为多班次一并授课的，不重复计算讲课费。

（四）送教到基层专题培训班按此标准发放讲课费。

（五）根据国家税务总局“金税”三期系统的规定，工资关系在全总机关人员讲课费折合税前标准后，视同工资与下月工资一起发放，根据所在月份工资实际发放金额扣税。

中华全国总工会组织部关于严格规范全总培训班现场教学有关事项的通知

（工组发〔2018〕245 号　2018 年 7 月 25 日）

各驻会全国产业工会，全总各部门、各有关直属单位，中国劳动关系学院，各有关省级工会干部院校：

为贯彻落实《中央和国家机关培训费管理办法》和《全国总工会机关培训费管理办法（试行）》，进一步严格规范全总举办的工会干部教育培训班现场教学的组织实施，现就有关事项规范如下。

一、严格落实《中央和国家机关培训费管理办法》和《全国总工会机关培训费管理办法（试行）》“除必要的现场教学外，7 日以内的培训不得组织调研、考察、参观”的规定要求。

二、准确把握“必要的现场教学”的要求。现场教学内容须为党性教育或与工会工作直接相关，切合培训班主题，针对性强，有助于加强学员对所培训内容的理解认识。

三、认真履行相关报备手续。培训班主办单位对拟开展的现场教学的必要性要进行充分论证，对可安排可不安排的，坚决不予安排。开展现场教学的，培训班主办单位须提前1周，将教学的目的、地点、内容、形式等基本情况形成书面材料，经主办单位主要负责人签字，报全总分管领导同意后，送全总组织部和全总财务部备案。

四、确保现场教学质量。现场教学地点的选择，要突出党性教育和工会工作的典型性和鲜明特色。要在充分了解现场教学地点的基础上，根据教学主题，设计现场教学方案，不得以现场教学名义组织参观考察。

五、加强现场教学管理。严格贯彻落实中央八项规定精神，不得安排旅游、娱乐等活动。对违反规定的，要严肃追究主办单位和承办单位有关领导的责任。

中共中央办公厅　国务院办公厅
印发《党政机关办公用房管理办法》

（2017年12月11日）

近日，中共中央办公厅、国务院办公厅印发了《党政机关办公用房管理办法》，并发出通知，要求各地区各部门认真遵照执行。

《党政机关办公用房管理办法》全文如下。

第一章　总　则

第一条　为了进一步规范党政机关办公用房管理，推进办公用房资源合理配置和节约集约使用，保障正常办公，降低行政成本，促进党风廉政建设和节约型机关建设，根据《党政机关厉行节约反对浪费条例》、《机关事务管理条例》、《机关团体建设楼堂馆所管理条例》等有关规定，制定本办法。

第二条　本办法适用于各级党政机关办公用房的规划、权属、配置、使用、维修、处置等管理工作。

本办法所称党政机关，是指党的机关、人大机关、行政机关、政协机关、监察机关、审判机关、检察机关，以及工会、共青团、妇联等人民团体和参照公务员法管理的事业单位。

本办法所称办公用房，是指党政机关占有、使用或者可以确认属于机关资产的，为保障党政机关正常运行需要设置的基本工作场所，包括办公室、服务用房、设备用房和附属用房。

第三条 党政机关办公用房管理应当遵循下列原则：

（一）依法合规，严格执行法律法规和党内有关制度规定，强化监督管理；

（二）科学规划，统筹机关办公和公共服务需求，优化布局和功能；

（三）规范配置，科学制定标准，严格审核程序，合理保障需求；

（四）有效利用，统筹调剂余缺，及时依规处置，避免闲置浪费；

（五）厉行节约，注重庄重朴素、经济适用，节约能源资源。

第四条 建立健全党政机关办公用房集中统一管理制度，统一规划、统一权属、统一配置、统一处置。县级以上党政机关办公用房有关管理部门根据职责分工，负责本级党政机关办公用房管理工作，指导下级党政机关办公用房管理工作。

中央和国家机关办公用房管理，由归口的机关事务管理部门负责规划、权属、调剂、使用监管、处置、维修等，国家发展改革委负责建设项目审批、建设标准制定以及投资安排等，财政部负责预算安排、指导开展资产管理等。中央和国家机关所属垂直管理机构、派出机构和参照公务员法管理的事业单位办公用房的权属、使用、维修等有关管理工作，由归口的机关事务管理部门委托行政主管部门负责。

地方各级党政机关办公用房管理的职责分工，由各省、自治区、直辖市参照前款规定，结合本地区实际情况合理确定相关机构承担办公用房管理职责。

各级党政机关是办公用房的使用单位，负责本单位占有、使用办公用房的内部管理和日常维护。

第二章　权属管理

第五条 党政机关办公用房的房屋所有权、土地使用权等不动产权利（以下统称办公用房权属），统一登记至本级机关事务管理部门名下。

中央和国家机关所属垂直管理机构、派出机构和参照公务员法管理的事业单位办公用房权属应当登记在行政主管部门名下。地方各级党政机关所属垂直管理机构、派出机构办公用房权属的登记主体由各省、自治区、直辖市规定。

涉及国家秘密、国家安全等特殊情况的，经机关事务管理部门核准，可以将办公用房权属登记在使用单位名下。

因历史资料缺失、权属不清等问题无法登记的，由机关事务管理部门协调有关部门进行办公用房权属备案，使用单位不得自行处置。

第六条　建立健全党政机关办公用房清查盘点制度。使用单位应当建立本单位办公用房资产管理分台账，资产信息发生变更的，及时调整更新。机关事务管理部门应当建立本级党政机关办公用房资产管理总台账，定期组织清查盘点，确保总台账信息与使用单位分台账信息账账相符，与办公用房实际状况账实相符，与权属证书信息账证相符。

第七条　建立健全党政机关办公用房管理信息统计报告制度。

各级机关事务管理部门应当建立健全本级党政机关办公用房管理信息系统，定期统计汇总办公用房管理情况，报上级机关事务管理部门，并送同级发展改革、财政部门。

国家机关事务管理局、中共中央直属机关事务管理局应当会同有关部门，建立全国党政机关办公用房信息数据库，并纳入国家数据共享交换平台，实现与发展改革、财政、国土资源、住房城乡建设等部门共享共用。各省、自治区、直辖市应当统筹推进本地区办公用房管理信息系统建设，实现上下一体、互联互通、动态管理。

第八条　建立健全党政机关办公用房档案管理制度。使用单位应当加强本单位办公用房档案管理，及时归集权属、建设、维修等原始档案，并移交产权单位。产权单位应当加强办公用房档案的收集、保存和利用，确保档案完整。

第三章　配置管理

第九条　县级以上机关事务管理、发展改革、财政部门应当会同有关部门，结合人员编制情况、办公与业务需要等，编制本级党政机关办公用房配置保障规划，优化办公用房布局，具备条件的逐步推进集中或者相对集中办公，共用配套附属设施。

地方各级人民政府编制土地利用总体规划和城乡规划时，应当统筹安排本级党政机关办公用房用地。县级以上党政机关的驻在地人民政府应当有效保障上级党政机关办公用房用地需求。

第十条　党政机关办公用房配置应当严格执行相关标准，从严核定面积。

国家发展改革委会同住房城乡建设部、财政部，制定和完善党政机关办公用房建设标准，并实行标准动态调整。

第十一条　党政机关办公用房配置方式包括调剂、置换、租用和建设。

第十二条　使用单位需要配置办公用房的，由机关事务管理部门优先整合现有办公用房资源调剂解决。

第十三条 采取置换方式配置办公用房的，应当严格履行审批程序，执行新建办公用房各项标准，确保符合办公用房各类功能要求，并按规定组织资产评估，置换所得超出面积标准的办公用房由机关事务管理部门统一调剂，置换所得收益按照非税收入有关规定管理。

置换旧房的，由机关事务管理部门会同发展改革、财政部门报同级人民政府审批；置换新房的，应当严格履行建设审批程序。不得以置换名义量身打造办公用房，不得以未使用政府预算建设资金、资产整合等名义规避审批。

第十四条 无法调剂或者置换解决办公用房的，可以面向市场租用，但应当严格按照规定履行审批程序。

需租用办公用房的，由使用单位提出申请，经机关事务管理部门核准后，报财政部门审核安排预算；或者由机关事务管理部门统筹本级党政机关办公用房使用需求，制定租用方案，报财政部门审核安排预算后，统一租赁并统筹安排使用。

任何单位不得以变相补偿方式租用由企业等单位提供的办公用房。

各级财政部门会同机关事务管理部门，制定本级党政机关办公用房租金标准，并实行标准动态调整。

第十五条 无法调剂、置换、租用办公用房，或者涉及国家秘密、国家安全等特殊情况的，可以采取建设方式解决，但应当按照国家有关政策从严控制，严格履行审批程序。党政机关办公用房建设包括新建、扩建、改建、购置。

中共中央直属机关办公用房建设项目由归口的机关事务管理部门审核同意后统一申报，由国家发展改革委核报国务院审批。

中央国家机关本级办公用房建设项目，由国家发展改革委核报国务院审批，申报前应当由归口的机关事务管理部门出具必要性审查意见。

中央国家机关所属垂直管理机构、派出机构办公用房建设项目，厅（局）级及以上单位的项目由国家发展改革委审批，申报前应当由归口的机关事务管理部门出具必要性审查意见；厅（局）级以下单位的项目由行政主管部门审批，并报国家发展改革委和归口的机关事务管理部门备案。

中央国家机关所属参照公务员法管理的事业单位的办公用房建设项目，由国务院、国家发展改革委和行政主管部门按照中央预算内投资审批权限分别负责审批，其中由国务院、国家发展改革委审批的项目，申报前应当由归口的机关事务管理部门出具必要性审查意见。

省、自治区、直辖市及计划单列市本级党政机关办公用房建设项目，由国家发展改革委核报国务院审批；地方其他党政机关办公用房建设项目，由省级人民政府审批。

县级党政机关直属单位和乡（镇）级党政机关办公用房建设项目，可以由省级人民政府根据实际情况委托市级人民政府审批。

地方各级党政机关所属垂直管理机构、派出机构和参照公务员法管理的事业单位办公用房建设项目的审批程序，由各省、自治区、直辖市规定。

第十六条　党政机关办公用房配置所需资金，应当通过政府预算安排，不得接受任何形式赞助或者捐款，不得搞任何形式集资或者摊派，不得向其他任何单位借款，不得让施工单位垫资，严禁挪用各类专项资金。

土地收益和资产转让收益按照非税收入有关规定管理，不得直接用于办公用房配置。涉及新增资产的，应当向财政部门申报新增资产配置预算。

第十七条　新配置办公用房的党政机关，应当在搬入新办公用房后 1 个月内，将超出核定面积的原有办公用房腾退移交同级机关事务管理部门统一调剂使用，不得继续占用或者自行处置，不得自行安排其他单位使用。

第四章　使用管理

第十八条　机关事务管理部门应当与使用单位签订办公用房使用协议，核发办公用房分配使用凭证。

办公用房分配使用凭证可以按照有关规定用于办理使用单位法人登记、集体户籍、大中修项目施工许可等，不得用于出租、出借、经营。

第十九条　使用单位应当严格按照有关规定在核定面积内合理安排使用办公用房，不得擅自改变办公用房使用功能，不得调整给其他单位使用。办公用房安排使用情况应当按年度通过政务内网、公示栏等平台进行内部公示；领导干部办公用房配备情况应当按年度报机关事务管理部门备案，严禁超标准配备、使用办公用房。

领导干部在不同单位同时任职的，应当在主要任职单位安排 1 处办公用房；主要任职单位与兼职单位相距较远且经常到兼职单位工作的，经严格审批后，可以由兼职单位再安排 1 处小于标准面积的办公用房，并在免去兼任职务后 2 个月内腾退兼职单位安排的办公用房。

工作人员调离或者退休的，使用单位应当在办理调离或者退休手续后 1 个月内收回其办公用房。

第二十条　党政机关工作人员办公室具备条件的，应当采用大开间等形式，提高办公用房利用率。

会议室、接待室等服务用房，可以采取可拆卸式隔断设计，提高空间使用的灵活性。

第二十一条 项目批复中已经明确和机关一并建设办公用房的事业单位，按照面积标准核定后可以继续无偿使用机关办公用房。

公益一类事业单位已经占用的机关办公用房，按照面积标准核定后可以继续无偿使用。公益二类事业单位已经占用的机关办公用房，应当按照规定予以腾退；确有困难的，经机关事务管理部门批准，可以继续有偿使用，租金收益按照非税收入有关规定管理。事业单位已经新建、购置办公用房或者租用其他房屋办公的，应当在6个月内将原有办公用房腾退移交机关事务管理部门。

生产经营类事业单位、国有企业和行业协会商会等社团组织，原则上不得占用党政机关办公用房。

第二十二条 党政机关办公用房使用单位机构、编制调整的，机关事务管理部门应当重新核定其办公用房面积。超出面积标准的，使用单位应当在6个月内将超出部分的办公用房腾退移交机关事务管理部门。

党政机关转为企业的，应当在办理企业工商注册后6个月内将原有办公用房腾退移交机关事务管理部门。转企单位确有困难的，经机关事务管理部门批准，可以继续有偿使用，租金收益按照非税收入有关规定管理；新建、购置或者租用办公用房的，应当在6个月内将原有办公用房腾退移交机关事务管理部门。

党政机关撤销的，应当在6个月内将原有办公用房腾退移交机关事务管理部门。

第二十三条 建立健全政府向社会购买物业服务机制，逐步实现办公用房物业服务社会化、专业化，具备条件的逐步推进统一物业管理服务。

机关事务管理部门应当会同有关部门，按照经济、适度的原则，制定本级党政机关办公用房物业服务内容、服务标准和费用定额。

第二十四条 鼓励有条件的地区探索试行办公用房租金制，逐步推进办公用房经费预算管理和实物资产管理相结合。

第五章 维修管理

第二十五条 党政机关办公用房维修包括日常维修和大中修。中央和国家机关办公用房维修标准由归口的机关事务管理部门、财政部会同住房城乡建设部制定，地方各级党政机关办公用房维修标准由各省、自治区、直辖市结合实际制定，并建立标准动态调整机制。

第二十六条 使用单位负责办公用房的日常检查和维修，所需资金通过部门预算安排。

第二十七条 党政机关办公用房因使用时间较长、设施设备老化、功能不全、存在安全隐患等原因需要大中修的，使用单位向机关事务管理部门提出申请；机关事务管理部门结合办公用房建筑年代、历史维修记录、老化损坏程度、单位建筑面积能耗水平和使用单位的实际需求，统筹安排办公用房大中修项目，报财政部门审核安排预算。

办公用房大中修项目应当严格按照规定履行审批程序，未经审批的项目，不得安排预算。中央和国家机关本级办公用房大中修项目，由归口的机关事务管理部门审批。中央和国家机关所属垂直管理机构、派出机构和参照公务员法管理的事业单位办公用房大中修项目，机关事务管理部门委托行政主管部门审批，其中厅（局）级及以上单位办公用房大中修项目审批情况应当报归口的机关事务管理部门备案。地方各级党政机关办公用房大中修项目的审批程序，由各省、自治区、直辖市规定。

第六章 处置利用管理

第二十八条 党政机关办公用房有下列情形之一闲置的，可以按照有关规定采取调剂使用、转换用途、置换、出租、拍卖、拆除等方式及时处置利用：

（一）同级党政机关办公用房总量满足使用需求，仍有余量的；

（二）因地理位置、周边环境、房屋结构等原因，不适合继续作为办公用房使用的；

（三）因城乡规划调整等需要拆迁的；

（四）经专业机构鉴定属于危房，且无加固改造价值的；

（五）其他原因导致办公用房闲置的。

处置利用党政机关办公用房涉及权属、用途等变更的，应当依法办理相关手续。

第二十九条 同一区域内闲置办公用房具备条件的，应当加强跨系统、跨层级调剂使用。

中央和国家机关所属垂直管理机构、派出机构之间调剂使用的，由行政主管部门审核提出意见，经归口的机关事务管理部门批准后实施，调剂使用情况报财政部备案。

中央和国家机关所属垂直管理机构、派出机构与地方各级党政机关之间调剂使用的，由行政主管部门会同有关地方人民政府审核提出意见，经归口的机关事务管理部门会同财政部批准后实施。

地方同级或者上下级党政机关之间，以及地方各级党政机关所属垂直管理机构、派出机构之间调剂使用的，参照前两款规定办理。

第三十条 具备条件的，机关事务管理部门可以商有关部门将闲置办公用房转为便民服务、社区活动等公益场所，或者按照有关规定置换为其他符合国家政策和需要的资产。

机关事务管理部门可以通过公共资源交易平台统一招租，租金收益按照非税收入有关规定管理。党政机关如有需要，应当及时收回出租的办公用房，统筹调剂使用。使用单位不得擅自出租办公用房。

第三十一条 闲置办公用房无法通过调剂使用、转换用途、置换、出租等方式处置利用的，机关事务管理部门报财政部门批准后，可以通过公共资源交易平台依法公开拍卖，拍卖收益按照非税收入有关规定管理。

第七章 监督问责

第三十二条 党政机关办公用房使用单位应当建立本单位内部使用管理制度，加强监督检查和责任追究，及时发现和纠正违规问题。

党政机关办公用房有关管理部门应当根据职责分工，加强办公用房监管，严格履行相关管理程序，对使用单位的办公用房违规管理使用问题及时按照规定移交有关部门和单位查处。

纪检监察机关应当及时受理群众举报和有关部门移送的办公用房管理案件线索，严肃查处违规违纪问题。

第三十三条 建立健全党政机关办公用房巡检考核制度。

县级以上机关事务管理、发展改革、财政部门会同有关部门，定期对本级党政机关（含所属垂直管理机构、派出机构）办公用房使用情况以及下级党政机关办公用房管理情况进行专项联合巡检，及时发现和纠正违规问题。

办公用房专项巡检应当与党风廉政建设责任制检查考核、政府绩效考核以及党政领导班子和领导干部年度考核相结合，巡检考核结果作为干部管理监督、选拔任用的依据。

第三十四条 建立健全党政机关办公用房管理信息公开制度。除依照法律法规和有关要求需要保密的内容和事项外，办公用房建设、使用、维修、处置利用、运行费用支出等情况，应当在政府门户网站等公共平台定期公开，主动接受社会监督。

第三十五条 建立健全党政机关办公用房管理责任追究制度，对有令不行、有禁不止的，依照有关规定严肃追究相关人员责任。

管理部门有下列情形之一的，依纪依法追究相关人员责任：

（一）违规审批项目或者安排投资计划、预算的；

（二）不按照规定履行调剂、置换、租用、建设等审批程序的；

（三）为使用单位超标准配置办公用房的；

（四）不按照规定处置办公用房的；

（五）办公用房管理信息统计报送中瞒报、漏报的；

（六）对发现的违规问题不及时处理的；

（七）有其他违反办公用房管理规定情形的。

使用单位有下列情形之一的，依纪依法追究相关人员责任：

（一）擅自将办公用房权属登记至本单位或者所属单位名下，或者不配合办理权属登记的；

（二）未经批准建设或者大中修办公用房的；

（三）不按规定腾退移交办公用房的；

（四）未经批准租用、借用办公用房的；

（五）擅自改变办公用房使用功能或者处置办公用房的；

（六）擅自安排企事业单位、社会组织等使用机关办公用房的；

（七）为工作人员超标准配备办公用房，或者未经批准配备两处以上办公用房的；

（八）有其他违反办公用房管理规定情形的。

第八章　附　则

第三十六条　党政机关本级的技术业务用房以及机关办公区内的技术业务用房，权属统一登记至本级机关事务管理部门名下，从严控制使用范围和用途，原则上不得调整用作办公用房。

党政机关本级的技术业务用房建设项目以及机关办公区内的技术业务用房建设项目，应当严格按规定履行审批程序，项目申报前由机关事务管理部门出具土地、人防等审查意见。

住房城乡建设部会同国家发展改革委、有关业务主管部门，制定和完善各类技术业务用房建设标准，合理区分办公用房和技术业务用房。

第三十七条　各省、自治区、直辖市以及中央和国家机关各部门，应当根据本办法，结合实际制定具体管理办法。

第三十八条　各民主党派机关办公用房管理适用本办法。

不参照公务员法管理的事业单位办公用房管理办法，另行制定。

第三十九条　本办法由国家机关事务管理局、中共中央直属机关事务管理局、国家发展改革委和财政部负责解释。

第四十条 本办法自2017年12月5日起施行。其他有关党政机关办公用房管理的规定，凡与本办法不一致的，按照本办法执行。

中共中央办公厅 国务院办公厅
印发《党政机关公务用车管理办法》

（2017年12月11日）

近日，中共中央办公厅、国务院办公厅印发了《党政机关公务用车管理办法》，并发出通知，要求各地区各部门认真遵照执行。

《党政机关公务用车管理办法》全文如下。

第一章 总 则

第一条 为了进一步规范党政机关公务用车管理，有效保障公务活动，促进党风廉政建设和节约型机关建设，根据《党政机关厉行节约反对浪费条例》、《机关事务管理条例》等有关规定，制定本办法。

第二条 本办法适用于党的机关、人大机关、行政机关、政协机关、监察机关、审判机关、检察机关，以及工会、共青团、妇联等人民团体和参照公务员法管理的事业单位。

第三条 本办法所称公务用车，是指党政机关配备的用于定向保障公务活动的机动车辆，包括机要通信用车、应急保障用车、执法执勤用车、特种专业技术用车以及其他按照规定配备的公务用车。

机要通信用车是指用于传递、运送机要文件和涉密载体的机动车辆。

应急保障用车是指用于处理突发事件、抢险救灾或者其他紧急公务的机动车辆。

执法执勤用车是指中央批准的执法执勤部门（系统）用于一线执法执勤公务的机动车辆。

特种专业技术用车是指固定搭载专业技术设备、用于执行特殊工作任务的机动车辆。

第四条 党政机关公务用车管理遵循统一管理、定向保障、经济适用、节能环保的原则。

第五条 党政机关公务用车实行统一制度规范、分级分类管理。党政机关公务用车主管部门负责本级党政机关公务用车管理工作，根据职责实行统一编制、统一标准、统一购置经费、统一采购配备管理；指导监督下级党政机关公务用车管理工作。

第二章　编制和标准管理

第六条　党政机关公务用车实行编制管理。车辆编制根据机构设置、人员编制和工作需要等因素确定。

机要通信用车、应急保障用车和其他按照规定配备的公务用车编制由公务用车主管部门会同有关部门确定。

执法执勤用车、特种专业技术用车编制由财政部门会同有关部门确定，并送公务用车主管部门备案。

第七条　党政机关配备公务用车应当严格执行以下标准：

（一）机要通信用车配备价格12万元以内、排气量1.6升（含）以下的轿车或者其他小型客车。

（二）应急保障用车和其他按照规定配备的公务用车配备价格18万元以内、排气量1.8升（含）以下的轿车或者其他小型客车。确因情况特殊，可以适当配备价格25万元以内、排气量3.0升（含）以下的其他小型客车、中型客车或者价格45万元以内的大型客车。

（三）执法执勤用车配备价格12万元以内、排气量1.6升（含）以下的轿车或者其他小型客车，因工作需要可以配备价格18万元以内、排气量1.8升（含）以下的轿车或者其他小型客车。确因情况特殊，可以适当配备价格25万元以内、排气量3.0升（含）以下的其他小型客车、中型客车或者价格45万元以内的大型客车。

（四）特种专业技术用车配备标准由有关部门会同财政部门按照保障工作需要、厉行节约的原则确定。

公务用车配备新能源轿车的，价格不得超过18万元。

上述配备标准应当根据公务保障需要、汽车行业技术发展、市场价格变化等因素适时调整。

第八条　严格控制执法执勤用车的配备范围、编制和标准。执法执勤用车配备应当严格限定在一线执法执勤岗位。

第三章　配备和经费管理

第九条　公务用车主管部门根据公务用车配备更新标准和现状，编制年度公务用车配备更新计划。

第十条　财政部门根据年度公务用车配备更新计划，按照预算管理有关规定统筹安排购置经费，列入公务用车主管部门预算。

第十一条 财政部门会同公务用车主管部门制定公务用车运行费用定额标准，统筹安排公务用车运行费用，列入党政机关部门预算。

第十二条 公务用车主管部门按照政府采购法律法规和国家有关政策规定，统一组织实施公务用车集中采购。

第十三条 党政机关应当配备使用国产汽车，带头使用新能源汽车，按照规定逐步扩大新能源汽车配备比例。

第十四条 地方各级党政机关确因工作需要超出规定标准配备公务用车的，必须报省级公务用车主管部门批准。

党政机关原则上不配备越野车。确因工作需要，按照程序报批后，可以适当配备国产越野车。越野车不得作为领导干部固定用车。

第十五条 除涉及国家安全、侦查办案等有保密要求的特殊工作用车外，党政机关公务用车产权注册登记所有人应当为本机关法人，不得将公务用车登记在下属单位、企业或者个人名下。

第四章 使用和处置管理

第十六条 党政机关应当加强公务用车使用管理，严格按照规定使用公务用车，严禁公车私用、私车公养，不得既领取公务交通补贴又违规使用公务用车。

第十七条 党政机关应当推进公务用车服务平台建设。各地区应当结合实际，将各类公务用车纳入平台集中管理，采用信息化手段统筹调度、高效使用，鼓励通过社会化专业机构提高平台管理运行效率。

第十八条 党政机关应当推进公务用车标识化管理。除涉及国家安全、侦查办案和其他有保密要求的特殊工作用车外，公务用车应当统一标识。

第十九条 党政机关应当建立公务用车管理台账，加强相关证照档案的保存和管理。

各省、自治区、直辖市以及中央和国家机关公务用车主管部门应当建立统一的公务用车管理信息系统，提高公务用车配备使用管理信息化水平。

第二十条 党政机关应当建立健全公务用车使用管理制度，严格执行，加强监督，降低运行成本。

严格公务用车使用时间、事由、地点、里程、油耗、费用等信息登记和公示制度。严格执行回单位或者其他指定地点停放制度，节假日期间除工作需要外应当封存停驶。

实行公务用车保险、维修、加油政府集中采购和定点保险、定点维修、定点加油制度，健全公务用车油耗、运行费用单车核算和年度绩效评价制度。

第二十一条 党政机关应当减少公务用车长途行驶，工作人员到外地办理公务，除特殊情况外，应当乘用公共交通工具。外事接待、会议和集体活动用车主要通过社会租赁方式解决。

第二十二条 公务用车使用年限超过 8 年的可以更新；达到更新年限仍能继续使用的，应当继续使用。因安全等原因确需提前更新的，应当严格履行审批手续。

公务用车按照规定更新后，可以采取拍卖、厂家回收、报废等方式规范处置旧车。处置收入按照非税收入有关规定管理。

第五章 监督问责

第二十三条 党政机关应当建立公务用车配备更新和使用情况统计报告制度。各省、自治区、直辖市公务用车主管部门负责统计汇总本地区公务用车配备更新和使用情况。国家机关事务管理局、中共中央直属机关事务管理局负责统计汇总中央和国家机关公务用车配备更新和使用情况。

第二十四条 党政机关应当严格执行公务用车配备使用管理各项规定，将公务用车配备更新、使用、处置和经费预算执行等情况纳入内部审计、政务公开和政务诚信建设范围，接受社会监督。

公务用车主管部门应当加强对党政机关公务用车配备更新、使用、处置等情况的监督检查，定期通报或者公示相关情况。

财政、审计部门应当加强对公务用车经费预算管理使用情况的监督检查，依法处理、督促整改违规问题，并将涉嫌违纪违法问题移送有关部门查处。

公安交通管理部门应当定期与公务用车主管部门交换公务用车注册登记信息、使用状态等情况。

纪检监察机关应当及时受理群众举报和有关部门移送的公务用车管理问题线索，严肃查处违纪违法问题。

第二十五条 公务用车主管部门有下列情形之一的，依纪依法追究相关人员责任：

（一）违规核定公务用车编制的；

（二）违规审批超编制、超标准配备公务用车的；

（三）违规审批未到年限更新公务用车的；

（四）违规安排公务用车经费预算的；

（五）有其他未按规定履行管理监督职责行为的。

第二十六条 党政机关有下列情形之一的，依纪依法追究相关人员责任：

（一）超编制、超标准配备公务用车的；

（二）违反规定将公务用车登记在下属单位、企业或者个人名下的；

（三）公车私用、私车公养，或者既领取公务交通补贴又违规使用公务用车的；

（四）换用、借用、占用下属单位或者其他单位和个人的车辆，或者擅自接受企事业单位和个人赠送车辆的；

（五）挪用或者固定给个人使用执法执勤、机要通信等公务用车的；

（六）为公务用车增加高档配置或者豪华内饰的；

（七）在车辆维修等费用中虚列名目或者夹带其他费用，为非本单位车辆报销运行维护费用的；

（八）违规处置公务用车的；

（九）有其他违反公务用车配备使用管理规定行为的。

第六章　附　则

第二十七条 本办法所称小型客车、中型客车、大型客车等，依据中华人民共和国公共安全行业标准 GA 802－2014《机动车类型术语和定义》界定。

第二十八条 各省、自治区、直辖市以及中央和国家机关各部门，应当根据本办法，结合实际制定具体管理办法。

第二十九条 中央和国家机关所属垂直管理机构、派出机构公务用车由行政主管部门依照本办法进行管理。

各民主党派机关公务用车管理适用本办法。

不参照公务员法管理的事业单位公务用车，按照本办法的原则管理。

第三十条 本办法由国家机关事务管理局、中共中央直属机关事务管理局会同有关部门负责解释。

第三十一条 本办法自 2017 年 12 月 5 日起施行。中共中央办公厅、国务院办公厅 2011 年 1 月 6 日印发的《党政机关公务用车配备使用管理办法》同时废止。

中华全国总工会办公厅关于严格管理工会机关及企事业为各类经济活动提供担保的通知

（总工办发〔1998〕29号　1998年7月14日）

各省、自治区、直辖市总工会，全总各直属企事业单位，各计划单列市总工会，新疆生产建设兵团工会：

近年来，工会企事业在借贷活动中由于提供担保而引起的经济纠纷时有发生。为加强对工会企事业为各类经济活动提供担保的管理，现作如下通知：

一、各级工会企事业管理干部要认真学习《经济合同法》、《担保法》等法律，充分认识经济担保的严肃性及所承担的连带责任。

二、各级工会机关不得用工会经费和工会经费账户为工会系统内外的任何单位提供经济担保，以防止工会经费的流失。

三、工会企事业单位不得为工会系统以外的企事业单位的经济活动提供担保，已经担保的，要立即采取有效措施加以纠正。

四、工会企事业单位之间提供担保，担保方要经所属工会企事业资产和经营主管部门批准。对此，各级工会要建立起严格的审批制度。

五、严格禁止工会兴办的具有职工互助互济性质的各类组织（职工保险互助会办事处、住宅合作社、配货中心等）为经济活动提供担保。

六、要进一步严肃纪律。对违反上述规定，擅自为经济活动提供担保的，要追究批准人的责任。对因提供担保而造成经济损失的，要对提供担保的单位领导人和直接责任人给予处罚。情节严重的，要提交司法机关处理。

中华全国总工会办公厅关于贯彻执行财政部、监察部《关于党政机关及事业单位用公款为个人购买商业保险若干问题的规定》的通知

（总工办发〔2004〕35号　2004年10月13日）

各驻会全国产业工会，全总各部门、各直属单位：

为规范党政机关及事业单位用公款为个人购买商业保险的行为，维护财经纪律的严肃性，财政部、监察部近日下发《关于党政机关及事业单位用公款为个人购买商业保险若干问题的规定》（以下简称《规定》，见附件），现就全总贯彻执行《规定》的有关事项通知如下：

一、各单位要在前一阶段统计登记的基础上，严格按照《规定》的要求进一步清理本单位用公款为个人购买的商业保险，其中属于《规定》明确必须清退的，应按《规定》要求办理清退工作，认真填写《用公款为个人购买商业保险清退情况统计表》（无清退情况的，请将此表盖本单位公章后退回），于2004年11月10日前报全总财务部，并将有关清退结果报全总机关纪委备案。

二、各单位需用公款为个人购买新的商业保险时，要严格按照《规定》执行。即要依据《规定》有关“党政机关及事业单位”的划分标准，确定本单位的性质，并严格遵守《规定》对不同性质单位购保的险种、受保人员范围和保费列支渠道的相应规定。其中属于为特岗人员购买的人身意外伤害保险，其特岗人员的界定、意外伤害的险种及购保资金额度等，要报全总财务部审批。

三、各单位要加强党风廉政建设，维护财经纪律的严肃性，严格执行《规定》。对在规定的清退期限内拒不自查自纠，或弄虚作假、不如实报告，以及在《规定》下发后仍违规用公款为个人购买商业保险的，全总将依据有关规定追究单位主要领导和有关人员的责任，购保资金一律没收并上缴同级财政部门。

附件：

财政部　监察部关于印发《关于党政机关及事业单位用公款为个人购买商业保险若干问题的规定》的通知

（财金〔2004〕88号　2004年9月16日）

党中央有关部门，国务院各部委，各直属机构，全国人大常委会办公厅，全国政协办公厅，有关人民团体，高法院，高检院，民主党派，工商联，各省、自治区、直辖市、计划单列市财政厅（局）、监察厅（局），新疆生产建设兵团财务局、监察局：

根据2004年中央纪委第三次全会的部署，为了进一步加强党风廉政建设，维护财经纪律的严肃性，财政部、监察部针对目前党政机关及事业单位用公款为个人购买商业保险的有关问题，研究制定了《关于党政机关及事业单位用公款为个人购买商业保险若干问题的规定》，现印发给你们，请认真遵照执行。执行中有何问题，请及时反馈。

附件：

关于党政机关及事业单位用公款为个人购买商业保险若干问题的规定

为规范党政机关及事业单位用公款为个人购买商业保险的行为，维护财经纪律的严肃性，加强财政性资金的管理，进一步加强党风廉政建设和反腐败工作，现将有关问题规定如下：

一、本规定所称党政机关及事业单位用公款为个人购买商业保险，是指由单位缴付全部或部分保费，为干部职工购买商业保险公司提供的各类商业保险产品的行为。

二、本规定所称“党政机关及事业单位”区分为以下两类：

（一）党政机关和依照公务员管理的事业单位。其中：党政机关是指，各级党的机关、人大机关、行政机关、政协机关、审判机关、检察机关，以及各级工会、共青团、妇联等人民团体；依照公务员管理的事业单位是指，按照人事部和各地人事厅局有关文件确定的依照公务员管理的事业单位。

（二）不依照公务员管理的事业单位。

三、党政机关和依照公务员管理的事业单位用公款为干部职工购买商业保险，应严格遵守下列规定：

（一）购保的险种。仅限于旨在风险补偿的人身意外伤害险，包括公务旅行交通意外伤害险、特岗人员的意外伤害险，以及为援藏援疆等支援西部地区干部职工购买的人身意外伤害险。

（二）受保的人员范围。一般仅限于单位在职的干部职工，但离退休人员参加单位组织的集体活动、赴外就医的，可以购买交通意外伤害险。

（三）保费的财务列支渠道。公务旅行交通意外伤害险的费用在单位的差旅费中列支。特岗人员、援藏援疆等支援西部地区干部职工人身意外伤害险费用，应首先在单位按照规定计提的职工福利费中列支；职工福利费不足的，党政机关在人员经费中列支，事业单位在职工福利基金中列支。

四、不依照公务员管理的事业单位用公款为干部职工购买商业保险，应严格遵守下列规定：

（一）购保的险种。限于本规定第三条第一款规定的意外伤害险，以及与建立补充医疗保险相关的险种。购买补充医疗保险的只能是未享受公务员医疗补助或公费医疗的事业单位。

（二）受保的人员范围。意外伤害险受保人员的范围按本规定第三条第二款的规定执行；补充医疗保险受保人员的范围包括单位在职干部职工和离退休人员。

（三）保费的财务列支渠道。公务旅行交通意外伤害险、特岗人员以及援藏援疆等支援西部地区干部职工人身意外伤害险费用的财务列支渠道，按照本规定第三条第三款的规定处理。补充医疗保险费用在社会保障费中列支。

五、党政机关及事业单位为特岗人员购买人身意外伤害险的，对特岗人员的界定、具体的意外伤害险险种以及购保资金的额度等，按照分级管理的原则，由省级政府和中央部门审批确定。其中，中央单位由部级机关审批确定，报财政部备案；地方单位由省级政府各部门及直属单位商省级财政部门报省政府审批确定，有关审批文件抄送省级财政部门。

六、不依照公务员管理的事业单位为干部职工建立补充医疗保险的，单位承担的年度购保资金额度不得超过上一年度工资总额的4%（工资总额按国家统计局的口径执行）；超出部分的购保资金，由受保人员自行承担，并由单位在其工资中代扣代缴。其他有关事项，按照《国务院关于印发完善城镇社会保障体系试点方案的通知》（国发〔2000〕42号）和有关法律、行政法规对企业建立补充医疗保险的规定执行。

七、党政机关及事业单位用公款为个人购买商业保险时，严禁下列行为：

（一）购买虽在本规定险种范围之内，但具有投资分红性质的商业保险；

（二）购买本规定险种范围之外其他任何形式的商业保险；

（三）为本规定受保人员范围之外的其他人员购买任何形式的商业保险；

（四）违反本规定的财务列支渠道，挤占、挪用其他资金购买商业保险，以及私设“小金库”购买商业保险等；

（五）利用行政隶属关系或行政管理职权，指使或接受主管范围以内的下属单位为单位领导干部或职工购买商业保险；

（六）利用职务之便，在购买商业保险的过程中收取“回扣”等谋取私利的行为。

八、党政机关及事业单位应严格按照以上条款的规定，认真清理本单位用公款为干部职工购买的商业保险，有关清退政策规定如下：

（一）清退范围的界定。对各单位用公款购买的商业保险，凡不符合上述规定的商业保险险种、受保的人员范围，以及用私设“小金库”或财政专款购买的商业保险，一律纳入清退范围。保险已经期满或失效，个人领取了年金、红利等收益的，以及在本规定下发之前已办理退保并由个人领取了退保金的，也必须全部清退。

在本规定下发时受保人员已经死亡或正在接受大病医疗保险的，可不列入清退的范围。

（二）退保资金的财务处理。对纳入清退范围的退保资金，属于用私设“小金库”或财政专款购买的商业保险，一律上缴同级财政部门；属于用职工福利费、职工福利基金、工会经费等其他资金购买的商业保险，由单位按原资金来源渠道收回。对于没有纳入清退范围，但财务列支渠道与本规定不一致的，可不再进行账务调整。

（三）保费的清退方式。各保险公司在向原投保单位支付退保资金时，对由单位缴付全部保费的商业保险，退保资金一律通过银行转账支付给单位，不得直接向受保人员支付现金或银行储蓄存单；对由单位和个人共同出资购买的商业保险，退保资金由单位和个人按缴费比例分配，退保损失也应按比例分摊，保险公司给单位的退保资金须通过银行转账支付。

（四）允许个人自愿买断。在受保人员自愿用个人资金补偿单位已缴保费的前提下，允许个人续保。采取个人自愿买断方式的，单位不得再以任何形式弥补个人应补偿给单位的款项或为个人续保提供赞助。

（五）清退时限及监督检查。各单位应由主要领导负责，高度重视清退工作，严格执行本规定的各项政策和要求，并将有关清退结果报同级纪检、监察和财政部门备案。各级纪检、监察和财政部门应加强对各单位清退工作的指导和监督，及时跟踪检查各单位清退工作的进度和质量，并对清退结果进行必要的抽查，切实保证各项清退政策的贯彻执行。各中央单位和省级财政部门应认真汇总《用公款为个人购买商业保险清退情况统计表》（略），形成清退总结报告，并于2004年11月30日之前上报财政部。

九、各级党政机关及事业单位应严格按照现行财务规章制度及财政性资金管理的有关规定，加强自身内部财务管理，杜绝用公款违规为个人购买商业保险的行为。

单位在规定的清退期限内拒不自查自纠，甚至弄虚作假、隐瞒不报，以及在本规定下发后仍违规用公款为个人购买商业保险的，一经查出，购保资金一律没收并上缴同级财政部门；对单位主要领导等有关责任人员，按照党纪政纪的有关规定，给予相应的处理；构成犯罪行为的，依法追究刑事责任。

十、省级政府和中央部门可以结合实际情况，依据本规定明确的各项政策和原则要求，制定具体的落实措施和清退方案，并报财政部、监察部备案。

十一、本规定自印发之日起执行。各级政府和部门制定颁发的有关政策与本规定不一致的，以本规定为准。

中华全国总工会办公厅关于印发《基层工会经费收支管理办法》的通知

（总工办发〔2017〕32号　2017年12月15日）

各省、自治区、直辖市总工会，各全国产业工会，中共中央直属机关工会联合会、中央国家机关工会联合会，全总各部门、各直属单位：

《基层工会经费收支管理办法》已经中华全国总工会第十六届书记处第八十次会议审议通过，现印发给你们，请认真贯彻执行。

附件：

基层工会经费收支管理办法

第一章　总　则

第一条　为加强基层工会收支管理，规范基层工会经费使用，根据《中华人民共和国工会法》和《中国工会章程》《工会会计制度》《工会预算管理办法》的有关规定，结合中华全国总工会（以下简称“全国总工会”）贯彻落实中央有关规定的相关要求，制定本办法。

第二条　本办法适用于企业、事业单位、机关和其他经济社会组织单独或联合建立的基层工会委员会。

第三条　基层工会经费收支管理应遵循以下原则：

（一）遵纪守法原则。基层工会应依据《中华人民共和国工会法》的有关规定，依法组织各项收入，严格遵守国家法律法规，严格执行全国总工会有关制度规定，严肃财经纪律，严格工会经费使用，加强工会经费收支管理。

（二）经费独立原则。基层工会应依据全国总工会关于工会法人登记管理的有关规定取得工会法人资格，依法享有民事权利、承担民事义务，并根据财政部、中国人民银行的有关规定，设立工会经费银行账户，实行工会经费独立核算。

（三）预算管理原则。基层工会应按照《工会预算管理办法》的要求，将单位各项收支全部纳入预算管理。基层工会经费年度收支预算（含调整预算）需经同级工会委员会和工会经费审查委员会审查同意，并报上级主管工会批准。

（四）服务职工原则。基层工会应坚持工会经费正确的使用方向，优化工会经费支出结构，严格控制一般性支出，将更多的工会经费用于为职工服务和开展工会活动，维护职工的合法权益，增强工会组织服务职工的能力。

（五）勤俭节约原则。基层工会应按照党中央、国务院关于厉行勤俭节约反对奢侈浪费的有关规定，严格控制工会经费开支范围和开支标准，经费使用要精打细算，少花钱多办事，节约开支，提高工会经费使用效益。

（六）民主管理原则。基层工会应依靠会员管好用好工会经费。年度工会经费收支情况应定期向会员大会或会员代表大会报告，建立经费收支信息公开制度，主动接受会员监督。同时，接受上级工会监督，依法接受国家审计监督。

第二章　工会经费收入

第四条　基层工会经费收入范围包括：

（一）会费收入。会费收入是指工会会员依照全国总工会规定按本人工资收入的5‰向所在基层工会缴纳的会费。

（二）拨缴经费收入。拨缴经费收入是指建立工会组织的单位按全部职工工资总额2%依法向工会拨缴的经费中的留成部分。

（三）上级工会补助收入。上级工会补助收入是指基层工会收到的上级工会拨付的各类补助款项。

（四）行政补助收入。行政补助收入是指基层工会所在单位依法对工会组织给予的各项经费补助。

（五）事业收入。事业收入是指基层工会独立核算的所属事业单位上缴的收入和非独立核算的附属事业单位的各项事业收入。

（六）投资收益。投资收益是指基层工会依据相关规定对外投资取得的收益。

（七）其他收入。其他收入是指基层工会取得的资产盘盈、固定资产处置净收入、接受捐赠收入和利息收入等。

第五条 基层工会应加强对各项经费收入的管理。要按照会员工资收入和规定的比例，按时收取全部会员应交的会费。要严格按照国家统计局公布的职工工资总额口径和所在省级工会规定的分成比例，及时足额拨缴工会经费；实行财政划拨或委托税务代收部分工会经费的基层工会，应加强与本单位党政部门的沟通，依法足额落实基层工会按照省级工会确定的留成比例应当留成的经费。要统筹安排行政补助收入，按照预算确定的用途开支，不得将与工会无关的经费以行政补助名义纳入账户管理。

第三章 工会经费支出

第六条 基层工会经费主要用于为职工服务和开展工会活动。

第七条 基层工会经费支出范围包括：职工活动支出、维权支出、业务支出、资本性支出、事业支出和其他支出。

第八条 职工活动支出是指基层工会组织开展职工教育、文体、宣传等活动所发生的支出和工会组织的职工集体福利支出。包括：

（一）职工教育支出。用于基层工会举办政治、法律、科技、业务等专题培训和职工技能培训所需的教材资料、教学用品、场地租金等方面的支出，用于支付职工教育活动聘请授课人员的酬金，用于基层工会组织的职工素质提升补助和职工教育培训优秀学员的奖励。

对优秀学员的奖励应以精神鼓励为主、物质激励为辅。授课人员酬金标准参照国家有关规定执行。

（二）文体活动支出。用于基层工会开展或参加上级工会组织的职工业余文体活动所需器材、服装、用品等购置、租赁与维修方面的支出以及活动场地、交通工具的租金支出等，用于文体活动优胜者的奖励支出，用于文体活动中必要的伙食补助费。

文体活动奖励应以精神鼓励为主、物质激励为辅。奖励范围不得超过参与人数的三分之二；不设置奖项的，可为参加人员发放少量纪念品。

文体活动中开支的伙食补助费，不得超过当地差旅费中的伙食补助标准。

基层工会可以用会员会费组织会员观看电影、文艺演出和体育比赛等，开展春游秋游，为会员购买当地公园年票。会费不足部分可以用工会经费弥补，弥补部分不超过基层工会当年会费收入的三倍。

基层工会组织会员春游秋游应当日往返，不得到有关部门明令禁止的风景名胜区开展春游秋游活动。

（三）宣传活动支出。用于基层工会开展重点工作、重大主题和重大节日宣传活动所需的材料消耗、场地租金、购买服务等方面的支出，用于培育和践行社会主义核心价值观，弘扬劳模精神和工匠精神等经常性宣传活动方面的支出，用于基层工会开展或参加上级工会举办的知识竞赛、宣讲、演讲比赛、展览等宣传活动支出。

（四）职工集体福利支出。用于基层工会逢年过节和会员生日、婚丧嫁娶、退休离岗的慰问支出等。

基层工会逢年过节可以向全体会员发放节日慰问品。逢年过节的年节是指国家规定的法定节日（即：新年、春节、清明节、劳动节、端午节、中秋节和国庆节）和经自治区以上人民政府批准设立的少数民族节日。节日慰问品原则上为符合中国传统节日习惯的用品和职工群众必需的生活用品等，基层工会可结合实际采取便捷灵活的发放方式。

工会会员生日慰问可以发放生日蛋糕等实物慰问品，也可以发放指定蛋糕店的蛋糕券。

工会会员结婚生育时，可以给予一定金额的慰问品。工会会员生病住院、工会会员或其直系亲属去世时，可以给予一定金额的慰问金。

工会会员退休离岗，可以发放一定金额的纪念品。

（五）其他活动支出。用于工会组织开展的劳动模范和先进职工疗休养补贴等其他活动支出。

第九条 维权支出是指基层工会用于维护职工权益的支出。包括：劳动关系协调费、劳动保护费、法律援助费、困难职工帮扶费、送温暖费和其他维权支出。

（一）劳动关系协调费。用于推进创建劳动关系和谐企业活动、加强劳动争议调解和队伍建设、开展劳动合同咨询活动、集体合同示范文本印制与推广等方面的支出。

（二）劳动保护费。用于基层工会开展群众性安全生产和职业病防治活动、加强群监员队伍建设、开展职工心理健康维护等促进安全健康生产、保护职工生命安全为宗旨开展职工劳动保护发生的支出等。

（三）法律援助费。用于基层工会向职工群众开展法治宣传、提供法律咨询、法律服务等发生的支出。

（四）困难职工帮扶费。用于基层工会对困难职工提供资金和物质帮助等发生的支出。

工会会员本人及家庭因大病、意外事故、子女就学等原因致困时，基层工会可给予一定金额的慰问。

（五）送温暖费。用于基层工会开展春送岗位、夏送清凉、金秋助学和冬送温暖等活动发生的支出。

（六）其他维权支出。用于基层工会补助职工和会员参加互助互济保障活动等其他方面的维权支出。

第十条 业务支出是指基层工会培训工会干部、加强自身建设以及开展业务工作发生的各项支出。包括：

（一）培训费。用于基层工会开展工会干部和积极分子培训发生的支出。开支范围和标准以有关部门制定的培训费管理办法为准。

（二）会议费。用于基层工会会员大会或会员代表大会、委员会、常委会、经费审查委员会以及其他专业工作会议的各项支出。开支范围和标准以有关部门制定的会议费管理办法为准。

（三）专项业务费。用于基层工会开展基层工会组织建设、建家活动、劳模和工匠人才创新工作室、职工创新工作室等创建活动发生的支出，用于基层工会开办的图书馆、阅览室和职工书屋等职工文体活动阵地所发生的支出，用于基层工会开展专题调研所发生的支出，用于基层工会开展女职工工作性支出，用于基层工会开展外事活动方面的支出，用于基层工会组织开展合理化建议、技术革新、发明创造、岗位练兵、技术比武、技术培训等劳动和技能竞赛活动支出及其奖励支出。

（四）其他业务支出。用于基层工会发放兼职工会干部和专职社会化工会工作者补贴，用于经上级批准评选表彰的优秀工会干部和积极分子的奖励支出，用于基层工会必要的办公费、差旅费，用于基层工会支付代理记账、中介机构审计等购买服务方面的支出。

基层工会兼职工会干部和专职社会化工会工作者发放补贴的管理办法由省级工会制定。

第十一条 资本性支出是指基层工会从事工会建设工程、设备工具购置、大型修缮和信息网络购建而发生的支出。

第十二条 事业支出是指基层工会对独立核算的附属事业单位的补助和非独立核算的附属事业单位的各项支出。

第十三条 其他支出是指基层工会除上述支出以外的其他各项支出。包括：资产盘亏、固定资产处置净损失、捐赠、赞助等。

第十四条 根据《中华人民共和国工会法》的有关规定，基层工会专职工作人员的工资、奖励、补贴由所在单位承担，基层工会办公和开展活动必要的设施和活动场所等物质条件由所在单位提供。所在单位保障不足且基层工会经费预算足以保证的前提下，可以用工会经费适当弥补。

第四章 财务管理

第十五条 基层工会主席对基层工会会计工作和会计资料的真实性、完整性负责。

第十六条 基层工会应根据国家和全国总工会的有关政策规定以及上级工会的要求，制定年度工会工作计划，依法、真实、完整、合理地编制工会经费年度预算，依法履行必要程序后报上级工会批准。严禁无预算、超预算使用工会经费。年度预算原则上一年调整一次，调整预算的编制审批程序与预算编制审批程序一致。

第十七条 基层工会应根据批准的年度预算，积极组织各项收入，合理安排各项支出，并严格按照《工会会计制度》的要求，科学设立和登记会计账簿，准确办理经费收支核算，定期向工会委员会和经费审查委员会报告预算执行情况。基层工会经费年度财务决算需报上级工会审批。

第十八条 基层工会应加强财务管理制度建设，健全完善财务报销、资产管理、资金使用等内部管理制度。基层工会应依法组织工会经费收入，严格控制工会经费支出，各项收支实行工会委员会集体领导下的主席负责制，重大收支须集体研究决定。

第十九条 基层工会应根据自身实际科学设置会计机构、合理配备会计人员，真实、完整、准确、及时反映工会经费收支情况和财务管理状况。具备条件的基层工会，应当设置会计机构或在有关机构中设置专职会计人员；不具备条件的，由设立工会财务结算中心的乡镇（街道）、开发区（工业园区）工会实行集中核算，分户管理，或者委托本单位财务部门或经批准设立从事会计代理记账业务的中介机构或聘请兼职会计人员代理记账。

第五章 监督检查

第二十条 全国总工会负责对全国工会系统工会经费的收入、支出和使用管理情况进行监督检查。按照“统一领导、分级管理”的管理体制，省以下各级工会应加强对本级和下一级工会经费收支与使用管理情况的监督检查，下一级工会应定期向本级工会委员会和上一级工会报告财务监督检查情况。

第二十一条 基层工会应加强对本单位工会经费使用情况的内部会计监督和工会预算执行情况的审查审计监督，依法接受并主动配合国家审计监督。内部会计监督主要对原始凭证的真实性合法性、会计账簿与财务报告的准确性及时性、财产物资的安全性完整性进行监督，以维护财经纪律的严肃性。审查审计监督主要对单位财务收支情况和预算执行情况进行审查监督。

第二十二条 基层工会应严格执行以下规定：

（一）不准使用工会经费请客送礼。

（二）不准违反工会经费使用规定，滥发奖金、津贴、补贴。

（三）不准使用工会经费从事高消费性娱乐和健身活动。

（四）不准单位行政利用工会账户，违规设立“小金库”。

（五）不准将工会账户并入单位行政账户，使工会经费开支失去控制。

（六）不准截留、挪用工会经费。

（七）不准用工会经费参与非法集资活动，或为非法集资活动提供经济担保。

（八）不准用工会经费报销与工会活动无关的费用。

第二十三条 各级工会对监督检查中发现违反基层工会经费收支管理办法的问题，要及时纠正。违规问题情节较轻的，要限期整改；涉及违纪的，由纪检监察部门依照有关规定，追究直接责任人和相关领导责任；构成犯罪的，依法移交司法机关处理。

第六章 附 则

第二十四条 各省级工会应根据本办法的规定，结合本地区、本产业和本系统工作实际，制定具体实施细则，细化支出范围，明确开支标准，确定审批权限，规范活动开展。各省级工会制定的实施细则须报全国总工会备案。基层工会制定的相关办法须报上级工会备案。

第二十五条 本办法自印发之日起执行。《中华全国总工会办公厅关于加强基层工会经费收支管理的通知》（总工办发〔2014〕23 号）和《全总财务部关于〈关于加强基层工会经费收支管理的通知〉的补充通知》（工财发〔2014〕69 号）同时废止。

第二十六条 基层工会预算编制审批管理办法由全国总工会另行制定。

第二十七条 本办法由全国总工会负责解释。

中华全国总工会财务部 办公厅　组织部　机关党委 关于重申有关财务管理规定的通知

（工财发〔2018〕121号　2018年9月20日）

各驻会全国产业工会、全总各部门、各有关直属单位：

《全国总工会关于贯彻落实中央八项规定精神的实施办法》实施以来，各驻会全国产业工会、全总机关各部门、各有关直属单位严格按照实施办法要求采取了许多有效措施，切实加强会议费、差旅费、培训费、公务接待费和机关党建活动经费的管理，各项活动组织不断规范，相关经费使用更加严格。但是，日常财务报销中还有一些需要改进的薄弱环节，审计署也指出个别部门、个别单位经费使用中仍然存在一些突出问题。为进一步严肃财经纪律，现就有关财务规定强调如下：

一、严格执行《中央和国家机关会议费管理办法》《全国总工会机关会议费管理实施办法》各项规定。各单位应严格执行年度会议计划，根据工作安排及时推进会议计划落实。确因工作需要增加计划外会议，需严格履行审批程序。严格按照会议费管理要求和标准执行，不得超标准、超规格、超范围、超预算开支。

严禁突破会议类别办会，严格控制参会人数和工作人员数量，要按照会议类别安排参会人员的报到返程时间。严禁开支与会议无关的费用，不准以会议名义组织宴请聚餐，不准使用会议费购置电脑、复印机、打印机、传真机等固定资产。严禁向下级工会组织、下属机构、企事业单位或其他有关单位及个人转嫁、摊派会议费，联合办会的应在年度会议计划中注明会议整体费用和分配计划。参会人员以在京单位为主的会议不得到京外召开。会议结束要及时按标准结算会议费用、办理财务报销手续。

二、严格执行《中央和国家机关差旅费管理办法》《中华全国总工会办公厅关于贯彻落实〈中央和国家机关差旅费管理办法〉有关事项的通知》的有关规定。各单位要严格执行公务出差审批制度，未经批准擅自出差的费用不予报销。严格控制年度差旅费支出规模，合理确定出差数量，从严控制出差人数、天数和出差路线，严格执行出差人员乘坐交通工具和住宿标准，自觉向接待单位出具公函，交纳伙食费、交通费。

三、严格执行《中央和国家机关培训费管理办法》《全国总工会机关培训费管理办法》《关于严格规范全总培训班现场教学有关事项的通知》的有关规定。除必要的现场教学外，7 日以内的培训不得组织调研、考察、参观。培训班主办单位开展现场教学前应提交论证材料。机关干部外出授课必须严格履行审批手续。

四、严格执行《党政机关国内公务接待管理办法》《全总机关国内公务接待管理办法》的有关规定。严格按照规定开具和接收公函，严格控制陪同人员数量与餐费标准，按要求简化接待工作。

五、严格执行《中央和国家机关基层党组织党建活动经费管理办法》《全国总工会机关基层党组织党建活动经费管理实施细则》的有关规定。严格执行年度党建活动计划及预算，严格按照党建活动支出项目范围及标准使用党建经费。

六、各驻会全国产业工会、全总各部门、各有关直属单位接收的挂职、借调干部除个人差旅费外，原则上不承担业务报销工作。如有特殊情况，确需承担业务报销工作的，需经接收单位审批并在机关财务处备案。

第八部分

专项资金类

中华全国总工会办公厅关于扶贫帮困资金和送温暖资金应当接受工会财务和经审部门检查审计的通知

（总工办发〔2005〕28号　2005年10月26日）

各省、自治区、直辖市总工会，中华全国铁路总工会、中国民航工会全国委员会、中国金融工会全国委员会，中共中央直属机关工会联合会，中央国家机关工会联合会：

根据《中国工会章程》第十三条和《送温暖工程基金管理暂行规定》第九条的规定，为规范扶贫帮困资金和送温暖资金的管理，保证两项资金安全和使用正确，现就有关问题通知如下：

一、两项资金应实行专户存储，专款专用；要建立健全财务制度，严格审批手续。对违反规定，造成不良后果和资金损失的，将视情节轻重追究直接责任人和有关领导的责任。

二、各级工会组织管理使用的扶贫帮困资金和送温暖资金，不论资金来自何种渠道，不论是否由工会财务部门直接管理，均应无条件接受主管总工会财务和经审部门的检查和审计，任何单位和个人都无权拒绝和阻挠。

三、两项资金的财务收支情况应定期向主管总工会的财务部报送报表，必要时应予以公布，接受社会监督。

四、被接受审计和检查的单位，应主动配合审计和检查，据实提供各种凭单、账册、报表和资料。

中华全国总工会办公厅关于转发《财政部关于印发〈困难职工帮扶中心专项资金管理办法〉的通知》的通知

（总工办发〔2006〕35号　2006年10月25日）

各省、自治区、直辖市总工会，各全国产业工会，中共中央直属机关工会联合会，中央国家机关工会联合会，全总各部门、各直属单位：

中央财政为支持各级工会组织更好地对困难职工开展帮扶工作，推进“送温暖工程”社会化、经常化、制度化，专门设立了困难职工帮扶中心专项资金，财政部制定下发了《困难职工帮扶中心专项资金管理办法》。现转发给你们，请认真执行。

附件：

财政部关于印发《困难职工帮扶中心专项资金管理办法》的通知

（财建〔2006〕468号　2006年9月7日）

中华全国总工会：

为规范中央财政拨付的困难职工帮扶中心专项资金的分配、使用和管理，我们制订了《困难职工帮扶中心专项资金管理办法》，现予印发，请遵照执行。

附件：

困难职工帮扶中心专项资金管理办法

第一条　为支持各级工会组织开展向困难职工的帮扶工作，更好地实施向困难职工“送温暖工程”，中央财政设立困难职工帮扶中心专项资金（以下简称帮扶资金）。

第二条　帮扶资金补助对象为困难职工群体。困难职工群体包括：家庭人均收入低于当地城镇居民最低生活保障线，经政府救济后生活仍十分困难的职工；家庭人均收入虽略高于当地城镇居民最低生活保障线，但由于疾病、子女教育或意外灾难等原因，不能维持基本生活的困难职工；因各类灾害或重大意外事故造成生活特别困难的职工。

第三条 帮扶资金用于支持各级工会组织困难帮扶中心开展的各种帮扶活动。资金使用范围包括：临时性生活帮扶；就医、子女教育、职业培训、职业介绍、法律援助等方面的帮扶等。帮扶资金不得用于下列支出：支付帮扶中心工作人员工资或办公经费；发放各种奖金、津贴和福利补助；购买车辆、手机等交通工具及通讯设备；帮扶中心基本建设投资；其他与困难职工群体帮扶无关的支出。

第四条 帮扶资金的预算、决算应纳入中华全国总工会（以下简称全总）部门预算、决算统一管理，按照有关部门预算、决算管理要求执行。

第五条 全总应根据每年度各省、自治区、直辖市总工会（以下简称省级总工会）上报情况，确定各省级总工会帮扶资金具体分配方案，并报财政部审批。

第六条 帮扶资金预算下达后，全总应按财政部批准的分配方案，和国库集中支付相关规定，办理帮扶资金的支付手续，确保帮扶资金及时发放给相关困难职工。年度终了 2 个月内，全总应将帮扶资金使用及配套资金落实具体情况以省级总工会为单位汇总报财政部备案。

第七条 帮扶资金必须在本办法第三条规定的适用范围内使用，任何单位或个人不得截留、挪用、冒领或随意扩大帮扶资金的使用范围。

第八条 帮扶资金的管理和使用要遵守国家财务制度的有关规定，严格审批、严格管理，接受国家审计、财政主管部门的审计和监督。

第九条 工会组织应积极多渠道筹集困难职工帮扶资金。除上述中央财政设立专项资金外，还要采取从工会经费中安排、争取社会捐赠、争取地方政府支持等多种方式筹集资金。

第十条 全总应根据本办法制定具体实施办法并报财政部备案。

第十一条 本办法自发布之日起执行。

第十二条 本办法由财政部负责解释。

中华全国总工会关于印发《全国劳模专项补助资金和困难职工帮扶资金发放管理办法》的通知

（总工发〔2012〕16号　2012年3月9日）

各省、自治区、直辖市总工会，各全国产业工会，中共中央直属机关工会联合会、中央国家机关工会联合会，全总各部门、各直属单位：

为规范和加强全国劳模专项补助资金和困难职工帮扶资金管理和发放工作，根据国家有关规定，特制定《全国劳模专项补助资金和困难职工帮扶资金发放管理办法》。现印发给你们，请严格遵照执行。

附件：

全国劳模专项补助资金和困难职工帮扶资金发放管理办法

第一条　为规范中央财政设立的全国劳模专项补助资金（以下简称劳模补助）和困难职工帮扶资金（以下简称帮扶资金）管理，切实做好以银行卡（存折）方式发放劳模补助和帮扶资金工作，特制定本办法。

第二条　劳模补助和帮扶资金的发放标准和对象，必须严格按照财政部批准的《中华全国总工会困难职工帮扶中心专项资金使用管理办法》和全总关于发放全国劳模专项补助资金的有关规定执行，不得擅自提高标准，扩大范围。

第三条　劳模补助的发放，依据需要帮扶的全国劳模和全国五一劳动奖章获得者的数量和困难程度确定。

帮扶资金的发放，坚持依档帮扶、因困施助、实名制的原则，建立健全并动态化管理困难职工档案，根据本地区困难职工群体的数量、分布、成因及困难程度，并与当地低保标准相衔接，制定帮扶措施，确定帮扶标准。

第四条　劳模补助和帮扶资金的发放工作，必须严格按照国务院发布的《中华人民共和国现金管理暂行条例》执行。除特殊情况外，一律采取银行卡

（存折）结算。

（一）劳模补助的发放。

各级工会应采取银行卡（存折）结算方式发放劳模补助，将劳模补助直接汇入相关劳模的个人银行账户。

（二）帮扶资金的发放。

帮扶中心建档且需要长期进行生活、医疗、子女教育等救助帮扶的困难职工，各级工会帮扶中心应采取银行卡（存折）结算方式发放帮扶资金，将帮扶资金直接汇入相关困难职工的个人银行账户。

对于一次性给予生活、医疗、子女教育类救助帮扶资金的困难职工，先由帮扶中心对其登记实名制发放表，再由其凭个人居民身份证领取现金。

对于极少数因卧床等个人原因，生活不能自理，不能前往帮扶中心领取一次性帮扶资金的困难职工，可由帮扶中心工作人员前往其住处登记实名制发放表，发放现金。

对困难职工进行职业培训、职业介绍、法律援助等帮扶的，通过购买服务方式由职业培训和介绍机构、律师事务所提供帮扶的，帮扶中心应和提供服务的机构签订合同，根据帮扶中心留存的服务合同、实际提供服务的人员档案等资料，通过银行转账汇入对方账户；对困难职工进行技能培训、案件诉讼等补贴式帮扶的，应先由帮扶中心对其登记实名制发放表，再由其凭个人居民身份证领取现金。

第五条　困难职工在领取帮扶资金的现金时，除本人签字或签章外，必须注明现金领取人的有效证件号码（居民身份证号码），需当场点清钱款，杜绝差错。

第六条　采取银行卡（存折）发放劳模补助和帮扶资金后，各级工会和帮扶中心应定期将发放金额书面通知困难职工或劳模，并留存有关银行对账单等会计档案。

第七条　各级工会要切实加强劳模补助和帮扶资金的发放管理，严格遵守国家财务制度和有关规定，严格审批拨款手续。各级工会和帮扶中心，应当建立健全现金账目，逐笔记载现金支付。账目应当日清月结，账款相符。

第八条　各省级工会根据本办法原则规定，制定省级财政设立的劳模补助和帮扶资金发放管理办法。

第九条　本办法自发布之日起执行。

第十条　本办法由全国总工会财务部负责解释。

中华全国总工会办公厅关于印发《全国劳模专项补助资金发放管理办法（试行）》的通知

（总工办发〔2014〕19号　2014年6月23日）

各省、自治区、直辖市总工会，中共中央直属机关工会联合会、中央国家机关工会联合会：

现将《全国劳模专项补助资金发放管理办法（试行）》印发给你们，请认真执行。

附件：

全国劳模专项补助资金发放管理办法（试行）

第一章　总　则

第一条　为进一步规范全国劳模专项补助资金（以下简称补助资金）的发放管理，提高资金使用效益，根据财政部有关规定，结合实际，制定本办法。

第二条　本办法所称补助资金是指中央财政按年度纳入预算，用于帮助解决全国劳模生活困难和开展关心关爱劳模相关活动的专项资金。全国总工会负责补助资金的统一管理。

第三条　补助资金使用范围包括：劳模生活困难补助、特殊困难帮扶、春节慰问、疗休养和健康体检补助，以及经财政部批准的其他支出。

第四条　补助资金按照专项管理、专款专用的原则，实行逐级申报、分级负责、“一卡化”发放。

第二章　发放对象及资金用途

第五条　生活困难补助金的发放对象是符合下列情形之一的全国劳动模范和先进工作者（以下简称全国劳模）：

（一）月平均收入低于各省（区、市）总工会核定的在职劳模月补助标准线的；

（二）月养老金低于各省（区、市）总工会核定的退休劳模月补助标准线的；

（三）农民劳模男年满 60 岁、女年满 55 岁且无固定收入或者丧失劳动能力的；

（四）有下列情形之一者不列为发放对象：在就业年龄内，有劳动能力但不主动就业或者经就业服务机构介绍无正当理由拒绝就业的；安排子女自费出国（境）留学的；拥有高值收藏物或者小汽车等高档消费品的；家庭自有住房人均面积达到当地人均住房面积 2 倍以上的；其他不能列为发放对象的情形。

第六条　特殊困难帮扶金的发放对象是符合下列情形之一的全国劳模：

（一）因本人患病自付医疗费较多造成家庭生活困难的；

（二）因配偶、父母、未成年子女患重病、失业等原因造成家庭生活困难的；

（三）因遭受意外灾害造成家庭生活困难的。

已故全国劳模配偶无固定收入、生活特别困难的可以酌情列为发放对象。

第七条　春节慰问金的发放对象是所有健在并保持荣誉称号的全国劳模。

第八条　疗休养补助金用于全国总工会组织的全国劳模和全国五一劳动奖章获得者的集中疗休养活动经费补贴。

第九条　健康体检补助金用于各级工会组织全国劳模就地进行的身体健康检查费用（劳模所在单位组织年度健康体检的除外）。

经国务院批准享受全国劳模待遇的人员纳入上述补助资金使用范围。

撤销荣誉称号期间的、移居国（境）外的、去向不明且失去联系的劳模不纳入上述补助资金使用范围。

第三章　补助标准

第十条　生活困难补助金的补助标准每年核定一次。

全国劳模生活困难月补助标准线为当地政府部门发布的上年度职工月平均工资、月平均养老金的 1.1 至 1.2 倍。月补助额为劳模月平均收入低于月补助标准线的差额部分。

农民劳模男年满 60 岁、女年满 55 岁且无固定收入或者丧失劳动能力的，补助标准为每月不低于 800 元。

第十一条　月平均收入是指在一定时期内（一般以一年为计算单位）全国劳模的全部收入总和除以月数。

全部收入包括：

（一）工资（指应发工资）、奖金、津贴、补贴及其他劳动收入；

（二）离退休费或者养老金及领取的其他社会保险金；

（三）从政府或者企事业单位获得的基本生活费或者一次性收入；

（四）出租或者出售家庭资产获得的收入；

（五）法定赡养人或者扶养人应当给付的赡养费或者扶养费；

（六）接受的馈赠或者继承收入；

（七）其他应当计入的收入。

劳模补助、荣誉津贴、劳保津贴不计入收入。

第十二条 特殊困难帮扶金的补助标准由各省（区、市）总工会每年根据全国总工会下达的资金额度，综合考虑需要帮扶的全国劳模人数和实际困难情况确定具体帮扶标准。

特殊帮扶的全国劳模人数不得超过本省（区、市）全国劳模总数的40%。特殊困难帮扶金的年度最高补助额原则上不超过50000元，特殊情况的，经全国总工会审核同意后可酌情增加。

第十三条 春节慰问金和疗休养费用标准每年由全国总工会统一核定。

第十四条 健康体检费用补助标准为每人600—1000元，具体数额由各省（区、市）总工会根据当地医疗价格和体检项目的实际情况确定。

第四章　申报与发放

第十五条 发放补助资金应当履行申报审核程序。具体程序为：

（一）全国劳模向基层工会或者乡镇、街道工会提出书面申请，实事求是地反映本人和家庭收入情况、家庭困难状况及原因，并提供相关证明材料。

（二）基层工会或者乡镇、街道工会进行入户调查或者向相关机构核实情况，对符合申报条件、拟进行补助的人员在一定范围内公示。

（三）基层工会或者乡镇、街道工会出具意见并附相关证明材料向上一级工会申报。经逐级审核后，省（区、市）总工会于每年10月31日前将各类资金拟补助情况汇总后报全国总工会经济技术部。

第十六条 申请生活困难补助金和特殊困难帮扶金的全国劳模，应当提供以下证明材料：本人和家庭的收入证明、医疗费用单据、病情诊断证明、子女就学证明、突发事件（如事故或者灾情）鉴定报告等。证明材料由省（区、市）总工会或者地市级总工会留存。

第十七条 全国总工会经济技术部审核各省（区、市）总工会上报的各类资金拟补助情况后，制定补助资金具体分配方案，报全总书记处审定，同时报财政部备案。

第十八条　全国总工会财务部按分配方案和用款进度，办理资金使用拨付申请，补助资金由中央财政直接拨给各省（区、市）总工会。其中，疗休养补助金根据当年疗休养活动情况直接拨付各接待单位。健康体检补助金由各省（区、市）总工会按照组织劳模健康体检的实际情况，直接拨付组织单位或者承担体检单位。

第十九条　各省（区、市）总工会根据全国总工会下达的资金额度，制定具体的资金发放方案，经主席办公会研究审定，并严格按财务管理制度履行审批程序，采取银行卡（存折）结算方式，将补助资金直接汇入全国劳模个人银行账户，并通过电话、信函等方式及时告知劳模本人，同时应当告知有关管理单位。

第二十条　各省（区、市）总工会应当将补助资金使用情况于当年 12 月底前上报全国总工会经济技术部。补助资金使用情况汇总后报财政部备案。

第五章　监督管理

第二十一条　各级工会的劳模管理、财务、经费审查等部门应当密切配合，各负其责。劳模管理部门负责补助资金的核定、分配、发放等日常管理工作；财务部门负责补助资金的财务管理、财务监督和会计核算；经费审查部门每年对补助资金的使用情况进行审计。

第二十二条　各级工会要建立健全补助资金发放和管理的监督机制。定期对补助资金的发放管理进行监督检查，采取实地走访、电话询访等形式，每年抽取一定比例进行核查，对发现的问题应当及时上报并立即纠正。全国总工会对抽查或者审计发现的未按要求发放补助资金的省（区、市）总工会将予以通报批评，并于下一年度核减补助资金额度。

第二十三条　各级工会及其工作人员必须严格执行有关规定，严禁截留、挪用、冒领补助资金，杜绝随意扩大发放范围、擅自提高补助标准。对在补助资金发放管理工作中严重失职、渎职、弄虚作假、以权谋私违法违规行为的，按照有关规定严肃处理。

第六章　附　则

第二十四条　本办法由中华全国总工会负责解释。

第二十五条　本办法自公布之日起施行。

中华全国总工会关于印发《中央财政专项帮扶资金使用管理办法》的通知

（总工发〔2015〕20号 2015年5月8日）

各省、自治区、直辖市总工会：

为进一步规范中央财政专项帮扶资金的分配、使用和管理，现将《中央财政专项帮扶资金使用管理办法》印发给你们，请遵照执行。

附件：

中央财政专项帮扶资金使用管理办法

第一条 为加强中央财政专项帮扶资金（以下简称帮扶资金）管理，提高资金使用效能，确保资金规范安全运行，依据《财政部关于印发〈困难职工帮扶中心专项资金管理办法〉的通知》（财建〔2006〕468号）制定本办法。

第二条 本办法所称中央财政专项帮扶资金，是指中央财政拨付的，用于支持各级工会困难职工帮扶中心开展困难职工（含困难农民工，下同）帮扶救助活动的专项资金。

第三条 帮扶资金发放和使用，应当坚持“依档帮扶”，“先建档、后帮扶、实名制”的原则。各地工会应根据全国总工会制定的困难职工档案管理办法，准确核查困难职工家庭状况，建立困难职工档案并动态管理。

第四条 帮扶资金使用对象是已纳入工会档案的困难职工家庭，主要包括：

（一）家庭人均收入低于当地最低生活保障线，经政府救助后仍生活困难的职工家庭。

（二）家庭人均收入虽略高于当地最低生活保障线，但由于患病、子女上学、残疾、单亲及其他特殊原因造成生活困难的职工家庭。

（三）因职工本人或家庭成员遭遇突发事件、意外伤害、重大疾病或其他特殊原因导致生活困难的职工家庭。困难农民工应符合（一）至（三）款所规定条件且加入工会组织。

第五条 帮扶资金适用于生活救助、医疗救助、子女助学、法律援助、职业培训、职业介绍等帮扶项目。

（一）用于生活救助的资金，每户每年不得超过当地低保标准年度总和。

（二）用于医疗救助的资金，不得超过医疗费用个人自付部分。

（三）用于助学救助的资金，每生每年不得超过十个月基本生活费用总和。

（四）用于职业培训、职业介绍的资金，执行当地政府人力资源和社会保障部门制定的同类工种标准。

（五）用于法律援助的资金，执行当地政府司法行政部门制定的法律援助补贴标准。

帮扶资金不得用于下列支出：支付帮扶中心工作人员工资或办公经费；发放各种奖金、津贴和福利补助；购买车辆、手机等交通工具及通讯设备；帮扶中心基本建设投资；其他与困难职工群体帮扶无关的支出。

第六条　帮扶资金的分配由各省、自治区、直辖市总工会参照地市级工会上一年度资金使用情况，依据各地经济社会发展总体状况、最低生活保障标准和建档困难职工户数、自然灾害发生情况以及绩效评价结果等因素制定，并经领导班子集体审议后报全国总工会。

第七条　帮扶资金的预算、决算按照全国总工会预算管理办法要求执行，纳入县以上工会预算、决算统一管理。帮扶资金根据预算于本年度使用完毕，不得结转下年度。

第八条　帮扶资金使用应采取非现金支付形式，用于困难职工生活救助、医疗救助、子女助学的，应当通过银行卡（存折）发放，帮扶中心应及时将帮扶项目、金额、次数和具体时间通知困难职工家庭，并将银行对账单存档备查。用于其他帮扶项目的，采取银行转账方式结算，属于政府采购范围的，执行政府采购有关规定。

帮扶资金使用情况应当在 30 个工作日内录入全国工会帮扶工作管理系统。

第九条　帮扶资金实行独立核算、专账管理、专款专用。核算单位应当按照工会会计制度要求设置会计科目，建立总账、明细账和其他辅助台账。

第十条　各级工会应加强帮扶资金管理监督。

（一）保障部门负责制定困难职工建档和帮扶标准，对帮扶资金的管理和使用进行指导督查，编制资金分配和使用方案。帮扶中心负责建立和管理困难职工档案，开展具体帮扶活动。

（二）财务部门负责帮扶资金的接收、拨付等财务管理，规范会计核算，加强财务指导和检查。

（三）经审部门负责帮扶资金管理使用的审计监督。

第十一条 帮扶资金专款专用，任何单位和个人不得截留、挤占、挪用。对违反规定弄虚作假、骗取资金、挤占挪用的，上级工会应根据情况减拨或停拨资金、追回违规所得资金。

第十二条 各省、自治区、直辖市总工会根据本办法的规定，结合本地实际，制定具体实施细则，报全国总工会备案。各省、自治区、直辖市总工会筹集的配套资金参照本办法执行，其中地方财政专项帮扶资金根据当地财政批复执行。

第十三条 本办法自下发之日起执行，《中华全国总工会关于困难职工帮扶中心专项资金使用管理办法（暂行）》

（总工发〔2009〕36号）同时废止。

第十四条 本办法由全国总工会负责解释。

中华全国总工会关于进一步做好困难职工解困脱困工作的实施意见

（总工发〔2016〕7号　2016年5月20日）

根据党中央关于加大城市困难职工解困脱困帮扶和保障力度的指示精神，为扎实推进困难职工解困脱困工作，确保困难职工同步迈入小康社会，现结合工会实际提出以下实施意见。

一、指导思想

全面贯彻落实党的十八大和十八届三中、四中、五中全会精神，以邓小平理论、“三个代表”重要思想、科学发展观为指导，深入贯彻习近平总书记系列重要讲话精神特别是关于工人阶级和工会工作的重要论述，紧紧围绕“五位一体”总体布局和“四个全面”战略布局，牢固树立和贯彻五大发展理念，着力践行以人民为中心的发展思想，认真落实中央政治局常委会“加大城市困难职工解困脱困的帮扶和保障力度”要求，把“精准”贯穿困难职工解困脱困工作全过程，明确工作目标、突出工作重点、抓住关键环节，精准聚焦、持续发力，做到底数精准、原因精准、措施精准、解困脱困精准，既要帮助困难职工解决眼前困难，做到无基本生活之忧；又要帮助他们脱困，走上致富之路，确保到2020年困难职工同步迈入小康社会。

二、目标任务

（一）对纳入低保且具有劳动能力、但未实现充分就业的困难职工，着重帮助其实现就业创业，提高家庭收入实现解困脱困。

（二）对因各类因素造成实际收入或生活水平低于低保线、但尚未纳入低保的困难职工，着重推动其纳入社会保障解困。其中，对没有社会保险或没有落实待遇的，推动其纳入社会保险并享受相应待遇；对丧失劳动能力或社会保险金不足以保障基本生活的，推动纳入低保兜底。

（三）对患重特大疾病、遭受自然灾害或意外事故等导致家庭支出突增，造成生活困难的职工，着重推动其纳入医保制度和政府临时救助、灾害救助制度。其中，对因病致困的职工，推动其纳入大病保险和医疗互助保障。

（四）对长期居住在城市、生活遇到特殊困难的农民工，推动其享有均等化公共服务，使其生活条件得到显著改善。

（五）对在供给侧结构性改革特别是化解过剩产能和僵尸企业兼并重组、破产清算、事业单位改革过程中，部分因下岗失业或其他原因造成生活困难的职工，协同政府落实好政策措施，解决好转岗、再就业等安置和社会保障问题。

三、工作措施

（一）科学制定工作规划和措施。

1. 强化精准识别，坚持精准施策。科学制定困难职工标准，准确界定解困脱困对象。按照标准对困难职工档案重新核查，符合标准的保留，不符合的退出。深入调查研究，全面准确掌握困难职工规模、数量、分布等情况。深入分析致困原因，找准解困脱困措施，户策对接，建档立卡，做到一户一档案、一户一计划、一户一措施，因户施策，分类帮扶。

2. 制定困难职工解困脱困工作规划。紧紧围绕到2020年实现困难职工全部解困脱困目标要求，在全面摸清困难职工家庭状况的基础上，结合本地实际，科学制定今后5年的工作规划，统筹规划政策对接、项目安排、成效目标等具体措施，确保目标任务明确、资源配置合理、措施精准到位。

（二）采取“四个一批”措施开展分类帮扶。

1. 针对有劳动能力的困难职工，通过加强技能培训、提供创业援助等方式，以就业创业解困脱困一批。将有劳动能力的困难职工纳入政府主导的积极就业政策，充分运用就业创业扶持政策、化解过剩产能职工安置政策等，帮助困难职工实现就业再就业。更多关注就业特殊困难群体，协助政府确保有就业能力的零就业家庭至少有一人就业。实施“技能培训促就业”计划，发挥各级工会培训阵地作用，帮助有劳动能力的下岗职工掌握技能，实现再就业。实施“创业援助”计划，对有创业意愿并具备条件的困难职工，给予创业培训、创业指导和无息贷款、小额贷款贴息、生产资料支持等多种扶持，帮助他们创业。实施“阳光就业”计划，帮助困难职工家庭高校毕业生就业。

2. 针对因企业欠缴社会保险费或没有落实相关社保待遇的困难职工，将其纳入国家社会保险制度覆盖一批。协同政府做好化解过剩产能、厂办大集体改革、资源枯竭城市转型等过程中的社会保障政策落实工作。困难职工与企业解除劳动关系的，推动政府和企业做好各项社会保险关系接续、转移和待遇的落实。困难职工因企业欠缴社会保险费而不能办理退休的，要督促企业依法补缴社会保险费用。对未参加基本养老保险的困难职工，要推动政府采取有效措施，将其纳入基本养老保险范围。对因无法正常领取失业保险金，或者工伤认定困难、工伤保险待遇落实不到位等原因，造成家庭困难的职工，推动落实待遇；符合低保条件的，帮助其按政策规定纳入低保范围。

3. 针对因病致困的职工，推动将其纳入大病保险和医疗互助保险保障一批。积极推动因病致困职工纳入基本医疗制度保障范围。推动建立职工大病保险制度，提高重大疾病救治水平，推动完善医疗救助制度，推进“费用+病种”的医疗救助模式，逐步提高重特大疾病患者的自负医疗费用救助比例。协调慈善机构给予相关特殊病种免费救治。实施“职工医疗互助”计划，将大病致困职工全部纳入职工医疗互助活动和职工医疗互助保险范围。有条件的地方工会可以出资开展大病专项救助活动。

4. 针对符合低保条件的困难职工，通过社会救助兜底一批。协助政府统筹实施最低生活保障、特困人员供养、受灾人员救助、教育救助、住房救助、就业救助、临时救助等社会救助制度，提高低保标准，强化社会救助托底功能。加大分类施救力度，对生活特别困难的职工予以特别救助，符合低保条件的做到应保尽保。实施“金秋助学”计划，推动困难职工家庭上学子女纳入国家“奖、助、贷、勤、减、免”助学体系，按年度适当补助上学期间所需生活费、路费，确保困难职工子女上得起学，顺利完成学业。

5. 高度关注供给侧结构性改革中职工生产生活遇到的新情况新问题。协同政府妥善解决煤炭、钢铁等产能过剩行业兼并重组、破产清算企业中的职工安置和社会保障问题。组织困难企业职工开展劳动竞赛、岗位创新创效、创建“工人先锋号”等活动，促进企业提高经营水平和盈利能力，引导和支持企业与职工共渡难关。充分发挥工会“大学校”作用，适应供给侧结构性改革对职工素质的要求，依托工会院校、职工技能实训基地，充分运用网络信息技术，推进校企结合、工学结合，加强技能培训。围绕着力推进供给侧结构性改革，针对经济下行压力加大、部分企业效益下滑的情况，依法维护职工劳动就业、收入分配、社会保障、劳动安全卫生等劳动经济权益。引导职工依法理性表达利益诉求，加强对困难职工的思想引领、心理疏导和困难帮扶、法律援助。

（三）整合资源提升解困脱困效益。

1. 创新解困脱困工作方法。在地方党委领导下，把做好困难职工解困脱困工作纳入当地经济社会发展规划和党政考核体系，推动政府出台并用好各项政策以及困难群体专项帮扶政策，对接困难职工需求，形成推进工作合力。以工会改革创新为契机，建立以困难职工需求为导向，互联网“线上”“线下”相统一、互为补充的服务职工工作体系。充分发挥280万个基层工会组织、20多万个帮扶中心和站点作用，拓展服务功能，推动政策帮扶、制度保障；探索建设“互联网+”服务职工平台，为广大职工特别是困难职工提供多样化、全方位的普惠性服务。鼓励工会采取与社会资本合作、购买服务等市场运作模式开展工作。大力开展帮扶志愿服务活动。

2. 深入开展“一帮一”结对帮扶工作。各级工会组织要开展“一帮一”结对帮扶困难职工工作，确保每个困难职工家庭都有单位帮扶，都有解困脱困责任人，坚持一帮到底，不达目标不脱钩。各级干部要深入困难职工家中，详细了解家庭状况、致困原因和发展需求，帮助制定针对性、操作性强的帮扶措施，重点帮助有劳动能力的困难职工实现稳定就业，帮助困难职工尽快脱困致富。要帮助困难职工树立自立自强、干事创业的信心，提高自我发展能力。

3. 做实做细为困难职工送温暖工作。进一步健全送温暖机制，强化雪中送炭、纾难解困功能，把有限的资金瞄准最困难的职工。转变送温暖集中在节日发放慰问金方式，对特别需要救助帮扶的困难职工，按月或按季度定期发放生活补贴，实现送温暖经常化、常态化。深入困难企业、困难职工家中，开展日常定期走访，及时发现和研究解决困难企业和困难职工存在的问题，开展定向、专项的帮扶和服务。组织职工开展互助互济活动，吸引企业和社会组织为困难职工提供更多的服务。

四、组织保障

（一）强化组织领导。各级工会要把困难职工解困脱困工作摆上工会工作重要议事日程，主要负责同志要强化责任担当，带头研究谋划、带头部署推进、带头督促检查。结合实际制定具体实施方案，明确目标任务和重点措施，一级抓一级、层层抓落实。制定严格考核考察办法，逐级建立目标责任制，签订责任书，把困难职工解困脱困工作作为考核各级工会工作业绩的重要内容，作为考察工会干部的重要依据。

（二）加大投入。各级工会要加大人力、物力、财力投入，集中优势力量做好困难职工解困脱困工作。加强与当地经济社会发展规划、保障和改善民生政策精准对接，争取财政加大支持力度。全总回拨的工会经费要向困难职工解困脱困工作进一步倾斜。要加强帮扶资金使用和政策执行的监管，严肃查处违纪违规问题，坚决杜绝占用帮扶资金搞政绩工程和形象工程。

（三）做好宣传引导。要充分运用中央主流媒体和工会新闻宣传阵地以及网络、微信、微博、手机等新媒体，加大对困难职工解困脱困工作的宣传力度，大力宣传党中央对困难职工的关心关爱，宣传各级工会的工作进展和成效，把社会各方面参与困难职工解困脱困的积极性调动起来，营造良好的舆论氛围。要加强对困难职工的思想教育，引导他们正确对待遇到的暂时困难，提振信心、凝心聚力，积极支持参与推动改革。

（四）改进工作作风。各级工会要把推进困难职工解困脱困工作与加强干部队伍建设、改进工作作风结合起来，与开展“两学一做”学习教育结合起来，深入困难职工群体，摸实情、出实招，加强分类指导、推动解决问题，让广大职工切实感到工会组织是真正的“职工之家”，工会干部是值得他们信赖的“娘家人”。

各省、自治区、直辖市总工会要按照本实施意见，结合各地实际，抓紧研究制定工作方案和实施细则，报全国总工会备案。全国总工会每年对困难职工解困脱困工作组织实施和目标任务完成情况开展专项督查。

（此件发各省、自治区、直辖市总工会，各全国产业工会，中共中央直属机关工会联合会、中央国家机关工会联合会，全总各部门、各直属单位）

中华全国总工会办公厅关于印发《困难职工档案管理办法》的通知

（总工办发〔2016〕36号　2016年12月5日）

各省、自治区、直辖市总工会：

为进一步规范困难职工档案，发挥困难职工档案在对困难职工精准帮扶、解困脱困中的基础性作用，现将《困难职工档案管理办法》印发给你们，请遵照执行。

附件：

困难职工档案管理办法

第一条 为进一步加强和完善工会困难职工档案（以下简称档案）建立、管理工作，全面、真实、及时地掌握困难职工家庭的生活状况，使困难职工档案在对困难职工精准帮扶、解困脱困中发挥基础性作用，特制定本办法。

第二条 本办法适用于各级工会组织对困难职工家庭开展帮扶工作中形成的档案的管理。

第三条 困难职工家庭包括：连续6个月以上家庭实际人均收入低于当地最低生活保障标准，未经政府救助，生活特别困难的职工家庭；家庭人均收入低于当地最低生活保障标准，经政府救助后仍生活困难的职工家庭；家庭人均收入略高于当地最低生活保障标准（可根据实际情况参照当地人民政府规定的低收入标准），但由于患病、子女上学、残疾、单亲及其他特殊原因造成生活困难的职工家庭；家庭人均收入在当地最低生活保障标准3倍（含）以内，但由于遭受突发事件、意外伤害、重大疾病及其他原因导致生活困难的职工家庭；加入工会组织、按务工地标准且符合上述条件之一的农民工家庭。

第四条 具有下列情形之一的职工家庭，不建立档案：拥有2套（含）以上住宅的；拥有商业店铺或雇佣他人从事经营活动的；子女进入高收费私立学校或自费出国留学的；非受雇佣经常使用机动车辆、船舶、工程机械以及大型农机具的。

第五条 本办法所称档案是指各级工会组织在对困难职工家庭开展帮扶工作中形成的具有保存价值的文字、图表、音像（照片、录音、录像）、电子数据等不同形式和载体的历史记录。

第六条 档案由下列三部分组成：

（一）困难职工原始档案。主要内容包括：困难职工帮扶申请书或经本人签字认可的基层单位工会帮扶申报材料；困难职工及有关家属身份证明材料、收入证明材料、公示证明材料；困难职工原始信息表（应与工会帮扶工作管理系统中电子档案保持一致）。各地也可根据实际需要增加档案内容。

（二）按财务制度管理的档案。有关中央财政专项帮扶资金、地方财政配套资金、用于帮扶救助的工会经费以及其它资金的政策、规定、制度等；帮扶资金的分配方案、会计凭证、银行单据等；中央财政专项帮扶资金实名制汇总表、预决算报表（报告）等。

（三）日常帮扶工作档案。帮扶工作政策、规定、制度；帮扶工作会议记录、纪要；帮扶工作有关请示、报告及上级机关的批复、复函；帮扶工作有关报表和数据统计资料等。

第七条 档案管理工作实行统一领导、分级负责、动态管理。各级工会档案工作接受上级工会、本级工会及档案管理部门的指导和监督。

第八条 坚持属地管理的原则。与用人单位建立劳动关系的困难职工，由用人单位工会负责建立档案。灵活就业人员，由街道（社区）工会负责建立档案；如街道（社区）尚未成立工会，由上一级工会或县级（含）以上工会帮扶（服务）中心负责建立档案。有条件的县级（含）以上工会，可通过社会救助家庭经济状况核对机制核查、比对帮扶对象的金融资产等拥有状况。

第九条 与原用人单位解除劳动关系的失业人员，在领取失业金期间符合建档条件的，由街道（社区）工会负责建立档案；如街道（社区）尚未成立工会，由上一级工会或县级（含）以上工会帮扶（服务）中心负责建立档案；重新就业后仍符合建档条件的，由新用人单位工会重新认定并负责建立档案。

第十条 已实行社会化管理的退休人员，原则上不再纳入建档范围。

第十一条 坚持一户一档案，避免重复建档、重复统计。

第十二条 按照建档工会入户调查摸底或职工个人申报、审批对象公示、建档工会核实、上级工会复核、县级（含）以上工会帮扶（服务）中心备案的程序，建立困难职工原始档案。基层工会建立的困难职工原始档案副本需报县级（含）以上工会帮扶（服务）中心备案。县级（含）以上工会帮扶（服务）中心建立的困难职工原始档案由本级工会帮扶（服务）中心或本级工会管理。县级（含）以上工会帮扶（服务）中心对基层工会建立的原始档案进行严格复核，对不符合要求的档案应及时退回原建档单位。

第十三条 各建档单位对档案实行动态管理。做到随时发现随时录入，随时变化随时调整，随时脱困随时撤档。做到纸质档案与电子档案保持同步，一种档案发生变化时，另一种档案应不晚于30个工作日完成同步工作。做到每年对档案至少进行一次集中清理。

第十四条 原用人单位被撤消，其单位工会应及时将档案移交到职工所在的新用人单位工会或街道（社区）工会，无法移交的档案由所属工会帮扶（服务）中心或上一级工会负责代管。

第十五条 档案按保管期限和要求分类管理。按财务制度管理的有关档案，应根据会计档案归档要求进行归档整理。其他档案均按文书档案归档要求，独立设置类别归档整理。困难职工原始档案自撤档之日起保管10年。音像（照片、录音、录像）等特殊载体类档案应与纸质文件材料同时归档，档案保管期限相同。具有永久保存价值的电子文本、图形、数据表格归档时，应同时生成纸质文件材料一并归档保存。

第十六条　应安排专人负责整理、保管、提交档案资料，并负责档案安全。档案管理人员调离工作岗位时，应办妥档案交接手续。

第十七条　建立健全档案借阅、查询、使用制度，做好档案保密工作。档案一般用于工会系统工作查阅，不予外借。建档职工个人凭本人有效身份证件可查询本人档案信息。外单位查询档案需经档案保管单位批准，并办理有关查阅手续。查询者应严格遵守查档规定和保密制度，不得泄露或擅自对外公布档案内容。

第十八条　加大档案信息化工作软硬件投入，加强档案信息的收集、管理、使用和安全等方面的建设，进一步提升档案信息共享和精准帮扶的效果。

第十九条　对擅自损毁、涂改、伪造档案和因工作失职造成档案损毁、丢失的，应按照有关规定查处。

第二十条　省、自治区、直辖市总工会根据本办法的规定，结合本地实际，制定具体实施细则。

第二十一条　本办法自公布之日起执行，《中华全国总工会办公厅关于建立困难职工档案制度暂行办法》（总工办发〔2006〕36号）同时废止。凡过去文件规定与本办法不一致的，以本办法为准。

第二十二条　本办法由全国总工会负责解释。

中华全国总工会办公厅关于印发《困难职工帮扶工作有关问题的说明》的通知

（厅字〔2017〕18号　2017年7月13日）

各省、自治区、直辖市总工会：

近两年，全国总工会为规范困难职工建档立卡和帮扶资金管理使用，进一步做好困难职工解困脱困工作，制定下发了《中华全国总工会关于印发〈中央财政专项帮扶资金使用管理办法〉的通知》（总工发〔2015〕20号）、《中华全国总工会关于进一步做好困难职工解困脱困工作的实施意见》（总工发〔2016〕7号）、《中华全国总工会办公厅关于印发〈困难职工档案管理办法〉的通知》（总工办发〔2016〕36 号）等文件。为了贯彻执行好这几个文件精神，全国总工会权益保障部对文件中的若干问题作了解释说明，现印发给你们，望切实做好困难职工解困脱困工作。

附件：

困难职工帮扶工作有关问题的说明

为贯彻执行《中华全国总工会关于印发〈中央财政专项帮扶资金使用管理办法〉的通知》（总工发〔2015〕20 号）、《中华全国总工会关于进一步做好困难职工解困脱困工作的实施意见》（总工发〔2016〕7 号）、《中华全国总工会办公厅关于印发〈困难职工档案管理办法〉的通知》（总工办发〔2016〕36 号）文件（以下对各文件用文号简称），现对若干具体问题作如下说明。

一、困难职工解困脱困标准。总工发〔2016〕7 号文件中困难职工脱困是指困难职工经精准帮扶后，其家庭致困因素消除，家庭人均收入连续 6 个月超过当地低保标准，家庭生活状况脱离困境。困难职工解困是指难以脱困的困难职工，经纳入政府救助体系和工会帮扶后，家庭生活水平达到当地低保标准，家庭困境得到有效缓解。到 2020 年，现有建档困难职工中，通过精准帮扶，能脱困的困难职工全部实现脱困；难以脱困的困难职工，通过推动纳入政府救助体系，建立工会常态化帮扶机制，保障其家庭生活水平达到当地低保标准，实现解困。

二、困难职工家庭人均收入核算。总工办发〔2016〕36 号文件第三条所称困难职工家庭人均收入是指“家庭可支配收入/家庭总人口”。家庭可支配收入 = 家庭总收入 − 缴纳所得税 − 社会保障支出。家庭总收入包括工薪收入、经营净收入、财产性收入（如利息、红利、房租收入等）、转移性收入（如养老金、离退休金、社会救济收入等）。家庭总人口原则上以户籍为单位且常年共同生活的人口计算。

三、困难职工家庭的困难标准衡量。总工办发〔2016〕36 号文件所列困难职工家庭困难标准均应考虑收入支出差额与当地低保标准比较，必要支出费用包括本人及家庭成员患病、子女上学、残疾、重大意外灾害等引起家庭困难的支出费用。其中“家庭人均收入低于当地最低生活保障标准，经政府救助后仍生活困难的职工家庭”是以户籍地政府认定的低保户为准，且满足“经政府救助后生活水平仍低于低保标准”条件。“家庭人均收入略高于当地最低生活保障标准（可根据实际情况参照当地人民政府规定的低收入标准），但由于患病、子女上学、残疾、单亲造成生活困难的职工家庭”是人均收入以困难职工工作地政府规定的低收入标准为准（没有低收入标准的应控制在当地低保线上浮50%以内），且满足“（家庭可支配收入－由于患病、子女上学、残疾及其他特殊原因等造成支出费用）/家庭总人口≤当地低保标准”条件。“家庭人均收入在当地最低生活保障标准3倍（含）以内，但由于遭受突发事件、意外伤害、重大疾病及其他原因导致生活困难的职工家庭”是指“因交通事故等意外事件，造成重大人身伤害，责任赔付不能及时到位或无责任赔付方的家庭”“家庭成员突发重大疾病等原因，而产生数额过大的救治费用，导致基本生活暂时出现严重困难的家庭”“因发生自然灾害或重大安全事故造成重大人身伤害或住宅、家庭生活必需用品损毁严重，导致基本生活暂无着落或暂时出现严重困难的家庭”。人均收入在低保标准3倍（含）以内的家庭，应符合（家庭可支配收入－意外致困造成支出费用）/家庭总人口≤当地低保标准的条件；人均收入虽超过低保标准3倍，应符合（家庭可支配收入＋投资性净资产＋储蓄－意外致困造成支出费用）/家庭总人口≤当地低保标准的条件。

四、困难职工家庭状况核查。各地工会要规范困难职工家庭状况核查机制、公示制度和工作程序，有条件的地方应通过社会救助家庭经济状况核对机制核查、比对困难职工家庭状况。对于拒绝调查核实家庭财产和收入状况的，不得建档帮扶；对于隐瞒财产、收入或者提供虚假证明骗取帮扶资金的，应追回违规所得。

五、困难职工档案建立和管理。各地工会要严格按照总工办发〔2016〕36号文件规定，建立符合全总建档标准的困难职工档案，不得随意降低或提高建档标准，将不符合条件的对象纳入档案，或将符合条件的排除在外。对超过总工办发〔2016〕36号文件建档规定标准但又确实存在困难的职工家庭，各地工会可以结合经济社会发展水平和物价指数等实际情况，因地制宜制定本层级的建档标准，分层建立档案实施帮扶。

六、不同来源的帮扶资金使用管理。各级工会按照实际情况制定不同来源的帮扶资金使用规定，中央财政专项帮扶资金严格按照《财政部关于印发〈困难职工帮扶中心专项资金管理办法〉的通知》（财建〔2006〕468号）和总工发〔2015〕20号文件执行，用于支持县级以上地方工会帮扶中心对符合全总建档标准并上报到全总的困难职工家庭开展生活救助、医疗救助、子女教育、法律援助、职业培训、职业介绍等项目帮扶。各级地方财政配套、工会经费投入、社会各界捐助等其他来源帮扶资金，可以按照地方财政政策规定、工会有关制度及捐款单位（人）意愿制定使用办法。按照分级使用管理原则，符合全总建档标准并上报到全总的困难职工可以使用中央财政和其他来源帮扶资金，上报到省总的困难职工可以使用省级财政及非中央财政的其他来源帮扶资金，以此类推。

七、困难职工档案和帮扶信息录入工会帮扶工作管理系统。困难职工档案由所在基层工会或帮扶中心按照有关规定和标准负责建立，录入工会帮扶工作管理系统，并按工会隶属关系逐级上报备案。困难职工帮扶要严格按照依档帮扶原则和“先建档、后帮扶、实名制”程序进行，帮扶资金拨付和使用情况、帮扶救助信息应在30个工作日内录入帮扶管理系统。年终决算时，各级工会录入到帮扶管理系统中的中央财政帮扶资金使用情况应与上级工会拨付的数额一致。

八、总工办发〔2016〕36号文件中第十条社会化管理的退休人员是指已办理退休手续后，人员移交城市街道和社区实行属地管理，养老金实行社会化发放的职工。其中的困难群体应推动纳入地方政府救助体系，工会原则上不再建档。但居住在远离城市的独立工矿区和企业退休人员比较集中的企业生活区，仍由企业主管单位或企业退休人员管理服务机构管理服务的职工，若因重大疾病等因素造成生活十分困难，工会应推动当地民政部门纳入救助制度覆盖，并视困难程度决定是否建档帮扶。

九、各省、自治区、直辖市总工会应根据总工发〔2015〕20号、总工发〔2016〕7号、总工办发〔2016〕36号等文件有关规定和本《说明》的精神，结合本地区实际情况，制定实施细则，并报全国总工会权益保障部备案。

十、本说明由全国总工会权益保障部负责解释。

中华全国总工会办公厅关于进一步加强和规范劳模休养工作的通知

（厅字〔2017〕19号　2017年7月18日）

各省、自治区、直辖市总工会，各全国产业工会，中共中央直属机关工会联合会、中央国家机关工会联合会：

工会组织开展的劳模休养活动充分体现了党和国家对广大劳动模范的高度重视，为劳模提供了短期休息疗养、互相学习交流工作经验、提高思想觉悟素质的机会，深受广大劳模的欢迎，得到了社会各界的广泛称赞。但近年来也发现个别单位在组织劳模休养活动中存在一些问题，产生了不好的影响。为进一步加强和规范劳模休养工作，确保此项工作顺利开展，现就有关事项通知如下。

一、高度重视劳模休养工作

劳模休养是党和国家对劳动模范的关心和关怀，是一项重要的制度性工作。要认真学习贯彻习近平总书记系列重要讲话精神特别是关于工人阶级和工会工作的重要论述，大力弘扬劳模精神、劳动精神、工匠精神，把思想认识统一到中央的要求上来。要充分认识组织劳模休养活动的重要意义，把做好劳模休养工作作为一项重要的政治任务，用服务劳模、弘扬劳模精神的实际行动，认真组织、精心安排、热情服务，落实落细劳模休养的每项工作，使劳模切身感受到党和政府的关心关爱。

二、严格审核休养对象

全国和各省级工会组织的休养对象必须是在工作岗位上作出突出贡献的全国劳动模范和先进工作者、全国五一劳动奖章获得者、省部级劳动模范和先进工作者及省级五一劳动奖章获得者。要坚持面向基层、面向一线、面向普通劳动者的原则，重点安排生产一线特别是在劳动条件艰苦、劳动强度大岗位工作的劳模和在重大工程、重点科研项目中发挥骨干作用的劳模参加休养，优先考虑从未参加过休养的劳模。要认真做好休养劳模的审核工作，严禁不符合休养条件的人员参加劳模休养。

三、依规选择休养地点

劳模休养地点原则上为工会系统的疗养院所，以全国劳模休养基地或省级劳模休养基地为主，也可采用招投标等方式并征求疗休养主管、财务、经审等部门意见后，经集体研究确定符合休息、疗养、康复治疗等相关标准的接待单位。休养期间不得跨省（区、市）活动，原则上住宿地点不变。

四、合理安排休养内容

劳模休养主要以休息疗养、康复治疗、开展健康体检和讲座、形势报告、座谈交流、文体活动等方式组织开展。休养期间不得安排收费旅游景点的相关活动，外出参观原则上不超过休养时间的1/3，参观考察以免费的革命传统教育基地、先进企业及社区、社会主义新农村、博物馆、纪念馆为主，将休养活动与爱国主义教育、提升劳模素质结合起来，严禁借劳模休养名义组织公款或变相公款旅游。

五、做好劳模休养的组织和服务工作

要加强对劳模休养工作的领导，制定劳模休养工作方案，对劳模休养期间的食宿、交通、参观考察等做出统筹安排，强化责任意识，切实保证劳模休养工作安全、优质、高效进行。要做好劳模休养的安全保障工作，积极争取公安交管、卫生防疫等部门支持，为劳模办理人身意外保险，并做好应急预案。要严格经费审查，按照中央八项规定精神和厉行节约的有关要求，既让劳模生活上舒心满意，又勤俭节约，避免铺张浪费。

各级工会组织的劳模休养活动参照本通知执行。

中华全国总工会　民政部关于加强工会组织与民政部门困难职工家庭数据比对和信息共享工作的通知

（总工发〔2017〕19号　2017年11月3日）

各省、自治区、直辖市总工会、民政厅（局）：

为进一步落实全国社会救助部际联席会议要求，健全完善困难职工解困脱困协同工作机制，加大城市困难职工解困脱困的帮扶和保障力度，现就加强各级总工会与民政部门合作，开展困难职工数据比对和信息共享工作有关事项通知如下：

一、重要意义

对困难职工家庭进行精准识别是做好城市困难职工解困脱困工作的前提和基础。实现对困难职工家庭精准识别，需要依靠现代技术手段，完善困难职工家庭经济状况核查办法，建立与社会救助家庭经济状况核对系统无缝对接。各级总工会与民政部门对申请困难救助的职工家庭进行数据比对、信息共享，不仅可以提升帮扶救助工作的智能化水平，也可以防止对困难职工家庭误判，防范资金使用风险，对于推动完善社会救助体系、确保到2020年困难职工同步迈入小康社会具有重要意义。

二、信息共享的层级及方式

（一）各省、自治区、直辖市总工会、民政厅（局）根据实际情况，就省级以下各级总工会与民政部门对困难职工家庭进行数据比对、信息共享事宜进行统筹安排。

（二）在确保数据和信息安全的前提下，困难职工家庭数据比对、信息共享应通过同级总工会和民政部门之间通过网络发起查询请求和反馈查询结果，具体方式及信息交换频率、反馈时间，由省级或省级以下总工会、民政部门根据实际情况协商确定。数据比对、信息共享的相关费用和所需配置的设备、设施由各省、自治区、直辖市总工会提供。对暂不具备网络共享条件的，可采用移动储存介质定期按批量进行数据交换。同时，积极探索采用云计算、大数据处理、移动互联网等新技术，逐步提升信息化资源的利用效率和管理水平。

三、信息共享的内容

（一）各级总工会应根据城市困难职工解困脱困工作需要，将所需比对核查的职工家庭成员姓名、身份证件类型及号码提供给同级民政部门。民政部门向总工会提供所需查询的职工家庭成员获得社会救助情况。

（二）各级总工会应根据实际工作需要，在取得困难职工授权等证明材料后，依法依规委托民政部门核对困难职工家庭基本信息。民政部门及时将核对结果反馈总工会。省级或省以下总工会、民政部门制定具体核查办法。

（三）各级总工会应将困难职工帮扶信息定期发送民政部门，实现困难职工帮扶信息和社会救助信息的共享。

四、信息共享的相关要求

（一）各省级总工会、民政部门要充分认识困难职工家庭数据比对、信息共享的重要性，切实加强工作联动，加快实现信息的互联互通。要制定本省、自治区、直辖市数据比对、信息共享工作方案，明确数据比对、信息共享的内容、途径、频率、时间和管理要求等，及时协调和解决信息共享及数据比对中的问题。

（二）各省、自治区、直辖市总工会要主动与同级民政部门联系，就信息共享工作的细化落实进行沟通。从民政部门获取的困难职工家庭信息查询结果，仅限于作为认定该家庭是否是困难职工家庭的参考，不得用于其它用途。涉及信息共享工作的各级总工会、民政部门要明确专人负责信息核查，加强安全保密管理，做到工会与同级民政部门签订保密协议、工会具体负责工作人员与部门签订保密协议，并上报省级工会权益保障部门备案。如发生信息泄露致当事人合法权益遭受损害等事件的，要按照信息共享工作方案规定对相关单位和人员进行问责。

（三）各级民政部门要积极配合，及时向同级工会反馈困难职工家庭信息查询结果。各级总工会、民政部门要借助困难职工家庭信息共享工作机制，推动困难职工帮扶和社会救助政策的有效衔接。各级总工会、民政部门要引导社会资源参与困难职工解困脱困，探索搭建困难职工解困脱困需求与救助资源信息对接平台，实现困难职工需求和政府部门资源、企业资源、社会公益项目、社会爱心捐赠、志愿服务的精准对接，持续放大困难职工解困脱困工作的社会效益。

中华全国总工会办公厅关于2018年中央财政专项帮扶资金管理使用有关事项的通知

（总工办发〔2018〕21号　2018年7月31日）

各省、自治区、直辖市总工会：

根据党中央、国务院关于全面实施预算绩效管理的有关精神，进一步优化中央财政专项帮扶资金支出结构，提高帮扶资金在城市困难职工解困脱困中的配置效率和使用效益，按照全总书记处会议研究决定的2018年中央财政专项帮扶资金分配方案，现就有关事项通知如下：

一、基本原则

（一）进一步优化资金支出结构。发挥财政专项资金在城市困难职工解困脱困上的集中保障作用，推动包括地方财政资金在内的配套资金加大投入，提高工会经费结余资金在困难职工解困脱困工作上的投入比例。

（二）强化资金项目预算绩效管理。改变传统资金分配的固化格局，合理匹配资金需求，在精准识别基础上根据困难职工解困脱困需求，实行项目申报制，精准施策到户到人。

（三）加强资金安全管理，降低廉政风险。坚持依档帮扶、银行卡发放，简化使用环节、减轻基层工会负担，强化监管，硬化绩效责任约束。

二、申报办法

2018年中央财政专项帮扶资金采用项目预算申报制，集中使用于深度困难职工家庭的生活救助、子女助学和医疗救助3个项目。具体申报办法如下：

（一）项目和使用对象。

1. 生活救助项目

主要对深度困难职工家庭进行生活补贴。

2. 子女助学项目

主要对困难职工家庭中在高中（含中等职业教育）、高等教育阶段就学的子女以及接受特殊教育的残疾儿童的上学基本生活费补贴。

3. 医疗救助项目

主要对困难职工家庭中患有重大疾病的个人负担的医疗费用补贴。重大疾病病种参照中国保险行业协会制定的《重大疾病保险的疾病定义使用规范》

和地方政府公布的重大疾病病种目录。

（二）帮扶标准和中央财政资金拨付标准。

根据《中央财政专项帮扶资金使用管理办法》（总工发〔2015〕20号）对资金发放标准的规定，各地因地制宜确定帮扶标准，足额保障困难职工家庭生活水平达到低保标准以上。中央财政专项帮扶资金按2017年第四季度全国城市低保标准平均值（567元）对各项目予以支持。

1. 生活救助项目

根据困难职工家庭致困原因和收支情况，按照生活水平达到低保标准以上确定发放标准（不得低于2017年全国城市低保平均发放标准）。资金由中央财政和地方配套帮扶资金共同投入，其中中央财政资金按每户567元×12月×1/2，计3402元拨付。

2. 子女助学项目

高等教育阶段就学的子女每生每年按10个月当地低保标准发放资金。高中（含中等职业教育）的子女和接受特殊教育的残疾儿童由省级工会按照生活支出状况确定标准。资金由中央财政和地方配套帮扶资金共同投入，其中，中央财政资金按每生567元×10月×1/2，计2835元拨付。

3. 医疗救助项目

根据救助对象需求和帮扶资金筹集情况，按照不超过经基本医疗保险、居民大病保险和其他补充医疗保险、职工互助保障支付后，个人及其家庭难以承担的医疗费个人负担部分确定标准。资金由中央财政和地方配套帮扶资金共同投入，中央财政资金按一定比例投入。

（三）中央财政专项帮扶资金申报程序。

1. 各省（区、市）总工会按照困难职工帮扶需求申报项目预算。

（1）按照建档隶属关系，由困难职工所属的地方工会帮扶中心在精准识别、准确核查困难职工状况的基础上，按照生活救助、子女助学、医疗救助三个项目的保障对象确定分类帮扶困难职工家庭名单，并在全国工会帮扶工作管理系统中［帮扶资金申报］模块选取困难职工档案逐级上报。

（2）各省（区、市）总工会在精准困难职工分类帮扶名单基础上，以充分保障困难职工家庭生活水平达到低保标准以上为原则确定帮扶标准，并由权益保障、财务、经审等部门会商制定项目预算申报书（见附件1），确定本地区2018年度帮扶资金需求总量、中央财政专项帮扶资金需求量及配套资金投入量。项目申报书经省（区、市）总工会领导集体研究决定后，报送至全国总工会。

2. 全国总工会对各省（区、市）总工会上报的困难职工分类帮扶名单和项目申报书进行项目评估，全总财务部根据项目评估结果拨付各省（区、市）资金。

三、中央财政专项帮扶资金使用要求

1. 各省（区、市）总工会要按照预算申报计划，确保地方财政、工会经费、社会捐助等拨付的帮扶资金达到配套投入比例（见附件2）。各级工会经费结余资金要加大投入，在其他资金不足的情况下要足额兜底。

2. 工会帮扶中心按照申报的困难职工家庭名单，分类帮扶，精准施策，足额保障困难职工家庭生活水平达到低保标准以上。其中生活救助按月或按季定期发放，子女助学可按学年或学期发放，医疗救助可采取大病确诊后预先救助和医疗后对个人自负医疗费补贴。

3. 要严格执行《全国劳模专项补助资金和困难职工帮扶资金发放管理办法》（总工发〔2012〕16号）关于帮扶资金一律通过银行卡发放的要求，探索实施“基层工会摸底建档，市县工会数据比对、精准识别，银行卡支付至困难职工”工作流程。

4. 工会帮扶中心将资金发放情况同步录入工会帮扶工作系统。

5. 资金若发生因申报的帮扶对象调整出现结余时，则调剂到医疗救助项目，加大对重大疾病家庭帮扶力度。全年医疗救助额度超过2万元应经过省级总工会审批，超过5万元须经过全总权益保障部审批同意。

6. 各省（区、市）总工会要对本地区预算执行进度和风险情况进行跟踪监督，对项目执行存在风险的地方进行资金调剂，防控风险，确保资金按时、高效发放到位，保证资金规范安全运行。

四、全总工会经费补助项目申报及使用

根据全总财务部下发的《2018年省级工会项目补助申报指南》（工财发〔2018〕108号）要求，今年起全总对下补助项目增加城市困难职工解困脱困作为重点工作并给予经费补助。

经费补助主要用于对在档困难职工帮扶救助及各级工会困难职工解困脱困工作经费。由省级工会根据在档困难职工情况及解困脱困工作需要，按照不超过全总上一年度拨付中央财政专项帮扶资金总额的5%进行申报（见附件3）。全总权益保障部将根据各省（区、市）城市困难职工解困脱困实施计划、工作绩效和项目申报情况提出经费补助建议，由全总书记处审定后下拨。

五、有关要求

1. 请各省（区、市）总工会于2018年8月30日前将中央财政专项帮扶资金项目预算申报书、全总困难职工解困脱困工会经费补助项目申报书加盖省级工会公章后报至全总权益保障部和财务部。

2. 2018 年 1 月下拨的用于送温暖活动的中央财政专项帮扶资金不列入本次申报项目。各省（区、市）总工会本次申报的中央财政专项帮扶资金需求量和送温暖已拨付的 1050 万元资金累计额原则上以 2017 年度全总实际拨付的金额为基准。若困难职工解困脱困实际需要，可在附件 1 申报追加预算一栏中填写需求。

3. 今后中央财政专项帮扶资金预算按照本次项目申报程序进行，申报时间一般为上年度 12 月，具体申报事宜另行通知。

4. 各级工会要切实做好困难职工解困脱困工作，帮助困难职工通过就业创业、纳入政府制度保障等措施解困脱困。对暂时难以脱困的深度贫困职工，通过包括中央财政在内的帮扶资金常态化帮扶、集中保障其家庭生活水平达到当地低保标准以上。产业工会符合当地救助标准的困难职工应纳入地方工会帮扶中心管理体系，对其救助坚持属地管理、分级负责。

5. 在做好已脱困职工及时退档的同时，不得随意将符合条件的职工排除帮扶之外，要及时将新产生的困难职工纳入帮扶范围，对刚刚脱离困境的职工家庭，继续关注其家庭生活动态，防止返贫返困。对超过全总建档标准但又确实相对困难的职工家庭，各地工会要结合经济社会发展水平和物价指数等实际情况，因地制宜制定本地的困难职工建档标准，分层建立档案，从地方财政、工会经费、社会慈善等渠道实施帮扶。

6. 加大城市困难职工解困脱困工作经费投入。各级工会按照《工会帮扶工作规划》（总工办发〔2012〕33 号）关于工作经费额度比例要求，省级工会要投入工作经费额度原则上不低于上一年度分配到本省（区、市）的中央财政专项帮扶资金总额的 3%。地市以下总工会投入额度由各省（区、市）总工会根据当地实际和困难职工解困脱困情况，科学合理核定。

附件：1. 2018 年中央财政专项帮扶资金项目预算申报书

2. 2018 年中央财政拨付和地方帮扶资金配套表

3. 全总困难职工解困脱困工会经费补助项目申报书

附件1：

2018年中央财政专项帮扶资金项目预算申报书

填报单位：________填报人：________填报日期：______年______月______日

权益保障部门负责人签字：__________财务部门负责人签字：__________（省级工会公章）

一、项目主要内容		
解困脱困总体目标		
本年度实施计划		
预期效益		
二、项目预算申报总体情况		
两节送温暖期间已拨付中央财政帮扶资金A（万元）	1050	备注： 1. A+B合计数应不超过上年度实际拨付额D。 2. 如有追加预算需求，则填报C；如无，则不填。 3. 预算申报额合计数B和C应等于明细表中三项目中央财政帮扶资金相应的申报额度合计数H和K。
按上年度拨付额度内中央财政帮扶资金预算申报额合计B（万元）		
本年度拟追加中央财政帮扶资金预算申报额合计C（万元）		
上年度中央财政帮扶资金实际拨付额D（万元）		
三、项目预算申报明细		

续表

	生活救助项目	子女上学项目	医疗救助项目	合计
1. 上一年度拨付额度内中央财政帮扶资金预算申报额部分 B				
重点保障困难职工户数 E（户）				
户均帮扶标准 F（元）				
中央财政资金预算拨付标准 G（元）	3402	2835	3000（暂按）	
上年度拨付额度内中央财政帮扶资金预算申报额 H = E * G/10000（万元）				
地方帮扶资金计划投入（不低于附件 2 中配套比）				
2. 本年度拟追加中央财政帮扶资金预算申报额 C（如无追加需求，则不填）				
重点保障困难职工户数 J（户）				
本年度拟追加中央财政帮扶资金预算申报额 K = J * G/10000（万元）				
地方帮扶资金计划投入（不低于附件 2 中配套比）				
备注：1. J 为符合重点保障条件的对象中按上一年度拨付额内申报后仍未覆盖到的困难职工户数。如无，则不填。2. 如确需追加中央财政帮扶资金预算，应确保地方配套资金按照相应配套比例投入。				

附件2：

2018年中央财政拨付和地方帮扶资金配套表

序号	地区	2017年第四季度低保标准（月、元）	生活救助中央财政拨付标准567*12*1/2）（户/年/元）	子女助学中央财政拨付标准567*10*1/2）（生/年/元）	医疗救助中央财政拨付标准（暂按3000）（户/年/元）	地方帮扶资金投入配套比例	2017年低保发放标准全国平均值（月、元）
1	北京	900	3402	2835	3000	2. 17	
2	天津	860	3402	2835	3000	2. 03	
3	河北	544	3402	2835	3000	0. 92	
4	山西	467	3402	2835	3000	0. 65	
5	内蒙古	592	3402	2835	3000	1. 09	
6	辽宁	562	3402	2835	3000	0. 98	
7	吉林	483	3402	2835	3000	0. 71	
8	黑龙江	551	3402	2835	3000	0. 94	
9	上海	970	3402	2835	3000	2. 42	
10	江苏	646	3402	2835	3000	1. 28	
11	浙江	706	3402	2835	3000	1. 49	
12	安徽	531	3402	2835	3000	0. 87	
13	福建	590	3402	2835	3000	1. 08	
14	江西	532	3402	2835	3000	0. 88	
15	山东	513	3402	2835	3000	0. 81	
16	河南	460	3402	2835	3000	0. 62	
17	湖北	564	3402	2835	3000	0. 99	
18	湖南	444	3402	2835	3000	0. 57	
19	广东	675	3402	2835	3000	1. 38	
20	广西	518	3402	2835	3000	0. 83	
21	海南	484	3402	2835	3000	0. 71	
22	重庆	500	3402	2835	3000	0. 76	
23	四川	485	3402	2835	3000	0. 71	
24	贵州	557	3402	2835	3000	0. 96	
25	云南	516	3402	2835	3000	0. 82	
26	西藏	752	3402	2835	3000	1. 65	
27	陕西	532	3402	2835	3000	0. 88	
28	甘肃	459	3402	2835	3000	0. 62	
29	青海	451	3402	2835	3000	0. 59	
30	宁夏	473	3402	2835	3000	0. 67	
31	新疆	409	3402	2835	3000	0. 44	
32	兵团	409	3402	2835	3000	0. 44	
全国		567	3402	2835	3000	平均1	365

备注：地方帮扶资金投入配套比例 =（低保标准年度总和 - 中央拨付生活救助标准）÷中央拨付生活救助标准

附件3：

全总困难职工解困脱困工会经费补助项目申报书

填报单位：__________　填报人：_____　填报日期：___年___月___日
权益保障部门负责人签字：_______　财务部门负责人签字：_______　（省级工会公章）

<table>
<tr><td colspan="3">一、项目主要内容</td></tr>
<tr><td>项目名称</td><td colspan="2"></td></tr>
<tr><td>项目年度</td><td colspan="2"></td></tr>
<tr><td>立项依据</td><td colspan="2"></td></tr>
<tr><td>解困脱困项目
总体目标</td><td colspan="2"></td></tr>
<tr><td>本年度实施计划</td><td colspan="2"></td></tr>
<tr><td>项目预期效益</td><td colspan="2"></td></tr>
<tr><td colspan="3">二、预算明细</td></tr>
<tr><td>项目</td><td>金额（万元）</td><td>测算依据及说明</td></tr>
<tr><td></td><td></td><td></td></tr>
<tr><td></td><td></td><td></td></tr>
<tr><td></td><td></td><td></td></tr>
<tr><td></td><td></td><td></td></tr>
<tr><td></td><td></td><td></td></tr>
<tr><td>合计</td><td></td><td></td></tr>
<tr><td colspan="3">备注：申报总额度以不超过全总上一年度拨付中央财政专项帮扶资金总额的5%为限。</td></tr>
<tr><td colspan="3">三、省级工会投入情况</td></tr>
<tr><td colspan="2">本年度省级工会投入困难职工解困脱困资金</td><td></td></tr>
<tr><td colspan="2">本年度省级工会投入困难职工解困脱困工作经费</td><td></td></tr>
<tr><td colspan="2">合计（万元）</td><td></td></tr>
</table>

中华全国总工会关于印发《工会送温暖资金使用管理办法（试行）》的通知

（总工发〔2018〕39号　2018年12月21日）

各省、自治区、直辖市总工会，各全国产业工会，中央和国家机关工会联合会筹备组，全总各部门、各直属单位：

为进一步规范工会送温暖资金使用管理，现将《工会送温暖资金使用管理办法（试行）》印发给你们，请遵照执行。

附件：

工会送温暖资金使用管理办法（试行）

第一章　总　则

第一条　为加强工会联系广泛、服务职工功能，把党和政府的关心关怀与工会组织的温暖送到广大职工心坎上，进一步开展好工会送温暖活动，提高资金使用效益，实现送温暖常态化、经常化、日常化，依据财政部和全国总工会有关制度文件，制定本办法。

第二条　送温暖资金是各级工会认真履行维护职工合法权益、竭诚服务职工群众的基本职责，筹集社会各方面资源，对职工开展帮扶困难、走访慰问的资金。

第三条　送温暖资金坚持资金使用规范、精准、高效、安全原则，支出方向既体现物质帮扶、脱贫解困，又体现人文关怀、心灵引导。

第四条　加强送温暖资金与困难职工帮扶资金在对象、标准、管理等方面有效衔接，形成层次清晰、各有侧重的梯度帮扶格局。困难职工帮扶资金重点保障深度困难职工家庭生活、帮助建档困难职工家庭解困脱困；送温暖资金突出对职工走访慰问，体现工会组织对职工的关心关爱。

第二章　资金的来源、使用对象及标准

第五条　送温暖资金的主要来源是：

1. 各级财政拨款。是指各级财政拨付工会使用的用于送温暖活动的专项资金。

2. 上级工会经费补助。是指上级工会用工会经费安排给下级工会用于送温暖活动的专项资金。

3. 本级工会经费列支。是指各级工会在本级工会经费预算中安排的用于送温暖活动的专项资金。

4. 社会捐助资金。是指各级工会向社会募集的用于送温暖活动的资金。

5. 行政拨付。是指基层工会所在单位用行政经费、福利费等通过工会开展送温暖活动的资金。

6. 其他合法来源。

第六条　送温暖资金的使用对象：

1. 因非个人意愿下岗失业、家庭收入水平明显偏低、子女教育费用负担过重等原因造成家庭生活困难的职工。

2. 本人或家庭成员因患大病、遭受各类灾害或突发意外等情况造成生活困难的职工。

3. 关停并转等困难企业中，因停发、减发工资而导致生活相对困难的职工。

4. 工伤与职业病致残的职工和因公牺牲职工的家属；因重大疾病手术、住院的职工。

5. 长期在高（低）温、高空、有毒有害等环境中和苦脏累险艰苦行业岗位上工作的一线职工。

6. 重大灾害期间坚守抗灾一线的职工；春节期间坚守在生产一线和交通运输、电力、环卫以及直接面向群众服务的基层岗位干部职工；因组织需要长期异地工作或者服从组织需要赴外地、基层工作的派驻挂职干部职工；在重大项目和重大工程中做出突出贡献的职工；生产一线涌现出来的先进模范人物。

第七条　各级工会在对建档困难职工做好常态化帮扶、帮助其解困脱困的基础上，在职工发生困难时或重要时间节点对以上职工走访慰问。各级工会要根据实际情况确定走访慰问重点职工群体，并适当考虑关心关爱生活困难的离休、退休的会员。要结合当地居民生活水平和物价指数等因素，科学合理制定慰问标准。

第八条　走访慰问职工要坚持实名制发放，实名制表应包括慰问对象的工作单位、基本情况、联系方式、身份证号、慰问金额、经办人签字等有关信息。资金使用情况须录入工会帮扶工作管理系统送温暖管理模块备查。

第三章　资金的管理

第九条　送温暖资金按照本办法规定管理使用，其中财政专项帮扶资金使用于两节期间慰问困难职工的，应同时遵照帮扶资金管理相关规定执行。

第十条　工会权益保障部门会同财务部门提出资金的分配和使用方案，经同级工会领导集体研究通过后实施。

第十一条　送温暖资金纳入各级工会预算、决算统一管理。各级工会年度预算安排时以常态化送温暖为原则，切实保证经费投入。各级工会要拓宽资金筹集渠道，积极争取政府财政支持，探索与慈善组织合作方式，撬动更多的社会资源参与送温暖活动。

第十二条　送温暖资金按照《工会会计制度》设置会计科目、进行会计核算，严格执行资金审批和财务支付制度。

第十三条　送温暖资金实行绩效管理，省级工会应当运用好绩效评价结果，并将其作为改进送温暖工作和安排以后年度预算的重要依据。

第四章　监督检查

第十四条　各级工会权益保障、财务、经审部门要加大对资金使用管理情况的监督检查，及时发现和纠正存在的问题。经审部门要将送温暖资金纳入年度审计范围。接受政府有关部门审计、检查，接受职工群众和社会的监督。

第十五条　任何单位或个人不得使用送温暖资金购买明令禁止的物品，不得发放津补贴、奖金、福利，不得用于与规定用途无关的其他事项。不得截留、挪用、冒领，不得优亲厚友、人情帮扶。

第十六条　各级工会对监督检查中发现违反有关规定的问题，要及时处理。违规问题情节较轻的，要限期整改；涉及违纪的，由纪检监察部门依照有关规定，追究直接责任人和相关领导责任；构成犯罪的，依法移交司法机关处理。

第五章　附　则

第十七条　各省级工会应根据本办法的规定，结合本地区、本产业和本系统工作实际，制定具体实施细则，细化支出范围，明确开支标准，确定审批权限，规范活动开展。各省级工会制定的实施细则须报全国总工会备案。省以下各级工会制定的实施细则须报上一级工会备案。

第十八条　本办法自下发之日起执行，《中华全国总工会送温暖工程资金管理使用办法》（总工发〔2006〕54 号）同时废止。

第十九条 本办法由全国总工会权益保障部、财务部负责解释。

附件：送温暖慰问实名制汇总表

附件：

送温暖慰问实名制汇总表

填报单位（公章）： 填报人： 联系电话： 年 月 日

序号	姓名	性别	身份证号	工作单位或家庭住址	慰问原因	慰问金额（元）	联系电话	签字

负责人签字： 经办人签字：

第九部分

企事业与资产管理类

基本建设财务规则

（中华人民共和国财政部令第 81 号　2016 年 4 月 26 日）

第一章　总　则

第一条　为了规范基本建设财务行为，加强基本建设财务管理，提高财政资金使用效益，保障财政资金安全，制定本规则。

第二条　本规则适用于行政事业单位的基本建设财务行为，以及国有和国有控股企业使用财政资金的基本建设财务行为。

基本建设是指以新增工程效益或者扩大生产能力为主要目的的新建、续建、改扩建、迁建、大型维修改造工程及相关工作。

第三条　基本建设财务管理应当严格执行国家有关法律、行政法规和财务规章制度，坚持勤俭节约、量力而行、讲求实效，正确处理资金使用效益与资金供给的关系。

第四条　基本建设财务管理的主要任务是：

（一）依法筹集和使用基本建设项目（以下简称项目）建设资金，防范财务风险；

（二）合理编制项目资金预算，加强预算审核，严格预算执行；

（三）加强项目核算管理，规范和控制建设成本；

（四）及时准确编制项目竣工财务决算，全面反映基本建设财务状况；

（五）加强对基本建设活动的财务控制和监督，实施绩效评价。

第五条　财政部负责制定并指导实施基本建设财务管理制度。

各级财政部门负责对基本建设财务活动实施全过程管理和监督。

第六条　各级项目主管部门（含一级预算单位，下同）应当会同财政部门，加强本部门或者本行业基本建设财务管理和监督，指导和督促项目建设单位做好基本建设财务管理的基础工作。

第七条　项目建设单位应当做好以下基本建设财务管理的基础工作：

（一）建立、健全本单位基本建设财务管理制度和内部控制制度；

（二）按项目单独核算，按照规定将核算情况纳入单位账簿和财务报表；

（三）按照规定编制项目资金预算，根据批准的项目概（预）算做好核算管理，及时掌握建设进度，定期进行财产物资清查，做好核算资料档案管理；

（四）按照规定向财政部门、项目主管部门报送基本建设财务报表和资料；

（五）及时办理工程价款结算，编报项目竣工财务决算，办理资产交付使用手续；

（六）财政部门和项目主管部门要求的其他工作。

按照规定实行代理记账和项目代建制的，代理记账单位和代建单位应当配合项目建设单位做好项目财务管理的基础工作。

第二章　建设资金筹集与使用管理

第八条　建设资金是指为满足项目建设需要筹集和使用的资金，按照来源分为财政资金和自筹资金。其中，财政资金包括一般公共预算安排的基本建设投资资金和其他专项建设资金，政府性基金预算安排的建设资金，政府依法举债取得的建设资金，以及国有资本经营预算安排的基本建设项目资金。

第九条　财政资金管理应当遵循专款专用原则，严格按照批准的项目预算执行，不得挤占挪用。

财政部门应当会同项目主管部门加强项目财政资金的监督管理。

第十条　财政资金的支付，按照国库集中支付制度有关规定和合同约定，综合考虑项目财政资金预算、建设进度等因素执行。

第十一条　项目建设单位应当根据批准的项目概（预）算、年度投资计划和预算、建设进度等控制项目投资规模。

第十二条　项目建设单位在决策阶段应当明确建设资金来源，落实建设资金，合理控制筹资成本。非经营性项目建设资金按照国家有关规定筹集；经营性项目在防范风险的前提下，可以多渠道筹集。

具体项目的经营性和非经营性性质划分，由项目主管部门会同财政部门根据项目建设目的、运营模式和盈利能力等因素核定。

第十三条　核定为经营性项目的，项目建设单位应当按照国家有关固定资产投资项目资本管理的规定，筹集一定比例的非债务性资金作为项目资本。

在项目建设期间，项目资本的投资者除依法转让、依法终止外，不得以任何方式抽走出资。

经营性项目的投资者以实物、知识产权、土地使用权等非货币财产作价出资的，应当委托具有专业能力的资产评估机构依法评估作价。

第十四条　项目建设单位取得的财政资金，区分以下情况处理：

经营性项目具备企业法人资格的，按照国家有关企业财务规定处理。不具备企业法人资格的，属于国家直接投资的，作为项目国家资本管理；属于投资补助的，国家拨款时对权属有规定的，按照规定执行，没有规定的，由项目投资者享有；属于有偿性资助的，作为项目负债管理。

经营性项目取得的财政贴息，项目建设期间收到的，冲减项目建设成本；项目竣工后收到的，按照国家财务、会计制度的有关规定处理。

非经营性项目取得的财政资金，按照国家行政、事业单位财务、会计制度的有关规定处理。

第十五条　项目收到的社会捐赠，有捐赠协议或者捐赠者有指定要求的，按照协议或者要求处理；无协议和要求的，按照国家财务、会计制度的有关规定处理。

第三章　预算管理

第十六条　项目建设单位编制项目预算应当以批准的概算为基础，按照项目实际建设资金需求编制，并控制在批准的概算总投资规模、范围和标准以内。

项目建设单位应当细化项目预算，分解项目各年度预算和财政资金预算需求。涉及政府采购的，应当按照规定编制政府采购预算。

项目资金预算应当纳入项目主管部门的部门预算或者国有资本经营预算统一管理。列入部门预算的项目，一般应当从项目库中产生。

第十七条　项目建设单位应当根据项目概算、建设工期、年度投资和自筹资金计划、以前年度项目各类资金结转情况等，提出项目财政资金预算建议数，按照规定程序经项目主管部门审核汇总报财政部门。

项目建设单位根据财政部门下达的预算控制数编制预算，由项目主管部门审核汇总报财政部门，经法定程序审核批复后执行。

第十八条　项目建设单位应当严格执行项目财政资金预算。对发生停建、缓建、迁移、合并、分立、重大设计变更等变动事项和其他特殊情况确需调整的项目，项目建设单位应当按照规定程序报项目主管部门审核后，向财政部门申请调整项目财政资金预算。

第十九条　财政部门应当加强财政资金预算审核和执行管理，严格预算约束。

财政资金预算安排应当以项目以前年度财政资金预算执行情况、项目预算评审意见和绩效评价结果作为重要依据。项目财政资金未按预算要求执行的，按照有关规定调减或者收回。

第二十条　项目主管部门应当按照预算管理规定，督促和指导项目建设单位做好项目财政资金预算编制、执行和调整，严格审核项目财政资金预算、细化预算和预算调整的申请，及时掌握项目预算执行动态，跟踪分析项目进度，按照要求向财政部门报送执行情况。

第四章　建设成本管理

第二十一条　建设成本是指按照批准的建设内容由项目建设资金安排的各项支出，包括建筑安装工程投资支出、设备投资支出、待摊投资支出和其他投资支出。

建筑安装工程投资支出是指项目建设单位按照批准的建设内容发生的建筑工程和安装工程的实际成本。

设备投资支出是指项目建设单位按照批准的建设内容发生的各种设备的实际成本。

待摊投资支出是指项目建设单位按照批准的建设内容发生的，应当分摊计入相关资产价值的各项费用和税金支出。

其他投资支出是指项目建设单位按照批准的建设内容发生的房屋购置支出，基本畜禽、林木等的购置、饲养、培育支出，办公生活用家具、器具购置支出，软件研发和不能计入设备投资的软件购置等支出。

第二十二条　项目建设单位应当严格控制建设成本的范围、标准和支出责任，以下支出不得列入项目建设成本：

（一）超过批准建设内容发生的支出；

（二）不符合合同协议的支出；

（三）非法收费和摊派；

（四）无发票或者发票项目不全、无审批手续、无责任人员签字的支出；

（五）因设计单位、施工单位、供货单位等原因造成的工程报废等损失，以及未按照规定报经批准的损失；

（六）项目符合规定的验收条件之日起 3 个月后发生的支出；

（七）其他不属于本项目应当负担的支出。

第二十三条　财政资金用于项目前期工作经费部分，在项目批准建设后，列入项目建设成本。

没有被批准或者批准后又被取消的项目，财政资金如有结余，全部缴回国库。

第五章　基建收入管理

第二十四条　基建收入是指在基本建设过程中形成的各项工程建设副产

品变价收入、负荷试车和试运行收入以及其他收入。

工程建设副产品变价收入包括矿山建设中的矿产品收入，油气、油田钻井建设中的原油气收入，林业工程建设中的路影材收入，以及其他项目建设过程中产生或者伴生的副产品、试验产品的变价收入。

负荷试车和试运行收入包括水利、电力建设移交生产前的供水、供电、供热收入，原材料、机电轻纺、农林建设移交生产前的产品收入，交通临时运营收入等。

其他收入包括项目总体建设尚未完成或者移交生产，但其中部分工程简易投产而发生的经营性收入等。

符合验收条件而未按照规定及时办理竣工验收的经营性项目所实现的收入，不得作为项目基建收入管理。

第二十五条 项目所取得的基建收入扣除相关费用并依法纳税后，其净收入按照国家财务、会计制度的有关规定处理。

第二十六条 项目发生的各项索赔、违约金等收入，首先用于弥补工程损失，结余部分按照国家财务、会计制度的有关规定处理。

第六章 工程价款结算管理

第二十七条 工程价款结算是指依据基本建设工程发承包合同等进行工程预付款、进度款、竣工价款结算的活动。

第二十八条 项目建设单位应当严格按照合同约定和工程价款结算程序支付工程款。竣工价款结算一般应当在项目竣工验收后2个月内完成，大型项目一般不得超过3个月。

第二十九条 项目建设单位可以与施工单位在合同中约定按照不超过工程价款结算总额的3%预留工程质量保证金，待工程交付使用缺陷责任期满后清算。资信好的施工单位可以用银行保函替代工程质量保证金。

第三十条 项目主管部门应当会同财政部门加强工程价款结算的监督，重点审查工程招投标文件、工程量及各项费用的计取、合同协议、施工变更签证、人工和材料价差、工程索赔等。

第七章 竣工财务决算管理

第三十一条 项目竣工财务决算是正确核定项目资产价值、反映竣工项目建设成果的文件，是办理资产移交和产权登记的依据，包括竣工财务决算报表、竣工财务决算说明书以及相关材料。

项目竣工财务决算应当数字准确、内容完整。竣工财务决算的编制要求另行规定。

第三十二条 项目年度资金使用情况应当按照要求编入部门决算或者国有资本经营决算。

第三十三条 项目建设单位在项目竣工后，应当及时编制项目竣工财务决算，并按照规定报送项目主管部门。

项目设计、施工、监理等单位应当配合项目建设单位做好相关工作。

建设周期长、建设内容多的大型项目，单项工程竣工具备交付使用条件的，可以编报单项工程竣工财务决算，项目全部竣工后应当编报竣工财务总决算。

第三十四条 在编制项目竣工财务决算前，项目建设单位应当认真做好各项清理工作，包括账目核对及账务调整、财产物资核实处理、债权实现和债务清偿、档案资料归集整理等。

第三十五条 在编制项目竣工财务决算时，项目建设单位应当按照规定将待摊投资支出按合理比例分摊计入交付使用资产价值、转出投资价值和待核销基建支出。

第三十六条 项目竣工财务决算审核、批复管理职责和程序要求由同级财政部门确定。

第三十七条 财政部门和项目主管部门对项目竣工财务决算实行先审核、后批复的办法，可以委托预算评审机构或者有专业能力的社会中介机构进行审核。对符合条件的，应当在6个月内批复。

第三十八条 项目一般不得预留尾工工程，确需预留尾工工程的，尾工工程投资不得超过批准的项目概（预）算总投资的5%。

项目主管部门应当督促项目建设单位抓紧实施项目尾工工程，加强对尾工工程资金使用的监督管理。

第三十九条 已具备竣工验收条件的项目，应当及时组织验收，移交生产和使用。

第四十条 项目隶属关系发生变化时，应当按照规定及时办理财务关系划转，主要包括各项资金来源、已交付使用资产、在建工程、结余资金、各项债权及债务等的清理交接。

第八章 资产交付管理

第四十一条 资产交付是指项目竣工验收合格后，将形成的资产交付或者转交生产使用单位的行为。

交付使用的资产包括固定资产、流动资产、无形资产等。

第四十二条　项目竣工验收合格后应当及时办理资产交付使用手续，并依据批复的项目竣工财务决算进行账务调整。

第四十三条　非经营性项目发生的江河清障疏浚、航道整治、飞播造林、退耕还林（草）、封山（沙）育林（草）、水土保持、城市绿化、毁损道路修复、护坡及清理等不能形成资产的支出，以及项目未被批准、项目取消和项目报废前已发生的支出，作为待核销基建支出处理；形成资产产权归属本单位的，计入交付使用资产价值；形成资产产权不归属本单位的，作为转出投资处理。

非经营性项目发生的农村沼气工程、农村安全饮水工程、农村危房改造工程、游牧民定居工程、渔民上岸工程等涉及家庭或者个人的支出，形成资产产权归属家庭或者个人的，作为待核销基建支出处理；形成资产产权归属本单位的，计入交付使用资产价值；形成资产产权归属其他单位的，作为转出投资处理。

第四十四条　非经营性项目为项目配套建设的专用设施，包括专用道路、专用通讯设施、专用电力设施、地下管道等，产权归属本单位的，计入交付使用资产价值；产权不归属本单位的，作为转出投资处理。

非经营性项目移民安置补偿中由项目建设单位负责建设并形成的实物资产，产权归属集体或者单位的，作为转出投资处理；产权归属移民的，作为待核销基建支出处理。

第四十五条　经营性项目发生的项目取消和报废等不能形成资产的支出，以及设备采购和系统集成（软件）中包含的交付使用后运行维护等费用，按照国家财务、会计制度的有关规定处理。

第四十六条　经营性项目为项目配套建设的专用设施，包括专用铁路线、专用道路、专用通讯设施、专用电力设施、地下管道、专用码头等，项目建设单位应当与有关部门明确产权关系，并按照国家财务、会计制度的有关规定处理。

第九章　结余资金管理

第四十七条　结余资金是指项目竣工结余的建设资金，不包括工程抵扣的增值税进项税额资金。

第四十八条　经营性项目结余资金，转入单位的相关资产。

非经营性项目结余资金，首先用于归还项目贷款。如有结余，按照项目资金来源属于财政资金的部分，应当在项目竣工验收合格后 3 个月内，按照预算管理制度有关规定收回财政。

第四十九条 项目终止、报废或者未按照批准的建设内容建设形成的剩余建设资金中，按照项目实际资金来源比例确认的财政资金应当收回财政。

第十章 绩效评价

第五十条 项目绩效评价是指财政部门、项目主管部门根据设定的项目绩效目标，运用科学合理的评价方法和评价标准，对项目建设全过程中资金筹集、使用及核算的规范性、有效性，以及投入运营效果等进行评价的活动。

第五十一条 项目绩效评价应当坚持科学规范、公正公开、分级分类和绩效相关的原则，坚持经济效益、社会效益和生态效益相结合的原则。

第五十二条 项目绩效评价应当重点对项目建设成本、工程造价、投资控制、达产能力与设计能力差异、偿债能力、持续经营能力等实施绩效评价，根据管理需要和项目特点选用社会效益指标、财务效益指标、工程质量指标、建设工期指标、资金来源指标、资金使用指标、实际投资回收期指标、实际单位生产（营运）能力投资指标等评价指标。

第五十三条 财政部门负责制定项目绩效评价管理办法，对项目绩效评价工作进行指导和监督，选择部分项目开展重点绩效评价，依法公开绩效评价结果。绩效评价结果作为项目财政资金预算安排和资金拨付的重要依据。

第五十四条 项目主管部门会同财政部门按照有关规定，制定本部门或者本行业项目绩效评价具体实施办法，建立具体的绩效评价指标体系，确定项目绩效目标，具体组织实施本部门或者本行业绩效评价工作，并向财政部门报送绩效评价结果。

第十一章 监督管理

第五十五条 项目监督管理主要包括对项目资金筹集与使用、预算编制与执行、建设成本控制、工程价款结算、竣工财务决算编报审核、资产交付等的监督管理。

第五十六条 项目建设单位应当建立、健全内部控制和项目财务信息报告制度，依法接受财政部门和项目主管部门等的财务监督管理。

第五十七条 财政部门和项目主管部门应当加强项目的监督管理，采取事前、事中、事后相结合，日常监督与专项监督相结合的方式，对项目财务行为实施全过程监督管理。

第五十八条 财政部门应当加强对基本建设财政资金形成的资产的管理，按照规定对项目资产开展登记、核算、评估、处置、统计、报告等资产管理基础工作。

第五十九条　各级财政部门、项目主管部门和项目建设单位及其工作人员在基本建设财务管理过程中，存在违反本规则规定的行为，以及其他滥用职权、玩忽职守、徇私舞弊等违法违纪行为的，依照《中华人民共和国预算法》《中华人民共和国公务员法》《中华人民共和国行政监察法》《财政违法行为处罚处分条例》等国家有关规定追究相应责任；涉嫌犯罪的，依法移送司法机关处理。

第十二章　附　则

第六十条　接受国家经常性资助的社会力量举办的公益服务性组织和社会团体的基本建设财务行为，以及非国有企业使用财政资金的基本建设财务行为，参照本规则执行。

使用外国政府及国际金融组织贷款的基本建设财务行为执行本规则。国家另有规定的，从其规定。

第六十一条　项目建设内容仅为设备购置的，不执行本规则；项目建设内容以设备购置、房屋及其他建筑物购置为主并附有部分建筑安装工程的，可以简化执行本规则。

经营性项目的项目资本中，财政资金所占比例未超过50%的，项目建设单位可以简化执行本规则，但应当按照要求向财政部门、项目主管部门报送相关财务资料。国家另有规定的，从其规定。

第六十二条　中央项目主管部门和各省、自治区、直辖市、计划单列市财政厅（局）可以根据本规则，结合本行业、本地区的项目情况，制定具体实施办法并报财政部备案。

第六十三条　本规则自2016年9月1日起施行。2002年9月27日财政部发布的《基本建设财务管理规定》（财建〔2002〕394号）及其解释同时废止。

本规则施行前财政部制定的有关规定与本规则不一致的，按照本规则执行。《企业财务通则》（财政部令第41号）、《金融企业财务规则》（财政部令第42号）、《事业单位财务规则》（财政部令第68号）和《行政单位财务规则》（财政部令第71号）另有规定的，从其规定。

财政部关于印发《基本建设项目竣工财务决算管理暂行办法》的通知

（财建〔2016〕503号　2016年6月30日）

党中央有关部门，国务院各部委、各直属机构，军委后勤保障部、武警总部，全国人大常委会办公厅，全国政协办公厅，高法院，高检院，各民主党派中央，有关人民团体，各中央管理企业，各省、自治区、直辖市、计划单列市财政厅（局），新疆生产建设兵团财务局：

为推动各部门、各地区进一步加强基本建设项目竣工财务决算管理，提高资金使用效益，针对基本建设项目竣工财务决算管理中反映出的主要问题，依据《基本建设财务规则》，现印发《基本建设项目竣工财务决算管理暂行办法》，请认真贯彻执行。

附件：基本建设项目竣工财务决算管理暂行办法

附件：

基本建设项目竣工财务决算管理暂行办法

第一条　为进一步加强基本建设项目竣工财务决算管理，依据《基本建设财务规则》（财政部令第81号），制定本办法。

第二条　基本建设项目（以下简称项目）完工可投入使用或者试运行合格后，应当在3个月内编报竣工财务决算，特殊情况确需延长的，中小型项目不得超过2个月，大型项目不得超过6个月。

第三条　项目竣工财务决算未经审核前，项目建设单位一般不得撤销，项目负责人及财务主管人员、重大项目的相关工程技术主管人员、概（预）算主管人员一般不得调离。

项目建设单位确需撤销的，项目有关财务资料应当转入其他机构承接、保管。项目负责人、财务人员及相关工程技术主管人员确需调离的，应当继续承担或协助做好竣工财务决算相关工作。

第四条　实行代理记账、会计集中核算和项目代建制的，代理记账单位、会计集中核算单位和代建单位应当配合项目建设单位做好项目竣工财务决算工作。

第五条　编制项目竣工财务决算前，项目建设单位应当完成各项账务处理及财产物资的盘点核实，做到账账、账证、账实、账表相符。项目建设单位应当逐项盘点核实、填列各种材料、设备、工具、器具等清单并妥善保管，应变价处理的库存设备、材料以及应处理的自用固定资产要公开变价处理，不得侵占、挪用。

第六条　项目竣工财务决算的编制依据主要包括：国家有关法律法规；经批准的可行性研究报告、初步设计、概算及概算调整文件；招标文件及招标投标书，施工、代建、勘察设计、监理及设备采购等合同，政府采购审批文件、采购合同；历年下达的项目年度财政资金投资计划、预算；工程结算资料；有关的会计及财务管理资料；其他有关资料。

第七条　项目竣工财务决算的内容主要包括：项目竣工财务决算报表（附表1）、竣工财务决算说明书、竣工财务决（结）算审核情况及相关资料。

第八条　竣工财务决算说明书主要包括以下内容：

（一）项目概况；

（二）会计账务处理、财产物资清理及债权债务的清偿情况；

（三）项目建设资金计划及到位情况，财政资金支出预算、投资计划及到位情况；

（四）项目建设资金使用、项目结余资金分配情况；

（五）项目概（预）算执行情况及分析，竣工实际完成投资与概算差异及原因分析；

（六）尾工工程情况；

（七）历次审计、检查、审核、稽察意见及整改落实情况；

（八）主要技术经济指标的分析、计算情况；

（九）项目管理经验、主要问题和建议；

（十）预备费动用情况；

（十一）项目建设管理制度执行情况、政府采购情况、合同履行情况；

（十二）征地拆迁补偿情况、移民安置情况；

（十三）需说明的其他事项。

第九条　项目竣工决（结）算经有关部门或单位进行项目竣工决（结）算审核的，需附完整的审核报告及审核表（附表2），审核报告内容应当详实，主要包括：审核说明、审核依据、审核结果、意见、建议。

第十条　相关资料主要包括：

（一）项目立项、可行性研究报告、初步设计报告及概算、概算调整批复文件的复印件；

（二）项目历年投资计划及财政资金预算下达文件的复印件；

（三）审计、检查意见或文件的复印件；

（四）其他与项目决算相关资料。

第十一条 建设周期长、建设内容多的大型项目，单项工程竣工财务决算可单独报批，单项工程结余资金在整个项目竣工财务决算中一并处理。

第十二条 中央项目竣工财务决算，由财政部制定统一的审核批复管理制度和操作规程。中央项目主管部门本级以及不向财政部报送年度部门决算的中央单位的项目竣工财务决算，由财政部批复；其他中央项目竣工财务决算，由中央项目主管部门负责批复，报财政部备案。国家另有规定的，从其规定。

地方项目竣工财务决算审核批复管理职责和程序要求由同级财政部门确定。

经营性项目的项目资本中，财政资金所占比例未超过50%的，项目竣工财务决算可以不报财政部门或者项目主管部门审核批复。项目建设单位应当按照国家有关规定加强工程价款结算和项目竣工财务决算管理。

第十三条 财政部门和项目主管部门对项目竣工财务决算实行先审核、后批复的办法，可以委托预算评审机构或者有专业能力的社会中介机构进行审核。

第十四条 项目竣工财务决算审核批复环节中审减的概算内投资，按投资来源比例归还投资者。

第十五条 项目主管部门应当加强对尾工工程建设资金监督管理，督促项目建设单位抓紧实施尾工工程，及时办理尾工工程建设资金清算和资产交付使用手续。

第十六条 项目建设内容以设备购置、房屋及其他建筑物购置为主且附有部分建筑安装工程的，可以简化项目竣工财务决算编报内容、报表格式和批复手续；设备购置、房屋及其他建筑物购置，不用单独编报项目竣工财务决算。

第十七条 财政部门和项目主管部门审核批复项目竣工财务决算时，应当重点审查以下内容：

（一）工程价款结算是否准确，是否按照合同约定和国家有关规定进行，有无多算和重复计算工程量、高估冒算建筑材料价格现象；

（二）待摊费用支出及其分摊是否合理、正确；

（三）项目是否按照批准的概算（预）算内容实施，有无超标准、超规模、超概（预）算建设现象；

（四）项目资金是否全部到位，核算是否规范，资金使用是否合理，有无挤占、挪用现象；

（五）项目形成资产是否全面反映，计价是否准确，资产接受单位是否落实；

（六）项目在建设过程中历次检查和审计所提的重大问题是否已经整改落实；

（七）待核销基建支出和转出投资有无依据，是否合理；

（八）竣工财务决算报表所填列的数据是否完整，表间勾稽关系是否清晰、正确；

（九）尾工工程及预留费用是否控制在概算确定的范围内，预留的金额和比例是否合理；

（十）项目建设是否履行基本建设程序，是否符合国家有关建设管理制度要求等；

（十一）决算的内容和格式是否符合国家有关规定；

（十二）决算资料报送是否完整、决算数据间是否存在错误；

（十三）相关主管部门或者第三方专业机构是否出具审核意见。

第十八条 财政部对授权主管部门批复的中央项目竣工财务决算实行抽查制度。

第十九条 项目竣工后应当及时办理资金清算和资产交付手续，并依据项目竣工财务决算批复意见办理产权登记和有关资产入账或调账。

第二十条 项目建设单位经批准使用项目资金购买的车辆、办公设备等自用固定资产，项目完工时按下列情况进行财务处理：

资产直接交付使用单位的，按设备投资支出转入交付使用。其中，计提折旧的自用固定资产，按固定资产购置成本扣除累计折旧后的金额转入交付使用，项目建设期间计提的折旧费用作为待摊投资支出分摊到相关资产价值；不计提折旧的自用固定资产，按固定资产购置成本转入交付使用。

资产在交付使用单位前公开变价处置的，项目建设期间计提的折旧费用和固定资产清理净损益（即公开变价金额与扣除所提折旧后设备净值之间的差额）计入待摊投资，不计提自用固定资产折旧的项目，按公开变价金额与购置成本之间的差额作为待摊投资支出分摊到相关资产价值。

第二十一条 本办法自 2016 年 9 月 1 日起施行。《财政部关于加强和改进政府性基金年度决算和中央大中型基建项目竣工财务决算审批的通知》（财建〔2002〕26 号）和《财政部关于进一步加强中央基本建设项目竣工财务决算工作的通知》（财办建〔2008〕91 号）同时废止。

附表 1：基本建设项目竣工财务决算报表

1. 项目概况表（1－1）
2. 项目竣工财务决算表（1－2）
3. 资金情况明细表（1－3）
4. 交付使用资产总表（1－4）
5. 交付使用资产明细表（1－5）
6. 待摊投资明细表（1－6）
7. 待核销基建支出明细表（1－7）
8. 转出投资明细表（1－8）

附表2：基本建设项目竣工财务决算审核表

1. 项目竣工财务决算审核汇总表（2－1）
2. 资金情况审核明细表（2－2）
3. 待摊投资审核明细表（2－3）
4. 交付使用资产审核明细表（2－4）
5. 转出投资审核明细表（2－5）
6. 待销核基建支出审核明细表（2－6）

附表1：

项目单位：　　　　　　　　　　　　建设项目名称：

主管部门：　　　　　　　　　　　　建设性质：

基本建设项目竣工财务决算报表

项目单位负责人：　　　　　　　　　项目单位财务负责人：

项目单位联系人及电话：

编报日期：　　　　　　　　　　　　决算基准日：

项目概况表（1–1）

<table>
<tr><td>建设项目（单项工程）名称</td><td colspan="2"></td><td>建设地址</td><td colspan="2"></td><td rowspan="9">基建支出</td><td>项 目</td><td>概算批准金额</td><td>实际完成金额</td><td>备 注</td></tr>
<tr><td>主要设计单位</td><td colspan="2"></td><td>主要施工企业</td><td colspan="2"></td><td>建筑安装工程</td><td></td><td></td><td rowspan="8"></td></tr>
<tr><td rowspan="2">占地面积（m²）</td><td>设 计</td><td>实 际</td><td rowspan="2">总投资
（万元）</td><td>设 计</td><td>实 际</td><td>设备、工具、器具</td><td></td><td></td></tr>
<tr><td></td><td></td><td></td><td></td><td>待摊投资</td><td></td><td></td></tr>
<tr><td rowspan="2">新增生产能力</td><td colspan="3">能力（效益）名称</td><td>设计</td><td>实 际</td><td>其中：项目建设管理费</td><td></td><td></td></tr>
<tr><td colspan="3"></td><td></td><td></td><td>其他投资</td><td></td><td></td></tr>
<tr><td rowspan="2">建设起止时间</td><td colspan="2">设计</td><td colspan="3">自　年　月　日至　年　月　日</td><td>待核销基建支出</td><td></td><td></td></tr>
<tr><td colspan="2">实际</td><td colspan="3">自　年　月　日至　年　月　日</td><td>转出投资</td><td></td><td></td></tr>
<tr><td>概算批准部门及文号</td><td colspan="5"></td><td>合计</td><td></td><td></td></tr>
<tr><td rowspan="4">完成主要工程量</td><td colspan="5">建 设 规 模</td><td colspan="5">设备（台、套、吨）</td></tr>
<tr><td colspan="3">设 计</td><td colspan="2">实 际</td><td colspan="3">设 计</td><td colspan="2">实 际</td></tr>
<tr><td colspan="3"></td><td colspan="2"></td><td colspan="3"></td><td colspan="2"></td></tr>
<tr><td colspan="3"></td><td colspan="2"></td><td colspan="3"></td><td colspan="2"></td></tr>
<tr><td rowspan="4">尾工工程</td><td colspan="3">单项工程项目、内容</td><td colspan="2">批准概算</td><td colspan="2">预计未完部分投资额</td><td>已完成投资额</td><td colspan="2">预计完成时间</td></tr>
<tr><td colspan="3"></td><td colspan="2"></td><td colspan="2"></td><td></td><td colspan="2"></td></tr>
<tr><td colspan="3"></td><td colspan="2"></td><td colspan="2"></td><td></td><td colspan="2"></td></tr>
<tr><td colspan="3">小 计</td><td colspan="2"></td><td colspan="2"></td><td></td><td colspan="2"></td></tr>
</table>

项目竣工财务决算表（1–2）

项目名称：　　　　　　　　　　　　　　　　　　　　　　　　　　　　单位：

资金来源	金额	资金占用	金额
一、基建拨款		一、基本建设支出	
1. 中央财政资金		（一）交付使用资产	
其中：一般公共预算资金		1. 固定资产	
中央基建投资		2. 流动资产	
财政专项资金		3. 无形资产	
政府性基金		（二）在建工程	
国有资本经营预算安排的基建项目资金		1. 建筑安装工程投资	
2. 地方财政资金		2. 设备投资	
其中：一般公共预算资金		3. 待摊投资	
地方基建投资		4. 其他投资	
财政专项资金		（三）待核销基建支出	
政府性基金		（四）转出投资	
国有资本经营预算安排的基建项目资金		二、货币资金合计	
二、部门自筹资金（非负债性资金）		其中：银行存款	
三、项目资本		财政应返还额度	
1. 国家资本		其中：直接支付	
2. 法人资本		授权支付	
3. 个人资本		现金	
4. 外商资本		有价证券	
四、项目资本公积		三、预付及应收款合计	
五、基建借款		1. 预付备料款	
其中：企业债券资金		2. 预付工程款	
六、待冲基建支出		3. 预付设备款	
七、应付款合计		4. 应收票据	
1. 应付工程款		5. 其他应收款	
2. 应付设备款		四、固定资产合计	
3. 应付票据		固定资产原价	
4. 应付工资及福利费		减：累计折旧	
5. 其他应付款		固定资产净值	
八、未交款合计		固定资产清理	
1. 未交税金		待处理固定资产损失	
2. 未交结余财政资金			
3. 未交基建收入			
4. 其他未交款			
合　　计		合　　计	

补充资料：基建借款期末余额：

　　　　　基建结余资金：

备注：资金来源合计扣除财政资金拨款与国家资本、资本公积重叠部分。

资金情况明细表（1–3）

项目名称：　　　　　　　　　　　　　　　　　　　　　　　　　　单位：

资金来源类别	合　计		备注
	预算下达或概算批准金额	实际到位金额	需备注预算下达文号
一、财政资金拨款			
1. 中央财政资金			
其中:一般公共预算资金			
中央基建投资			
财政专项资金			
政府性基金			
国有资本经营预算安排的基建项目资金			
政府统借统还非负债性资金			
2. 地方财政资金			
其中:一般公共预算资金			
地方基建投资			
财政专项资金			
政府性基金			
国有资本经营预算安排的基建项目资金			
行政事业性收费			
政府统借统还非负债性资金			
二、项目资本金			
其中：国家资本			
三、银行贷款			
四、企业债券资金			
五、自筹资金			
六、其他资金			
合　计			

补充资料：项目缺口资金：

缺口资金落实情况：

交付使用资产总表（1–4）

项目名称：　　　　　　　　　　　　　　　　　　　　单位：

序号	单项工程名称	总计	固定资产				流动资产	无形资产
			合计	建筑物及构筑物	设备	其他		

交付单位：　　　　负责人：　　　　　　　　接收单位：　　　　负责人：

盖章：　　　　　　年　月　日　　　　　　　盖章：　　　　　　年　月　日

交付使用资产明细表（1–5）

项目名称：　　　　　　　　　　　　　　　　　　　　　　　　单位：

序号	单项工程名称	固定资产										流动资产		无形资产	
		建筑工程				设备　工具　器具　家具									
		结构	面积	金额	其中：分摊待摊投资	名称	规格型号	数量	金额	其中：设备安装费	其中：分摊待摊投资	名称	金额	名称	金额

交付单位：　　　负责人：　　　　　　　　接收单位：　　　　　负责人：

盖章：　　　　　　年　月　日　　　　　　盖章：　　　　　　年　月　日

待摊投资明细表（1–6）

项目名称：　　　　　　　　　　　　　　　　单位：

项目	金额	项目	金额
1. 勘察费		25. 社会中介机构审计（查）费	
2. 设计费		26. 工程检测费	
3. 研究试验费		27. 设备检验费	
4. 环境影响评价费		28. 负荷联合试车费	
5. 监理费		29. 固定资产损失	
6. 土地征用及迁移补偿费		30. 器材处理亏损	
7. 土地复垦及补偿费		31. 设备盘亏及毁损	
8. 土地使用税		32. 报废工程损失	
9. 耕地占用税		33.（贷款）项目评估费	
10. 车船税		34. 国外借款手续费及承诺费	
11. 印花税		35. 汇兑损益	
12. 临时设施费		36. 坏账损失	
13. 文物保护费		37. 借款利息	
14. 森林植被恢复费		38. 减：存款利息收入	
15. 安全生产费		39. 减：财政贴息资金	
16. 安全鉴定费		40. 企业债券发行费用	
17. 网络租赁费		41. 经济合同仲裁费	
18. 系统运行维护监理费		42. 诉讼费	
19. 项目建设管理费		43. 律师代理费	
20. 代建管理费		44. 航道维护费	
21. 工程保险费		45. 航标设施费	
22. 招投标费		46. 航测费	
23. 合同公证费		47. 其他待摊投资性质支出	
24. 可行性研究费		合　计	

待核销基建支出明细表（1–7）

项目名称：　　　　　　　　　　　　　　　　　　　　　　　　单位：

不能形成资产部分的财政投资支出				用于家庭或个人的财政补助支出			
支出类别	单位	数量	金额	支出类别	单位	数量	金额
1. 江河清障				1. 补助群众造林			
2. 航道清淤				2. 户用沼气工程			
3. 飞播造林				3. 户用饮水工程			
4. 退耕还林（草）				4. 农村危房改造工程			
5. 封山（沙）育林（草）				5. 垦区及林区棚户区改造			
6. 水土保持				……			
7. 城市绿化							
8. 毁损道路修复							
9. 护坡及清理							
10. 取消项目可行性研究费							
11. 项目报废							
……				合　计			

转出投资明细表（1–8）

项目名称：　　　　　　　　　　　　　　　　　　　　单位：

序号	单项工程名称	建筑工程				设备 工具 器具 家具							流动资产		无形资产	
		结构	面积	金额	其中：分摊待摊投资	名称	规格型号	单位	数量	金额	设备安装费	其中：分摊待摊投资	名称	金额	名称	金额
1																
2																
3																
4																
5																
6																
7																
8																
	合　计															

交付单位：　　　负责人：　　　　　　接收单位：　　　负责人：

盖章：　　　年　月　日　　　　　　盖章：　　　年　月　日

附表2：

评审机构名称：　　　　　　　　　　　　　评审项目名称：

评审小组负责人及联系电话：

基本建设项目竣工财务决算审核表

委托评审单位及委托文号：　　　　　　　　委托评审时间及时限：

实际评审起止时间：　　　　　　　　　　　评审报告报送时间：

项目竣工财务决算审核汇总表（2-1）

项目名称：

序号	工程项目及费用名称	批准概算		送审投资		审定投资		审定投资较概算增减额	备　注
		数量	金额	数量	金额	数量	金额		
	按批准概算明细口径或单位工程、分部工程填列（以下为示例）								
	总　　计								
一	建筑安装工程投资								
	……								
二	设备、工器具								
	……								
三	工程建设其他费用								
	……								
……	……								

项目单位：　　　　负责人签字：　　　　评审机构：　　　　评审负责人签字：

（盖单位公章）　　　　　　　　　　　　（盖单位公章）

年　月　日　　　　　　　　　　　　　　年　月　日

资金情况审核明细表（2-2）

项目名称：　　　　　　　　　　　　　　　　　　　　单位：

资金来源类别	合计		备注
	预算下达或概算批准金额	实际到位金额	需备注预算下达文号
一、财政资金拨款			
1. 中央财政资金			
其中：一般公共预算资金			
中央基建投资			
财政专项资金			
政府性基金			
国有资本经营预算安排的基建项目资金			
政府统借统还非负债性资金			
2. 地方财政资金			
其中：一般公共预算资金			
地方基建投资			
财政专项资金			
政府性基金			
国有资本经营预算安排的基建项目资金			
行政事业性收费			
政府统借统还非负债性资金			
二、项目资本金			
其中：国家资本			
三、银行贷款			
四、企业债券资金			
五、自筹资金			
六、其他资金			
合　计			

项目单位：　　　　　　　　　　　　　　　　评审机构：

负责人签字：　　　　　　　　　　　　　　　评审负责人签字：

年　月　日　　　　　　　　　　　　　　　　年　月　日

待摊投资审核明细表（2-3）

项目名称：　　　　　　　　　　　　　　　　　　　　　　　　　　单位：

项　　　目	审定金额	项　　　目	审定金额
1. 勘察费		25. 社会中介机构审计(查)费	
2. 设计费		26. 工程检测费	
3. 研究试验费		27. 设备检验费	
4. 环境影响评价费		28. 负荷联合试车费	
5. 监理费		29. 固定资产损失	
6. 土地征用及迁移补偿费		30. 器材处理亏损	
7. 土地复垦及补偿费		31. 设备盘亏及毁损	
8. 土地使用税		32. 报废工程损失	
9. 耕地占用税		33. (贷款)项目评估费	
10. 车船税		34. 国外借款手续费及承诺费	
11. 印花税		35. 汇兑损益	
12. 临时设施费		36. 坏账损失	
13. 文物保护费		37. 借款利息	
14. 森林植被恢复费		38. 减：存款利息收入	
15. 安全生产费		39. 减：财政贴息资金	
16. 安全鉴定费		40. 企业债券发行费用	
17. 网络租赁费		41. 经济合同仲裁费	
18. 系统运行维护监理费		42. 诉讼费	
19. 项目建设管理费		43. 律师代理费	
20. 代建管理费		44. 航道维护费	
21. 工程保险费		45. 航标设施费	
22. 招投标费		46. 航测费	
23. 合同公证费		47. 其他待摊投资性质支出	
24. 可行性研究费		合　计	

项目单位：　　　　　　　　　　　　　　　　评审机构：

负责人签字：　　　　　　　　　　　　　　　　评审负责人签字：

年　　月　　日　　　　　　　　　　　　　　　　年　　月　　日

交付使用资产审核明细表（2–4）

项目名称：

序号	单项工程名称	固定资产													流动资产		无形资产	
		建筑物及构筑物					设备 工具 器具 家具											
		结构	面积	未分摊前金额	分摊待摊投资	金额合计	名称	规格型号	单位	数量	未分摊前金额	设备安装费	分摊待摊投资	金额合计	名称	金额	名称	金额
1																		
2																		
3																		
4																		
5																		
6																		
7																		
8																		
9																		
10																		
	合计																	

项目单位：　　负责人签字：　　　　评审机构：　　评审负责人签字：

年　月　日　　　　年　月　日

转出投资审核明细表（2–5）

项目名称：

序号	单项工程名称	固定资产										流动资产		无形资产	
		建筑物及构筑物					设备								
		结构	面积	未分摊前金额	分摊待摊投资	金额合计	名称	规格型号	单位	数量	金额合计	名称	金额	名称	金额
1															
2															
3															
4															
5															
6															
7															
8															
9															
10															
	合计														

项目单位：　　负责人签字：　　评审机构：　　评审负责人签字：

年　月　日　　　　年　月　日

待核销基建支出审核明细表（2-6）

项目名称：　　　　　　　　　　　　　　　　　　　　　　　　　　　　单位：

不能形成资产部分的财政投资支出				用于家庭或个人的财政补助支出			
支出类别	单位	数量	金额	支出类别	单位	数量	金额
1. 江河清障				1. 补助群众造林			
2. 航道清淤				2. 户用沼气工程			
3. 飞播造林				3. 户用饮水工程			
4. 退耕还林（草）				4. 农村危房改造工程			
5. 封山（沙）育林（草）				5. 垦区及林区棚户区改造			
6. 水土保持				……			
7. 城市绿化							
8. 毁损道路修复							
9. 护坡及清理							
10. 取消项目可行性研究费							
11. 项目报废							
……				合　计			

项目单位：　　　　负责人签字：　　　　　　评审机构：　　　　评审负责人签字：

年　月　日　　　　　　　　　　　　　　　　年　月　日

财政部关于印发《基本建设项目建设成本管理规定》的通知

（财建〔2016〕504号　2016年7月6日）

党中央有关部门，国务院各部委、各直属机构，军委后勤保障部，武警总部，全国人大常委会办公厅，全国政协办公厅，高法院，高检院，各民主党派中央，有关人民团体，各中央管理企业，各省、自治区、计划单列市财政厅（局），新疆生产建设兵团财务局：

为推动各部门、各地区进一步加强基本建设成本核算管理，提高资金使用效益，针对基本建设成本管理中反映出的主要问题，依据《基本建设财务规则》，现印发《基本建设项目建设成本管理规定》，请认真贯彻执行。

附件：1. 基本建设项目建设成本管理规定

2. 项目建设管理费总额控制数费率表

附件1：

基本建设项目建设成本管理规定

第一条　为了规范基本建设项目建设成本管理，提高建设资金使用效益，依据《基本建设财务规则》（财政部令第81号），制定本规定。

第二条　建筑安装工程投资支出是指基本建设项目（以下简称项目）建设单位按照批准的建设内容发生的建筑工程和安装工程的实际成本，其中不包括被安装设备本身的价值，以及按照合同规定支付给施工单位的预付备料款和预付工程款。

第三条　设备投资支出是指项目建设单位按照批准的建设内容发生的各种设备的实际成本（不包括工程抵扣的增值税进项税额），包括需要安装设备、不需要安装设备和为生产准备的不够固定资产标准的工具、器具的实际成本。

需要安装设备是指必须将其整体或几个部位装配起来，安装在基础上或建筑物支架上才能使用的设备。不需要安装设备是指不必固定在一定位置或支架上就可以使用的设备。

第四条　待摊投资支出是指项目建设单位按照批准的建设内容发生的，应当分摊计入相关资产价值的各项费用和税金支出。主要包括：

（一）勘察费、设计费、研究试验费、可行性研究费及项目其他前期费用；

（二）土地征用及迁移补偿费、土地复垦及补偿费、森林植被恢复费及其他为取得或租用土地使用权而发生的费用；

（三）土地使用税、耕地占用税、契税、车船税、印花税及按规定缴纳的其他税费；

（四）项目建设管理费、代建管理费、临时设施费、监理费、招标投标费、社会中介机构审查费及其他管理性质的费用；

（五）项目建设期间发生的各类借款利息、债券利息、贷款评估费、国外借款手续费及承诺费、汇兑损益、债券发行费用及其他债务利息支出或融资费用；

（六）工程检测费、设备检验费、负荷联合试车费及其他检验检测类费用；

（七）固定资产损失、器材处理亏损、设备盘亏及毁损、报废工程净损失及其他损失；

（八）系统集成等信息工程的费用支出；

（九）其他待摊投资性质支出。

项目在建设期间的建设资金存款利息收入冲减债务利息支出，利息收入超过利息支出的部分，冲减待摊投资总支出。

第五条　项目建设管理费是指项目建设单位从项目筹建之日起至办理竣工财务决算之日止发生的管理性质的支出。包括：不在原单位发工资的工作人员工资及相关费用、办公费、办公场地租用费、差旅交通费、劳动保护费、工具用具使用费、固定资产使用费、招募生产工人费、技术图书资料费（含软件）、业务招待费、施工现场津贴、竣工验收费和其他管理性质开支。

项目建设单位应当严格执行《党政机关厉行节约反对浪费条例》，严格控制项目建设管理费。

第六条　行政事业单位项目建设管理费实行总额控制，分年度据实列支。总额控制数以项目审批部门批准的项目总投资（经批准的动态投资，不含项目建设管理费）扣除土地征用、迁移补偿等为取得或租用土地使用权而发生的费用为基数分档计算。具体计算方法见附件。

建设地点分散、点多面广、建设工期长以及使用新技术、新工艺等的项目，项目建设管理费确需超过上述开支标准的，中央级项目，应当事前报项目主管部门审核批准，并报财政部备案，未经批准的，超标准发生的项目建设管理费由项目建设单位用自有资金弥补；地方级项目，由同级财政部门确定审核批准的要求和程序。

施工现场管理人员津贴标准比照当地财政部门制定的差旅费标准执行；一般不得发生业务招待费，确需列支的，项目业务招待费支出应当严格按照国家有关规定执行，并不得超过项目建设管理费的 5%。

第七条 使用财政资金的国有和国有控股企业的项目建设管理费，比照第六条规定执行。国有和国有控股企业经营性项目的项目资本中，财政资金所占比例未超过 50% 的项目建设管理费可不执行第六条规定。

第八条 政府设立（或授权）、政府招标产生的代建制项目，代建管理费由同级财政部门根据代建内容和要求，按照不高于本规定项目建设管理费标准核定，计入项目建设成本。

实行代建制管理的项目，一般不得同时列支代建管理费和项目建设管理费，确需同时发生的，两项费用之和不得高于本规定的项目建设管理费限额。

建设地点分散、点多面广以及使用新技术、新工艺等的项目，代建管理费确需超过本规定确定的开支标准的，行政单位和使用财政资金建设的事业单位中央项目，应当事前报项目主管部门审核批准，并报财政部备案；地方项目，由同级财政部门确定审核批准的要求和程序。

代建管理费核定和支付应当与工程进度、建设质量结合，与代建内容、代建绩效挂钩，实行奖优罚劣。同时满足按时完成项目代建任务、工程质量优良、项目投资控制在批准概算总投资范围 3 个条件的，可以支付代建单位利润或奖励资金，代建单位利润或奖励资金一般不得超过代建管理费的 10%，需使用财政资金支付的，应当事前报同级财政部门审核批准；未完成代建任务的，应当扣减代建管理费。

第九条 项目单项工程报废净损失计入待摊投资支出。

单项工程报废应当经有关部门或专业机构鉴定。非经营性项目以及使用财政资金所占比例超过项目资本 50% 的经营性项目，发生的单项工程报废经鉴定后，报项目竣工财务决算批复部门审核批准。

因设计单位、施工单位、供货单位等原因造成的单项工程报废损失，由责任单位承担。

第十条 其他投资支出是指项目建设单位按照批准的项目建设内容发生的房屋购置支出，基本畜禽、林木等的购置、饲养、培育支出，办公生活用家具、器具购置支出，软件研发及不能计入设备投资的软件购置等支出。

第十一条　本办法自2016年9月1日起施行。《财政部关于切实加强政府投资项目代建制财政财务管理有关问题的指导意见》（财建〔2004〕300号）同时废止。

附件2：

项目建设管理费总额控制数费率表

单位：万元

工程总概算	费率（%）	算例	
		工程总概算	项目建设管理费
1000以下	2	1000	1000×2%=20
1001-5000	1.5	5000	20+（5000-1000）×1.5%=80
5001-10000	1.2	10000	80+（10000-5000）×1.2%=140
10001-50000	1	50000	140+（50000-10000）×1%=540
50001-100000	0.8	100000	540+（100000-50000）×0.8%=940
100000以上	0.4	200000	940+（200000-100000）×0.4%=1340

中华全国总工会办公厅关于印发《中华全国总工会本级基本建设项目管理办法》的通知

（总工办发〔2017〕4号　2017年1月20日）

全总本级各企事业单位：

《中华全国总工会本级基本建设项目管理办法》已经中华全国总工会第十六届书记处第六十三次会议审议通过，现印发给你们，请认真贯彻执行。

附件：

中华全国总工会本级基本建设项目管理办法

第一章　总　则

第一条　为加强全国总工会本级基本建设项目管理，规范项目建设程序，提高项目投资效益，根据国家有关法律法规的规定，结合全国总工会实际，制定本办法。

第二条 本办法适用于全总机关和所属单位用中央预算内投资（含中直管理局切块管理的基建投资）、工会经费和自筹资金安排的新建、改建、扩建、迁建、装修及节能改造等基本建设项目。

第三条 全国总工会建立本级基本建设项目审批制度。全总机关和所属单位重大建设项目年度投资计划和项目预算安排提交全总书记处会议集体研究决定。建设单位应按照基本建设程序履行建设项目审批手续，禁止未批先建。基本建设程序主要包括：项目立项建议、可行性研究、勘察、设计、开工手续办理、组织实施、竣工验收、工程造价审计和竣工决算审计等。

第四条 根据全总书记处授权，资产监督管理部是全国总工会本级基本建设项目的项目管理部门，负责建设项目的确立和概算投资的审核及监督管理；财务部是全国总工会本级基本建设项目的财务管理部门，负责建设项目的财务管理与监督；经费审查委员会办公室是全国总工会本级基本建设项目的内部审计监督机构，负责建设项目的结算、决算审计和对重大建设项目的全过程跟踪审计。

本办法所称建设单位是指全国总工会本级基本建设项目投资计划执行单位，包括全总机关和各直属单位、社团组织及所属单位。全总机关服务中心承担全总机关基本建设项目的建设职责。

第二章 项目前期事项

第五条 项目前期事项是指从全国总工会本级基本建设项目的提出到组织实施前所进行的一系列工作，主要包括项目建议书、可行性研究报告、初步设计等工作环节的材料编制、评估（审）、审批等相关工作。

第六条 建设单位申请全国总工会本级基本建设项目，需提交建设项目申请报告和项目建议书。项目建议书的内容主要包括：项目建设的必要性和依据，建设地点，拟建规模、建设的内容和标准，投资估算和资金筹措，项目进度安排等。

第七条 项目建议书经批准后，建设单位应进行建设项目可行性研究，提交可行性研究报告。可行性研究报告的内容主要包括：项目概况，项目建设的必要性，项目建设选址及建设条件论证，建设规模、建设内容等规划设计方案，项目外部安全、保密环境，环保措施，消防、节能、节水，总投资估算及资金来源，投资效益分析，项目建设周期及工程进度安排，勘察、设计、施工、监理及重要设备、材料等采购活动的具体招标范围、招标组织形式、招标方式，结论，附件等。

第八条　经批准的可行性研究报告是确定全国总工会本级基本建设项目的依据。建设单位应依据批复的可行性研究报告，向城乡规划、国土资源等部门申请办理规划许可、正式用地手续等，并委托具有相关资质的设计单位进行初步设计。初步设计的内容主要包括：设计说明书、总平面图和建筑物、构筑物及公用设施、管线图纸，材料、设备需求清单，设计概算文件及城市规划管理部门的批准文件，建设项目与市政、公用、供电、电信、消防、环保等部门的协议文件或配合方案等有关材料。

第九条　经批准的初步设计和投资概算是全国总工会本级基本建设项目组织实施和投资控制的依据。建设单位依据批复的初步设计开展施工图设计，并组织做好施工图核查工作，确保施工图设计符合初步设计批复的要求，确保工程总投资控制在批复的投资概算范围内。

第十条　全国总工会本级需要立项审批或不需立项但单项投资 1000 万元（含）以上的建设项目上报全总书记处会议集体研究决定。项目建议书、可行性研究报告、初步设计和投资概算报经资产监督管理部审核后，由全总书记处会议集体研究决定，并按照建设项目的规模和资金来源情况，分别报中共中央直属机关事务管理局或国家发展和改革委员会审批。不需立项审批且单项投资 1000 万元以下的全国总工会本级基本建设项目报资产监督管理部备案。

第十一条　资产监督管理部根据中共中央直属机关事务管理局和国家发展和改革委员会的批复，下达建设单位全国总工会本级基本建设投资项目计划，并作为全国总工会本级基本建设项目投资预算的依据。全国总工会本级基本建设项目投资预算作为全国总工会本级预算的组成部分，报全国总工会经费审查委员会审查，建设单位年度基本建设投资计划和年度投资预算送经费审查委员会办公室备案。

第十二条　全国总工会本级基本建设项目投资概算一经批准，如无特殊情况不得突破。未经批准不得擅自变更设计方案，初步设计不得突破项目建议书（可行性研究报告）的投资估算，施工图设计预算不得突破初步设计的投资概算。

第十三条　全国总工会本级基本建设项目的造价咨询、竣工决算审计单位的选择应按照全国总工会和中央预算单位政府采购的有关规定办理。

第三章　项目组织实施和建设管理

第十四条　建设单位应按照建设项目报建要求，及时办理工程质量监督手续，完成施工计划备案，依法取得用地、规划和施工许可。未取得施工许可证，建设项目不得开工建设。

第十五条　建设单位应严格遵守《中华人民共和国招标投标法》、《中华人民共和国政府采购法》及其实施细则的有关规定，按照立项审批核准的招标范围、招标组织形式和招标方式组织项目勘察、设计、监理、施工、仪器、设备、材料的招标采购活动，不得将依法必须进行招标的项目化整为零或者以其他任何方式规避招标。对列入政府集中采购目录内的货物、工程和服务，必须按规定委托集中采购机构代理采购。招投标业务需接受经费审查委员会办公室的审计监督。

第十六条　建设单位应建立项目管理机构，明确项目负责人，配备基建、财务、预算等专业人员，健全内部控制制度，完善各项运行管理机制。

第十七条　建设单位应建立健全与工程项目建设相适应的质量管理制度，严格执行《建设工程质量管理条例》和《工程建设监理规定》的规定，依法承担工程质量责任，在设计年限内对工程质量全面负责。

第十八条　建设单位应严格审核监理单位人员配置及日常工作记录文件，督促监理单位依照合同约定行使职权，严格对各分部、分项工程及隐蔽工程的质量检验评定；监督施工单位严格按照设计图纸、施工标准和规范进行施工，建立健全工程质量保证体系，落实现场工程质量自检制度、重要结构部位的质量预检复检制度、设备材料质量检查制度，确保工程质量。

第十九条　建设单位应坚持安全第一、预防为主的方针，采取有效措施，督促勘察、设计、施工、监理及其他与建设工程安全生产有关的单位，严格遵守各项安全生产法律法规，保证建设工程安全生产，依法承担建设工程安全生产责任。

第二十条　建设单位应以批准的投资概算为工程投资最高限额，不得擅自改变建设内容、建设规模、建设标准，防止超规模、超标准、超概算现象发生。如有客观原因发生重大变更确需调整的，要严格按照全国总工会本级基本建设项目审批程序，经资产监督管理部审核后，报全总书记处会议集体研究决定，按建设项目审批程序履行投资概算调整手续，未经批准，不得组织实施。

第二十一条　建设单位应建立健全合同管理制度，对项目全过程实施有效的合同管理，规范合同管理程序。全国总工会本级基本建设项目的勘察、设计、招标代理、施工、监理、物资采购等经济活动都要依法订立合同。合同应采用规范的合同文本，明确范围、成果、数量、质量、标准、进度、价款等合同标的的要求，合理界定双方的权利义务、违约责任、风险分担原则、质量保证期限和履约担保形式等。施工合同中应明确工程竣工结算需要进行审计，根据审计认定的工程决算金额结算工程款，工程进度款支付比例不应超过80%。采购合同履行中，在不改变其它合同条款的前提下，可以签订补充合同，但所有补充合同的采购金额不得超过原合同金额的10%。

第二十二条　建设单位应当按照合同约定和工程价款结算程序支付工程款。工程价款结算要按照《建设工程价款结算暂行办法》执行。

第四章　项目资金和财务管理

第二十三条　全国总工会本级基本建设项目年度投资计划是安排全国总工会本级基本建设项目年度投资预算的依据。全国总工会本级基本建设项目年度投资预算纳入全国总工会本级部门预算管理。年度投资预算一经确定，原则上不再调整。

第二十四条　建设单位应根据全国总工会本级基本建设项目资金来源渠道，编报财政性资金、工会经费分月用款计划，作为落实建设项目月度资金使用计划的依据。任何单位、个人不得随意改变全国总工会本级基本建设项目资金使用性质。

第二十五条　建设单位应按照《基本建设财务规则》的规定，单独核算建设项目成本，并将核算情况纳入建设单位会计账簿和财务报表。建设单位定期将全国总工会本级基本建设项目进展情况报资产监督管理部，并按照全国总工会财务会计报告制度的要求，编报建设项目年度财务会计报告。

第二十六条　全国总工会本级基本建设项目资金专款专用，任何单位、个人不得套取、挪用、截留项目建设资金。

第五章　项目竣工验收和竣工财务决算

第二十七条　全国总工会本级基本建设项目竣工后，建设单位应及时向质量监督机构申报，并组织勘察、设计、监理、施工等单位进行竣工验收。未经竣工验收或验收不合格的，不得投入使用。

第二十八条　全国总工会本级基本建设项目竣工验收应当具备以下条件：

（一）完成建设工程设计和合同约定的各项内容；

（二）有完整的竣工图纸等技术档案和施工管理资料；

（三）有工程使用的主要建筑材料、建筑构配件和设备的进场试验报告；

（四）环保、消防、人防、规划、绿化等均已按设计要求完成，并有单项验收意见；

（五）有勘察、设计、监理、施工等单位分别签署的质量合格文件；

（六）有施工单位签署的工程保修书。

第二十九条 竣工验收应严格执行规定的验收程序和验收标准。属于国家发展和改革委员会审批且需由其竣工验收的大型项目，建设单位应事先组织工程预验收，并提出竣工验收申请，报经资产监督管理部审核后向国家发展和改革委员会提出竣工验收申请。全国总工会本级基本建设项目竣工验收完成后，应在规定的时限内向建设行政主管部门申请备案。

第三十条 建设单位应加强对全国总工会本级基本建设项目竣工财务决算的组织领导，协调设计、施工、监理等单位及时编制竣工财务决算，在经费审查委员会办公室对建设项目竣工审计后，及时报全总书记处。建设周期长、建设内容多的大型项目，单项工程竣工具备交付使用条件的，可以编报单项工程竣工财务决算，项目全部竣工后应当编报竣工财务总决算。经费审查委员会办公室委托审计的审计费用列入工程竣工决算。

第三十一条 全国总工会本级基本建设项目竣工财务决算批复之前，原项目管理机构一般不得撤销，项目负责人及财务主管人员一般不得调离。

第三十二条 建设单位应严格按照基本建设档案管理的有关规定，及时收集整理建设项目各环节文件资料，建立健全建设项目档案，应及时向建设行政主管部门等移交建设项目档案。建设单位应根据项目竣工财务决算批复，及时进行相关账务处理并办理固定资产移交手续，纳入建设单位固定资产统一管理。全国总工会本级基本建设项目结余资金中，属于财政性资金结余的，应当在项目竣工财务决算批复后 3 个月内，全额上缴财政；属于工会经费结余的，应当在项目竣工财务决算批复后 3 个月内，全额上缴财务部。

第六章 项目监督管理

第三十三条 建设单位应当建立健全内部监督约束机制，完善基本建设项目管理内控制度，规范管理程序，加强资金使用管理与监督。

第三十四条 资产监督管理部会同财务部、经费审查委员会办公室负责全国总工会本级基本建设项目的监督检查工作。监督检查的主要内容包括：

（一）项目是否严格执行基本建设程序有关规定；

（二）项目是否按规定进行政府采购和招投标；

（三）项目建设实施进度是否符合要求；

（四）项目是否按批复的可行性研究报告内容建设实施，有无擅自变更项目设计、改变建设内容、扩大建设规模、提高建设标准等问题，是否严格执行项目预算；

（五）项目资金使用与会计核算是否规范；

（六）其他监督检查的内容。

第三十五条　建设单位应自觉接受并积极配合国家有关部门和全国总工会开展的监督工作。

第三十六条　资产监督管理部将会同有关部门向全总书记处汇报监督检查的情况，对监督检查中发现的问题，根据全总书记处意见对建设单位提出整改要求，并督促其改正。限期未整改或整改不达标的，将暂停项目执行、暂缓拨付项目建设资金，直至暂停其下年度项目申报资格。建设过程中的违法违纪行为，将依法依规严肃处理。

第七章　附　则

第三十七条　本办法由全总资产监督管理部负责解释。

第三十八条　本办法自印发之日起施行。

中华全国总工会办公厅关于印发《工会固定资产管理办法》的通知

（总工办发〔2002〕30号　2002年11月12日）

各省、自治区、直辖市总工会，中国铁路、民航、金融工会，中共中央直属机关工会联合会，中央国家机关工会联合会：

现将《工会固定资产管理办法》印发给你们，请结合实际贯彻执行。

附件：

工会固定资产管理办法

第一章　总　则

第一条　为了加强工会固定资产的管理，维护工会资产的安全与完整，提高固定资产的使用效益，根据《中华人民共和国工会法》、《工会会计制度》，并参照《行政事业单位国有资产管理办法》（国资事发〔1995〕17号）、《行政事业单位国有资产处置管理实施办法》（国资事发〔1995〕106号），制定本办法。

第二条 本办法适用于各级工会组织及其所属事业单位（以下简称各单位）。

第三条 工会固定资产的管理和使用实行统一领导、分级管理、责任到人、物尽其用的原则。

第四条 各级工会固定资产管理的主要任务是：建立健全各项管理制度；明晰产权关系，实施产权管理；合理配备并节约、有效使用固定资产，提高固定资产使用效益；保障固定资产的安全和完整。

第五条 县以上工会应设立资产管理部门，配备专（兼）职人员，对本级工会资产实施统一管理，对下级工会资产管理实施监督。

第六条 工会机关、基层工会和事业单位要明确资产管理部门，指定专（兼）职人员对本单位占有使用的固定资产实施日常管理，对所管资产的安全与完整负责。固定资产管理人员应相对稳定，其工作调动时必须办清交接手续。

第七条 各单位必须对专用设备的管理和操作人员进行技术培训，建立健全专用设备的操作、维修、检验等管理制度；技术复杂、精密度高的专用设备的操作人员，应在考核合格后，方可上岗。

第二章 固定资产的范围、分类和计价

第八条 符合下列标准的列为固定资产：

使用年限在一年以上，一般设备单价在500元以上，专用设备单价在800元以上，并在使用过程中基本保持原来物质形态的资产；

单位价值虽不足规定标准，但使用时间在一年以上的大批同类物资，按固定资产管理。

第九条 固定资产分为六类：房屋建筑物、专用设备、一般设备、文物和陈列品、图书和其它固定资产。

（一）房屋及建筑物：指房屋、建筑物及其附属设施。房屋包括办公用房、生产经营用房、仓库、职工生活用房、食堂用房、锅炉房等；建筑物包括道路、围墙、水塔、雕塑等；附属设施包括房屋、建筑物内的电梯、通讯线路、输电线路、水气管道等；

（二）专用设备：指各种具有专门性能和专门用途的设备，包括各种仪器

和机械设备、医疗器械、文体事业单位的文体设备等；

（三）一般设备：指办公和事务用的通用性设备、交通工具、通讯工具、家具等；

（四）文物和陈列品：指古玩、字画、纪念品、装饰品、展品、藏品等；

（五）图书：指图书馆（室）、阅览室等的图书、资料等；

（六）其它固定资产：指未能包括在上述各项内的固定资产。

第十条　固定资产的计价：

（一）购入、有偿调入的固定资产，按实际支付的买价、调拨价以及运杂费、保险费、安装费、车辆购置附加费等记账；

（二）自行建造的固定资产，按建造过程中实际发生的全部支出记账；

（三）在原有固定资产基础上改建、扩建的固定资产，按改建、扩建发生的支出，减去改建、扩建过程中发生的变价收入后的净增加值，增记固定资产账；

（四）接受捐赠、赞助、奖励和无偿调入的固定资产，按照同类固定资产的市场价格或者有关凭证记账，接受固定资产时发生的相关费用应计入固定资产价值；

（五）盘盈的固定资产，按照重置完全价值入账；

（六）已投入使用，但尚未办理移交手续的固定资产，可先按估价入账，待确定实际价值后，再进行调整；

（七）用外币进口的设备，按当日汇率折合人民币金额，加上国外部分的运费及其它费用（外币应折合成人民币金额），再加上支付的关税、海关手续费等计价入账；

（八）融资租入的固定资产，按租赁协议确定的设备价款、运杂费、安装费等记账；

（九）购置固定资产过程中发生的差旅费，不计入固定资产价值。

第十一条　工会固定资产按原值入账，不实行折旧。

第十二条　已经入账的固定资产除发生下列情况外，不得任意变动固定资产账面价值：

根据国家规定对固定资产进行重新估价的；增加补充设备或改良装置的；将固定资产一部分拆除的；根据实际价值调整原来暂估价值的；发现原来记录固定资产价值有误的。

第十三条　固定资产的价值变动，由各单位资产管理部门负责办理相关事项。需要评估的工会固定资产，按照国家有关规定，聘请相应资质的中介机构进行评估。各单位不得干预中介机构的独立执业。要规范程序，及时申办有关核准或备案手续后，通知单位财务部门，对固定资产有关账目作相应调整。

第三章　固定资产的增减变动

第十四条　购置固定资产应根据批准的年度预算执行。分清资金支出渠道，分别在相关科目中列支。

第十五条　购入、有偿调入和自制、自建完工交付使用增加的固定资产，应由单位资产管理部门及时组织验收，属于技术设备的还应会同技术部门验收，并建立技术档案。验收合格后，由单位资产管理部门根据发票、固定资产调拨单或基建、自制项目交付使用验收单据等凭证，填制固定资产增加通知单，办理有关入库、财务报销和使用单位领用等手续。

第十六条　接受捐赠、赞助、奖励或无偿调入或盘盈等增加的固定资产，应由单位资产管理部门办理接收和交接，并根据固定资产交接清单、发票或固定资产盘盈盘亏报批单等凭证，填制固定资产增加通知单，办理有关入库、财务报销和使用单位领用等手续。

第十七条　调出、变卖、投资、损失、报废、盘亏等减少固定资产的处置，由单位资产使用部门提出申请，单位资产管理部门审核鉴定、提出意见并报单位财务部门同意，经单位主管领导（或领导办公会议）审批，并报主管工会或上一级工会核准或备案，单位资产管理部门根据批件和有关资料办理调出或注销等固定资产减少手续。

第十八条　正常报废的固定资产，由单位资产管理部门按照国家规定的年限确定，对专用的仪器、器械等，应会同技术部门进行技术鉴定，根据鉴定意见及相关批件等，办理有关注销手续。

第十九条　非正常损失减少的固定资产，由单位资产管理部门会同技术部门进行技术鉴定后，要查明原因，明确责任。根据鉴定意见，对责任人的处理意见及相关批件等，办理有关注销手续。

第二十条　土地、房屋、建筑物、汽车等特殊资产的处置及非经营性资产转经营性资产时，均需单位资产管理部门提出申请，经单位领导办公会议（或常委会或委员会）决定，报主管工会或上一级工会核准或备案。

第二十一条　工会组织或事业单位撤销时，经清理后的全部价款和未处置的资产要全部移交到上一级工会或主管工会；工会组织或事业单位合并到其他单位时，其资产要并入到新的单位；工会组织分立时，其资产原则上按照职工人数分配。以上资产的处置，均由上一级工会核准；相关工会和事业单位根据批件和有关资料办理入账和注销手续。

第二十二条　申报资产处置的手续，应根据不同情况提交下列有关文件、证件和资料：

1. 单位资产管理部门资产处置的申请函；
2. 单位分立、撤销、合并、改制、隶属关系改变等的批准文件；
3. 资产原始价值凭证的复印件；
4. 技术部门的鉴定意见；
5. 资产评估机构出具的有关资产评估报告；
6. 非正常损失情况说明及对责任人、有关领导的处理情况；
7. 申报单位的《中国工会资产产权登记证》复印件；
8. 工会固定资产处置的相关报批单。

第二十三条　资产处置的变价收入和残值收入，除按规定上缴主管工会外，一律缴本单位财务，按照会计制度有关规定进行账务处理。

第四章　固定资产的日常管理

第二十四条　固定资产的日常管理是指在日常工作或业务活动中对所需及占用的工会固定资产实施不间断的管理及核算，包括从编制固定资产预算、计划采购、验收入库、登记入账、领用发出到维修保养、处置等各个环节的实物管理和财务核算。

第二十五条　各单位资产部门应对本单位占有使用的由不同资金渠道形成的固定资产进行统一管理。由政府和行政拨给工会的固定资产，产权已界定为工会的，按工会资产管理；由工会使用保管的国有资产和非工会资产一律登记固定资产备查簿。

第二十六条　在固定资产的日常管理中，各资产部门、财务部门、技术部门和使用部门既要分工，又要合作，共同努力管好资产。财务部门和资产部门合署办公的，应指定不同人员分别代表财务部门和资产部门行使职能。

财务部门负责按固定资产的价值分类核算，审核固定资产预算，并对固定资产管理进行监督检查。

资产部门负责对固定资产的预算编制、计划采购、验收入库、登记保管、领用发出、维修保养、调拨处置等进行具体管理，并负责分类进行实物量核算。根据各单位的实际情况，某些日常管理工作也可委托资产使用单位承担。技术部门参与专用设备的维修保养和技术鉴定。使用部门负责固定资产的合理、有效使用和日常维修管理。

第二十七条　固定资产预算及购置计划既要根据实际需要又要注意节约，要根据各类资产的配备情况及使用标准合理配置，充分利用现有固定资产，防止闲置浪费。

第二十八条 各单位资产部门必须完善固定资产登记、入库、领用、处置、清查盘点等日常管理制度。使用部门必须指定专人负责办理本部门固定资产和其它物品的领用、保管、清点等工作。

第二十九条 各单位资产部门对验收入库及投入使用的固定资产，须建立《工会固定资产卡片》，并记入《工会固定资产明细账》，按物登卡、凭卡记账。对库存的固定资产，要按照各类资产的使用说明和存放要求进行保管，填写保管单并定期检查。库存固定资产未经管理人员同意，任何人不准领用或调换。处置固定资产须填写有关工会固定资产处置报批单，据单入账。使用部门领用固定资产须填写《工会固定资产领用（出库）单》，经主管资产的领导同意后，固定资产管理人员凭单填写固定资产使用记录，并记入《工会固定资产卡片》。未经批准，任何个人不得以任何理由占用固定资产。如需借用固定资产，须经主管资产的领导同意后，办理借用手续。

第三十条 各单位资产管理部门对配备给个人使用的固定资产或物品，要建立领用、交还制度，并督促使用人爱护所用资产。工作人员离职时，应在其办理所用资产交还手续后，方可办理离职手续。

第三十一条 各单位资产管理部门、财务部门和使用部门应每半年对账一次，使账实、账卡、账账保持一致。每年年终对本单位的固定资产进行一次全面清查盘点，查明固定资产的实有数与账面结存数是否相符，固定资产的保管、使用、维修等情况是否正常。对清查盘点中发现的问题，应查明原因，说明情况，编制有关工会固定资产盘盈盘亏报批单，按管理权限核准后，调整固定资产账目。年终编制《工会固定资产年度增减变动统计表》，报主管工会和上一级工会。

第三十二条 各单位发生资产产权变动、财务和账务异常、资产损失和资金挂账严重或挂靠单位脱钩等情况，必须进行清产核资的，应由本单位资产管理部门报主管工会或上一级工会确定。

第五章 附 则

第三十三条 不符合固定资产标准的各种低值易耗品和材料，也要分类登记，参照本办法进行管理。

第三十四条 实行企业化管理的工会事业单位和工会企业的固定资产管理工作，按照国家有关规定执行。

第三十五条 凡违反本办法的，参照原国家国有资产管理局《行政事业单位国有资产管理办法》的有关规定处理。

第三十六条　各级工会组织可结合实际情况，制定固定资产管理的实施办法，重点对资产处置权限等问题提出具体要求，并报上一级工会备案。

第三十七条　本办法由中华全国总工会资产管理局负责解释。

第三十八条　本办法自印发之日起实行。中华全国总工会以前颁发的有关文件中与本办法不一致的，以本办法为准。

附：

表一　工会固定资产增加（入账、入库）单

附件　张　　　　　　　　年　月　日　　　　　　编号：

资产名称	规格型号	单位	数量	单价（元）	金额（元）	资金（产）来源	备注
合计金额（大写）							

负责人：　　　　　　审核人：　　　　　　资产经办人：

说明：此单由资产部门填制一式三联：第一联为存根，第二联为财务部门记账（连同购买发票和接受捐赠、赞助、奖励等有关资料），第三联为资产部门记账和入库。

表二　工会固定资产领用（出库）单

年　月　日　　　　　　编号：

资产名称	规格型号	单位	数量	单价（元）	金额（元）	使用部门及用途	备注
合计金额（大写）							

负责人：　　　　　　资产经办人：　　　　　　领用人：

说明：此单由资产部门填制一式三联：第一联为存根，第二联资产部门记账和出库，第三联领用部门记账。

表三（正面） 工会固定资产卡片

类别：　　　　　　　　　卡片号：

资产名称	规格型号	单位	数量	单价（元）	金额（元）	资产来源	
入账时间	启用时间	建卡时间		报废时间	存放地点	使用单位	使用保管人
年　月　日	年　月　日	年　月　日		年　月　日			
附件名称	规格型号	单位	数量	单价（元）	金额（元）	资产来源	

资产负责人：　　　　　　　　　　　　填卡人：

表三（反面） 使用（更新、改造、大修）情况记录

日期	转出单位			接收单位				更新、改造、大修
年　月　日	资产名称	经办人	负责人	资产名称	经办人	保管人	负责人	

说明：此卡由单位资产部门填制、分类管理，一件固定资产一个卡片。

表四　工会固定资产年度增减变动统计表

单位(公章)　　　　年　月　日　　　　编号：

项目 类别	期初数	本年增加(元)									本年减少(元)								期末数
		购买	有偿调入	无偿调入	自制自建	接受捐赠、赞助、奖励	盘盈		其他	小计	有偿调出	无偿调出	变卖、出租、投资	报废报损	盘亏		其他	小计	
房屋、建筑物																			
专用设备																			
一般设备																			
文物及陈列品																			
图书																			
其他固定资产																			
合计																			

财务负责人　　　　资产负责人　　　　制表人

说明：1. 本表作为年度增减变动报表由财务部门填制一式四联，分别为存根、财务、资产和主管工会或上一级工会备案。增加方式分别为：购入、捐赠、赞助、奖励、盘盈、自建、自制、调入、租入、接受投资和其他 11 个项目；养活方式分别为：盘亏、报废、报损、调出、变卖、出租、投资、非正常损失和其他 9 个项目。

2.《工会固定资产管理办法》第十二条规定发生五种情况变动工会资产价值时，第十八条规定非正常损失的固定资产填增减方式“其他”，并在“说明”栏中说明具体情况。

表五　工会基本建设竣工报告（入账）单

附件　张　　　　　　　　　　　　　　　　　　　　编号：

工程项目	单位	建筑面积（米^2）	资金来源（元）				土地证号	房产证号	用途	备注
			政府（行政）补助	主管（上一级）工会补助	自筹经费	其他经费				
合计金额（大写）										
财务部门（公章） 负责人： 经办人： 年　月　日			资产部门（公章） 负责人： 经办人： 年　月　日				基建部门（公章） 负责人： 经办人： 年　月　日			

说明：1. 各单位需要时，可根据实际情况，参照本式样自行制单。

2. 此单由基建部门填制一式四联，分别为存根和财务、资产、基建部门记账。

表六　工会自制固定资产报告（入账、入库）单

附件　张　　　　　　　　　　　　　　　　　　　　编号：

资产名称：				规格型号：		
计划数	批准时间： 年　月　日	单位：	数量：	实际数	单位：	数量：
	单价（元）：	金额（元）：			单价（元）：	金额（元）：
	批准依据或负责人：				完工日期：　　年　月　日	
成本项目（元）	材料费：	备注（余料处理情况）				
	人工费：					
	其他费：					
	合计：					
财务部门（公章） 负责人： 经办人： 年　月　日		资产部门（公章） 负责人： 经办人： 年　月　日			申报部门（公章） 负责人： 经办人： 年　月　日	

说明：1. 各单位需要时，可根据实际情况参照该式样自行制单。

2. 此单由申报部门填制一式四联，分别为存根和财务、资产、申报部门记账。

中华全国总工会财务部关于确定工会行政性固定资产单位价值标准的复函

（工财函〔2016〕12号 2016年6月7日）

四川省总工会：

你会《关于工会固定资产价值标准有关问题的请示》（川工财字〔2016〕142号）收悉。经研究，现答复如下：

各级工会组织在确认工会行政性固定资产的单位价值标准，执行《行政单位财务规则》（财政部令第71号）确定的固定资产单位价值标准。即一般设备单价1000元以上，专用设备单价1500元以上。

此复。

抄送：全总资产监督管理部、经审会办公室，各省、自治区、直辖市总工会财务部，中华全国铁路总工会、中国民航工会全国委员会、中国金融工会全国委员会财务部，中共中央直属机关工会联合会、中央国家机关工会联合会办公室，新疆生产建设兵团工会财务部

中华全国总工会办公厅关于印发《关于加强全总直属事业单位财务管理的实施意见》的通知

（总工办发〔2007〕15号 2007年5月22日）

各直属单位：

经全总书记处同意，现将《关于加强全总直属事业单位财务管理的实施意见》印发给你们，请遵照执行。

附件：

关于加强全总直属事业单位财务管理的实施意见

为加强全总直属事业单位财务管理，规范财务行为，提高资金使用效益，保证事业单位资金安全，根据国家财经法规和工会事业单位财务会计制度规定，现就加强全总直属事业单位财务管理提出如下实施意见：

一、各直属事业单位（指中央机构编制委员会对全总所属事业单位机构编制批复中所列各直属事业单位，下同）要高度重视财务管理工作，全面加强本单位的管理。事业单位财务管理的主要任务是：合理编制部门预算，如实反映本单位财务状况；依法组织收入，努力节约支出；建立健全财务制度，加强经济核算，提高资金使用效率；对本单位经济活动进行财务控制和监督。

二、各直属事业单位的财务管理和各项经济活动必须严格遵守和执行《中华人民共和国会计法》、《中华人民共和国预算法》、《会计基础工作规范》等有关法律、法规以及工会事业单位财务会计制度。

三、各直属事业单位要严格执行国家和工会的各项财务制度和预算管理制度，将所有收入（预算收入、财政拨款、赞助款和其他收入）纳入本单位财务账户统一进行管理和核算，各项支出要严格按照财务制度规定执行。各直属事业单位负责人对本单位收支情况、会计工作和会计资料的真实性、合法性负全部责任。

四、全总财务部负责对各直属事业单位财务工作实行财务、预算会计等管理和财务监督。全总经审办负责对全总各直属事业单位的财务活动进行审计，全总资产监督管理部负责考核本级企事业单位资产运营和管理状况以及经营目标完成情况。

五、各直属预算管理事业单位要严格预算资金管理，认真按照财政部、中直管理局和全总的规定，编制财政资金拨款和工会经费拨款的预算。

六、全总财务部对各直属预算管理事业单位编报的年度工会经费拨款预算，与全总的年度预算费用相平衡后，提出全总直属预算管理事业单位年度预算草案，报全总书记处会议审议；书记处会议审议同意后，提交全总经审会讨论；全总经审会审查通过后，提交书记处会议正式批准各直属预算管理事业单位年度预算。

七、各直属预算管理事业单位必须严格按照国家财政和全总书记处批准的预算执行，不得随意改变项目支出内容和已核准的金额，不得改变资金用途，不得截留、挪用项目资金。各直属预算管理事业单位在年度预算外追加预算，需事前提出追加预算申请，由全总财务部、经审办审核提出意见后，报书记处审批；属于财政拨款的，按财政部和中直管理局的规定办理。

八、各直属预算管理事业单位的预算内工会经费由全总财务部按会计期间和项目支出进度拨款。

九、各直属预算管理事业单位应按时向全总财务部、资产监督管理部上报季报和年报（决算）。按照《事业单位会计制度》的要求，季报包括资产负债表、收入支出表。季报上报一份，上报时间为季度终了20日以内。年报（决算）包括资产负债表、收入支出表、附表及会计报表附注、收支情况说明书和全总要求的其他报表。年报（决算）报表全套一式五份上报全总财务部、资产监督管理部，上报时间为年度终了后25天以内。

十、各直属非预算管理事业单位应按时向全总财务部、资产监督管理部上报季报和年报。季报包括资产负债表和损益表，上报日期为季度终了后20天以内。年报包括资产负债表、损益表、现金流量表和年度财务状况说明书，上报日期为年度终了后25天以内。季报和年报均上报一份。

十一、各直属事业单位要认真做好会计核算工作，根据实际发生的经济业务事项进行会计核算，填制会计凭证，登记会计账簿，编制财务会计报告。不得以虚假的经济业务事项或资料进行会计核算，要确保会计凭证、会计账簿、财务会计报表及其他会计资料的真实性、合法性。

十二、各直属事业单位发生的全部收支业务应全部在依法设置的单位基本账户会计账簿中收支科目内统一登记、核算。不得私设“小金库”或账外设账，不得在往来科目内超范围核算收支或在其他账户会计账簿中登记、核算收支。

十三、各直属事业单位应当严格按照国家和全总的有关规定，严格控制各项人事费用的支出。工资、津贴、补贴和奖励等项费用的开支应在全总组织部核定的工资总额内，按规定的项目和标准发放，不得擅自提高标准、重复和超范围发放。发生的所有人事费用均应在基本工资等科目内核算。

十四、各直属事业单位应严格按照财政部《行政事业性收费和政府性基金票据管理规定》的要求管理收费票据。各种收费票据应视同于货币资金，严防丢失、毁损收费票据，不得擅自转借、转让、代开收费票据。

十五、全总财务部要切实加强直属事业单位的财务会计日常监督管理工作，加大监督力度。特别要对直属预算管理事业单位的工会经费拨款使用情况进行全过程的财务监督管理。

十六、全总财务部对日常财务监督中发现的问题，要立即下达整改意见，要求有关事业单位限期予以纠正和整改；发现的重大问题由全总财务部提出初步处理意见后，上报书记处，并按照书记处决定对有关单位下达整改意见。有关单位要根据整改意见在规定期限内整改；对未落实整改意见的单位，暂时停止对其项目预算执行的审批。

十七、全总经审办要建立健全直属事业单位经费审查监督制约机制，通过加大审查和审计力度，扩大审计面，严肃财经纪律，促进工会经费管理水平和使用效率的提高，防止发生违纪违规现象。

十八、对违反财经纪律、法规和制度，有下列行为的，要追究有关事业单位和有关人员的责任，由全总财务部或经审办、全总机关纪检等部门和单位依纪依规严肃处理。

（一）伪造、变造虚假合同、发票，骗取资金。

（二）擅自改变预算资金的性质和使用范围，截留、挪用项目资金，报销与项目无关的开支。

（三）利用工作之便违规套取现金。

（四）私设“小金库”，不按规定核算收支，账外核算或账外设账。

（五）擅自转让、转借、代开收费票据。

（六）其他严重违反财经纪律、法规和制度的行为。

十九、关于直属事业单位工会资产监督管理事宜，按照《全总本级企事业单位资产监督管理规定》执行。

中华全国总工会本级企事业单位资产监督管理暂行规定

（总工发〔2007〕33号　2007年9月28日）

为加强中华全国总工会本级企事业单位资产的监督管理，保证工会资产的安全和保值增值，促进本级企事业单位发展改革，依据《工会法》、《中国工会章程》以及《中华全国总工会关于工会企事业单位资产监督管理的暂行规定》，制定本规定。

第一条　中华全国总工会（以下简称全总）本级企事业单位（以下简称企事业单位）的资产属于全总所有。全总书记处授权资产监督管理部对企事业单位的工会资产实行统一监督管理，依法履行出资人职责，维护所有者权益。

第二条 资产监督管理部支持企事业单位依法自主经营。企事业单位接受资产监督管理部的监督管理，接受全总经费审查委员会办公室的审计监督，对其占有和使用的工会资产承担保值增值责任，不得损害所有者的合法权益。

企事业单位对本单位的工会资产依法进行经营和管理，做好本单位资产管理和财务管理的各项基础工作，建立健全各项资产管理和财务管理的规章制度，按月向资产监督管理部报送财务报表，年底报送财务状况说明书。

第三条 建立和实行企事业单位重大经营决策事项的审批制度。资产监督管理部按照全总书记处授予的权限，对企事业单位的重大经营决策事项进行审批，或审核后上报全总书记处批准。

一、需审批的事项及权限

1. 企事业单位改革改制、资产重组、合并分立、增减资本、关闭清算等事项，须由资产监督管理部审核，报全总书记处批准。

2. 企事业单位申请由全总出资购置设备或进行投资、基本建设（包括改造、装修）的项目，须由资产监督管理部审核，报全总书记处批准。

3. 凡涉及企事业单位房屋产权、土地使用权及工会股权转让、置换的事项，须由资产监督管理部审核，报全总书记处批准。

4. 企事业单位进行资产处置、资产经营（包括长期投资、招商引资、合资合作、承包经营、租赁经营、托管经营、委托理财）、融资借、贷款和资产抵押，涉及金额在100万元以下的事项，由企事业单位自行决定，报资产监督管理部备案；100万元—500万元的事项，报资产监督管理部审批；500万元以上的事项，由资产监督管理部审核，报全总书记处批准。

5. 企事业单位以自有资金进行资产购置，单项或批量金额在100万元以下的，由企事业单位自行决定，报资产监督管理部备案；单项或批量金额在100万元—500万元，报资产监督管理部审批；单项或批量金额在500万元以上的，由资产监督管理部审核，报全总书记处批准。

6. 企事业单位以自有资金进行基本建设投资（包括改造、装修），涉及金额在300万元以下的项目，由企事业单位自行决定，报资产监督管理部备案；300万元—500万元的项目，报资产监督管理部审批；500万元以上的项目，由资产监督管理部审核，报全总书记处批准。

7. 企事业单位核销呆坏账、固定资产报废，单项或批量金额（净值）在50万元以下的，由企事业单位自行决定，报资产监督管理部备案；单项或批量金额（净值）50万元—300万元，报资产监督管理部审批；单项或批量金额（净值）300万元以上的，由资产监督管理部审核，报全总书记处批准。

上述条款中凡涉及房屋产权和土地使用权的事项，其价值均为评估价值。

二、审批程序

企事业单位报批重大经营决策事项时，应向资产监督管理部提交相关书面资料。主要包括：《全总本级企事业单位重大经营决策事项呈报单》、请示报告、项目分析或可行性报告、意向性协议及其他相关资料等。审批材料报资产监督管理部综合处。

第四条 资产监督管理部要按照全总的要求，组织协调、监督检查企事业单位不动产产权登记工作。全总对企事业单位依法占有和使用（包括政府拨付使用及政府补助资金形成）的房屋和土地资产，一律进行工会资产产权登记，依法取得房屋所有权证和土地使用权证，核发《中华全国总工会工会资产产权登记证》，并按照物权法的规定，进行不动产物权登记。

第五条 实行企事业单位资产经营目标责任制。资产监督管理部根据企事业单位的不同性质，分类确定资产保值增值指标体系。分管资产监督管理部工作的全总副主席与企事业单位负责人签订年度资产经营目标责任书，并以此作为对企事业单位负责人和领导班子进行年度考核的依据。

第六条 建立重大经营决策责任约束和风险控制机制。资产监督管理部和企事业单位，在重大经营决策的各个环节都必须明确责任，按权限分别由有关负责人对决策事项进行签批，形成相应的责任约束。对企事业单位经营管理过程中出现重大危及资产安全的情况，资产监督管理部有权进行风险提示。企事业单位要建立内部风险控制机制，提高防范和化解风险的能力。

严禁企事业单位及其所属二级单位超越权限，未经资产监督管理部批准擅自投资、融资和处置资产，以及开展合资合作项目。

严禁企事业单位及其所属二级单位向其他单位出借资金或为其他单位提供担保、抵押和质押。

严禁企事业单位及其所属二级单位违反国家金融法规运作资金。

第七条 建立和实行法律顾问制度。企事业单位要聘请有法律顾问执业资格、熟悉本单位业务领域及相关法律法规的专业人员担当企事业单位的法律顾问。法律顾问对企事业单位法人负责，参与企事业单位重大经营决策，对企事业单位经营管理工作提供法律支持，全面负责本单位的法律事务。

第八条 建立企事业单位重大事项报告制度。下列重大事项应及时向资产监督管理部报告：

一、国家政策、市场环境等外界因素发生突变，对企事业单位经营管理产生重大影响的；

二、发生生产安全事故，造成企事业单位人员伤亡和重大财产损失的；

三、涉及企事业单位资产的仲裁、诉讼或者企事业单位资产被执法机关和单位采取查封、冻结、扣押等强制措施的；

四、其他突发事件。

第九条　建立企事业单位负责人经济责任审计制度。离任经济责任审计应坚持先审后离的原则，企事业单位负责人未经离任审计，原则上不得调任、辞职、退休。离任审计内容为任期内本单位资产、负债和损益情况，资产经营效果和效率情况，以及执行国家、全总有关规定和财经纪律情况。

全总组织部、经审办和资产监督管理部组成联合审计小组，负责离任审计工作。

第十条　企事业单位实行集体决策与个人分工负责相结合的决策体制，建立科学的经营决策机制。企事业单位应当进一步完善内部决策制度和决策程序，坚持科学决策和民主决策。所有经营决策都必须审慎进行可行性分析，重大经营项目和改革方案要经过有符合资质要求的咨询机构或专业人士的评估，提出可行性方案，按照各级审批权限和程序，进行决策和审批。

第十一条　加强对企事业单位的薪酬管理。全总成立全总直属单位工资基金监督管理小组（组织部、财务部、经审办公室、资产监督管理部组成），在全总书记处领导下，对直属单位的工资基金进行统一监督和管理。

第十二条　企事业单位必须建立健全劳动、人事、工资等各项经营管理规章制度，加强经营管理，节约成本，提高效益和效率。

第十三条　资产监督管理部定期向全总书记处报告企事业单位资产监督管理工作和工会资产保值增值状况，遇有重大事项随时提请汇报。

第十四条　资产监督管理部负责人及相关人员渎职、失职、决策失误，或违反本规定干预企事业单位的生产经营活动，侵犯其合法权益，造成工会资产损失或其他严重后果的，对责任人给予纪律处分，直至依法追究行政和法律责任。

第十五条　企事业单位未按照规定向资产监督管理部报告财务状况、生产经营状况和资产保值增值状况的，资产监督管理部予以警示；企事业单位负责人及相关人员不接受资产监督管理部的风险警示、不遵守法律法规、决策失误、滥用职权、渎职、失职，造成工会资产损失的，对责任人给予纪律处分，直至依法追究行政和法律责任。

第十六条　本规定由全总资产监督管理部负责解释。

第十七条　本规定自公布之日起施行。全总及其有关部门在本规定施行前制定的企事业单位的有关规章制度，与本规定不一致的，依照本规定执行。

中华全国总工会关于工会企事业单位资产监督管理的暂行规定

（总工发〔2007〕34号　2007年9月28日）

第一章　总　则

第一条　为加强工会企事业单位资产监督管理，实现工会资产保值增值，防止工会资产流失，依据《物权法》、《工会法》和《中国工会章程》，制定本规定。

第二条　本规定适用于各级地方工会、产业工会和基层工会所属登记注册的企业、事业单位以及职工互助、合作组织（以下简称工会企事业单位）中的工会资产的监督管理。

第三条　本规定所称工会资产，是指工会企事业单位依法占有和使用的资产，包括各级地方工会、产业工会、基层工会对工会企事业单位各种形式的投资、拨款所形成的资产和权益，政府拨付使用的不动产、专项补助资金以及社会各界对工会企事业单位捐赠形成的资产和权益。

第四条　工会资产是工会组织发展壮大的重要条件，是工会开展活动的物质基础。工会资产的使用应坚持为改革开放和发展社会生产力服务、为职工群众服务、为工运事业服务的原则。

第五条　工会资产是属于工会所有的社团财产，其不动产和动产受法律保护。中华全国总工会（以下简称全总）对各级地方工会、产业工会和基层工会（以下简称各级工会）的资产拥有终极所有权。

第六条　工会资产按照“工会统一所有，分级监督管理，单位占有使用”的原则，建立权利、义务和责任相统一的监督管理体制。

第七条　各级工会要严格执行国家有关法律、法规，对本级工会及其领导下的各级工会资产的安全完整和保值增值负责，采取有效措施，管好、用好、经营好工会资产，防止资产流失。

第二章　工会资产监督管理机构

第八条　全总设立全总工会资产监督管理委员会，负责研究指导全国工会企事业资产监督管理工作。

全总资产监督管理部是全总工会资产监督管理机构，承担全总工会资产监督管理委员会日常工作，负责对全国工会企事业资产进行监督管理，对全总本级企事业单位履行出资人职责，审批、审核各级工会和全总本级企事业单位重大的资产使用、经营和处置事项。

各级工会应加强工会资产监督管理机构的建设，设立或明确工会资产监督管理的责任部门，代表本级工会对所辖各级工会企事业资产进行监督管理，并在上级工会和本级工会授权范围内，对本级工会企事业单位履行出资人职责。

上级工会资产监督管理机构按照规定对下级工会资产监督管理机构的工作进行指导。

第九条　工会资产监督管理机构的主要职责是：

1. 贯彻执行国家有关政策法规，研究制定监管范围内的工会资产监督管理的有关规定及其实施办法并组织实施。

2. 组织清产核资、产权登记、资产评估、资产统计、资产处置等工会资产的基础管理和产权管理工作。

3. 按权限审批、审核工会资产产权及土地使用权转让置换，资产重组、招商引资、合资合作、资产抵押、承包经营、托管租赁、关闭清算等资产使用、经营和处置事项。

4. 审批、审核本级工会企事业单位的发展规划、经营方针、年度预算与决算方案、重大投资改造、资产处置等事项。

5. 对本级工会企事业单位资产的运营进行监督。建立和完善本级工会企事业单位工会资产保值增值指标体系，实施资产经营管理目标责任制，对资产收益进行考核，会同有关部门编制再投入预算建议计划。

6. 对本级工会企事业单位负责人的经营业绩进行考核与评价，提出相应的考核意见。对于文化宫、职工学校、工人报刊等文化事业单位的考核，应吸收业务指导部门参与，进行综合评价。

7. 指导和推进工会企事业单位优化产业结构，深化改革、加强管理和建立现代经营管理制度。协调工会企事业发展中的有关政策，总结推广经验，组织人员培训。

第十条　工会资产监督管理机构支持工会企事业单位依法自主经营。工会企事业单位接受工会资产监督管理机构的监督管理，努力提高社会效益和经济效益，对其经营和管理的工会资产承担保值增值的责任，不得损害所有者权益。

第十一条　工会资产监督管理机构可以对本级工会企事业单位中资产规

模较大、法人治理结构完善、内部管理制度健全、经营状况良好的独资企业或实行企业化管理的事业单位实行授权经营。被授权的工会企业单位对其投资的全资、控股、参股企业中的工会资产应当承担经营管理和产权监督管理的责任。

第三章 工会资产的管理

第十二条 全总根据全国工会资产监督管理工作的需要，制订全国工会企事业单位资产监督管理的规章制度。各级工会应当认真执行全总的有关规章制度，并结合实际情况，制定各自相应的规章制度和实施办法。省级工会有关规定须报全总资产监督管理部备案。

第十三条 各级工会资产监督管理机构要在同级工会组织领导下，按照全总有关资产监督管理的规定，做好本地区和本级工会企事业单位资产的清产核资、产权界定、资产评估、资产统计、综合评价等基础管理工作，定期分析并向本级工会报告企事业单位工会资产状况。

第十四条 各级工会资产监督管理机构要按照本级工会和上级工会资产监督管理机构的要求，组织协调、监督检查工会企事业单位进行不动产产权登记，依法取得房屋所有权证和土地使用权证，并按照物权法的规定，进行不动产物权登记。

全总对各级工会依法占有和使用的房屋和土地资产进行工会资产产权登记，核发《中华全国总工会工会资产产权登记证》。

第十五条 工会资产监督管理机构应当建立健全对本级企事业单位及其负责人的资产经营管理业绩考核制度和激励约束机制，与企事业单位负责人签订年度和任期资产经营目标责任书，依据责任书对经营目标完成情况进行考核并提出考核意见。

第十六条 工会企事业单位在进行改制、重组、分立、合并、破产、解散，以非货币资产对外投资、招商引资，或进行资产转让、拍卖和置换时，必须委托具有相应资质的评估机构，对工会资产、相关资产以及合作方的资信情况进行评估，并由同级工会或上级工会资产监督管理机构对评估报告进行审核确认。

工会企事业单位在收购非工会资产、接受工会系统以外单位以实物形式偿还债务、与工会系统以外单位或自然人共同组建公司制企业时，应当对相关非工会资产（包括有形资产和无形资产）进行评估。

第十七条 工会资产监督管理机构应当规范和完善工会资产产权交易监督管理工作。逐步创造条件，使工会资产产权交易依法采取公开招标的方式，通过批准设立的产权交易机构公开进行。

第十八条　工会资产监督管理机构要根据工会资产监督管理工作的需要，组织好工会资产监督管理干部的培训工作，提高资产监督管理干部队伍素质和工作水平。

第四章　工会资产的监督

第十九条　上级工会资产监督管理机构应当对下级工会资产管理机构贯彻落实工会资产监督管理规章制度的情况进行检查，及时督查纠正工会资产监督管理和运营中的违规违纪行为。

第二十条　工会资产监督管理机构应对本级工会企事业单位的财务和资产情况进行检查和监督，可以根据需要，向本级工会独资企业和实行企业化管理的事业单位派出总会计师或财务总监。工会企事业单位应当按照规定，定期向本级工会资产监督管理机构报告财务和资产状况。

第二十一条　工会资产监督管理机构应定期向本级工会经费审查委员会报告资产监督管理工作和所监督管理的工会资产状况。

第二十二条　工会企事业单位应当接受同级工会经费审查委员会办公室的审计，并依照有关规定，建立健全企事业单位内部财务、审计和职工民主监督等制度。

第五章　企事业单位重大事项管理

第二十三条　全总对地方总工会、全国产业工会重大的资产使用、经营和处置事项实行审批制。地方总工会、全国产业工会须报全总审批的主要有两项：1. 所属企事业单位将占有和使用的土地与工会系统以外单位进行使用权转让（包括无偿划转）、开发利用及置换的全部事项；2. 所属企事业单位与工会系统以外单位进行资产重组、招商引资、合资合作、承包经营、租赁经营、委托经营等，涉及资产金额在 1000 万元以上或合作期限 10 年以上（含 10 年）的事项（涉及房屋及土地使用权的金额为评估金额）。

凡报送全总审批的事项，由省级工会、全国产业工会审核同意后上报全总资产监督管理部。全总资产监督管理部按照全总书记处授予的权限进行审批，或审核后上报全总书记处批准。

第二十四条　在第二十三条规定的全总审批权限之外的各级工会企事业单位资产的使用、经营以及处置的权限及其规定，由各省级工会、全国产业工会依照本规定制定，并报全总资产监督管理部备案。

各级地方产业工会、基层工会属于第二十三条的事项，由省级工会审批。

第二十五条 各级工会及其资产监督管理机构要对本级企事业单位的下列重大事项实行审批管理。

（一）工会独资企业章程；

（二）企事业单位重大投融资计划，资产重组、股份制改造方案；

（三）企事业单位经营预算与决算方案、工资分配方案；

（四）企事业单位工会资产产权、土地使用权转让（包括无偿划转）、土地资源开发利用及置换事项；招商引资、合资合作、资产抵押、承包经营、托管租赁等事项；

（五）企事业单位的分立、合并、破产、解散；

（六）本级工会规定的其他重大事项。

上述事项中，凡属于第二十三条规定范围内资产使用、经营和处置的重大事项，逐级经地方总工会审核同意后，上报全总审批；其他事项涉及的本级工会与其资产监督管理机构的审批、审核权限的划分，由本级工会依据上级工会的有关规定确定。

第六章　行政责任

第二十六条 各级工会资产监督管理机构不认真履行工会资产监督管理职责，不维护工会资产安全和工会利益，造成工会资产损失或者其他严重后果的，对直接负责的主管人员和其他直接责任人员给予纪律处分，追究其行政责任。

第二十七条 工会企事业单位未按规定向同级工会资产监督管理机构报告财务状况、经营状况和资产保值增值状况的，予以批评并责令改正。

第二十八条 工会企事业单位负责人决策失误、违规经营、滥用职权、玩忽职守，造成工会资产重大损失的，应给予纪律处分，追究其行政责任。

第二十九条 下级工会未按规定向上级工会报批资产使用、经营和处置事项，工会企事业单位未按规定向本级工会资产监督管理机构报批重大事项，要予以通报批评。由此造成工会资产损失或者其他严重后果的，应对有关责任人员给予纪律处分，追究其行政责任。

第七章　附　则

第三十条 本规定由全总资产监督管理部负责解释。

第三十一条 本规定自公布之日起施行。

第三十二条 全总及其有关部门在本规定施行前制定的工会企事业单位资产监督管理的规章制度，与本规定不一致的，依照本规定执行。

财政部 中华全国总工会关于各级总工会及所属事业单位资产产权界定问题的通知

（财行〔2008〕82 号 2008 年 4 月 18 日）

各省、自治区、直辖市、计划单列市财政厅（局）、总工会，新疆生产建设兵团财务局、工会：

根据国家有关规定，现就各级总工会及所属事业单位资产产权界定有关问题通知如下：

一、凡由工会会员缴纳的会费，建立工会组织的企业、事业单位、机关按每月全部职工工资总额的 2% 向工会拨缴的经费，工会所属企业、事业单位上缴的收入，及工会自筹资金等其他收入形成的资产，属于工会资产，应作为工会资产登记入账。

二、凡由国家拨给各级总工会及所属事业单位使用的资产，属于国有资产，应作为国有资产登记入账。

三、凡由国家拨付资金形成的资产，属于国有资产，应作为国有资产登记入账。

2007 年 9 月 30 日以前，根据《关于工会资产界定与管理问题的通知》（总工财字〔1993〕66 号）有关规定，由国家拨付资金形成的资产中，已经作为工会资产登记入账的部分，可以继续作为工会资产管理。2007 年 10 月 1 日以后，由国家拨付资金形成的资产，应全部作为国有资产登记入账和管理。

四、由不同资金来源形成的资产，应根据不同资金来源所占份额，明确其产权性质，分别作为国有资产和工会资产登记入账。

五、各级总工会及所属事业单位占有使用的国有资产和工会资产，任何组织和个人不得侵占、挪用和任意调拨。

六、各级财政部门、各级总工会及所属事业单位，要依照有关法律法规，采取切实措施，维护国有资产和工会资产的安全和完整，防止资产流失，提高资产使用效益。

中华全国总工会资产监督管理部 工会企事业单位资产处置暂行办法

（工资字〔2009〕25号　2009年11月5日）

为进一步加强工会企事业单位资产监督管理，规范工会企事业单位资产处置行为，保障工会所有者权益，防止工会资产流失，实现工会资产保值增值，依据《工会法》《中国工会章程》和《中华全国总工会关于工会企事业单位资产监督管理的暂行规定》，制定本办法。

一、本办法所称工会企事业单位资产，是指工会企事业单位依法占有和使用的资产，包括各级地方工会、产业工会和基层工会对工会企事业单位各种形式的投资、拨款所形成的资产和权益，政府拨付使用的不动产、专项补助资金以及社会各界对工会企事业单位捐赠形成的资产和权益。

二、工会企事业单位资产处置必须遵循审慎、有偿和公开、公平、公正的原则，严格履行审批程序，未经批准任何组织和个人不得擅自处置。

三、工会企事业单位资产处置的范围

1. 被列入地方城市改造规划，需要择址新建工会企事业单位的资产。

2. 进行转让（包括拍卖）、置换、重组和抵押的资产。

3. 以房、地产进行招商引资、合资合作、承包经营、租赁经营以及企事业单位关闭清算的资产。

4. 需要处置的闲置资产。

5. 依照国家和全国总工会有关规定需要处置的其他资产和权益。

四、工会企事业单位资产处置应具备的条件

1. 因地方政府城市改造规划涉及工会企事业单位资产处置，地方政府有明确补偿安置意见。

2. 企事业单位无发展前景，经营管理不善，各项负担沉重，拟实施关闭或市场退出，其主办工会和省级工会有明确审核意见。

3. 拟处置的资产已由具有相应土地、房屋评估资质的机构评估。

4. 置换给工会的土地、房屋必须权属合法、无争议，权属证明齐全。

5. 新建文化宫、体育场馆等职工文化体育活动场所使用的土地应以政府划拨方式取得，选址应当位于城市商务或政务中心，人口集中、交通便利，具有良好发展前景，先建设后拆除；新建疗休养院应选择具有疗休养资源的地理环境。上述二者的占地面积均不得少于原有面积，且具有较高的建设标准。

6. 新建工会企事业单位建设资金必须有保证，包括原有土地、房屋有偿转让所得、政府补助以及工会自筹资金等必须达到总建设资金的90%以上。

7. 职工安置方案必须符合国家政策规定，切实保障职工权益和企事业的稳定。

五、工会企事业单位资产处置的权限

1. 地方总工会和全国产业工会所属企事业单位将占有和使用的土地与工会系统以外单位进行使用权转让、开发利用及置换的全部事项由全国总工会审批。

2. 地方总工会和全国产业工会所属企事业单位与工会系统以外单位进行资产重组、招商引资、合资合作、承包经营和租赁经营等，涉及资产金额在1000万元及以上（涉及房屋及土地使用权的金额为评估金额）或企事业单位将全部资产投入且合作期限10年及以上的事项由全国总工会审批。

3. 在全国总工会审批权限之外的各级地方工会、产业工会和基层工会所属企事业单位资产处置的权限，由各省级工会、全国产业工会依照全国总工会的有关规定制定，并报全国总工会资产监督管理部备案后施行。

六、工会企事业单位资产处置的报批程序

1. 请示。符合资产处置条件的工会企事业单位资产处置事项，由主办工会提出请示并按审核、审批权限逐级报送上级工会审核或审批。

凡须经全国总工会审批的工会企事业单位资产处置事项，由各省级工会、全国产业工会审核同意后向全国总工会资产监督管理部提出资产处置专项请示。

（1）请示的内容：资产所在企事业单位有关情况（资产、负债和所有者权益等），拟处置资产基本情况（具体位置，土地性质、面积和评估价格，房屋的建筑结构、面积和评估价格等），资产处置的原因及方式，拟置换给工会的资产情况（具体位置、土地性质、面积及评估价格，房屋的建筑结构、面积和评估价格等），拟新建的工会企事业单位资产情况（具体位置、土地性质、面积及价格，建筑规模、建设资金来源和建成后的产权归属等），职工安置情况，省级工会、全国产业工会的审核意见。

（2）随请示附加以下材料：①当地政府批准文件和有关会议纪要（复印件须加盖报送单位公章）；②评估机构出具的土地、房产评估报告和土地使用权证、房屋所有权证复印件（加盖报送单位公章）；③评估机构出具的合作方资信情况评估报告（报送单位核实确认后加盖报送单位公章）；④合作方法人证书或营业执照复印件（加盖合作方公章）；⑤双方草签的合同（必须注明经全国总工会批准方能生效）；⑥宗地图；⑦标明工会企事业单位资产所处位置的城市地图。

2. 审批。对下级工会报送的资产处置请示，上一级工会须进行调查核实，全国总工会认为必要，可直接进行进一步的核查，在此基础上按审批权限进行审批，并出具批准文件。

已经批复的资产处置方案不得擅自改变，在实施过程中有重大改变或者出现对原处置方案有重大影响的情形（原资产处置方案中确定的资产金额增加或减少10%及以上、合作期限延长或缩短两年及以上等），须及时逐级向批准机构报告，并按原审批程序重新报批。

七、工会企事业单位资产处置事项的管理

1. 被批准处置的工会企事业单位资产中涉及产权交易的项目应通过依法批准设立的产权交易机构公开进行，不得私下交易且交易价格不得低于评估价格。

2. 已经批复的工会企事业单位资产处置事项，在实施完毕后须将落实情况以书面形式逐级向批准机构报告，跨年度实施的资产处置方案，须在每个年度末逐级向批准机构如实报告实施进展情况。

3. 工会企事业单位资产处置事项完成后要及时进行账务处理并及时办理相应的产权登记手续，依法取得土地使用权证、房屋所有权证，重新核发工会资产产权登记证。

4. 各级工会资产监督管理部门要建立健全工会资产处置管理档案并按规定期限保存。

八、监督检查和相关责任

1. 各级工会资产监督管理部门要认真严格地履行各项工作职责，加强工会企事业单位资产处置的管理和监督，对工会企事业单位资产及处置情况定期或不定期进行专项检查，发现问题，及时处理。

2. 违反本办法规定擅自处置或者在审批中以权谋私、徇私舞弊、弄虚作假，造成工会企事业单位资产损失或者其他严重后果的，责令其恢复资产原状或赔偿损失，并对直接负责的主管人员和其他直接责任人员视情节给予纪律处分，追究其行政责任；触犯法律构成犯罪的，移送司法机关处理。

九、本办法由全国总工会资产监督管理部负责解释。

十、本办法自公布之日起施行。

中华全国总工会办公厅关于印发《工会企事业单位资产损失责任追究暂行办法》的通知

（总工办发〔2011〕42 号　2011 年 9 月 15 日）

各省、自治区、直辖市总工会，各全国产业工会，中共中央直属机关工会联合会、中央国家机关工会联合会，全总各部门、各直属单位：

现将《工会企事业单位资产损失责任追究暂行办法》印发给你们，请认真贯彻执行。

附件：

工会企事业单位资产损失责任追究暂行办法

第一章　总　则

第一条　为加强工会企事业单位资产保护，完善工会资产监管责任制度，规范工会企事业单位资产损失责任追究行为，防止和避免工会资产重大损失，根据国家有关法律、法规和《中华全国总工会关于工会企事业单位资产监督管理的暂行规定》，制定本办法。

第二条　各级工会企事业单位及其所属企事业单位（以下简称工会企事业单位）资产损失责任追究工作，适用本办法。

第三条　工会企事业单位经营管理人员和其他有关人员违反国家和工会有关规定以及工会企事业单位规章制度，未履行或者未正确履行职责，造成工会企事业单位直接或者间接资产损失的，经调查核实和责任认定，应当追究其责任。

第四条　工会企事业单位资产损失责任追究遵循客观公正和违规必纠原则，惩罚和教育相结合原则，行政处分和经济处罚相结合原则，责任与权利相一致原则，责任追究与实际资产损失相适应原则。通过责任追究，促使工会企事业单位完善监督机制，加强资产管理。

第二章　工作职责

第五条　工会企事业单位资产监督管理机构在资产损失责任追究工作中的主要职责包括：研究制定工会企事业单位资产损失责任追究有关规章、制度；负责管理权限范围内相关责任人的资产损失责任追究工作；负责重大和特别重大资产损失责任追究工作；指导和监督工会企事业单位资产损失责任追究工作；受理工会企事业单位直接处罚的相关责任人的申诉或者复查申请；其他有关资产损失责任追究工作。

第六条　工会企事业单位在资产损失责任追究工作中的主要职责包括：研究制定本企事业单位资产损失责任追究工作制度；负责管理权限范围内相关责任人的资产损失责任追究工作；指导和监督所属各级企事业单位资产损失责任追究工作；配合工会企事业单位资产监督管理机构开展重大和特别重大资产损失责任追究工作；受理所属各级企事业单位处罚的相关责任人的申诉或者复查申请；工会企事业单位资产监督管理机构交办的其他有关资产损失责任追究工作。

设立董事会的企事业单位对经营管理层的责任追究工作，应当由董事会负责组织实施，并报工会企事业单位资产监督管理机构备案。但按照规定应当由工会企事业单位资产监督管理机构实施的除外。

第七条　工会企事业单位应当明确内部各职能部门在资产损失责任追究工作中的职责。资产、财务、审计等部门应做好资产损失认定工作；组织人事、财务、纪检监察等部门应根据有关规定及时提出对相关责任人的处理建议并根据有关处理决定落实对相关责任人的处理和处罚。各部门应认真履行追究工作责任，未有效履行的，应对部门负责人给予纪律处分。

第八条　工会企事业单位发生资产损失，应当及时采取有效措施，减少或者挽回损失；发生重大或者特别重大资产损失的，应当及时向工会企事业单位资产监督管理机构报告。

第九条　开展资产损失责任追究工作按照以下流程进行：

（一）组织调查、核实资产损失情况；

（二）明确资产损失性质，进行责任认定，听取相关责任人的陈述；

（三）研究作出责任追究决定，涉及管理权限外责任人的，提出处理建议并报送有管理权限的机构处理，或按照有关规定移交相关部门处理；

（四）受理相关责任人的申诉，组织复查；

（五）组织落实处理决定，监督检查执行情况。

工会企事业单位内部下一级单位应当向上一级单位报告资产损失责任追

究情况，工会企事业单位应当向工会企事业单位资产监督管理机构报告资产损失责任追究情况，下级工会企事业单位资产监督管理机构应当向上一级工会企事业单位资产监督管理机构报告资产损失责任追究情况。发生重大或者特别重大资产损失的责任追究情况，应当逐级向中华全国总工会资产监督管理部报告。

上一级工会企事业单位或资产监督管理机构应当指导和监督下一级工会企事业单位或资产监督管理机构资产损失责任追究工作。

第十条 工会企事业单位资产损失相关责任人对处理建议有异议的，可以提出书面陈述意见，并提供相关证明材料；对处理决定有异议的，可以在处理决定下达之日起30个工作日内，向上级单位申请复查。上级单位复查过程不影响处理决定的下达和执行。

第三章 资产损失认定

第十一条 工会企事业单位应当建立资产损失定期检查机制，在经营管理中及时发现并认定损失，并结合财务决算管理、经济责任审计和内部审计等工作，在对资产状况进行全面核实的基础上发现并认定资产损失。

第十二条 对工会企事业单位发生的资产损失，应当在调查核实的基础上，依据有关规定和确凿、合法、有效的证据认定损失性质、情形及金额。

第十三条 工会企事业单位资产损失责任追究中能够证明资产损失真实情况的各种事实，均可作为损失认定证据。主要包括：

（一）司法机关、公安机关、行政部门、工会经审部门、专业技术鉴定部门等依法出具的与本企事业单位资产损失相关的书面文件；

（二）会计师事务所、资产评估机构、律师事务所、税务师事务所等社会中介机构对工会企事业单位某项经济事项出具的专项经济鉴证证明或者意见书；

（三）工会企事业单位内部涉及特定事项的资产损失的会计记录、内部证明材料或者内部鉴定意见书等；

（四）可以认定资产损失的其他证明材料。

第十四条 认定资产损失金额应当包括直接损失金额和间接损失金额。直接损失金额是与相关人员行为有直接因果关系的资产损失金额；间接损失金额是由相关人员行为引发或者导致的、除直接损失金额之外的、能够确认计量的其他资产损失金额。

第十五条 资产损失金额应当依据有关会计账簿记录，按照会计核算确认的损失分类分项进行认定。未在会计账簿记录或者账面价值与公允价值相差较大的资产，应当按照市价、重置价值等公允价值认定资产损失金额。

第十六条 资产损失根据工会企事业单位实际情况，按照金额大小和影响程度划分为一般资产损失、较大资产损失、重大资产损失和特别重大资产损失。

（一）一般资产损失是指工会企事业单位资产损失金额较小且造成影响较小的。

（二）较大资产损失是指工会企事业单位资产损失金额较大，或者在工会企事业单位造成一定不良影响的。

（三）重大资产损失是指工会企事业单位资产损失金额巨大，或者在工会企事业单位及工会系统内造成严重不良影响的。

（四）特别重大资产损失是指工会企事业单位资产损失巨大并影响工会企事业单位持续经营和发展能力，或者在工会系统外造成严重不良影响的。

第四章　资产损失责任追究范围

第十七条 工会企事业单位经营管理人员在企事业单位采购产品、服务，销售产品或者提供服务，工程建设、更新改造，资产转让、收购、处置，改组改制，合资合作等过程中，在资金管理和使用，投资决策和投资管理，从事股票、期货、外汇以及金融衍生工具等业务中，在从事保证、抵押、质押等担保活动中，未按照相关规定执行造成资产损失的，应当追究相关责任人责任。

第十八条 对房屋建筑物、机器设备、运输设备、原材料、在产品、产成品等实物资产保管不当、维护不善，造成非正常毁损、报废或者丢失、被盗的，因管理不当、出现重大责任事故造成资产损失的，应当追究相关责任人责任。

第十九条 未按照会计制度及会计准则规定核算或者披露已发生的资产损失，导致工会企事业单位严重账实不符、会计信息失真的，应当追究相关责任人责任。

第二十条 除第十七条至第十九条以外，因工会企事业单位内部控制存在重大缺陷或者内部控制执行不力等其他情形造成资产损失的，应当追究相关责任人的责任。

第五章　资产损失责任划分

第二十一条 工会企事业单位资产损失责任分为直接责任、主管责任、分管领导责任和重要领导责任。直接责任是指相关人员在其职责范围内，未履行或者未正确履行职责，以及违反法律、法规和相关规定，造成资产损失时所应当承担的责任。主管责任是指工会企事业单位部门主管负责人在其职责范围内，未履行或者未正确履行主管工作职责，以及违反法律、法规和相关规定，造成资产损失时所应当承担的责任。分管领导责任是指工会企事业单位分管负责人在其职责范围内，未履行或者未正确履行分管工作职责，以及违反法律、法规和相关规定，造成资产损失时所应当承担的责任。重要领导责任是指工会企事业单位主要负责人在其职责范围内，未履行或者未正确履行管理职责，以及违反法律、法规和相关规定，造成资产损失时所应当承担的责任。

第二十二条　工会企事业单位因未建立内控管理制度或者内控管理制度存在重大缺陷，造成工会企事业单位重大或者特别重大资产损失的，除按照本办法对其他相关责任人进行责任认定外，工会企事业单位分管负责人和工会企事业单位主要负责人应当分别承担分管领导责任和重要领导责任。

第二十三条　下级企事业单位发生重大或者特别重大资产损失，除按照本办法对下级企事业单位相关责任人进行责任认定外，其上级工会企事业单位相关负责人应当承担相应的分管领导责任或者重要领导责任。

第二十四条　工会企事业单位因违反有关规定，未履行或者未正确履行职责，导致决策失误造成重大或者特别重大资产损失的，工会企事业单位主要负责人应当承担直接责任，参与决策的工会企事业单位其他人员应当承担相应的责任。参与决策的人员经会议记录证明决策时曾表明异议的，可以免除相应的责任。

第二十五条　工会企事业单位发生重大或者特别重大资产损失隐瞒不报或者少报资产损失的，除按照本办法对相关责任人进行责任认定外，企事业单位分管财务负责人和工会企事业单位主要负责人应当承担分管领导责任和重要领导责任。

第二十六条　工会企事业单位发生重大或者特别重大资产损失，未对相关人员进行责任追究的，一经查实，除按照本办法对相关责任人进行处罚外，对工会企事业单位主要负责人应当比照直接责任人进行处罚。

第二十七条　有充分证据证明资产损失不是工会企事业单位经营管理人员造成的，可免予追究责任。对造成损失的相关责任人的追究根据有关规定另行处理。

第六章　资产损失责任处罚

第二十八条　对资产损失责任人的处罚包括经济处罚、行政处分和禁入限制。经济处罚是指扣发绩效薪金（奖金）；行政处分是指警告、记过、降级（职）、责令辞职、撤职、解聘、开除等；禁入限制是指在1至5年内或者终身不得被工会企事业单位聘用或者担任工会企事业单位负责人。

以上处罚可以单独适用，也可以合并适用。

第二十九条 工会企事业单位发生资产损失，经过查证核实和责任认定后，在依据国家、工会或者工会企事业单位有关规定要求予以赔偿的基础上，应当根据资产损失轻重程度及影响对相关责任人分别给予以下处罚：

（一）工会企事业单位发生一般资产损失的，在责任认定年度对直接责任人和主管责任人处以扣发一定比例绩效薪金（奖金）的经济处罚，以及警告、记过或者降级（职）等处分。

（二）工会企事业单位发生较大资产损失的，在责任认定年度对直接责任人和主管责任人处以扣发一定比例绩效薪金（奖金）的经济处罚，以及降级（职）、责令辞职、撤职、解聘或者开除等处分；对分管领导责任人处以扣发一定比例绩效薪金（奖金）的经济处罚，以及记过、降级（职）、责令辞职或者撤职等处分。

（三）工会企事业单位发生重大资产损失的，在责任认定年度对直接责任人和主管责任人处以扣发一定比例绩效薪金（奖金）的经济处罚，以及撤职、解聘或者开除等处分；对分管领导责任人和重要领导责任人处以扣发一定比例绩效薪金（奖金）的经济处罚，以及降级（职）、责令辞职或者撤职等处分。

（四）工会企事业单位发生特别重大资产损失的，在责任认定年度对直接责任人和主管责任人处以扣发一定比例绩效薪金（奖金）的经济处罚，以及解聘或者开除等处分；对分管领导责任人或者重要领导责任人处以扣发一定比例绩效薪金（奖金）的经济处罚，以及撤职、解聘或者开除等处分。

第三十条 工会企事业单位资产损失责任人承担经济责任时，对其扣发的绩效薪金（奖金）金额高于认定的资产损失金额的，按认定的资产损失金额扣发。

第三十一条 工会企事业单位资产损失责任人承担经济责任时，对其扣发后的收入低于企事业单位所在地政府规定的最低工资标准的，按最低工资标准支付其收入。

第三十二条 工会企事业单位发生特别重大资产损失，以及连续发生重大资产损失的，除对相关责任人处以经济处罚和行政处分外，应当同时给予禁入限制。

第三十三条 有下列情形之一的，应当对资产损失相关责任人从重处罚：

（一）情节恶劣或者多次造成资产损失的；

（二）发生资产损失，未及时采取措施或者措施不力，导致资产损失继续扩大的；

（三）干扰、抵制资产损失责任追究工作的；

（四）对工会企事业单位发生资产损失隐瞒不报或者谎报、缓报、漏报的；

（五）强迫、唆使他人违法违纪造成资产损失的；

（六）伪造、毁灭、隐匿证据，或者阻止他人揭发检举、提供证据材料的；

（七）其他应当从重处罚的。

第三十四条 有下列情形之一的，可以对相关责任人从轻或者免予处罚：

（一）及时采取措施减少或者挽回损失的；

（二）主动反映资产损失情况的；

（三）主动检举其他相关人员，经查证属实的；

（四）有其他重大立功表现的。

第三十五条 对调离工作岗位或者已离退休的资产损失相关责任人，应当按照本办法相关规定给予经济处罚、行政处分和禁入限制。给予经济处罚的，若离职后薪金尚未发放完毕，应当扣发相应的薪金；对继续在工会企事业单位担任职务的，应当在其以后年度薪金中予以扣发；对调离工会企事业单位的，应当向其工作单位提出处罚建议。

第三十六条 建立董事会制度的工会企事业单位，董事未履行或者未正确履行职责给工会企事业单位造成资产损失的，除依法承担赔偿责任外，工会企事业单位资产监管机构应当依照本办法及相关规定的有关程序对其选任的董事进行处罚。

第三十七条 除按照本办法对资产损失相关责任人进行责任追究外，对违反国家有关法律法规规定的，还应当依法承担相应的法律责任。涉嫌犯罪的，将移交司法机关处理。资产损失相关责任人违反《中国共产党纪律处分条例》等有关规定的，建议党组织进行处理。

第三十八条 工会企事业单位资产监督管理机构及工会企事业单位负责资产损失责任追究工作的相关人员收受贿赂、徇私舞弊、泄露工作秘密以及协助资产损失相关责任人逃避责任的，视情节轻重给予相应的处罚；涉嫌犯罪的，将移交司法机关处理。

第七章 附 则

第三十九条 工会企事业单位应当根据本办法，结合本企事业单位实际，制定所属各级企事业单位资产损失责任追究具体工作规范，并报工会企事业单位资产监督管理机构备案。

第四十条 各级工会企事业单位资产监督管理机构可结合本地实际，依据本办法制定本级企事业单位资产损失责任追究实施细则。

第四十一条 由于自然灾害、战争等不可抗力造成的工会企事业单位资产损失不适用本办法。

第四十二条 本办法由中华全国总工会资产监督管理部负责解释。

第四十三条 本办法自公布之日起施行。

中华全国总工会资产监督管理部关于下发《中华全国总工会本级企事业单位重大事项报告制度（试行）》的通知

（工资字〔2012〕47号 2012年10月17日）

全总本级各企事业单位：

为加强本级企事业单位资产的监督管理，我部根据国家有关法律、法规和《中华全国总工会本级企事业单位资产监督管理暂行规定》，研究制定了《中华全国总工会本级企事业单位重大事项报告制度（试行）》。经全总领导批准，现下发执行。

附件：《中华全国总工会本级企事业单位重大事项报告制度（试行）》

附件：

中华全国总工会本级企事业单位重大事项报告制度（试行）

为加强中华全国总工会本级企事业单位资产的监督管理，保证工会资产的安全完整和保值增值，规范本级企事业单位重大事项报告工作，根据国家有关法律、法规和《中华全国总工会本级企事业单位资产监督管理暂行规定》，制定本制度。

一、重大事项的范围

（一）需报告审批的事项

1. 单位改革改制、资产重组、合并分立、增减资本、关闭清算。

2. 申请由全总出资购置设备或进行投资、基本建设（包括改造、装修）的项目。

3. 转让或置换房屋产权、土地使用权及工会股权等。

4. 资产处置、资产经营（包括长期投资、招商引资、合资合作、承包经营、租赁经营、托管经营、委托理财）、融资借贷款、资产抵押及担保、赠予或受赠资产，单项或批量金额合计在一百万元以上的。

5. 以本单位自有资金进行资产购置（不包括原材料、燃料等低值易耗品），单项或批量金额合计在一百万元以上的。

6. 以本单位自有资金进行建设投资（包括基本建设、更新改造、装修等），单项或批量金额合计在三百万元以上的。

7. 核销呆坏账、报废固定资产，单项或者批量金额（净值）合计在五十万元以上的。

（二）需报告备案的事项

1. 经营活动发生重大亏损或遭受重大损失，且单次损失金额在一百万元以上的。

2. 年度预决算、中长期发展规划、绩效考核办法、收入分配方案等。

3. 生产环境、经营方针或经营范围、单位规章制度、资产（财务）负责人发生重大变化。

4. 新颁布的法律、法规、规章、制度等可能对本单位产生重大影响。

5. 变更本单位名称、注册地址、办公地址等。

6. 可能依法承担重大违约责任、连带责任或者大额赔偿责任。

7. 面临诉讼且涉案金额超过一百万元或连续十二个月内发生的涉案金额累计达到一百万元的。

8. 面临诉讼未达到一百万元或没有具体涉案金额，但案件特殊性可能对本单位资产安全或运营管理产生较大影响。

9. 未清偿到期重大债务或者重大债权，金额达一百万元以上的。

10. 主要或者全部业务陷入或可能陷入停顿。

11. 预计出现资不抵债、主要资产被查封、扣押、冻结、抵押、质押等。

12. 发生重大灾害、突发事件、安全事故、传染疫情等以及其他可能给单位造成损失的情形。

13. 因涉嫌违法违规被有关部门调查，或者可能受到重大行政、刑事处罚。

14. 属于需报告审批事项但金额未达到报告审批程度的。

二、重大事项报告程序

1. 对需报告审批的事项，本级企事业单位重大事项报告人应按《中华全国总工会本级企事业单位资产监督管理暂行规定》、《中华全国总工会关于工会企事业单位资产监督管理的暂行规定》以及《工会企事业单位资产处置暂行办法》准备材料，提前报送全总资产监督管理部审批；对需报告备案的事项，报告人应在重大事项发生的当日，以电话、传真、邮件等方式向全总资产监督管理部报告有关情况，同时将该重大事项以书面报告的公文形式，报送全总资产监督管理部。

2. 确系突发事件不能及时上报的，重大事项报告人应在重大事项发生时即刻以电话、传真、邮件等方式向全总资产监督管理部报告有关情况，并于重大事项发生十日内报送完整、齐备的书面报告。

3. 全总资产监督管理部接报告后根据法律、法规及全总相关制度的有关规定，对上报的重大事项进行核实、分析、判断，提出处理意见并报送分管副主席、书记处审批。需要给予本级企事业单位审批意见的，应在接到报告后十五日内做出批复。

三、相关规定

1. 本级企事业单位重大事项报告人为本单位责任领导（法定代表人）。

2. 报告人为重大事项报告的第一责任人，负有及时发现本单位出现重大事项苗头，并立即收集、整理有关情况，及时向全总资产监督管理部报告其职权范围内重大事项信息的责任。

3. 重大事项报告书面报送的相关材料，包括但不限于：

（1）重大事项的内容、发生重大事项的原因、各方基本情况、本单位所受到的影响等；

（2）所涉及的协议书、合同等；

（3）所涉及的政府批文、法律、法规、法院判决及情况介绍等；

（4）资产处置中涉及资产或产权的评估意见；

（5）中介机构关于重大事项所出具的意见书；

（6）本单位内部对重大事项审核的意见。

4. 报告人在向全总资产监督管理部报告本制度规定的重大事项并提交经过其核对的相关材料时，应当保证所提供的材料真实、准确、完整、及时，不得出现重大隐瞒、重大遗漏及虚假陈述的现象。

5. 本制度适用于与全总资产监督管理部签订资产经营管理目标责任书的全总本级企事业单位及全总资产监督管理部下属单位。

四、责任与处罚

1. 重大事项报告人应勤勉尽责，严格遵守本制度规定。

2. 重大事项应报而未及时报告，报告人应向全总资产监督管理部写出书面检查并补报；故意瞒报、漏报、错报重大事项的，全总资产监督管理部将追究报告人的领导责任。造成工会资产损失的，全总资产监督管理部将按照《工会企事业单位资产损失责任追究暂行办法》及《中华全国总工会本级企事业单位资产损失责任追究制度实施细则》的有关规定执行。

3. 本级企事业单位未按照本制度履行重大事项报告义务，一经发现将在年终考核时按照有关规定进行相应处罚。

五、附则

1. 本制度未尽事宜，按照国家有关法律、法规，全国总工会有关规定和全总资产监督管理部相关制度执行。

2. 本级企事业单位应当根据本制度，结合本单位实际情况制定重大事项报告具体工作细则，并报全总资产监督管理部备案。

3. 本制度由中华全国总工会资产监督管理部负责解释。

4. 本制度自 2013 年 1 月 1 日起实施。

中华全国总工会本级企事业单位经营业绩考核暂行办法

（工资字〔2012〕59 号　2012 年 12 月 12 日）

为切实履行全总本级企事业单位资产出资人职责，进一步加强工会资产监督管理，保障工会所有者权益，落实工会资产保值增值责任，建立科学有效的激励约束机制，根据《中国工会章程》《中华全国总工会关于工会企事业单位资产监督管理的暂行规定》和《中华全国总工会本级企事业单位资产监督管理暂行规定》，制定本办法。

第一条　本办法考核的对象是由全总书记处授权全总资产监督管理部履行出资人职责的全总本级企事业单位（以下简称企事业单位）。

第二条 企事业单位经营业绩实行结果考核与过程评价相统一、考核结果与企事业单位负责人和领导班子奖惩相挂钩的考核制度。

第三条 企事业单位经营业绩考核工作遵循以下原则：

（一）按照工会资产安全完整、保值增值和充分利用的要求，依法考核企事业单位经营业绩。建立健全科学合理、可追溯的企事业单位资产经营管理目标责任制。

（二）按照企事业单位性质作用、所处行业、资产规模和发展阶段等不同特点，与同行业对标，坚持实事求是、客观公正，实行分类考核。

（三）按照权责利相统一的要求，建立企事业单位经营业绩与激励约束机制相结合的考核制度，并作为企事业单位负责人和领导班子成员任免建议的重要依据。

（四）按照全面落实责任的要求，推动企事业单位建立健全全员业绩考核体系，确保维护工会资产安全完整和保值增值的责任层层落实。

第四条 企事业单位经营业绩考核采取由全总资产监督管理部部长与企事业单位负责人签订资产经营管理目标责任书的形式进行。资产经营管理目标责任书包括下列内容：

（一）双方单位名称、负责人姓名和职务；

（二）考核内容及指标；

（三）奖惩；

（四）责任书的变更、解除和终止；

（五）其他需要规定的事项。

第五条 企事业单位经营业绩考核为年度考核，考核期为每年 1 月 1 日至 12 月 31 日。

第六条 企事业单位的经营业绩采取百分制方式进行考核。考核指标分为基本指标和分类指标，指标具体数值在资产经营管理目标责任书中明确（经营业绩考核计分细则附后）。

（一）基本指标，共 40 分。

1. 收入总额，包括企事业单位自身依法获得的事业收入和经营收入、附属单位上缴收入以及其他收入等，不包括国家和全总对企事业单位更新改造、购置设备等投入，占 10 分。

2. 收支结余（或利润），占 10 分。收支结余反映的是实行事业单位会计制度的单位考核期内收支相抵后的余额；利润反映的是实行企业会计制度的单位考核期内收支相抵后的余额。

3. 资产总额，包括企事业单位固定资产和流动资产等，占 10 分。

4. 计提修购基金（或折旧），指为增强企事业单位发展后劲，按照财务规定提取相应比例的修购基金（或折旧），用于必需的固定资产修缮购置和更新改造性支出。该指标以是否足额提取为考核标准，占10分。

（二）分类指标，共60分。

1. 中国劳动关系学院：

（1）资产经营收入，指利用依法占有和使用的资产开展有偿经营活动取得的收入，包括租金等，占20分。

（2）经费自给率，指事业单位非拨款性资金如事业收入、经营收入、附属单位上缴收入以及其他收入占经常性支出的比率，占20分。计算公式为：经费自给率=（事业收入+经营收入+附属单位上缴收入）÷（事业支出+经营支出）×100%。

（3）科研成果，指在核心期刊发表学术论文或者承担国家、北京市科研项目等，占20分。

2. 工人日报社：

（1）广告收入，占15分。

（2）资产经营收入，占15分。

（3）总资产报酬率，指息税前利润与年度平均资产总额的比率，占15分。

（4）报纸发行量，占5分。

（5）所有者权益，占10分。

3. 中国工人出版社：

（1）资产经营收入，占15分。

（2）总资产报酬率，占15分。

（3）发货码洋，占5分。

（4）货款回收率，占15分。

（5）上缴全总收益，占10分。

4. 中国职工国际旅行社总社：

（1）经营性现金净流入，指开展经营活动产生的现金流入与现金流出相抵后的余额，占20分。

（2）总资产报酬率，占15分。

（3）接待人数，占15分。

（4）上缴全总收益，占10分。

5. 中国职工之家、中家鑫园温泉酒店、全总厦门劳动模范疗休养中心、日坛宾馆、全总哈尔滨劳动模范技能交流基地：

（1）经营性现金净流入，占 20 分。

（2）总资产报酬率，占 15 分。

（3）客房平均出租率，占 15 分。

（4）上缴全总收益，占 10 分。

6. 全总文工团：

（1）事业收入，占 20 分。

（2）资产经营收入，占 10 分。

（3）经费自给率，占 20 分。

（4）公益性演出场次，占 10 分。

7. 中国职工服务中心集团：

（1）成本费用利润率，占 15 分。计算公式为：成本费用利润率 = 利润总额 ÷（营业成本 + 营业税金及附加 + 销售费用 + 管理费用 + 财务费用）×100%。

（2）资本回报率，占 15 分。计算公式为：资本回报率 = 息税前利润 ×（1 – 所得税率）÷（所有者权益 + 有息负债）×100%。

（3）资产经营收入，占 15 分。

（4）项目工程进展，指按照计划完成项目工程情况，占 5 分。

（5）上缴全总收益，占 10 分。

8. 中国职工保险互助会：

（1）业务规模增长率，占 20 分。

（2）投资收益率，占 20 分。

（3）风险管控能力，指单位采取措施降低内部风险，保证资金运营安全、稳定的能力，占 10 分。

（4）理赔服务水平，主要考核理赔服务周期长短、应对职工理赔投诉的能力等，占 10 分。

9. 全总北戴河疗养院、全总青岛疗养院：

（1）公用支出比率，指事业单位公用开支包括公务费、业务费、设备购置费、修缮费、业务招待费和其他费用占事业支出的比重，占 15 分。计算公式为：公用支出比率 = 公用支出 ÷ 事业支出 ×100%。

（2）经费自给率，占 20 分。

（3）接待人数，占 15 分。

（4）客房平均出租率，占 10 分。

第七条　资产经营管理目标责任书按下列程序签订：

（一）提出经营业绩考核目标建议值。每年 1 月 10 日前，企事业单位按照前三年平均完成值，对比同行业优良水平，提出当年拟完成的经营业绩考核目标建议值，并将考核目标建议值和必要的说明材料报送全总资产监督管理部。

（二）核定经营业绩考核目标值。全总资产监督管理部根据企事业单位性质作用、业务特点、资产规模和发展阶段等，参照同行业优良水平，在与企事业单位沟通后核定经营业绩考核目标值，并报全总书记处审批。

（三）每年 2 月底前，由全总资产监督管理部部长与企事业单位负责人签订资产经营管理目标责任书。

第八条　全总资产监督管理部对资产经营管理目标责任书执行情况实行动态监控。企事业单位每个季度结束 10 日内向全总资产监督管理部报送季度财务报表，每年 7 月 10 日前报送上半年资产经营管理目标责任书执行情况。

第九条　资产经营管理目标完成情况按下列程序进行考核：

（一）次年 1 月 10 日前，企事业单位将上一年度资产经营管理情况总结以及年度财务报表、财务分析报告报送全总资产监督管理部。

（二）全总资产监督管理部会同全总组织部、财务部、经审办组成经营业绩考核小组，对上一年度企事业单位资产经营管理目标责任书完成情况进行考核。

（三）全总资产监督管理部将经营业绩考核小组形成的企事业单位考核与奖惩意见报全总书记处审批，将最终考核结果通知企事业单位。

第十条　考核奖惩

（一）根据企事业单位经营业绩考核得分，考核结果分为 A、B、C、D 四个级别。

A 为优秀级，得分在 90 分（含 90 分）以上。

B 为良好级，得分在 80—90 分（含 80 分）之间。

C 为一般级，得分在 70—80 分（含 70 分）之间。

D 为较差级，得分在 70 分以下。

（二）根据经营业绩考核结果，对企事业单位负责人及领导班子成员进行奖惩。

第十一条　有关规定

（一）对于在考核期内企事业单位发生清产核资、改制、合并重组等情况的，全总资产监督管理部根据具体情况变更资产经营管理目标责任书的相关内容。

（二）由全总经审办组织对企事业单位进行年度审计。发现企事业单位有弄虚作假，虚报、瞒报、故意漏报财务状况和经营业绩的，全总资产监督管理部将对考核结果进行调整，并予以通报批评，已经发放奖励的予以追回。涉嫌犯罪的，依法移送司法机关处理。

（三）对企事业单位违反法律法规和工会资产监管有关规定出现重大决策失误、安全生产事故、质量责任事故、违法违纪案件和重大群体性事件等情形，给工会系统造成恶劣影响或者较大工会资产损失的，经营业绩考核直接定为C级及以下，企事业单位及其负责人、领导班子成员不得评先评优，并按照规定追究有关单位和责任人员的责任。涉嫌犯罪的，依法移送司法机关处理。

第十二条 本办法由全总资产监督管理部负责解释。

第十三条 本办法自2013年1月1日起施行。

附件：

经营业绩考核计分细则

一、经营业绩考核综合计分

经营业绩考核综合得分 = 基本指标得分 + 分类指标得分 − 考核扣分

二、经营业绩考核各指标计分

（一）基本指标计分

基本指标体系由四个指标组成，共40分。

1. 收入总额。该指标占10分，完成目标值时，得基本分8分。完成值每超过目标值2%，加0.1分，最多加2分；每低于目标值1%，减0.2分，最多减8分。

2. 收支结余（或利润）。该指标占10分，完成目标值时，得基本分8分。完成值每超过目标值5%，加0.2分，最多加2分；每低于目标值5%，减0.4分，最多减8分。

3. 资产总额。该指标占10分，完成目标值时，得基本分8分。完成值每超过目标值5%，加0.2分，最多加2分；每低于目标值1%，减0.1分，最多减8分。

4. 计提修购基金（或折旧）。该指标占10分，足额提取修购基金或折旧，即得10分。少提或者不提不得分。

（二）分类指标计分

1. 中国劳动关系学院

(1) 资产经营收入。该指标占20分，完成目标值时得基本分16分。完成值每超过目标值5%，加0.4分，最多加4分；每低于目标值1%，减0.4分，最多减16分。

（2）经费自给率。该指标占20分，完成目标比率时得基本分16分。完成值每比目标比率高0.5个百分点，加0.4分，最多加4分；每比目标比率低0.1个百分点，减0.4分，最多减16分。

（3）科研成果。该指标占20分，当学院完成目标值时得基本分16分。完成值每比目标值多一篇核心学术论文或一个国家和北京市科研项目，加0.5分，最多加4分；每少一篇论文或项目，减1分，最多减16分。

2. 工人日报社

（1）广告收入。该指标占15分，完成目标值时得基本分12分。完成值每超过目标值5%，加0.3分，最多加3分；每低于目标值5%，减0.6分，最多减12分。

（2）资产经营收入。该指标占15分，完成目标值时得基本分12分。完成值每超过目标值5%，加0.3分，最多加3分；每低于5%，减0.6分，最多减12分。

（3）总资产报酬率。该指标占15分，当报社完成目标比率时得基本分12分。完成值每比目标比率高0.5个百分点，加0.3分，最多加3分；完成值每比目标比率低0.1个百分点，减0.6分，最多减12分。若息税前利润为负值，该项不得分。

（4）报纸发行量。该指标占5分，完成目标值时得基本分4分。完成值每超过目标值1%，加0.1分，最多加1分；每低于1%，减0.1分，最多减4分。

（5）所有者权益。该指标占10分，完成目标值时得基本分8分。完成值每超过目标值4%，加0.2分，最多加2分；每低于目标值4%，减0.8分，最多减8分。

3. 中国工人出版社

（1）资产经营收入。该指标占15分，完成目标值时得基本分12分。完成值每超过目标值2%，加0.3分，最多加3分；每低于目标值5%，减0.6分，最多减12分。

（2）总资产报酬率。该指标占15分，完成目标比率时得基本分12分。完成值每比目标比率高0.5个百分点，加0.3分，最多加3分；完成值每比目标比率低0.3个百分点，减0.6分，最多减12分。若息税前利润为负值，该项不得分。

（3）发货码洋。该指标占5分，完成目标值时得基本分4分。完成值每超过目标值10%，加0.2分，最多加1分；每低于目标值10%，减0.4分，最多减4分。

（4）货款回收率。该指标占15分，完成目标值时得基本分12分。完成值每比目标比率高5个百分点，加0.3分，最多加3分；每比目标比率低2个百分点，减1分，最多减12分。

（5）上缴全总收益。该指标占10分，完成目标值时得基本分8分。完成值每超过目标值5%，加0.2分，最多加2分；每低于目标值5%，减0.8分，最多减8分。

4. 中国职工国际旅行社总社

（1）经营性现金净流入。该指标占20分，完成目标值时得基本分16分。完成值每超过目标值10%，加0.4分，最多加4分；每低于目标值5%，减0.8分，最多减16分。

（2）总资产报酬率。该指标占15分，完成目标比率时得基本分12分。完成值每比目标比率高0.3个百分点，加0.3分，最多加3分；完成值每比目标比率低0.2个百分点，减0.6分，最多减12分。若息税前利润为负值，该项不得分。

（3）接待人数。该指标占15分，完成目标值时得基本分12分。完成值每超过目标值5%，加0.3分，最多加3分；每低于目标值5%，减0.5分，最多减12分。

（4）上缴全总收益。该指标占10分，完成目标值时得基本分8分。完成值每超过目标值5%，加0.2分，最多加2分；每低于目标值5%，减0.8分，最多减8分。

5. 中国职工之家、中家鑫园温泉酒店、全总厦门劳动模范疗休养中心、日坛宾馆、全总哈尔滨劳动模范技能交流基地

（1）经营性现金净流入。该指标占20分，完成目标值时得基本分16分。完成值每超过目标值2%，加0.4分，最多加4分；每低于目标值2%，减0.8分，最多减16分。

（2）总资产报酬率。该指标占15分，完成目标比率时得基本分12分。完成值每比目标比率高0.5个百分点，加0.3分，最多加3分；完成值每比目标比率低0.2个百分点，减0.6分，最多减12分。若息税前利润为负值，该项不得分。

（3）客房平均出租率。该指标占15分，完成目标值时得基本分12分。完成值每比目标比率高4个百分点，加0.3分，最多加3分；每比目标比率低2个百分点，减0.6分，最多减12分。

（4）上缴全总收益。该指标占 10 分，完成目标值时得基本分 8 分。完成值每超过目标值 5%，加 0.2 分，最多加 2 分；每低于目标值 5%，减 0.8 分，最多减 8 分。

6. 全总文工团

（1）事业收入。该指标占 20 分，完成目标值时得基本分 16 分。完成值每超过目标值 6%，加 0.4 分，最多加 4 分；每低于目标值 5%，减 0.8 分，最多减 16 分。

（2）资产经营收入。该指标占 10 分，完成目标值时得基本分 8 分。完成值每超过目标值 10%，加 0.2 分，最多加 2 分；每低于目标值 5%，减 0.2 分，最多减 8 分。

（3）经费自给率。该指标占 20 分，完成目标值时得基本分 16 分。完成值每比目标比率高 1 个百分点，加 0.4 分，最多加 4 分；每比目标比率低 1 个百分点，减 0.8 分，最多减 16 分。

（4）公益性演出场次。该指标占 10 分，完成目标值时得基本分 8 分。完成值每超过目标值 10%，加 0.2 分，最多加 2 分；每低于目标值 5%，减 0.4 分，最多减 8 分。

7. 中国职工服务中心集团

（1）成本费用利润率。该指标占 15 分，完成目标值时得基本分 12 分。完成值每比目标比率高 0.2 个百分点，加 0.3 分，最多加 3 分；每比目标比率低 0.1 个百分点，减 0.3 分，最多减 12 分。

（2）资本回报率。该指标占 15 分，完成目标值时得基本分 12 分。完成值每比目标比率高 0.1 个百分点，加 0.3 分，最多加 3 分；每比目标比率低 0.1 个百分点，减 0.3 分，最多减 12 分。

（3）资产经营收入。该指标占 15 分，完成目标值时得基本分 12 分。完成值每超过目标值 5%，加 0.3 分，最多加 3 分；完成值每低于目标值 5%，减 0.6 分，最多减 12 分。

（4）项目工程进展。该指标占 5 分，完成目标进展即得 5 分，未完成不得分。

（5）上缴全总收益。该指标占 10 分，完成目标值时得基本分 8 分。完成值每超过目标值 5%，加 0.2 分，最多加 2 分；每低于目标值 5%，减 0.8 分，最多减 8 分。

8. 中国职工保险互助会

（1）业务规模增长率。该指标占 20 分，当完成目标值时得基本分 16 分。完成值每比目标比率高 1 个百分点，加 0.4 分，最多加 4 分；每比目标比率低

0.5 个百分点，减 0.4 分，最多减 16 分。

（2）投资收益率。该指标占 20 分，完成目标值时得基本分 16 分。完成值每比目标比率高 0.1 个百分点，加 0.2 分，最多加 4 分；每比目标比率低 0.1 个百分点，减 0.4 分，最多减 16 分。

（3）风险管控能力。该指标占 10 分，考核年度内不出现投资损失等事故即得基本分 8 分。视考核年度经营情况给予加分，如采取措施明显提高经营管理效率、能够及时对例外情况进行预警、通知和妥善处理等，最多加 2 分；每出现一次投资损失、内部监管失效等事故减 1 分，最多减 8 分。

（4）理赔服务水平。该指标占 10 分，考核期内能够及时进行赔付、妥善处理职工理赔投诉，即得基本分 8 分。视考核年度经营情况给予加分，如采取措施切实缩短赔付周期、提高被理赔职工满意度等，最多加 2 分；每出现一次明显赔付期过长、职工投诉未妥善解决等事件减 1 分，最多减 8 分。

9. 全总北戴河疗养院、全总青岛疗养院

（1）公用支出比率。该指标占 15 分，完成目标值时得基本分 12 分。完成值每超过目标比率 0.5 个百分点，加 0.1 分，最多加 3 分；每低于目标比率 0.5 个百分点，减 0.4 分，最多减 12 分。

（2）经费自给率。该指标占 20 分，完成目标值时，得基本分 16 分。北戴河疗养院完成值每比目标比率高 0.3 个百分点，加 0.2 分，最多加 4 分；每比目标比率低 0.5 个百分点，减 0.4 分，最多减 16 分。青岛疗养院完成值每比目标比率高 0.1 个百分点，加 0.1 分，最多加 4 分；每比目标比率低 0.1 个百分点，减 0.1 分，最多减 12 分。

（3）接待人数。该指标占 15 分，完成目标值时得基本分 12 分。完成值每超过目标值 1%，加 0.1 分，最多加 3 分；每低于目标值 1%，减 0.2 分，最多减 12 分。

（4）客房平均出租率。该指标占 10 分，完成目标值时得基本分 8 分。完成值每比目标比率高 1 个百分点，加 0.2 分，最多加 2 分；每比目标比率低 1 个百分点，减 0.4 分，最多减 8 分。

（三）考核扣分

1. 本级企事业单位应按照《中华全国总工会本级企事业单位资产监督管理暂行规定》《工会企事业单位资产处置暂行办法》《中华全国总工会本级企事业单位重大事项报告制度（暂行）》、资产经营管理目标责任书等规定向全总资产监督管理部报送财务报表和材料。每少报一次或一项材料扣 1 分，每迟报一次或一项扣 0.5 分。

2. 虚报、瞒报、故意漏报财务状况和经营业绩，每次视情节轻重扣 3 至

5 分，情节严重的降低其考核级别。

3. 发生违规违纪或者存在管理混乱等问题，按照有关规定视情节轻重扣 3 至 5 分，情节严重的降低其考核级别。

4. 发生资产损失的，按照有关规定给予处理并扣分。发生一般资产损失的，扣 5 分；发生较大资产损失的，业绩考核定为 C 级以下；发生重大资产损失的，业绩考核直接定为 D 级。

中华全国总工会办公厅关于印发《中华全国总工会本级企事业发展资金使用管理办法》的通知

（总工办发〔2016〕14 号　2016 年 7 月 1 日）

全总本级各企事业单位：

为了规范工会企事业发展资金使用管理，提高资金使用效益，现将根据《工会法》《工会会计制度》和相关财务制度制定的《中华全国总工会本级企事业发展资金使用管理办法》印发给你们，请遵照执行。

附件：

中华全国总工会本级企事业发展资金使用管理办法

第一条　为规范中华全国总工会本级企事业发展资金使用管理，提高资金使用效益，更好地服务工会企事业发展，制定本办法。

第二条　本级企事业发展资金是中华全国总工会（以下简称“全总”）为扶持全总本级工会企事业发展设立的专项资金（以下简称“专项资金”）。其来源主要包括：

（一）工会经费；

（二）本级工会企事业上缴的收益；

（三）本级工会企事业上交的资金占用费；

（四）其他。

第三条 专项资金纳入全总本级年度经费收支预算，实行专项管理、分账核算。

第四条 专项资金的使用方向和范围：

（一）工会企事业经营发展补助。对工会企事业单位开展公益性生产经营和服务项目给予资金补助，对以自有资金为主投资的发展项目给予资金补助。

（二）补充工会企事业单位注册资本金。对工会事业单位转企改制、企业实施股份制改造、工会企业内部经营改革可适当补充注册资本金。

（三）工会企事业经营发展借款。主要用于为全总本级企事业单位解决更新改造、大型设备购置、开发经营项目等资金临时短缺问题，提供不高于同期银行贷款利率的借款，支持其经营发展。

（四）工会企事业贷款贴息。对工会企事业单位通过银行贷款实施服务职工提高经营能力的发展项目实际发生的利息给予补贴。

（五）其它有利于工会企事业发展的事项。

第五条 专项资金申请使用的条件：

（一）申请使用专项资金的单位应是全总本级企事业单位。

（二）申请使用专项资金的项目应符合国家政策导向，具有较强的公益性或较好的市场发展前景，提升工会企事业的服务能力，能产生较好的社会效益和经济效益。

第六条 申请使用专项资金需要提供的相关材料：

（一）申请经营发展补助的，需提供申请报告、项目可行性研究报告、相关合同复印件、专项补助使用预算报告。

（二）申请补充注册资本金的，需提供申请报告、相关经济行为审批文件、企事业内部相关经济行为决策文件、中介机构验资报告及审计报告等复印件。

（三）申请借款的，需提供申请报告、借款用途说明、还款计划、最近连续三年的财务报表。

（四）申请贷款贴息的，需提供申请报告、金融机构贷款合同、利息结算清单和支付凭证等相关资料。

（五）申请报告应由全总本级企事业单位主要负责人签批，以正式文件报全总资产监督管理部。

第七条 专项资金管理的基本程序：

（一）每年 12 月 31 日前，工会企事业单位按照申请条件提出专项资金使用申请，报全总资产监督管理部审核。

（二）全总资产监督管理部负责对申请项目进行评审。

（三）每年 1 月底之前，全总资产监督管理部根据上年专项资金滚存结余情况和专项资金申请情况，提出本年度专项资金使用计划，纳入全总财务部本级工会经费预算。

（四）全总财务部根据全总书记处对预算审定意见及时拨付资金。对于借款项目，在拨付资金前，由全总资产监督管理部与专项资金使用单位签订合同，并依法依规履行合同的权利与义务，同时将合同报送全总财务部。

（五）每年1月底，全总资产监督管理部向全总书记处汇报上一年度专项资金使用管理情况。

（六）因特殊情况未在上年12月31日前提出申请的项目，可以临时提出申请，报全总资产监督管理部，参照本条第（二）项进行审核，经全总书记处分管领导审批后纳入当年资金使用计划管理。

第八条　专项资金预算一经批复，应严格执行。任何单位和个人不得虚报、冒领、截留、滞留、挪用、侵占专项资金，严禁改变专项资金使用用途。资金使用单位应向全总资产监督管理部报告资金使用情况。

第九条　本办法由全总资产监督管理部负责解释。

第十条　本办法从公布之日起施行。

中华全国总工会关于加强和规范工人文化宫管理的意见（试行）

（总工发〔2016〕21号　2016年9月9日）

为深入学习贯彻习近平总书记系列重要讲话精神特别是关于工人阶级和工会工作的重要论述，贯彻落实中央党的群团工作会议精神和《中共中央关于加强和改进党的群团工作的意见》，根据《全国总工会改革试点方案》的要求，加强和规范工人文化宫管理工作，突出工人文化宫公益性服务性，强化其服务职工功能，现提出以下意见。

一、坚持公益性发展方向

各级工会举办的工人文化宫是国家公共文化服务体系的有机组成部分，是弘扬社会主义先进文化的重要阵地，是工会组织维护职工精神文化权益的重要载体，是职工群众学习知识、培养才干、进行文化活动的重要场所。加强和规范工人文化宫管理工作，必须努力推动当地政府把工人文化宫纳入公共文化服务体系，保障工人文化宫充分履行公益性服务的职能，切实做到工人文化宫里有工人，工人文化宫里有文化，使工人文化宫真正成为职工的学校和乐园。

（一）推动纳入当地公共文化服务体系。贯彻落实《公共文化体育设施条例》，推动当地政府将工人文化宫建设纳入当地国民经济与社会发展规划、城乡建设规划和土地利用总体规划，推动当地政府将工人文化宫建设、维修、管理资金纳入同级政府投资项目基本建设计划和财政预算。推动工人文化宫享受公益性文化单位的水、电、气等公用服务价格优惠政策。针对工人文化宫功能、特点，积极开展公共文化服务，制定公共文化服务目录，加强公共文化服务品牌建设，打造具有鲜明特色和社会影响力的服务项目。与当地公共文化机构互联互通，参与区域文化共建共享。

（二）落实事业单位分类改革各项政策。推动当地政府将工人文化宫划入公益二类事业单位，有条件的划入公益一类事业单位，并推动落实相应的财政保障政策。划入公益一类的工人文化宫由财政全额保障，纳入公益二类的由财政给予经费补助，并通过政府购买服务等方式予以支持。推动政府有关部门落实相应的税收优惠政策，对工人文化宫开展公益性活动取得的收入免征增值税，对工人文化宫自用的房产和土地免征房产税、城镇土地使用税，对取得非营利组织免税优惠资格的工人文化宫免征企业所得税。

（三）建立政府财政资金支持为主的多渠道资金保障机制。对工人文化宫按照基本公共文化服务标准提供的基本公共文化服务项目，要积极推动落实财政保障政策，争取当地政府以政府购买服务、项目补贴、定向资助、贷款贴息等方式，对工人文化宫提供公共文化服务给予支持。在政府给予补助的同时，主管工会可以使用工会经费支持工人文化宫发展，上级工会也可根据情况给予适当补助。合理安排工人文化宫项目资金，通过工会购买服务的方式，支持工人文化宫为职工提供文化服务。

二、做优做强文化服务主业

工人文化宫要坚持正确的政治方向，聚焦文化服务主业，坚持围绕工会中心工作、立足基层和职工需求、适应社会多元化发展趋势开展各类文化服务，形成文化事业与文化产业共同发展、社会效益与经济效益协调统一的可持续发展格局。

（四）围绕工会中心工作开展文化服务。加强职工思想政治工作，积极传播和弘扬社会主义先进文化，引导职工培育和践行社会主义核心价值观，大力弘扬劳模精神、劳动精神、工匠精神，教育引导广大职工听党话、跟党走。有针对性地开展职工教育培训活动，不断提高职工队伍的整体素质。积极承接工会组织开展的职工素质建设工程、农民工职业技能提升计划、金蓝领工程、职工书屋、职工文艺创作培训基地、工会会员卡服务场所等重点文化教育服务项目，着力提供优质的服务。

（五）立足基层和职工需求开展文化服务。工人文化宫既要聚焦教育培训、文化创意、文艺创作、体育健身等传统领域，又要积极拓展网络视听、移动多媒体、动漫游戏等新兴领域，形成健全的文化服务网络。要根据基层和职工需求，推出文化服务菜单，采取“订单”服务方式，实现供需有效对接，增强服务的匹配度和职工的满意度。要合理确定工人文化宫服务项目的运行时间、服务价格，推动与互联网的融合，增强服务基层、服务职工的便捷性。

（六）适应社会多元化发展趋势开展文化服务。工人文化宫要培育发展有明显优势的文化产业项目，重点培育高质量的文化精品，打造文化服务品牌，满足社会多元化、个性化的文化消费需求，提高工人文化宫的市场竞争力。有条件的工人文化宫可以创办以文化产业服务为主的企业，企业经营收入要纳入工人文化宫预算管理，主要用于支持公益性文化事业发展。

三、加强阵地管理

坚持鼓励恢复重建、倡导维修改建、规范控制新建的工作方针，科学规划、统筹管理工人文化宫阵地建设。

（七）科学规划布局。各级工会要优化盘活存量，科学配置增量，推动形成布局合理、发展平衡、运行有效的阵地网络体系。重点扶持职工相对集中的省会城市和中心城市工人文化宫建设，使其成为导向正确、特色鲜明，设施先进、功能齐全，服务规范、经营有效，竞争实力强，社会效益和经济效益突出，深受职工群众欢迎的新型职工文化活动中心。

（八）加强阵地保护。各级工会要加强对工人文化宫阵地管理事项的审批管理，依法坚决制止以各种形式非法侵占、处置工人文化宫阵地的行为。全国总工会负责工会所属工人文化宫的不动产处置、新建项目的审批（备案）工作。工人文化宫被列入拆迁改造范围的，要坚持先建后拆、拆旧建新、拆小建大。拆迁补偿以原址重建、原区域迁建为主，货币补偿为辅；迁建的工人文化宫，地理位置应便于广大职工参加活动。工人文化宫的主管工会和上一级工会应参与拆迁补偿条件的前期协商，并督促、协调补偿方案的落实。对非法侵占、擅自处置工人文化宫资产，或不按批复执行造成工人文化宫资产流失的，由上一级工会负责纠正并追究责任。要加大工人文化宫品牌保护力度，未经上一级工会批准，不得撤销工人文化宫机构和编制；工会阵地承担工人文化宫功能、开展职工文体活动的，应加挂工人文化宫的牌子；以建设工人文化宫名义立项的，不得更改工人文化宫的名称和用途。

（九）增强阵地服务功能。围绕改善工人文化宫服务职工的环境和条件，积极做好工人文化宫维修改造和设施设备更新工作。重点加大对建成年限较长、社会效益较好、服务覆盖面较广的工人文化宫的维修改造力度，使其具备开展活动的基本条件。上级工会要加大对县级工会所属的工人文化宫维修改造工作的扶持力度，充分发挥其服务基层、服务职工的重要作用。

（十）规范控制新建项目。工人文化宫主要采取盘活存量、调整置换、集中利用等方式进行建设，不搞大拆大建，凡现有设施能够满足职工文化需求的，原则不再新建。严禁以建设工人文化宫为名，变相兴建楼堂馆所。对于职工人数多且文化活动阵地缺乏的地区，确有必要新建工人文化宫的，必须立项文件齐备、建设资金到位。工人文化宫可以独立兴建，也可以与当地政府公共文化服务项目整体规划一并兴建，但要依照《工会法》规定，保持工人文化宫的独立产权和运营管理权。职工人数相对较少的地区，可按照实用、方便的原则，创办职工文化活动站点。

四、加强资产管理

根据工人文化宫的职能定位，依法合规、积极稳妥地开展资产运营模式的清理规范工作。清理规范工作由主管工会负责，坚持精准识别、分类施策，整改为主、转类为辅，将绝大多数工人文化宫盘活。极少数工人文化宫在限期整改后仍不能恢复功能的，由主管工会报经上一级工会批准，可转入工会经营性资产序列管理。

（十一）清理出租、承包行为。工人文化宫不得整体出租、承包。各级工会要用1年时间集中清理工人文化宫的出租、承包行为，把工人文化宫从依靠出租、承包为主获取经营收益，转变到向为工会、职工和社会提供文化服务为主获取效益上来。

1. 工人文化宫一律不得新签出租、承包合同，凡已到期的出租、承包合同不得再续签，能够协商解除出租、承包合同的项目立即解除。已经整体对外出租、承包的，必须限期收回。因工人文化宫大面积出租、承包而基本丧失阵地功能的，在清理完成前，对外不得悬挂“工人文化宫”的牌子。

2. 经协商确实无法解除的局部场地出租合同，该出租项目必须从工人文化宫剥离。剥离办法为：出租场所与工人文化宫场所进行相对的物理隔离，通过出租场地置换等方式，将出租场所集中管理，原则上两类场所不允许互相混杂；出租项目与工人文化宫组织机构进行运作隔离，通过设立公司等方式，对出租项目进行集中管理，其出租收入纳入工人文化宫预算管理。待出租合同到期后，依法予以收回。

（十二）规范引导合作行为。主管工会要依法依规规范工人文化宫的合作行为，在合作中应坚持集体决策、服务主业、控制风险，坚决不得开展有损工人文化宫品牌形象的合作。支持工人文化宫通过宫宫联合、宫校结合、宫企联合等多种形式整合资源；鼓励和支持社会力量通过投资或捐助设施设备、兴办实体、资助项目、赞助活动、提供产品和服务等方式，参与工人文化宫的建设和发展。有条件的地方可探索通过委托或招投标等方式，吸引有实力的社会组织和企业参与工人文化宫的试点运营。

（十三）清理一些名存实亡的工人文化宫。各级工会要用 1 年时间集中开展对虽有事业单位的机构和编制，但无场地无人员无活动的工人文化宫的清理工作，逐步激活该类工人文化宫，恢复其服务职工的功能。工人文化宫资产被有关部门占用，或阵地在拆迁中流失的，要加强与当地政府的沟通协调，争取尽快归还场地、恢复重建；工人文化宫资产被主管工会占用，人员也已经分流到其他工作岗位的，主管工会要归还一部分场地用于开展职工文体活动，并安排专人负责。

五、落实管理主体责任

按照统一所有、分级监管和谁主管、谁负责的原则，各级主管工会要切实履行管好办好工人文化宫的主体责任。

（十四）理顺管理体制。主管工会要进一步明确工人文化宫的管理机构和管理职责，由资产监管部门负责工人文化宫资产监督管理和改革发展工作，由宣教部门实施业务指导和协调服务。上级工会下拨职工文体活动专项资金的分配使用时应吸收资产、宣教部门参与，强化专项资金的导向作用。推动会事分开、管办分离，探索建立以决策层和管理层为基本架构的法人治理结构，切实提高工人文化宫管理水平和服务效能。

（十五）搞好指导服务。主管工会要把工人文化宫的工作纳入工会工作特别是工会宣教工作总体部署，把工人文化宫作为满足职工文化需求的重要阵地。主管工会筹办的职工文化、体育、教育、展览等活动，要以购买服务等方式优先交由工人文化宫承办。要统筹制定本地区工人文化宫整体发展规划，做到工人文化宫有阵地、有经费、有人员、有活动。

（十六）健全考核和监督机制。主管工会要建立工人文化宫服务绩效考评制度，健全目标责任制考核机制，考核目标应涵盖党建工作、公益性服务、事业经营收入、制度建设、安全管理等方面，并把考核结果与领导班子职务任免、绩效工资等挂钩。建立上级工会对下级工会工人文化宫工作进行指导和监督检查的机制。主管工会每年应定期向上一级工会报告工人文化宫管理和运营情况，上一级工会每年应定期对主管工会落实主体责任及工人文化宫突出文化服务主业、严格资产处置、加强财务管理等情况进行指导和督查，对责任不落实的予以通报批评。建立工人文化宫重大决策事项终身责任追究制度和责任倒查机制。

（十七）探索建立工人文化宫服务职工满意度评价制度。主管工会要建立以增强职工获得感为目标的文化服务需求收集机制、服务效能动态监测机制和服务绩效评价反馈机制。要根据职工需求制定工人文化宫的发展规划，设定绩效目标与服务项目，并及时对服务项目的内容、形式进行调整、改进。在兴建工人文化宫等文化设施、制定重大艺术节庆创办等文化政策和项目时，要征求职工群众意见，让职工参与决策。研究制定职工满意度指标，把该类指标纳入工人文化宫的考核评价体系，通过问卷调查、定期走访服务对象、无记名投票和座谈会等多种形式确定职工满意度。探索引入社会第三方开展文化服务职工满意度测评，增强工人文化宫文化服务评价的客观性和科学性，对职工满意度较差的工人文化宫要进行通报批评，限期整改。

（十八）加强工人文化宫领导班子和人才队伍建设。主管工会要选好配强工人文化宫领导班子，把有事业心、熟悉文化领域工作、懂经营会管理的复合型人才选拔到工人文化宫领导岗位上来。完善工人文化宫班子成员交流制度，统筹推进工人文化宫与其他工会企事业单位之间、与主管工会机关之间的交流。切实加强党的领导和党的建设，认真落实“两个责任”，加强党风廉政建设和反腐败工作，推动打造忠诚、干净、担当的工人文化宫领导班子。深化工人文化宫人才管理体制机制改革，建立灵活的用人机制，推动实行岗位管理和全员聘用制度，实现从身份管理向岗位管理的转变；建立与整体效益、个人工作量、工作难易程度、工作实绩相挂钩的分配激励机制，激发工人文化宫的生机和活力。加强工人文化宫人才教育培训工作，逐步提高工人文化宫专业人才比例，为工人文化宫发挥应有作用提供人才支持和智力保障。

县级及县级以上工会要按照本意见要求对所属的工人文化宫、职工俱乐部和职工文体活动中心加强管理、严格规范。各省级总工会要结合本地区实际，研究制定具体实施细则，认真抓好落实。涉及清理工作的，要按季度向全总资产监督管理部报送进展情况。

（此件发各省、自治区、直辖市总工会，各全国产业工会，中共中央直属机关工会联合会、中央国家机关工会联合会，全总各部门、各直属单位）

中华全国总工会关于加强和规范工人疗休养院管理的意见（试行）

（总工发〔2016〕22 号　2016 年 9 月 9 日）

为深入学习贯彻习近平总书记系列重要讲话精神特别是关于工人阶级和工会工作的重要论述，贯彻落实中央党的群团工作会议精神和《中共中央关于加强和改进党的群团工作的意见》，根据《全国总工会改革试点方案》的要求，加强和规范工人疗休养院管理工作，提升其服务职工的能力和水平，现提出以下意见。

一、坚持疗休养服务的正确方向

各级工会举办的工人疗休养院作为职工医疗保健机构，是工会维护广大职工疗休养权益、保护职工身心健康的重要阵地，是国家社会保障和医疗卫生事业的重要组成部分。工人疗休养院要按照突出公益性服务性的要求，聚焦发展疗休养主业，努力实现社会效益和经济效益的统一。

（一）坚持以疗为主、疗休结合的方针。工人疗休养院要以接待职工疗休养、降低职工患病率、恢复与增强职工的身心健康为主要任务，充分体现党和国家对职工的关怀和社会主义制度的优越性。为此，工人疗休养院必须坚持保护和促进职工身心健康的工作方向，积极做好疗养、休养、医疗、康复、体检以及养老等业务工作，切实担负起职工疗休养的政治社会责任。

（二）坚持为一线职工和劳模服务。工人疗休养院要坚持以基层职工群众为主要服务对象，重点是患慢性病、职业病和工伤等急需疗养康复的职工，长期从事有毒有害等特殊工种和苦脏累险工作的在职职工，以及各级各类劳模和先进工作者。建立重点行业和企业的职工、劳模健康信息数据库，为开展重点疗休养服务提供技术支撑。

（三）坚持公益性与市场运作的有机统一。工人疗休养院要在坚持公益性方向的前提下，适应经济社会发展水平和职工疗休养的需求，适应社会主义市场经济规律，推进工人疗休养院体制机制改革，在市场竞争中做优做强工会疗休养事业。在事业单位分类改革中纳入公益二类的工人疗休养院，要认真落实改革相关政策，增强自身活力和核心竞争力；划入生产经营类的，应按照有关规定进行转企改制，使工人疗休养院逐步成为自主经营、自负盈亏、自我积累、自我约束、自我发展的法人实体和市场经济主体。深化人事和用工制度改革，建立以合同管理为基础的用人机制，实现由固定用人向合同用人转变，由身份管理向岗位管理转变。深化分配制度改革，以岗定薪，同岗同酬，多劳多得，优劳优得，合理拉开收入分配差距，充分调动全体职工的积极性和创造性。

二、聚焦发展重点业务领域

按照因地制宜、分类施策、回归职能、做精做优的要求，找准业务定位，开展疗休养业务。要突出抓好劳模疗休养基地、职工医疗康复定点机构、职工健康管理中心等疗休养重点业务领域工作，恢复与强化疗养功能，促进工人疗休养院的健康发展。

（四）以打造劳模疗休养基地为标尺，大力发展职工和劳模疗休养业务。各级工会要重点扶持和发展全国劳模定点疗休养院所，体现工会关爱劳模的优良传统，使之成为弘扬劳模精神、劳动精神、工匠精神的重要窗口，发挥对本地区工人疗休养院的示范带动效应。要以创建劳模疗休养基地为契机，全面提升疗休养服务能力和水平，坚持走医养结合、疗休结合的特色发展之路，积极将服务对象从劳模拓展至更多职工群众，努力成为综合性的职工疗休养功能机构。

（五）以申办职工医疗康复定点机构为动力，恢复与强化疗养院的医疗功能。职工医疗康复定点机构是集工伤防治、医疗康复、职业康复和社会康复一体化的综合康复服务机构。此类工人疗养院要在当地政府的支持下，把职工医疗康复工作纳入当地公共卫生服务体系，重点打造特色专科优势，以专业优质的服务，使工伤职工和其他需要康复的职工得到治疗，在此基础上，逐步做精做强慢性病、职业病等疗养业务，努力形成疗养专科优势。

（六）以建设职工健康管理中心为抓手，为职工提供卫生健康服务。职工健康管理中心是在现有职工体检业务基础上，提供对职工个人健康和疾病进行监测、分析、评估以及健康维护和健康促进等延伸服务，致力于打造为职工提供全面的健康保障服务的专业机构。位于企业或职工较为集中的区域、环境优美的工人疗休养院，应以健康管理为突破口，面向亚健康人群，开展健康体检、健康休养和健康宣教等业务，从纯休养的同质竞争中脱颖而出。

三、加强资产管理

坚持依法合规、自主经营、盘活存量、积极稳妥的原则，进一步加强工人疗休养院资产管理，把工人疗休养院资产管住管严管好，充分发挥其应有的作用。

（七）清理整顿出租、承包和委托经营行为。工人疗休养院不得整体出租、承包、委托经营，不得新签出租、承包、委托经营合同。凡已到期或即将到期的出租、承包、委托经营合同不得续签。能够协商解除的合同协议立即解除。已经整体出租、承包、委托经营的工人疗休养院，必须限期收回，尽快恢复疗休养业务，实现自主经营、良性发展。整体出租、承包、委托经营的工人疗休养院在收回之前，暂时退出全国总工会疗休养事业管理体系，并暂停下拨国家财政工会疗养休养专项经费及工会经费补贴。各级工会要对所属工人疗休养院开展的资产经营行为进行一次全面清理，在 1 年内集中完成整改工作。

（八）规范对外合作行为。工人疗休养院开展对外合作，必须坚持周密论证决策，确保履行职责，服务主业发展，严格控制风险，严防资产流失。对合作对象的资质、诚信记录、技术管理水平和综合实力等情况进行考察评估，选择有实力、信用度高的合作对象。严禁以合作为由擅自输出工人疗休养院品牌。合作机构不得使用工人疗休养院的医疗文书、印章、票据和账户等。合作项目必须报经上级工会审批同意，达到一定规模的要按照规定上报全国总工会审批。合作期限原则上不超过 5 年。各级工会对所属工人疗休养院已经签订且在合作期限内有效的合作协议进行一次全面审查，对违反上述原则和要求的合作，协商中止协议或及时制定补充约定。

（九）妥善处理一些名存实亡的工人疗休养院。按照整改为主、转类为辅、慎重盘活、积极稳妥的要求，用 1 年时间，集中清理、恢复一些名存实亡的工人疗休养院的功能。

1. 对于已经整体出售出让的，由主管工会负责清理，撤销机构，注销工人疗休养院名称。

2. 对于资产置换、异地重建的，主管工会应加大政策协调力度，落实建设用地和资金，限期建成开业。

3. 对于长期闲置停业、歇业的，应进行全面评估，根据经营状况、困难成因和发展潜力等进行分类，对基础较好、仍有发展潜力的，由主管工会提出资产盘活方案；对扭亏无望、已不具备自生能力的，由主管工会提出退出方案。对地市级、县级总工会所属疗休养院无力盘活或无法恢复疗休养功能的，可由省级总工会直接管理。

（十）严格资产处置审批程序。地方工会对所属疗休养院改变性质、改变所有权以及关、停、合并或撤销事宜，由省级总工会上报全国总工会，经全国总工会批准后方可实施。地方工会对所属疗休养院进行转让开发，非经营性土地转为经营性土地等，要由省级总工会向全国总工会上报审批后方可实施。

（十一）严控异址新建行为。按照盘活存量、控制增量的要求，严格控制新建疗休养院的数量与规模。全国总工会原则上不再审批各地工会新建疗休养院。如需新建疗休养院，必须符合以下条件：一是主管工会所辖的现有疗休养院经营状况良好，近3年来收支平衡、略有盈余；二是严格进行市场调研论证，规模适度；三是坚持疗休养主业，严禁以工人疗休养院为名，搭车兴建楼堂馆所。

四、加强制度管理

要从疗休养院改革发展的实际出发，按照统一性、指导性、针对性、约束性的要求，建立健全各项管理制度，努力提高工人疗休养院管理水平。

（十二）建立生产经营管理指标考核制度。工人疗休养院要制定具体考核办法，将主营业务、财务资产、党建工建、行政后勤等方面的工作分解成多个指标，纳入考核内容，努力实现社会效益与经济效益的统一。考核结果要与疗休养院领导班子的薪酬挂钩。

（十三）建立职工和劳模疗休养满意度评价制度。工人疗休养院要以增强职工和劳模疗休养获得感为目标，建立疗休养服务需求收集机制、服务效能动态监测机制和服务绩效评价反馈机制。研究制定职工和劳模满意度指标，通过问卷调查、定期走访服务对象、无记名投票和座谈会等多种形式，确定职工和劳模满意度。探索引入社会第三方组织开展满意度测评，增强评价的客观性和科学性。

（十四）建立工人疗休养院重大问题查处通报制度。工人疗休养院有下列情形之一的，由主管工会负责查处，限期改正，并报全国总工会资产监督管理部备案。全国总工会资产监督管理部将定期对发现的有关重大问题予以通报。

1. 违反中央八项规定精神，存在“四风”问题，造成不良社会影响的；

2. 清理整改不力，疗休养院主营业务发展状况没有得到有效改善的；

3. 脱离主营业务，从事与疗休养院职能严重不符业务活动的；

4. 将工会疗休养事业经费挪作它用的；

5. 因管理失误造成《医疗机构执业许可证》、《温泉水采矿许可证》等被政府部门吊销的；

6. 发生重大医疗、安全事故的；

7. 因决策和工作失误造成工会资产重大损失的；

8. 虚报瞒报漏报工会统计数据的；

9. 受到当地政府主管部门行政处罚的；

10. 其他性质严重、造成恶劣影响的问题。

五、落实管理主体责任

工人疗休养院实行统一领导、分级管理、院所经营的管理体制。各级工会特别是工会主管部门要加强对工人疗休养院的领导，把管理监督的主体责任落到实处。

（十五）加强对工人疗休养院工作的领导。省级及省级以上总工会要加强对疗休养院工作的宏观指导，研究制定工人疗休养院发展规划和指导性文件；加大源头参与，争取在事业单位分类改革中将疗休养院纳入公益二类事业单位序列，并落实好相关优惠政策；优化工人疗休养院布局，推进工人疗休养院改革发展；管好用好国家财政工会疗养休养专项经费，做好监督检查，保证专款专用；发挥职工疗养协（学）会的作用，指导协（学）会做好业务推介、业务指导和技术研究推广等方面工作。建立上级工会对下级工会工人疗休养院工作考核监督机制。上一级工会每年应对下一级工会工人疗休养院管理工作进行综合考核评价，下一级工会每年应定期向上一级工会报告所属工人疗休养院经营业绩考核情况。

（十六）落实主管工会的主体责任。主管工会要重视工人疗休养院管理工作。要加强工人疗休养院班子建设，倡导和鼓励具有医疗专业资质的人员担任疗养院院长，疗休养院领导班子里至少要有一名具有医疗专业资质的成员。落实工人疗休养院的经营管理自主权和院长负责制。有条件的工人疗休养院可探索推行职业经理人制度。加强疗休养院党的领导和党的建设，坚持全面从严治党，选好配强党组织负责人，坚持“一岗双责”，落实党风廉政建设责任制。加大扶持力度，将工人疗休养院基础设施、设备更新改造费用列入主管工会经费预算。加强工人疗休养院资金资产管理，对工人疗休养院使用政府财政和工会经费情况进行绩效考评。加强审计监督工作。

（十七）加强医务人才队伍建设。医务人才是工人疗休养院立院之基、强院之本。要适应疗休养主业发展的需要，按照核定或批准的编制标准，指导工人疗养院配齐配足医务人员。在有《医疗机构执业许可证》的疗养院编制中，要确保医护保健人员比例占50%以上。指导工人疗养院制定医务人才发展规划和人才梯队建设计划，加强疗养医学科研，做好全国专业技术人员职称评聘工作，发挥学科带头人的引领作用。筹建全国工会疗休养人员培训基地，为工人疗休养院培训中高级人才。

（十八）组织开展职工疗休养活动。各级工会组织要从维护职工健康权益的高度，把开展职工疗休养活动与促进疗休养院的发展紧密结合起来。要指导企业工会将职工享有疗休养权利的内容写入集体合同。要把职工疗休养工作纳入工会开展的职工普惠性服务之中，有计划、分批次地将劳模和一线职工特别是从事苦脏累险工种及有毒有害工种的职工组织到疗休养活动中来。要统筹利用好现有的工人疗休养院，通过工会购买服务的方式，将职工疗休养活动优先交由工人疗休养院组织实施，充分发挥工人疗休养院的作用。

各级工会要按照本意见要求对举办的各类疗养院、休养院、职工医院、疗养所、休养所加强管理、严格规范。各省级总工会要结合本地区实际，研究制定具体实施办法，认真抓好落实。涉及清理工作的，要按季度向全总资产监督管理部报送进展情况。

（此件发各省、自治区、直辖市总工会，各全国产业工会，中共中央直属机关工会联合会、中央国家机关工会联合会，全总各部门、各直属单位）

关于对全总所属企事业单位实行分类资产监督管理的通知

（通字〔2016〕3号　2016年9月9日）

各驻会全国产业工会，全总各部门、各直属单位：

为进一步理顺全总本级企事业单位资产监督管理体制，加强和改进对全总本级企事业资产监督管理工作，经全总第十六届书记处第53次会议研究决定，对全总所属企事业单位实行分类资产监督管理，现就有关事项通知如下。

一、根据全总书记处授权，资产监督管理部对全总国际交流中心、全总厦门劳动模范疗休养中心、中国职工服务中心、中国职工保险互助会、全总劳动模范技能交流基地、全总北戴河疗养院、全总青岛疗养院等7个全总所属企业（事业、社团）单位直接监管，依照出资人制度，行使以下职责：

1. 承担对所监管单位工会资产保值增值的监督责任。实行单位经营业绩目标考核制度，优化考核指标体系和评价标准，考核结果与单位负责人薪酬挂钩。

2. 指导推进所监管单位完善法人治理结构，承担重大决策、重要事项的审批，审核批复年度收支预算、主要经济指标和成本费用指标。

3. 履行出资人收益管理职能。建立监管单位资产经营收益管理制度，按占有工会资产总额的一定比例收缴资产经营收益，纳入全总本级年度收支预算，实行收支两条线管理。

4. 督促检查所监管单位贯彻落实国家安全生产方针政策及有关法律法规的执行情况。

5. 按照全总组织部的要求，参与对所监管单位班子的选拔任用工作。协助全总组织部做好所监管单位的人事管理工作，研究制定单位负责人薪酬管理办法并监督实施。

6. 按照全总机关党委的要求，加强所监管单位党的建设，落实全面从严治党责任。成立资产监督管理部党总支，领导所监管单位党支部工作。

二、依照《中华全国总工会本级企事业单位资产监督管理暂行规定》《中华全国总工会本级企事业单位经营业绩考核暂行办法》，资产监督管理部对中国劳动关系学院、工人日报社、中国工人出版社、中国职工国际旅行社总社、中国职工之家、全总文工团等6个单位的资产实行监督管理，并会同组织部、宣教部、财务部、经审办组成经营业绩考核小组，对上述单位进行经营业绩考核。将中国职工电化教育中心、中国工会网络中心纳入全总资产监管和经营业绩考核范围。依据《全国总工会直属企业负责人薪酬管理暂行办法》，中国工人出版社等企业经营业绩考核情况与单位领导班子薪酬挂钩。

三、经全总书记处授权，将中国工运研究所、全总信息中心、中国职工对外交流中心、全总机关服务中心、全总机关印刷室、《中国教工》编辑部等事业单位，全总所属各学会、协会、基金会，列入全总所属企事业单位资产监督管理范围，资产监督管理部负责其产权登记、资产统计和批复资产处置等事宜。

中华全国总工会办公厅关于印发《工会行政事业性资产管理办法》的通知

（总工办发〔2017〕5号　2017年1月23日）

各省、自治区、直辖市总工会，中华全国铁路总工会、中国民航工会全国委员会、中国金融工会全国委员会，中共中央直属机关工会联合会、中央国家机关工会联合会，全总各直属单位：

《工会行政事业性资产管理办法》已经中华全国总工会第十六届书记处第六十三次会议审议通过，现印发给你们，请认真贯彻执行。

附件：

工会行政事业性资产管理办法

为加强工会行政事业性资产监督管理，合理配置和有效利用工会行政事业性资产，根据《中华人民共和国工会法》和《中国工会章程》制定本办法。

第一章　总　则

第一条　本办法适用于各级工会行政机关、执行事业单位会计制度的工会事业单位及社会团体（以下简称“工会行政事业单位”）。

第二条　本办法所称工会行政事业性资产是指各级工会行政事业单位占有、使用，依法确认为工会所有，能以货币计量的各种经济资源的总称。

工会行政事业性资产包括流动资产、长期投资、固定资产、无形资产和其他资产。

第三条　工会行政事业性资产是属于工会所有的社团资产，其不动产和动产受法律保护。中华全国总工会（以下简称“全总”）对各级工会行政事业性资产拥有终极所有权。

第四条　工会行政事业性资产按照“统一所有、分级管理、单位使用”的原则，建立权利、义务和责任相统一的监督管理体制。

第五条　各级工会行政事业单位在行政事业性资产管理过程中取得的收入应当纳入单位预算，统一核算、统一管理。

第二章　管理机构及职责

第六条　全总资产监督管理部是全国工会资产监督管理机构，负责对全国工会行政事业性资产进行监督管理。各省级工会应加强工会资产监督管理机构建设，设立工会资产监督管理部门，负责对所辖工会行政事业性资产进行监督管理。

第七条　工会资产监督管理机构的主要职责是：

（一）贯彻执行国家和全总有关行政事业性资产管理的法律、法规和政策。

（二）制定各级工会行政事业性资产管理的规章制度，并对执行情况进行监督检查。

（三）按规定对工会行政事业性资产配置、使用、处置事项进行审核、审批，负责组织资产评估、资产清查、产权界定、产权纠纷调处、资产统计等工作。研究制定本级工会行政事业性资产配置标准。

（四）负责对本级行政事业单位和下级工会资产监督管理工作进行监督检查。

第八条　工会行政事业性资产实物管理部门对本单位占有、使用的固定资产、库存材料物资等实物资产实施具体管理。

第三章 审批权限及程序

第九条 工会行政事业性资产管理事项的审批权限：

（一）全总负责对各级工会占有和使用的土地以及连同地面附着的房屋建筑物一并与工会系统以外单位进行使用权或产权转让、置换的全部事项进行审批。

（二）全总负责对省级工会涉及1000万元及以上金额的资产配置、资产使用、资产处置事项进行审批（涉及资产以评估金额为准）。

（三）省级工会负责对省本级和省级以下工会不需全总审批的资产管理事项进行审批。

（四）省级工会根据全总有关规定，制定所辖工会行政事业性资产管理事项的审批权限并报全总备案。

第十条 工会行政事业性资产管理事项的报批程序：

（一）主管工会对工会行政事业单位上报的资产管理事项进行审核后提出请示，报送上级工会。

（二）上一级工会须对下一级工会报送的请示事项进行调查核实，在此基础上按审批权限进行审批或上报。

（三）全国总工会对省级工会上报的请示进行审核、审批。请示中须有省级工会给出的明确审核意见。全总认为有必要的事项，可作进一步核查。

（四）已批复的请示事项不得擅自改变。在实施过程中有重大改变或者出现对原方案有重大影响的情形（包括原方案确定的地点变更，土地面积、建设规模、资金投入增加或减少10%及以上等）须按原审批程序重新报批。

第四章 资产配置

第十一条 资产配置是指各级工会行政事业单位为保证履行职能需要，按照国家有关法律、法规确定的标准和程序，通过购置、建设、调拨、调剂、租赁等方式配备实物资产的行为。

第十二条 各级工会行政事业单位购置资产，应按照《中华人民共和国政府采购法》及其实施细则的规定执行。通过购置、建设等方式配置办公和业务用房的，应严格执行中共中央办公厅、国务院办公厅《关于进一步严格控制党政机关办公楼等楼堂馆所建设问题的通知》的有关规定。

第十三条 经批准召开重大会议、举办大型活动等需要购置资产的，由会议或者活动主办单位按照本办法规定程序报批。会议或活动结束后，购置的资产纳入单位固定资产进行统一管理。

第十四条 工会行政事业单位申请购置土地和房屋建筑物、建设（包括新建、重建、改扩建）房屋建筑物需要提供以下材料（全部材料加盖主管工会公章）：

（一）购置、建设项目的申请报告；

（二）建设项目的可行性分析报告；

（三）拟同意购置、建设项目的会议决议或会议纪要复印件；

（四）购置项目的资产评估报告；

（五）新建项目立项批复复印件、国有建设用地批准书复印件和资金来源说明等文件；

（六）重建、改扩建项目原土地、房屋所有权属证明复印件、立项批复复印件、资金来源说明等文件；

（七）其他相关文件。

第五章 资产使用

第十五条 工会行政事业性资产使用是指工会行政事业性资产自用、对外投资和出租、出借等行为。

第十六条 工会行政事业单位资产使用，应当符合国家法律法规和全总有关规定，并经过单位领导班子集体研究，进行充分的可行性论证，依据审批权限履行审批手续。

第十七条 资产自用是工会行政事业单位对占有使用的固定资产、库存材料等的管理活动。

工会行政事业单位应按照“实物管理和价值管理并重”的原则，建立健全自用资产的验收、领用、使用、保管和维护等内部管理制度与流程，加强工会行政事业性资产的使用管理。对实物资产进行定期清查，完善资产管理账表及有关资料，做到账账、账卡、账实相符。

第十八条 对外投资是指工会行政单位为了更好地服务职工群众，利用其资产创办企业或投入到经营实体的经济活动。事业单位对外投资应执行工会财会制度有关规定。

各单位申请利用工会资产对外投资，应提供如下材料（全部材料加盖主管工会公章）：

（一）对外投资事项的申请报告；

（二）拟对外投资资产的价值凭证及权属证明，如购货发票或收据、工程决算副本、国有土地使用权证、房屋所有权证、股权证等凭据的复印件；

（三）对外投资可行性分析报告；

（四）拟同意对外投资的会议决议或会议纪要复印件；

（五）被投资单位法人证书复印件、企业营业执照复印件、企业法人个人身份证复印件等；

（六）拟创办企业单位的章程和工商行政管理部门下发的企业名称预先核准通知书复印件；

（七）工会行政事业单位与被投资方签订的合作意向书、协议草案或合同草案；

（八）经中介机构审计的被投资方上年财务报表；

（九）其他材料。

第十九条　出租、出借是指工会行政事业单位对其占有、使用的资产向工会系统以外提供使用权的行为。各单位出租工会行政事业性资产，原则上应采取公开招租的形式确定出租的价格，必要时可采取评审或者资产评估的办法确定出租的价格。各单位出租、出借工会行政事业性资产，期限不得超过 5 年。

各单位申请出租、出借工会行政事业性资产，应提供如下材料（全部材料加盖主管工会公章）：

（一）出租、出借事项的申请报告；

（二）拟同意出租、出借事项的会议决议或会议纪要复印件；

（三）出租、出借事项合同草案复印件；

（四）合作方法人证书复印件、企业营业执照复印件、企业法人个人身份证复印件等；

（五）其他材料。

第六章　资产处置

第二十条　资产处置是指各级工会对其占有、使用的工会行政事业性资产进行产权转让或者注销产权的行为。

第二十一条　工会行政事业性资产处置的范围包括：

（一）闲置资产；

（二）确需报废、淘汰的资产；

（三）因规划及单位分立、撤销、合并、改制、隶属关系改变等原因引起的产权或者使用权转移的资产；

（四）盘亏、呆账及非正常损失的资产；

（五）已超过使用年限无法使用的资产；

（六）依照国家有关规定需要进行资产处置的其他情形。

第二十二条 工会行政事业性资产处置方式包括无偿调拨、出售、出让、转让、置换、对外捐赠、报废报损以及货币性资产损失核销等。

第二十三条 出售、出让、转让是指变更工会行政事业单位资产所有权或占有、使用权并取得相应收益的行为。工会行政事业单位资产出售、出让、转让，应当通过产权交易机构、协议方式等国家有关法律法规规定的方式进行。

工会行政事业单位资产出售、出让、转让，以按规定权限由全总、省总备案或核准的资产评估报告所确认的评估价值作为市场竞价的参考依据。意向交易价格低于评估结果 90% 的，应当按规定权限报全总或省总重新确认后交易。

工会行政事业单位申请出售、出让、转让工会资产，应向审批部门提交以下材料（全部材料加盖主管工会公章）：

（一）出售、出让、转让申请报告；

（二）同级主管工会有关处置事项的会议纪要复印件；

（三）资产价值凭证及产权证明，如购货发票或收据、工程决算副本、国有土地使用权证、房屋所有权证、股权证等凭据的复印件；

（四）出售、出让、转让方案，包括资产的基本情况，处置的原因、方式等；

（五）出售、出让、转让合同草案，属于股权转让的，还应提交股权转让可行性报告；

（六）有资质评估机构出具的评估报告；

（七）其他相关材料。

第二十四条 置换是指工会行政事业单位与工会系统以外其他单位以非货币性资产为主或少量货币性资产（即补价）进行的交换。

第二十五条 被列入地方政府城市改造规划涉及工会行政事业单位房屋、土地的置换事项需要具备以下条件：

（一）地方政府补偿安置意见；

（二）置换给工会的房屋、土地必须权属合法、无争议，权属证明齐全；

（三）置换后的房屋、土地价值不得低于原价值，地理位置要合理。置换工会房屋土地事项要先建设后拆除（因特殊情况无法做到的，必须取得相关法律凭证，给予承诺保证）；

（四）建设资金要有保证，包括原有土地、房屋有偿转让所得、政府补助以及工会自筹资金等必须达到总建设资金的 90% 以上。

第二十六条 工会行政事业单位申请工会资产置换，应向审批部门提交以下材料（全部材料加盖主管工会公章）：

（一）置换申请报告；

（二）主管工会有关处置事项的会议纪要复印件；被列入地方政府城市改造的房屋、土地处置事项应附当地政府批准文件和有关会议纪要复印件；

（三）资产价值凭证及产权证明，如购货发票或收据、工程决算副本、国有土地使用权证、房屋所有权证、股权证等凭据的复印件；

（四）对方单位拟用于置换资产的基本情况说明，有资质评估机构出具的评估报告；

（五）双方草签的置换协议（必须注明经全国总工会或省级工会批准后方能生效），对方单位的法人证书或营业执照的复印件；

（六）宗地图、标明资产所处位置的地图；

（七）工会行政事业单位近期的财务报告；

（八）其他相关材料。

第二十七条　各级工会行政事业单位资产对外捐赠，应提交以下材料（全部材料加盖主管工会公章）：

（一）对外捐赠申请文件；

（二）捐赠报告，包括：捐赠事由、途径、方式、责任人、资产构成及其数额、交接程序等；

（三）捐赠单位出具的捐赠事项对本单位财务状况和业务活动影响的分析报告，使用货币资金对外捐赠的，应提供货币资金的来源说明等；

（四）主管工会、工会行政事业单位决定捐赠事项的有关文件，包括主管工会关于捐赠事项会议纪要复印件等；

（五）能够证明捐赠资产价值的有效凭证，如购货发票或收据、工程决算副本、记账凭证、固定资产卡片及产权证明等凭据的复印件；

（六）其他相关材料。

第二十八条　实际发生的对外捐赠，应当依据受赠方出具的同级财政部门或主管部门统一印（监）制的捐赠收据或者捐赠资产交接清单确认；对无法索取同级财政部门或主管部门统一印（监）制的捐赠收据的，应当依据受赠方所在地城镇街道、乡镇等基层政府组织出具的证明确认。

第二十九条　报废是指按有关规定或经有关部门、专家鉴定，对已不能继续使用的资产，进行产权注销的资产处置行为。

报损是指由于发生呆账损失、非正常损失、投资损失等原因，按有关规定对资产损失进行产权注销的资产处置行为。工会行政事业单位申请资产报废、报损，应提交以下材料（全部材料加盖主管工会公章）：

（一）报废、报损申请文件。

（二）能够证明盘亏、毁损以及非正常损失、投资损失资产价值的有效凭证复印件。如购货发票或收据、工程决算副本、记账凭证、固定资产卡片、盘点表及产权证明等凭据的复印件、上级工会审计部门的审计意见书。

（三）报废、报损价值清单复印件。

（四）非正常损失责任事故的鉴定文件复印件及对责任者的处理文件复印件。

（五）因房屋拆除等原因需办理资产核销手续的，提交相关职能部门的房屋拆除批复文件、建设项目拆建立项文件、双方签定的房屋拆迁补偿协议等材料的复印件。

（六）其他相关材料。

第三十条 货币性资产损失核销是指单位按现行财务与会计制度，对确认形成损失的货币性资产（现金、银行存款、应收账款、应收票据等）进行核销的行为。

工会行政事业单位申请货币性资产损失核销，应提交以下材料（全部材料加盖主管工会公章）：

（一）货币性资产损失核销申请文件；

（二）债务人已被依法宣告破产、撤销、关闭，用债务人清算财产清偿后仍不能弥补损失的，提供宣告破产的民事裁定书以及财产清算报告、注销工商登记或吊销营业执照的证明、政府有关部门决定关闭的文件等材料的复印件；

（三）债务人死亡或者依法被宣告失踪、死亡的，提供其财产或遗产不足清偿的法律文件复印件；

（四）涉及诉讼的，提供判决裁定申报单位败诉的人民法院生效判决书或裁定书复印件，或虽胜诉但因无法执行被裁定终止执行的法律文件复印件。

第七章　资产评估

第三十一条 资产评估是指由专门的机构或专业的评估人员，按照规定的法律法规、工作准则和方法，以货币作为计算权益的统一尺度，对在评估基准日的工会行政事业性资产进行评定估算的工作。

工会行政事业单位有下列情形之一的，应当对相关资产进行评估：

（一）单位取得的没有原始价格凭证的资产；

（二）拍卖、有偿转让、置换工会资产；

（三）事业单位整体或者部分改制为企业；

（四）以非货币性资产对外投资；

（五）单位合并、分立、清算；

（六）整体或者部分资产租赁给非工会单位；

（七）确定涉讼资产价值；

（八）依照国家法律及行政法规等有关规定需要进行资产评估的其他事项。

第三十二条　工会行政事业性资产评估工作应当委托具有资产评估资质的评估机构进行。

工会行政事业性资产评估项目实行核准制和备案制。

第八章　资产清查

第三十三条　资产清查是指各级工会根据专项工作要求或者特定经济行为需要，按照规定的政策、工作程序和方法，对所属行政事业单位进行账务清理、财产清查，依法认定各项资产损溢和资金挂账，真实反映工会行政事业性资产占有使用状况的工作。

工会行政事业单位有下列情形之一的，应当进行资产清查：

（一）纳入全总专项工作要求或者各级工会开展清产核资范围的；

（二）事业单位进行重大改革或者整体、部分改制为企业的；

（三）遭受重大自然灾害等不可抗力造成资产严重损失的；

（四）会计信息严重失真或者工会资产出现重大流失的；

（五）会计政策发生重大更改，涉及资产核算方法发生重要变化的；

（六）本级工会资产监督管理部门认为应当进行资产清查的其他情形。

第三十四条　工会行政事业单位进行资产清查，应按规定程序报本级工会资产监督管理部门批准后组织实施。

第三十五条　工会行政事业单位资产清查工作的内容主要包括基本情况清理、账务清理、财产清查、损溢认定、资产核实和完善制度等。

第九章　产权登记与产权纠纷处理

第三十六条　工会行政事业性资产产权登记（以下简称“产权登记”）是对工会行政事业单位占有、使用的房屋建筑物所有权和土地使用权进行登记，依法确认工会资产所有权和使用权的行为。

第三十七条　工会行政事业单位应向政府部门申请办理房屋建筑物所有权和土地使用权登记，取得权属证书后向上级工会资产管理部门进行申报，由全总核发《工会资产产权登记证》（以下简称《工会产权证》）。

《工会产权证》是工会行政事业单位占有、使用工会资产的法规性凭证，由全总统一印制。

第三十八条 工会行政事业单位应当按照以下规定进行工会资产产权登记：

（一）新设立的单位，办理占有产权登记；

（二）发生分立、合并、部分改制，以及隶属关系、单位名称、住所和单位负责人等产权登记内容发生变化的单位，办理变更产权登记；

（三）因依法撤销或者整体改制等原因被清算、注销的单位，办理注销产权登记。

第三十九条 产权纠纷是指由于财产所有权、经营权、使用权等归属不清而发生的争议。

工会行政事业单位之间的产权纠纷，由当事人协商解决。协商不能解决的，由同级工会或者上级工会调解、裁定。工会行政事业单位与非工会单位或者个人之间发生产权纠纷的，工会行政事业单位应当提出拟处理意见，经报上级工会审核批准后，与对方当事人协商解决。协商不能解决的，依照司法程序处理。

第十章　资产统计报告

第四十条 工会行政事业性资产实行统计报告制度。各级工会应加强对所属工会行政事业单位资产统计报告的审核，按照全总的要求逐级上报，做到真实、准确、及时、完整，并对工会资产占有、使用、变动、处置等情况做出文字分析说明。

第四十一条 工会行政事业单位应当加强资产管理信息化建设，建立完善资产登记档案，对工会行政事业性资产实行动态管理。

第十一章　监督检查

第四十二条 各级工会应加强工会行政事业性资产的管理与监督，建立检查制度，对资产管理情况进行监督检查。资产管理情况的监督检查应坚持单位内部监督与财政监督、审计监督、社会监督相结合，事前监督、事中监督、事后监督相结合，日常监督与专项检查相结合。

第四十三条 各级工会在行政事业性资产管理过程中不得有下列行为：

（一）未按规定程序申报，擅自越权对工会行政事业性资产管理事项进行处理；

（二）对不符合规定的申报材料予以审批；

（三）串通作弊、暗箱操作，资产使用、处置过程中造成工会资产流失；

（四）截留资产使用、处置过程中产生的收入；

（五）其他造成工会资产损失的行为。

第四十四条　工会行政事业单位和个人违反本办法规定的，依据国家法律法规和全总有关规定追究相应责任。

第十二章　附　则

第四十五条　本办法由全总资产监督管理部负责解释。

第四十六条　本办法自发布之日起施行。《工会行政性资产管理暂行办法（试行）》和《各级工会行政单位占有使用房屋建筑物和土地使用权处置暂行规定（试行）》（总工办发〔2011〕55号）同时废止。此前颁布的其他有关工会行政事业性资产管理规定，凡与本办法不一致的，以本办法为准。

中华全国总工会关于推进工人疗休养院改革发展的指导意见

（总工发〔2017〕4号　2017年2月6日）

为深入学习贯彻党的十八大和十八届三中、四中、五中、六中全会精神，深入学习贯彻习近平总书记系列重要讲话精神特别是关于工人阶级和工会工作的重要论述，深入学习贯彻中央党的群团工作会议精神，坚持问题导向，立足工会实际，加快工人疗休养院改革，推动工人疗休养院健康发展，现提出如下意见：

一、充分认识推进工人疗休养院改革发展的重要意义

（一）工人疗休养院承担了党和国家赋予工会组织的重要政治使命。党和国家始终高度重视和关心一线工人的身体健康，多年来，在政策和资金等方面给予工人疗休养院大力支持，鼓励开展劳模、职工群众的疗休养活动。工人疗休养院已成为国家社会保障事业和医疗卫生事业的组成部分，是工会组织传递党和政府对工人阶级的关怀、保障职工休息休假权利、维护职工健康权益的重要阵地。

（二）工人疗休养院改革发展是工会改革发展的重要组成部分。中央党的群团工作会议和《中共中央关于加强和改进党的群团工作的意见》为工会组织改革发展指明了方向，对加强工人疗休养院等工会服务职工阵地建设提出了明确要求。全国总工会改革试点方案做出相关部署，要求工人疗休养院深化改革，突出其公益性服务性，增强其自我发展和服务职工能力。

（三）推进工人疗休养院改革发展是实现其自身发展的迫切需要。当前，职工队伍不断发展壮大，职工的健康和保健意识越来越强，对疗休养的需求更加迫切，呈现出多元化、多层次、个性化的发展趋势。国家大力推进健康中国建设，为工人疗休养院的发展带来了前所未有的机遇。面对新的形势和任务，工人疗休养院的改革发展相对滞后。主要表现在：功能定位不清，阵地建设滞后，偏离疗休养主业；体制机制僵化，资源闲置浪费，人才流失严重，自身缺乏活力；工会领导机关对工人疗休养院领导缺失，资产监督管理薄弱等。这些问题制约了工人疗休养院的健康持续发展，迫切需要通过改革创新加以解决。

二、工人疗休养院改革发展的工作目标和原则

（四）工作目标。到2020年，工人疗休养院公益性服务性明显增强；一批具备核心竞争力的市场主体呈现，自我发展能力增强，健全的管理体制和灵活的用人及薪酬机制形成；劳模疗休养基地、职工健康管理中心、职工医疗康复定点机构等三大业务品牌做优做强，在社会上形成较强的影响力；基本形成疗养、休养、职业病防治、工伤康复和健康管理等融合发展的业务格局。

（五）基本原则。

——坚持为职工群众服务的宗旨。工人疗休养院要面向基层，面向劳模和一线职工，特别是从事苦、脏、累、险工种及工伤、患职业病和慢性病的职工，增强职工群众的获得感。

——坚持以疗休养为主业。以劳模和职工群众疗养、休养、医疗、保健、体检、康复为主业，恢复和增强疗休养功能；保持和发展在医疗、康复、健康管理等领域的特色与专长，在此基础上拓展其他业务，实现业务格局从盲目多元向相关多元转变。

——坚持公益服务导向与市场化运作机制相统一。以坚持职工疗休养服务主业、切实惠及职工为公益服务导向，把满足职工群众疗休养服务需求、提高疗休养服务水平、增强职工群众获得感作为工作的出发点和落脚点。主动适应职工和社会需求，深化体制机制改革，引入市场化运作机制，增强自身活力，提高市场竞争力。

——坚持激发活力与加强监管相结合。依法保障工人疗休养院的法人财产权和经营自主权，充分激发其发展活力和创造力。完善工人疗休养院法人治理结构，健全内部控制机制。强化资产监管，防止工会资产流失。

三、聚焦疗休养主业，做优做强三大业务品牌

（六）加强劳模疗休养基地建设管理，打造综合性的职工疗休养机构。劳模疗休养基地是各级工会重点扶持和发展的全国劳模定点疗休养院所，对本地区工人疗休养院具有良好的示范带动作用，是工会关爱劳模、弘扬劳模精神、劳动精神、工匠精神的重要窗口。劳模疗休养基地要坚持服务劳模、服务职工群众的方向，坚持医养结合、疗休结合的原则，把提高服务能力和服务质量放在第一位。提供接待休养服务的疗休养院，要因地制宜，充分利用海滨、矿泉、自然生态等疗养因子和浓厚的疗养文化，拓展健康体检、养生保健、医疗康复等健康疗养业务，打造富有工会特色的职工健康综合服务品牌。

已由全总命名为劳模疗休养基地的工人疗休养院要按照全国总工会《劳动模范疗休养基地管理办法》（总工办发〔2014〕41 号）的要求，完善设施、健全制度、强化管理、规范运营，提供优质服务。未命名为劳模疗休养基地的工人疗休养院，应以创建劳模疗休养基地为方向，明确发展战略，改善软硬件设施，全面提升管理水平和服务质量。

加大劳模疗休养基地品牌的维护和提升。全总对全国劳动模范疗休养基地实行动态管理，每年进行考核评估，对于连续两年评估不合格且整改仍不达标的，撤销全国劳动模范疗休养基地称号；对于优秀疗休养院，经过审核验收并命名，纳入全国劳动模范疗休养基地序列。各省级工会命名的本地区劳动模范疗休养基地必须是工会系统工人疗休养院，主管工会要加强指导和管理，保持劳模疗休养基地品牌的先进性。

（七）培育职工健康管理中心，打造职工健康服务专业机构。职工健康管理中心是以健康体检业务为基础，对职工个人健康进行监测、分析、评估以及进行健康维护和健康促进等延伸服务的专门机构。位于企业或职工较为集中区域的工人疗休养院可以在充分调研市场需求基础上，结合自身实际情况和资源优势，开拓健康管理业务，将职工从一次体检的健康体验者转变为终身健康管理的受益者。

培育和发展职工健康管理中心，要以健康体检信息的采集、健康状态评估和跟踪服务为重点。要利用信息化平台，为每一位体检者建立永久电子健康档案，做好咨询跟踪服务。要重点做好基层单位团体会员体检和健康管理服务，根据不同行业提供针对性的评估指导，同时将健康管理与职工疗休养有机结合，根据不同职工群体的健康状况，制订个性化疗休养方案并提供相关服务。到 2017 年底，所有开展健康体检业务的疗休养院都要建立电子档案，为升级为健康管理中心奠定基础。全总将在全国选择 5 家疗休养院作为

健康管理中心建设试点单位，积极探索发展健康管理产业。

要积极参与职业病防治工作。在现有的体检中心和健康管理中心的基础上，争取申办“职业卫生技术服务机构”，取得国家职业健康检查的资质，参照国家有关规定，对从事接触职业病危害作业的劳动者进行上岗前、在岗期间、离岗时的健康检查，强化工会组织依法开展职业病防治工作、维护劳动者合法权益的职能，拓展服务群体。

（八）申办职工医疗康复定点机构，建设综合康复服务机构。职工医疗康复定点机构是集职业病防治、医疗康复、职业康复和社会康复于一体的综合康复服务机构。作为工人疗养院，应以医疗康复为基础，以职业康复为核心，以促进患病职工回归社会、劳动岗位及家庭为目的，最大限度地恢复和提高职工的生活和劳动能力。

已经申办成为各级各类医疗、工伤康复定点机构的疗休养院，要努力为患者提供全面、系统的康复医学专业诊疗服务。要严格按照国家和本地区卫计部门、人社部门的要求，配备与其功能和任务相适应的诊疗场所、专业人员、设备设施，以保障康复医疗工作的有效开展。拟申办职工医疗康复定点机构的地区，要准确评估本区域的服务对象、服务半径以及本院的康复资源、专科人才队伍、临床技术特色等，确定办院方向和规模。要综合评估自身优势，不宜以“大而全”为建院目标，可以凭借专家或特殊的疗法及先进的设备，在某一专科方向或某个病种的治疗上形成优势，走专科立院、专科强院之路。

（九）围绕疗休养主业，探索发展新的业务形态。立足工人疗休养院职能定位，适应未来医学从疾病医学向健康医学转变、医学模式从生物医学向生物—心理—社会模式转变的发展趋势，因地制宜、因院施策，充分利用工人疗休养院的矿泉、海洋、森林、中医药等资源，运用智能、仿生、“互联网+”等先进科技与理念，创新服务模式和服务内容，探索疗休养与文化、旅游、餐饮、健身休闲等融合发展的新业态，打造新的职工疗休养业务品牌。结合国家社会养老服务体系建设，适度开展劳模养老等业务。

四、深化改革，增强工人疗休养院的生机活力

（十）积极争取协调，把工人疗休养院纳入国家公益二类事业单位序列。各级总工会要高度重视工人疗休养院的分类改革工作，按照《中华全国总工会关于做好工会事业单位分类改革工作的指导意见》（总工发〔2012〕65号）的要求，加强领导，明确责任，主动协调。要落实领导责任，明确工作职责，建立工作机制，切实加强对本地区工人疗休养院分类改革工作的组织领导与沟通协调。要积极做好与本地区机构编制、财政和人社等部门的沟通，阐明工人疗休养院的特殊性和以社会公益服务为主的功能属性，取得有关部门的理解和支持，为工人疗休养院未来的发展争取有利条件。

（十一）深化体制机制改革，激发工人疗休养院发展活力。进一步落实工人疗休养院法人自主权。积极探索建立适合工人疗休养院特点的法人治理结构，形成科学高效的决策、执行和监督机制，提高运行效率。不宜建立法人治理结构的，要继续完善现行管理模式。坚持加强党的领导，完善院长负责制，发挥党组织的领导核心作用和职工代表大会的民主监督作用，实行院务公开。"三重一大"等事项必须经集体讨论决定，并按管理权限和规定程序报批。深入推进人事、分配制度改革。建立以聘用制和岗位管理为基础的人事制度，实行按需设岗、竞聘上岗、按岗聘用、合同管理，实现人员由身份管理向岗位管理转变。建立以岗位责任为重点，以绩效考核为核心的收入分配激励机制，健全以岗位工作量、服务质量、技术能力、行为规范和职工满意度为重要指标的内部绩效考核体系，坚持工资薪酬与绩效挂钩，体现优绩优酬，重点向临床一线、关键岗位、业务骨干和有突出贡献的人员倾斜，合理拉开收入差距。

（十二）对于已定为生产经营类事业单位的工人疗休养院，要按照国家和全总关于生产经营类事业单位改革的总体要求，适时进行转企改制。做好资产清查、财务审计、资产评估和资产处置工作，确保工会资产不流失。做好人员安置和社会保障衔接工作，切实维护干部职工的合法权益。把改革与发展、管理、稳定有机结合起来，以体制机制改革为契机，加快发展，加强管理，努力打造成为自主经营、自负盈亏、自我发展、自我约束的市场主体，增强市场竞争力。

（十三）深入开展工人疗休养院清理整顿工作。按照《中华全国总工会关于加强和规范工人疗休养院管理的意见（试行）》，根据工人疗休养院的功能定位，对全国工人疗休养院进行调整改革，优化结构布局。

对于已经整体出售出让的工人疗休养院，由主管工会负责清理，撤销机构，注销工人疗休养院名称。未经机构编制部门批准的，应予以撤销。职能已经丧失，严重亏损或长期闲置停业的，经全面评估，由主管工会提出资产盘活方案或退出方案。对于整体出租、承包和委托经营的工人疗休养院，要限期收回，尽快恢复疗休养业务。地市级、县级总工会所属工人疗休养院无力盘活或无法恢复疗休养功能的，可由省级总工会直接管理。对于疗休养职能已经丧失且现主要经营业态为酒店的，以及康复医院以外的纯专科医院，不能再称为工人疗休养院，可在注销工人疗休养院名称后，纳入酒店类、医院类工会企事业进行管理。

工人疗休养院撤销、整合、转型等深化改革事项，应严格按照工会资产处置程序审批。

五、加快信息化建设，推进工人疗休养院实现发展转型

（十四）加强疗休养院的信息系统建设与应用。要将信息化建设作为工人疗休养院改革与发展的驱动力，建立支撑工人疗休养院创新和转型的信息化体系和工作机制。全面提高信息化对主要业务的覆盖面，重点加强集约化人财物管理、辅助分析决策和全面风险管控等业务信息系统的建设和应用。建设企业资源计划、供应链、客户关系等管理信息系统，并持续开展信息系统功能完善、性能优化和应用评价等工作，使其与工人疗休养院的运营实际密切贴合。积极开展网络采购和销售。适应移动终端发展的趋势，加大研究开发力度，努力为职工提供移动智能服务，改善职工的入住体验，增进与职工之间的互动交流，全面提升服务的有效性、便捷性和及时性。

（十五）加快搭建职工疗休养事业工作平台和电子商务平台。全总牵头搭建统一的职工疗休养工作信息平台，宣传职工疗休养政策，交流工作经验，实现各级工会职工疗休养工作以及工人疗休养院的信息共享。抓住“互联网+”发展机遇，加强职工疗养协会等信息平台建设，拓展各工人疗休养院所之间的业务合作和信息共享，积极推进电子办公和网上互动交流，以工人疗休养院信息库、电子化商务结算为基础，建设完整的电子商务系统，实现疗休养产品的在线发布和销售，高效对接市场资源，降低销售成本，扩大预定消费群体，提高运营效率。

六、发挥工人疗休养院的阵地作用，积极组织职工参加疗休养活动

（十六）加强政策协调，做好组织动员工作。各级工会要把职工疗休养工作纳入国家全民健康和工会维权服务工作大局，积极与政府有关部门沟通协调，研究制定本地区职工疗休养制度文件，依托各工人疗休养院，规范开展职工疗休养活动。要指导企业工会将“职工享有疗休养权利”纳入平等协商内容，写入集体合同，保障职工的疗休养权益。要逐步建立制度化的职工疗休养经费保障机制，将组织职工疗休养作为长效工作机制延续下去。

（十七）疗休养活动由各级地方工会牵头组织实施，基层工会共同参与。各地职工疗休养活动地点优先选择全国总工会和本省（区、市）工会所属的工人疗休养院，也可选择异地工人疗休养院协作开展职工疗休养活动。要多渠道筹措资金，各级工会积极争取财政对职工疗休养活动给予支持；在工会年度经费预算中，专门设立劳模和职工疗休养项目，加大对疗休养活动的补贴力度；各派员单位在单位职工福利费中提取足额的疗休养费用。

各级工会要把组织职工参加疗休养活动列入年度工会工作任务。要明确责任部门，根据本区域职工整体情况、行业分布情况和职工的实际需要制订好活动计划、实施细则和操作办法，并规划好中长期工作目标，分期分批牵头组织实施。各工人疗休养院要主动与各级工会组织联系，配合落实工会组织的职工疗休养计划，同时要主动与基层单位工会联系，承接各单位的职工疗休养任务。要精心设计和安排形式多样的疗休养服务项目，加强自身管理，周密组织实施，确保接待服务质量、交通安全和食宿安全，保障活动的顺利开展。

七、加强组织领导，为工人疗休养院改革发展创造良好条件

（十八）加强工人疗休养院党的建设和领导班子建设。充分发挥党组织的政治核心和战斗堡垒作用，在工人疗休养院改革发展中坚持党的建设同步谋划、党的组织及工作机构同步设置、党组织负责人及党务工作人员同步配备、党的工作同步开展，保证党组织工作机构健全、党务工作者队伍稳定、党组织和党员作用得到有效发挥。工人疗休养院党组织要切实承担好、落实好管党治党责任，建立健全党建工作责任制，做到守土有责、守土负责、守土尽责。主管工会要选择政治素质过硬、管理经验丰富、服务和责任意识强、具有改革创新精神的干部担任疗休养院院长，并为其履职创造良好条件。要重视对院领导班子的培养和教育，努力打造政治坚定、务实创新、清正廉洁的领导集体。加强对工人疗休养院领导班子尤其是主要领导人员的日常监督管理和综合考核评价，及时调整不胜任、不称职的领导人员。全总命名的劳模基地主要负责人的任命和调整，要向全总资产监督管理部备案。

（十九）加强宏观指导和协调服务。各级工会要加大政策协调力度，积极向政府有关部门争取和协调有利于职工疗休养事业发展的政策和资金支持。要以工会疗休养三大业务品牌为重点，加大调查研究、经验交流力度。要充分发挥职工疗养协会的平台作用，积极开展决策咨询、学术研究、行业服务、业务培训、交流交往活动，组织评选职工最满意疗休养院，提升职工疗休养院服务水平和服务质量。

（二十）改进资金投入方式，建立工人疗休养院可持续发展的资金保障机制。各级工会要按照有关政策和以事定费的原则，结合工人疗休养院的业务特点和财务收支情况，采取经费补助、购买服务等不同的投入和支持方式，引导工人疗休养院坚持公益性服务性，促进工人疗休养院健康发展。各级工会要按照管好本级工人疗休养院的原则，加大对工人疗休养院建设的支持力度，每年在工会经费预算中安排一定的资金，用于所辖地区工人疗休养院基础设施更新改造、设施设备升级等，提高工人疗休养院服务职工的能力。除上述资金项目以外，对于工会组织的劳模和职工群众疗休养活动以及其他公益性活动项目，可采取购买服务的方式提供资金保障。对工人疗休养院的投入应建立资金使用绩效评价制度和机制，确保专款专用，提高资金使用效益。同时，工人疗休养院要立足自身优势，积极参与市场竞争，承接社会疗休养活动。

（此件发各省、自治区、直辖市总工会，各全国产业工会，中共中央直属机关工会联合会、中央国家机关工会联合会，全总各部门、各直属单位）

中华全国总工会办公厅印发《关于工会系统经营类事业单位改革的指导意见》的通知

（总工办发〔2017〕15号　2017年5月2日）

各省、自治区、直辖市总工会，各全国产业工会，中共中央直属机关工会联合会、中央国家机关工会联合会，全总各部门、各直属单位：

《关于工会系统经营类事业单位改革的指导意见》已经中华全国总工会第十六届书记处第六十九次会议审议通过。现印发给你们，请认真贯彻执行。

附件：

关于工会系统经营类事业单位改革的指导意见

为认真贯彻落实《中共中央办公厅国务院办公厅印发〈关于从事生产经营活动事业单位改革的指导意见〉的通知》（厅字〔2016〕38号）文件精神，按照全国总工会机关改革试点工作要求，现就做好工会系统经营类事业单位改革工作，提出如下指导意见。

一、总体要求

（一）指导思想。全面贯彻党的十八大和十八届三中、四中、五中、六中全会精神，深入学习贯彻习近平总书记系列重要讲话精神和治国理政新理念新思想新战略，紧紧围绕统筹推进“五位一体”总体布局和协调推进“四个全面”战略布局，坚持稳中求进工作总基调，牢固树立和贯彻落实新发展理念，坚持党的领导，坚持社会主义市场经济改革方向，围绕使市场在资源配置中起决定性作用，为职工提供有效供给，着力解决工会事业单位从事生产经营活动长期存在的会企不分、事企不分，以及体制不顺、机制不活、效益不高等突出问题，扎实推进工会系统经营类事业单位转企改制，激发内生发展动力，增强市场竞争力，提高工会资产运营效率。

（二）基本原则。

坚持会企分开、事企分开。进一步理顺各级工会组织与所属工会企事业的关系，建立有利于工会企事业健康发展的管理体制、运行机制和发展模式，应由市场配置资源的生产经营活动坚决交给市场，将经营类事业单位逐步转制为企业。

坚持突出特色、服务大局。聚焦主业，重点发展工会企事业三大服务领域，将可由市场配置资源的生产经营活动交给市场。发挥工会资产服务职工的效能，服务基层、服务职工群众、服务工会工作整体部署，增强职工群众获得感。

坚持激发活力、规范监管。按照简政放权、放管结合、优化服务要求，依法赋予转制企业法人财产权和经营自主权，充分激发其发展活力和创造力。进一步完善监管制度，提升监管效能，防止工会资产流失，实现保值增值。

坚持公平公正、公开透明。严格规范工作程序，依法依规处置国有资产和工会资产，妥善安置人员，保障干部职工知情权、参与权、表达权、监督权，切实维护相关各方合法权益。

坚持积极稳妥、分类分步。根据经营类事业单位实际情况确定改革路径方式，周密制定改革方案，把握好时机节奏力度，分类型有步骤推进，确保平稳有序。

（三）主要目标。通过改革，将工会系统经营类事业单位转制为企业，使其真正成为自主经营、自负盈亏、平等竞争、自我发展的市场主体，建立产权清晰、权责明确、会企分开、管理科学的现代企业制度。

二、改革任务

（一）区分情况分类推进改革。经济效益较好的工会系统经营类事业单位，特别是已经实行企业化管理的，要加大改革力度，优先推进转制为企业，于 2017 年年底前基本完成，并支持其做强做大。经济效益一般，但具有发展潜力，转制后能够激发活力、正常经营的，要创造条件，通过减轻负担等政策支持，稳妥推进转企改制，于 2018 年年底前基本完成。人员、资产规模较小或无固定资产，转制后难以正常运转的，要逐步予以撤销，并做好人员安置工作，于 2020 年年底前基本完成。长期亏损、资不抵债、债权债务不清晰、历史遗留问题多的，要摸清情况，实行财务拨款只减不增、人员只出不进，依法依规处理债权债务，稳妥退出事业单位序列，于2020年年底前基本完成。各地可结合实际探索其他改革方式。

（二）严格工会资产处置管理。按照权属清晰、风险控制、安全完整的原则，对转制单位资产进行全面清理、核对和查实，准确核查债权债务。转制单位的债权债务原则上由转企改制后的企业承接。工会资产处置要严格按照《中华全国总工会关于工会企事业单位资产监督管理的暂行规定》（总工发〔2007〕34号）、《中华全国总工会办公厅关于印发〈工会行政事业性资产管理办法〉的通知》（总工办发〔2017〕5号）等相关文件要求执行，杜绝工会资产流失。

（三）建立现代企业制度。健全企业法人治理结构，推动形成权责对等、运转协调、有效制衡的决策执行监督机制，落实工会资产保值增值责任，完善经营业绩考核。探索建立自主灵活、适应市场竞争的经营管理机制，实行管理人员能上能下、员工能进能出用人制度，建立与劳动力市场基本适应、与企业经济效益和劳动生产率挂钩的工资决定和正常增长机制，合理确定并严格规范企业管理人员履职待遇和业务支出，着力提升企业发展活力和抵御风险能力。

（四）严控人员编制。改革过程中要采取有力措施，严控人员编制，现有空编一律核销，不得新进事业编制人员。具有事业企业“双法人”资格的，注销事业单位法人，核销事业编制，直接转制为企业。

（五）妥善安置人员。要切实把转制单位人员的底数和诉求等摸清摸准摸透，区分情况制定安置方案，稳妥有序组织实施。转制单位原则上应继续聘用原事业单位工作人员，并做好养老保险、医疗保险等的过渡衔接。被撤销单位人员的安置工作由原主管部门负责，通过开辟新的就业岗位、培训转岗等方式妥善解决，鼓励自主就业创业，不得简单推向社会。

三、相关政策

工会系统经营类事业单位改革有关政策，按照《中共中央国务院关于分类推进事业单位改革的指导意见》（中发〔2011〕5号）、《国务院办公厅关于印发分类推进事业单位改革配套文件的通知》（国办发〔2011〕37号）、《中共中央办公厅国务院办公厅印发〈关于从事生产经营活动事业单位改革的指导意见〉的通知》（厅字〔2016〕38号）等中央文件以及地方关于分类推进事业单位改革的配套文件执行。涉及国有资产事项，依据当地国有资产管理的具体办法，按照规定程序和权限报批。其他事项根据本文件精神办理。

（一）工会资产管理。

1. 转制单位应将全部资产纳入改革范围，进行全面清查登记，提出资产清查结果处理意见。涉及资产损失核销、资产盘盈和资金挂账的，按照工会资产管理规定的程序和权限报批。

2. 财务审计和资产评估应由各级工会委托具备资质的中介机构承担，其结果应在转制单位内部公示，经各级工会审核后，按有关规定报上级工会或全总进行核准或备案。

3. 转制单位涉及的原划拨土地，转制为企业后用途符合划拨用地目录的，可继续以划拨方式使用；不符合划拨用地目录的，应当依法实行有偿使用。转制为一般竞争性企业的，原生产经营性划拨用地可采用协议出让或租赁方式进行土地资产处置；经省级以上人民政府批准，并按有关规定报全总审批、核准或备案，转制单位可采用各级工会作价出资（入股）方式，配置原生产经营性划拨用地。

4. 各级工会应授权明确工会资产监管机构，对转制单位履行出资人职责，并根据“统一所有、分级监管、单位使用”的原则研究制定工会资产管理的办法，建立和完善工会资产保值增值指标体系，组织转制单位上交工会资本收益，确保转制单位工会资产保值增值。

5. 各级工会要以工会资产管理为纽带，组织部门做好党组织关系、领导人员管理等相关政策的衔接，对转制单位负责人进行任免、考核并根据其经营业绩进行奖惩。

（二）人员安置。

1. 转企改制时距国家法定退休年龄 5 年以内的人员，本人申请并经转制单位批准，可以提前离岗，离岗期间的工资福利等基本待遇不变，由转制单位发放。单位和个人继续按规定缴纳各项社会保险费，达到国家法定退休年龄时，按国家规定办理退休手续。

2. 转制单位应依法与职工签订劳动合同，接续社会保险关系。工作人员在原单位的工作年限合并计算为新用人单位工作年限。经协商一致，与转制单位解除聘用（劳动）合同的原工作人员，转制单位应当支付经济补偿金。具体标准和办法按照有关法律法规和政策规定执行。

（三）社会保障接续。

1. 对目前已经划入经营类但尚未转企改制到位的事业单位，已参加企业职工基本养老保险的仍继续参加；尚未参加的，先参加机关事业单位基本养老保险，待转企改制到位后，再按照有关规定纳入企业职工基本养老保险范围。具体衔接办法按照当地人力资源社会保障部门规定执行。

2. 转制为企业前已离休人员所需的基本待遇、已退休人员退休前应缴未缴的医疗保险费、分流人员所需的经济补偿金，应从评估后的净资产中预留或从工会改革成本费用中优先支付。转制单位应按规定做好工作衔接。

四、组织实施

（一）加强组织领导。改革工作涉及面广、政策性强、任务艰巨。各级工会对所属转制单位改革工作要切实担负起主体责任，统一思想认识，加强组织领导，精心部署实施，严格落实责任，确保完成改革任务。各级工会要明确改革工作牵头部门，健全工作机制，统筹协调组织、资产、财务、经审等部门，及时了解掌握各单位工作进展情况，积极研究解决改革中遇到的问题，确保工会资产安全完整和改革的顺利推进。

（二）周密安排部署。主管部门要成立改革领导小组，精心制定改革方案，列明资产、人员编制等情况，明确改革方式、资产清查处置、人事劳动关系处理、社会保障衔接、组织实施步骤等，统筹安排对经营类事业单位主要负责人的经济责任审计，组织制定资产清查方案，做好资产清查准备、改革成本测算等工作。要根据经营类事业单位经营状况和客观条件，选取适当方式，合理把握进度，分步推进改革。

（三）做好改革衔接。要注重与行业体制改革政策衔接，着力解决基础性、共性和衔接性问题。中央已经作出部署的行业体制改革，继续按现行领导体制和工作部署推进。分类中未划入经营类的事业单位，其开展的竞争性生产经营活动，要按照本指导意见精神，通过剥离或与其他经营类事业单位整合等方式稳步推进改革。

（四）加强党的建设。改革中，各级工会要坚持党的建设同步谋划、党的组织及工作机构同步设置、党组织负责人及党务工作人员同步配备，党的工作同步开展，实现体制对接、机制对接、制度对接、工作对接。把党建工作总体要求和党组织机构设置、职责分工、工作任务等写入改制企业章程或合作协议，明确工会企业党组织在公司法人治理结构中的法定地位，强化党建工作责任，充分发挥党组织在改革中的政治、思想、组织保证作用，充分发挥基层党组织战斗堡垒作用和党员先锋模范作用。要认真贯彻落实全面从严治党的要求，严明党的纪律和改革纪律，严格执行中央八项规定精神。要切实加强党的思想政治工作，紧紧依靠广大职工推进改革，切实保障职工合法权益，维护职工队伍稳定。

（五）严明工作纪律。严禁随意处置工会资产，确保工会资产不流失。工会资产变更、处置等事项要按照规定程序报批，严格财务管理，严禁突击花钱，严禁转移、侵吞、挤占工会资产，严控人员编制。对违反有关法律法规和政策规定的，要严肃追究相关单位和责任人责任。

（六）强化监督检查。各级工会要及时跟踪了解改革进展情况，加强干部监督和纪检监察，如发现重大问题或隐患应及时向当地有关部门和上级工会汇报，并研究拟定解决措施，督促问题单位予以改正。

中华全国总工会关于加强职工互助保障活动规范和管理的意见

（总工发〔2018〕28号　2018年9月12日）

工会开展的职工互助保障活动是国家多层次社会保障体系的重要组成部分，是工会服务职工的传统特色工作。多年以来，各级工会组织积极开展不同层次、不同形式的职工互助保障活动，坚持公益性、非营利性的方向，在维护职工保障权益、密切工会与职工联系、促进社会和谐稳定等方面发挥了重要作用。为进一步规范管理，促进职工互助保障事业持续健康发展，结合职工互助保障活动的管理现状和发展需求，提出以下意见。

一、坚持正确的发展方向

职工互助保障活动是各级工会职工互助保障组织为维护职工医疗、健康等保障权益而开展的职工互助互济活动。加强规范职工互助保障活动管理，必须坚持以习近平新时代中国特色社会主义思想为指引，深入贯彻落实党的十九大和中央党的群团工作会议精神，围绕保持和增强工会组织和工会工作的政治性、先进性、群众性，坚守服务职工的公益属性，坚持互助的组织特色，坚持发挥补充保障作用，将职工互助保障事业打造成党政放心、职工满意、社会认可的品牌工程。

（一）坚守服务职工的公益属性。开展职工互助保障活动要坚守服务职工的初心，坚持公益性方向，充分了解职工需求，为职工提供低成本、低收费的普惠性保障服务，增强广大职工的获得感和幸福感。坚持公益性、非营利的发展原则，不得以开展职工互助保障活动为由从事商业保险产品宣传、销售及集资、融资活动。

（二）坚持互助的组织特色。职工互助保障活动采取会员制运作模式，遵循大数法则。职工的广泛参与是活动可持续发展的根本保证。各级工会组织要尊重职工互助保障活动规律，大力弘扬互助互济精神，教育倡导职工积极参与、个人缴费，努力实现缴费义务与保障权利的统一。要激发会员的主体意识，引导会员主动参与建设管理，坚持公平、公开、公正的原则，接受会员监督。

（三）坚持发挥补充保障作用。各级工会开展活动要在全民医保的整体框架下，加强与政府基本医疗保险、大病保险和工会帮扶工作的有效衔接，根据本地区经济发展水平、医疗保障状况、职工队伍规模科学开展活动。坚持适度补偿原则，合理设计保障项目，发挥补充保障作用，防止出现保障不足或过度补偿。

二、改革和完善治理体系

以统一监管、分级管理为原则，理顺职工互助保障活动治理体系，明确主办工会的主体责任、各级工会的监管职责，落实职工互助保障组织的运营管理权限，建立职工互助保障活动行业自律组织，提升自我管理能力。

（四）明确主办工会的主体责任。按照稳中求进的原则，在有能力、有条件的地区工会系统开展职工互助保障活动。坚持省级统筹或省级管理、市级统筹，提高抗风险能力。主办工会作为本级职工互助保障活动的主管单位，要科学制定本级活动发展规划，根据职工需求和社会保障状况实际，合理设立活动项目，规范活动内容。要严格准入和退出机制，举办或停办职工互助保障活动、设立或撤销职工互助保障组织须经本级工会审批。要积极争取政府支持，协调社会资源，为开展职工互助保障活动营造环境、创造条件。

（五）明确各级工会的监管职责。全国总工会对各级工会开展的职工互助保障活动实行统一监管，全总资产监督管理部是全国职工互助保障活动的监管和业务指导部门，负责职工互助保障活动的发展规划、政策制定，以及职工互助保障活动的业务备案、运营行为和资金监管；省级总工会资产监督管理部门要认真履行统一监管工会资产的职责，切实做好职工互助保障组织资产监督管理工作。未实行省级统筹的地区，省级总工会也要对辖区市级总工会开办的职工互助保障活动负起监管责任，落实对本级和下级职工互助保障活动的监管职责，对决策行为、活动内容、经营行为、资金使用、风险控制等实施有效监管。坚持一级抓一级，分级落实监管责任，健全监管制度，完善监管方式，提升监管水平。严格对关键岗位、关键人员的配备管理。市级总工会要主动配合上级工会监管部门工作，上下级工会监管部门要建立协同监管机制，加强联络沟通和信息传递，提升监管效率和质量。

（六）落实职工互助保障组织管理运营自主权。逐步推动职工互助保障组织成为权责明确、依法自治、运转高效的法人主体。职工互助保障组织作为本级工会领导下的独立法人，依法依规依章程自主运营，独立承担相应的管理运营责任。要建立健全职工互助保障组织的内部管理机构、管理制度、议事规则和办事程序，促进职工互助保障组织的规范化建设。

（七）建立健全全国职工互助保障行业自律机制。行业自律是对行政监管的有益补充和有力支撑。适时成立面向全国的职工互助保障活动协会，吸纳职工互助保障组织成为会员，履行组织协调、自律监督、交流培训、咨询评估等职能。通过行业内部协作、调节与监督，增强职工互助保障组织自我约束、自我管理、自我监督能力，引导职工互助保障组织规范开展活动，提升整体管理服务水平。

三、规范运营管理体系

加强职工互助保障活动运营管理的规范化、制度化建设，提升风险管理能力，逐步形成科学、规范、专业、高效的职工互助保障活动运营管理体系。

（八）建立管理体系，规范运营行为。制订修订活动章程，明确开展活动的资质，加强产品研发、业务管理、业务流程、财务核算、偿付能力监管等方面的工作，建立健全职工互助保障活动规范化运营管理体系，引导职工互助保障组织合规运营。

（九）建立健全运营管理制度。强化职工互助保障活动顶层制度设计，研究确立职工互助保障组织运营管理制度体系建设标准，指导职工互助保障组织参照标准，结合自身实际建立包括决策计划、组织流程、业务流程、内控风险、财务资金、人力资源、绩效考核等涵盖全部业务领域的配套管理制度，提高制度的可操作性与合规性，严格用制度约束日常经营管理行为。各主办工会要指导职工互助保障组织抓好制度建设，夯实管理基础。

（十）建立风险防控机制。增强风险防控意识，分类、识别、量化和评估职工互助保障活动存在的各类风险，重点掌握在资金、管理、信息安全等方面存在的风险状况，建立风险排查、监测预警、协调联动机制。通过内控、稽核、审计等手段及时查找漏洞，化解风险隐患。提高风险管控的信息化水平，按照管理权限为各级管理者提供相关数据和风险预警信息。建立风险准备金制度，防范发生系统性和区域性给付风险。

（十一）建立信息化管理平台。加强职工互助保障活动信息化管理平台建设，运用互联网技术等手段，推进核心业务、会员管理、财务管理、风险管理等系统建设，实施全面动态管理，加强服务过程监督和服务效果评价。加强网络和信息安全管理，完善会员个人信息保护制度和技术措施。建立信息共建共享机制，充分挖掘数据资源，为分析决策提供依据，提高职工互助保障活动科学化管理水平。

四、强化资金管理使用

各级工会要加强职工互助保障活动资金的安全、规范管理。坚持专款专用，加强预算管理和决策管理，严格执行财务制度，控制好资金管理的各个环节，建立多层次资金监管体系，落实监督职责，确保资金管理使用合法合规。

（十二）严格控制资金使用范围。职工互助保障活动资金属于全体会员所有，主要用于给付会员的互助金，任何组织、个人不得侵占和挪用。职工互助保障活动资金不得用于兴建、改建办公场所。活动资金、结余资金可用于银行存款、购买国债等低风险固定收益类产品，不得购买股票、基金、债券、期货、理财等金融产品，不得违规投资运营，资金增值部分要全部纳入互助资金收入管理。在正常互助金给付外开展的会员活动、帮扶救助等，要建立相应的资金管理制度，严格审批、合理使用，接受会员监督，并在一定范围内向会员公示。规范职工互助保障活动管理费提取工作，严格控制比例，降低费用开支。

（十三）规范资金管理使用。按照集中、统一的原则，提高资金管理统筹层级，避免多头分散管理，控制资金合理结余，提高资金使用效率。要加强财务基础工作，建立健全资金使用管理制度和内控机制，分离不相容岗位，明确各业务环节、岗位的衔接方式及操作标准，健全资金收支管理，坚持收支两条线，减少不必要的资金流转环节。规范账户、账目管理，原则上要设立独立账户，各项保障活动分别建账，分账核算。积极推行全面预算管理，合理编制、有效控制预算，年度预算执行情况要纳入考核体系。严格资金使用决策程序，规范资金使用流程，大额资金使用必须集体决策并保留记录。

（十四）建立多层次资金监管体系。发挥会员监督、工会组织内部和外部共同监督作用。提高职工互助保障活动资金管理透明度，维护会员知情权，接受会员监督。各级工会监管部门要严格履行资金监管职责，依据国家法律法规和全总相关规定，制定职工互助保障活动资金监管办法，督促职工互助保障组织研究制定内部资金管理和风险管理办法，建立职工互助保障资金监督检查机制，对职工互助保障组织进行督查，掌握资金流动状况，对资金风险作出评估。职工互助保障组织要自觉接受工会财务、经审和相关行政部门审计监督。被检查和审计的单位要主动配合，据实提供各种凭单、账册、报表和资料。发现资金管理违规违纪问题必须追究当事人责任，严肃处理，确保资金安全运行。

五、加强组织领导工作

加强职工互助保障活动规范和管理是深入推进工会改革的一项重要内容。规范和管理工作关系到职工互助保障事业的发展、关系到广大职工的切身利益，各级工会要从思想上高度重视，从行动上保持一致，加强党的领导和队伍建设，搞好指导服务，确保规范和管理工作落到实处。

（十五）加强党的领导。职工互助保障活动是传递党和政府对职工关心关爱的一项重要工作，具有很强的政治性。各级工会要坚持党对职工互助保障活动的领导，把加强党的建设与做好职工互助保障工作有机结合起来，推动全面从严治党落到实处。各省级总工会要明确责任分工，切实强化本地区职工互助保障活动的规划管理、监督检查职责，完善落实监管制度，结合区域实际制定具体实施方案。市级总工会要配合省级总工会加强对职工互助保障活动组织的规范和管理，确保各项工作落到实处。要把职工互助保障活动纳入职工保障工作体系，充分发挥权益保障部门等工会职能部门在指导做好职工互助保障活动中的重要作用。

（十六）加强人才队伍建设。建立职工互助保障组织主要负责人员选拔任用制度，明确任职资格，将政治素质高、事业心强、专业本领过硬的干部选派至关键岗位。加大人才培养、选拔、引进、使用、管理工作力度，推进专业化人才队伍建设，为事业发展提供智力支持。建立职工互助保障工作培训体系，注重理论和实操相结合、工会特色和专业特性相融合，通过培训提升队伍整体能力素质。建立健全人员聘用管理、岗位管理和薪酬管理制度，完善干部考核评价和激励机制，优绩优酬，激发队伍整体活力。

（十七）加强廉洁风险防控。织牢织密制度笼子，完善监管制度，突出针对性、指导性和操作性，查找薄弱环节、堵住监管漏洞。加强协同监督，充分发挥纪检组织和工会经审、资产监督管理部门以及相关职能部门作用，促进监督力量互补，增强监督合力。严把选人用人的政治关、廉洁关，加强对职工互助保障活动主要责任人的监督和管理，对互助保障组织负责人任期内、离任时进行审计，确保履职尽责。

全总资产监督管理部根据本意见制定相关配套管理办法，各省级总工会按照本意见加强本省职工互助保障活动规范和管理。中华全国铁路总工会、中国民航工会全国委员会、中国金融工会全国委员会、新疆生产建设兵团工会开展职工互助保障活动参照本意见执行。

（此件发至各省、自治区、直辖市总工会，各全国产业工会，中央和国家机关工会联合会筹备组，全总各部门、各直属单位）

中华全国总工会资产监督管理部关于印发《工会疗休养事业经费使用管理办法》的通知

（工资发〔2018〕44号　2018年12月21日）

各省、自治区、直辖市总工会疗休养事业主管部门：

经全总书记处领导同志同意，现将《工会疗休养事业经费使用管理办法》印发给你们，请认真贯彻执行。

附件：

工会疗休养事业经费使用管理办法

第一条　为加强和规范工会疗休养事业经费管理，提高工会疗休养事业经费使用效益，根据财政部和全国总工会有关规定，结合工会疗休养工作实际，制定本办法。

第二条　本办法所称工会疗休养事业经费，是指中央财政按年度纳入预算，用于补助工会所属工人疗休养院承接职工疗休养活动，支持职工疗休养事业发展的项目资金。

第三条　本办法所称职工疗休养活动，是指工人疗休养院接待企事业、机关单位工会组织开展的，周期不低于四天，以职工职业病康复、慢性病康复、伤残康复、体检、健身休养、健康讲座、文体活动、思想教育以及困难职工诊疗等为主要内容的疗休养活动。

第四条　工会疗休养事业经费补助要坚持以下原则。

（一）普遍受益。纳入全国总工会管理体系、承接职工疗休养活动的工会系统工人疗休养院，原则上均为工会疗休养事业经费的补助对象。

（二）合理引导。通过合理划分补助档次，适度集中使用工会疗休养事业经费，支持和鼓励优秀工人疗休养院，充分发挥工会疗休养事业经费的引导作用。

（三）专款专用。工会疗休养事业经费以疗休养床位补贴形式，用于补助工人疗休养院与职工疗休养活动相关的日常支出。工会疗休养事业经费不得用于工资福利、对个人和家庭的补助以及各类工程、设备购置支出。

（四）因停业、歇业或出租、承包等原因导致职能作用不能有效发挥的工人疗休养院，在恢复运营或整改完成之前，不得作为工会疗休养事业经费补助对象。

第五条　工会疗休养事业经费统一由各省（自治区、直辖市）总工会组织申报。

第六条　各省级总工会于每年11月底前，申请下一年度工会疗休养事业经费，将下一年度符合申请条件的各工人疗休养院的核定床位数、申请报告，经省级总工会党组会或主席办公会审议通过后，报送全国总工会资产监督管理部。

工人疗休养院的核定床位数为工人疗休养院在经费使用年度内，可用于承接职工疗休养活动的床位，由各省级总工会负责核定，全国总工会资产监督管理部进行抽查。

申请报告的内容须包括工人疗休养院的主管工会和上级工会重视支持情况、服务设施条件、运营管理情况、主营业务开展情况、收支情况以及申报当年实际开放床位数、申报当年实际接待和下一年度计划接待职工疗休养人次等。

第七条　全国总工会资产监督管理部对各省级总工会上报的申请材料进行审核，根据各工人疗休养院核定床位数、硬件设施条件、承接职工疗休养活动情况等，研究提出补助档次及各档次补助标准，拟订工会疗休养事业经费分配方案，报全国总工会书记处审定。

第八条　根据全国总工会书记处审定的工会疗休养事业经费分配方案，全国总工会财务部门将经费拨付各省级总工会，由各省级总工会负责拨付本地区工人疗休养院。

第九条　各省级总工会须明确工会疗休养事业经费责任部门，负责工会疗休养事业经费的管理，并协调疗休养事业主管部门、财务、经审等部门，做好工会疗休养事业经费的申报、分配、使用和监督检查等工作。

第十条　各省级总工会要建立和完善工会疗休养事业经费监督检查机制。各省级总工会及疗休养院的主管工会，要不定期检查工会疗休养事业经费的分配、拨付、使用和管理情况。下一级工会应向上一级工会报告所属工人疗休养院的工会疗休养事业经费使用管理情况。各省级总工会于每年3月底前，将上年度本地区工会疗休养事业经费使用情况上报全国总工会资产监督管理部。

第十一条 工会疗休养事业经费实行专款专用、专项管理。收到工会疗休养事业经费的工人疗休养院，应单独设置明细科目对工会疗休养事业经费进行收支核算。

第十二条 各级工会不得瞒报虚报，严禁截留、挤占、挪用工会疗休养事业经费。全国总工会资产监督管理部对工会疗休养事业经费的使用情况进行检查指导，发现问题，及时纠正，并视情节给予通报批评以及终止当年经费补助、取消下年度经费补助的处罚。

第十三条 本办法自印发之日起执行。《关于工会疗休养事业经费的使用意见》（工资字〔2009〕27号）同时废止。

中华全国总工会办公厅
关于印发《全国总工会本级政府
采购管理办法》的通知

（厅字〔2017〕32号　2017年12月11日）

各驻会全国产业工会，全总各部门、各相关直属单位：

《全国总工会本级政府采购管理办法》已经中华全国总工会第十六届书记处第七十九次会议审议通过。现印发给你们，请遵照执行。

附件：

全国总工会本级政府采购管理办法

第一章　总　则

第一条 为加强和规范全国总工会本级政府采购管理，根据《中华人民共和国政府采购法》、《中华人民共和国政府采购法实施条例》和财政部有关规定，制定本办法。

第二条 本办法适用于全国总工会机关及直属单位（以下简称各采购单位）的政府采购活动。

第三条 本办法所称政府采购是指各采购单位按照政府采购法律、行政法规和制度规定的方式及程序，使用财政资金采购政府集中采购目录内或者采购限额标准以上的货物、工程和服务的行为。

第四条　政府采购应当严格按照批准的预算执行。

第二章　管理职责

第五条　全总资产监督管理部负责对全总本级预算单位的政府采购进行监督管理。主要职责是：

（一）制定全国总工会本级政府采购管理办法；

（二）参与修改政府采购法律法规和管理制度；

（三）围绕向职工群众提供公益化社会化服务，增强职工群众获得感，组织实施相关政府采购政策研究；

（四）审核、汇总、编报全国总工会本级政府采购备案和审批事项，向财政部报送全国总工会本级有关政府采购的审批或备案文件，向各采购单位转批有关审批意见；

（五）监督各采购单位政府采购预算和计划的执行，向财政部报送全国总工会本级有关政府采购的执行情况和信息统计报表；

（六）在财政部指定媒体公开全国总工会本级政府采购信息。

第六条　全总财务部负责全总本级政府采购预算管理。主要职责是：

（一）审核汇总各采购单位年度政府采购项目资金预算，报财政部批准后下达各采购单位执行；

（二）涉及政府采购事项的，将相应调整政府采购实施计划，财政部追加预算需要进行政府采购的，由财务部汇总追加预算，并报财政部备案。

第七条　各采购单位负责本单位政府采购的组织实施和日常管理工作，全总机关服务中心负责全总机关政府采购的组织实施和日常管理工作。主要职责是：

（一）完整准确编制本单位政府采购预算，按程序报全总财务部审核；

（二）严格执行政府采购相关法律法规，依法组织实施本单位政府采购工作；

（三）加强政府采购基础管理，在本办法颁布 30 个工作日内，制定本单位政府采购具体组织实施的相关制度，制度应涵盖不同资金规模、各类商品和服务的采购；

（四）按规定编报政府采购计划、执行情况及信息统计报表；

（五）其他属于本单位的政府采购相关工作。

第三章　政府采购的审批、备案和计划管理

第八条　下列事项须按财政部要求，经全总资产监督管理部报财政部审

批后实施：

（一）达到公开招标金额标准的采购项目，因特殊情况采用公开招标以外的采购方式的政府采购；

（二）因特殊情况需要采购非本国货物、工程或服务的政府采购；

（三）批量集中采购项目因特殊情况变更采购方式的政府采购；

（四）法律、行政法规规定的其他审批事项。

第九条 下列事项须报全总资产监督管理部备案：

（一）各采购单位制定的本单位政府采购实施办法、操作细则；

（二）各采购单位政府采购实施计划及其变更；

（三）在政府采购计划管理系统中录入的采购申请、执行情况及季度年度报表；

（四）各采购单位与集中采购机构签订委托代理协议事项；

（五）法律、行政法规规定的其他需要备案事项。

第十条 各采购单位应于每年 1 月 15 日前向全总资产监督管理部报送上年度政府采购计划执行和政府采购工作情况，并按规定格式编报政府采购统计信息报表。

第四章 政府采购的工作程序、方式与组织形式

第十一条 各采购单位政府采购活动应当遵循以下工作程序：

（一）确定采购需求，编制政府采购预算；

（二）确定组织形式，编报政府采购计划；

（三）确定采购方式，制定政府采购方案；

（四）组织实施政府采购活动；

（五）政府采购合同履行及验收；

（六）申请支付资金；

（七）采购文件归档。

第十二条 政府采购采用以下方式：

（一）公开招标；

（二）邀请招标；

（三）竞争性谈判；

（四）单一来源采购；

（五）询价；

（六）中直机关采购中心和全国总工会认定的其他采购方式。

公开招标应作为政府采购的主要采购方式。

第十三条　政府采购组织形式分为集中采购机构采购、部门集中采购和分散采购。

第十四条　《集中采购目录及标准》规定的集中采购机构采购项目必须按规定委托集中采购机构代理采购。

第十五条　凡《集中采购目录及标准》范围以外，按国务院办公厅每年印发的要求，采购限额标准以上的政府采购项目，实行分散采购，由各采购单位按本单位制定的实施办法、操作细则的规定自行采购或者委托采购代理机构在委托的范围内代理采购。

第十六条　未达到分散采购限额标准的采购项目，按各采购单位制定的本单位采购实施细则组织实施。

第五章　监督检查

第十七条　各采购单位应接受和配合全总资产监督管理部对政府采购活动和执行政府采购法律、行政法规和规章制度情况进行监督检查，各采购单位应当如实反映情况，提供有关材料。

第十八条　全总资产监督管理部实施监督检查的主要内容包括：

（一）政府采购法律法规、部门规章的执行情况；

（二）政府采购预算和实施计划的编制、执行情况；

（三）政府采购审批或备案事项的落实情况；

（四）政府采购信息公告情况；

（五）其他需要监督检查的情况。

第六章　附　则

第十九条　本办法由全总资产监督管理部负责解释。

第二十条　本办法自发布之日起执行。过去已颁布的文件与本办法不一致的地方，以本办法为准。

中华全国总工会办公厅关于印发《全国总工会本级工会资金采购管理办法》的通知

（厅字〔2018〕25号　2018年10月16日）

各驻会全国产业工会，全总各部门、各直属单位：

《全国总工会本级工会资金采购管理办法》已经中华全国总工会第十六届书记处第一百零四次会议审议通过。现印发给你们，请遵照执行。

附件：

全国总工会本级工会资金采购管理办法（试行）

第一章　总　则

第一条　为加强和规范全国总工会本级工会资金采购管理，根据《中华人民共和国政府采购法》《中华人民共和国政府采购法实施条例》《全国总工会本级政府采购管理办法》和财政部有关规定，制定本办法。

第二条　本办法适用于全国总工会机关及直属单位（以下简称各采购单位）的工会资金采购活动。

工会资金指除财政资金外其他自有资金。

第三条　本办法所称工会资金采购是指各采购单位参照政府采购法律、行政法规和制度规定的方式及程序，使用工会资金采购货物、工程和服务的行为。

第四条　工会资金采购应当严格按照批准的采购预算和采购计划执行。

第五条　全总本级工会资金采购工作，应保证采购需求部门和采购实施部门的分离，严格控制采购需求部门直接采购的行为。

第二章　管理职责

第六条　全总资产监督管理部负责对全总本级的工会资金采购进行管理。

主要职责是：

（一）制定全国总工会本级工会资金采购有关规定；

（二）制定工会资金集中采购目录和分散采购限额标准；

（三）围绕向职工群众提供公益化社会化服务、增强职工群众获得感，组织相关工会资金采购政策研究和实施；

（四）审批汇总各采购单位的采购计划；

（五）审批采购方式变更申请，接受各单位采购实施细则和委托代理协议备案，汇总年度采购计划执行情况；

（六）监督各采购单位工会资金采购计划的执行情况。

第七条　全总财务部负责全总本级工会资金采购预算管理。主要职责是：

（一）审批汇总各采购单位年度工会资金采购预算；

（二）审批采购预算调整申请。

第八条　全总经费审查委员会办公室对全总本级的工会资金采购活动进行审计监督。

第九条　全总机关服务中心成立全总本级集中采购办公室（以下简称集采办），负责全总本级工会资金采购的组织实施和日常管理工作。主要职责是：

（一）负责组织全总本级工会资金集中采购目录以内、全总本级工会资金集中采购目录以外但达到分散采购限额标准以上的货物、工程和服务的采购；

（二）制定全总本级工会资金采购管理办法实施细则，并负责具体实施；

（三）按规定编报工会资金采购执行情况及信息统计报表。

第十条　各采购单位配合集采办完成本单位工会资金采购的组织实施和日常管理。主要职责是：

（一）完整准确编制本单位工会资金采购预算和采购计划；

（二）配合集采办，完成本单位的工会资金集中采购目录以内、工会资金集中采购目录以外但达到分散采购限额标准以上的货物、工程和服务项目的采购；

（三）参照有关法规和制度等规定，制定本单位工会资金采购实施细则，完成本单位采购工作；

（四）各直属单位应成立或指定具体负责本单位工会资金采购工作的部门，承担本单位工会资金采购管理、实施工作。

第三章　工会资金采购的审批、备案和管理

第十一条　下列事项须报全总资产监督管理部审批：

（一）工会资金年度采购计划；

（二）因预算调整引起的追加或追减工会资金采购计划；

（三）变更经审批的采购计划确定的采购方式；

（四）因特殊情况需要采购非本国货物、工程或服务的采购事项；

（五）其他按规定需要审批的事项。

所需报批材料参照财政部针对政府采购的有关规定执行。

第十二条 下列事项须报全总资产监督管理部备案：

（一）集采办制定的全总本级工会资金采购管理办法实施细则；

（二）集采办与集中采购机构签订委托代理协议事项；

（三）各采购单位制定的本单位工会资金采购实施细则；

（四）其他按规定需要备案的事项。

第十三条 集采办和各采购单位应于每年1月15日前向全总资产监督管理部报送上年度工会资金采购计划执行和工会资金采购工作情况。

第四章 工会资金采购组织形式与工会资金集中采购目录

第十四条 工会资金采购组织形式分为单位集中采购和分散采购。

第十五条 各采购单位购置以下项目，在工会资金集中采购目录以内的，实行单位集中采购，由集采办统一委托的集中采购平台代理采购。

具体范围包括：

（一）货物类。包括台式计算机、便携式计算机、计算机软件、服务器、计算机网络设备、复印机、视频会议系统及会议室音频系统、多功能一体机、打印设备、扫描仪、投影仪、复印纸、打印用通用耗材、乘用车、客车、电梯、空调机、办公家具等。

（二）工程类。包括限额内工程、装修工程、拆除工程、修缮工程等。

（三）服务类。车辆维修保养及加油服务、机动车保险服务、印刷服务、工程造价咨询服务、工程监理服务、物业管理服务、云计算服务等。

以上内容参照国务院办公厅印发的《中央预算单位政府集中采购目录及标准》制定，采购项目的具体要求根据此文件执行。

第十六条 工会资金集中采购目录以外，达到分散采购限额标准的采购项目，按《中华人民共和国政府采购法》《中华人民共和国招标投标法》和全总本级工会资金采购管理办法实施细则有关规定执行。

第十七条 未达到分散采购限额标准的采购项目，按各采购单位制定的本单位采购实施细则组织实施。

第五章　工会资金采购的工作程序与方式

第十八条　工作程序：

（一）确定采购需求，编制工会资金采购预算；

（二）确定组织形式、采购方式，编报工会资金采购计划；

（三）制定工会资金采购方案；

（四）组织实施工会资金采购活动；

（五）工会资金采购合同履行及验收；

（六）申请支付资金；

（七）采购文件归档。

第十九条　工会资金采购采用以下方式：

（一）公开招标；

（二）邀请招标；

（三）竞争性谈判；

（四）单一来源采购；

（五）询价。

第六章　监督检查

第二十条　各采购单位应接受全总资产监督管理部、财务部、经费审查委员会办公室、机关服务中心等相关部门对工会资金采购活动和执行相关法律、行政法规和规章制度情况进行的监督检查，如实反映有关情况，提供相关材料。

第二十一条　监督检查的主要内容包括：

（一）本办法及相关法律法规、部门制度的执行情况；

（二）工会资金采购预算和采购计划的编制、执行情况；

（三）工会资金采购审批或备案事项的落实情况；

（四）其他需要监督检查的情况。

第七章　附　则

第二十二条　本办法由全总资产监督管理部负责解释。

第二十三条　本办法自印发之日起执行。

中华全国总工会办公厅关于印发《全国总工会本级预算单位工会资金集中采购目录及标准》的通知

（2018 年 12 月 10 日）

各驻会全国产业工会，全总各部门、各直属单位：

根据《全国总工会本级工会资金采购管理办法》规定，参照国务院办公厅《中央预算单位 2017—2018 年政府集中采购目录及标准》，研究制定《全国总工会本级预算单位工会资金集中采购目录及标准》。现印发给你们，请遵照执行。

附件：

全国总工会本级预算单位工会资金集中采购目录及标准

一、单位集中采购项目

以下项目必须按规定委托集中采购机构代理采购：

目录项目	适用范围	备注
一、货物类		
台式计算机		不包括图形工作站
便携式计算机		不包括移动工作站
计算机软件		指非定制的通用商业软件，不包括行业专用软件
服务器		10 万元以下的系统集成项目除外
计算机网络设备		指单项或批量金额在 1 万元以上的网络交换机、网络路由器、网络存储设备、网络安全产品，10 万元以下的系统集成项目除外
复印机		不包括印刷机

续表

目录项目	适用范围	备注
视频会议系统及会议室音频系统		指单项或批量金额在20万元以上的视频会议多点控制器（MCU）、视频会议终端、视频会议系统管理平台、录播服务器、中控系统、会议室音频设备、信号处理设备、会议室视频显示设备、图像采集系统
多功能一体机		指单项或批量金额在5万元以上的多功能一体机
打印设备		指喷墨打印机、激光打印机、热式打印机，不包括针式打印机和条码专用打印机
扫描仪		指平板式扫描仪、高速文档扫描仪、书刊扫描仪和胶片扫描仪，不包括档案、工程专用的大幅面扫描仪
投影仪		指单项或批量金额在5万元以上的投影仪
复印纸	京内单位	不包括彩色复印纸
打印用通用耗材	京内单位	指非原厂生产的兼容耗材
乘用车		指轿车、越野车、商务车、皮卡，包含新能源汽车
客车		指小型客车、大中型客车，包含新能源汽车
电梯	京内单位	指单项或批量金额在100万元以上的电梯
空调机	京内单位	指除中央空调（包括冷水机组、溴化锂吸收式冷水机组、水源热泵机组等）、多联式空调（指由一台或多台室外机与多台室内机组成的空调机组）以外的空调
办公家具	京内单位	指单项或批量金额在20万元以上的木制或木制为主、钢制或钢制为主的家具
二、工程类		
限额内工程	京内单位	指投资预算在120万元以上的建设工程，适用招标投标法的建设工程项目除外
装修工程	京内单位	指投资预算在120万元以上，与建筑物、构筑物新建、改建、扩建无关的装修工程

续表

目录项目	适用范围	备注
拆除工程	京内单位	指投资预算在120万元以上，与建筑物、构筑物新建、改建、扩建无关的拆除工程
修缮工程	京内单位	指投资预算在120万元以上，与建筑物、构筑物新建、改建、扩建无关的修缮工程
三、服务类		
车辆维修保养及加油服务	京内单位	指在京内执行的车辆维修保养及加油服务
机动车保险服务	京内单位	
印刷服务	京内单位	指单项或批量金额在20万元以上的本单位文印部门（含本单位下设的出版部门）不能承担的票据、证书、期刊、文件、公文用纸、资料汇编、信封等印刷业务（不包括出版服务）
工程造价咨询服务	京内单位	指单项或批量金额在20万元以上的在京内执行的工程造价咨询服务
工程监理服务	京内单位	指单项或批量金额在20万元以上的在京内执行的建设工程（包括建筑物和构筑物的新建、改建、扩建、装修、拆除、修缮）项目的监理服务，适用招标投标法的工程监理服务项目除外
物业管理服务	京内单位	指单项或批量金额在100万元以上的本单位物业管理服务部门不能承担的在京内执行的机关办公场所水电供应、设备运行、建筑物门窗保养维扩、保洁、保安、绿化养扩等项目，多单位共用物业的物业管理服务除外
云计算服务		指单项或批量金额在100万元以上的基础设施服务（Infrastructure as a Service，IaaS），包括云主机、块存储、对象存储等，系统集成项目除外

注：①表中“适用范围”栏中未注明的，均适用所有全国总工会本级预算单位。

②表中所列项目不包括中国劳动关系学院所采购的科研仪器设备。

二、分散采购限额标准

除单位集中采购项目外，各单位自行采购单项或批量金额达到100万元以上的货物和服务项目、120万元以上的工程项目按照《全国总工会本级工会资金采购管理办法》有关规定执行。

三、公开招标数额标准

工会资金采购货物或服务项目，单项采购金额达到200万元以上的，必须采用公开招标方式。工会资金采购工程项目公开招标数额标准参照国务院有关规定执行。

中共中央办公厅　国务院办公厅印发《党政主要领导干部和国有企事业单位主要领导人员经济责任审计规定》

（2019年7月7日）

新华社北京7月15日电　近日，中共中央办公厅、国务院办公厅印发了《党政主要领导干部和国有企事业单位主要领导人员经济责任审计规定》（以下简称《规定》），并发出通知，要求各地区各部门认真遵照执行。

通知指出，经济责任审计是中国特色社会主义审计监督制度的重要组成部分。2010年10月中共中央办公厅、国务院办公厅印发的《党政主要领导干部和国有企业领导人员经济责任审计规定》，在推动经济责任审计工作深化发展方面发挥了重要作用。为适应新形势新要求，完善经济责任审计制度，党中央决定予以修订。

通知强调，《规定》深入贯彻习近平新时代中国特色社会主义思想和党的十九大精神，坚持党对审计工作的集中统一领导，聚焦领导干部经济责任，既强化对权力运行的制约和监督，又贯彻“三个区分开来”要求，对于加强领导干部管理监督，促进领导干部履职尽责、担当作为，确保党中央令行禁止具有重要意义。

通知要求，各级党委和政府要加强对经济责任审计工作的领导，抓好《规定》的学习贯彻。各级党委审计委员会要加强对经济责任审计工作的统筹谋划和整体推进，促进提高新时代经济责任审计工作质量和水平。有关部门要加强协作配合，把审计监督与纪检监察、组织人事、巡视巡察等监督贯通起来，形成监督合力。各级领导干部要带头贯彻执行《规定》，自觉接受审计监督，做到依法用权、秉公用权、廉洁用权。

《党政主要领导干部和国有企事业单位主要领导人员经济责任审计规定》全文如下。

第一章　总　则

第一条　为了坚持和加强党对审计工作的集中统一领导，强化对党政主要领导干部和国有企事业单位主要领导人员（以下统称领导干部）的管理监督，促进领导干部履职尽责、担当作为，确保党中央令行禁止，根据《中华人民共和国审计法》和有关党内法规，制定本规定。

第二条　经济责任审计工作以马克思列宁主义、毛泽东思想、邓小平理论、“三个代表”重要思想、科学发展观、习近平新时代中国特色社会主义思想为指导，增强“四个意识”、坚定“四个自信”、做到“两个维护”，认真落实党中央、国务院决策部署，紧紧围绕统筹推进“五位一体”总体布局和协调推进“四个全面”战略布局，贯彻新发展理念，聚焦经济责任，客观评价，揭示问题，促进经济高质量发展，促进全面深化改革，促进权力规范运行，促进反腐倡廉，推进国家治理体系和治理能力现代化。

第三条　本规定所称经济责任，是指领导干部在任职期间，对其管辖范围内贯彻执行党和国家经济方针政策、决策部署，推动经济和社会事业发展，管理公共资金、国有资产、国有资源，防控重大经济风险等有关经济活动应当履行的职责。

第四条　领导干部经济责任审计对象包括：

（一）地方各级党委、政府、纪检监察机关、法院、检察院的正职领导干部或者主持工作 1 年以上的副职领导干部；

（二）中央和地方各级党政工作部门、事业单位和人民团体等单位的正职领导干部或者主持工作 1 年以上的副职领导干部；

（三）国有和国有资本占控股地位或者主导地位的企业（含金融机构，以下统称国有企业）的法定代表人或者不担任法定代表人但实际行使相应职权的主要领导人员；

（四）上级领导干部兼任下级单位正职领导职务且不实际履行经济责任时，实际分管日常工作的副职领导干部；

（五）党中央和县级以上地方党委要求进行经济责任审计的其他主要领导干部。

第五条　领导干部履行经济责任的情况，应当依规依法接受审计监督。

经济责任审计可以在领导干部任职期间进行，也可以在领导干部离任后进行，以任职期间审计为主。

第六条　领导干部的经济责任审计按照干部管理权限确定。遇有干部管理权限与财政财务隶属关系等不一致时，由对领导干部具有干部管理权限的部门与同级审计机关共同确定实施审计的审计机关。

审计署审计长的经济责任审计，按照中央审计委员会的决定组织实施。地方审计机关主要领导干部的经济责任审计，由地方党委与上一级审计机关协商后，由上一级审计机关组织实施。

第七条　审计委员会办公室、审计机关依规依法独立实施经济责任审计，任何组织和个人不得拒绝、阻碍、干涉，不得打击报复审计人员。

对有意设置障碍、推诿拖延的，应当进行批评和通报；造成恶劣影响的，应当严肃问责追责。

第八条　审计委员会办公室、审计机关和审计人员对经济责任审计工作中知悉的国家秘密、商业秘密和个人隐私，负有保密义务。

第九条　各级党委和政府应当保证履行经济责任审计职责所必需的机构、人员和经费。

第二章　组织协调

第十条　各级党委和政府应当加强对经济责任审计工作的领导，建立健全经济责任审计工作联席会议（以下简称联席会议）制度。联席会议由纪检监察机关和组织、机构编制、审计、财政、人力资源社会保障、国有资产监督管理、金融监督管理等部门组成，召集人由审计委员会办公室主任担任。联席会议在同级审计委员会的领导下开展工作。

联席会议下设办公室，与同级审计机关内设的经济责任审计机构合署办公。办公室主任由同级审计机关的副职领导或者相当职务层次领导担任。

第十一条　联席会议主要负责研究拟订有关经济责任审计的制度文件，监督检查经济责任审计工作情况，协调解决经济责任审计工作中出现的问题，推进经济责任审计结果运用，指导下级联席会议的工作，指导和监督部门、单位内部管理领导干部经济责任审计工作，完成审计委员会交办的其他工作。

联席会议办公室负责联席会议的日常工作。

第十二条　经济责任审计应当有计划地进行，根据干部管理监督需要和审计资源等实际情况，对审计对象实行分类管理，科学制定经济责任审计中长期规划和年度审计项目计划，推进领导干部履行经济责任情况审计全覆盖。

第十三条 年度经济责任审计项目计划按照下列程序制定：

（一）审计委员会办公室商同级组织部门提出审计计划安排，组织部门提出领导干部年度审计建议名单；

（二）审计委员会办公室征求同级纪检监察机关等有关单位意见后，纳入审计机关年度审计项目计划；

（三）审计委员会办公室提交同级审计委员会审议决定。

对属于有关主管部门管理的领导干部进行审计的，审计委员会办公室商有关主管部门提出年度审计建议名单，纳入审计机关年度审计项目计划，提交审计委员会审议决定。

第十四条 年度经济责任审计项目计划一经确定不得随意变更。确需调减或者追加的，应当按照原制定程序，报审计委员会批准后实施。

第十五条 被审计领导干部遇有被有关部门采取强制措施、纪律审查、监察调查或者死亡等特殊情况，以及存在其他不宜继续进行经济责任审计情形的，审计委员会办公室商同级纪检监察机关、组织部门等有关单位提出意见，报审计委员会批准后终止审计。

第三章 审计内容

第十六条 经济责任审计应当以领导干部任职期间公共资金、国有资产、国有资源的管理、分配和使用为基础，以领导干部权力运行和责任落实情况为重点，充分考虑领导干部管理监督需要、履职特点和审计资源等因素，依规依法确定审计内容。

第十七条 地方各级党委和政府主要领导干部经济责任审计的内容包括：

（一）贯彻执行党和国家经济方针政策、决策部署情况；

（二）本地区经济社会发展规划和政策措施的制定、执行和效果情况；

（三）重大经济事项的决策、执行和效果情况；

（四）财政财务管理和经济风险防范情况，民生保障和改善情况，生态文明建设项目、资金等管理使用和效益情况，以及在预算管理中执行机构编制管理规定情况；

（五）在经济活动中落实有关党风廉政建设责任和遵守廉洁从政规定情况；

（六）以往审计发现问题的整改情况；

（七）其他需要审计的内容。

第十八条 党政工作部门、纪检监察机关、法院、检察院、事业单位和人民团体等单位主要领导干部经济责任审计的内容包括：

（一）贯彻执行党和国家经济方针政策、决策部署情况；

（二）本部门本单位重要发展规划和政策措施的制定、执行和效果情况；

（三）重大经济事项的决策、执行和效果情况；

（四）财政财务管理和经济风险防范情况，生态文明建设项目、资金等管理使用和效益情况，以及在预算管理中执行机构编制管理规定情况；

（五）在经济活动中落实有关党风廉政建设责任和遵守廉洁从政规定情况；

（六）以往审计发现问题的整改情况；

（七）其他需要审计的内容。

第十九条 国有企业主要领导人员经济责任审计的内容包括：

（一）贯彻执行党和国家经济方针政策、决策部署情况；

（二）企业发展战略规划的制定、执行和效果情况；

（三）重大经济事项的决策、执行和效果情况；

（四）企业法人治理结构的建立、健全和运行情况，内部控制制度的制定和执行情况；

（五）企业财务的真实合法效益情况，风险管控情况，境外资产管理情况，生态环境保护情况；

（六）在经济活动中落实有关党风廉政建设责任和遵守廉洁从业规定情况；

（七）以往审计发现问题的整改情况；

（八）其他需要审计的内容。

第二十条 有关部门和单位、地方党委和政府的主要领导干部由上级领导干部兼任，且实际履行经济责任的，对其进行经济责任审计时，审计内容仅限于该领导干部所兼任职务应当履行的经济责任。

第四章 审计实施

第二十一条 审计委员会办公室、审计机关应当根据年度经济责任审计项目计划，组成审计组并实施审计。

第二十二条 对同一地方党委和政府主要领导干部，以及同一部门、单位2名以上主要领导干部的经济责任审计，可以同步组织实施，分别认定责任。

第二十三条 审计委员会办公室、审计机关应当按照规定，向被审计领导干部及其所在单位或者原任职单位（以下统称所在单位）送达审计通知书，抄送同级纪检监察机关、组织部门等有关单位。

地方审计机关主要领导干部的经济责任审计通知书，由上一级审计机关送达。

第二十四条 实施经济责任审计时，应当召开由审计组主要成员、被审计领导干部及其所在单位有关人员参加的会议，安排审计工作有关事项。联席会议有关成员单位根据工作需要可以派人参加。

审计组应当在被审计单位公示审计项目名称、审计纪律要求和举报电话等内容。

第二十五条 经济责任审计过程中，应当听取被审计领导干部所在单位领导班子成员的意见。

对地方党委和政府主要领导干部的审计，还应当听取同级人大常委会、政协主要负责同志的意见。

审计委员会办公室、审计机关应当听取联席会议有关成员单位的意见，及时了解与被审计领导干部履行经济责任有关的考察考核、群众反映、巡视巡察反馈、组织约谈、函询调查、案件查处结果等情况。

第二十六条 被审计领导干部及其所在单位，以及其他有关单位应当及时、准确、完整地提供与被审计领导干部履行经济责任有关的下列资料：

（一）被审计领导干部经济责任履行情况报告；

（二）工作计划、工作总结、工作报告、会议记录、会议纪要、决议决定、请示、批示、目标责任书、经济合同、考核检查结果、业务档案、机构编制、规章制度、以往审计发现问题整改情况等资料；

（三）财政收支、财务收支相关资料；

（四）与履行职责相关的电子数据和必要的技术文档；

（五）审计所需的其他资料。

第二十七条 被审计领导干部及其所在单位应当对所提供资料的真实性、完整性负责，并作出书面承诺。

第二十八条 经济责任审计应当加强与领导干部自然资源资产离任审计等其他审计的统筹协调，科学配置审计资源，创新审计组织管理，推动大数据等新技术应用，建立健全审计工作信息和结果共享机制，提高审计监督整体效能。

第二十九条 经济责任审计过程中，可以依规依法提请有关部门、单位予以协助。有关部门、单位应当予以支持，并及时提供有关资料和信息。

第三十条 审计组实施审计后，应当向派出审计组的审计委员会办公室、审计机关提交审计报告。

审计报告一般包括被审计领导干部任职期间履行经济责任情况的总体评

价、主要业绩、审计发现的主要问题和责任认定、审计建议等内容。

第三十一条 审计委员会办公室、审计机关应当书面征求被审计领导干部及其所在单位对审计组审计报告的意见。

第三十二条 被审计领导干部及其所在单位应当自收到审计组审计报告之日起10个工作日内提出书面意见；10个工作日内未提出书面意见的，视同无异议。

审计组应当针对被审计领导干部及其所在单位提出的书面意见，进一步研究和核实，对审计报告作出必要的修改，连同被审计领导干部及其所在单位的书面意见一并报送审计委员会办公室、审计机关。

第三十三条 审计委员会办公室、审计机关按照规定程序对审计组审计报告进行审定，出具经济责任审计报告；同时出具经济责任审计结果报告，在经济责任审计报告的基础上，简要反映审计结果。

经济责任审计报告和经济责任审计结果报告应当事实清楚、评价客观、责任明确、用词恰当、文字精炼、通俗易懂。

第三十四条 经济责任审计报告、经济责任审计结果报告等审计结论性文书按照规定程序报同级审计委员会，按照干部管理权限送组织部门。根据工作需要，送纪检监察机关等联席会议其他成员单位、有关主管部门。

地方审计机关主要领导干部的经济责任审计结论性文书，由上一级审计机关送有关组织部门。根据工作需要，送有关纪检监察机关。

经济责任审计报告应当送达被审计领导干部及其所在单位。

第三十五条 经济责任审计中发现的重大问题线索，由审计委员会办公室按照规定向审计委员会报告。

应当由纪检监察机关或者有关主管部门处理的问题线索，由审计机关依规依纪依法移送处理。

被审计领导干部所在单位存在的违反国家规定的财政收支、财务收支行为，依法应当给予处理处罚的，由审计机关在法定职权范围内作出审计决定。

第三十六条 经济责任审计项目结束后，审计委员会办公室、审计机关应当组织召开会议，向被审计领导干部及其所在单位领导班子成员等有关人员反馈审计结果和相关情况。联席会议有关成员单位根据工作需要可以派人参加。

第三十七条 被审计领导干部对审计委员会办公室、审计机关出具的经济责任审计报告有异议的，可以自收到审计报告之日起30日内向同级审计委员会办公室申诉。审计委员会办公室应当组成复查工作小组，并要求原审计组人员等回避，自收到申诉之日起90日内提出复查意见，报审计委员会批准后作出复查决定。复查决定为最终决定。

地方审计机关主要领导干部对上一级审计机关出具的经济责任审计报告有异议的，可以自收到审计报告之日起30日内向上一级审计机关申诉。上一级审计机关应当组成复查工作小组，并要求原审计组人员等回避，自收到申诉之日起90日内作出复查决定。复查决定为最终决定。

本条规定的期间的最后一日是法定节假日的，以节假日后的第一个工作日为期间届满日。

第五章　审计评价

第三十八条　审计委员会办公室、审计机关应当根据不同领导职务的职责要求，在审计查证或者认定事实的基础上，综合运用多种方法，坚持定性评价与定量评价相结合，依照有关党内法规、法律法规、政策规定、责任制考核目标等，在审计范围内，对被审计领导干部履行经济责任情况，包括公共资金、国有资产、国有资源的管理、分配和使用中个人遵守廉洁从政（从业）规定等情况，作出客观公正、实事求是的评价。

审计评价应当有充分的审计证据支持，对审计中未涉及的事项不作评价。

第三十九条　对领导干部履行经济责任过程中存在的问题，审计委员会办公室、审计机关应当按照权责一致原则，根据领导干部职责分工，综合考虑相关问题的历史背景、决策过程、性质、后果和领导干部实际所起的作用等情况，界定其应当承担的直接责任或者领导责任。

第四十条　领导干部对履行经济责任过程中的下列行为应当承担直接责任：

（一）直接违反有关党内法规、法律法规、政策规定的；

（二）授意、指使、强令、纵容、包庇下属人员违反有关党内法规、法律法规、政策规定的；

（三）贯彻党和国家经济方针政策、决策部署不坚决不全面不到位，造成公共资金、国有资产、国有资源损失浪费，生态环境破坏，公共利益损害等后果的；

（四）未完成有关法律法规规章、政策措施、目标责任书等规定的领导干部作为第一责任人（负总责）事项，造成公共资金、国有资产、国有资源损失浪费，生态环境破坏，公共利益损害等后果的；

（五）未经民主决策程序或者民主决策时在多数人不同意的情况下，直接决定、批准、组织实施重大经济事项，造成公共资金、国有资产、国有资源损失浪费，生态环境破坏，公共利益损害等后果的；

（六）不履行或者不正确履行职责，对造成的后果起决定性作用的其他行为。

第四十一条　领导干部对履行经济责任过程中的下列行为应当承担领导责任：

（一）民主决策时，在多数人同意的情况下，决定、批准、组织实施重大经济事项，由于决策不当或者决策失误造成公共资金、国有资产、国有资源损失浪费，生态环境破坏，公共利益损害等后果的；

（二）违反部门、单位内部管理规定造成公共资金、国有资产、国有资源损失浪费，生态环境破坏，公共利益损害等后果的；

（三）参与相关决策和工作时，没有发表明确的反对意见，相关决策和工作违反有关党内法规、法律法规、政策规定，或者造成公共资金、国有资产、国有资源损失浪费，生态环境破坏，公共利益损害等后果的；

（四）疏于监管，未及时发现和处理所管辖范围内本级或者下一级地区（部门、单位）违反有关党内法规、法律法规、政策规定的问题，造成公共资金、国有资产、国有资源损失浪费，生态环境破坏，公共利益损害等后果的；

（五）除直接责任外，不履行或者不正确履行职责，对造成的后果应当承担责任的其他行为。

第四十二条　对被审计领导干部以外的其他责任人员，审计委员会办公室、审计机关可以适当方式向有关部门、单位提供相关情况。

第四十三条　审计评价时，应当把领导干部在推进改革中因缺乏经验、先行先试出现的失误和错误，同明知故犯的违纪违法行为区分开来；把上级尚无明确限制的探索性试验中的失误和错误，同上级明令禁止后依然我行我素的违纪违法行为区分开来；把为推动发展的无意过失，同为谋取私利的违纪违法行为区分开来。对领导干部在改革创新中的失误和错误，正确把握事业为上、实事求是、依纪依法、容纠并举等原则，经综合分析研判，可以免责或者从轻定责，鼓励探索创新，支持担当作为，保护领导干部干事创业的积极性、主动性、创造性。

第六章　审计结果运用

第四十四条　各级党委和政府应当建立健全经济责任审计情况通报、责任追究、整改落实、结果公告等结果运用制度，将经济责任审计结果以及整改情况作为考核、任免、奖惩被审计领导干部的重要参考。

经济责任审计结果报告以及审计整改报告应当归入被审计领导干部本人档案。

第四十五条 审计委员会办公室、审计机关应当按照规定以适当方式通报或者公告经济责任审计结果，对审计发现问题的整改情况进行监督检查。

第四十六条 联席会议其他成员单位应当在各自职责范围内运用审计结果：

（一）根据干部管理权限，将审计结果以及整改情况作为考核、任免、奖惩被审计领导干部的重要参考；

（二）对审计发现的问题作出进一步处理；

（三）加强审计发现问题整改落实情况的监督检查；

（四）对审计发现的典型性、普遍性、倾向性问题和提出的审计建议及时进行研究，将其作为采取有关措施、完善有关制度规定的重要参考。

联席会议其他成员单位应当以适当方式及时将审计结果运用情况反馈审计委员会办公室、审计机关。党中央另有规定的，按照有关规定办理。

第四十七条 有关主管部门应当在各自职责范围内运用审计结果：

（一）根据干部管理权限，将审计结果以及整改情况作为考核、任免、奖惩被审计领导干部的重要参考；

（二）对审计移送事项依规依纪依法作出处理处罚；

（三）督促有关部门、单位落实审计决定和整改要求，在对相关行业、单位管理和监督中有效运用审计结果；

（四）对审计发现的典型性、普遍性、倾向性问题和提出的审计建议及时进行研究，并将其作为采取有关措施、完善有关制度规定的重要参考。

有关主管部门应当以适当方式及时将审计结果运用情况反馈审计委员会办公室、审计机关。

第四十八条 被审计领导干部及其所在单位根据审计结果，应当采取以下整改措施：

（一）对审计发现的问题，在规定期限内进行整改，将整改结果书面报告审计委员会办公室、审计机关，以及组织部门或者主管部门；

（二）对审计决定，在规定期限内执行完毕，将执行情况书面报告审计委员会办公室、审计机关；

（三）根据审计发现的问题，落实有关责任人员的责任，采取相应的处理措施；

（四）根据审计建议，采取措施，健全制度，加强管理；

（五）将审计结果以及整改情况纳入所在单位领导班子党风廉政建设责任制检查考核的内容，作为领导班子民主生活会以及领导班子成员述责述廉的重要内容。

第七章　附　则

第四十九条　审计委员会办公室、审计机关和审计人员，被审计领导干部及其所在单位，以及其他有关单位和个人在经济责任审计中的职责、权限、法律责任等，本规定未作规定的，依照党中央有关规定、《中华人民共和国审计法》、《中华人民共和国审计法实施条例》和其他法律法规执行。

第五十条　有关部门、单位对内部管理领导干部开展经济责任审计参照本规定执行，或者根据本规定制定具体办法。

第五十一条　本规定由中央审计委员会办公室、审计署负责解释。

第五十二条　本规定自2019年7月7日起施行。2010年10月12日中共中央办公厅、国务院办公厅印发的《党政主要领导干部和国有企业领导人员经济责任审计规定》同时废止。

编者后记

工会经费审查监督工作是工会工作的重要组成部分，也是国家经济监督的重要组成部分。加强工会经审工作，是工会依法治会、贯彻工会经费独立原则的客观要求；是对工会经费收支和资产管理实行民主监督和审计监督的有效途径；对于保障工会经费和资产的安全、完整、效益具有重要意义。

系统学习掌握工会经审工作的法规、政策和制度文件是做好工会经审工作的必要前提和保证。根据工会经审工作需要，为了满足各级工会经审组织和广大工会经审干部需求，我们编选了《工会经审制度文件选编》一书。

本书共编入144个文件，按照业务性质分为九大类：综合类、内部审计制度类、工会经审制度类、经费收缴类、财会管理类、预算管理类、收支管理类、专项资金类、企事业与资产管理类。

本书文件一般全文编入，少数文件有删节。今后凡有修改或新的规定，均按新的规定执行。

中华全国总工会党组成员、经费审查委员会主任李晓钟对本书的编选给予了重要指导。

本书由中华全国总工会经费审查委员会办公室负责编选。参与本书组稿和编选工作的人员有：李伟言、刘军、臧朝晖、牛济兴、邓文璐、齐晓园、王由由、毛韧、李琼、王鹏、牟伟、田育婧、李蕾、张绪春、邵娟。

由于编者水平有限，难免有疏漏和不妥之处，敬请批评指正。

编者

2019年1月